D1640879

Kernstof-B

Serieoverzicht

Kernstof-B

Kernstof-B Opgaven

Kernstof-B Docentenhandleiding

NIMA Marketing Lexicon

Kernstof-B

Gb. Rustenburg

T. de Gouw

A.W. de Geus

J.C.A. Smal

R.H. Buurman

Derde druk

Wolters-Noordhoff Groningen | Houten

Ontwerp omslag: Studio Wolters-Noordhoff
Omslagillustratie: Jur Kuipers, Sappemeer

Wolters-Noordhoff bv voert voor het hoger onderwijs de imprints Wolters-Noordhoff, Stenfert Kroese, Martinus Nijhoff en Vespucci.

Eventuele op- en aanmerkingen over deze of andere uitgaven kunt u richten aan: Wolters-Noordhoff bv, Afdeling Hoger Onderwijs, Antwoordnummer 13, 9700 VB Groningen, e-mail: info@wolters.nl

2 3 4 5 / 11 10 09 08 07

ISBN 978-90-01-65397-2
NUR 802

Woord vooraf

Medio 2003 verschijnt al weer de derde druk van het succesvolle onderwijsboek Kernstof B Marketing.
De eerste druk was met groot enthousiastme ontvangen door NIMA-B opleiders en cursisten. De tweede druk is door meer doelgroepen geaccepteerd, zoals in de hoofdfasen van HBO-opleidingen, leergangen Bedrijfskunde, NIMA-C en MBA-opleidingen. Ook is het boek op de bureaus van steeds meer marketeers te vinden. Gebleken is dat er een grote behoefte bestaat aan een afgerond oorspronkelijk en praktisch Nederlands werk, dat afgestemd is op de marketingpraktijk.
Bij de derde druk zijn uiteraard de opmerkingen die door gebruikers naar voren zijn gebracht, zoveel mogelijk verwerkt. Hierdoor is de praktische bruikbaarheid van het boek vergroot.
De derde druk van Kernstof B is een actueel standaardwerk, met aandacht voor strategische onderwerpen, zoals marktleidersstrategieën, core competences, balanced scorecard, CRM.
Het boek wordt gekenmerkt door een integrale onderwijsmethodiek, dat wil zeggen een aanpak die de onderwerpen uit het marketingmanagement van deze tijd in een methode bundelt en aan elkaar koppelt vanuit de optiek van de marketingmanager en productmanager. De relaties tussen theoretische onderwerpen worden gelegd en zoveel mogelijk praktisch ingevuld. Zo worden theoretische gedragsmodellen aan elkaar gekoppeld en wordt vervolgens de link met de marketingstrategie en communicatieboodschap gelegd. Daarbij zijn praktische voorbeelden uitgewerkt. Achter in het boek is de beschrijving van al de fasen van het strategisch marketingplanningsproces opgenomen. Bovendien zijn in het katern een aantal actuele NIMA-B marketingexamens opgenomen.
Alhoewel de auteurs, het redactieteam en de uitgever menen erin geslaagd te zijn met deze methode een set van leermiddelen te hebben ontwikkeld waar de gebruiker flexibel en doelgericht mee uit de voeten kan, zijn wij ons er uiteraard van bewust, hoeveel aandacht aan de ontwikkeling ervan ook besteed is, dat er ongetwijfeld mogelijkheden tot verbetering zijn. Wij hopen dat lezers/gebruikers hun commentaren, opmerkingen en suggesties tot verbetering aan ons doorgeven. Het adres is Wolters-Noordhoff, hoger onderwijs, Postbus 58, 9700 MB Groningen.

Groningen, juli 2003
Auteurs en de uitgever

Inhoud

Inleiding

Nog meer dan het NIMA-A-diploma, wordt het bezit van het NIMA-B-diploma hoog gewaardeerd. Niet alleen door het particuliere bedrijfsleven, maar ook door organisaties en instellingen in de not-for-profit-sector of bij de overheid. Enerzijds kan dat worden afgeleid uit het grote aantal personeelsadvertenties voor commerciële functies op middenkader- of hoger niveau, waarin vaak het bezit van dit diploma als belangrijke vereiste wordt gesteld, maar anderzijds ook uit het aantal examenkandidaten dat jaarlijks aan het NIMA-B-examen deelneemt. Het diploma is helaas niet voor iedereen weggelegd, omdat een groot aantal kandidaten daaraan tevergeefs deelneemt. Alhoewel de slagingspercentages in het algemeen minder 'dramatisch' zijn dan bij het NIMA-A-diploma, blijkt ook bij de NIMA-B-examens dat kandidaten vaak onvoldoende voorbereid aan het examen deelnemen.

Voor het NIMA-B-examen is het niet alleen belangrijk dat de kandidaten het marketingplanningsproces kennen, maar zij moeten dit proces volledig beheersen en dus kunnen doorgronden. Kennis is dus onvoldoende; de nadruk moet veeleer liggen op het hebben van inzicht in dit complexe proces.
In *Kernstof-B* wordt dan ook uitgegaan van een fundamenteel andere benadering. Waar mogelijk, wordt de theorie vanaf het begin toegepast c.q. geïllustreerd aan de hand van een aantal zeer representatieve NIMA-B-cases.
Hierdoor wordt bereikt dat de behandeling van de leerstof zo dicht mogelijk aansluit op de bestaande examenpraktijk. Het maakt de examenkandidaat bovendien vertrouwd met het leggen van verbanden tussen een praktijksituatie en de theorie van het marketingplanningsproces.
Doordat de geselecteerde cases in een los katern aan het boek zijn toegevoegd, wordt bovendien het gebruiksgemak sterk vergroot.

De centrale doelstelling van deze NIMA-B-methode is, dat een examenkandidaat met behulp van diverse technieken die bij het marketingplanningsproces gebruikt kunnen worden, marktsituaties zoals die in NIMA-B-cases worden beschreven, kan analyseren en beoordelen om vervolgens te komen tot doordachte en onderbouwde keuzes uit mogelijke (strategische) opties. De voortdurende koppeling tussen de theorie en de geselecteerde cases helpt deze doelstelling te realiseren. Om deze reden wordt dit studieboek ook veel in het HBO-onderwijs gebruikt. Als basisboek voor de NIMA-C training is deze methode zeer geschikt.

Belangrijk is bovendien dat de methode erop gericht is de kandidaten intensief op het NIMA-B-examen voor te bereiden. Het in de methode opgenomen *Opgavenboek* zorgt ervoor dat de kandidaten in de gelegenheid worden gesteld zich op een juiste wijze op het examen voor te bereiden. Immers, oefening baart kunst.

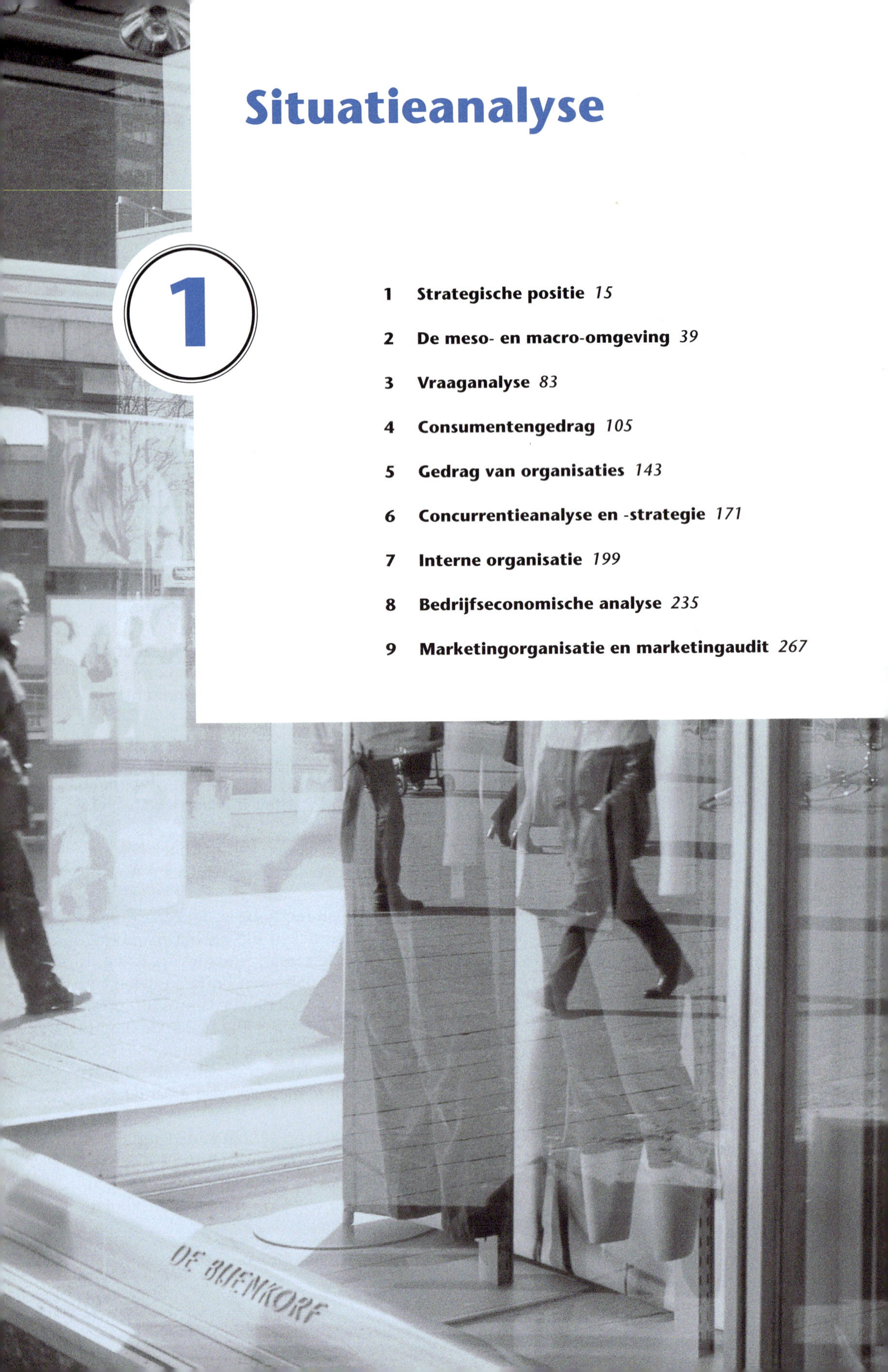

Situatieanalyse

1

Het eerste deel van het marketingplanningsproces wordt gevormd door de situatieanalyse. Daarbij analyseert de marketeer op systematische wijze de externe en interne omgeving van de onderneming, teneinde te inventariseren welke situaties en ontwikkelingen van invloed kunnen zijn op het ondernemingsbeleid enerzijds en op de door hem voorgenomen of gewenste ruiltransacties anderzijds. Daarbij zal hij onderscheid maken tussen de externe en de interne omgeving.

In hoofdstuk 1 geven we een algemene beschrijving van de strategische positie. Hierbij gaat het dus om de 'rode draad'. De hoofdstukken 2 tot en met 9 belichten de diverse aspecten. Daarbij beginnen we in hoofdstuk 2 met de externe analyse, waarbij we de meso- en de macro-omgeving van een bedrijf of organisatie onderscheiden. In hoofdstuk 3 concentreren we ons op de vraaganalyse, waarbij verschillende markt- en vraagbegrippen de revue passeren en bovendien de vraagontwikkeling in de tijd onder de loep wordt genomen (de levenscyclus). Ook het gedrag van de consument is een belangrijke externe omgevingsfactor (hoofdstuk 4). We gaan na hoe we dat consumentengedrag kunnen onderzoeken, welke theorieën

en modellen er zijn ontwikkeld en wat we moeten verstaan onder begrippen als attitude, black box, inter- en intrapersoonlijke stimuli. Naast de particuliere consument kennen we ook andere consumenten, de industriële afnemers. Hun gedrag wordt in hoofdstuk 5 behandeld. Daarin komen niet alleen de verschillen tussen de consumenten- en de industriële markt aan de orde, maar wordt ook uitvoerig ingegaan op het koopcentrum (de Decision Making Unit), de koopsituaties en het industriële koopproces. Omdat we veelal als onderneming niet alleen op een markt opereren, is het ook belangrijk de concurrentie in kaart te brengen. In hoofdstuk 6 staat dan ook de concurrentieanalyse centraal, waarbij onder meer wordt ingegaan op de verschillende concurrentiestrategieën.
De interne omgeving wordt in de hoofdstukken 7 tot en met 9 behandeld. Hoofdstuk 7 bespreekt de interne organisatie, waarbij het niet alleen om de financiële, maar ook om de niet-financiële prestaties van de eigen onderneming gaat. Bovendien staan we stil bij de organisatiecultuur en -waarden en besteden we aandacht aan het bereiken van duurzame concurrentievoordelen. In hoofdstuk 8 komt een aantal belangrijke financiële aspecten aan de orde, zoals de financiële omgeving van de organisatie, de balans en de resultatenrekening en een aantal financiële kengetallen. Het afsluitende hoofdstuk van dit eerste deel (hoofdstuk 9) gaat in op de organisatie van de marketing, de verschillende functies die daarin kunnen worden onderscheiden, de uitvoering van de marketing en de marketingaudit.

Strategische positie

1

Om zich te kunnen bezinnen op de activiteiten die ze in de toekomst dienen te ontplooien, moeten managers in eerste instantie hun huidige positie bepalen.
De eerste stap daarbij is het analyseren van het huidige strategische beleid, teneinde de uitgangspunten voor de onderneming in kaart te brengen (paragraaf 1.1). Maar, wat is het strategisch profiel van de organisatie? Dit behandelen we in de volgende paragrafen. In paragraaf 1.2 gaan we in op de visie en de missie. Ook is het belangrijk te bepalen wat de business definition van de onderneming is, met als centrale vragen: 'What business are we in?' en 'What business should we be in?' (paragraaf 1.3).
Uit paragraaf 1.4 blijkt dat het zoeken naar duurzame concurrentievoordelen een creatief proces is, dat gebaseerd is op een diepgaand onderzoek van de externe omgeving en op een objectieve doorlichting van de eigen organisatie. Hierbij gaat het om wezenlijke voordelen van de eigen organisatie ten opzichte van de concurrentie, wat uiteindelijk moet uitmonden in een betere marktpositie en winstgevendheid. De centrale vraag daarbij is: 'Hoe creëren we een core competence?' Uiteraard moeten dan wel de kritische succesfactoren geanalyseerd en als (mogelijk) obstakel opgeheven zijn. Paragraaf 1.5 ten slotte leert, dat er intellectueel leiderschap nodig is om in een zeer dynamische meso- en macro-omgeving een differentiatiestrategie te ontwikkelen.

1.1 Waarom strategische planning?

Operationele of tactische planning

In iedere onderneming is voortdurend sprake van planning. Vaak heeft die planning betrekking op de korte termijn; de planningshorizon is beperkt. We spreken in dit geval van *operationele* of *tactische planning*. Voorbeelden hiervan zijn het marketingplan, het productieplan en het inkoopplan. Ondernemingen ontwikkelen daarnaast ook meerjarenplannen. Hierbij kan de planningshorizon variëren van drie tot meer dan tien jaar bijvoorbeeld wanneer het gaat om grote investeringen bij industriële ondernemingen.
Bij dergelijke strategische beslissingen zal een onderneming zich moeten bezinnen op de vraag op welke markten, met welke producten en met welke technologie men zich in de toekomst zal concentreren. Strategische plannen geven dus de richting aan die een bedrijf inslaat.

Strategische en operationele plannen verschillen onder meer van elkaar in tijdsduur en in mate van detaillering (zie tabel 1.1).

Tabel 1.1 **Strategische planning versus tactische planning**

Criterium	Strategische planning	Operationele planning
Tijdsduur	3 - 15 jaar	Maximaal 1 jaar
Mate van detaillering	Globale informatie, meestal uit externe bronnen	Gedetailleerde informatie, meestal uit eigen bedrijf
Planningsniveau	Topmanagement	Marketing- en productmanagers
Frequentie	Voortdurend proces	Regelmatig

Langetermijnplan

Missie

Het *langetermijnplan* omschrijft voor een langere periode de primaire doelstellingen, zoals winst en groei, en de markten waarop deze doelstellingen moeten worden gerealiseerd. De combinatie van algemene langetermijndoelstellingen en de markten waarop men wil opereren, wordt verwoord in de *missie* of het mission-statement van de onderneming.

Strategische planning

Strategische planning is geen eenvoudig proces, omdat in de uitgebreide analyse die aan de besluitvorming voorafgaat, uitspraken over toekomstige ontwikkelingen moeten worden gedaan die tot frustratie zullen leiden, wanneer omgevingsfactoren verkeerd zijn ingeschat.

Voordelen van planning

Toch blijken de voordelen van strategische planning groter te zijn dan de nadelen:

- Er kan tijdig (proactief) gereageerd worden op gewijzigde omgevingsfactoren. Voorbeelden van gewijzigde omgevingsfactoren zijn de toenemende concentratie in het distributiekanaal, de invloed van de milieubeweging, de komst van de 'groene', milieubewuste consument, nieuwe technologieën en hevige concurrentie. Inmiddels is het duidelijk dat de Nederlandse ondernemingen die een systeem voor strategische planning hanteren, veelal de beste resultaten bereiken (zie tabel 1.2).

Tabel 1.2 **Mate van formele planning, gerelateerd aan de relatieve winstresultaten en overheersende marktbenadering (in %)**

Wijze van planning	% van totale steekproef	Winstresultaten ten opzichte van concurrentie		Marktbenadering	
		Beter	Niet beter	Marketing-georiënteerd	Productie-/verkoop-georiënteerd
Nauwelijks formele planning	16	35	65	33	67
Jaarlijkse budgettering	23	44	56	17	83
Jaarlijks marketingplan	13	33	67	32	68
Jaarlijks marketingplan en langetermijnplan	48	64	36	50	50
	100	52	48	38	62

- Strategische planning zorgt voor een beter overzicht, een betere coördinatie en controle van de verschillende activiteiten binnen een bedrijf, waardoor de markt beter kan worden bewerkt. Door het ontwikkelen van een langetermijnvisie wordt onder meer voorkomen dat de hoogte van een beschikbaar budget afhangt van toevallig op dat moment lopende projecten.
- Door het ontwikkelen van een langetermijnvisie wordt ook geïnvesteerd in projecten die pas later financiële vruchten zullen afwerpen of een strategisch plan vertegenwoordigen dat niet direct in financiële termen is uit te drukken. Te denken valt hierbij aan de 'corporate identity campagne' van AKZO NOBEL en Rabobank. Of de winstgevendheid hierdoor is toegenomen, is niet vast te stellen; wél is de naams- en logobekendheid vooruitgegaan.

Geen enkele marketingmanager kan geheel zelfstandig beslissingen nemen over het te voeren marketingbeleid en ook geen enkele productiemanager kan alleen beslissen over productiemethoden en -processen. Beiden zijn hierbij gebonden aan doelstellingen en richtlijnen van de directie.

Het is goed zich te realiseren dat in een onderneming op verschillende niveaus gepland wordt (zie figuur 1.1). Deze niveaus, Strategic Business Unit (SBU) en product/markt-combinatie (PMC), worden hierna toegelicht. Zie ook figuur 1.2.

Strategic Business Unit (SBU)

De meeste grote ondernemingen bestaan tegenwoordig uit 'Strategic Business Units'. Kenmerk van een SBU is dat een dergelijke eenheid in principe over alle middelen beschikt om een eigen beleid te kunnen voeren. AKZO NOBEL bestaat bijvoorbeeld uit zo'n 25 SBU's met elk een omzet van ongeveer € 1 mld. De moedermaatschappij – of het 'concern' – beoordeelt elk van deze SBU's afzonderlijk, onder meer op basis van winstbijdrage, investeringen en strategische plannen. Het concern beslist over de grote lijnen voor de toekomst met betrekking tot de portfolio van activiteiten in verschillende markten, strategische allianties enzovoort.

Figuur 1.1 **Planningsniveau in een onderneming**

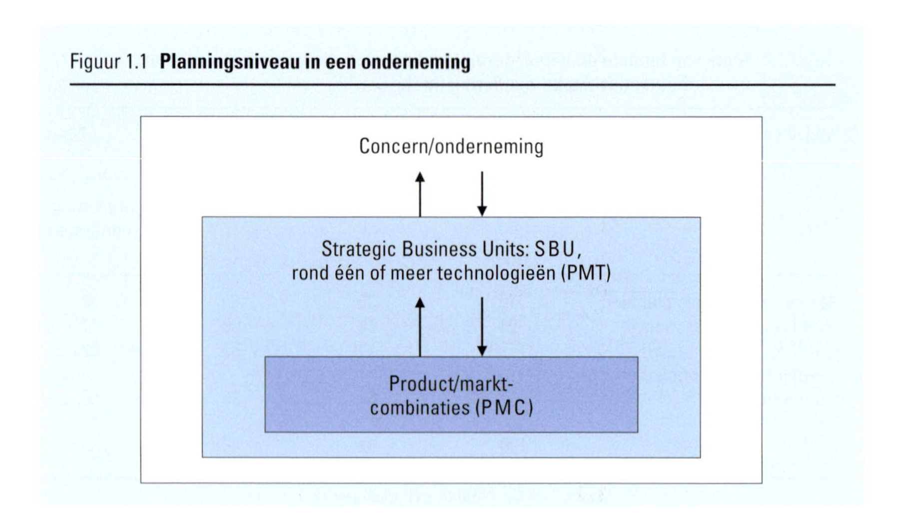

Figuur 1.2 **Friesland Coberco Dairy Foods heeft 9 SBU's**

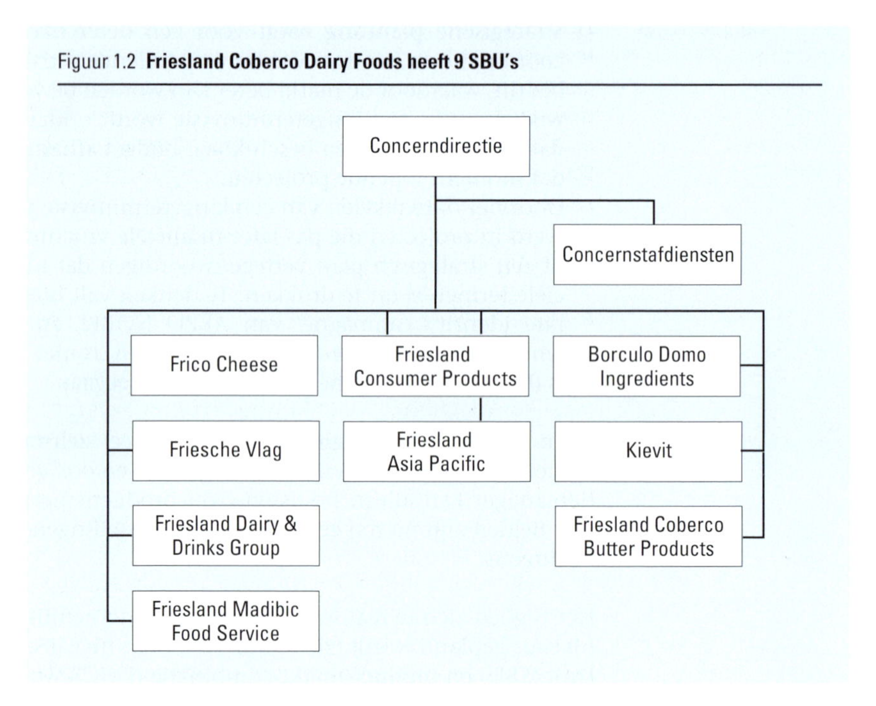

Binnen een concern is een SBU dus een relatief zelfstandige organisatie-eenheid (een bedrijf binnen een bedrijf), dat de beschikking heeft over eigen middelen (zoals een eigen verkoopstaf, een eigen researchprogramma enzovoort).
SBU's kunnen georganiseerd zijn rond technologieën die voor de kopersgroepen wezenlijke behoeften bevredigen. Een SBU bestaat in veel gevallen uit diverse PMT's, bijvoorbeeld poedercoatings, autolakken, watergedragen verven. Elke SBU heeft zo zijn eigen specifieke concurrenten. SBU's die aan elkaar verwant zijn, bijvoorbeeld een verwante technologie, worden gebundeld in een divisie. Een divisie 'gezondheid' heeft bijvoorbeeld de SBU's receptplichtige medicijnen, OTC-medicijnen en dierenartsmedicijnen.

Product/markt-combinatie (PMC)
Kenmerkend voor een PMC is dat deze meestal één homogene (deel)-markt omvat en benadert met behulp van een apart marketingprogramma. We spreken hier van marketingplanning. Doorgaans is de marketing- of productmanager verantwoordelijk voor het opstellen van dit plan met daarin de informatie over doelgroepen, doelstellingen en de marketingmix.
Voorbeelden van PMC's zijn: watergedragen verven voor muren, voor hout, zowel binnen als buiten, die ieder aparte markten met specifieke behoeften bewerken.
Terwijl bij de grotere concerns deze plannen meestal afzonderlijk worden uitgewerkt tot het strategische plan, de businessplannen en de marketingplannen, is bij kleinere ondernemingen meestal sprake van één plan. Het *businessplan* is dan gelijk aan het marketingplan.

Businessplan

1.2 Visie en missie

Key components van de visie

Hoe een onderneming of organisatie zich nu en in de toekomst manifesteert, wordt bepaald door haar visie, missie, cultuur en waarden. Tegenwoordig wordt het begrip 'visie' te pas en te onpas gebruikt op een manier, die niet eenduidig is. Neal Thornberry (1997) heeft getracht in de veelheid aan opinies enige duidelijkheid aan te brengen. Hij komt tot drie zogenaamde *key components*, waaruit de visie bestaat:
- de fundamentele reden waarom een organisatie bestaat;
- de cultuur, normen, regels en waarden;
- de missie (mission statement).

Fundamentele reden waarom een organisatie bestaat

Bestaansreden

Hiertoe behoort niet het maken van winst, RTV, ROS of het creëren van een financiële waarde voor de aandeelhouders. Dit zijn namelijk organisatiedoelstellingen. Het bestaansrecht van een organisatie heeft veel meer te maken met het op een unieke manier vervullen van de behoeften van een bepaalde doelgroep, die afwijkt van die van de concurrenten. De Rabobank denkt door haar coöperatieve aanpak bijvoorbeeld het MKB boeren en tuinders van financiële middelen te voorzien, welke middelen door andere commerciële banken niet zouden worden verstrekt. Om te begrijpen of een organisatie al dan geen bestaansrecht heeft, is de volgende vraag van belang: Wat zouden de wereld, de markt, de bloemtelers verliezen als onze organisatie morgen zou ophouden te bestaan? Willen we bestaansrecht in de toekomst hebben, dan moet de organisatie voor zichzelf duidelijk zicht (een visie) hebben op die toekomst in aantrekkelijke markten.

Cultuur, normen, regels en waarden
Bij de organisatiecultuur gaat het om de cultuur binnen een organisatie, die zich uit in relaties, regelgeving, communicatielijnen (al dan niet formeel), risiconemend gedrag (een foutje maken mag), open en motiverende managementstijlen et cetera.

Shared values

De organisatiewaarden of shared values verwoorden wat voor een organisatie belangrijk is om na te streven. Het zijn stevig verankerde opvattingen, overtuigingen en ideeën, die door velen in de organisatie worden gedeeld en dus als goed worden beschouwd voor de organisatie

zelf en voor de relatie tussen de organisatie en haar omgeving, waaronder afnemers, leveranciers en andere stakeholders.
Organisatiewaarden zijn onder meer:

- continuïteit
- integriteit
- ondernemerschap
- partnership
- teamgeest
- expertise
- kwaliteit van het personeel
- reputatie
- onafhankelijkheid
- trots zijn op de eigen organisatie.

De filosofie van Gulpener

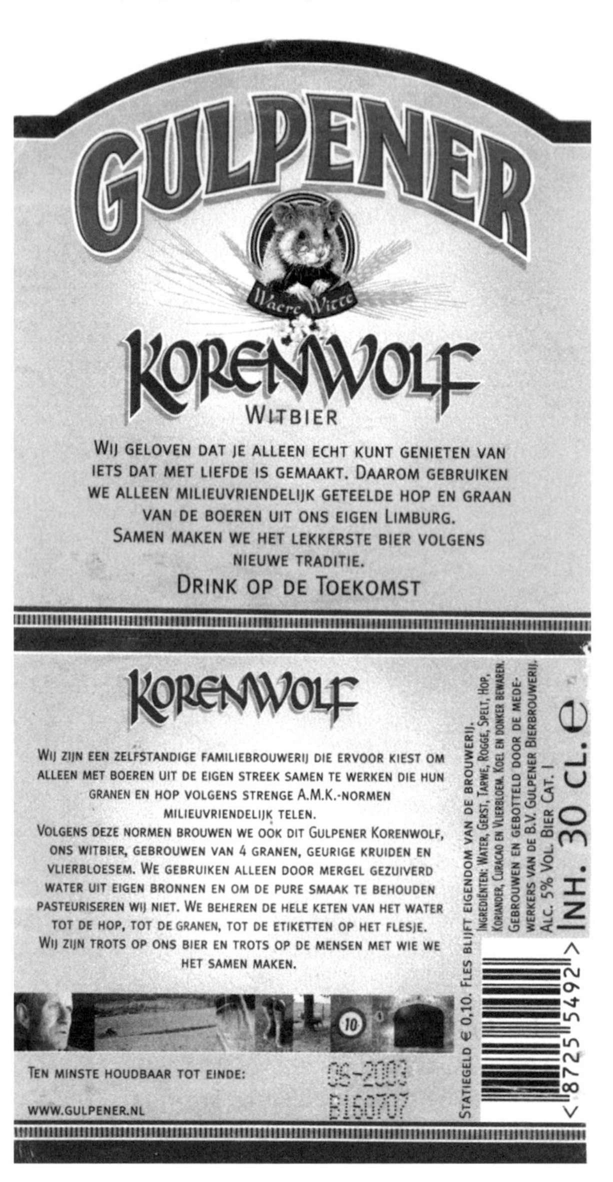

Organisaties die geen visie hebben, niet over waarden en normen hebben nagedacht, kunnen gemakkelijker niet-acceptabel maatschappelijk gedrag vertonen, zoals te weinig betalen voor koffiebonen, mededingingsregels aan de laars lappen of kinderarbeid tolereren.

Als de waarden van de organisatie die van haar afnemers overlappen, is de basis gelegd voor een goede relatie tussen beide organisaties. Dit is gevisualiseerd in figuur 1.3.

Figuur 1.3 **Overlapping organisatiewaarden**

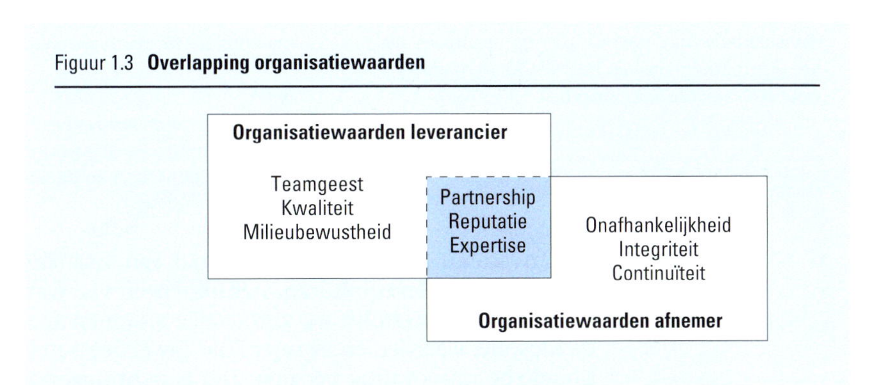

Visie, missie en doelstellingen van het MEC

Het Marketing Executive Center (MEC), een platform voor marketingprofessionals, geeft de volgende invulling aan haar visie, missie en doelstellingen.

Visie
Om met persoonlijk succes te kunnen ondernemen moeten kennis, kunde en vaardigheden op het gebied van het uitdragen van het marketingconcept, het markt- en klantgericht ondernemen en het persoonlijk functioneren voortdurend worden geactualiseerd.

Missie
Het MEC is een uniek verband van marketingprofessionals en ondernemers met een hoogwaardig managementberoepsprofiel, actief in het stimuleren, ontwikkelen en professionaliseren van dit verband en het uitdragen daarvan in Nederland.

Doelstellingen
Het MEC beoogt een actief centrum te zijn voor de leden in het verwerven en versterken van zijn of haar beroepspositie. Het MEC stelt zich tevens ten doel met haar functies en activiteiten het niveau van het klant- en marktgericht ondernemen van bedrijven, organisaties en instellingen op een hoger plan te brengen.

Missie (mission statement)
In de literatuur bestaat geen eenduidige benadering van het begrip 'missie'. Wel blijkt dat er in het algemeen van drie eisen worden uitgegaan (Kotler):

- The mission statement should specify the business domain in which the organisation will operate.
- The mission statement should be motivating.
- The mission statement should stress major policies that the company plans honor.

Leeflang stelt dat missies gebaseerd moeten zijn op sterke punten (differential advantages) in het heden, terwijl tevens aangegeven moet worden wat men in de toekomst (op basis van het heden) wil bereiken.

Het NIMA Marketing Lexicon spreekt van de rol en de ambitie van de organisatie in de door haar afgebakende business definition (de PMT van Abell).

Voorbeelden van mission statements

ING Groep
ING wil een vooraanstaande, wereldwijd opererende klantgerichte, innovatieve en kostenefficiënte dienstverlener zijn, die haar diensten aanbiedt via het distributiekanaal van haar keuze, in markten waar ING waarde kan creëren.

Sara Lee Corporation
Sara Lee's Corporation's mission is to be a premier, global branded consumer packaged goods company. We shall aspire to have the leading position in each product category and in each world marketplace in which we choose to participate.

BMW
Wir wollen durch innovative Produkte, herausragende Dienstleistungen und persönliches Engagement Menschen begeistern.

Samenvattend kan gesteld worden dat een visie een duidelijke, visionaire, creatieve en eenduidige definitie geeft van wat een onderneming nu en op lange termijn wil zijn, welke afnemers men wil bedienen en de filosofie, waarden en normen, die zowel de strategische als de operationele besluitvorming bepalen. Het is richtinggevend voor de organisatie en voor het gebruik van resources van de organisatie. Het vormt de ziel van de onderneming. Derhalve levert het naast de ambitie en intentie, een belangrijke bijdrage aan de interne motivatie, het image en aan het denken en handelen van mensen.

Bij de ontwikkeling van een visie en missie willen we meer weten over:
- Hoe ziet de wereld van (onze) interessante markten er nu en in de toekomst uit?
- Welke afnemersbehoeften zijn nu nog niet ingevuld en welke afnemersproblemen hebben we in de toekomst?
- Hoe ziet onze organisatie en die van onze concurrenten er nu en straks uit?
- Welke grote technologische en andere macro-ontwikkelingen komen op ons af?
- Welke rol gaat en moet bijvoorbeeld internet spelen?
- Welke core competences moeten we voor de toekomst ontwikkelen om een sleutelrol in toekomstige PMT-combinaties te willen spelen?

1.3 Omschrijving van de business definition

Ondernemingen moeten een duidelijk inzicht hebben in hun eigen mogelijkheden, maar ook is een scherp inzicht nodig in de opvattingen van afnemers en concurrenten. Ondernemingen hebben in hun portfolio meestal een groot aantal activiteiten. Een van de klassieke misvattingen in dit verband is het bepalen van de activiteiten met het oog op de totale markt of de eigen capaciteiten. Deze te algemene invalshoek is dikwijls mede oorzaak voor de zogenaamde marketingbijziendheid (*marketing myopia*). De business definition is dan meestal uitsluitend productie- of productgeoriënteerd, waardoor strategische mogelijkheden over het hoofd worden gezien.

Marketing myopia

De meeste ondernemingen kennen een veelheid van activiteiten. Het zal daarom vaak nodig zijn per hoofdactiviteit (business definition) de verschillende strategische marsroutes te identificeren. Kritische vragen voor ieder van deze hoofdactiviteiten zijn bijvoorbeeld:

- Op welke marktruimten, de concurrentie in aanmerking genomen, zal het strategisch beleid zich concentreren?
- Wat zijn de schaalgrootten en andere gevolgen van de vermoedelijke omvang van de 'business'?
- Welke specifieke doorslaggevende elementen zullen de 'business' maken?
- Wat is onze relatieve macht in de gegeven 'business' in vergelijking met de huidige en toekomstige concurrenten?
- Wat zijn de voornaamste kansen op vernieuwing als de definitie van de 'business' moet worden aangepast?
- Wat zijn de voornaamste trends die de concurrentiekracht van deze 'business' beïnvloeden?

De behoefte-invulling wordt door de aanbieders van mobiele telefonie net iets anders gedaan

Het op deze wijze bepalen van de 'business' brengt het strategisch denkwerk op gang vanuit de algemeenheid van planningsmodellen naar de eigen realiteit van de onderneming. Doel is de concrete verbijzondering van de eigen activiteitsgebieden.

Factoren bij de bepaling van de business definition
De klassieke bedrijfskundige literatuur verwijst naar de product/markt-koppeling. Strategische opties werden in het verleden dan ook steeds in het verlengde gedacht van de twee dimensies 'markt' en 'product': penetratie, productontwikkeling, marktontwikkeling en diversificatie. Denk hierbij aan de groeistrategieën van Ansoff.

Tegenwoordig wordt het product vervangen door de technologie en worden, vooral door het werk van Abell, probleemoplossingen toegevoegd, zodat van een probleem/markt/technologiekoppeling sprake is. Deze drievuldigheid is de kern waaromheen de 'business' wordt opgebouwd. Omdat het model van Abell een uitstekend hulpmiddel is bij de vraag: 'Wat is eigenlijk mijn markt?', en vervolgens als vertrekpunt kan fungeren voor creatieve discussies, is het een krachtig instrument bij analyse en planning.
In het model van Abell, ook wel business definition, business domain of PMT genoemd, zijn de dimensies:

1 De *probleemoplossende functie (P):* 'Wat wil de afnemer? In welke behoefte wordt voorzien? Welke problemen moeten worden opgelost? Welke factoren bepalen wel of niet kopen?'
2 De *marktgroependimensie (M):* 'Wie wordt bediend?' Te denken valt hierbij aan onderverdelingen op basis van demografische en geografische kenmerken, afnemersgedrag of soorten industrie. Kortom: de markten of segmenten die men bedient.
3 De *technologiedimensie (T)*: 'Hoe/op welke wijze (bijvoorbeeld op welke manieren) wordt in de afnemersbehoeften voorzien?' 'Technologie' moet dus zeker niet letterlijk worden genomen. Veel meer moet gedacht worden aan alternatieven waarmee aan de afnemersbehoeften kan worden voldaan. In de dienstenmarketing kan een specifieke knowhow bijvoorbeeld hét onderscheidende element zijn ten opzichte van de concurrentie; een andere technologie dus.

Business scope

De huidige activiteiten van de organisatie worden de *business scope* genoemd.

In hun beroemde boek *Strategic Market Planning* uit 1979 verstaan Abell en Hammond onder verschillende technologieën de verschillende manieren waarop in afnemersbehoeften kan worden voorzien en die ook daadwerkelijk van elkaar moeten verschillen. Bijvoorbeeld fotograferen met een camera die met filmrolletjes werkt ten opzichte van een digitale camera. In hun boek *Dual Strategies* uit 1993 komt men op dit nogal extreme standpunt terug: ook verschillen op een lager abstractieniveau gelden nu als verschillende technologieën. Dat is ook terecht. Het gaat er immers om of de verschillende 'technologieën' in de ogen van de afnemer als significant afwijkend en waardevol worden ervaren. Denk bijvoorbeeld aan de 'gokmarkt': tafelspelen, gokautomaten, krasloten.
Figuur 1.4 geeft deze dimensies schematisch weer.

Toevoeging van de technologiedimensie is zeer begrijpelijk, omdat technologische vindingen in steeds sterkere mate om zich heen grijpen en verstorend kunnen werken op bestaande situaties.

Figuur 1.4 **Business definition met behulp van het model van Abell**

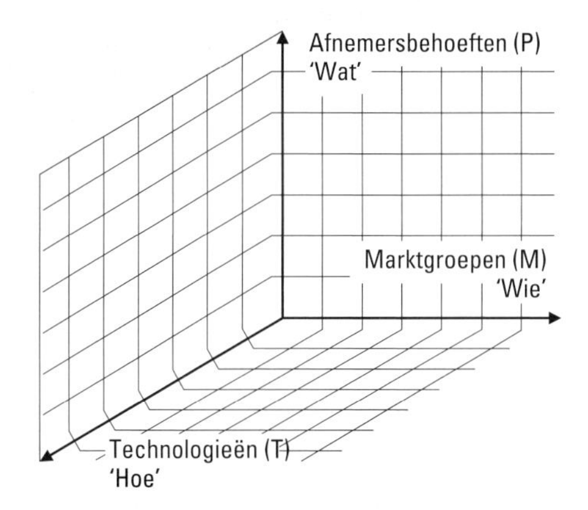

Riovision[1] en het definiëren van de business definition

De marktpartijen (M): 'Wie?'
Riovision kent als marktpartijen:

- grotere gemeenten in binnen- en buitenland
- kleine gemeenten in binnen- en buitenland
- industrieën in binnen- en buitenland
- wet- en regelgevers (bijvoorbeeld RIONED).

De probleemoplossing/afnemersbehoeften (P): 'Wat?'
De in de markt gevraagde functies waarmee Riovision wordt geconfronteerd zijn:

- inspectie
- advies
- reparatie
- renovatie
- onderhoud.

De technologiedimensie (T) met betrekking tot rioleringen, olie- en gasleidingen en scheepswanden: 'Hoe?'

- De inspectie kan worden uitgevoerd met behulp van tv, sonar, boorkernonderzoek en visuele waarneming.
- Reparatie via robot, lining, digging.
- Renovatie via lining en digging.
- Advies wordt naast Riovision gegeven door aannemers en adviesbureaus.

Wanneer nu al deze elementen in de driedimensionale Abell-ruimte worden geprojecteerd ontstaat een complex beeld. Zie figuur 1. Een PMT zou kunnen zijn sonarinspectie en advies bij gemeenten of bij de industrie.

Figuur 1 **De business scope van Riovision gevisualiseerd met behulp van het model van Abell: rioleringen in Nederland**

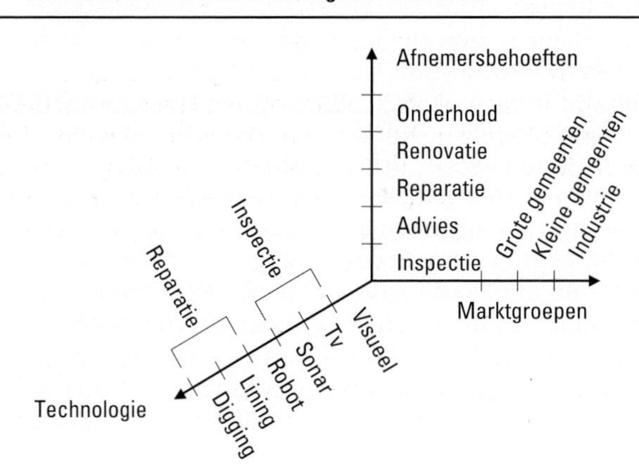

Riovision en de deelmarkten

Uit iedere combinatie van klantengroepen, klantenbehoeften en technologie kan nu een 'cel', een deelmarkt of segment worden geconstrueerd. Grote gemeenten voeren bijvoorbeeld visuele inspecties en tv-inspecties zelf uit, maar sonarinspecties niet. Voor Riovision is de combinatie 'grote gemeenten, inspectie, sonar' daarom een deelmarkt, zoals in figuur 2 is weergegeven.

Figuur 2 **Definiëren van de deelmarkt 'sonarinspectie' bij grote gemeenten**

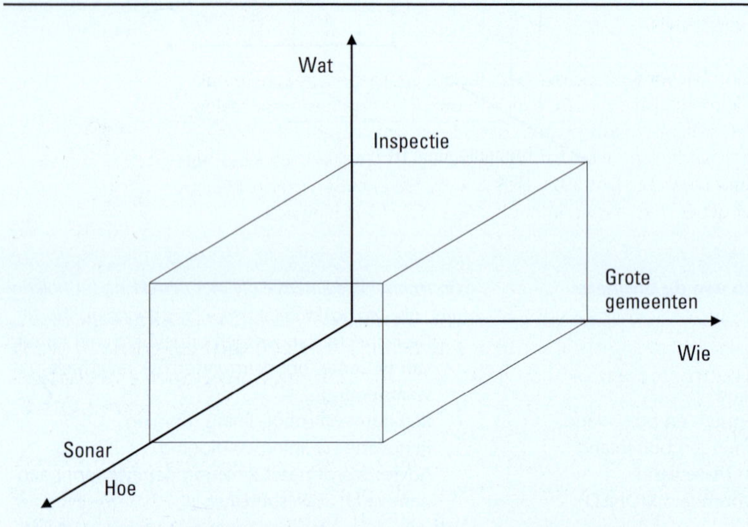

Opmerking Het kan heel verhelderend werken om in iedere cel ook de mate van concurrentie aan te geven.

1 De volledige tekst van de Riovision-case is opgenomen in het in dit boek ingesloten losse katern.

Er kan nu op basis van de business definition inhoud gegeven worden aan de business scope en de ondernemingsmissie door te kijken naar, respectievelijk te kiezen op basis van afnemers, afnemersfuncties, gebruikte technologie en mate van segmentatie (een cel is te beschouwen als een marktsegment).

Definiëren van de business scope

Definiëren van de business scope vraagt beantwoording van drie vragen:

1 Welke afnemersvoordelen ontstaan er uit een bredere dan wel een nauwere definition langs de drie genoemde dimensies?
2 Zijn er kostenvoordelen (efficiëntie en effectiviteit) bij een brede definition? Hierbij valt te denken aan schaalvoordelen en leercurve-effecten. Veelal leidt een brede definiëring van afnemersgroepen tot kostenvoordelen in de productie; een brede definiëring van de afnemersfuncties leidt tot distributie- en marketingvoordelen.
3 Hoe verschillend zijn de eisen aan kennis, productie, service et cetera in elk van de cellen van de afnemers/functie/technologiekubus? Kortom: is er sprake van synergie tussen de verschillende deelmarkten?

Het maken van meer PMT's

Het definiëren van de business binnen de ruimte van het Abell-model wordt moeilijk, wanneer de afnemersgroepen sterk van elkaar verschillen op het gebied van de behoeften, en de manieren waarop die behoeften vervuld kunnen worden (de technologieën) ook sterk gaan verschillen. Er ontstaan dan totaal verschillende grootheden die niet meer in een model te 'vangen' zijn of het wordt een chaotisch en niet meer zinvol te gebruiken model.

Mogelijke klantengroepen van Riovision

Als klantengroepen zou Riovision bijvoorbeeld de overheid, belangengroepen en andere stakeholdersgroepen in het model kunnen opnemen. De overheid kan door regelgeving bepaalde inspectietechnieken aanbevelen. Belangengroepen zijn bijvoorbeeld detaillisten die er belang bij hebben dat een straat niet maandenlang wordt afgesloten. Actiegroepen kunnen eisen dat een bovengrondse infrastructuur (zoals beplanting) blijft bestaan. Allen hebben verschillende belangen/behoeften die in het geheel niet passen in het huidige model van Riovision.

Het wordt nog onoverzichtelijker wanneer verschillende fasen in de bedrijfskolom in een business definition gevangen moeten worden. Denk bijvoorbeeld aan een verffabrikant die te maken heeft met groothandelaren en bouwmarkten, schilders, doe-het-zelvers, beheerders in de utiliteitsbouw en architecten (beslissers).
De oplossing in zo'n situatie is het maken van meerdere Abell-modellen voor de verschillende fasen. Bijvoorbeeld een voor de handel, een voor de gebruikers en een voor de beheerders/beslissers. Dit is belangrijk voor een industrie om de behoeften van de klanten van haar directe klanten te kennen. Corus levert metaalplaten aan bijvoorbeeld blikfabrikanten. Voor Corus is het dan van groot belang zich intensief te verdiepen in de behoeften van Coca-Cola, winkelketens, consumenten en overheden (in verband met de afvalproblematiek).

Voordelen bij een bredere definition voor Riovision

Voor Riovision zijn er duidelijk afnemersvoordelen en kostenvoordelen bij een bredere definition. De cellen met als technologie 'de inspectiesystemen', vertonen een verwantschap qua marktbewerking. Ze kunnen als cluster worden beschouwd. In mindere mate geldt dit voor renovatie, reparatie en onderhoud.
De business definition van Riovision lijkt op dit ogenblik te zijn: 'inspectie, reparatie, renovatie en onderhoud van rioleringen bij industrieën en gemeenten in Nederland en enkele grensgebieden'. Een reële optie voor Riovision zou kunnen zijn dat men zich specialiseert in de cluster 'inspectie'.

Typologieën van ondernemingsdefinities

Alhoewel iedere concrete situatie weer anders is, kunnen globaal drie soorten ondernemingsdefinities worden gegeven, namelijk:

Focusstrategie

1 De *focusstrategie*. Hierbij concentreert men zich op één cel of PMT. Voor Riovision zou dit bijvoorbeeld kunnen zijn: inspectie (P) bij industrieën (M) via de sonar (T).

Gedifferentieerde strategie

Ongedifferentieerde strategie

2 De *gedifferentieerde strategie*. Riovision zou met deze strategie een pakket van technieken voor bepaalde afnemersbehoeften in diverse marktsectoren kunnen aanbieden. Dus meerdere PMT's.
3 De *ongedifferentieerde strategie*. De huidige strategie van Riovision, waarbij met een breed pakket op vrijwel alle markten wordt gewerkt, lijkt hier nog het meeste op.

De vraag of voor een focus-, gedifferentieerde of ongedifferentieerde strategie moet worden gekozen, wordt voor een belangrijk deel door de afnemerseisen en dus door de markt bepaald (zie tabel 1.3).

Tabel 1.3 **De drie ondernemingsdefinities vergeleken**

Criteria	**Focus-strategie**	**Gedifferentieerde strategie**	**Ongedifferentieerde strategie**
Afnemersgedrag			
• Prijs- of prestatiegeoriënteerd	Prestatie	Prijs/Prestatie	Prijs
• Afnemer wil complete service	Belangrijk	Belangrijk	Minder belangrijk
• Hoge mate van onderscheid per deelmarkt	Ja	Ja	Nee
Technologiefactor			
• Schaaleffecten	Nee	Ja, deels	Ja
• Specifieke kennis vereist	Ja	Ja	Nee

Andere hulpmiddelen

Alhoewel de P (Wat?) M (Wie?) T (Hoe?)-aanpak een krachtig hulpmiddel is bij het bepalen van de business definition en (aanpassing) van de business scope, zijn hierbij nog meer factoren van belang. We noemen er enkele:

- *De mensen en middelen die ingezet kunnen worden*. Heeft de onderneming de mogelijkheden wel in huis om een bepaalde ondernemingsdefinitie aan te kunnen? Geld en knowhow kunnen belangrijke barrières zijn.
- *Concurrentiestrategieën*. De strategieën waarmee de onderneming de concurrentie wil gaan bewerken. Hier wordt verwezen naar paragraaf 6.4: 'Generieke concurrentiestrategieën' en marktleiderschapstrategieën.
- *Grondstofgebondenheid*. De factor grondstoffen kan in veel gevallen bepalend zijn om een onderneming in een bepaalde bedrijfstak te plaatsen. Denk hierbij aan de kunststoffen voor DSM, staal voor Corus en chloor voor delen van AKZO NOBEL.
- *Tijd*. De tijdsdimensie heeft eveneens een niet te onderschatten invloed op de business definition van een onderneming. Het begrip vernieuwingen speelt hier een doorslaggevende rol. Nieuwe technologieën zijn bijvoorbeeld in de elektronica geen lang leven beschoren, maar anderzijds ook technologieën met een looptijd van twintig jaar (bijvoorbeeld energiecentrales) zijn geen uitzondering. Iets dergelijks geldt bijvoorbeeld bij onderzoek naar exploratie van nieuwe oliebronnen.

1.4 Core competence en kritische succesfactoren

Volgens het *NIMA Marketing Lexicon* is een *core competence* of *kerncompetentie*:

Definitie core competence

De specifieke kennis en vaardigheden, de technische en managementsystemen en de normen en waarden, die fundamenteel kenmerkend zijn voor de organisatie. Het is een collectief leerproces van de organisatie, dat kan resulteren in concurrentievoordelen.

De core competence is de *capability* van een organisatie. Met andere woorden: dit is het vermogen van een organisatie om gebruik te maken van haar specifieke middelen en vaardigheden. Bovendien is er sprake van een *distinctive competence*. Dit is een unieke combinatie van kennis en vaardigheden, de technische en managementsystemen en de normen en waarden, die in relatie tot de concurrentie leidt tot een duurzaam concurrentievoordeel. Vele organisaties hebben geen core competence. De organisaties die wel een core competence hebben, hebben dat slechts in één of enkele PMT-combinaties.

Distinctive competence

Voorwaarden aan de core competence

Hamel en Prahalad (in hun boek: *De strijd om de toekomst*), stellen een aantal eisen aan een core competence:

- Een core competence moet gebaseerd zijn op een combinatie van vaardigheden/technologieën/kennis/creativiteit/relaties, omdat er anders geen sprake kan zijn van een competentie.
- Om een core competence te zijn, moet het nog aan de volgende drie voorwaarden voldoen:
  1. Een onevenredige (gepercipieerde) waarde (kosten- of differentieel voordeel) voor de afnemer hebben. Hierbij kan gedacht worden aan een nicher als Easy Jet, Pentium en Riedel.
  2. Uniek en dus onderscheidend zijn van de concurrentie. Voorbeeld hiervan is de sonartechnologie in de Riovision-case.
  3. Uitbreidbaar zijn, dus de basis vormen voor nieuwe product/marktcombinaties. De core competence moet dus een toegangsweg zijn naar de toekomst. Bijvoorbeeld het gebruiken van de sonartechnologie van Riovision voor scheepswanden, olieleidingen en vliegtuigwanden of de autoverhuuractiviteiten van Easy Jet (Easy Rent a car).

Sustainable competitive advantage

Wanneer aan de eisen als genoemd onder punt 1 en punt 2 is voldaan, leidt de core competence volgens Hamel en Prahalad ook tot duurzame concurrentievoordelen (*sustainable competitive advantage* = SCA). Het onder punt 3 genoemde wordt door deze auteurs dus niet als voorwaarde hiervoor gesteld.

Het verkrijgen van duurzame of houdbare concurrentievoordelen is een ontwikkelingsproces dat niet door één enkele actie totstandkomt. Het is enerzijds een creatief proces dat berust op een grondige kennis en ervaring in de marktstructuur, zoals de meso- en macro-omgevingsfactoren. Anderzijds moet de organisatie 'het eigen kunnen' op waarde weten te schatten.
Als voorbeelden van duurzame concurrentievoordelen kunnen worden genoemd:

- Exclusieve technologie, waarmee zich in kwaliteit onderscheidende producten totstandkomen, die zo nodig ook nog door een patent worden beschermd.
- Efficiënte productiemethoden, die leiden tot kostenvoordelen.
- Verwerven van een uitstekende reputatie om daardoor een goede relatie met de afnemers op te bouwen.
- Het hebben van een onderscheidend distributiesysteem.
- Het hebben van een als superieur ervaren dienstverlening (service).
- Het bezitten van een objectieve (door marktonderzoek verkregen) kennis van afnemersfacetten, zoals van de afnemersorganisatie, de afnemerswensen en de beslissingsstructuur.
- Een slagvaardige organisatie, die effectief werkt en geleid wordt door een eenduidig coördinerend management.

Differentiatie en efficiëntie

Duurzame concurrentievoordelen laten zich vooral karakteriseren door de elementen *differentiatie* in product en dienstbetoon en door *efficiëntie*. Uiteraard vinden de duurzame concurrentievoordelen hun weerslag in de strategische en operationele marketingmix.

In deze paragraaf staan we achtereenvolgens nog stil bij de ingrediënten die noodzakelijk zijn voor het realiseren van duurzame concurrentievoordelen, de wegen die tot duurzame concurrentievoordelen leiden en ten slotte de benodigde tijdsduur voor de ontwikkeling van duurzame concurrentievoordelen.

Ingrediënten

Het realiseren van duurzame concurrentievoordelen wordt vooral bepaald door de (hierna toe te lichten) ingrediënten:

1 de resources van een organisatie;
2 de keuze van de markt(en).

Resources van een organisatie

Resources

De organisatie moet over resources beschikken om strategische voordelen te ontwikkelen. Zonder deze basisresources kunnen geen duurzame concurrentievoordelen worden opgebouwd. Onder *resources* verstaan we:

- *middelen*: financiële middelen, producten voorzien van een patent, geregistreerde merken, reputatie, goede relaties, merkproducten;
- *vaardigheden*: kennis van en ervaring in R&D, productietechnologie, service, marketing, culturen;
- *capaciteiten*: van de disciplines service, productie, productontwikkeling, marketing, patentafdeling en public relations;
- *organisatiehouding (attitude)*: een flexibele en ambitieuze houding.

In figuur 1.5 worden deze resources met hun invloed op duurzame concurrentievoordelen in beeld gebracht.

De resources vormen de hoeksteen van de technologie, dat wil zeggen de techniek die erop is gericht dat het product aan de wensen van de afnemers voldoet. De gekozen mix van de vier resources, zoals een uniek merkproduct (middelen en vaardigheden), dat efficiënt en effectief wordt geïntroduceerd (capaciteiten) door een slagvaardige en goed geïnformeerde onderneming (flexibele organisatie), is bepalend voor het succes.

Figuur 1.5 **Resources van een organisatie**

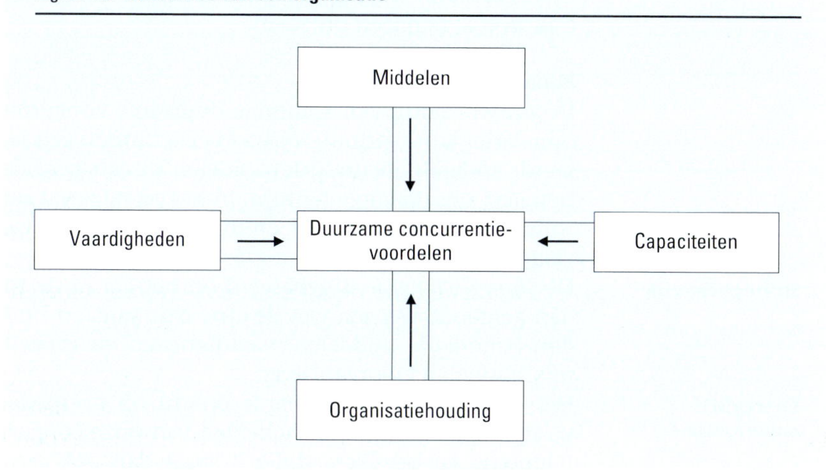

Keuze van de markt(en)
De gekozen resources moeten aansluiten bij de markt(en) die de organisatie wil betreden. Bestaat er in de organisatie voldoende kennis over de afnemers, hun behoeften en gebruiksgewoonten? Is de omvang van de markt voldoende groot om een voldoende ROI (Return On Investment) te behalen en optimaal van de schaalvoordelen te profiteren? Hebben de producten inderdaad 'Unique Selling Points' (USP's), met andere woorden: worden ze door de afnemers gewaardeerd?
Met de keuze van de markt worden ook de aanbieders met wie men moet wedijveren gekozen. De keuze van de business scope is essentieel voor het al dan niet succes hebben van de organisatie, ook al zijn de producten nog zo goed. De organisatie bepaalt met de keuze van de markt haar afnemers en de op te lossen problemen.

Aaker vindt naast de keuze voor een consequente strategie ook aspecten als synergie en pre-emptie belangrijk.

Synergie
Synergie-effecten treden op bij samenwerking tussen SBU's of andere planningsunits binnen een organisatie of tussen verschillende organisaties die in eenzelfde of verwante markt actief zijn. Door samenvoeging van activiteiten mondt de synergie uit in kostenvoordelen en in upgrading van technologieën.

Pre-emptie
Een pre-emptiestrategie heeft tot doel de eerste te willen zijn en daardoor op de concurrenten een blijvende voorsprong te behouden. De eerste zijn op de markt kan voordelen hebben voor wat betreft marktaandeel, kosten, reputatie en kennis. Het bezitten van exclusieve technologieën geeft voordelen in productinnovatie en productie en leidt niet zelden tot een dominante marktpositie. Een voorbeeld is het potentiebevorderende middel Viagra; de alternatieven zijn niet bekend.

De verschillende strategieën staan niet op zichzelf, maar kunnen ook in combinatie worden toegepast. Tussen de strategieën kunnen dan ook weer synergieën ontstaan.

Benodigde tijdsduur

De ontwikkeling van sommige duurzame concurrentievoordelen kan op relatief korte termijn, bijvoorbeeld binnen één jaar, worden gerealiseerd; andere concurrentievoordelen in een periode van twee, vijf of tien jaar, dus op lange termijn. In het eerste geval wordt gesproken van 'strategisch opportunisme' en in het laatste geval van een 'strategische visie'.

Strategische visie

De *strategische visie* is gebaseerd op het ver in de toekomst kijken, de dan geldende wensen van de afnemers in kaart brengen en daarna de dan benodigde middelen, vaardigheden en capaciteiten in de juiste mix bundelen en organiseren.

Strategisch opportunisme

Het *strategisch opportunisme* is gericht op het heden. De vraag: 'Hoe kunnen we ons nu onderscheiden van onze concurrenten in deze dynamische en onzekere tijden?', staat dan ook centraal. Voorbeelden van deze strategie zijn te vinden in de distributie of voortdurende aanpassingen in de andere elementen van de marketingmix, zoals het regelmatig aanbrengen van kleine productverbeteringen.

Het ligt voor de hand dat beide strategieën aan elkaar worden gekoppeld om zo elkaar te versterken. De steeds korter wordende levenscycli van producten vragen tenslotte om adequate marktinformatiesystemen, strategische flexibiliteit en een strategische visie. Er mag geen tijd verloren gaan.

Voor de auteur Aaker is een core competence pas houdbaar of duurzaam, als deze ook in een veranderende meso- en macro-omgeving houdbaar is. De bedrevenheid in het creëren en onderhouden van alleen een krachtig merk leidt nog niet tot een core competence. Vaardigheden op andere gebieden zijn ook nodig om deze competence uniek te maken ten opzichte van concurrenten. Dit geldt bijvoorbeeld ook voor de ondernemingen die een unieke productie- of distributielocatie hebben.

Belangrijk is ook dat de core competence eigendom is van de eigen organisatie. Een producent van halffabrikaten kan over een unieke technologie van de leverancier van grondstoffen beschikken, waarmee hij een hoogwaardig product tegen een zeer voordelige prijs kan leveren. Ondernemingen met een core competence veroveren in de regel een marktaandeel en kunnen tot verbazing van andere aanbieders marktleider worden.

Aan core competences moet voortdurend worden gewerkt en verbeterd. Ze zijn niet voor eeuwig houdbaar. Core competences moeten ingezet worden:

- om nog meer waarde voor de afnemers te creëren;
- om ook in de toekomst substantiële waarde voor de huidige klanten te leveren;
- om in de toekomst in de meest aantrekkelijke (nieuwe) markten een rol te spelen;
- om nieuwe technologieën en daaruit voortvloeiende producten en diensten te exploiteren.

Bovenstaande kan als volgt schematisch (zie tabel 1.4) worden weergegeven.

Tabel 1.4 **Bestaande en nieuwe kerncompetenties in een bestaande en nieuwe markt**

	Bestaande kerncompetenties	Nieuwe kerncompetenties
Bestaande markt	Handhaven, verbeteren	Toekomstige markthandhaving
Nieuwe markt	Penetreren in de toekomst	Positie in nieuwe markten verwerven

Kritische succesfactoren

Kritische succesfactoren

Onder *kritische succesfactoren* (KSF's) of *key success factors* worden die bekwaamheden of middelen verstaan, die van doorslaggevende betekenis zijn voor het kunnen opereren van de organisatie in bepaalde markten. Kritische succesfactoren zijn bepalend voor het reilen en zeilen van de organisatie, nu en in de toekomst. De visie moet in wezen opgebouwd zijn uit een verzameling van kritische succesfactoren. We onderscheiden twee groepen van kritische succesfactoren of succesbepalende factoren, namelijk de zogenaamde:

- hygiënische kritische succesfactoren en de
- visionaire kritische succesfactoren.

Hygiënische kritische succesfactoren

Hygiënische kritische succesfactoren zijn voor de continuïteit van de organisatie van essentieel belang. Zonder realisering van deze succesfactoren kan de organisatie niet bestaan. Zo is bijvoorbeeld de busonderneming 'Den Oudsten' failliet gegaan wegens het niet kunnen vervullen van openstaande vacatures. Hygiënische succesfactoren zijn bijvoorbeeld:

- het break-evenpunt
- de doorlooptijden
- de kwaliteit van producten en diensten
- het aantal klachten
- de registratie voor auto's en medicijnen
- het technisch en cabinepersoneel in de luchtvaart
- de faciliteiten in scholen, openbaar vervoer et cetera.

Visionaire kritische succesfactoren

Visionaire kritische succesfactoren zijn voor de continuïteit van de organisatie niet van doorslaggevend belang, maar wel voor het succes ervan. Worden de visionaire kritische succesfactoren niet ingevuld, dan is de koers van de organisatie onduidelijk en wordt zij gemakkelijk een speelbal voor concurrenten. Het betreft succesfactoren die medewerkers en klanten mobiliseren, motiveren, er voor gaan en teamvorming bevorderen. Het draait hier om de 'honger' naar kennis, het bevorderen van creativiteit en het smeden van interne en externe relaties. Invulling van visionaire kritische succesfactoren leidt tot:

- een flexibele organisatie;
- een integrale uitwisseling van informatie;
- resultaatgerichtheid, ondernemendheid en win-winsituaties;
- een pro-actieve klantenbenadering en -oplossingen;
- duidelijke organisatie-intenties en -beleid;
- optimale interne processen.

Prestatie-indicatoren

Het combineren van visionaire kritische succesfactoren kan de basis leggen voor core competences. De kritische succesfactoren die niet meetbaar worden geformuleerd, worden vervolgens vertaald in *prestatie-indicatoren*. Prestatie-indicatoren zijn concrete meetpunten die aangeven of de organisatie wel of niet succesvol is. Indien vakpersoneel essentieel is voor de organisatie, dus een kritische succesfactor is, houdt dit in dat behoud en werving van personeel belangrijk is. De prestatie-indicatoren kunnen dan bijvoorbeeld zijn: personeelsverloop, functioneringsgesprekken, ziekteverzuim en personeelstevredenheid, aandeel nieuwe medewerkers et cetera. Vervolgens bepalen we de normen voor deze prestatie-indicatoren en de concrete (tussenliggende) doelstellingen, zoals budget in euro's voor trainingen, opleidingsniveau (percentage LBO, MBO en HBO), concrete employee benefits, aantal functioneringsgesprekken et cetera.

Het creëren en onderhouden van alleen een sterk merk is geen core competence

Missie en succesfactoren van Interpolis

'Wij zijn een complete verzekeraar. Wij werken vanuit een coöperatieve instelling en met een sterke lokale betrokkenheid. Met onze tussenpersonen en onze verzekerden onderhouden we inspirerende relaties. Tegenover elkaar zijn we open en ondernemend. Juist daardoor zullen we bij uitstek invloedrijk zijn, in de hele verzekeringsmarkt, met een absolute toppositie in de agrarische sector. Aan deze opdracht zullen we altijd met elkaar moeten blijven werken. We zijn op weg. Maar de knop moet steeds verder om. Het zal niet altijd en niet voor iedereen meevallen. Dan zullen wij, dat zijn jij en ik, elkaar de hand toesteken.'

De kritische succesfactoren die in de missie liggen besloten zijn:

1. een compleet verzekeringsassortiment (hygiënisch);
2. een coöperatieve instelling en lokale betrokkenheid (visionair);
3. openheid en ondernemerschap (visionair);
4. toppositie als verzekeraar, vooral in de agrarische sector (hygiënisch);
5. houden van elkaar helpen (visionair).

Uiteraard moet Interpolis een vergunning hebben van de Verzekeringskamer (hygiënisch), over ICT-systemen beschikken (hygiënisch) et cetera.

1.5 Differentiële strategie

De *generieke concurrentiestrategieën*, zoals die door Porter zijn geformuleerd en in hoofdstuk 6 nog uitgebreid worden beschreven, zijn bruikbaar om strategische posities op het eenvoudigste en breedste niveau te beschrijven. De keuze uit een van deze strategieën is belangrijk, om geen speelbal van de concurrentie te worden. Deze keuze is echter niet meer dan een startpunt, van waaruit de ontwikkeling van een eigen, unieke en moeilijk te imiteren strategie moet beginnen. Het denken in termen van deze generieke strategieën heeft er mede toe geleid, dat er de laatste tien jaar heel sterk is gedacht in de richting van *operationele effectiviteit* en *efficiency*. Hierbij kan gedacht worden aan integrale kwaliteitszorg, benchmarking, concurreren op snelheid, uitbesteding, partnerships, herstructurering van bedrijfsprocessen, veranderingsmanagement, verbetering van de productiecapaciteit en kostenbeheersing.

Operationele effectiviteit

Porter stelt dat operationele effectiviteit, hoewel noodzakelijk om uitstekende prestaties te behalen, op zich onvoldoende is om zich als onderneming duurzaam van concurrenten te onderscheiden, omdat de gebruikte methoden gemakkelijk kunnen worden gekopieerd. Imitatie is gemakkelijker wanneer de operationele effectiviteit berust op slechts een of enkele activiteiten. Stel dat er 90% kans is dat een activiteit kan worden nagebootst. Bij twee activiteiten is de kans dus 81% (90% × 90%) en bij vijf verschillende activiteiten nog maar 59%.

Japanse ondernemingen scoren hoog wanneer het gaat om de operationele effectiviteit. Inmiddels is de hoogst mogelijke mate van effectiviteit wel behaald en worden zij door andere ondernemingen geïmiteerd. De voorsprong van Japan is al lang verdwenen, omdat Japanse ondernemingen de generieke concurrentiestrategie niet verder hebben ontwikkeld. Dat wil zeggen dat zij geen specifieke, eigen (strategie) positionering hebben ontwikkeld. Bovendien wordt de bovengrens op een bepaald moment bereikt, waardoor de concurrentievoorsprong van een organisatie is verdwenen. Hoe meer concurrenten hun activiteiten (bijvoorbeeld productie of productontwikkeling) uitbesteden aan andere ondernemingen (vaak ook nog dezelfde ondernemingen), hoe uniformer/algemener deze activiteiten worden. Dat geldt ook voor het implementeren van adviezen van grote consultancybureaus. Hun benadering is in zekere mate gebaseerd op standaardisatie.

Wat is een strategie?

Een strategie is het scheppen van een unieke en waardevolle positie met behulp van een reeks van activiteiten, teneinde de langetermijndoelstellingen te bereiken. Het NIMA geeft hiervan de volgende definitie:

Definitie strategie

Een strategie is de wijze waarop een organisatie haar langetermijndoelstellingen tracht te bereiken, rekening houdend met belangrijke ontwikkelingen c.q. veranderingen in de omgeving.

Een strategie kan haar weerslag vinden in een bepaalde positionering in gekozen markten, een consistente en planmatige aanpak of een perspectief (helikopterview, vergezicht, vooruitzicht) op verschillende niveaus (onderneming, SBU, product et cetera). Neemt Porter voor het toekomstig beleid (generieke concurrentiestrategieën en value chain) de externe omgeving als uitgangspunt (*strategy as fit*), Hamel en Prahalad gaan daarentegen uit van het eigen intellectueel leiderschap (*strategy as stretch*).

Intellectueel leiderschap

Volgens Hamel en Prahalad is er intellectueel leiderschap nodig met een grondig overzicht van en inzicht in de dynamische externe omgeving. Alleen met deze helikopterview kunnen core competences worden geëxploiteerd, teneinde bepaalde markten met een unieke positionering te veroveren. Van groot belang is dat de *strategische intentie* van het topmanagement, bijvoorbeeld om over vijf of tien jaar in bepaalde markten een koppositie te hebben, door de gehele organisatie wordt gedragen. Het gat tussen de aspiraties en de middelen wordt gedicht door systematisch steeds 'nieuwe lagen' van concurrentievoordeel te bouwen, waarbij de nadruk even sterk op creativiteit als op snelheid ligt. De organisatie moet over inbeeldingsvermogen (*corporate imagination*) van markten beschikken die nu nog niet bestaan, alsmede over bekwaamheden om deze nieuwe markten sneller te ontwikkelen dan de concurrentie (*expenditionary marketing*).
Hierbij past een 'eigen positionering': de activiteiten bewust anders verrichten of andere activiteiten verrichten dan de concurrentie. Zo heeft bijvoorbeeld Easy Jet een snelle doorlooptijd op luchthavens. De vliegtuigen zijn dan relatief veel in de lucht, waardoor de kosten per kilometer per passagier dalen.

Oorsprong strategische posities

De oorsprong van strategische posities is gelegen in drie afzonderlijke bronnen, die elkaar niet uitsluiten en elkaar veelal zelfs overlappen:

- *Specialisatie*. Hierbij gaat het om een positionering, waarbij slechts een deel van de diensten of producten in de bedrijfstak wordt aangeboden. Easy Jet is hiervan een voorbeeld.
- *Exclusiviteit*. Hierbij gaat het om een positionering, waarbij voldaan wordt aan de meeste of alle behoeften van een specifieke groep klanten. Voorbeelden hiervan zijn IKEA en Staal Bankiers.
- *Wijze van benadering/toegankelijkheid*. Hierbij gaat het om een positionering, waarbij klantengroepen verschillend worden benaderd.

Voorbeelden zijn discount versus kwaliteit, gokhal versus casino en stad versus platteland.

Een unieke positie is echter onvoldoende om een blijvend concurrentievoordeel van een strategische positie te handhaven. Strategische posities kunnen alleen in stand gehouden worden als er *trade offs* zijn met andere posities. Van trade offs is sprake wanneer activiteiten niet met elkaar verenigbaar zijn. Denk bijvoorbeeld aan de KLM en Ahold, waarbij een discountstrategie niet verenigbaar is met de huidige kwaliteitsbenadering. Trade offs dwingen tot het maken van keuzes, maar vormen volgens Porter tevens een bescherming tegen concurrenten.

Trade offs

Oorzaken van trade offs

Oorzaken van trade offs kunnen zijn:
- *Tegenstrijdigheid met imago of reputatie.* Holland Casino kan geen diensten leveren met een lage gepercipieerde prijs/kwaliteit.
- *Trade offs maken bepaalde trade offs noodzakelijk.* Elke strategische positie vereist andere producten en diensten, een ander gedrag en andere vaardigheden van de medewerkers, alsmede andere managementstijlen. Easy Jet bedient een specifieke klantengroep die goedkoop naar Londen of Lyon wil vliegen, zonder specifieke eisen op het gebied van service en flexibiliteit.
- *Beperkingen van de interne coördinatie en controle.* Door duidelijk te kiezen voor een bepaalde aanpak, maakt het management van een organisatie duidelijk wat de prioriteiten zijn. Een computergroothandel levert bijvoorbeeld direct uitsluitend aan ondernemingen met een potentie van 100 personal computers.

Samenvattend kan worden gesteld, dat een gekozen strategie versterkt wordt door:
- zoveel mogelijk unieke activiteiten aan te bieden, zodat de kans op imitatie kleiner wordt;
- activiteiten die elkaar versterken of logisch op elkaar aansluiten (consistentie);
- activiteiten die elkaar complementeren;
- een duidelijk onderscheid te maken tussen operationele effectiviteit en onderscheidende strategieën;
- de continue investering in core competences en creatieve human resources.

In figuur 1.6 is de strijd om de toekomst gevisualiseerd, waarbij geldt: 'strategy as stretch', dat wil zeggen, een strategie die de organisatie dwingt om te veranderen in de richting van een zelfgekozen toekomst. Dat kan alleen als de organisatie een visie over die toekomst heeft ontwikkeld, gebaseerd op wat de organisatie zelf kan (en wil) en niet alleen aansluit op een veranderende meso- en macro-omgeving. Zijn de meso- en macro-omgeving het uitgangspunt, dan spreken we van een 'strategy as fit'.

Figuur 1.6 **De strijd om de toekomst**

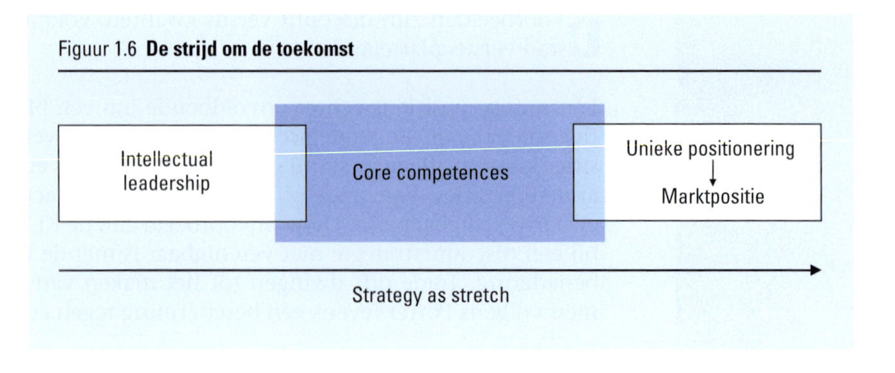

De meso- en macro-omgeving

2

Marketing vindt plaats in wisselwerking met haar externe omgeving. In de eerste plaats richt de organisatie zich op haar doelgroepen. Daarnaast zijn er diverse andere personen en organisaties die van invloed (kunnen) zijn op de wijze waarop een onderneming haar rol intern en extern vervult. Hierbij wordt onderscheid gemaakt tussen de meso- en de macro-omgeving.
In paragraaf 2.1 wordt inleidend de relatie gelegd tussen de interne en externe omgeving. Paragraaf 2.2 behandelt de voornaamste factoren van de meso-omgeving, ofwel de bedrijfstak waarin de organisatie opereert. Vervolgens worden in paragraaf 2.3 de factoren van de macro-omgeving, de maatschappelijke omgeving van de organisatie, uitvoerig behandeld.

2.1 De ondernemer in zijn omgeving

De marketeer dient een grondige kennis te hebben van zowel de directe omgeving, dat wil zeggen van de bedrijfstak (de markt), als van de meer indirecte, maatschappelijke omgeving van zijn organisatie of organisatieonderdeel. Aan de externe omgeving van organisaties wordt in dit hoofdstuk uitgebreid aandacht besteed. Daarbij worden de verschillende omgevingsfactoren besproken aan de hand van allerlei ontwikkelingen en voorbeelden, die consequenties hebben voor het marketingbeleid. Onder de externe omgeving worden de meso- en de macro-omgeving verstaan. In figuur 2.1 wordt het verband tussen de verschillende omgevingen gelegd.

Figuur 2.1 **Micro-, meso- en macro-omgeving**

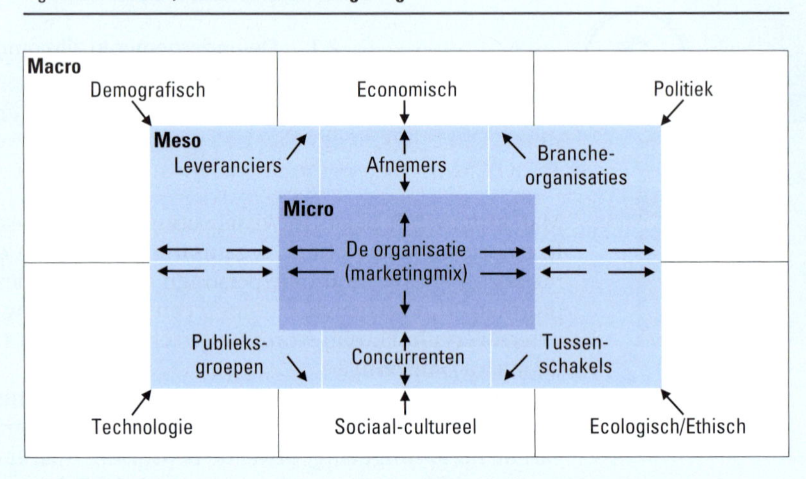

Micro-omgeving

Met de micro-omgeving wordt bedoeld de interne en dus in principe de direct of op wat langere termijn te beheersen factoren. Deze hebben betrekking op de organisatie zelf, zoals op het marketing- en verkoopbeleid, het onderzoek- en ontwikkelingsbeleid, het productiebeleid, het planningsproces, de infrastructuur van de organisatie et cetera.

Het is voor een organisatie van belang dat ontwikkelingen in haar omgeving worden bestudeerd en onderkend als een relevante bedreiging of kans. Zeker in een dynamische omgeving moeten organisaties hun voelsprieten of antennes volledig uitsteken om vroegtijdig wijzigingen te signaleren en om vervolgens daarop pro-actief in te spelen. Zo moet een flexibele organisatie het commerciële beleid dat ze heeft geformuleerd zo nodig op korte termijn kunnen bijstellen. De micro-omgeving (ook wel de *interne* of *beïnvloedbare omgeving* genoemd), wordt in de hoofdstukken 7, 8 en 9 beschreven.

Meso-omgeving

De markt of bedrijfstak waarin de organisatie werkzaam is, wordt de *meso-omgeving* genoemd. De organisatie staat in direct contact met een aantal marktpartijen die zij niet kan beheersen of onder controle kan houden, maar wel (afhankelijk van haar grootte) in meer of mindere mate kan beïnvloeden. We kunnen de volgende marktpartijen onderscheiden:

- huidige en potentiële concurrenten;
- tussenschakels in de distributie, zoals groothandelaren en detaillisten;
- (potentiële) afnemers, zowel particuliere als zakelijke;
- toeleveranciers van bijvoorbeeld grondstoffen, halffabrikaten, eindproducten of uitzendmedewerkers;
- brancheorganisaties op zowel het niveau van de aanbieders als op het niveau van de afnemers;
- publieksgroepen, zoals de vakpers, de vakbonden en de actiegroepen.

In paragraaf 2.2 wordt nader ingegaan op de ontwikkelingen in de meso-omgeving.

Een organisatie kan de indirecte, meer maatschappelijke ontwikkelingen, niet beïnvloeden; laat staan beheersen. De afstand is daarvoor te groot en de positie te klein. Door het oprichten van bijvoorbeeld een brancheorganisatie van aanbieders, wordt de afstand tussen de meso- en de macro-omgeving als het ware verkleind en wordt hun positie versterkt. Een brancheorganisatie is een gesprekspartner van de overheid en heeft dus veel meer invloed dan een individuele fabrikant.

Macro-omgeving

In de *macro-omgeving* onderscheiden we de volgende factoren, die met het ezelsbruggetje DEPEST kunnen worden onthouden:

- demografische factoren
- economische factoren
- politiek-juridische factoren
- ecologische en ethische factoren
- sociaal-culturele factoren
- technologische factoren.

Organisaties, zoals het Centraal Bureau voor de Statistiek (www.cbs.nl) en het Sociaal Cultureel Planbureau (www.scp.nl) doen veel onderzoek op dit terrein. In paragraaf 2.3 wordt nader ingegaan op de ontwikkelingen in de macro-omgeving.

2.2 De meso-omgeving

Bedrijfstak

De meso-omgeving kan worden aangeduid als 'de bedrijfstak' of 'de markt waarop de organisatie actief is'. Meer uitgebreid verstaan we hieronder de:

- afnemers
- toeleveranciers
- intermediairs (distributie)
- concurrenten
- (relevante) publieksgroepen.

In praktisch alle gevallen hebben we hier te maken met 'spelers', instellingen of personen, waarmee de onderneming in direct contact staat of zou kunnen staan. De onderneming heeft er bij wijze van spreken de telefoonnummers van. Dat betekent ook dat deze meso-omgeving voor de onderneming weliswaar niet 'beheersbaar', maar toch in meer of mindere mate 'beïnvloedbaar' is.

2.2.1 Meso-omgeving: Afnemers

Voor een onderneming speelt de 'markt' en daarmee de afnemer een centrale rol. Heel het handelen is immers gericht op het voorzien in bepaalde behoeften van die afnemer. Op grond hiervan is de stelling verdedigbaar dat de afnemers binnen de meso-omgeving de belangrijkste groep vormen. Uitgebreide kennis van de wensen, het marktgedrag en de omvang van afnemerscategorieën is voor de onderneming dan ook onmisbaar.
Het is hierbij verstandig voorafgaand aan de analyse een zinvolle onderverdeling te maken van de (mogelijke) afnemerscategorieën.

Afnemersmarkten

Daarbij kunnen in nationale en internationale markten vier soorten afnemersmarkten worden onderscheiden, met ieder hun specifieke karakteristieken (ontwikkelingen, kansen en bedreigingen):
1 consumenten
2 industriële afnemers
3 wederverkopers
4 overheid en not-for-profitafnemers.

Analyse per markt

Voor elk van de markten waarop een onderneming opereert zal een aantal variabelen in kaart gebracht moeten worden. Dat zijn bijvoorbeeld het aantal concurrenten, het aantal (potentiële) afnemers, de totale omvang van de vraag in hoeveelheid of geld (primaire vraag) en het eigen marktaandeel daarin (secundaire vraag). Uiteraard dienen ook de *ontwikkelingen* in dit soort variabelen de nodige aandacht te krijgen.

Marktsegmenten

Binnen de vier genoemde markten kunnen vaak nog specifieke segmenten worden gedefinieerd, die ieder hun eigen marketingstrategie vereisen. Per segment dient te worden vastgesteld welke wensen en voorkeuren een rol spelen en in hoeverre er wellicht sprake is van nog onvervulde behoeften. Getracht moet worden hieruit af te leiden welke middelen en/of vaardigheden nodig zijn om aan die wensen tegemoet te komen en in die behoeften te voorzien. Dit vormt dan weer een belangrijke input voor de per segment te ontwikkelen marketingstrategie. In hoofdstuk 3 gaan we uitgebreid in op de vraaganalyse van afnemers.

Wensen van afnemers ook voor De Vleeshouwerij belangrijk

De Vleeshouwerij zal terdege rekening moeten houden met de vier trends die volgens de case in de jaren tachtig zijn ingezet: de consument zoekt zekerheid en constante kwaliteit, hij is meer bekommerd om zijn gezondheid, zijn lichaamsgewicht en zijn lijn, hij wil meer variatie in zijn voeding en verkiest kant-en-klaar-producten of producten die weinig bereiding vergen.

2.2.2 Meso-omgeving: Toeleveranciers

Afhankelijkheid

Zonder input van materialen en arbeid kan een onderneming niets produceren. Dat geldt niet alleen voor een fabrikant of distribuant, maar ook voor een zuivere dienstverlener. Dit impliceert dat er in de relatie tussen een onderneming en haar toeleveranciers altijd sprake zal zijn van een zekere afhankelijkheid, met name van prijs, kwaliteit en van beschikbaarheid. Deze afhankelijkheid en vooral de eventueel te verwachten veranderingen daarin, vormt dan ook een belangrijk onderwerp bij de externe analyse.

Natuurlijk is de ene leverancier voor een onderneming veel belangrijker dan de andere. De inkoopwaarde van de betreffende grondstof (halfproduct, materiaal) of de betreffende dienst, in vergelijking met de totale inkoop van een onderneming, speelt hierbij een rol. Daarnaast ook de beschikbaarheid. (Is de aanbieder monopolist? Kan hij wel op tijd leveren?) Ten slotte kan ook de unieke technische knowhow van de leverancier de kopende onderneming, zeker als er geen substituten zijn, in een afhankelijke positie brengen.

Key-inputs

In alle gevallen van grote 'afhankelijkheid' kan gesproken worden van *key-inputs*. Een onderneming zal ten aanzien van deze key-inputs continu informatie moeten verzamelen over mogelijke prijstrends, beschikbaarheid en kwaliteitsontwikkeling. In tijden van tekorten of schaarste moeten inkopers in staat zijn hun eigen bedrijf te 'marketen' bij de aanbieders om leveringsvoorkeur te verkrijgen. Bij 'beschikbaarheid' moet ook worden gelet op alternatieven, die bijvoorbeeld door technologische of politieke ontwikkelingen op de markt (kunnen) komen. Eventuele machtsconcentraties aan de zijde van de toeleveranciers moeten nauwlettend worden gevolgd. Deze kunnen immers grote invloed hebben op prijs en beschikbaarheid.

Beperking afhankelijkheid

Methoden om de afhankelijkheid van leveranciers te beperken zijn onder meer: de inkopen over verschillende leveranciers spreiden (multiple sourcing), langdurige relaties met belangrijke aanbieders aangaan, achterwaartse integratie, leveranciers zich dichter bij de fabriek laten vestigen of inkoopcombinaties vormen.

2.2.3 Meso-omgeving: Intermediairs (distributie)

Niet alleen aan de inkoopkant, maar ook aan de verkoopkant heeft een onderneming te maken met allerlei 'spelers' die van invloed zijn op de wijze waarop een onderneming haar maatschappelijke functie kan realiseren.
Hier zien we diverse instanties die de onderneming bijstaan bij het promoten, verkopen of distribueren van haar producten naar de finale afnemers. Daaronder vallen bijvoorbeeld de groot- en detailhandel (de *wederverkopers*), die eigenaar worden van de verhandelde producten.

Intermediair: geen eigenaar

Daarnaast zijn er *intermediairs* die geen eigenaar worden, zoals de agent, de transporteur en het reclamebureau. In het eerste geval heeft de onderneming te maken met een verkoopmarkt, in het tweede geval met een inkoopmarkt (inkoop van diensten).

Machtsconcentraties

Machtsconcentraties aan de distributiekant kunnen een ernstige bedreiging vormen voor de producent van goederen of diensten. Belangrijk is de distribuanten te beschouwen als afnemers met eigen wensen en behoeften, waarvoor een eigen marketingbeleid moet worden ontwikkeld (accountmanagement, tweedoelgroepenbenadering).

2.2.4 **Meso-omgeving: Concurrenten**

Het hoeft geen betoog dat ook het aantal concurrenten en vooral hun 'marktgedrag' van grote invloed kan zijn op de resultaten die een aanbieder behaalt. Te vaak wordt daarbij uitsluitend gelet op die concurrenten, die vergelijkbare goederen of diensten aanbieden. Vergeten wordt dan echter dat een afnemer, welke soort afnemer dan ook, elke euro maar één keer kan uitgeven. Met andere woorden: een onderneming concurreert in principe met alle andere goederen of diensten die haar afnemers met hun geld zouden kunnen aanschaffen.
Zoals een directeur van Mercedes opmerkte: 'Iedereen zegt altijd dat BMW onze grootste concurrent is, maar wij concurreren eigenlijk nog meer met de tweede vakantie, de caravan of de boot.'

Directe en indirecte concurrentie
Er is naast *directe* concurrentie dus ook sprake van *indirecte* concurrentie. Hierbij onderscheiden we de volgende vormen:
- behoefteconcurrentie (bijvoorbeeld vervoer of woninginrichting);
- generieke concurrentie (de behoefte aan vervoer kan door verschillende productcategorieën worden ingevuld: auto, trein, tram, bus, fiets);
- productvorm- of producttypeconcurrentie (auto: sedan, coupé of terreinwagen);
- merkenconcurrentie (Opel, Mitsubishi).

De distributie: belangrijke meso-omgevingsfactor voor De Vleeshouwerij

Voor De Vleeshouwerij is de distributie een zeer belangrijke meso-omgevingsfactor. Een belangrijk onderscheid hierbij is dat tussen het supermarktkanaal en het slagerskanaal. Niet alleen omdat De Vleeshouwerij alleen via het slagerskanaal, met de grossiers als intermediairs, levert, maar ook omdat beide kanalen zich verschillend blijken te ontwikkelen. Het aandeel van de slagerijen in de vleeswarenmarkt neemt gestaag af, dat van de supermarkten neemt toe. Deze tendens wordt versterkt door de komst van de zuurstofarme verpakking, die in hoog tempo wordt ingevoerd in het supermarktkanaal.
Dit is overigens een voorbeeld van een technologische ontwikkeling (macroniveau) die invloed heeft op de distributieverhoudingen (mesoniveau). De grossiers zijn voor De Vleeshouwerij extra belangrijk omdat er vaak sprake blijkt te zijn van een jarenlange relatie tussen de regionale grossier en de lokale slager. De grossiers leveren niet aan supermarkten. Dat betekent dat de productie en distributie van vleeswaren in feite langs twee gescheiden en elkaar beconcurrerende kanalen plaatsvindt:
1 Familievleeswarenbedrijven (zoals De Vleeshouwerij) → grossiers → slagers
2 Grote vleeswarenbedrijven (zoals Nestlé en Unilever) → supermarkten.

Mountain Travel: concurrenten of collega's?

In de case Mountain Travel wordt gesproken over het overkoepelend brancheorgaan ANVR en over collega-touroperators (niet aangesloten bij de ANVR). Hier is typisch sprake van de *meso-omgeving* van Mountain Travel.
Dat concurrenten inderdaad ook collega's zijn, blijkt uit de tekst: 'Samen met collega-touroperators (...) is inmiddels een eigen overlegorgaan opgezet. Men bekijkt nu of (...) maatregelen genomen moeten worden.' Een typisch voorbeeld van een gezamenlijke inspanning binnen de branche om de *primaire vraag* te vergroten of minstens op peil te houden.

Kruidvat neemt belang in Duitse drogisterijketen

Drogisterijketen Kruidvat neemt een belang van 40% in de Duitse branchegenoot Rossmann. Voor de deelneming in de op vier na grootste Duitse drogisterijketen, met een omzet van €1,1 miljard, moet Kruidvat nog wel toestemming krijgen van de mededingingsautoriteit Bundeskartellamt. Dat heeft de Nederlandse onderneming uit Renswoude bekendgemaakt. Kruidvat, dat ruim drie keer groter is dan Rossmann, werkt al zeven jaar samen met de Duitsers in Polen, Tsjechië en Hongarije.
Momenteel exploiteren de twee bedrijven in die Oost-Europese landen via een joint venture 209 drogisterijen. De Duitse keten telt in totaal circa 7 000 werknemers en 650 drogisterijen in vooral Oost- en Noord-Duitsland. Het bedrijf verwacht dit jaar (2002) een omzet te behalen van €1,1 mld. Directeur Dirk Rossmann houdt de overige 60% van de aandelen in handen.
Kruidvat denkt in 2002 een omzet te boeken van €3,8 mld. Het bedrijf bezit naast de gelijknamige drogisterijketen onder meer Trekpleister en ICI Paris XL. Een jaar geleden heeft de holding bovendien nog het Britse Superdrug overgenomen. Met in totaal 2 100 winkels en 29 000 werknemers in zeven Europese landen behoort Kruidvat naar eigen zeggen tot de grootste in Europa.

Bron: www.dft.nl, 12 augustus 2002

Merkenconcurrentie

Uiteraard is *merkenconcurrentie* de meest directe vorm van concurrentie. De echte uitdaging voor de onderneming is echter niet in de eerste plaats om te concurreren met merkconcurrenten (dus om marktaandeel), maar om de primaire vraag naar de productklasse te vergroten: '*Je kunt beter mét elkaar eten dan ván elkaar*'. De verhouding tot collega-aanbieders is dus dualistisch: ze zijn zowel concurrenten als collega's.

Aantal concurrenten en segmentatie

De individuele onderneming zal in haar externe analyse uiteraard acht slaan op het *aantal* concurrenten, maar zeker ook op hun *marketingactiviteiten*.

Marktvormen

Binnen de marketing worden de verschillende marktvormen in het algemeen onderscheiden op basis van twee factoren, namelijk de mate waarin de aangeboden producten in de ogen van de afnemers op elkaar lijken en dus onderling verwisselbaar zijn (mate van homogeniteit) en het aantal aanbieders. Op grond van deze beide factoren onderscheiden we:

- monopolie
- heterogeen oligopolie
- homogeen oligopolie
- monopolistische concurrentie
- volledig vrije mededinging.

Monopolie

Monopolie

Bij een *monopolie* is er slechts één aanbieder van het desbetreffende product op de markt actief. Het product is dus per definitie uniek. Monopolisten behoeven hun marktgedrag niet af te stemmen op dat van directe concurrenten, maar zijn evenals aanbieders in andere marktvormen, wel afhankelijk van gegevens en ontwikkelingen op macroniveau (denk bijvoorbeeld aan wet- en regelgeving). Echte monopolisten zijn tegenwoordig nog nauwelijks aanwijsbaar. In een aantal gevallen wordt een monopolie door de overheid verleend (openbaar vervoer, nutsbedrijven), maar diezelfde overheid laat steeds vaker in het kader van het mededingingsbeleid toch ook weer nieuwe concurrenten toe (denk aan de spoorwegen, de elektriciteitsvoorziening en de telecommunicatie).

Opta wil af van monopolie TPG Post

Aan het postmonopolie van TPG in Nederland moet snel een einde komen. Dit zei Jens Arnbak, voorzitter van toezichthouder Opta, bij de presentatie van het jaarverslag. TPG is op dit moment de enige die geadresseerde post tot 100 gram mag rondbrengen.

Ook moet TPG zijn netwerk openstellen voor concurrenten, vindt Arnbak. Alleen op die manier kan concurrentie op de Nederlandse postmarkt van de grond komen. 'Een landelijk netwerk valt op korte termijn niet rendabel te maken door nieuwe toetreders te kopiëren', meent Arnbak. Daarom moet een marktpartij deels gebruik kunnen maken van het netwerk van TPG. 'Een marktpartij moet per zending kunnen beslissen op welk punt van het netwerk van TPG wordt ingestoken: bij de brievenbussen, de postkantoren, de sorteercentra of de postbode.' Het is hoog tijd dat er meer concurrentie op de postmarkt komt, vindt Arnbak, want nu profiteren consumenten en bedrijven niet voldoende van de sterk toegenomen effeciëntie en kostenbesparingen bij TPG.

De Opta ziet de telecommarkt als lichtend voorbeeld. Het beëindigen van het monopolie van KPN heeft de welvaart volgens de Opta aantoonbaar vergroot. Arnbak rekende voor dat de liberalisering van die markt de consument sinds 1998 tot nu toe €83 voor de vaste telefoon scheelt. 'Dit zou in de post- en kabelmarkt herhaald moeten worden.'

In een reactie wees demissionair staatssecretaris Monique de Vries (Verkeer en Waterstaat) erop dat TPG alleen nog een monopolie heeft op alle post tot 100 gram. De rest van de markt is al vrijgegeven, en daarop bewegen zich spelers als Van Gend en Loos. Verder dan dat wilde de demissionaire bewindvoerster op dit moment niet gaan. 'Nederland moet niet voor de troepen uitlopen', stelt De Vries, 'We zijn al verder dan de ons omringende landen. Daar zijn nog monopolieposities tot 300-350 gram.'

Bron: *De Volkskrant,* 2 mei 2002

Heterogeen oligopolie

Heterogeen oligopolie

Bij een *heterogeen oligopolie* zijn slechts enkele aanbieders van een bepaalde productsoort op de markt actief. In de ogen van de afnemers zijn de producten van deze aanbieders niet gelijk en niet zonder meer onderling uitwisselbaar. In het algemeen worden merkproducten als heterogeen beschouwd. Uiteraard is dat meer het geval naarmate de aanbieders erin slagen hun merken een duidelijk andere positionering te geven dan die van hun concurrenten (bijvoorbeeld Heineken en Douwe Egberts; bij benzinemerken ligt dat moeilijker). Door het geringe aantal aanbieders zullen marketingacties – en met name prijsacties – van een aanbieder, onmiddellijk gevoeld worden door de andere aanbieders. Deze andere aanbieders zullen daarop dan meestal ook direct reageren. Er is daarom sprake van 'circulaire betrekkingen' tussen de aanbieders.

Geknikte afzetcurve

Doordat een prijsverlaging van een van de aanbieders in het algemeen direct door de overige aanbieders wordt gevolgd, wat overigens bij een prijsverhoging niet het geval is, heeft elke aanbieder te maken met een *geknikte afzetcurve*. Dit leidt ook tot prijsstarheid: de aanbieders op een oligopolistische markt zullen ervoor terugschrikken de prijs als concurrentiewapen te gebruiken. Er is dus sprake van non-price-competition. Dit dwingt de aanbieders er ook toe de gewenste marge te behalen door lage kostprijzen te realiseren.

C4-index

Door het geringe aantal aanbieders is in het algemeen de *C4-index* (het gezamenlijke marktaandeel van de vier grootste aanbieders in de markt) hoog. Door de toenemende concentratie in de afgelopen jaren (denk bijvoorbeeld aan Daimler/Chrysler), gericht op schaalvoordelen en een betere marktbeheersing op internationale schaal, is het heterogeen oligopolie een steeds belangrijkere marktvorm geworden, waarin men veel grote multinationals aantreft. Voorbeelden zijn de vliegtuigindustrie, de wasmiddelenindustrie en langzamerhand ook de auto-industrie.

Homogeen oligopolie

Homogeen oligopolie

Het verschil tussen homogeen en heterogeen oligopolie is, dat in het eerste geval de producten van de verschillende aanbieders in de ogen van de afnemers volledig verwisselbaar zijn. Voorbeelden vinden we vooral bij delfstoffen en bij agrarische producten (bepaalde soorten suiker, olie, steenkool). Aangezien de producten van de aanbieders uitwisselbaar zijn, kan niet op productkenmerken worden geconcurreerd (dus ook geen merken) en voelen de aanbieders zich vaak gedwongen naar het prijswapen te grijpen. Een duurzaam concurrentievoordeel kan hiermee echter alleen worden gerealiseerd, als de lagere marktprijsgebaseerd is op een structureel lage kostprijs. Vooral bij deze marktvorm is het effect van de geknikte afzetcurve zeer sterk aanwezig.

Monopolistische concurrentie

Monopolistische concurrentie

Bij *monopolistische concurrentie* zijn veel aanbieders van gelijksoortige (merk)producten op de markt actief, die in de ogen van de afnemers echter niet zonder meer uitwisselbaar zijn. Elke aanbieder heeft maar een klein marktaandeel. De C4-index is dus ook laag. Soms zijn er ook veel lokale aanbieders, bijvoorbeeld lokale bierbrouwerijen in Duitsland en wijnboeren in Frankrijk. Er is in het algemeen sprake van non-price-competition. Voorbeelden hiervan zijn bier, wijn, chocolade, sigaretten, balpennen et cetera.

Volledig vrije mededinging

Volledig vrije mededinging

Bij *volledig vrije mededinging* is sprake van een groot aantal aanbieders van homogene producten. Bij volkomen concurrentie, zoals deze marktvorm ook wel genoemd wordt, is het aantal aanbieders zo groot, dat een actie van een individuele aanbieder nauwelijks door de anderen gevoeld wordt. Daarin verschilt deze marktvorm van het homogeen oligopolie. Voorbeelden zijn aandelen van een bepaald bedrijf en bepaalde landbouwproducten (melk, gele narcissen et cetera). De prijsvorming vindt vaak plaats op een veiling (bloemen, fruit).

Hoeveelheids-aanpassers

Aanbieders in deze marktvorm worden vaak *hoeveelheidsaanpassers* genoemd, omdat zij hun marktresultaat noch met hun prijs, noch met het aanpassen van productkenmerken kunnen beïnvloeden. Slechts door tegen zo laag mogelijke kosten te produceren en hun producten op een geschikt moment (bij een gunstige marktprijs) aan te bieden, kunnen deze aanbieders de gewenste bedrijfsresultaten behalen. De genoemde hoeveelheidsaanpassing leidt overigens ook tot de bekende varkenscyclus. Sommige aanbieders proberen aan deze marktvorm te ontsnappen door hun producten heterogeen te maken en er zo mogelijk merkproducten van te maken (Greenfields biefstuk, de aardappel Opperdoeze Ronde, Chiquita bananen). Ze komen dan in het algemeen terecht in de marktvorm van de monopolistische concurrentie, waarbij een eigen marketingbeleid gevoerd kan worden.

Zodra het begrip 'marktvorm' concreet wordt toegepast, wordt altijd op een markt voor een specifieke productsoort gedoeld. Zo'n markt is dan ook altijd geografisch gedefinieerd, bijvoorbeeld de Nederlandse gasmarkt. Met het wegvallen van de grenzen binnen de Europese Unie zullen markten steeds vaker op Europees niveau worden gedefinieerd, waardoor ook de marktvorm voor een individueel bedrijf kan veranderen. Zo zal een monopolist in Nederland in het algemeen geen monopolist in de Europese Unie zijn.

De sigaretten- en shagmarkt is een typisch voorbeeld van oligopolistische concurrentie

Wat betreft hun marketingactiviteiten zijn vooral doelen, prestaties, strategieën, cultuur en sterkten en zwakten belangrijke aandachtsvelden. Als er sprake is van een groot aantal concurrenten kan het zinvol zijn ook hierbij een vorm van *segmentatie* toe te passen. Een onderneming kan haar concurrenten dan bijvoorbeeld indelen in groepen met overeenkomstige kenmerken, sterkten of strategieën.

De concurrentieanalyse, als onderdeel van de externe analyse op mesoniveau, wordt in hoofdstuk 6 nog uitgebreid behandeld.

Concurrenten in de meso-omgeving van De Vleeshouwerij

Een belangrijke externe invloed vanuit de meso-omgeving van De Vleeshouwerij is de toetreding van de voedingsgiganten Nestlé en Unilever tot de markt van de vleeswaren. Daarnaast heeft De Vleeshouwerij te maken met reeds bestaande directe concurrenten: 300 familievleeswarenbedrijven en een kleine groep middelgrote bedrijven die, net als De Vleeshouwerij, bulkproducten produceren.

2.2.5 Meso-omgeving: Publieksgroepen

Publieksgroepen worden als volgt gedefinieerd:

Definitie publieksgroep

Een publieksgroep is elke groep die feitelijk of potentieel belang heeft bij, of invloed heeft op, de mate waarin een organisatie in staat is haar doelstellingen te verwezenlijken.

De publieksgroepen worden in het algemeen tot de meso-omgeving gerekend. De onderneming is immers veelal in staat, bijvoorbeeld door middel van *public relations*, het gedrag van deze groepen te beïnvloeden. Uiteraard zal elke onderneming de relevante publieksgroepen moeten identificeren en, zo mogelijk, trachten invloed uit te oefenen op de door hen gecreëerde kansen en bedreigingen.

Onder de reeds gegeven definitie van publieksgroepen vallen strikt genomen ook de *afnemers, toeleveranciers* enzovoort van de onderneming. In de praktijk wordt de term echter gereserveerd voor met name de volgende groepen:

Financiële publieksgroepen

- *Financiële publieksgroepen.* Bijvoorbeeld banken, investeringsmaatschappijen, verzekeringsmaatschappijen en de effectenbeurs. Zeker als een onderneming behoefte heeft aan (aanvullende) externe financiering is een goede relatie met deze publieksgroepen vereist.

Media

- De *media*, zoals kranten, tijdschriften, radio en televisie. Zij kunnen grote invloed uitoefenen op de beeldvorming rond een onderneming door hun opinievorming bij het publiek.

Overheid

- De *overheid*, die ook vaak als 'publieksgroep' wordt genoemd, alhoewel 'de politiek' als een macro-omgevingsfactor wordt beschouwd. Zeker waar het de lokale overheid betreft kan een onderneming echter trachten via directe contacten kansen te vergroten en bedreigingen te verkleinen. Onderwerpen die in dit kader een rol kunnen spelen zijn bijvoorbeeld vestiging, overheidsopdrachten, vergunningen en faciliteiten. Zo heeft het Dolfinarium bijvoorbeeld bij de gemeente Harderwijk sterk aangedrongen op het realiseren van meer parkeerfaciliteiten.

Belangenorganisaties

- *Belangenorganisaties*, al of niet georganiseerd in consumenten- of milieuorganisaties, kunnen ook grote invloed hebben op het bedrijfsresultaat. Denk hierbij aan het vergelijkend warenonderzoek van de Consumentenbond, aan boycotacties tegen bepaalde producten of landen of aan milieuorganisaties die proberen gasboringen in de Waddenzee te verhinderen en bedrijfsmethoden in de agrarische sector te wijzigen.

Brancheorganisaties

- *Brancheorganisaties*, zoals de KNMP en de Nefarma: de brancheorganisaties van drogisten en apothekers, respectievelijk de farmaceutische industrie. In de Mountain Travel-case hebben we ook al kennis gemaakt met de ANVR, de brancheorganisatie van touroperators en reisorganisaties.

Algemeen publiek

Is er bij belangenorganisaties sprake van georganiseerd handelen, ook opvattingen en houdingen van het *algemene publiek* tegenover de onderneming vormen een belangrijk aandachtsveld. Denkt 'men' gunstig over een onderneming, dan zal het bijvoorbeeld gemakkelijker zijn goed personeel aan te trekken of een nieuw product te lanceren. Dat bijvoorbeeld McDonald's groot belang hecht aan zijn imago bij het algemene publiek bleek uit de paginagrote advertenties omtrent (onder meer) het eigen milieubeleid.

De meso-omgeving van Mountain Travel

Verscheidene elementen van de beschreven meso-omgeving vinden we ook in de tekst van de Mountain Travel-case terug. Over de *afnemers* wordt veel informatie gegeven. Het betreft een heel specifieke doelgroep (liefhebbers van actieve vakanties, met name wandelvakanties). Ook de omvang van de markt is bekend. Redelijk veel informatie is kennelijk bekend over het *koopgedrag* van de klanten.
Ook over de *toeleveranciers*, de inkoopkant, bevat de case enige informatie. De verzorgde reizen worden ingekocht bij een gespecialiseerd trekkingbureau in Nepal. Mountain Travel is hiervan exclusief agent in de Benelux.
Wat betreft de *distributie* is gegeven dat Mountain Travel gebruikmaakt van direct marketing.
Over de *concurrentie* wordt niet veel vermeld. Er zijn 'collega-touroperators' (niet ANVR-aangeslotenen) waarmee men misschien samen advertenties gaat plaatsen om het publiek ervan te overtuigen dat de angst voor reizen ongegrond is.

Interne groepen

Ten slotte kunnen er binnen de onderneming zogenaamde interne groepen worden aangewezen die mede hun stempel drukken op het ondernemingsresultaat: *werknemers, managers, raad van bestuur, raad van commissarissen* en *aandeelhouders*. Ook zij worden tot de publieksgroepen gerekend, maar behoren niet zozeer tot de meso- als wel tot de micro-omgevingsfactoren.

Ondernemingen doen er in het kader van hun in- en externe analyse verstandig aan tijd te besteden aan het monitoren van de relevante publieksgroepen. Het begrijpen en respecteren van hun behoeften en meningen kan een belangrijke input vormen voor het strategisch beleid.

De meso-omgeving bij Van Ellem

Bij de afnemers van suikerwerk (snoep) worden drie segmenten onderscheiden: de bijters, de kauwers en de zuigers. Op deze markt zijn veel verschillende aanbieders actief, die veel verschillende merken aanbieden. Bij de aanbieders is de Redband Venco-organisatie, onderdeel van het beursgenoteerde CSM, zeer dominant. Redband Venco staat bekend om haar innovatiekracht en haar vermogen nieuwe productproposities succesvol in de markt te zetten. Prijzen staan onder druk door de opkomst van goedkope producten uit het voormalig Oostblok. De producten zijn weliswaar minder van kwaliteit, maar wel veel goedkoper en ze worden vooral aan de op volume en een lage prijs gerichte supermarktketens en ambulante-handelskanalen verkocht. Venco is het bekendste dropmerk in Nederland, gevolgd door Katja en Autodrop. Mannen eten relatief vaak Autodrop; vrouwen eten daarentegen meestal het merk Katja. SportLife is het meest bekende kauwgommerk, gevolgd door Stimorol, BenBits en Freedent. King is veruit het meest bekende en gegeten pepermuntmerk bij de consument, gevolgd door Wilhelmina, Mantus, Faam en TicTac. Onder de toffee-eters geniet Chokotoff de meeste bekendheid, gevolgd door Mekkel, Cote d'Or en Vruchtella. In totaal zijn er in Nederland zo'n 85 000 verkooppunten die suikerwerk in het assortiment hebben. Meestal koopt de consument suikerwerk in het foodkanaal (= levensmiddelendetailhandel). In 1999 verliep 53,5% van de omzet via dit distributiekanaal. Het overige deel verloopt via het grijze kanaal. De supermarkten zijn de afgelopen jaren steeds professioneler gaan werken. De grote retailers zoals Albert Heijn, Laurus en Superunie stellen op basis van uitgekiende plannen hun assortiment samen, veelal met behulp van category-managementmodellen. Door de steeds grotere macht van de retail, moeten de fabrikanten ook steeds meer rekening houden met de genoemde ontwikkeling. De retailers hebben hun macht te danken aan het feit dat de vraag naar schapruimte van fabrikantenzijde de laatste jaren veel groter is dan wat de handel kan bieden. Suikerwerk is voor de handel (het supermarktkanaal, alsook het grijze kanaal) een zeer interessante productgroep, omdat er een relatief hoge winstmarge op zit en de producten een hoge omloopsnelheid hebben. Hierdoor kan men een hogere meteromzet realiseren in het schap.

2.3 De macro-omgeving

Het zijn niet alleen ontwikkelingen in het eigen bedrijf of de eigen bedrijfstak, de micro- en meso-omgeving, maar ook gebeurtenissen en factoren in de maatschappij als geheel, de macro-omgeving, die van invloed kunnen zijn op de mate waarin een aanbieder van goederen of diensten in staat is de beoogde ruilprocessen tot stand te brengen. Afhankelijk van de verwachte gevolgen vormen die gebeurtenissen en ontwikkelingen voor de ene onderneming een 'kans', voor de andere een 'bedreiging', terwijl ze op weer een andere onderneming geen enkele invloed hebben.

Effect op bedrijfskolom

Wordt een bepaalde onderneming vanuit de macro-omgeving beïnvloed, dan werkt dat in veel gevallen door op de gehele bedrijfskolom.

Als bijvoorbeeld door een teruglopende conjunctuur minder auto's worden gevraagd, zal ook de (afgeleide) vraag naar staalplaat en autobanden afnemen.

2.3.1 Macro-omgeving: Demografische ontwikkelingen

De omvang van de vraag naar goederen of diensten is praktisch altijd mede afhankelijk van een of meer demografische variabelen in het betreffende marktgebied, zoals de bevolkingsomvang, de leeftijdsopbouw en de omvang en samenstelling van de huishoudens.

Demografische dynamiek

Structurele veranderingen in die variabelen – we zouden dat de *demografische dynamiek* kunnen noemen – vormen voor aanbieders dan ook bijna steeds kansen of bedreigingen. Vaak noodzaken deze kansen of bedreigingen tot een herformulering van de business definition. Geen enkele aanbieder ontkomt er daarom aan de voor hem relevante demografische variabelen continu te volgen en te analyseren.

Demografische variabelen

Bij de demografische variabelen kunnen vier hoofdgroepen worden onderscheiden:

1 De bevolking, in *personen* gemeten, naar aantal, geslacht en leeftijdsopbouw, is van groot belang
2 Voor een groot aantal producten en diensten zijn *huishoudens* echter van meer betekenis: het aantal, de gemiddelde grootte en de samenstelling.
3 De geografische *spreiding* van de bevolking is van belang, zeker indien we spreken over geografisch afgebakende markten. Concentratie, urbanisatiegraad en mobiliteit zijn hier sleutelbegrippen.
4 Ten slotte worden vaak (vooral in de Verenigde Staten) ook opleiding, beroep en inkomen tot de demografische variabelen gerekend. Het betreft hier immers variabelen, die – anders dan bijvoorbeeld de macro-economische variabelen rentestand of inflatie – op individueel niveau gemeten kunnen worden. Inkomens- en vermogensverdeling, koopkracht en werksituatie zijn voorbeelden van variabelen die in dit verband aandacht verdienen.

Omvang en samenstelling van de bevolking

Bij zeer veel producten en diensten wordt de vraag vooral bepaald door het *aantal personen* in het relevante marktgebied: voedingsmiddelen, energieverbruik, opleidingsbehoefte, kappersdiensten, medische diensten enzovoort.

Naast gegevens over het totale aantal personen is voor veel aanbieders een specificatie naar *leeftijd* en/of *geslacht* onmisbaar. Dat geldt voor alle aanbieders die marktsegmenten bedienen die naar deze variabelen zijn afgebakend. Denk aan de 'tienermarkt', de 'kindermarkt' of de markt voor senioren (seniorenreizen). Is hier de leeftijd het criterium, bij kleding of cosmetica is uiteraard het onderscheid naar geslacht minstens zo belangrijk.

Leeftijdsopbouw

Ontgroening

Kijken we naar de leeftijdsopbouw van de Nederlandse bevolking, dan zijn de belangrijkste ontwikkelingen die van ontgroening en vergrijzing. De term *ontgroening* verwijst naar het feit, dat de omvang van de leeftijdscategorie 0 – 19 jaar in de afgelopen jaren tamelijk sterk is gedaald. Aangezien de leeftijdsgroep 0 – 10 jaar thans in omvang toeneemt, is de ontgroening voorlopig ten einde. Het percentage 0 – 19-jarigen zal hierdoor de komende 10 tot 20 jaar zo'n 25% blijven bedragen.

Marketing voor jonge gezinnen

Jonge gezinnen, dat wil zeggen stellen die net hun eerste kind hebben gekregen, laten een vrij specifiek gedrags- en consumptiepatroon zien. Marketeers moeten ze niet over één kam scheren met 'gezinnen' in het algemeen. Aan de ene kant worden ze gedreven door tijdgebrek, aan de andere kant door bezorgdheid om de gezondheid van hun kind. Dus kant-en-klaar is populair, maar biologisch ook. In restaurants gaan ze juist minder uitgeven. Omdat het vaak tweeverdieners zijn, is er weinig tijd om boodschappen te doen. Sommigen gaan over tot één grote shopping trip per week, anderen maken vaker gebruik van internet en thuisbezorgdiensten, maar ook wordt vaker naar de buurtwinkel gegaan. Behalve weinig tijd om boodschappen te doen, is er ook weinig tijd om te koken. Gezinnen met lagere inkomens kopen relatief veel diepvriesmaaltijden, de hogere inkomensgroep neemt nogal eens kant-en-klaarmaaltijden. Een ander aspect is een toenemende interesse in gezondheid. Juist ouders met een eerste kind zijn onzeker en extra bezorgd. Ze zijn dus meer geïnteresseerd in gezonde voeding; ze geven 11% meer uit aan biologische voeding dan voor ze hun kind hadden. In restaurants en café's daalt de besteding van deze groep met zo'n 26%.

Bron: *Marketing online*, week 26, 2002

Vergrijzing

De *vergrijzing* duidt op de toenemende gemiddelde ouderdom van de bevolking. Verreweg de belangrijkste oorzaak is de grotere omvang van de generaties die nu oud worden, met name door een flinke toename van het aantal zogenoemde senioren (50+) en in mindere mate van het percentage 65+'ers.

Leeftijdscohorten

De leeftijdsverdeling heeft overigens niet alleen te maken met 'jeugd' of 'ouderdom', maar ook met 'geschiedenis'. Met dit laatste doelen we op verschillen in opvattingen en gedrag tussen leeftijdscohorten, veroorzaakt door een andere geschiedenis en een ander tijdsgewricht waarin deze cohorten zijn gevormd.

Aantal huishoudens

Producten, waarvan de vraag vooral door het aantal huishoudens (of ook: het aantal woningen) wordt bepaald, zijn bijvoorbeeld koelkasten, televisietoestellen, cv-ketels, auto's, of bankdiensten. Door sociaal-culturele (of economische) ontwikkelingen kan de markt voor bepaalde producten echter verschuiven van huishoudens naar personen. Voorlopig zal de vraag naar bijvoorbeeld cv-ketels en koelkasten nog wel door het aantal huishoudens worden bepaald, maar hoe zit dat met auto's?

Eenpersoonshuishoudens

Door een samenspel van sociaal-culturele en economische factoren is in de afgelopen twintig jaar het aantal huishoudens verdubbeld, van 3,4 mln naar ruim 6,8 mln. Hieraan gerelateerd: het aantal woningen bedraagt ruim 6,5 mln, het aantal personenauto's ook meer dan 6,5 mln. Onder de 6,8 mln huishoudens in Nederland bevinden zich 2,3 mln eenpersoonshuishoudens. De verwachting is, dat de groei van de bevolking ook in de toekomst zal worden overtroffen door de groei van vooral het aantal eenpersoonshuishoudens. Zie tabel 2.1.

Gezinsfasen

Aanbieders die specifiek in huishoudens zijn geïnteresseerd, zullen in het algemeen ook letten op de structuur van die huishoudens: hoe is de verdeling over de verschillende *gezinsfasen*? Omdat kinderen eerder het ouderlijk huis verlaten en hun ouders langer leven, is bijvoorbeeld de zogenaamde 'lege-nestfase' (empty nest) spectaculair langer geworden dan zo'n 50 jaar geleden. Een lege-nestfase van 25 jaar is tegenwoordig normaal.

Over twintig jaar één miljoen meer alleenstaanden

De komende twintig jaar neemt volgens een prognose van het CBS het aantal huishoudens in Nederland toe van 6,6 miljoen in 1997 tot 7,8 miljoen in 2017. Dit is een groei van 1,2 mln, evenveel als het totale aantal huishoudens dat nu in de zes grootste gemeenten woont. De vraag naar woningen zal navenant toenemen. De groei van het aantal huishoudens komt geheel voor rekening van kleine huishoudens. Het aantal eenpersoonshuishoudens neemt met 1 mln toe en het aantal huishoudens bestaande uit twee personen met 0,2 mln. In 1997 bestond 65% van de huishoudens uit één of twee personen; in 2017 zal dat zijn toegenomen tot 71%.

De toename van het aantal alleenstaanden kent verschillende oorzaken. Allereerst spelen veranderingen in de omvang en leeftijdsopbouw van de bevolking een rol. Zo neemt het aantal oudere alleenstaanden (vooral weduwen) toe als gevolg van de vergrijzing. Bovendien blijven ouderen langer zelfstandig wonen. Ook gaan meer jongeren na het verlaten van het ouderlijk huis eerst een tijd alleen wonen. Deze ontwikkeling hangt samen met de toegenomen onderwijs- en arbeidsparticipatie van vrouwen. Alleen wonen komt ook steeds vaker voor als een tijdelijke fase tussen twee relaties. Dit houdt verband met de sterke toename van het ongehuwd samenwonen. Dergelijke relaties blijken minder stabiel dan het huwelijk.

Steeds meer mensen wonen ongehuwd samen. Van de twintigers die samenwonen is de helft ongehuwd. Als de ontwikkeling van de afgelopen tijd doorzet, zal dit aandeel de komende jaren nog verder toenemen. In 1997 woonden 1,3 mln mensen ongehuwd samen; in 2017 zullen dat er 2,2 mln zijn. Vaak is het ongehuwd samenwonen een tijdelijke fase. De meerderheid besluit uiteindelijk te trouwen. Van jonge generaties zal naar verwachting ruim 60% uiteindelijk trouwen. Dit percentage is overigens wel lager dan bij oudere generaties. Het huwelijkspercentage van mensen die in de jaren veertig zijn geboren is ruim 90.

Bron: *Detailhandel Magazine*, juni 1997

Tabel 2.1 **Aantal huishoudens (× 1 000) naar grootte, per 1 januari**

Jaar	Grootte huishouden						Totaal
	1	2	3	4	5	6+	
1996	2 096	2 143	907	982	320	101	6 540
1997	2 152	2 177	894	973	319	104	6 620
1998	2 209	2 201	886	968	324	103	6 692
1999	2 266	2 218	881	967	328	102	6 762
2000	2 323	2 230	876	967	332	101	6 828
2001	2 360	2 239	872	968	335	101	6 894
2002	2 435	2 242	870	970	340	99	6 857
2003	2 490	2 245	869	971	343	99	7 017
2004	2 544	2 246	869	973	347	98	7 076
2005	2 597	2 245	871	974	349	97	7 133
2006	2 649	2 247	874	973	351	96	7 190
2007	2 700	2 246	881	973	354	92	7 246
2008	2 750	2 251	885	969	354	92	7 302
2009	2 800	2 256	891	966	355	90	7 358
2010	2 849	2 262	899	961	354	88	7 414

Bron: CBS, *Statistisch Jaarboek 1998*

Geografische spreiding

Locatie van afnemers

De *locatie van afnemers* is uiteraard vooral van belang voor aanbieders die op enigerlei wijze geografisch georiënteerd zijn. We kunnen daarbij denken aan de detailhandel, een lokale dienstverlener – kapper, tandarts, belastingadviseur – en een school of ziekenhuis.

Andere variabelen

Een aantal variabelen kan per individu of huishouden worden beschreven en wordt daarom ook tot de demografische variabelen gerekend. Hieronder vallen bijvoorbeeld de werksituatie, het inkomen, de inkomensverdeling en het opleidingsniveau. In alle gevallen betreft het variabelen die van invloed kunnen zijn op de omvang en de samenstelling van de vraag.

Inkomensverschillen

In 1999 bedroeg het gemiddeld totaal besteedbaar inkomen (= bruto inkomen minus belastingen en sociale premies) van de Nederlandse huishoudens met een hoofdkostwinner tot 65 jaar € 24.600. Dat is € 2.050 per maand. Er is een duidelijke samenhang tussen het inkomen en de leeftijd van het gezinshoofd. Tot ongeveer 55 jaar stijgt het gemiddeld besteedbaar inkomen. Daarna daalt het gemiddelde, mede doordat steeds meer mensen om diverse redenen uit het arbeidsproces treden.

Tweeverdieners

Voor een deel wordt dit verschil ook verklaard door verschillen in de percentages tweeverdieners per leeftijdsklasse. Na betaling van sociale premies en belastingen resteerde in 1999 bij de tweeverdieners een besteedbaar inkomen van € 32.100. Tweeverdieners hadden in dat jaar gemiddeld € 5.800 meer te besteden dan eenverdieners. Hier is de samenhang tussen sociaal-culturele en demografische ontwikkelingen evident. Met name door de emancipatie van de vrouw zijn er tegenwoordig (bij de daarvoor in aanmerking komende huishoudens) aanzienlijk meer twee- dan eenverdieners. Het totaal van 6,8 mln huishoudens per eind 1996 kon als volgt worden verdeeld:

- 0,9 mln huishoudens met (echt)paar, eenverdiener
- 2,5 mln huishoudens met (echt)paar, tweeverdiener
- 2,1 mln eenpersoonshuishoudens of eenoudergezinnen
- 1,3 mln huishoudens 65+.

Overigens is het percentage eenverdieners onder paren met kinderen de afgelopen jaren spectaculair gedaald: van 50% in 1990 tot 25% in 1999.

Opleidingsniveau

Een andere sociaal-culturele ontwikkeling met een belangrijke demografische implicatie is de toename van het opleidingsniveau, zoals blijkt uit tabel 2.2.

Tabel 2.2 **Beroepsbevolking naar onderwijsniveau**

Soort onderwijs	1990 (%)	2000 (%)
Basisonderwijs	11,7	8,8
Mavo	7,1	6,6
Voorbereidend beroepsonderwijs	18,1	13,7
Havo/vwo	4,8	6,0
Middelbaar beroepsonderwijs	36,3	37,1
Hoger beroepsonderwijs	14,6	18,5
Wetenschappelijk onderwijs	6,8	9,3
Totaal	100,0	100,0

Bron: CBS, *Statistisch Jaarboek 2002*

Vergelijken we voor de verschillende leeftijdscohorten de hoogst voltooide opleiding, dan zien we bij de jongere cohorten een spectaculaire toename van het opleidingsniveau.

Invloed van de politiek

Dat ook 'de politiek' een zeer grote invloed heeft op de inkomens en de inkomensontwikkeling illustreren we hier slechts met het voorbeeld van de huursubsidie. In het subsidiejaar 1999/2000 ontvingen 1 030 000 huishoudens of alleenstaanden huursubsidie, tot een gezamenlijk bedrag van € 1.541 mln.

Industriële markten

Ook voor industriële markten wordt 'economische demografie' beoefend, waarbij allerlei kenmerken van bedrijven en instellingen worden beschreven (aantal, grootte, spreiding enzovoort). Wat het aantal bedrijven betreft: dit is in Nederland tussen 1985 en 1996 toegenomen van 460 000 tot 664 600. Bijna de helft van deze stijging komt voor rekening van eenmansbedrijven in de zakelijke dienstverlening.

Strategische implicaties

De demografische dynamiek leidt vooral tot veranderingen in de omvang van bestaande demografisch afgebakende marktsegmenten. Aanbieders kunnen hierop inspelen door hun business definition (PMT's) aan te passen en/of hun doelgroepen te herdefiniëren.
Groeiende segmenten zijn bijvoorbeeld de senioren, de kleine huishoudens (vooral eenpersoonshuishoudens) en de huishoudens met tweeverdieners.
De grotere omvang van deze segmenten leidt bij de aanbieder van nieuwe producten tot potentiële schaalvoordelen die de marktkansen van deze producten vergroten.
Bij het segment senioren neemt de totale effectieve vraag overigens nog extra toe doordat de stijging van het opleidingsniveau en het inkomen leiden tot een grotere koopkracht.

Voor talloze aanbieders van goederen of diensten bieden de hier geschetste demografische ontwikkelingen aanknopingspunten: het toegenomen aantal huishoudens heeft de markt voor veel producten vergroot. Ingespeeld moet worden op de vraag van kleinere huishoudens naar bijvoorbeeld kleinere verpakkingen ('Mag ik een half onsje worst?').
De sluimerende behoefte bij senioren aan nieuwe producten en diensten (van degelijke huishoudtrappen tot seniorenwoningen en aparte seniorenreizen) wordt in snel tempo omgezet in effectieve vraag.
Bij de groep senioren moet overigens terdege rekening worden gehouden met het te verwachten marktgedrag van opeenvolgende cohorten. Het voorspellen van het marktgedrag van een 'toekomstige' groep 65+'ers op basis van de huidige groep 65+'ers is uiterst riskant.

Het feit dat de keuze van PMT's vaak wordt bepaald door demografische variabelen impliceert dat ook productbeslissingen hierdoor vaak worden beïnvloed. De aan te bieden producten of diensten worden immers in principe zo goed mogelijk afgestemd op de beoogde ('demografische') doelgroep. We noemden voor de kleine huishoudens al de kleinere verpakkingen. Bij tweeverdieners zullen vooral tijdbesparende producten en diensten belangstelling genieten. Het aantal producten, (mede) bestemd voor senioren, met een op deze doelgroep afgestemd gebruiksgemak is nog bedroevend klein.

Een herdefiniëring van doelgroepen dient in het algemeen ook te leiden tot aanpassing van de op deze groepen gerichte communicatie. Dat geldt zowel voor de inhoud van de boodschap, de codering ('Op welke manier brengen we de boodschap over?'), als op de in te zetten media (typen en titels).

Broodje bal of halal?

Marketeers ontdekken de consumptiekracht van de nieuwe Nederlanders. Door zijn demografische ontwikkeling wint deze nieuwe groep aan belang. We spreken van etnomarketing. Op dit moment is één op de tien inwoners van buitenlandse afkomst. Volgens het Nederlands Interdisciplinair Demografisch Instituut (NIDI), zal dit in 2016 één op de zeven zijn. De gemiddelde leeftijd van de nieuwe Nederlanders is jonger dan de autochtone Nederlanders. Het aandeel in de beroepsbevolking groeit sneller, het verschil in opleiding en werkervaring wordt gaandeweg kleiner. Als gevolg hiervan neemt het besteedbaar inkomen ook sneller toe. Hadden de winkels van de nieuwe Nederlanders in 2000 nog een omzet van rond de € 500 mln, in 2010 zal dit naar schatting € 5 mld zijn. De nieuwe doelgroep heeft evenwel een dusdanig andere socio-culturele achtergrond, met zijn eigen waarden- en normenpatroon en koopgedrag, dat het op zijn plaats is hem apart te behandelen. Juist een systematisch inzicht in de relatie tussen cultuur, gedrag en consumptie ontbreekt eigenlijk nog. Er is veel meer sprake van een *'wij-cultuur'*. In een wij-cultuur hangt de persoonlijke identiteit in belangrijke mate af van de groep. In Nederland zijn de nieuwe wij-culturen bijvoorbeeld bijzonder geschikt voor 'viralmarketing'campagnes. Ook speelt mond-tot-mondreclame en de reputatie van een merk een substantieel belangrijke rol bij de nieuwe Nederlanders. De wij-cultuur heeft ook een intensiever mobiel-belgedrag tot gevolg; dit komt door de grotere behoefte om het sociale netwerk in stand te houden. De belangstelling van T Mobile voor de allochtone medemens is dan ook een gouden greep. De Rabobank schenkt aan deze groepen ook veel aandacht.

Bron: *NieuwsTribune/Motivaction,* juli 2002

2.3.2 Macro-omgeving: Economische ontwikkelingen

Randvoorwaarden

Anders dan bij demografische of sociaal-culturele ontwikkelingen leiden economische ontwikkelingen in het algemeen niet in de eerste plaats tot nieuwe behoeften of doelgroepen. Hier is het effect vooral de wijze waarop 'men' (de markt) in staat is de bestaande behoeften te bevredigen. Het gaat dus meer om de *randvoorwaarden* dan om de behoeften zelf. Niet voor niets beschouwt de economische wetenschap de 'behoeften' als een gegeven (een datum). De marketeer zal als gevolg van diverse economische ontwikkelingen vooral gespitst moeten zijn op prijsgedrag, substitutiegedrag en eventueel uitstelgedrag. Voorbeelden hiervan zien we in de autobranche en de woningsector.

Groepen van macro-economische variabelen

Inkomen en koopkracht

Binnen het totaal van economische variabelen kan een aantal groepen worden onderscheiden. In de eerste plaats de variabelen die betrekking hebben op inkomen en koopkracht. De hoogte van het besteedbaar inkomen, de inkomensverdeling, het prijspeil van goederen en diensten en de inflatie zijn hier de belangrijkste variabelen. Dat de verbanden niet altijd even duidelijk liggen blijkt uit een artikel over recessie en (onder meer) kaviaarverkoop.

Tij keert voor Nederlandse winkels

De Nederlandse detailhandel zit in het slop. Voor het eerst sinds 1994 is de omzet van Nederlandse winkels, markten en postorderbedrijven gedaald. Die daling, van 0,4%, komt door 'de slechte economische tijden waarin we nu zitten', zegt onderzoeker Paul Mooijman van het Centraal Bureau voor de Statistiek (CBS). 'Als het economisch minder goed gaat, stellen consumenten de aanschaf van dure artikelen, zoals bankstellen, koelkasten of hele keukens, het eerst uit.'

Groeide de omzet van zogenaamde 'non-food'-producten in de eerste helft van 1998 nog met 7% en in dezelfde periode vorig jaar nog met 2,3%, in het afgelopen halfjaar daalde de verkoop van consumentengoederen voor het eerst in acht jaar, met 1%. Vooral verkopers van meubels, verlichting en vloerbedekking hadden het zwaar; die zagen hun omzet fors dalen met 4,7%.

Een van de redenen voor de gedaalde omzet bij woninginrichters is de grote populariteit van doe-het-zelfzaken. Consumenten klussen liever zelf; doe-het-zelvers waren het afgelopen halfjaar samen goed voor een omzetstijging van 4,7% in deze branche.

Bij de 70 V&D's zakte de halfjaaromzet echter met 3,6% tot € 396 mln. Ook de omzetgroei van De Bijenkorf viel halverwege het voorjaar sterk terug. Moederbedrijf Vendex KBB wijt de tegenvallende omzetstijging aan het dalend consumentenvertrouwen in Europa. Wél populair blijven de relatief goedkope textielsupermarkten, zoals Zeeman, constateert het CBS. Daar ging voor bijna 8% meer aan kledingstukken over de toonbank. Ook drogisterijen en winkels met huishoudelijke artikelen, zoals Blokker of Marskramer, houden (ondanks de economische tegenwind) het hoofd boven water. Zij zagen hun omzet met 1,2% stijgen. De groei bedroeg in dezelfde periode vorig jaar 4,2%.

De omzet van levensmiddelenwinkels steeg met 5,7%. Maar CBS-onderzoeker Mooijman merkt op dat de prijzen in deze branche fors zijn toegenomen; het aantal verkochte goederen daalde. De daling van de omzet in de detailhandel is een tegenvaller voor de Nederlandse economie.

Bron: *De Volkskrant*, 15 augustus 2002

Feitelijke bestedingen

In de tweede plaats onderscheiden we de variabelen die te maken hebben met de feitelijke bestedingen. Hier zijn belangrijke factoren de beschikbaarheid van risicokapitaal (voor ondernemingen), de rentestand, het verstrekte bedrag aan hypotheken en consumptief krediet, en de bestedingen en besparingen. Aanbieders van duurzame consumptiegoederen zullen vaak ook de statistieken betreffende het consumentenvertrouwen volgen, zeker indien gebleken is dat ze voorspellende waarde hebben voor de eigen verkopen. Traditioneel is een daling van het consumentenvertrouwen een voorbode voor een afnemende economische groei. De genoemde index bestaat uit twee delen: de beoordeling van het 'economisch klimaat' en de 'koopbereidheid'. Een lichte daling van de koopbereidheid heeft een direct effect op de ontwikkeling van de economie.

Inkomenselasticiteit

Voor sommige aanbieders, bijvoorbeeld van luxegoederen, is vooral de inkomensverdeling een belangrijk gegeven. Onderzoek naar *inkomenselasticiteiten* levert informatie over de samenhang tussen inkomen en de vraag naar een bepaald product. De *Wet van Engel* zegt dat bij een relatief stijgend inkomen een relatief afnemend deel wordt besteed aan noodzakelijke goederen en relatief meer aan luxegoederen.

Totale bedrijvigheid

In de derde plaats zijn de economische variabelen, die een indicatie vormen van de totale economische bedrijvigheid van belang. Dit betreft bijvoorbeeld gegevens over het nationaal product, de werkgelegenheid, economische groei, lonen en conjunctuur. Om een wellicht onverwachte indicator te noemen: de hoeveelheid huishoudelijk afval per inwoner per jaar is in Nederland gestegen van 343kg in 1985 tot 566 kg in 2000.

Economische ontwikkelingen en de politiek

Aangezien de economische situatie – al was het alleen maar vanwege de invloed op de rijksbegroting – een van de belangrijkste beleidsterreinen vormt van de rijksoverheid, zijn politieke en economische ontwikkelingen vaak sterk verweven. Allerlei instrumenten die de overheid hanteert, zijn direct gericht op aspecten van het economisch leven, zoals het economisch beleid, mededingingsbeleid, inkomensbeleid, werkgelegenheidsbeleid, de loonpolitiek en het beleid in het kader van de sociale zekerheid. Daarnaast is het een nuchtere constatering, dat de Nederlandse overheid bijna eenvijfde van alle consumptieve bestedingen voor haar rekening neemt.

Verweven

Invloed van de politiek

Een gevolg van de invloed van de politiek op het economische leven is dat economische ontwikkelingen vaak specifiek gelden binnen politiek gedefinieerde gebieden (naties) en in aangrenzende gebieden een andere inhoud kunnen hebben. Dat betekent, dat internationale aanbieders de voor hen relevante economische ontwikkelingen altijd voor elk land apart zullen dienen te analyseren. Ook economische ontwikkelingen die te maken hebben met relaties *tussen* die landen hebben hierbij betekenis: bijvoorbeeld valutakoersen, im- en exportgegevens en relatieve prijs- en loonkostenniveaus.

Valutakoers

Zeker voor internationaal opererende ondernemingen (denk aan Philips, AKZO Nobel en Unilever), is daarnaast de ontwikkeling van de *valutakoersen*, bijvoorbeeld dollar versus euro, van enorm belang.

Internationale politiek

Gezien de – toenemende – economische verwevenheid van landen kunnen ook internationale politieke ontwikkelingen belangrijke gevolgen hebben voor de economische situatie op nationaal niveau. Ontwikkelingen in het kader van de Europese Unie (de invoering van de euro), de OESO of de WTO (World Trade Organization) kunnen voor aanbieders min of meer ingrijpende consequenties hebben.

Strategische implicaties

Niet elke onderneming is even gevoelig voor veranderingen in de economische situatie. De invloed van economische ontwikkelingen kan van branche tot branche sterk verschillen. Branches bijvoorbeeld, waarin veel gebruik wordt gemaakt van relatief laaggeschoolde arbeid, zullen al gauw concurrentie ondervinden van de zogenaamde 'lagelonenlanden'. Dat geldt overigens niet alleen voor laaggeschoolde arbeid: ook software-ontwikkeling wordt steeds vaker aan 'goedkopere' landen uitbesteed (bijvoorbeeld India of Rusland).
Het marketingmanagement van een individuele organisatie zal dan ook allereerst moeten nagaan in welke mate de beoogde ruilprocessen door de verschillende economische variabelen worden beïnvloed. In de woningbouwsector bijvoorbeeld heeft de hoogte van de rentestand een bijzonder grote invloed. Voor bepaalde productgroepen, bijvoorbeeld die van luxekeukens, is de conjuncturele situatie weer van doorslaggevend belang.
Zijn de relevante economische variabelen eenmaal geïdentificeerd, dan zal de (te verwachten) ontwikkeling daarin nauwlettend moeten worden gevolgd.

2.3.3 Macro-omgeving: Politiek-juridische ontwikkelingen

Diverse overheden

We hebben al gewezen op de grote invloed van de overheid en dus van de politiek, op het economisch leven. Meestal wordt 'de overheid' geassocieerd met de nationale overheid, maar ook gemeenten, provincies of supranationale organen kunnen politieke beslissingen nemen die aanbieders dwingen tot aanpassing van hun marketingbeleid. Ruimer gesteld kan men de politieke omgeving opgebouwd zien uit wetten, overheidsinstellingen en pressiegroepen. Uiteraard is het onmogelijk hier het totale relevante overheidsbeleid te bespreken. We geven slechts enkele voorbeelden.

Ontwikkelingen met directe financiële gevolgen

Belastingen, BTW

Sommige politieke maatregelen hebben directe financiële gevolgen. De hoogte van de BTW of van de vennootschapsbelasting bijvoorbeeld vinden we direct in de boekhouding van de bedrijven terug. Meer branche- of bedrijfsafhankelijk is het subsidie- of stimuleringsbeleid van de overheid.

De externe omgeving: invloed op Mountain Travel

De externe omgeving is het kernthema van de case Mountain Travel. Daarin wordt al gesproken over 'ernstige problemen ten gevolge van plotselinge veranderingen in de externe omgeving van het bedrijf'. Mountain Travel wordt plotseling geconfronteerd met een *politieke* externe ontwikkeling: 'Als gevolg van de Golf-oorlog zit Mountain Travel met het probleem dat er geannuleerd wordt op reeds geboekte reizen en er te weinig nieuwe boekingen plaatsvinden. De omzet in het eerste halfjaar ligt volgens de nieuwe prognose 40% lager dan die van vorig jaar.'

Supranationale organen

Directe financiële invloed van supranationale organen, zoals de EU, zien we vooral in de agrarische sector, waar een aantal prijzen 'van bovenaf' wordt opgelegd.

Ontwikkelingen met indirecte financiële gevolgen

Vaker komt het voor, dat politieke besluiten indirecte financiële invloed (kunnen) hebben op de bedrijfsuitkomsten van een individuele aanbieder. Neem bijvoorbeeld de woningbouwsector. De invloed van de overheid in deze sector is enorm, via subsidies op koop- en huurwoningen de invloed op het beleid van de woningbouwverenigingen enzovoort. Ook de inflatie is een variabele waarop de overheid (samen met De Nederlandsche Bank) grote invloed heeft, onder meer door middel van het monetaire beleid.

Kosten fysieke distributie

Ook maatregelen, die op de een of andere manier van invloed zijn op de kosten van de fysieke distributie, hebben voor individuele bedrijven vaak indirecte financiële gevolgen. Denk hier aan brandstofprijzen, het rijtijdenbesluit en de infrastructuur (de Betuwelijn). Ten slotte spelen quoteringen (melk, visserij, varkensstapel) in enkele branches een cruciale rol.

Voorwaardenscheppende maatregelen

Hebben de hiervoor genoemde voorbeelden van politieke maatregelen directe of indirecte financiële implicaties, in andere gevallen moet vooral van voorwaardenscheppende maatregelen worden gesproken.

Beperkingen, voorschriften

Soms houden de desbetreffende wetten vooral beperkingen of voorschriften in. We kunnen hierbij bijvoorbeeld denken aan het ruimtelijk beleid, dat van invloed is op de vestigingsmogelijkheden van individuele bedrijven.

Andere randvoorwaarden

Enkele voorbeelden van andere randvoorwaarden, die van grote invloed (kunnen) zijn op de marktmogelijkheden en het marketingbeleid van individuele aanbieders zijn: de deregulering in de luchtvaart (in de Verenigde Staten, met zeer ingrijpende consequenties), de mededingingswetgeving, het onderwijsbeleid (eventuele afstemming op de wensen van het bedrijfsleven: 'Kies exact'), het arbeidsmarktbeleid (bijvoorbeeld maatregelen om de werkgelegenheid te stimuleren; het leerlingenstelsel), het inkomensbeleid (met consequenties voor de inkomensverdeling en de inkomensontwikkeling van doelgroepen), de privacywetgeving (met consequenties voor het gebruik van prospect- en klantenregistraties), en maatregelen die bepaalde instituties in het leven roepen of ondersteunen (bijvoorbeeld de schippersbeurs).

De grondrechten van de consument

Het tegenwoordige begrip 'consumentisme' kreeg eigenlijk pas gestalte in 1962. In dat jaar formuleerde de Amerikaanse president John F.Kennedy (1917–1963) zijn beroemd geworden 'Consumer Message'. In een lezing voor het Amerikaanse Huis van Afgevaardigden somde hij eerst een aantal ontwikkelingen op, die een versterking van de rechtspositie van de consument rechtvaardigen en overheidsingrijpen op wetgevend terrein noodzakelijk maken. In zijn lezing komt Kennedy tot de formulering van de vier basisrechten van de consument, die de standaard geworden zijn in het consumentenrecht. Deze vier grondrechten zijn:

1 ***The right to safety*** – to be protected against the marketing of goods which are hazardous to health of life.
2 ***The right to be informed*** – to be protected against fraudulent, deceitful, or grossly misleading information, advertising, labeling, or other practices, and to be given the facts he needs to make an informed choice.
3 ***The right to choose*** – to be assured, wherever possible, access to a variety of products and services at competitive prices; and in those industries in which competition is not workable and government regulation is substituted, an assurance of satisfactory quality and service at fair prices.
4 ***The right to be heard*** – to be assured that consumer interests will receive full and sympathetic consideration in the formulation of government policy, and fair and expeditious treatment in its administrative tribunal.

Bron: House of Representatives, *Congressional Record, 15-3-1962*, Document no. 2640, 87th congress, 2nd session

Beschermende maatregelen

Bescherming consumenten

De overheid beschouwt de bescherming van consumenten als een van haar taken. In dit kader ontstonden bijvoorbeeld de Wet misleidende reclame, de Warenwet, de Wet productaansprakelijkheid, de Colportagewet, voorschriften voor productinformatie op verpakkingen, het Verpakkingsconvenant (ook in Duitsland), en als institutie de Reclame Code Commissie. Andere voorbeelden zijn het verbod op bepaalde ingrediënten in levensmiddelen of cosmetica, de in het Bouwbesluit vastgelegde bouwvoorschriften en de huurbescherming.
In het kader van de kartelwetgeving worden steeds meer tariefafspraken doorbroken. Een recent voorbeeld hiervan betreft de makelaarscourtages.

De Vleeshouwerij beïnvloed door politieke ontwikkeling

Een voorbeeld van een zeer ingrijpende politieke ontwikkeling zien we bij De Vleeshouwerij: 'Per 1 januari 1993 moeten alle productiefaciliteiten worden aangepast aan nieuwe en strenge EG-normen inzake hygiëne. Indien deze aanpassingen niet gebeuren, verliest het bedrijf in kwestie zijn vergunning. Voor een aantal bedrijven zal dit zelfs funest zijn: er wordt verwacht dat tal van familiebedrijven niet in staat zullen zijn de nodige aanpassingen uit te voeren.'

Natuur en milieu

Niet alleen de bescherming van consumenten, maar ook de bescherming van natuur en milieu wordt tegenwoordig door de overheid tot haar takenpakket gerekend, daartoe aangespoord en 'gecontroleerd' door de milieubeweging. Het uitgangspunt 'de vervuiler betaalt' krijgt steeds meer aanhang.

Bijna alle tandpastatubes zonder karton

Acht fabrikanten die gezamenlijk 95% van alle tandpasta in Nederland produceren, hebben collectief een nieuwe kunststof sta-tube ontwikkeld, waardoor de kartonnen omdoosjes overbodig zijn. De vernieuwing levert 25% besparing op het verpakkingsmateriaal van alle tandpastamerken: Aquafresh, Aronal, Blend-a-med, Colgate, Elmex, Macleans, Oral-B, Parodontax, Prodent, Sensodyne en Zendium. De besparing is een maatregel in het kader van het Convenant Verpakkingen, dat handel en industrie, vertegenwoordigd door de Stichting Verpakking en Milieu, in 1991 met minister Alders van Milieu hebben afgesloten. Voor de ontwikkeling en productie van de nieuwe tube heeft elk van de fabrikanten miljoenen guldens geïnvesteerd.

Natuur- en milieubescherming is bij uitstek een beleidsterrein waarop de verschillende overheidstaken gemakkelijk met elkaar kunnen conflicteren. Politieke besluitvorming op dit terrein (denk bijvoorbeeld aan die rond Schiphol) haalt dan ook snel de krant. Met name de economische belangen van de agrarische sector en die van het milieu lijken (of blijken) vaak haaks op elkaar te staan.

Lucht en bodemvervuiling

Lucht- en bodemvervuiling worden tegenwoordig nauwlettend in de gaten gehouden. Voor de bodemsanering worden gigantische bedragen uitgetrokken. Het gevolg van deze aandacht waren onder meer de voorschriften waaraan verkooppunten van autobrandstof moeten voldoen. Daarvoor waren dusdanig hoge investeringen nodig, dat veel benzinepompen moesten sluiten.

Enkele wettelijke regelingen

Tot de macro-omgeving van elke organisatie behoren diverse wettelijke regelingen, waarvan er hiervóór al enkele genoemd zijn. Hierna gaan we in op enkele wetten, die direct van invloed kunnen zijn op de werkzaamheden van de marketeer.

Winkeltijdenwet

Winkeltijdenwet

Deze wet uit 1996 bevat regels met betrekking tot de openingstijden van winkels en de tijden waarop goederen, anders dan in een winkel, bedrijfsmatig aan particulieren te koop mogen worden aangeboden of verkocht. Volgens de Winkeltijdenwet mogen winkels niet open zijn op zon- en (bepaalde) feestdagen en voor 6.00 uur en na 22.00 uur op werkdagen. Een gemeente kan echter voor ten hoogste twaalf dagen per kalenderjaar voor de zon- en feestdagen vrijstelling verlenen. Extra vrijstelling kan bovendien nog worden verleend bij plotseling opkomende bijzondere omstandigheden. Daarnaast kan vrijstelling worden verleend ten behoeve van op de betrokken gemeente gericht toerisme of voor grensoverschrijdend verkeer in de nabijheid van grensovergangen. Ook kan ontheffing worden verleend op zon- en feestdagen aan winkels waar uitsluitend of hoofdzakelijk eet- en drinkwaren worden verkocht. Deze winkels moeten dan wel op die dag tot 16.00 uur in de middag gesloten zijn. Bovendien mag een dergelijke ontheffing aan niet meer dan één winkel per 15000 inwoners worden verleend. Ook het Rijk mag (extra) vrijstelling verlenen voor wat betreft de zon- en feestdagen, maar een gemeente mag dan weer bepalen, dat die vrijstelling in die gemeente niet geldt.

Prijzenwet

Prijzenwet

De *Prijzenwet* uit 1961 (daarna enkele malen herzien) regelt de bevoegdheden van de overheid op het gebied van de prijsregulering. Met name geldt dit de bevoegdheid van de minister van Economische Zaken in te grijpen in de prijsontwikkeling van goederen en diensten. De wet omvat voorschriften op het gebied van de prijsstelling, prijsmelding, prijsaanduiding, administratie, het specificeren van rekeningen met betrekking tot dienstverlening en ten slotte ook ontheffingsregelingen. Prijsbeschikkingen kunnen betrekking hebben op een gehele bedrijfstak (een voorbeeld is de medische sector), een bepaalde sector of op bepaalde goederen of diensten.

Wet op het consumentenkrediet

Wet op het consumentenkrediet

De *Wet op het consumentenkrediet* uit 1990 (en daarna diverse malen aangepast) bevat bepalingen ter bescherming van de consument tegen het onverantwoord aangaan van leningen. Een kredietgever moet een vergunning hebben. Vergunninghouders worden ingeschreven in een register, dat ter inzage ligt bij het ministerie van Economische Zaken. De overheid houdt toezicht op debedrijfsvoering van de kredietgevers. De kredietgever is verplicht het effectieve kredietvergoedingspercentage op jaarbasis te vermelden. Indien de kredietsom meer bedraagt dan € 1.000 dient hij inlichtingen in te winnen over de kredietwaardigheid van degene, voor wie het krediet wordt aangevraagd. De kredietnemer is te allen tijde bevoegd tot volledige of gedeeltelijke vervroegde aflossing. Deze wet geldt niet bij krediettransacties, waarbij de kredietsom meer dan € 40.000 bedraagt, behalve de vermelding van het effectieve kredietvergoedingspercentage.

Bij de *Wet op het consumentenkrediet* werden de oudere Wet op het consumptief krediet (1972) en de Wet op het afbetalingsstelsel (1976) ingetrokken.

Wet bescherming persoonsgegevens (WBP)

Per 1 september 2001 is de WBP in de plaats gekomen van de Wet persoonsregistraties. In deze wet staan de spelregels voor het omgaan met persoonsgegevens. Zo staat er in dat gegevens alleen voor een bepaald doel vastgelegd mogen worden. De gegevens moeten verder op een

Waarom u met een SpaarCredietplan véél geld kunt besparen

Geld nodig, of uw huidige lening omzetten in deze fiscaal zéér voordelige lening?

Met het SpaarCredietplan combineert u een geldlening met een spaarpolis. U lost de lening voorlopig niet af. Maar u betaalt wel maandelijks een bedrag waarmee u spaart en waarmee u de rente betaalt. Omdat de rente aftrekbaar is, betaalt de fiscus al gauw de helft of meer van de kosten van uw lening. Bovendien spaart u voor een forse belastingvrije uitkering ineens, waarmee u tenslotte uw lening kunt aflossen. Hierbij kunt u dus de fiscus voor de tweede maal dankbaar zijn! Veronderstel dat u *f* 52.500,- wilt lenen. Dan betaalt u bij een inkomstenbelasting van 60% voor dit SpaarCredietplan een maandtermijn van slechts *f* 162,-. Het kan zelfs zo zijn dat u netto minder betaalt dan dat u ontvangt.

Bel nú 0800-1242

- Tussenliggende bedragen vanaf *f* 5000,- zijn mogelijk.
- Wij nemen desgewenst uw huidige (vaak te dure) lopende lening kosteloos over.
- Amstel financieringen behandelt uw vrijblijvende aanvraag snel en uiterst discreet.
- Wanneer u nu belt, krijgt u uiterlijk morgen een gratis offerte.
- Gevolmachtigd intermediair.
- Toetsing en registratie bij BKR in Tiel.

VOORBEELDEN 5,8%

Dit kunt u lenen:	...en dit kost het per maand:*
f 52.500,-	*f* 162,-
f 61.000,-	*f* 187,-
f 77.500,-	*f* 238,-
f 81.000,-	*f* 249,-
f 95.000,-	*f* 292,-
f 115.000,-	*f* 354,-

*Rente 0,468% p.m. Nominaal 5,6% p.j. Effectieve rente op jaarbasis 5,8%

Geopend:
ma. t/m vrij. van 08.30 tot 21.00 uur,
zaterdag van 09.00 tot 16.00 uur.
Dubbelmondehof 33, 1069 ZA Amsterdam

VERO08

Kredietverstrekkers hebben zich te houden aan de Wet op het consumentenkrediet

rechtmatige manier verkregen zijn en mogen alleen in handen komen van instanties en personen voor wie ze bestemd zijn. Persoonsgegevens zijn alle gegevens die iets over iemand zeggen of die van invloed kunnen zijn op de manier waarop iemand wordt beoordeeld of behandeld. Dat kunnen dus bijvoorbeeld naam, geboortedatum, adres, banksaldo of beroep zijn. Wel moet degene op wie de gegevens betrekking hebben te identificeren zijn. Ook een kaartenbak kan onder de WBP vallen, namelijk indien er gegevens over personen in staan. Het verwerken van persoonsgegevens omvat alle handelingen met die gegevens vanaf het verzamelen tot aan het vernietigen.

Informatieplicht

Zodra een organisatie gegevens over iemand verzamelt, moet die persoon geïnformeerd worden over het doel van het verzamelen en de naam en adres van die organisatie. Alleen onder strikte voorwaarden mag die organisatie de verzamelde gegevens ook voor andere doeleinden gebruiken dan waarvoor ze oorspronkelijk verzameld zijn. Dat kan alleen als dat gebruik niet op gespannen voet staat met het oorspronkelijk doel. In het algemeen geldt, dat een organisatie persoonsgegevens niet langer mag bewaren dan noodzakelijk is voor het doel waarvoor de gegevens verzameld zijn. Daarnaast zijn er specifieke wetten waarin een bewaartermijn is geregeld. Zo moeten medische dossiers doorgaans tien jaar bewaard worden.

College bescherming persoonsgegevens (CBP)

Het College bescherming persoonsgegevens (CBP), voorheen de Registratiekamer, is ingesteld om toezicht te houden op de naleving van de WBP en andere wettelijke bepalingen over de bescherming van persoonsgegevens.

Meldingsplicht

Op grond van de WBP zijn organisaties verplicht verwerkingen van persoonsgegevens te melden bij het CBP. Deze plicht geldt alleen voor geautomatiseerde verwerkingen van persoonsgegevens; niet-geautomatiseerde verwerkingen hoeven doorgaans niet gemeld te worden (maar vallen wel onder de WBP!). Enkele veel voorkomende verwerkingen zijn van melding vrijgesteld. Deze worden opgesomd in het Vrijstellingsbesluit. Voorbeelden zijn personeels-, salaris- en ledenadministraties. De WBP verplicht niet tot het hebben van een privacyreglement.

Recht van inzage en van verzet

Personen hebben het recht inzage te verzoeken in het gebruik van hun persoonsgegevens door een organisatie. Daartoe heeft het CBP een modelbrief ontwikkeld. Met deze brief kan iemand de organisatie vragen of die zijn persoonsgegevens gebruikt. Als dat zo is, moet de organisatie een overzicht van de gegevens verstrekken en het doel van de verwerking aangeven. Nadat iemand inzage heeft gehad, kan hij de organisatie verzoeken de gegevens te verbeteren, aan te vullen, te verwijderen of af te schermen. Dat kan echter alleen als die gegevens feitelijk onjuist zijn of onvolledig of niet ter zake dienend zijn voor het doel van de verwerking. Men heeft ook het recht van verzet: het recht om bezwaar te maken (verzet aan te tekenen) tegen het gebruik van zijn gegevens door een organisatie.

Gedragscode

Organisaties die een bepaalde sector vertegenwoordigen kunnen voor hun leden een gedragscode vaststellen. Daarin wordt aangegeven hoe de leden met persoonsgegevens zullen omgaan. Het CBP kan op verzoek de conceptgedragscode toetsen en verklaren dat de gedragscode voldoet aan de WBP. In genoemde code kan een klachtenregeling opgenomen zijn. Meer gedetailleerde informatie is te vinden op: www.cbpweb.nl

Wet Productaansprakelijkheid

Wet Productaansprakelijkheid

Bij de *Wet Productaansprakelijkheid* gaat het om voorschriften die zijn opgenomen in het Burgerlijk Wetboek (BW) op het gebied van de aansprakelijkheid van bedrijven met betrekking tot afnemers, voor de door hen op de markt gebrachte goederen. De producent is aansprakelijk, tenzij hij het tegendeel kan bewijzen. De afnemer moet aantonen dat hij schade heeft ondervonden door het product, dat hij natuurlijk wel conform de gebruiksaanwijzing moet hebben gebruikt. De fabrikant moet vervolgens bewijzen dat hij niet onzorgvuldig heeft gehandeld en dat hem dus niets te verwijten valt.

Mededingingswet

Mededingingswet

Op 1 januari 1998 is, ter vervanging van de Wet Economische Mededinging (WEM), de *Mededingingswet* in werking getreden. Deze wet verbiedt afspraken en gedragingen die de concurrentie beperken. De Nederlandse wetgeving is hiermee in lijn gebracht met de mededingingsregels in het EU-verdrag. De uitvoering van deze wet is in handen gegeven van de Nederlandse Mededingingsautoriteit (NMa). Daar kunnen ook klachten worden ingediend. De wet geldt voor alle ondernemingen en verenigingen van ondernemers die actief zijn op de Nederlandse markt. Een onderneming die in strijd handelt met de Mededingingswet kan daarvoor beboet worden.
De eerste zaak die door de NMa werd behandeld was een klacht van *De Telegraaf* tegen de televisiebedrijven NOS en HMG (de Holland Media groep, exploitant van RTL4, RTL5 en Veronica) over programmagegevens. *De Telegraaf* wilde de omroepgegevens publiceren, maar de NOS en de HMG weigerden hun programmagegevens ter beschikking te stellen. Andere klachten betroffen bijvoorbeeld de voorgenomen fusieplannen tussen de RAI en de Jaarbeurs, fusieplannen van de elektriciteitsbedrijven en de overname van Gouden Gids-uitgever ITT door de VNU. De Consumentenbond klaagde onder andere over machtsmisbruik door NVM-makelaars. Deze zouden volgens de Consumentenbond de markt afschermen door te koop staande woningen minimaal 24 uur voor te behouden aan klanten van NVM-collega's.

De Mededingingswet verbiedt: kartels (mededingingsafspraken), misbruik van een economische machtspositie, en concentraties van ondernemingen zonder voorafgaande melding. Hierop zijn echter uitzonderingen mogelijk. Zo vormt het louter hebben van een economische machtspositie op zich geen probleem en is dan ook niet verboden. De Mededingingswet wordt pas overtreden als een onderneming haar

Vendex/KBB beticht van machtsconcentratie

Na maanden wachten kwam op 6 oktober het verlossende woord uit Den Haag. De Nederlandse Mededingingsautoriteit (NMa) is onvoorwaardelijk akkoord gegaan met de voorgenomen fusie tussen de concerns Vendex en KBB. Maar opeens dreigt MKB Nederland roet in het eten te gooien. Vandaag (donderdag) beslist een Rotterdamse rechter of er sprake is van een overheersende positie in de Nederlandse winkelcentra.

Vendex stelt MKB Nederland aansprakelijk voor de schade die kan ontstaan als de overname van collega-retailer KBB in hoger beroep wordt afgewezen. Dat kan gaan om honderden miljoenen guldens, aangezien Vendex op dit moment een belang heeft van 91 procent in KBB. De belangenorganisatie voor het midden- en kleinbedrijf probeert via de rechter de vergunning voor de fusie van Vendex en KBB nietig te laten verklaren op grond van het argument dat er sprake zou zijn van ongewenste machtsvorming in de Nederlandse binnensteden. Daarvoor is Jan Kessels gevraagd een getuigenis af te leggen. De voormalig directievoorzitter van HEMA heeft jarenlang directiefuncties bij KBB en Vendex gehad. Het feit dat hij handelt uit rancune jegens zijn eerdere werkgevers en door Jaap Blokker voor het karretje is gespannen, wordt door hem ontkend. De zaak is uniek, want het is de eerste keer dat er beroep is aangetekend tegen een door de NMa verstrekte vergunning.
De NMa heeft geconcludeerd dat de voorgenomen concentratie geen machtspositie heeft met betrekking tot A1-locaties. De NMa baseert zich op onderzoek naar de (her)ontwikkeling van winkelruimte. Daaruit bleek dat in het verleden grote partijen als Vendex en KBB geen substantiële invloed hebben kunnen uitoefenen bij winkelcentra als De Barones in Breda, Heuvelgalerie in Eindhoven en de Beurstraverse in Rotterdam. Het feit dat zelfstandige winkeliers soms moeite hebben om toegang te krijgen tot goede winkellocaties kan eerder worden toegeschreven aan de voorkeur van vastgoedontwikkelaars voor grootwinkelbedrijven als huurder vanwege de grotere zekerheid.
Als de rechtbank de vergunning van de NMa vernietigt, dreigt er een absurde situatie te ontstaan. Vendex zou dan zijn stemrecht van 91 procent niet mogen uitoefenen. Daarmee zou Blokker met zes procent in theorie een meerderheid bij KBB hebben. Het concern wilde twee maanden geleden een tegenbod op KBB uitbrengen, maar zag daarvan af. ■

Bron: *NieuwsTribune*, 17 december 1998

De Nederlandse Mededingingsautoriteit (NMa) houdt concentratietendensen nauwlettend in de gaten

machtspositie misbruikt. Dat kan bijvoorbeeld het geval zijn als een onderneming extreem hoge prijzen rekent, onredelijke leveringsvoorwaarden hanteert, bepaalde afnemers uitsluit van levering, verschillende prijzen rekent voor gelijke prestaties, concurrenten uit de markt drukt of voorkomt dat nieuwe ondernemingen tot de markt toetreden door bijvoorbeeld het hanteren van extreem lage prijzen.

Overgangsregeling voor kartelafspraken

Voor bestaande kartelafspraken geldt een overgangsregeling. Die kartels moesten dan wel voor april 1998 zijn aangemeld bij de NMa. Aanmeldingen kwamen onder andere binnen uit de bouwnijverheid, de zorgsector (medicijnprijzen, premieafspraken tussen zorgverzekeraars) en de detailhandel. Ook bijvoorbeeld de notarissen (vaste tarieven voor onroerendgoedtransacties) en de NV Eredivisie, het samenwerkingsverband van de achttien voetbalclubs in de eredivisie, meldden zich aan. Sectoren die een ontheffing hebben zijn onder meer de dagbladuitgevers en de boekwinkels. Laatstgenoemden mogen tot 2006 hun vaste boekenprijs hanteren. Daarnaast mogen inkoopcombinaties in de detailhandel, zoals de Spar, bij reclameacties tijdelijke prijzen blijven afspreken, omdat ze anders nadeel zouden ondervinden ten opzichte van giganten als Albert Heijn.

Vestigingswet

Vestigingswet

Met ingang van 1 januari 1996 werd de vestigingswetgeving sterk vereenvoudigd. Het aantal diploma's is teruggebracht. Afhankelijk van de branche waarin de ondernemer werkzaam is of wil zijn, worden drie niveaus onderscheiden: niveau A, B en C. De nieuwe *Vestigingswet* onderscheidt acht diploma's: Algemene Ondernemingsvaardigheden (AOV), Bedrijfstechniek (vier clusters van branches) en Vaktechniek (drie branches). In de meeste gevallen heeft een ondernemer alleen het AOV-diploma nodig. In een aantal gevallen is daarnaast een diploma Bedrijfstechniek vereist. Voor bepaalde branches worden geen vestigingseisen meer gesteld. Dit is het zogenaamde A-niveau. In de nieuwe Vestigingswet wordt ervan uitgegaan dat de ondernemer zelf de kwaliteit van zijn product of dienst bewaakt en daarvoor de noodzakelijke vakkennis verwerft. De verantwoordelijkheid daarvoor ligt bij de ondernemer zelf. Voor het B-niveau geldt het AOV-diploma als voorwaarde en voor het C-niveau zijn zowel het diploma AOV als het diploma Bedrijfstechniek vereist. Het diploma Vaktechniek is, naast de diploma's AOV en Bedrijfstechniek, vereist voor een beperkt aantal branches, zoals het bakkersbedrijf, het elektrotechnisch installatiebedrijf en het slagersbedrijf.

Wet Misleidende Reclame

Wet Misleidende Reclame

De *Wet Misleidende Reclame* is in feite een onderdeel (drie artikelen) van het Burgerlijk Wetboek. Artikel 194 stelt: 'Hij die omtrent goederen of diensten die door hem (...) in de uitoefening van een beroep of bedrijf worden aangeboden, een mededeling openbaar maakt (...), handelt onrechtmatig, indien deze mededeling in een of meer opzichten misleidend is.' Hierbij moeten we de term 'mededeling' ruim opvatten. Reclame-uitingen vallen hieronder. Misleiding kan betrekking hebben op de herkomst, de wijze of het tijdstip van vervaardigen, de omvang van de voorraad, de prijs of de wijze van berekenen daarvan, de aanleiding of het doel van de aanbieding, de toegekende onderscheidingen, getuigschriften of andere door derden uitgebrachte beoordelingen of gedane verklaringen, of de gebezigde wetenschappelijke of vaktermen, technische bevindingen of statistische gegevens, de voorwaarden waaronder de goederen worden geleverd of diensten worden verricht of de betaling plaatsvindt, de omvang, inhoud of tijdsduur van de garantie, de identiteit, hoedanigheden, bekwaamheid of bevoegdheid van degene door wie de goederen worden aangeboden of de diensten worden verricht, en op vergelijking met andere goederen of diensten. Degene die de mededeling heeft gedaan zal in voorkomende gevallen zelf moeten bewijzen dat de mededeling juist en volledig was. Op grond van de Wet Misleidende Reclame kunnen zowel de adverteerder als het reclamebureau worden aangesproken.

Code voor het Reclamewezen

In dit geval is sprake van *zelfregulering*. De reclamewereld heeft zich hiermee vrijwillig normen opgelegd om op die manier het vertrouwen in de reclame te bevorderen en de consument te beschermen tegen ongeoorloofde (eventueel misleidende) reclame. De Nederlandse *Code voor het Reclamewezen* (de Reclamecode) is opgericht in 1964 en opgesteld door de Stichting Reclame Code. Van deze stichting maken onder andere de BVA (Bond van Adverteerders), het Genootschap voor Reclame (GVR), de Nederlandse Vereniging van Erkende Reclame Adviesbureaus (VEA), de Stichting Nederlandse Etherreclame (STER) en de Consumentenbond deel uit. De controle op de naleving van de Reclamecode is in handen gegeven van de Reclame Code Commissie (RCC). De RCC toetst de haar voorgelegde reclame-uitingen niet alleen aan de WMR, maar ook aan normen vanuit de wet, de goede smaak, de openbare orde of de goede zeden. Iedere organisatie of burger, die meent dat een bepaalde reclame-uiting in strijd is met één of meer van de eerdergenoemde normen, kan een klacht indienen bij de RCC. Indien een klacht terecht wordt bevonden kan de Reclame Code Commissie slechts overgaan tot het publiceren van een aanbeveling aan het adres van de betrokken adverteerder, om zich in het vervolg van dat soort reclame te onthouden. Op grond van een dergelijke publicatie zullen de media de desbetreffende reclame-uiting boycotten. Indien bij een prijsaanduiding superlatieven worden gehanteerd zoals 'de goedkoopste' of 'de laagste prijzen', stelt de RCC zich in het algemeen streng op. Bij subjectieve aanduidingen als 'de lekkerste', 'de leukste', wordt de kans op misleiding geringer geacht.

Code voor het Reclamewezen

Vergelijkende reclame

Vergelijkende reclame

Er is sprake van *vergelijkende reclame*, indien er een duidelijk verband wordt gelegd tussen het eigen aanbod en dat van (de) concurrenten. Volgens de Reclame Code Commissie is vergelijkende reclame geoorloofd als die aan de volgende criteria voldoet:

- zij moet vergelijkbare producten betreffen;
- zij moet waar zijn;
- zij moet objectief controleerbaar zijn;
- zij moet volledig zijn en niet verwarrend of misleidend (alle essentiële punten moeten in de vergelijking zijn betrokken);
- zij mag geen nodeloos denigrerende of krenkende uitlatingen aan het adres van het andere product, merk of de andere onderneming bevatten.

In dit kader speelt ook de Benelux Merkenwet een rol. Volgens deze wet is het verboden om een merk van een ander op een zodanige manier in het economisch verkeer te gebruiken, dat daardoor aan die ander schade kan worden toegebracht.

Wet op de Kansspelen

Wet op de Kansspelen

De *Wet op de Kansspelen* heeft vooral betekenis indien een aanbieder overweegt in het kader van salespromotion een prijsvraag of sweepstake te organiseren. Volgens de Wet op de Kansspelen is het verboden om gelegenheid te geven mee te dingen naar prijzen en premies, indien de aanwijzing van de winnaars geschiedt door enige kansbepaling waarop de deelnemers in het algemeen geen overwegende invloed kunnen uitoefenen, tenzij daar ingevolge deze wet een vergunning voor is verleend. Het criterium 'overwegende invloed' is hierbij essentieel.

Prijsvragen

Prijsvragen zijn in het kader van deze wet toegestaan, mits er sprake is van een jureerbare prestatie (bijvoorbeeld het afmaken van een slagzin) en de waarde van de prijs of prijzen gezamenlijk niet meer bedraagt dan € 4.500 per prijs. Uitgezonderd zijn de Staatsloterij, de officiële sporttoto's, casino's et cetera.

Sweepstakes

Bij een *sweepstake* wordt van tevoren een aantal nummers getrokken, waarop prijzen zijn gevallen. De nummers worden vervolgens ongevraagd toegezonden aan de beoogde doelgroep. De ontvangers van deze mailing dienen dan zelf te informeren of op hun nummer een prijs is gevallen. Hierdoor poogt men het criterium 'gelegenheid geven om mede te dingen' te omzeilen. De Reclame Code Commissie heeft zich al verschillende keren negatief over de sweepstake uitgelaten, met name omdat die misleidend wordt geacht (veel ontvangers van de mailing denken dat ze de prijs al gewonnen hebben). Ook lopen er regelmatig juridische procedures in verband met een sweepstake.

Parallelimporten en de Europese merkenrichtlijn

Hierbij gaat het om een voorbeeld van een supranationale – in dit geval Europese – regeling, die van grote invloed kan zijn op individuele ondernemingen. In dit geval betreft het de Europese merkenrichtlijn, die onder meer bepaalt dat parallelimport van nieuwe merkproducten slechts is toegestaan voorzover de desbetreffende producent daar toestemming voor heeft gegeven. Is een product door de fabrikant op de markt gebracht, dan is parallelimport mogelijk.

Mediawet

In artikel 55 van de Mediawet staat dat de publieke omroep zich niet dienstbaar mag maken aan de winst voor derden. Daarom is productplacement niet toegestaan.

Internationale politieke ontwikkelingen

Consumentenboycot

Internationale politieke ontwikkelingen en verhoudingen kunnen aanbieders dwingen hun marketingbeleid aan te passen. Tegenwoordig komt het minder voor, maar er is een periode geweest waarin producten uit bepaalde landen (Zuid-Afrika, Chili) door veel consumenten werden geboycot. Dit had directe consequenties voor het assortimentsbeleid van de desbetreffende detaillisten. Een recent voorbeeld vormen de pogingen van Engelse burgers om het verschepen van kalveren naar onder meer Nederland te verhinderen, om deze dieren voor een leven als kistkalf te behoeden. Een van de gevolgen van deze acties was dat Engelse detaillisten bekendmaakten geen kalfsvlees uit Nederland meer te zullen verkopen.

Toegang tot markten

Voor aanbieders van goederen en diensten is de toegang tot markten in andere landen – en andersom: de toegang die aanbieders uit andere landen tot de Nederlandse markt hebben – een zeer belangrijk aandachtspunt. Dat betreft bijvoorbeeld ontwikkelingen in het kader van de Europese Unie, maar ook de relatie met Japan (denk aan consumentenelektronica en de autobranche) en met 'de rest van de wereld'. Wat dit laatste betreft: WTO-akkoorden bevatten regelingen over de internationale handelsbetrekkingen en de toegang tot elkaars markten.

Economische blokken

Ook de *economische machtsblokken*, zoals NAFTA (Verenigde Staten, Canada en Mexico) en ASEAN (landen in Zuidoost-Azië), creëren nieuwe interne markten die voor sommige ondernemingen een kans, maar voor andere een bedreiging vormen.

Verschillen tussen binnen- en buitenlandse markt

Ondernemingen die op buitenlandse markten willen opereren dienen zich de verschillen met de eigen nationale markt terdege te realiseren. Deze verschillen kunnen betrekking hebben op alle in dit hoofdstuk besproken macro-omgevingsfactoren. Op politiek terrein is er niet alleen sprake van een andere wetgeving, maar bijvoorbeeld ook van openlijke of minder openlijke protectionistische maatregelen om de eigen industrie of dienstverlening te beschermen. Die maatregelen kunnen liggen op het gebied van (hoge) invoerrechten en accijnzen. Daarnaast kan er bijvoorbeeld sprake zijn van veiligheidsvoorschriften of veterinaire maatregelen die een sterk belemmerende werking hebben. Denk in dit verband bijvoorbeeld aan de maatregelen (invoerverbod) rond de gekkekoeienziekte in Engeland. Douaneformaliteiten vormen eveneens een factor waarmee, zeker in bureaucratische landen, rekening dient te worden gehouden. Het betalen van (verkapte) steekpenningen om orders te verkrijgen of om alleen maar de bestelde goederen het land in te krijgen, lijkt in sommige landen nog steeds noodzakelijk.
Juridische belemmeringen zijn er ook vaak in de vorm van afwijkende vestigingseisen, waren- en merkenwetgeving, keurmerken en de kartelwetgeving. Een buitenlander mag bijvoorbeeld in Japan niet als zelfstandig handelsagent optreden, maar slechts als gemachtigde namens een buitenlandse principaal. Het Reinheitsgebot in Duitsland wist lange tijd de import van Nederlands bier tegen te houden. Merken die bij het Benelux Merkenbureau zijn geregistreerd kunnen niet zonder meer in andere landen gevoerd worden. De Raider-reep had in Engeland een andere naam. Tegenwoordig wordt deze candybar in alle landen op de markt gebracht onder de naam Twix.
Belemmeringen die door invoerrechten et cetera worden veroorzaakt, kunnen worden ontlopen door (een deel van) de productie naar het desbetreffende land te verplaatsen. Dit gebeurt bijvoorbeeld op grote schaal in de auto-industrie. Daarmee vermindert men ook de eventuele valutarisico's. Tussen de Eurolanden zijn deze risico's overigens geëlimineerd, uiteraard voorzover afgerekend wordt in euro's.

Strategische implicaties

Sommige van de beschreven ontwikkelingen zijn van invloed op de gehele organisatie (bijvoorbeeld de Wet op de Ondernemingsraden), andere op het totaal van de marketingactiviteiten (bijvoorbeeld het octrooi- en merkenrecht), en weer andere alleen op een bepaalde groep marketinginstrumenten (bijvoorbeeld de Prijzenwet of de verbodsbepalingen tegen het gebruik van bepaalde grond- en hulpstoffen).

Contingency plans

Naarmate de gevolgen van mogelijke politieke maatregelen ingrijpender zijn en sneller reageren geboden is, is het noodzakelijker al bij voorbaat op basis van enkele scenario's 'rampenplannen' *(contingency plans)* gereed te hebben, die als de tijd daar is onmiddellijk kunnen worden geactiveerd.

In een aantal gevallen zullen – vooral – branches trachten door middel van lobbyen de politieke besluitvorming te beïnvloeden. Philips heeft bijvoorbeeld een eigen lobbybureau in Den Haag. Op zich is dit een legitieme activiteit. Het vergroot immers de kans dat echt alle voors en tegens van een bepaalde maatregel op tafel komen, wat in principe ten goede komt aan de kwaliteit van de politieke besluitvorming.

Een 'smart'-onderneming in China: leren en aanpassen

Coca-Cola zit sinds 1981 in China en heeft inmiddels twintig productiebedrijven en is onbetwist marktleider, niet alleen met Coca-Cola, maar ook met haar andere frisdranken, zoals Fanta en Sprite. Pepsi-Cola vestigde zich maar een jaar later in China en heeft ongeveer tien fabrieken. Het resultaat draait nog steeds rond het break-evenpoint en het marktaandeel is nog geen derde van dat van Coca-Cola. In het begin heeft het Coca-Cola-concern met kracht producten als Fanta gepusht, omdat de kleur het meest overeenkwam met die van de gangbare Chinese frisdranken. De Chinezen moesten ook heel erg wennen aan de smaak van Coca-Cola, die in hun perceptie meer overeen kwam met een homeopathisch drankje. Met name de vrouwen gaven de voorkeur aan Sprite. Met veel geduld is Coca-Cola in bepaalde 'opinion leader'-doelgroepen geïntroduceerd, zoals studenten, die in met name Coca-Cola een exponent van 'vrijheid' zagen.

Er wonen weliswaar 1,2 miljard mensen in China, waarvan slechts een klein percentage, in bepaalde regio's, luxere producten kan kopen. Zo hebben nog maar tien mln huishoudens een westerse 'doortrek'-toilet, 40 mln een niet-westers model en de overige 250 mln nog geen toilet. Sphinx moet zich dus niet rijk rekenen aan het zeer hoge percentage non-adopters op dit moment. De westerse fabrikanten moeten zich ook bewust zijn dat de infrastructuur in vele delen van China zo belabberd is, dat slechts een klein deel van het land kan worden bestreken. Overheidsregels kunnen bedreigingen maar ook kansen bieden, mits bijvoorbeeld Chinese bedrijven worden ingeschakeld, zoals in de telecommunicatie-industrie. Ook het Coca-Cola-concern heeft diverse joint ventures met Chinese bedrijven moeten vormen. Voor Coca-Cola had het grote prioriteit min of meer de controle in dergelijke joint ventures te verkrijgen.

Het opbouwen van een sterk merk heeft een groot voordeel, indien Chinezen succesvolle producten gaan imiteren en met zeer lage prijzen, vooral in verzadigde markten, hun overcapaciteit dumpen. Ondernemingen moeten razendsnel leren en aanpassen. China verandert in een hoog tempo; de centraal geleide planeconomie transformeert in een wereldmarkteconomie. De regels van gisteren zijn niet meer de regels van morgen.

Volkswagen en Peugeot vestigden zich in dezelfde periode in China. Volkswagen heeft nu ongeveer 50% van de personenautomarkt en verkocht in 1996 ruim 200000 auto's, wat in het jaar 2000 opgelopen moet zijn tot meer dan 300000. Peugeot verkocht in 1996 slechts 2000 auto's en had een productiecapaciteit van 100000 personenauto's. De verliezen zijn groot. In China kunnen maar weinig particulieren een auto aanschaffen. Peugeot richtte zich tot deze, ook nog zeer prijsgevoelige doelgroep. Verreweg de meeste auto's worden door bedrijven aangeschaft. Volkswagen zette een netwerk van distributeurs op, die de zakelijke markt agressief gingen bewerken. Kwaliteit en service kwamen in deze expanderende markt op de eerste plaats.

Bron: Rick Yan in *Harvard Business Review*, september/oktober 1998

2.3.4 Macro-omgeving: Ecologische en ethische ontwikkelingen

In het kader van de macroanalyse zal vervolgens aandacht moeten worden besteed aan de vraag in hoeverre ecologische factoren nu of in de toekomst wijzigingen in het (marketing)beleid noodzakelijk maken. We denken hierbij aan het weer of klimaat, de beschikbaarheid van natuurlijke hulpbronnen en delfstoffen, en aan milieuvervuiling.

Weer of klimaat

Het hoeft geen betoog dat het weer of klimaat grote invloed kan hebben op de verkoop van producten of diensten. Het ontbreken van sneeuw in wintersportgebieden brengt veel mensen ertoe van bestemming te veranderen of er wordt een andere invulling gegeven aan de vakantie. Steden profiteren van een natte zomer, Hollandse stranden daarentegen niet. De verkoop van ijs, frisdrank en bier stijgt naarmate de temperatuur stijgt en het aantal zonuren toeneemt. Slecht weer daarentegen kan leiden tot misoogsten, soms door overstromingen, en dus tot vermindering van het aanbod.

Laarzenfabriek in Raalte vaart wel bij wateroverlast

Hevea in Raalte heeft tot nu toe zo'n 10 000 paar laarzen verzonden naar door wateroverlast getroffen delen van Duitsland. Het bedrijf verwacht uiteindelijk in totaal 20 000 paar te kunnen leveren. Het gaat om goedkope laarzen, die in Portugal worden gemaakt. Op de jaaromzet van Hevea, dat jaarlijks vier miljoen laarzen produceert, heeft de verkoop geen groot effect. 'Maar het is een mooi begin van de komende winterperiode', zegt Nefkens. Volgens hem worden de meeste laarzen voor de overstroomde gebieden geleverd door laarzenfabrikanten uit Italië en Frankrijk.

Bron: *NU.nl*, 20 augustus 2002

Beschikbaarheid bronnen

De eindigheid van natuurlijke hulpbronnen en delfstoffen is inmiddels een dermate belangrijke externe factor geworden, dat deze in een macroanalyse niet over het hoofd mag worden gezien.

Milieuvervuiling

De laatste jaren is milieuvervuiling een steeds belangrijker aandachtspunt. Hieronder vallen zowel lucht-, water- en bodemvervuiling als geluidsoverlast (vliegveld). Milieuvervuiling werkt uiteindelijk als een boemerang; de kosten om de vervuiling tegen te gaan zullen voor particulieren en organisaties progressief toenemen.

Strategische implicaties

De beschreven ontwikkelingen nopen vooral productiebedrijven tot een nauwgezette analyse van de mate waarin de beoogde ruilprocessen ook op lange termijn nog met behulp van de huidige technologie of grondstoffen kunnen worden gerealiseerd. Het is duidelijk dat strategische keuzes in dit verband vaak betrekking zullen hebben op een aanpassing van de 'technologieas' van de business definition.
Voorzover de levenscyclus van een technologie of van een product(groep) afhankelijk is van schaarser wordende of milieubelastende grondstoffen zal op deze 'bedreiging' moeten worden gereageerd door tijdig in de ontwikkeling van alternatieve technologieën of grondstoffen te investeren. Datzelfde geldt voor productieprocessen met negatieve

milieueffecten. Voorbeelden vinden we in de verfindustrie waar steeds meer milieuvriendelijke verfsoorten worden ontwikkeld.

Maar er is niet alleen sprake van bedreigingen. De toenemende zorg voor het milieu stimuleert de vraag naar een veelheid van nieuwe producten en diensten. Daarbij valt te denken aan windturbines, aan milieuvriendelijk bouwen, recyclebare producten (auto's) en verpakkingen (flessen), watergedragen verven, biologisch-dynamisch geteelde gewassen en Milieu-Effect Rapportages.

Belangengroepen

Ten slotte zal iedere aanbieder van goederen of diensten rekening moeten houden met wellicht steeds krachtiger belangengroepen, die producten en productieprocessen nauwlettend beoordelen. Gasboringen in de Waddenzee bijvoorbeeld, zijn tegenwoordig niet zonder slag of stoot mogelijk.

Onder de tweede 'e' van DEPEST kunnen ook 'ethische ontwikkelingen' worden verstaan. We accepteren niet dat artikelen door kinderen worden geproduceerd, partijen medicijnen na de houdbaarheidsdatum naar 'Kosovo' worden gebracht of ondernemingen met dictatoriale regimes samenwerken. Genetisch gemanipuleerde producten zijn onderwerp van ethische debatten.

2.3.5 Macro-omgeving: Sociaal-culturele ontwikkelingen

Opvattingen en gedrag

Sociaal-culturele variabelen kunnen globaal worden onderscheiden in variabelen die te maken hebben met *opvattingen* en variabelen die te maken hebben met *gedrag*. Uiteraard zijn beide aan elkaar gerelateerd. Ze kunnen worden beschreven als componenten van iemands attitude: in het eerste geval de cognitieve en affectieve, in het tweede geval de conatieve component.

Koffiebrander heeft bakkie troost nodig

De koffieconsumptie neemt gestaag af. Oudere consumenten keren zich af van koffie, jongeren hebben weinig interesse in het klassieke bakkie troost c.q. leut. Zitten de fabrikanten nu bij de koffiepakken neer? Nee, met name de ambitieuze fabrikanten dwingen zichzelf tot innovatie. Neem de Belgische markt. Ook hier wordt minder koffie gedronken. Marktleider Douwe Egberts (36% marktaandeel) heeft niettemin een zeer ruim productengamma op de schappen staan, dat aan moet sluiten bij de verschillende smaken en gebruiksmomenten. Dessert voor 's morgens, Moka of Black Label na de lunchpauze en Décafé of Mildou voor 's avonds, bijvoorbeeld. En in november vorig jaar kwam DE met Mobile Coffee, in herbruikbare en hermetisch afsluitbare koffiebekers.
Nestlé is, ook bij onze zuiderburen, sterk in instantkoffie, met een marktaandeel van ruim 50%. Sommige concurrenten, zoals Rombouts, of Italianen als Lavazza, Illy of Segafredo Zanetti, profileren zich als koffie'specialisten', met veel aandacht voor hun positionering in het horecakanaal.
Maar goed, het is bikkelen om een marktaandeel, want de totale markt groeit niet. Integendeel, koffie wordt steeds minder populair. De aanwas van jonge koffiedrinkers stagneert; ze drinken op steeds oudere leeftijd hun eerste kop koffie. Punt is dat ze, lang leve de frisdrankautomaat, gewend zijn geraakt aan veel zoetere smaken dan de bittere koffiesmaak. En ondertussen adverteren de koffiefabrikanten vaak nog op de klassieke manier, met kenmerkende reclamewaarden als nestwarmte en een gezellig gezinsleven. Een stereotypering die in de huidige maatschappij op steeds meer weerstand stuit, wat nooit goed is voor de koffieconsumptie.

Bron: *Marketing online,* week 18, 2002

Het gedrag betreft voor een deel 'niet-marktgedrag', zoals omgangsvormen en taalgebruik. Verreweg het meeste gedrag heeft echter wel iets met 'markten' te maken, omdat het op enigerlei wijze onderdeel vormt van of invloed heeft op ruilprocessen. Dat varieert van het aanschaffen van een product of dienst tot kijk-, lees- en luistergedrag, het stemmen op een politieke partij of kerkbezoek.

Sociaal-culturele veranderingen

Binnen de sociaal-culturele veranderingen die zich de laatste decennia hebben voltrokken kan een drietal hoofdstromingen worden onderscheiden:

1 *Een nieuwe relatie met de maatschappij.* Het individu zoekt een herdefinitie van zijn relatie met zijn 'omgeving': zijn gezin, de maatschappij als geheel, de overheid.
2 *Een nieuwe relatie met de (in- en externe) fysieke omgeving.* Gezondheid, natuur en milieu (een 'duurzame aarde') worden steeds belangrijkere waarden.
3 *Een nieuwe relatie met de cultuur.* Acceptatie van de normen zoals die in het verleden werden overgedragen door gezin, kerk, school en overheid, is niet meer vanzelfsprekend.

Nieuwe relatie met de maatschappij

Machtsverschuiving

Sinds de jaren zestig – en nog steeds – tracht het individu zijn eigen positie binnen de maatschappij te versterken en meer macht en beslissingsrecht te verkrijgen over de eigen situatie. We zouden kunnen spreken van een verschuiving van 'gemeenschappelijk' naar 'individueel', waarbij het individu zich kritischer en argwanender opstelt ten opzichte van zijn omgeving en minder gemakkelijk autoriteit accepteert.

Relaties van het individu

Dit uit zich in allerlei relaties tussen het individu en:

- de overheid (autoriteit);
- de kerk en de school;
- de aanbieder van goederen of diensten;
- het gezin, de partner, de kinderen;
- de maatschappij.

Andere houding tegenover de overheid

Calculerende burger

De veranderde houding ten opzichte van de autoriteit van de overheid blijkt bijvoorbeeld uit een toenemend cynisme over 'de politiek', uit buitenparlementaire acties en het verschijnsel van 'de calculerende burger'. De overheid is echter niet haatdragend: de positie van het individu is bijvoorbeeld versterkt door de privacywetgeving.

Consumentisme

De sterkere positie die de consumenten hebben verworven en nog steeds verwerven ten opzichte van de aanbieders van goederen en diensten, daarin gesteund door consumentenorganisaties en wettelijke maatregelen van de overheid, wordt samengevat in de term 'consumentisme'. Ook de ja/nee-sticker waarmee de consument aangeeft van bepaald reclamedrukwerk verschoond te willen blijven ('brievenbusvervuiling'), kunnen we in dit kader plaatsen.

De invloed van deze ontwikkeling is evident. Zo vinden keurmerken als 'ecokeur' en 'scharrelei' hier hun oorsprong.

Nieuwe posities in de gezinsrelatie

Het feit dat jongeren eerder het ouderlijk huis verlaten, illustreert dat het individu ook in de gezinsrelaties naar nieuwe posities zoekt. Maar niet alleen ten opzichte van de ouders, ook ten opzichte van de eigen partner wordt de positie onafhankelijker. Wellicht moeten we de thans normale gewoonte van samenwonen voor het huwelijk daaruit verklaren.

Onafhankelijker gezinspositie

Ook tegenover de eigen kinderen stelt het individu zich onafhankelijker op. De toenemende arbeidsparticipatie, ook van moeders met jonge kinderen, is hiervan een voorbeeld. Dit resulteert in een stijgende behoefte aan kinderopvang.

Zelfs van nog niet-geboren kinderen willen ouders minder afhankelijk zijn: door anticonceptie kunnen en willen echtparen zelf bepalen of en op welk moment zij door kinderen hun leven mede laten beïnvloeden. Tabel 2.3 spreekt in dit verband voor zich.

Tabel 2.3 **Gebruik van anticonceptiepil door vrouwen loopt terug**

Leeftijdsklasse	1981	1997	2000	2002
16-19	22,2%	54,0%	50,9%	53,1%
20-24	52,6%	73,7%	70,8%	67,1%

(Maal)tijden veranderen

De attitude van Europeanen tegenover maaltijden verandert, zo blijkt uit onderzoek van Datamonitor. Mensen zien maaltijden steeds meer als flexibele 'tijdsbesteding'. Steeds minder mensen eten maaltijden thuis of met het gezin: ze eten onderweg of aan hun bureau, lunchen in café's, dineren in restaurants. Ontbijten wordt vaak overgeslagen; lunchen doen de meeste Europeanen nog wel, maar het belang van de lunch neemt af. Het diner wordt iets vaker overgeslagen dan de lunch, maar desondanks als belangrijk gezien. De belangrijkste attitudeverandering is dat vaker buitenshuis wordt gedineerd. Welke trends voorziet Datamonitor zoal, op basis van deze onderzoeksuitkomsten?
Maaltijden zullen steeds meer plaatsmaken voor snacken. De waarde van de ontbijtmarkt gaat (ondanks minder ontbijten) stijgen. De snelste groeier, in markt en aandeel, wordt echter het diner: steeds meer Europeanen verschuiven hun hoofdmaaltijd van lunch naar diner, waardoor de totale dineruitgaven stijgen. Ook de 'uit eten'-trend zet door. Naarmate lifestyles hectischer worden, zal het hoofdmaal steeds meer verschuiven tussen ontbijt, lunch en diner, om in specifieke behoeften per dag te kunnen voorzien.
De verandering in maaltijdpatronen gaat geleidelijk en levert kansen en bedreigingen op voor retailers, fabrikanten en horeca. Snacks bijvoorbeeld krijgen een belangrijker aandeel in onze dagelijkse voedselinname. Dat vraagt om functionele, gevarieerde en gezonde snacks.

Bron: *Marketing online*, week 31, 2002

Positie in de maatschappij

De toenemende aandacht van het individu voor de eigen positie in de maatschappij uit zich niet alleen in een streven naar vergroting van de eigen 'macht', maar ook in een streven naar grotere zelfontplooiing (Maslow).

Zelfontplooiing

Het sterk toegenomen bezit van een rijbewijs onder vrouwen kunnen we als illustratie zien van de sterkere onafhankelijke positie van dit 'individu', uiteraard mede mogelijk gemaakt door de toegenomen welvaart en ongetwijfeld ook samenhangend met de toegenomen arbeidsparticipatie van de gehuwde vrouw.

Nieuwe relatie met de (in- en externe) fysieke omgeving

Gezondheid

Milieu

De reeds besproken versterking van de eigen positie van het individu vindt ook zijn vertaling in een grotere aandacht voor de eigen gezondheid en fysieke leefomstandigheden. Zo is er bijvoorbeeld ook een toe genomen zorg om de kwaliteit van het voedsel ('Wat zit erin?') en aandacht voor fitness en 'natuurlijkheid'. In het verlengde daarvan is er steeds meer interesse voor de kwaliteit van het ons omringende milieu en een duurzame aarde.

Mountain Travel: inspelen op culturele ontwikkeling

Een tamelijk recente ontwikkeling op het gebied van leefstijlen is de toenemende belangstelling voor ***actieve vakanties***: fietsen, wandelen, zeilen, wildwatersporten, survivaltochten enzovoort. Mountain Travel speelt op deze ontwikkeling in en heeft zich gespecialiseerd in wandelvakanties in het Himalayagebied. Ook klimexpedities behoren tot het productassortiment.

Nieuwe relatie met de cultuur

Normen

Waarden

De gewenste zelfstandiger positie ten opzichte van 'de maatschappij' heeft ook tot gevolg, dat individuen niet meer voetstoots alle normen en waarden van die maatschappij accepteren. Deze worden immers normaliter doorgegeven door allerlei instituties – gezin, school, kerk, overheid – die ten opzichte van het individu aan autoriteit hebben ingeboet. Natuurlijk, er zijn centrale waarden die overeind blijven (werken voor de kost, eerlijkheid, vrijheid), maar andere (huwelijk, tolerantie) staan onder druk. Ook de discussie, tot op het hoogste politieke niveau, rond het onderwerp euthanasie is hiervan een voorbeeld.

Nieuwe helden

Door de veranderende normen en de toenemende nadruk op consumptie en vrije tijd hebben de 'klassieke' helden (grote staatslieden, veldheren of wetenschappers) plaats moeten maken voor nieuwe idolen en 'helden van de vrije tijd'. Die liggen ook letterlijk beter 'in de markt', gezien de gages en salarissen die in de vrijetijdssector (sport, amusementsmedia) worden betaald. De kranten meldden destijds dat de met zijn enkel sukkelende stervoetballer Marco van Basten toch zijn salaris van € 2,3 mln per jaar kreeg doorbetaald. Op een recente lijst (20 december 2001) van vermogende Nederlanders prijkten onder meer de namen van basketballer Rik Smits (€ 61 mln), Dennis Bergkamp (€ 34 mln) en Marc Overmars (€ 16 mln).

Referentiegroepen

In de huidige samenleving voelt het individu zich vrijer zijn eigen keuze te maken uit de 'beschikbare' normen en waarden. Dat kan bijvoorbeeld betekenen dat de opvatting, dat bepaalde gelegenheden bepaalde kleding vereisen, aan kracht inboet. In een dergelijke situatie is de stelling verdedigbaar, dat de invloed van *referentiegroepen* sterker zal worden. Schoolkinderen bijvoorbeeld zullen meer dan vroeger hun normen over kleding (wel of geen merkschoenen of -kleding) en gedrag (uitgaan, seksuele contacten) vooral van hun klasgenoten overnemen ('social support products').

Consumptie-veranderingen

Dat veranderende opvattingen hun neerslag vinden in feitelijk koopgedrag blijkt als we de consumptie – in hoeveelheden – van enkele specifieke productgroepen vergelijken. In tabel 7.5 zien we bijvoorbeeld, dat de consumptie per hoofd van 'vette' voedingsmiddelen (margarine, volle melk) en van sigaretten duidelijk is afgenomen. Er wordt daarentegen meer verse groente en vers fruit geconsumeerd. Ook de toegenomen consumptie van wijn is waarschijnlijk te verklaren vanuit veranderde gewoonten (in dit geval aantoonbaar gestimuleerd vanuit de aanbodzijde).

Tabel 2.4 **Voor binnenlands verbruik beschikbaar gekomen hoeveelheden van enkele voedings- en genotmiddelen per hoofd van de bevolking, 1980 en 2000**

Product	Eenheid	1980	2000	Mutatie in %
Frisdranken	Liter	64	106	+ 65,6
Halfvolle melk	Kg	27,7	42,8	+ 54,5
Wijn	Liter	12,9	18,8	+ 47,0
Kippeneieren	Stuks	190	180	– 5,3
Aardappelen	Kg	83	77	– 7,2
Sigaretten	Stuks	1627	1048	– 35,6
Margarine	Kg	12,6	6,6	– 47,6
Volle melk	Kg	60,1	30,2	– 50,2

Bron: *CBS*

Naar een global consumer?

In de inleiding bij dit hoofdstuk werd al aangegeven, dat de macro-omgeving kan worden beschouwd als 'de wereld'. De toenemende concentratie en groeiende omvang van bedrijven leidt ertoe, dat ook hun afzetmarkten steeds groter (moeten) worden. Lokale markten worden regionale markten, nationale markten worden internationale markten en ten slotte globale markten (denk aan Coca-Cola, McDonald's, Heineken et cetera). Naarmate de afnemers op deze markten meer op elkaar lijken, kan dat ook gelden voor de aangeboden producten en diensten, voor de reclamecampagnes et cetera. Daarmee kunnen grote schaalvoordelen worden behaald. Vandaar dat regelmatig de vraag opduikt, of onder meer door de toegenomen communicatie en contacten tussen de verschillende culturen, deze culturen steeds meer op elkaar zullen gaan lijken en er een soort global consumer zal gaan ontstaan. De huidige zienswijze is, dat zo'n global consumer nog wel enige tijd op zich zal laten wachten. Onderzoek op Europees niveau heeft bijvoorbeeld essentiële verschillen tussen de diverse culturen aangetoond, die ook hun weerslag vinden in het productgebruik.

Door professor Hofstede werden de verschillende nationale culturen beschreven aan de hand van een vijftal dimensies.
Onderstaand worden deze vijf dimensies genoemd en met voorbeelden verduidelijkt.

1 De mate van ongelijkheid tussen mensen

Een grote mate van verschillen in machtspositie, status, hiërarchie in het gezin, werk en kerk treffen we aan in bijvoorbeeld Japan en Frankrijk en kleine verschillen in bijvoorbeeld Nederland en het Verenigd Koninkrijk. Machtsafstand betekent dat instituties machtsongelijkheid accepteren. In de communicatie moeten we dan aan deze afstandsverschillen appelleren; statusproducten en merken koppelen aan bepaalde segmenten.

2 Individualisme versus collectivisme
In de Verenigde Staten en Europa is er sprake van individualisme, meer dan in Zuid-Europa en het Verre Oosten. Individualisten willen graag feiten, informatie hebben, alsmede een directe benadering. Er moet maatwerk worden geleverd. Collectivisme betekent opname in sterke, hechte groepen, die je levenslang bescherming bieden. Men is daarom loyaal en niet of minder gericht op zichzelf. In het collectivisme hoort een 'wij'-benadering: 'Let's make things better' of 'Be part of the group'.

3 Masculiene versus feminieme benadering
De waarden van een masculiene benadering zijn 'succes hebben' en 'resultaten behalen'. Voorbeelden van landen zijn Duitsland, het Verenigd Koninkrijk, Italië, de Verenigde Staten en Japan. In deze landen passen de uitdrukkingen: 'be the best', 'being first' en 'the one and only in the world'. Masculiniteit betekent dat de sociale rollen tussen de sexen (de man assertief en hardwerkend en de vrouw bescheiden en teder) duidelijk gescheiden zijn. De waarden bij een feminieme benadering schenken aandacht aan bijvoorbeeld kwaliteit van leven en zorg. Voorbeelden van landen zijn Nederland, Scandinavië en Spanje, waarin uitdrukkingen passen, zoals 'schitterend in eenvoud' en 'spreken is zilver, zwijgen is goud'.

4 Onzekerheidsvermijding
Landen, zoals Spanje, Duitsland en Zuid-Europese landen, hebben een onzekerheidsmijdende cultuur; spelen op zekerheid. Onzekerheidsmijdend gedrag betekent zich bedreigd voelen door onzekere of onbekende situaties. Reclameboodschappen in 'onzekere culturen' noemen veel technische details en hebben uitdrukkingen zoals: 'Die besten im Testen'. In onzekere culturen worden meer preventieve geneesmiddelen geslikt, meer bronwater gedronken, meer wasmiddel gebruikt en meer aandacht aan kleding en schoeisel besteed. Daar staan 'onverschilliger' landen zoals Nederland, het Verenigd Koninkrijk en Scandinavië tegenover.

5 Korte- versus langetermijnoriëntatie
Een land met een kortetermijnoriëntatie is de Verenigde Staten. Landen met een langetermijnoriëntatie zijn Nederland en landen in het Verre Oosten. Langetermijngerichtheid betekent volharding, spaarzaamheid en deugden die in de toekomst beloond worden. Een kortetermijnuitdrukking is: 'koop nu, betaal later' of '50% korting'. Een langetermijnuitdrukking is: 'sparen voor morgen'.
In figuur 2.2 zijn enkele landen vermeld met een plaatsbepaling van de culturele dimensies.

Figuur 2.2 **De culturele dimensies van Hofstede verschillen per land**

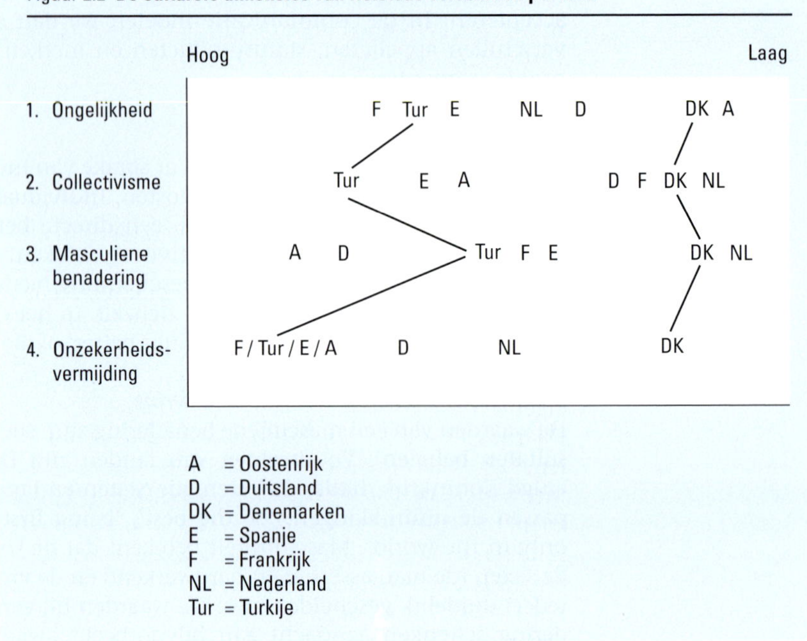

De invloed van de factor cultuur blijkt uit het feit, dat in de economisch ontwikkelde landen bij internationale marktontwikkeling (denk aan Ansoff) verschillen in penetratiegraad beter verklaard kunnen worden door cultuurverschillen dan door inkomensverschillen. In de communicatie moet met cultuurverschillen rekening worden gehouden.

Culturele verschillen vervagen

De culturele verschillen tussen Europese kinderen vervagen. Dat komt onder meer omdat ze in toenemende mate dezelfde dingen eten en hetzelfde speelgoed krijgen. Nu de Europese grenzen steeds meer vervagen en de komst van de euro een feit is, wordt het ook belangrijker voor aanbieders om de Europese jeugdmarkt als een uniforme markt te beschouwen. Uit een studie onder Europese kinderen in de leeftijd van vijf tot vijftien jaar, uitgevoerd door het bureau Kids & Youth, wordt het vermoeden bevestigd dat deze markt wel eens zeer lucratief kan zijn.
Neem televisie. Er zijn opmerkelijke overeenkomsten, aldus de onderzoekers. Waar ook in Europa, kinderen (vooral jongetjes) zijn gek op cartoons; 59% prefereert cartoons boven anderssoortige televisie. Zijn kinderen zo op elkaar gaan lijken? Nee, het is meer een technische kwestie: door de verdere, grenzenloze penetratie van kabel, satelliet en digitale televisie krijgen steeds meer kinderen domweg toegang tot dezelfde programma's. Soaps blijken onder de vrouwelijke teenagers uiterst populair. Van alle ondervraagde meisjes noemt 35% soaps als topfavoriet; bij de jongens is dat 19%. Gevraagd naar de favoriete hobby, winnen de computerspelletjes het met voorsprong van televisie, sport en andere vrijetijdsbesteding. Pokémon wordt minder populair, maar leeft nog steeds in de verbeelding van veel kinderen. De ontlezing onder kinderen schrijdt langzaam voort, ondanks dat er, met name in Engeland, wel sprake is van een duidelijk Harry Potter-effect. De vraag is of dat effect beklijft. Wat betreft favoriete voeding: het populairst blijven pizza en ijs. Hier zien we logischerwijs nog wel sterke nationale verschillen. Zo zijn Zuid-Europese kinderen erg gek op pasta. Ook wat betreft gezond eten zijn er verschillen. Fruit is populair in Polen, Duitsland en Nederland en totaal niet gewild in Frankrijk en Spanje. De slotvraag aan de kinderen was of ze hielden van promoties, cadeautjes dus. Het weinig verrassende antwoord was dat 85% daar gek op is. En dat marketeers dus weten wat hen te doen staat.

Bron: *Marketing online,* week 21, 2002

Richten we onze blik buiten de Europese grenzen, bijvoorbeeld op Aziatische culturen, dan blijkt ook daar het consumentengedrag sterk te worden beïnvloed door de lokale en nationale cultuur. Bij Aziatische consumenten is wel als algemeen kenmerk aan te geven, dat zij een relatief sterke behoefte hebben om zich status te verwerven binnen hun sociale groep. Daarbij is het zich conformeren aan de groepsnormen en het vermijden van onzekerheid en sociaal risico een veel meer uitgesproken gedrag dan in westerse culturen. Dit leidt bijvoorbeeld tot een grote merkbewustheid, merktrouw, sterke nadruk op kwaliteit en een actief terugvallen op referentiegroepen en opinieleiders.

We spraken nu over de consumentenmarkten, maar ook op de businessmarkten kan niet gesproken worden van 'globale afnemers'. Er zijn bijvoorbeeld landen, zoals Engeland, Frankrijk en Japan, waar veel industriële afnemers zich nogal chauvinistisch opstellen en producten uit eigen land bij voorbaat prefereren boven import uit het buitenland. Daarnaast kunnen ook handelsgewoonten en gebruiken zeer verschillen. Dat geldt bijvoorbeeld al in Duitsland, waar ondernemers veel formeler met elkaar omgaan dan in Nederland gebruikelijk is. Ook in het zo nabije België is de manier van zakendoen totaal anders dan in Nederland, terwijl Nederlandse ondernemingen in België al gauw als arrogant kunnen overkomen.

Strategische implicaties

Door allerlei sociaal-culturele ontwikkelingen kunnen steeds nieuwe doelgroepen en nieuwe behoeften worden gedefinieerd. Evenals bij demografische ontwikkelingen leiden de kansen of bedreigingen die voortvloeien uit sociaal-culturele ontwikkelingen dan ook vaak tot strategische aanpassingen van product/marktcombinaties en in het verlengde daarvan van vooral de product- en de communicatiemix.

Het is nauwelijks in zijn algemeenheid aan te geven welke consequenties veranderende opvattingen, normen en waarden hebben voor de aanbieder van goederen of diensten. Per branche of zelfs per productgroep zal dat sterk kunnen verschillen. Zijn voor een aanbieder bijvoorbeeld mode en opvattingen over kleding relevante variabelen, dan zal de nadruk liggen op de productlijn. Meestal zal de communicatie nadere aandacht verdienen en wellicht moeten worden aangepast: de codering van de boodschap, de keuze van setting en 'Umfeld', en de keuze van de media.

De implicaties van de toegenomen zorg voor gezondheid en milieu zijn voor de marketeer evident en ingrijpend. Er zijn nauwelijks producten waarvoor deze toegenomen zorg geen gevolgen heeft. Dat betreft niet alleen de productspecificaties zelf, maar bijvoorbeeld ook de verpakking en de informatie over de toegepaste materialen c.q. ingrediënten. Recente voorbeelden zijn het al genoemde Verpakkingsconvenant en de sterk toegenomen aandacht voor de mogelijkheden van recycling bij bijvoorbeeld automobielfabrikanten.

Dienstensector

Ook voor de *dienstensector* heeft deze trend implicaties. De actievere levensstijlen leiden bijvoorbeeld tot een grotere deelname aan sport, meer bezoek aan fitnessclubs (ook bedrijfsfitness) en een ruim aanbod aan zogenaamde 'actieve vakanties'.

Er mogen dan nieuwe doelgroepen ontstaan, door de toenemende onvoorspelbaarheid van normen en gedrag wordt het definiëren van 'stabiele' marktsegmenten en doelgroepen steeds moeilijker. Sommige marketeers hebben de moed reeds opgegeven, zoals blijkt uit de kop 'Doelgroepen bestaan niet' boven een artikel. Anderen doen – wanhopige – pogingen alsnog grip te krijgen op het consumentengedrag door bijvoorbeeld te spreken over 'de momentconsument'. In ieder geval zeer praktisch is de opvatting: '*De doelgroep wordt gedefinieerd als de mensen die mijn product kopen*'. Aan het denken in doelgroepen is overigens een einde gekomen, zodra een aanbieder overgaat tot one-to-one marketing.

2.3.6 Macro-omgeving: Technologische ontwikkelingen

Macro: buiten bedrijfstak

Spreken we in het kader van de macroanalyse over technologische ontwikkelingen, dan doelen we daarmee op trends of gebeurtenissen die buiten de 'eigen' bedrijfstak plaatsvinden. Evenals bij de overige macroontwikkelingen kunnen technologische ontwikkelingen voor individuele aanbieders kansen of bedreigingen inhouden. Kansen hebben vaak te maken met mogelijke verbeteringen van het product of productieproces, met de mogelijkheid om de kostprijs te verlagen, of met nieuwe mogelijkheden op het gebied van communicatie of distributie.

Kortere PLC's

De technologische ontwikkeling gaat steeds sneller. Mede daardoor worden productlevenscycli (PLC's) steeds korter. Dat komt doordat ontwikkelingen elkaar versterken en steeds nieuwe combinaties van technieken kunnen worden gevormd, terwijl er ook sprake is van een versnelling door het grote aantal natuurwetenschappers dat zich met research en development (R&D) bezighoudt: 90% van alle natuurwetenschappers die ooit op aarde hebben geleefd, leven nu!

Creatieve destructie

Omdat nieuwe technologieën vaak substituten zijn voor reeds bestaande, wordt de technologische ontwikkeling wel *creatieve destructie* genoemd. Veelal blijven de oude en nieuwe technologie echter nog een tijd naast elkaar bestaan, waarbij verbeteringen worden aangebracht aan de 'oude' producten, terwijl de nieuwe nog last hebben van kinderziektes of bijvoorbeeld van een nog beperkte productiecapaciteit. Een voorbeeld hiervan zagen we in hoofdstuk 3, waarbij de PLC's van grammofoonplaten en cd's elkaar nog voor een periode van ruim zes jaar overlapten. Nieuwe technologieën worden overigens vaak eerst toegepast op deelmarkten.

R&D defensief

Veel R&D is eerder defensief dan offensief van karakter. Technologisch echt nieuwe producten worden slechts zelden gelanceerd. Research is veel meer gericht op het analyseren en namaken van elkaars producten of op het realiseren van relatief kleine verbeteringen aan bestaande producten.

Automatisering

Zoals we zagen, hebben technologische ontwikkelingen in het algemeen betrekking op producten, op productieprocessen of op logistieke processen. Verdergaande automatisering, vaak een belangrijke component van genoemde ontwikkelingen, heeft daarnaast de mogelijkheden op het gebied van de informatieverwerking en de communicatie sterk vergroot (megachips, steeds snellere processoren, glasvezelkabel, electronic highway).

Bio- en voedseltechnologie

Ten slotte zien we ook interessante, soms omstreden, ontwikkelingen op het gebied van de bio- en voedseltechnologie.

Strategische implicaties

Bij veel industriële ondernemingen hebben automatisering en 'robotisering' het productieproces een volledig ander aanzien gegeven. Doordat deze ontwikkeling het vaak mogelijk maakt producten in kleinere series en 'op maat' bij een toch redelijke kostprijs te fabriceren (mass-customization) geeft dit de marketingmogelijkheden nieuwe impulsen. Een differentiatiestrategie tegen relatief lage kosten is nu bij steeds meer duurzame consumptiegoederen beter haalbaar.

De technologische ontwikkeling biedt de marketeer ook diverse nieuwe mogelijkheden ter ondersteuning van zijn marketingactiviteiten. Op het gebied van de marketingcommunicatie wordt de fax nog slechts behoedzaam gebruikt. Het gebruik van interactieve media staat nog in de kinderschoenen, maar lijkt grote mogelijkheden te bieden. Op het gebied van de gedrukte media biedt 'selective binding' de mogelijkheid de communicatie op scherper afgebakende segmenten af te stemmen.

Scanning

Als laatste voorbeeld: de steeds meer door de detailhandel verzamelde scanninggegevens, waarmee kan worden vastgelegd welke artikelen op welk moment door welke klant zijn aangeschaft, bieden veelbelovende mogelijkheden tot segmentgerichte marketingacties.

De macro-omgeving bij Van Ellem

Sociaal-culturele factoren

Onder consumenten blijkt een groeiende behoefte te zijn aan gezonde en verantwoorde voeding, mede als gevolg van een toegenomen gezondheidsbewustzijn. Producten met een gezondheidsclaim zijn erg populair, zoals Coolbest. Steeds vaker grijpt de consument naar meer verantwoorde tussendoortjes. Aan de andere kant is er een trend om tussen de maaltijden door te eten (grazing). Door de toenemende mobiliteit brengen de consumenten meer en meer tijd onderweg door. Om de trek te stillen koopt men tussendoortjes bij bijvoorbeeld tankstations. De consument heeft ook steeds meer behoefte aan informatie over de herkomst van de producten, de samenstelling et cetera.

Economische factoren

De koopkracht van de consumenten neemt nog steeds toe. Het gevolg is dat hogere prijzen voor producten gevraagd kunnen worden. Men is eerder bereid iets nieuws te proberen en iets extra's te kopen.

Fysieke en milieufactoren

Als gevolg van de milieubelastende effecten van de afvalproblematiek zal verder moeten worden gezocht naar milieuvriendelijke verpakkingen.

Technologische factoren

Bij de verschillende productieprocessen van zoetwaren zien we een toename van geautomatiseerde productieprocessen. Hiervoor zijn goed geschoolde werknemers nodig, die in toenemende mate voorradig zijn gezien het aantal hoog opgeleide werknemers. Ook is een trend te bemerken van low cost-productie. Men gaat steeds verder automatiseren om de personeelskosten te reduceren. Het risico dat echter gelopen wordt bij deze low cost-productie is het steeds afhankelijker worden van de toeleverancier (voor wat betreft de prijs).

Politiek-wettelijke factoren

Met betrekking tot het gebruik van bepaalde specifieke ingrediënten, etikettering en voedingswaardedeclaraties gaat de Nederlandse wetgeving zich steeds meer richten op de Europese wetgeving. Producten (vooral suikerwerk) met toevoegingen mogen nog steeds geen gezondheidsclaim bevatten.

Vraaganalyse

3

Voor het formuleren van een adequate marketingstrategie is een gedegen analyse van de vraag en vraagontwikkeling noodzakelijk. De 'vraag' kan echter niet worden gedefinieerd zonder die te relateren aan producten (de vraag waarnaar?) en aan afnemerscategorieën (de vraag van wie?). Daaraan besteden we in dit hoofdstuk als eerste aandacht. Ook verschillende soorten vraag passeren de revue. We zullen daarbij constateren dat omvang en samenstelling van de vraag geen absoluut gegeven is, maar mede door de marketinginspanningen van de aanbieders wordt bepaald (paragraaf 3.1).
De ontwikkeling van de vraag in de tijd noemen we de 'levenscyclus'. Die levenscyclus wordt meestal in de eerste plaats geassocieerd met een specifiek product. We spreken dan van de productlevenscyclus (PLC). Het verloop van de PLC kan echter niet worden verklaard zonder ook te kijken naar de levenscycli van de 'achterliggende' behoefte, technologie en productklasse (paragraaf 3.2).
Binnen de PLC worden verschillende fasen onderscheiden. Deze spelen bij de analyse een belangrijke rol, omdat ze van invloed zijn op de door de aanbieder te kiezen marketingstrategie. Tijdens de eerste fasen is sprake van diffusie van het (nieuwe) product in de doelgroep. Deze diffusie is het gevolg van de adoptie van het betreffende product door de afnemers. Onder hen worden verschillende adoptiecategorieën onderscheiden (paragraaf 3.3).
Voor een aanbieder is de vraaganalyse een van de belangrijkste instrumenten bij zijn keuze van de product/markt/(technologie)-combinatie(s) waarop hij zich gaat richten.

3.1 Vraag, markt en product

In deze paragraaf houden we ons vooral bezig met de *omvang* van de vraag. Waar hangt die mee samen? Hoe kan die worden gedefinieerd? Welke ontwikkelingen zijn te verwachten?

Omvang vraag en markt

De omvang van de vraag en de omvang van een markt zijn onlosmakelijk met elkaar verbonden. Vraagt een aanbieder zich af hoe groot de vraag naar zijn product is en welke ontwikkelingen daarin zijn te verwachten, dan heeft hij het in feite over marktomvang, marktaandeel en marktgroei. Een analyse van de vraag betekent dan ook een analyse van de markt.

Afbakening marktbegrip

Voordat we de omvang van een markt in kaart kunnen brengen, zullen we die duidelijk moeten afbakenen:

- *Over welke producten spreken we?* Alhoewel de marketeer zich in principe bezighoudt met behoeften, spreekt men in de praktijk in het algemeen over de markt voor een concreet product of een concrete dienst.
- *Over welke afnemerscategorieën spreken we?* Ook de afnemerscategorie zal duidelijk moeten worden afgebakend. Het onderscheid tussen consumenten en industriële afnemers is hier van belang in verband met het verschil tussen de finale en de afgeleide vraag. Betreft het consumenten, dan moet duidelijk zijn of het om gezinshuishoudingen of om individuen gaat. Daarnaast is het mogelijk dat niet over de totale markt, maar over een specifiek markt*segment* wordt gesproken.
- *In welke eenheden gaan we tellen?* De omvang van een markt kan in verschillende maten worden uitgedrukt. We kunnen kijken naar de vraag in volume (eenheden, gewicht) of in geld, maar ook naar het aantal vraageenheden (personen, gezinnen, bedrijfshuishoudingen). In het laatste geval heeft een markt niet meer de betekenis van 'vraag', maar van 'alle potentiële afnemers van een product' (markets are people).
- *Welke geografische grenzen heeft onze markt?* De definitie van een markt vereist een duidelijke afbakening van de geografische grenzen. Praten we over de hele wereld, over Europa, Nederland, of bijvoorbeeld over bepaalde Cebuco- of Nielsen-gebieden?

De markt bij De Vleeshouwerij

In een examencase zijn de geografische grenzen van een markt niet altijd expliciet aangegeven. Bij De Vleeshouwerij gelukkig wel: er worden expliciet verbruiksgegevens genoemd (12 kilo per persoon per jaar) van de *Belgische* bevolking, die uit 10 mln mensen zou bestaan.

- *Over welke tijdsperiode praten we?* De vraag naar een product speelt zich af en ontwikkelt zich in de tijd. Een aanduiding van de tijdsperiode waarover we spreken is dan ook noodzakelijk.

De markt van Mountain Travel

Praktisch altijd zal in een case, indien over de omvang van een markt wordt gesproken, ook de betreffende tijdsperiode gegeven zijn. Bij Mountain Travel gaat het expliciet om het jaar 1989. Ook het product is duidelijk omschreven: 'de markt voor verre hoogwaardige actieve vakanties'. Ten slotte geeft men de omvang van de markt zowel in personen als in omzet: 30 000 personen en € 120 mln.

Omvang van de vraag: actueel of potentieel?

Ook al is de markt aan de hand van de hiervoor genoemde variabelen duidelijk gedefinieerd, nog steeds kunnen we de omvang ervan niet ondubbelzinnig vaststellen. Eerst zullen we nog moeten aangeven wat we precies onder 'omvang' van de vraag (of markt) verstaan: praten we over de feitelijke of over de potentiële vraag?

Actuele vraag

De *actuele (feitelijke) vraag* wordt gedefinieerd als: de feitelijke aan het ruilproces deelnemende vragers naar een bepaald product of merk en met name de door hen gevraagde hoeveelheden c.q. de geldswaarde die daarmee gemoeid is. Hiervoor wordt ook wel de term *effectieve vraag* gebruikt.

Potentiële vraag

Onder de *potentiële vraag* wordt verstaan: de nog niet-manifeste vraag van afnemers die interesse in een bepaald product hebben. Het is dus de vraag, die bij een optimale inzet van de marketinginstrumenten wellicht manifest (concreet uitgeoefend) zal worden.

Marktpotentieel

De som van actuele vraag en potentiële vraag noemen we *marktpotentieel.*

Initiële, additionele of vervangingsvraag

Binnen de totale (actuele) vraag is het van belang onderscheid te maken tussen initiële, additionele en vervangingsvraag, omdat per categorie vaak een specifieke inzet van de marketinginstrumenten vereist is.

Initiële vraag

De *initiële vraag* is afkomstig van afnemers die het betreffende product voor het eerst kopen. Hieraan is het begrip marktpenetratie gerelateerd. Bij duurzame goederen leidt de initiële vraag tot een steeds grotere penetratie – en daarmee tot een steeds grotere bezitsgraad – in de betreffende markt.

Penetratiegraad

Bij niet-duurzame goederen wordt de *penetratiegraad* gedefinieerd als: het kengetal, waarmee het aantal afnemers in verhouding tot het marktpotentieel wordt aangegeven, dat het desbetreffende product of merk in een bepaalde periode ten minste één keer heeft gekocht.
De termen additionele vraag en vervangingsvraag spreken voor zich. Deze zijn alleen voor duurzame goederen gedefinieerd.

Uitbreidingsvraag

Initiële vraag plus additionele vraag worden tezamen *uitbreidingsvraag* genoemd: door deze vraag wordt het bezit van het betreffende duurzame product immers groter.

In figuur 3.1 worden de behandelde termen nog eens naast elkaar gezet, met van links naar rechts een steeds verdere detaillering.

Figuur 3.1 **Vraagsoorten**

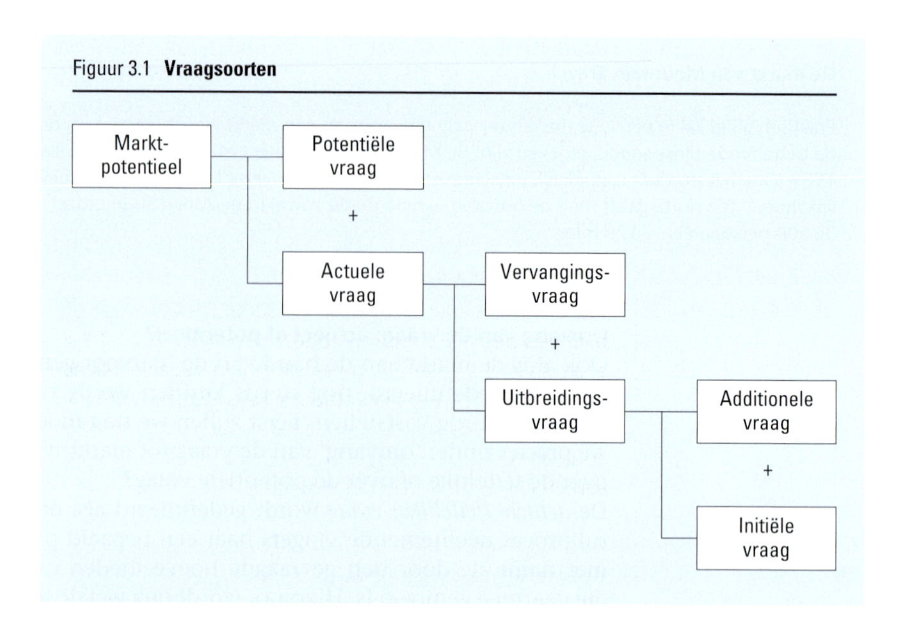

Meten van de huidige vraagomvang

Voor een groot aantal producten zijn gegevens over de omvang van de actuele vraag beschikbaar. Bronnen zijn bijvoorbeeld het CBS, het EIM, het IMK, Nielsen, RAI enzovoort.

Schattingsmethoden

Niet in alle gevallen zijn exacte cijfers bekend of te berekenen, soms moet men volstaan met een schatting. Hiervoor kunnen twee methoden worden gebruikt. In het ene geval wordt een schatting gemaakt vanuit de aanbodzijde (*top-down*), in het andere geval vanuit de vraagzijde (*bottom-up*).

Top-down

Bij de top-down-benadering wordt de totale omzet of afzet in een bepaalde productklasse uitgesplitst naar steeds kleinere subcategorieën, totdat men de 'markt' bereikt waarin men geïnteresseerd is. Uiteraard is een top-down-benadering alleen mogelijk als er voldoende gegevens beschikbaar zijn om de gewenste uitsplitsingen te kunnen maken en zo de marktstructuur in kaart te brengen.

Bottom-up

Zijn er onvoldoende gegevens over de marktstructuur beschikbaar, dan kan de bottom-up-benadering uitkomst bieden. Hierbij gaat men uit van de individuele afnemer. Op basis van schattingen van het aantal afnemers, hun aankoopfrequentie en gemiddelde aankoophoeveelheid, kan dan de betreffende marktomvang worden geschat.

De toekomstige vraag

Uiteraard zal men nooit met volledige zekerheid de toekomst kunnen voorspellen. Toch zal elke aanbieder zich in het kader van zijn strategische planning aan een voorspelling moeten wagen. Daarbij zal hij zich, wat de afnemers betreft, in principe kunnen baseren op wat ze *zeggen*, op wat ze *doen*, of op wat ze *gedaan hebben*.

Dat een voorspelling dan nog problemen kan geven, wordt geïllustreerd door de vraag naar duurzaam geproduceerd hardhout.

Trends doortrekken

In een situatie van een betrekkelijk stabiele trend, geen concurrentie (nutsbedrijven) of een stabiele concurrentie (oligopolie), kan men enig vertrouwen hebben in het doortrekken van trends ('Wat mensen gedaan hebben'). Indien we ons realiseren dat de totale vraag naar een bepaald product in principe altijd is opgebouwd uit de initiële vraag, de vervangingsvraag en de additionele vraag, kunnen we onze vraagvoorspelling ook baseren op een voorspelling van deze drie componenten. We werken hierna een voorbeeld uit, waarbij we ons beperken tot de initiële vraag en de vervangingsvraag. Het is eenvoudig dit model uit te breiden met de additionele vraag.

■ Voorbeeld 3.1

We veronderstellen voor de jaren 2000 t/m 2002 de volgende initiële vraag naar een bepaald product: 2000 1 000 stuks, 2001 1 200 stuks en 2002 1 300 stuks. Er is ook bekend dat van de in een bepaald kalenderjaar gekochte producten 20% weer in het volgende kalenderjaar wordt vervangen, 40% in het daaropvolgende jaar en weer 40% in het derde jaar na aankoop. Er is geen additionele vraag. Hoeveel bedraagt nu de totale vraag in 2002? We werken een en ander uit in de volgende tabel.

De bepaling van de totale vraag

Vraagcomponent	Vraag in het jaar		
	2000	2001	2002
Initiële vraag	1 000	1 200	1 300
Vervanging 2000	–	200	400
Vervanging 2001	–	–	280
Totale vraag	1 000	1 400	1 980

In 2001 wordt 20% van de totale vraag van 2000 (= 1 000 stuks) vervangen, dus 200 stuks. In 2002 is er zowel vervangingsvraag op basis van de aankopen in 2000 als op basis van de aankopen in 2001. Merk op, dat van de 200 stuks vervangingsaankopen in 2001 weer 20% in 2002 wordt vervangen. Vandaar dat in 2002 de 'vervanging 2001' geen 240 maar 280 stuks bedraagt.

Coca-Cola is marktleider en is daarom het meest waardevolle merk

Coca-Cola is als merknaam de duurste ter wereld. Als Coca-Cola nu zou worden verkocht, zou het om en nabij de $69 mld moeten opbrengen. Dit blijkt uit de wereldranglijst van de honderd meest waardevolle merken ter wereld, ieder jaar samengesteld door het Amerikaanse bureau Interbrand in samenwerking met Citibank.
Op een tweede plaats staat softwaregigant Microsoft ($65 mld), gevolgd door achtereenvolgens computerfabrikant IBM ($52 mld), General Electric ($42 mld), Nokia ($35 mld) en Intel ($34 mld). Het grootste automerk is nog steeds Ford ($30 mld). In de ranglijst staat dit merk op een achtste plaats, net onder Disney ($32 mld). Disney is hiermee de meest waardevolle fantasiefabriek ter wereld. Op een negende plaats staat McDonald's ($25 mld).
Dit jaar zijn vooral de technologie- en dot.com-sectoren flink in merkwaarde gedaald. Zes van de tien grootste verliezers kwamen uit de technologiesector: Intel, Hewlett-Packard, Cisco Systems, Compaq, Dell en Apple. De twee grote verliezers uit de dot.com-wereld zijn Yahoo! en Amazon.com.
Op de wereldranglijst staan de Nederlandse merken laag: Philips ($4,9 mld) op een 56ste plaats, Shell op een 77ste ($2,8 mld) en Heineken ($2,2 mld) op een 82ste plaats. Hekkensluiter is Benetton ($1 mld).

Bron: *Adformatie*, juni 2002

Marktaandeelberekeningen

Niet alleen de omvang van de vraag naar een bepaald product is interessant, een individuele aanbieder zal daarnaast in het bijzonder geïnteresseerd zijn in het eigen marktaandeel en de eventuele ontwikkelingen daarin. Dit is een belangrijk onderdeel van de interne analyse. Zowel een grotere vraag als een groter aandeel daarin hebben immers een positief effect op de afzet en daarmee op eventuele schaalvoordelen, kostprijs en marge. Er zijn verschillende methoden om het huidige of toekomstige marktaandeel van een aanbieder te bepalen:

1. *Ten behoeve van het huidige marktaandeel*:
   - de secundaire vraag delen door de primaire vraag;
   - gebruikmaken van de distributiekengetallen;
2. *Ten behoeve van het toekomstige marktaandeel*:
   - de benadering van Parfitt en Collins;
   - de berekening op basis van brandswitching.

Secundaire vraag gedeeld door primaire vraag

Deling van de secundaire vraag (de actuele vraag naar een bepaald merk of een bepaald producttype) door de primaire vraag (de actuele vraag naar de totale productsoort) levert direct het marktaandeel op.

Selectieve vraag

Dit percentage wordt ook wel de *selectieve vraag* genoemd. Hierbij kan het zowel gaan om het marktaandeel in geld als om het marktaandeel in hoeveelheid (liters, stuks et cetera). Als van een bepaald merk koffie 100 ton wordt verkocht, terwijl de totale afzet van koffie 1000 ton bedraagt, is het marktaandeel in volume 10%. Evenzo: als er in een bepaald jaar voor €4 mld aan nieuwe auto's is verkocht, waarvan voor €320 mln aan terreinwagens, dan is het marktaandeel van terreinwagens in geld 8%.

Marktaandeel Google stagneert

In het tweede kwartaal van 2002 is de indrukwekkende groei van zoekmachine Google tot stilstand gekomen. Het marktaandeel blijft steken op de 43% van het eerste kwartaal. Dat blijkt uit het jongste onderzoek van online marketingbureau Checkit. Ook het marktaandeel van Ilse staat stil op 28%, maar dat is goed nieuws. Ilse zag in voorgaande kwartalen het marktaandeel steeds verder slinken ten opzichte van Google. Op ruime afstand van deze twee zoekmachines volgen AltaVista.nl (4%), IxQuick.com (4%) en Vinden.nl (3%).
Checkit verwacht dat er in de toekomst slechts twee grote zoekmachines overblijven. Google en Ilse maken de meeste kans. Anderen gaan het moeilijk krijgen gezien de krapte op de advertentiemarkt. Zij zouden hun diensten op een andere manier kunnen gaan verkopen, zoals IxQuick, dat zijn zoekfunctie aanbiedt via een licence fee op de portals van Zonnet en Wanadoo.

Bron: *Marketing online*, week 31, 2002

Gebruik van distributiekengetallen

Naarmate een bepaald merk in meer winkels wordt verkocht en naarmate die winkels (wederverkopers) zelf ook meer van die productsoort verkopen, zal het marktaandeel van dat merk groter zijn. Met andere woorden: gegevens over de distributie van een bepaald merk kunnen gehanteerd worden om het marktaandeel te berekenen.

Marktbereik en omzet(afzet)aandeel

Als het *marktbereik* bekend is en het *omzet- of afzetaandeel*, dan kan daaruit direct het marktaandeel worden berekend. Het marktbereik is het marktaandeel in de desbetreffende productsoort, dat de wederverkopers van dat bepaalde merk samen realiseren.

■ **Voorbeeld 3.2**

Stel, dat het gaat om het sigarettenmerk Olifant. Als Olifant een marktbereik heeft van 40% betekent dat, dat alle wederverkopers van Olifant tezamen een marktaandeel (in geld) van 40% op de sigarettenmarkt hebben. Dat betreft dan echter alle door deze wederverkopers verkochte sigaretten. De positie die Olifant daarin inneemt, heet het omzetaandeel (als we het aandeel in geld berekenen) of het afzetaandeel (als we het aandeel in hoeveelheid berekenen). Stel, dat het omzetaandeel van Olifant 10% is. Het marktaandeel van Olifant (in geld) is dan 40% × 10% = 4%.

Numerieke distributie en selectie-indicator

Soms is niet het marktbereik bekend, maar wel de numerieke distributie en de selectie-indicator. De *numerieke distributie* is in dit voorbeeld het aantal winkels waar Olifant verkocht wordt, gedeeld door alle winkels die sigaretten verkopen. De *selectie-indicator* is de verhouding tussen de gemiddelde omzet in sigaretten van de winkels die Olifant verkopen, gedeeld door de gemiddelde omzet in sigaretten van alle winkels die sigaretten verkopen.
Distributiepanelonderzoek wordt onder andere door A.C. Nielsen uitgevoerd. A.C. Nielsen, inmiddels een onderdeel van het VNU-concern, is bereikbaar op www.acnielsen.com

■ **Voorbeeld 3.3**

Stel, dat er 5 000 winkels zijn die sigaretten verkopen, waarvan 2 000 winkels ook het merk Olifant. Die 2 000 winkels verkopen gemiddeld per jaar voor €100.000 aan sigaretten, waarvan voor €15.000 van het merk Olifant. Alle 5 000 'sigarettenwinkels' verkopen gemiddeld voor €80.000 aan sigaretten. De numerieke distributie is dan 40%, de selectie-indicator 1,25 en het omzetaandeel 15%. Het marktaandeel kan dan worden berekend als: numerieke distributie × selectie-indicator × omzetaandeel, ofwel: 40% × 1,25 × 15% = 7,5%. Het marktbereik kan op twee manieren worden berekend. Het is gelijk aan de numerieke distributie × de selectie-indicator (in dit voorbeeld 40% × 1,25 = 50%). Het kan ook berekend worden als het marktaandeel dat de wederverkopers in de desbetreffende productsoort hebben. In dit voorbeeld is dat [(2 000 × €100.000) : (5 000 × €80.000)] × 100% = 50%.

GfK PanelServices Benelux

GfK PanelServices Benelux kent zowel een vestiging in Nederland (Dongen) als een in België (Brussel). In Nederland bestaat GfK ruim 40 jaar, zij het achtereenvolgens onder de namen Attwood, AGB en nu GfK. Zoals van alle consumentenpanels in de wereld, liggen de roots in Engeland, waar tijdens de Tweede Wereldoorlog Bedford Attwood met een zelfbedacht consumentenpanel van 400 huishoudens de voedseldistributie en het bonnensysteem voor de verantwoordelijke instanties volgde en analyseerde.
Na de oorlog vercommercialiseerde hij zijn panel, beginnend bij Lever Brothers (thans Unilever). Hij was deskundig en handig, zijn klantenkring breidde zich uit en al snel reed hij in een Rolls Royce met chauffeur. Hij ging Het Kanaal over, startend in Nederland, daarna in andere Europese landen en vervolgens wereldwijd. Attwood Statistics Ltd. Nederland startte met een huishoudpanel van 1 103 huishoudens in 1954. Aanvankelijk voor Unileverbedrijven maar al snel ook voor veel andere bedrijven. Het panel werd in 1969 uitgebreid tot 2 000 huishoudens en later tot 5 000 (1975). In Nederland is GfK qua marketing gesplitst in twee delen, te weten:

1 GfK ConsumerScan: het onderdeel dat zich richt op de markt van Fast Moving Consumer Goods.
2 GfK ConsumerScope; het onderdeel dat zich richt op consumer durables, fashion & entertainment, health & pharmacy, housing, telecom & new media, financial services, tourism & time spending.

Bron: *www.gfk.nl*

De benadering van Parfitt en Collins

Parfitt-Collins-analyse

Beschikken we voor onze voorspelling niet over (voldoende) historische gegevens, maar wel over de resultaten van een markttest ('Wat mensen doen'), dan kan hierop een voorspelling – voor de korte termijn – worden gebaseerd. De *Parfitt-Collins-analyse* is hiervan het bekendste voorbeeld. Hierbij wordt het te verwachten marktaandeel (ma; dus de selectieve vraag) van meestal een nieuw product geschat op basis van drie gegevens:

1. het percentage van de potentiële afnemers dat een aankoop één keer of meer doet (aangeduid met CP = cumulatieve penetratie);
2. het percentage daarvan dat het nieuwe product blijft kopen, dus twee keer of meer (HA, herhalingsaankopen);
3. de verbruiksintensiteit van de desbetreffende kopers (VI). Dit is de verhouding tussen het gemiddeld verbruik (van het nieuwe product) van de desbetreffende kopers en het gemiddeld verbruik van álle kopers van de productsoort.

In formule:

$$MA = CP \times HA \times VI$$

■ Voorbeeld 3.4

Stel dat het gaat om een nieuw merk candybar: Snars. Bij alle kopers van candybars wordt een cumulatieve penetratie bereikt van 20%, terwijl het percentage herhalingsaankopen uitkomt op 50%. De kopers van Snars blijken er twaalf per maand te kopen, terwijl van alle kopers van candybars bekend is, dat zij er slechts acht per maand kopen. De verbruiksintensiteit van de Snars-kopers is dan 12/8 = 1,5. Het te verwachten marktaandeel van Snars kan vervolgens geschat worden op 20% × 50% × 1,5 = 15%.

Als we eenmaal de kengetallen uit het distributie- en consumentenonderzoek weten, dan kunnen we bepalen welke kengetallen we moeten veranderen om de marktaandeeldoelstellingen in de komende periode te realiseren, bijvoorbeeld:

- selectie-indicator omhoog: dus de grotere outlets bewerken;
- numerieke spreiding omhoog: dus nieuwe outlets verwerven;
- herhalingsaankopen omhoog: meer 'halen' uit trouwe klanten.

De benadering op basis van brandswitching

Overgangskansen of -waarschijnlijkheden

Wanneer voor een bepaalde productsoort, bijvoorbeeld candybars, de huidige marktaandelen van de diverse merken (of varianten) bekend zijn en ook de mate waarin de afnemers tussen die merken switchen, kan het uiteindelijke marktaandeel van die merken berekend worden. Bij deze voorspellingen wordt ervan uitgegaan dat de kans dat een bepaalde consument in een bepaalde periode een bepaald merk kiest, afhankelijk is van zijn merkkeuze in de voorafgaande periode. De mate waarin afnemers tussen de verschillende merken switchen wordt uitgedrukt in een percentage: bijvoorbeeld van degenen die in de afgelopen periode merk A gekocht hebben, zal de volgende keer weer 70% merk A kopen, 20% zal merk B kopen en 10% zal merk C kopen. Deze percentages, ook wel *overgangskansen of -waarschijnlijkheden* genoemd, zijn een indicatie voor de mate van merktrouw (brand loyalty). Op grond van de hier gegeven percentages en de marktaandelen in de uitgangssituatie kunnen nu vervolgens voor situatie 1, situatie 2 et cetera. de marktaandelen van de diverse merken worden berekend.

Markov-ketens

Dergelijke ketens van opeenvolgende situaties worden *Markov-ketens* genoemd. Deze worden bijvoorbeeld ook veel gebruikt bij demografische vooruitberekeningen, waarbij sterftecijfers een rol spelen als overgangskansen.

Merkenwisselmatrix

Een *merkenwisselmatrix* (ook wel brand switching matrix genoemd), gebaseerd op rapporteringen van 1 000 consumenten over twee opeenvolgende perioden, zou er als volgt uit kunnen zien:

	Periode 1	**Periode 2**		
		Merk A	Merk B	Merk C
Merk A	380	247	114	19
Merk B	510	102	357	51
Merk C	110	11	11	88
Totaal	1 000	360	482	158

De diagonale cellen in deze matrix geven de aantallen kopers aan die trouw bleven aan hun in de voorafgaande periode gekochte merk: 247 van de oorspronkelijke 380 kopers van merk A bleven bij dat merk, 357 kopers van het merk B bleven bij merk B en 88 kopers van merk C bleven dat merk trouw. In de overige cellen van de matrix staan de consumenten vermeld die van merk wisselden. De matrix leert ons dat merk A 114 kopers verloor aan merk B en 19 aan merk C. Anderszins heeft merk A ook kopers naar zich toe zien komen: 102 consumenten die eerst merk B kochten, schaften nu merk A aan en 11 kopers gingen van merk C naar merk A. Op soortgelijke wijze kan aandacht besteed worden aan de switchers van en naar merk B, respectievelijk merk C.
Het marktaandeel van A, B en C in periode 1 en 2 is, doordat we van het 'gemakkelijke' aantal van 1000 consumenten zijn uitgegaan, direct af te lezen van de regeltotalen en van de kolomtotalen die in de merkenwisselmatrix vermeld worden. Merk A had in periode 1 een marktaandeel van 38% en in periode 2 van 36%. Het marktaandeel van merk B ging van 51% naar 48,2% en van merk C van 11% naar 15,8%.

Het inzicht in de verhoudingen wordt normaliter sterk vergroot, wanneer de getallen in de matrix worden herleid tot percentages. De matrix gaat er dan als volgt uitzien:

	Periode 1	**Periode 2**		
		Merk A	Merk B	Merk C
Merk A	38	65	30	5
Merk B	51	20	70	10
Merk C	11	10	10	80
Totaal	100%	36%	48,2%	15,8%

Vanuit de percentages in de matrix zijn de marktaandelen voor de merken A, B en C in periode 2 als volgt te berekenen:
Marktaandeel A: $0{,}65 \times 0{,}38 + 0{,}20 \times 0{,}51 + 0{,}10 \times 0{,}11 = 36{,}0\%$
Marktaandeel B: $0{,}30 \times 0{,}38 + 0{,}70 \times 0{,}51 + 0{,}10 \times 0{,}11 = 48{,}2\%$
Marktaandeel C: $0{,}05 \times 0{,}38 + 0{,}10 \times 0{,}51 + 0{,}80 \times 0{,}11 = 15{,}8\%$.

Onder de veronderstelling dat de merktrouw- en merkenwisselratio's steeds gelijk blijven, kunnen met behulp van een merkenwisselmatrix ook de uiteindelijk te bereiken marktaandelen worden berekend. We geven een ander voorbeeld van een dergelijke berekening aan de hand van de volgende matrix:

Periode 1	Periode 2	
	Merk A	Merk B
Merk A	70	30
Merk B	40	60

In de uiteindelijk te bereiken evenwichtssituatie geldt:
$A = 0{,}7A + 0{,}4B$, dus: $0{,}3A = 0{,}4B$ ofwel $A = 1{,}33B$.
Omdat de marktaandelen van A en B gezamenlijk 100% ofwel 1 zijn, hebben we nu de volgende twee vergelijkingen over:
$A + B = 1$ en $A = 1{,}33B$.
Hieruit volgt: $1{,}33B + B = 2{,}33B = 1$.
$B = 1 : 2{,}33 = 0{,}43$
$A = 1 - 0{,}43 = 0{,}57$.

De uiteindelijke marktaandelen zullen dus gelijk zijn aan 43% voor B en 57% voor A. (Controle voor A: $A = 0{,}7 \times 57\% + 0{,}4 \times 43\% = 57\%$.)

Beperkingen van de merkenwisselmatrix

De waarde van de besproken merkenwisselmatrix wordt beperkt door de volgende factoren:

- er wordt geen relatie gelegd tussen de inzet van de marketinginstrumenten en de overgangswaarschijnlijkheden. De wijze waarop beïnvloeding plaatsvindt, anders dan door middel van het effect van de laatste aankoop, blijft onduidelijk.
- het leren van de consument wordt sterk beperkt. Wanneer in voorgaand voorbeeld keer op keer merk C wordt gekocht, blijft de kans op een herhalingsaankoop 80%, maar zodra de 'sleur' wordt doorbroken, vindt er wel met een grotere regelmaat verandering plaats.
- het model veronderstelt dat er geen introducties van nieuwe merken plaatsvinden.

Soms blijft er niets anders over dan af te gaan op voorspellingen van anderen, bijvoorbeeld op die van de eigen vertegenwoordigers of van experts, of van koopintenties van (potentiële) afnemers ('Wat mensen zeggen').

Industriële vraag

Is er sprake van *industriële vraag* dan zal de aanbieder de vraagontwikkeling van zijn product uiteraard moeten baseren op schattingen van de vraag van de finale afnemers.

De Vleeshouwerij: schatting marktaandeel van een nieuw product

Stel u voor dat De Vleeshouwerij bijvoorbeeld met een nieuw soort salami op de markt zou komen. Dan kan het te verwachten marktaandeel (binnen de markt van salamikopers) met de Parfitt-Collins-benadering worden geschat.
Als van alle salamikopers een op de vijf deze nieuwe soort van De Vleeshouwerij gaat uitproberen en als daarvan een kwart het nieuwe product blijft kopen, is het te verwachten marktaandeel 20% × 25% = 5%. Als deze groep kopers echter gemiddeld meer of minder salami (van De Vleeshouwerij) eet dan de totale groep salami-eters, moet daar nog voor worden gecorrigeerd. Verbruiken deze kopers bijvoorbeeld 20% meer dan gemiddeld, dan is de gebruiksintensiteit 1,2 (is deze groter dan 1, dan is er sprake van heavy users, indien kleiner dan 1 van light users). Het marktaandeel (in *volume*) wordt dan 5% × 1,2 = 6%.
Op analoge wijze kan eventueel nog voor een prijsverschil worden gecorrigeerd. Dan krijgen we het te verwachten marktaandeel in *geld*. Ligt de prijs van de salami van De Vleeshouwerij bijvoorbeeld 10% boven de gemiddelde marktprijs, dan wordt het marktaandeel in *geld* 6% × 1,1 = 6,6%.

Omvang vraag afhankelijk van marketinginspanningen
De omvang van een markt (vraag) is mede afhankelijk van de marketinginspanningen van de op die markt opererende aanbieders.
De gevraagde prijzen, de inhoud en omvang van de promotie-inspanningen, de intensiteit van de distributie en zelfs aanpassingen van de productspecificaties (bijvoorbeeld: grotere houdbaarheid, andere verpakking) hebben invloed op de totaal gerealiseerde afzet en omzet.

De relatie tussen enerzijds de marketinginspanningen van de desbetreffende branche en anderzijds de totale afzet of omzet (primaire vraag) kan worden aangegeven in een zogenaamde marktvraagfunctie.

Marktvraagfunctie

De *marktvraagfunctie* laat de omvang van de actuele vraag zien als functie van de totale marketinguitgaven (of -inspanningen) van de branche in een bepaalde periode. In figuur 3.2 wordt dit grafisch weergegeven.

Figuur 3.2 **Marktvraagfunctie**

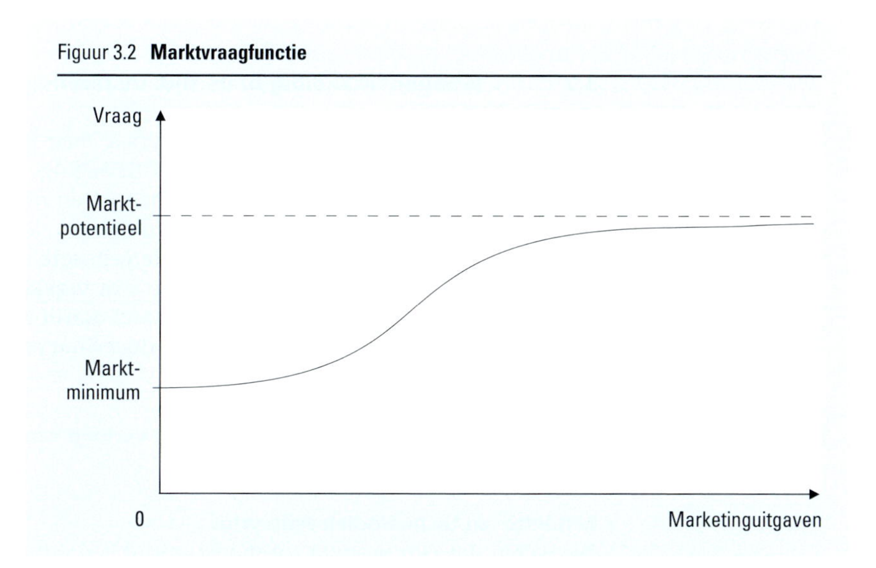

De actuele vraag heeft een bepaalde minimumomvang als de marketinguitgaven nihil zijn. Bij stijgende marketinguitgaven neemt de vraag toe, totdat een bovengrens bereikt wordt waarbij verdere marketinguitgaven of -inspanningen niet meer tot hogere verkopen leiden. In dit stadium is het *marktpotentieel* bereikt.

Marktpotentieel

De marktvraagfunctie geldt altijd voor 'een gegeven situatie' (ceteris paribus). Wanneer de omstandigheden veranderen, bijvoorbeeld de economische situatie, de omvang of opbouw van de bevolking, of de beschikbaarheid van alternatieven, krijgt de marktvraagfunctie een andere vorm en/of verandert het marktpotentieel. Bij een hoogconjunctuur bijvoorbeeld neemt het marktpotentieel van de meeste producten toe. (Iets dergelijks speelt bij de prijs/afzetfunctie, die ook alleen onder de ceteris paribus conditie – overige factoren blijven gelijk – geldt.)

Zolang de omstandigheden gelijk blijven ligt de marktvraagfunctie dus vast. Elke aanbieder kan nu trachten middels zijn eigen marketinginspanningen een groter marktaandeel (selectieve vraag) te verwerven. Deze marketinginspanningen vergroten echter tevens de 'totale' marketinginspanningen van de branche, zodat daardoor de omvang van de totale marktvraag (primaire vraag) toeneemt, althans voorzover het marktpotentieel nog niet is bereikt.

Gewijzigde marktvraagfunctie bij Mountain Travel

Het is duidelijk dat voor Mountain Travel en de gehele reisbranche de 'gegeven situatie' sterk gewijzigd is.
Het conflict (de Golfoorlog en zijn vermoedelijke nasleep) treft de gehele reiswereld. Daardoor is de vraag sterk teruggevallen. De omzet van Mountain Travel ligt volgens de nieuwe prognose 40% lager dan vorig jaar.

3.2 Vraagontwikkeling in de tijd: de levenscyclus

Een markt, dus ook de omvang van de vraag naar producten of diensten, is geen statisch gegeven. Steeds is er beweging, het aantal (potentiële) afnemers wordt groter of kleiner, behoeften of marktomstandigheden veranderen, alternatieve producten dienen zich aan.
Geen product heeft het eeuwige leven: na geboorte en (hopelijk) groei komt er onvermijdelijk eens een periode van verval en verdwijnt het product uit de markt. Dit dynamische proces wordt toepasselijk aangeduid met de term *productlevenscyclus* (product life-cycle). In het vervolg zullen we dit afkorten tot PLC.

Productlevenscyclus

Definitie PLC

Een PLC is (de grafische weergave van) het verloop van de afzet van een product in de tijd.

Behoefte- en technologielevenscyclus

We weten dat een product (of dienst) altijd een antwoord moet geven op een bepaalde behoefte. De levenscyclus van een product is dan ook niet goed te beschrijven en zeker niet goed te interpreteren, als we ons niet eerst verdiepen in de samenhang tussen dit product en de achterliggende behoefte waarvoor het desbetreffende product een oplossing wil bieden.

De Vleeshouwerij: confrontatie met nieuwe behoeften

In de case lezen we: 'Tenslotte verkiest de consument, die steeds minder tijd heeft om te koken, kant-en-klareproducten of producten die weinig bereiding vergen.'
Men zou kunnen zeggen dat hiermee een nieuwe 'behoeftelevenscyclus' is begonnen, waarop producenten met aangepaste producten en wellicht zelfs een nieuwe technologie dienen te reageren.

Behoeftelevenscyclus

Ook voor behoeften geldt een levenscyclus. Voor veel behoeften ligt de periode van ontstaan en groei echter ver achter ons en is er nog steeds geen sprake van verval (bijvoorbeeld de behoefte aan zout). Toch kunnen we ervan uitgaan dat behoeften 'eens' zijn ontstaan en wellicht 'eens' zullen verdwijnen. Relatief recente behoeften – althans bij grote delen van de bevolking – zijn die aan mobiliteit, aan communicatie, aan informatie(verwerking), aan onderwijs en aan recreatie.

Aan een behoefte wordt altijd tegemoetgekomen vanuit een bepaalde technologie. De technologie (of knowhow) is de *manier* waarop in een behoefte wordt voorzien. Net als de meeste behoeften hebben ook technologieën niet het eeuwige leven. Er ontstaan voortdurend nieuwe technologieën, die op betere wijze in een bepaalde behoefte kunnen voorzien. Zij verdringen de tot dan gangbare technologie en confronteren de desbetreffende producten met nieuwe concurrenten.
Natuurlijk heeft een technologische ontwikkeling die zich op de markt aandient ('technology push') alleen succes indien er sprake is van een, al of niet manifeste, bijbehorende afnemersbehoefte ('market pull').

Technologie-levenscyclus

Ook een technologie heeft dus een levenscyclus: de technologielevenscyclus (*demand/technology life-cycle*).
In figuur 3.3 zien we hoe vanaf 1982 de behoefte aan geluidsdragers en multimedia vanuit diverse technologieën wordt ingevuld. Van elk van die technologieën zien we een deel van de levenscyclus.

Een vergelijkbare opeenvolging van technologieën zien we bijvoorbeeld ook bij informatiedragers. Het gebruik van computers leidde tot de *behoefte* aan het opslaan, bewaren en weer ophalen van informatie. Daarin is in de loop van de jaren door verschillende *technologieën* voorzien. Eerst zagen we de ponskaart en ponsband op de markt verschijnen, daarna de tape en de cassetteband, en vervolgens de harde schijf, de floppydisk en de diskette. De opvolger van de diskette, de cd-rom, heeft inmiddels alweer een opvolger gekregen in de dvd.

Productlevenscyclus op verschillende niveaus

Binnen eenzelfde technologielevenscyclus ziet men vaak een opeenvolging van producten ontstaan die ieder tegemoetkomen aan de specifieke behoefte van dat moment. Elk van deze producten heeft zijn eigen productlevenscyclus (PLC). Zo'n PLC kan worden bestudeerd op

Figuur 3.3 **Technologielevenscyclus van geluidsdragers in Nederland**

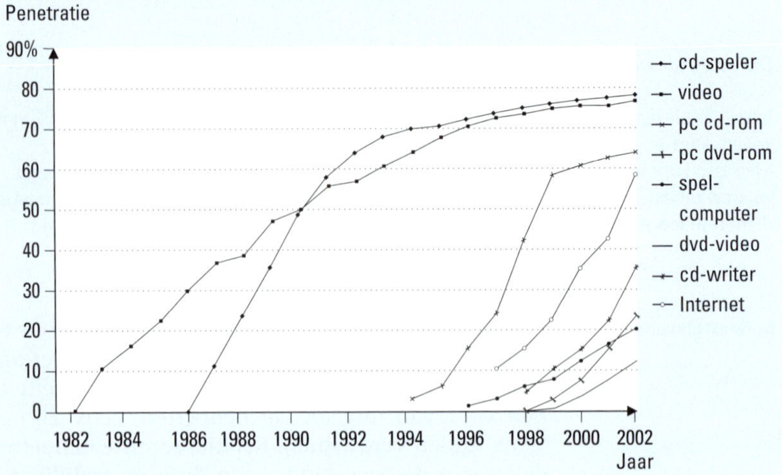

Penetratie

Legenda: cd-speler, video, pc cd-rom, pc dvd-rom, spel-computer, dvd-video, cd-writer, Internet

Jaar: 1982 1984 1986 1988 1990 1992 1994 1996 1998 2000 2002

Canon verkoopt volgend jaar meer digitale camera's dan analoge

Canon beleeft op dit moment een ongekende groei op het gebied van digitale beeldverwerking en voorziet dat de verkoop van digitale camera's volgend jaar al groter zal zijn dan die van analoge. Om voorbereid te zijn op de groeiende vraag is Canon voornemens in het huidige boekjaar wereldwijd 4 mln digitale camera's te produceren, 70% meer dan vorig jaar. In het bovensegment van de markt (2 mega pixels en hoger) heeft Canon in Europa nu een marktaandeel van 18%. Canon Europe is evenwel van mening dat ondanks de genoemde trends, niets erop wijst dat de markt voor film- en analoge camera's instort. De traditionele markt zal nog vele jaren blijven voortbestaan naast die voor digitale beeldverwerking.

Canon behoudt een rendabele positie in de analoge cameramarkt met een marktaandeel van 39% in spiegelreflex en 14% in compact camera's. Alessandro Stanzani, Europees marketing directeur van Canon Consumer Imaging (CCI), zegt dat recente innovaties in de digitale technologie veel gebruikers hebben aangemoedigd voor het eerst te gaan fotograferen: 'De consument wordt aangetrokken tot de nieuwste digitale camera's omdat die eenvoudiger zijn te bedienen en creativiteit inspireren. Bovendien zie je meteen het resultaat en zijn er legio toepassingsmogelijkheden', aldus Stanzani. 'Uit eigen onderzoek is gebleken dat mensen meer dan vijfmaal zoveel foto's maken met digitale camera's dan met camera's met film. Maar ze drukken slechts een kwart van hun digitale foto's af.'

De digitale revolutie wordt verder in de hand gewerkt door het feit dat de huidige fotoprinters zo goed zijn, dat mensen thuis hun eigen beelden kunnen afdrukken op fotokwaliteit. Het laatste jaar heeft foto's printen een explosieve groei doorgemaakt; direct printen van camera naar printer is zelfs gegroeid met 125% in 2001.

Bron: *Marketing online*, week 28, 2002

verschillende niveaus, namelijk op het niveau van de productklasse, de productgroep, de productvorm (of productsoort) en het merk. Tabel 3.1 illustreert de betekenis van deze termen.

Tabel 3.1 **De verschillende productniveaus**

Generieke behoefte	Productiecategorie of productklasse	Productgroep	Productvorm/-soort	Merk
Vervoer	Vervoer	Fiets	Racefiets	Union
			Toerfiets	Gazelle
			Kinderfiets	Batavus
			Mountainbike	Koga Miyata
		Auto	Sedan	Daf
			Sportwagen	Volvo
			Bestelwagen	Toyota
			Terreinwagen	Mercedes
		Trein	TGV	
			Autoslaaptrein	
			Slaaptrein	
			'Gewone' trein	

3.3 Het begin van de levenscyclus: diffusie door adoptie

Elke levenscyclus start met een introductie- en groeifase. Laatstgenoemde fase overigens alleen als het product de introductiefase zonder kleerscheuren doorkomt. In deze fasen 'verspreidt' het betreffende product (merk, dienst, gedachte) zich in de markt.

Diffusie

Het proces van verspreiding en acceptatie van een nieuw product noemen we *diffusie*. De basis voor deze diffusie wordt gevormd door het zogenaamde *adoptieproces* van individuele afnemers.

Adoptieproces

Adoptie

Adoptie kan worden omschreven als 'de beslissing van afnemers om een (voor hen nieuw) product te accepteren, door het aan te schaffen en te blijven gebruiken'. Idealiter, gezien vanuit de aanbieder van het betreffende product, zet het adoptieproces van een afnemer zich dus voort in het zogenaamde loyalty process (denk bijvoorbeeld aan merktrouw).

Stadia adoptieproces

De beslissing om een bepaald nieuw product te adopteren wordt in het algemeen niet van de ene op de andere dag genomen. Meestal doorloopt dit beslissingsproces een aantal fasen. Hierbij worden vijf adoptiestadia onderscheiden:

1 Awareness: bewustwording van het bestaan van het product.
2 Interest: de afnemer gaat informatie zoeken.
3 Evaluation: de afnemer weegt af of hij de innovatie zal uitproberen.
4 Trial: de feitelijke probeeraankoop.
5 Adoption (acceptatie): de afnemer besluit volledig en regelmatig gebruik te maken van de innovatie.

Uiteraard doorloopt lang niet iedereen bij elk product elk van de vijf genaamde stadia. Vaak haakt men vroegtijdig af, maar het is ook mogelijk dat men één of meer fasen overslaat.

De Vleeshouwerij: consument evalueert

'De consument is meer dan vroeger bekommerd om zijn gezondheid, zijn lichaamsgewicht en zijn lijn. Salami en paté worden in het algemeen als te vet en dus als ongezond ervaren. Maar als men de indruk heeft dat deze op ambachtelijke wijze bereid zijn, genieten ze toch het vertrouwen van de consument. Vooral de Belgische consument weet goed wat lekker is en zal zijn keuze meer door smaak dan door gezondheidszorgen laten bepalen.'

Mountain Travel: bottlenecks in de adoptie

Veel potentiële afnemers van Mountain Travel zijn blijven steken tussen de fasen 'evaluation' en 'trial'.
Veel mensen zijn al jarenlang van plan een tocht te gaan maken. Ze hebben weloverwogen voor een bepaald gebied in de brochure gekozen en ook voor Mountain Travel als de enige echte specialist. Maar 'trial' komt er helaas vaak niet van, omdat het moeilijk is een maand van huis of werk weg te blijven terwijl de reissom ook nog een beletsel is.

De adoptiecurve en adoptiecategorieën

Tijdsverloop bij adoptie

Doordat niet alle afnemers een nieuw product tegelijk en even snel adopteren heeft de adoptie, en daarmee de diffusie, een bepaald tijdsverloop.
Eerst wordt het nieuwe product aangeschaft door degenen die de vijf adoptiestadia zeer snel doorlopen; vervolgens komen successievelijk steeds 'tragere' adopters in de markt. Dit proces kan worden gevisualiseerd in een zogenaamde adoptiecurve.

Adoptiecurve

Een *adoptiecurve* is de grafische weergave van het percentage nieuw bijgekomen kopers (adopters) van een product, afgezet in de tijd.

Het verloop van het adoptieproces en de daarbijbehorende adoptiecurve is door E.M.Rogers beschreven in zijn boek *Diffusion of innovations*. Op grond van bepaalde veronderstellingen zou de adoptiecurve in het algemeen de vorm hebben van een normale verdeling. Bovendien kunnen op grond van verschillen in adoptiesnelheid verschillende 'soorten' afnemers worden onderscheiden.

Adoptiecategorieën

Deze worden *adoptiecategorieën* genoemd.

Om de verschillende categorieën in de adoptiecurve te kunnen weergeven, verdeelde Rogers deze curve met behulp van de standaarddeviatie (σ) in een aantal vakken. Als grenzen hanteerde hij -2σ, -1σ, 0 (het rekenkundig midden van de normale verdeling) en $+1\sigma$. Door deze grenzen zijn automatisch ook de percentages per categorie bepaald. De vijf aldus gevormde adoptiecategorieën zijn:

1 innovators (2,5%)
2 early adopters (13,5%)
3 early majority (34%)
4 late majority (34%)
5 laggards (16%).

De genoemde percentages, tezamen 100%, hebben betrekking op het totaal aantal afnemers dat het betreffende nieuwe product uiteindelijk blijkt te hebben geadopteerd. Figuur 3.4 geeft de adoptiecurve in de vorm van een normale verdeling met daarin de vijf adoptiecategorieën.

Figuur 3.4 **Adoptiecurve en adoptiecategorieën**

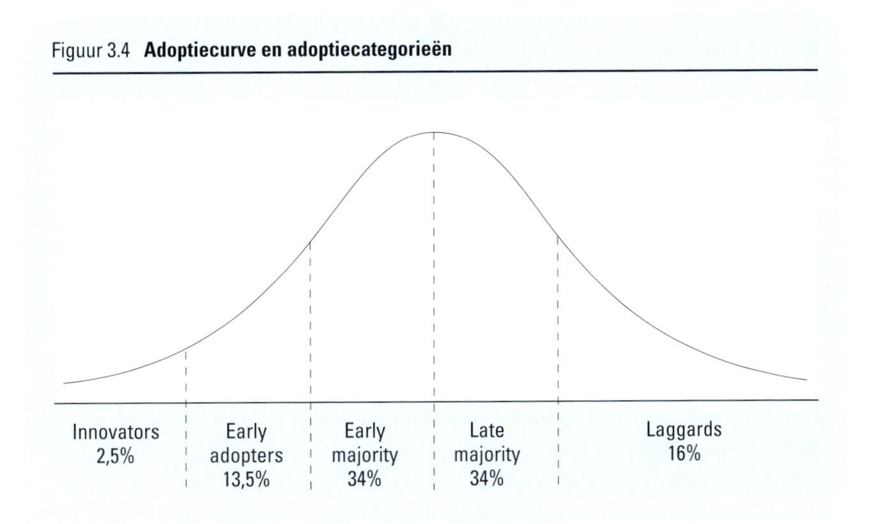

De genoemde adoptiecategorieën werden puur 'statistisch' vastgesteld. Maar kan men nu stellen dat de aldus onderscheiden categorieën ook inderdaad op relevante eigenschappen van elkaar verschillen?

Eigenschappen adopters

Op grond van een groot aantal studies over de vraag hoe mensen ideeën accepteren werden inderdaad verschillen gevonden. Als enkele 'gemiddelde' eigenschappen zouden gelden:

- *Innovators*: hoger inkomen, een hogere opleiding, een lagere leeftijd, een grotere geneigdheid om risico's te nemen en een grotere sociale participatie.
- *Early adopters*: vaak opinieleiders in hun omgeving en bereid nieuwe ideeën en producten in een vroeg stadium, maar met de nodige voorzichtigheid, uit te proberen.
- *Early majority*: voorzichtig, zij adopteren nieuwe ideeën of producten weliswaar voordat de 'gemiddelde' afnemer dat doet, maar lopen daarmee zelden voorop.
- *Late majority*: sceptisch, zij adopteren nieuwe ideeën of producten pas nadat de meerderheid die al uitgeprobeerd heeft.
- *Laggards*: zijn traditiegebonden en wantrouwen vernieuwingen; pas als die vernieuwing alweer een traditie geworden is, zullen zij het idee of product accepteren. Zij profiteren van de in dit stadium vaak lagere prijzen ten gevolge van leer- en schaaleffecten en toenemende concurrentie.

Factoren die op de acceptatie (adoptie) van invloed zijn

De vraag of en de snelheid waarmee een nieuw product door de markt wordt geaccepteerd, hangen van een aantal factoren af. Waarom vindt het ene product snel en het andere niet of slechts met een slakkengang zijn weg naar de afnemers? Natuurlijk spelen hierbij behalve producteigenschappen ook de marketinginspanningen van de desbetreffende aanbieder een belangrijke rol. Daarnaast doen eigenschappen van de (potentiële) afnemers en 'de omgeving' (de media, de overheid, onderzoekscentra en consumentenorganisaties) hun invloed gelden.

Productkarakteristieken

De volgende karakteristieken van het aangeboden product zelf zijn op het adoptie- en diffusieproces van invloed.

Relatief voordeel

- Welk *relatief voordeel* biedt het nieuwe product ten opzichte van bestaande producten die in dezelfde behoefte voorzien? Dat voordeel kan zowel op fysieke (materiaalgebruik) als op functionele (lagere kosten, tijdbesparing, meer comfort, meer gemak, milieuvriendelijk) of symbolische eigenschappen (mode, status) betrekking hebben. Uit onderzoek blijkt dat dit een van de beste voorspellers is voor de mate van acceptatie door de markt.

De Vleeshouwerij: fysieke eigenschappen verbeterd

In de case wordt gesproken over 'de groei van producten met weinig vet'. Een duidelijk voorbeeld van een snelle adoptie door de verbetering van een fysieke producteigenschap. De nieuwe producten met weinig vet bieden nu een relatief voordeel ten opzichte van de bestaande.

Aansluiting

- In welke mate *sluit* het nieuwe product *aan* bij ervaringen, gewoonten, waarden, normen, attitudes en vooral behoeften van de beoogde afnemers? Het is zonneklaar dat een innovatie, die niet duidelijk in een behoefte voorziet, zelfs met grote inspanningen niet 'aan de markt gebracht' kan worden. Maar ook een nieuw type lamp die niet past in bestaande fittingen zal niet worden verkocht.

Complexiteit

- Hoe *complex* is het nieuwe product? Sommige producten zijn zo ingewikkeld dat dit de acceptatie door de markt bemoeilijkt. Bijvoorbeeld: veel bejaarden zijn niet in staat een videorecorder te bedienen. Die is voor hen niet gebruikersvriendelijk genoeg. De complexiteit van het product kan ook tot gevolg hebben, dat de functies of mogelijkheden maar moeilijk naar de beoogde markt kunnen worden gecommuniceerd. In dat geval zal de aanbieder zijn toevlucht vaak (moeten) zoeken tot uitgebreide demonstratieprogramma's.

Zichtbaarheid

- Hoe *zichtbaar* zijn de voordelen van het nieuwe product? Een innovatie zal gemakkelijker door de markt worden geaccepteerd naarmate de voordelen ervan directer en duidelijker waarneembaar zijn. Het is voor de aanbieder in dat geval ook eenvoudiger de voordelen naar de markt te communiceren. Dit ondersteunt met name de evaluatiefase in het adoptieproces.

Probeerbaarheid

- Is het nieuwe product *probeerbaar*? De mogelijkheid om een nieuw product zonder veel kosten of risico's uit te proberen (het adoptiestadium 'trial') zal de acceptatie ervan kunnen bevorderen. Bij verbruiksgoederen kan men vaak door middel van sampling of proefbestellingen de beoogde doelgroepen met het product laten kennismaken. Betreft het duurzame consumptiegoederen of investeringsgoederen, dan zullen bijvoorbeeld verhuur- of testmogelijkheden (proefrit) de diffusie positief kunnen beïnvloeden. Het is duidelijk dat de probeerbaarheid vooral voor innovators en early adopters van belang is.

Philips test consumentenbehoefte in HomeLab

Het is geen Big Brother-huis, al is het voorzien van de meest geavanceerde technische snufjes, maar spannend is het wel. Bewoners van het onlangs geopende Philips HomeLab in Eindhoven kunnen naar hartelust spelen met prototypes op het gebied van intelligent technology. Doel van Philips is het bestuderen van de interactie tussen consument en technology in een 'real life'-situatie, om zo de behoeften en motivaties van die consument beter te kunnen doorgronden. En waar het uiteindelijk om draait, aldus Philips, is het 'sneller op de markt kunnen brengen van betere producten'.

In het HomeLab kunnen bewoners onder meer gebruikmaken van een interactief centraal systeem dat verschillende huiselijke bezigheden vergemakkelijkt, zoals het opnemen van een voicemail, het kijken naar video of het luisteren naar muziek. De ervaringen van de 'testconsument' zullen een schat aan informatie opleveren, verwacht Philips. De tijdelijke bewoners kunnen minimaal 24 uur en maximaal twee maanden verblijven in het HomeLab, afhankelijk van het onderzoek dat wordt uitgevoerd.

Bron: *Marketing online*, week 18, 2002

Voor de marktacceptatie is het belangrijk dat de voordelen van een nieuw product direct en duidelijk waarneembaar zijn

Andere factoren

Naast de genoemde producteigenschappen zijn er nog andere factoren die voor de potentiële afnemer een rol spelen: de kosten van aanschaf en de gebruikskosten, risico en onzekerheid (betreffende de implementatie, de prestatie, de uiteindelijke kosten en de sociale goedkeuring) en wetenschappelijke geloofwaardigheid (artsen die met nieuwe geneesmiddelen worden geconfronteerd).

Negatieve factoren

Indien de potentiële afnemers verwachten dat er binnen afzienbare tijd een beter of goedkoper product of substituut op de markt komt, zal dit de adoptie van het 'huidige' nieuwe product negatief beïnvloeden (computers). Dit speelt vooral op markten met snelle technologische ontwikkelingen.
Voor bepaalde producten geldt een andere negatieve factor. Dat zijn producten waarvoor een minimale 'kritische massa' aan gebruikers nodig is wil aanschaf van zo'n product enige zin hebben. Aanschaf van een fax heeft bijvoorbeeld meer nut naarmate er meer andere faxgebruikers zijn. Hetzelfde geldt voor het gebruik van internet en e-mail.

Aanbieder heeft invloed

Ook de aanbieder zelf kan, afgezien van de specificaties die hij het nieuwe product meegeeft, het adoptieproces gunstig beïnvloeden.
In de eerste plaats kan hij (de) afnemers betrekken in het ontwikkelingsproces. Ook het daarin betrekken van concurrenten kan zeer zinvol zijn, met name indien daaruit gezamenlijke technische standaards voortvloeien (denk aan het vhs-systeem bij videorecorders en de strijd rond een nieuwe standaard voor de volgende generatie televisieapparaten).
In de tweede plaats is – verwachten wij anders? – ook de gekozen marketingstrategie van invloed. Bijvoorbeeld: de aanbieder kan zich richten op specifieke doelgroepen (bijvoorbeeld de heavy users), het aanschafrisico verminderen of een penetratieprijs hanteren. Ook kan hij samenwerken met andere aanbieders op de markt. Bijvoorbeeld een aanbieder van hardware heeft er belang bij dat er veel software beschikbaar is.

Koffieaanbiedingen scoren het best

Aanbiedingen in de supermarkt brengen de winkelbaas aardig wat extra euro's in het laatje. Huishoudens blijken tijdens de periode dat een aanbieding geldt fors meer in te kopen dan gebruikelijk. Voor chips is dat tweemaal zo veel, bij koffie zijn de aankopen zelfs negenmaal zo hoog als normaal.
Dat blijkt uit een onderzoek van de bedrijfskundige L. Teunter die hierop promoveerde aan de Erasmus Universiteit in Rotterdam. Teunter onderzocht gedurende twee jaar het aankoopgedrag van 200 huishoudens wat betreft koffie, vruchtensap, frisdrank, candybars, chips en pasta's.
Dat koffie het meest populair is bij de koopjesjagers ligt niet alleen aan de prijs, zegt Teunter. 'De frequentie van het gebruik speelt een rol, maar ook de stapelbaarheid. Die is bij koffie met die mooie rechthoekige pakjes heel hoog. Bij chips met al die lucht in de zak is dat een stuk moeilijker. In het geval van candybars speelt de houdbaarheid weer een rol bij de beslissing hoeveel extra in te kopen.'
De stijgende aankopen tijdens aanbiedingen zijn echter voor een deel vertekend, aldus Teunter. 'Aanbiedingen worden van tevoren aangekondigd. Ze kennen vaak ook een vast patroon. Consumenten houden daar rekening mee en stellen geplande aankopen daarom uit. Ook komt het voor dat de consument na het aflopen van de aanbieding zijn aankopen van het betreffende artikel uitstelt, omdat er nog genoeg in voorraad is. Nederlandse huishoudens blijken dus systematische shoppers te zijn.'

Bron: *Trouw*, 13 september 2002

In de derde plaats vergt het op de markt brengen van een nieuw product een gedegen organisatie en samenwerking tussen verschillende afdelingen binnen het aanbiedende bedrijf en tussen de aanbieder en zijn distribuanten. Medewerking van deze distribuanten vergroot de verkrijgbaarheid en daarmee de adoptiekansen van het nieuwe product.

Relatie tussen de PLC en de adoptiecurve

Aan het begin van deze paragraaf hebben we adoptie en diffusie in verband gebracht met de start van de productlevenscyclus. Het is van belang ons hierbij te realiseren, dat de grafiek van de PLC de *totale vraag* naar een bepaald product laat zien, terwijl de adoptiecurve alleen betrekking heeft op de *eerste aankopen* (initiële vraag).

PLC: totale vraag

We kunnen er echter van uitgaan dat de vraag naar een nieuw product in de introductie- en groeifase van zijn productlevenscyclus uitsluitend of vooral bestaat uit *initiële* vraag. Het verband tussen de adoptiecurve en de genoemde fasen is dan ook duidelijk: hoe sneller een product wordt geadopteerd, des te korter duren de introductie- en groeifase en des te steiler verloopt het begin van de PLC. Naarmate echter binnen de totale vraag de componenten *vervangingsvraag* en *additionele vraag* belangrijker worden, zegt het verdere verloop van de adoptiecurve minder over het verloop van de PLC. Waar de vervangings- of additionele vraag bijna direct volgt op de initiële vraag (bijvoorbeeld bij drop of diskettes), lopen de PLC en de adoptiecurve al snel uit elkaar.
Kijken we naar de adoptiecategorieën die in de loop van de productlevenscyclus in de markt komen, dan zal in het algemeen bij de introductie de nadruk liggen op innovators en early adopters, terwijl in de groeifase achtereenvolgens (meer) early adopters, de early majority en de late majority de markt zullen betreden.

Strategische implicaties

Hoe kan het concept van de adoptiecurve en de adoptiecategorieën nu in de marketingpraktijk worden gebruikt? De belangrijkste boodschap is dat de aanbieder van een nieuw product er altijd rekening mee dient te houden, dat hij in de loop van de tijd met *verschillende* adoptiecategorieën te maken kan krijgen.
Voor de marketeer is het dan ook van belang deze adoptiecategorieën te kunnen typeren, bijvoorbeeld aan de hand van geografische, demografische of psychografische kenmerken. Vervolgens zal hij moeten nagaan welke succesbepalende factoren bij het adoptieproces van deze groepen een rol spelen, zodat hij tijdig en op de juiste wijze de marketingmix voor het volgende adoptiesegment kan optimaliseren.

Marketingmix optimaliseren

Aangezien het de eerste zorg van de aanbieder is dat de markt zijn product accepteert, zal zijn belangstelling in eerste instantie uitgaan naar de innovators en early adopters. Zij moeten immers de markt voor hem openbreken. Het zwaartepunt ligt daarbij op de early adopters, want zij fungeren bij uitstek als opinion leaders voor de early majority.
Zijn de karakteristieken van de innovators en early adopters dan al niet bekend? Nee, het is een misvatting te denken dat elke categorie altijd hetzelfde 'soort' mensen bevat. Er is beslist niet één categorie mensen die altijd en overal als eerste elk nieuw idee of product adopteert. Individuen zijn op sommige terreinen innovators en op andere terreinen laggards. Uit onderzoek is wel gebleken dat innovators vaak de heavy

Niet steeds dezelfde

users van een ander product binnen dezelfde productcategorie zijn. Daarnaast blijkt de adoptiebeslissing bij de consument sterk onder invloed te staan van de persoonlijke invloed van vrienden, collega's enzovoort, en in het bijzonder van de opinion leader. Hun invloed is in het algemeen veel groter dan die van de media.

Domeinspecifiek

Adoptiecategorieën zijn wat men noemt *domeinspecifiek*. Elke productgroep kent zijn eigen consumptiepioniers en early adopters. Met andere woorden: voor een volstrekt nieuwe productcategorie heeft de adoptietheorie geen andere voorspellende waarde dan dat men in de loop van de tijd verschillende afnemerscategorieën op de markt kan verwachten. Pas achteraf kunnen de specifieke karakteristieken van elk van die adoptiecategorieën worden vastgesteld.

Wel kan de aanbieder trachten enige invloed uit te oefenen op de volgorde waarin diverse afnemerscategorieën 'zijn' markt betreden.
Met name de communicatiedoelstelling, communicatiedoelgroep en de in te zetten mediamix kunnen daarbij als instrument worden gebruikt.
De uitdaging voor de marketeer is dan ook vooral om de karakteristieken van de waarschijnlijke early adopters in *zijn* productveld te identificeren. De *introductiestrategie* kan dan specifiek op deze groep worden afgestemd, waardoor het diffusieproces wordt versneld en verspilling van marketingmiddelen wordt voorkomen.

Introductiestrategie

Adoptie door organisaties

Wellicht ten overvloede zij hier vermeld, dat het concept van de adoptiecurve niet alleen op personen of huishoudens, maar ook op kopende organisaties van toepassing is. Ook hier moet de marketeer op zoek naar karakteristieken waarmee hij de optimale 'target organizations' zo goed mogelijk kan beschrijven, zodat een optimale invulling kan worden gegeven aan de inzet van de verschillende instrumenten van de marketingmix.
Een positief effect op het adoptiegedrag hebben de omvang en complexiteit van de organisatie, de mate van specialisatie of arbeidsdeling binnen de organisatie, de mate van innovativiteit van de organisatie en de mate waarin de organisatie met andere organisaties in contact staat. Negatief werken een bepaalde mate van formalisering en centralisatie binnen de organisatie en de leeftijd van de onderneming en/of haar medewerkers.

Consumentengedrag

4

Kennis van de afnemer is een conditie om marketing te bedrijven. Een grondig onderzoek naar het gedrag van afnemers is dan ook beginpunt en fundament van het marketingbeleid. Onder afnemersgedrag verstaan we alle activiteiten van afnemers die direct samenhangen met het verkrijgen, het gebruiken en het afdanken van producten. Hiertoe behoren ook de informatieverwerkings- en beslissingsprocessen die voorafgaan aan en volgen op deze activiteiten (paragraaf 4.1). Door het afnemersgedrag te onderzoeken en te analyseren is de marketeer in staat dit enigszins te voorspellen en kan hij met zijn beleid inspelen op de bij zijn doelgroep aangetroffen karakteristieken. Het moet duidelijk zijn dat de marketeer geen gedragsvormende, maar een gedragsvolgende partij is. De marketeer probeert te begrijpen wie de afnemer is en welke voordelen hij zoekt. Vervolgens poogt hij hierop met een passend aanbod te reageren. Anders gezegd: met de inzet van de marketingmix probeert hij een voor hemzelf positieve situatie te creëren met betrekking tot gedragsbepalende factoren (paragrafen 4.2 tot en met 4.5).
De verschillende in de loop der tijd gelanceerde theorieën en ontworpen modellen komen vooral aan de orde in de paragrafen 4.6 en 4.7.
Ten slotte: Het afnemersgedrag kan gesplitst worden in het gedrag van consumenten en in dat van industriële afnemers. In dit hoofdstuk behandelen we het consumentengedrag. In hoofdstuk 5 staat het gedrag van de industriële afnemer centraal.

4.1 Onderzoek naar consumentengedrag

Vele marketeers en wetenschappers hebben geprobeerd het gedrag van de consument als afnemer (het consumentengedrag) te doorgronden en voorspelbaar te maken. Een belangrijk hulpmiddel daarbij is een model of een theorie. In deze paragraaf gaan we uit van een stimulus-respons-model dat gebaseerd is op het model van Engel, Blackwell en Miniard. In figuur 4.1 is dit model weergegeven.

Figuur 4.1 **Afnemersgedragsmodel**

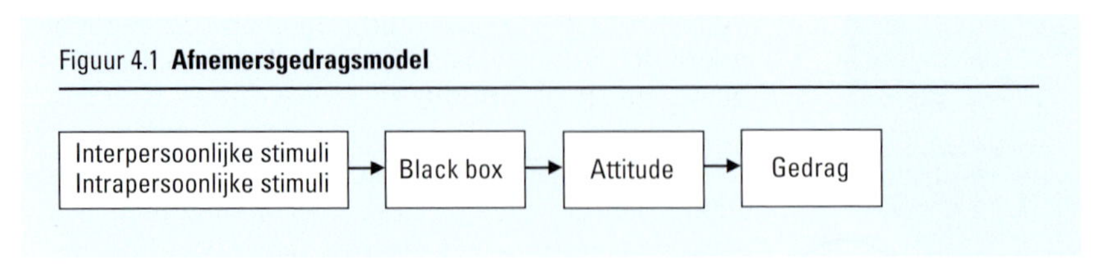

Intrapersoonlijke stimuli

Stimulus-responsmodel

Dit *stimulus-responsmodel* geeft aan dat het individu door verschillende stimuli benvloed wordt om deze stimuli vervolgens in de 'black box' te vertalen in een attitude die leidt tot gedrag (communicatiegedrag, koopgedrag, gebruiksgedrag of afdankgedrag). Het model stelt dat alle gedragingen van de consument de resultanten zijn van interne en externe signalen die via de black box leiden tot een attitude. Deze attitude is derhalve niet alleen een dominante beïnvloedende factor van het informatieverwerkings- en beslissingsproces van de consument maar speelt ook een belangrijke rol bij het daadwerkelijke gedrag van de afnemer. De attitude kan dan ook gezien worden als het centrale punt of het centrale 'zenuwstelsel' van het consumentengedrag.

4.2 Attitude

Alfa Romeo staat bekend als maker van sportieve en exclusieve auto's. Autoliefhebbers weten dat Alfa Romeo vele races en rally's gewonnen heeft. Ook waarderen autofreaks het sportieve design en de sportieve uitstraling van de modellen. Voor hen is een Alfa een 'heerlijk scheurijzer': een auto om lekker sportief mee te rijden. Een nieuwe Alfa wordt door de liefhebbers dan ook vooral op zijn sportieve kwaliteiten beoordeeld. Anders gezegd: vanuit hun attitude verwachten de autoliefhebbers bij Alfa Romeo sportieve auto's.

De attitude is de min of meer consistente houding van een afnemer ten aanzien van een product of merk. Het is de individuele geneigdheid om op een consistente wijze op een bepaald product of merk te reageren. Zo kan de attitude die een consument heeft ten aanzien van een product als melk beschreven worden in termen van 'acceptabel', 'lekker', 'gezond', 'smerig', 'voor kinderen' enzovoort.
We beginnen de bespreking van de attitude met een beschrijving ervan in relatie tot het marketingbeleid. Daarna bespreken we achtereenvolgens de componenten van de attitude en het proces van attitudevorming.

Attitude en marketingbeleid

De marketeer heeft als taak en uitdaging met zijn marketingmix aan te sluiten bij de attitudes van de doelgroep. Hij moet proberen zo goed mogelijk op de houding van zijn doelgroep(en) te anticiperen. Het is een illusie dat marketeers de attitudevorming, zoals deze plaatsvindt bij beoogde afnemers, kunnen beheersen of veranderen. Marketing is geen magie of mystiek waarmee de marketeer mensen tot een product of merk kan 'bekeren'. Marketeers die toch proberen te manipuleren, boeken vaak slechte resultaten. Immers, als de poging om de attitude te veranderen een tegenstelling oplevert tussen de bestaande en de voorgehouden attitude, is de kans groot dat het individu zich verzet en het gewenste effect uitblijft.

Beïnvloeden van attitudes

In plaats van te manipuleren kan de marketeer wel proberen – binnen smalle marges – de attitude van de afnemer te beïnvloeden. Hij kan met een gericht beleid proberen een bepaald gewenst imago op te bouwen. Onder imago verstaan we het totaal van – al dan niet denkbeeldige – subjectieve voorstellingen, ervaringen en gevoelens dat een of meerdere personen hebben ten aanzien van een product, dienst, persoon of organisatie. De marketeer is overigens niet de enige partij die de attitudevorming beïnvloedt. Hij is slechts een van de vele omgevingsfactoren en moet zich bewust zijn van de 'concurrentie' van mode, cultuur, religie, sociaal klimaat enzovoort.
Bij de beïnvloeding van de attitudevorming kan gedacht worden aan verschillende ontwikkelingsrichtingen waarbij de marketeer aansluiting zoekt bij de attitudevorming zoals deze bij de doelgroep plaatsvindt. Mogelijke ontwikkelingsrichtingen zijn:

- ontwikkelen van een nieuwe attitude, bijvoorbeeld bij een nieuw product of merk;
- versterken van een bestaande attitude, bijvoorbeeld een positief imago;
- veranderen van een bestaande attitude, bijvoorbeeld een negatief imago.

Attitudes en Van Ellem

Het management van Van Ellem heeft te maken met een bepaalde attitude van de consumenten ten opzichte van snoep:

- ondanks het ongezonde imago van snoep, denkt men dat iedere dag een snoepje geen kwaad kan;
- snoep staat voor veel calorieën, vooral bij kinderen tussen de zeven en elf jaar;
- ongeveer de helft van de consumenten zegt dat kleurstoffen agressie kunnen opwekken.

Voor Van Ellem is het de uitdaging een passend antwoord te vinden op de attitudes van de potentiële afnemers. Vervolgens moet Van Ellem dit antwoord vertalen in een passend aanbod in product, prijs, plaats en promotie.

Componenten van de attitude

Attitudecomponenten

De attitude van een individu is een geheel van aangeleerde opvattingen en intenties. In het algemeen verdeelt men de attitude in drie componenten: de cognitieve component, de affectieve component en de conatieve component. Deze componenten worden in een bepaalde volgorde doorlopen.

Cognitieve component

De *cognitieve component* beschrijft alles wat een afnemer van een object 'weet'. Zo 'weet' de autoliefhebber dat Alfa Romeo veel races en rally's gewonnen heeft. De cognitieve component betreft de kennis, die ontstaat door perceptie (waarneming) en die duidelijk wordt in een belief (overtuiging of beeld) van een individu ten aanzien van een bepaald attitudeobject. Belangrijk onderdeel van het cognitieve systeem is het geheugen.

Affectieve component

De *affectieve component* beschrijft de emoties en gevoelens ten aanzien van een attitudeobject. Zo vinden veel autoliefhebbers een Alfa Romeo een mooie auto. De affectieve component vormt vaak de schakel tussen kennis en actie, zeker als de betrokkenheid hoog is.

Conatieve component

De *conatieve component* betreft het gedrag en de actiebereidheid van de consument die zich onder meer uit in gebruiksgedrag en koopintentie. Door actiereclame, die de gepercipieerde prijs-kwaliteitsverhouding gunstiger maakt, zal de keuze op Alfa Romeo vallen.

Vorming van de attitude

Attitudes worden gevormd in een doorlopend proces. Alle gebeurtenissen in een mensenleven, ook de confrontatie met marketinguitingen zoals reclames en uitverkoop, kunnen de aanzet geven tot meer of minder ingrijpende veranderingen in de attitude. Enkele vuistregels bij attitudevorming en -veranderingen zijn (Bunt, 1994):

- Hoe centraler de attitude is, hoe moeilijker deze te beïnvloeden is (de attitude ten aanzien van bijvoorbeeld religie of dierbare medemensen is moeilijker te benvloeden dan de attitude ten aanzien van een 'low interest product' zoals een bepaald merk schoensmeer).
- Hoe sterker een attitude is, hoe moeilijker deze te beïnvloeden is (voorbeeld: een fanatiek Alfa Romeo-rijder zal moeilijk een ander automerk in overweging nemen).
- Een attitude die gebaseerd is op weinig informatie is gemakkelijker te benvloeden dan een attitude die is gebaseerd op een weloverwogen evaluatieproces.

Het continue veranderingsproces van de attitude kunnen we beschouwen als een leerproces waarbij wijzigingen in de attitude voortvloeien uit de min of meer patroonmatige verwerking van interne en externe stimuli in de zogenaamde black box. Anders gezegd: de mens verwerkt de signalen waarmee hij te maken krijgt volgens een bepaald patroon.

Multi-attribuut attitudemodellen

De multi-attribuut attitudemodellen beschrijven de attitudevorming en betrekken daarin twee componenten:

- de mening of overtuiging (*belief*) die de potentiële afnemer heeft ten aanzien van een bepaald aspect (het *attribuut*) van het product of de dienst;
- het relatieve gewicht van het attribuut.

Model van Fishbein

Een bekend multi-attribuut attitudemodel is het zogenaamde *beredeneerde gedragsmodel van Fishbein*. Hij ziet de attitude (Ao) als de som (Σ) van de verschillende beliefs (Bi) maal hun wegingsfactor (Ei). In formulevorm ziet dat er zo uit:

$$Ao = \Sigma\ (Bi \times Ei)$$

■ **Voorbeeld**

Een autokoper laat zich in zijn keuze voor een merk leiden door twee attributen: het brandstofverbruik en de status. Hij vindt het brandstofverbruik tweemaal zo belangrijk als de status. Na een voorselectie blijven er uiteindelijk twee merken over: Mercedes en Volkswagen. Mercedes scoort op het brandstofverbruik een 5 en op status een 8; Volkswagen scoort op het brandstofverbruik een 7 en op status een 6. Zijn attitude ten aanzien van beide automerken kan nu als volgt 'berekend' worden:

	Brandstofverbruik B1 × Ei		Status B2 × Ei		Attitude Ao
Mercedes	5 × 2	+	8 × 1	=	18
Volkswagen	7 × 2	+	6 × 1	=	20

Gedragsintentiemodel

Later is dit model door Fishbein en Ajzen uitgebreid tot een *gedragsintentiemodel*. Het model geeft de gedragsintentie (I) aan als het totaal van de attitude en de sociale norm. De 'w' geeft de relatieve weging van de componenten 'attitude' en 'sociale norm' aan:

$$I = w1 \times Ao + w2 \times SN$$

De *sociale norm* (SN) is een functie van de som (Σ) van de mening van referentiepersonen (*normative beliefs* = NB) en het gewicht van hun inschatting (*motivation to comply* = Ei):

$$SN = \Sigma\ (NB \times Ei)$$

Berekenen van sociale norm

Het eerder beschreven voorbeeld volgend, zien we dat de autokoper zich in zijn aankoop mede laat leiden door de mening van zijn zoon en de mening van zijn buurman. De autokoper schat in, dat zijn zoon de Mercedes een 8 en de Volkswagen een 6 geeft. Hij denkt dat de buurman de Mercedes een 7 en de Volkswagen een 8 geeft. Hij trekt zich van de mening van zijn zoon tweemaal zoveel aan als die van zijn buurman (MC1 = 2, MC2 = 1). De sociale norm kan dan als volgt berekend worden:

	Zoon NB1 × MC1		Buurman NB2 × MC2		Sociale norm SN
Mercedes	8 × 2	+	7 × 1	=	23
Volkswagen	6 × 2	+	8 × 1	=	20

Berekenen van koopintentie

Als we ook de wegingsfactor van de twee componenten kennen, kunnen we de koopintentie berekenen. In het algemeen is de attitudecom-

ponent belangrijker voor het verklaren en/of voorspellen van een attitude dan de sociale norm. In ons voorbeeld laten we de attitude dan ook tweemaal zwaarder wegen en komen dan tot de volgende uitkomst:
Koopintentie Mercedes: $2 \times 18 + 1 \times 23 = 59$
Koopintentie Volkswagen: $2 \times 20 + 1 \times 20 = 60$ (1e keuze)

4.3 Interpersoonlijke stimuli

Onder interpersoonlijke stimuli verstaan we de invloeden van de (groepen) medemensen waarmee de afnemer direct of indirect te maken heeft. Deze impulsen worden in de black box vertaald in attitudevormende factoren. De belangrijkste en meest veelomvattende van deze impulsen is de cultuur. Daarnaast geven ook de verschillende referentiegroepen belangrijke impulsen.

Cultuur
Reizen naar verre landen geven vaak een 'cultuurschok', waarbij een individu verbaasd of verbijsterd kennismaakt met mensen die geheel anders leven en geheel andere behoeften hebben. Cultuur is als 'overkoepeling van een maatschappij' de belangrijkste bepalende factor van behoeften en gedrag. Het is een aangeleerd geheel van onderling verweven waarden, normen en gedragingen, dat door een gemeenschap (over)gedragen wordt.

Definitie cultuur

Cultuur is het complexe geheel van kennis, overtuigingen, kunst, wetten, waarden en normen en overige gedragingen, kundes en gewoonten dat eigen is voor de leden van een bepaalde gemeenschap.

In deze definitie ligt de nadruk op de abstracte elementen van de cultuur. Daarnaast heeft de cultuur ook concrete, waarneembare elementen, zoals gebouwen, kleding, boeken, muziek en marketingcommunicatie.

Cultuur en Van Ellem

Van Ellem werkt binnen de West-Europese cultuur. Deze cultuur is een van de belangrijkste gedragsbepalende factoren. De culturele determinatie wordt het duidelijkst wanneer men zich voorstelt hoe Van Ellem in een andere cultuur, bijvoorbeeld Indonesië, zou hebben gewerkt. Zo zijn suikerwerken in Indonesië voor veel mensen een luxeartikel, is er een andere smaakvoorkeur, zijn er andere gebruiksmomenten en zijn er andere verkooppunten. Het distributieaandeel van het grijze kanaal van kleine winkeltjes en straatverkoop in Indonesië is bijvoorbeeld zeer groot.

De bouwstenen van de cultuur zijn de waarden en normen. Zij geven het brede cultuur-psychologisch kader aan waarbinnen de consument op eigen wijze handelt.

Cultuurwaarden

De *waarden* van de cultuur betreffen het relatief duurzame oordeel dat een groep mensen heeft over wat nastrevenswaardig is (eindwaarden) of over het gedrag dat passend is om de eindwaarden te bereiken (instrumentele waarden).

Cultuurnormen

Normen zijn expliciete of impliciete gedragsregels die aangeven op welke manier men de waarden bereiken kan. Zo is 'oud worden' een eindwaarde, 'gezond leven' een functionele waarde en 'weinig vet eten' een norm. Andere voorbeelden zijn 'een goed moslim zijn', 'volgens de wetten van de Islam leven' en dus 'geen varkensvlees eten'.

Culturele ontwikkelingen

Culturele ontwikkelingen kunnen leiden tot vergaande veranderingen in de behoeften, de attitudes en het gedrag van consumenten. Een marketeer die culturele ontwikkelingen scherp in de gaten houdt, is in staat snel en adequaat op deze ontwikkelingen in te spelen. Voorbeelden van culturele trends die directe gevolgen hebben voor de behoeften, de attitudes en het gedrag van de consumenten zijn: de veranderende houding ten opzichte van gezondheid/welzijn, ouderen/ouderworden, seks, emancipatie, religie en milieu. Ook het consumentenvertrouwen in de economie kan gezien worden als een culturele dimensie die permanent in ontwikkeling is (figuur 4.2).

Figuur 4.2 **Consumentenvertrouwen, koopbereidheid en grote aankopen**

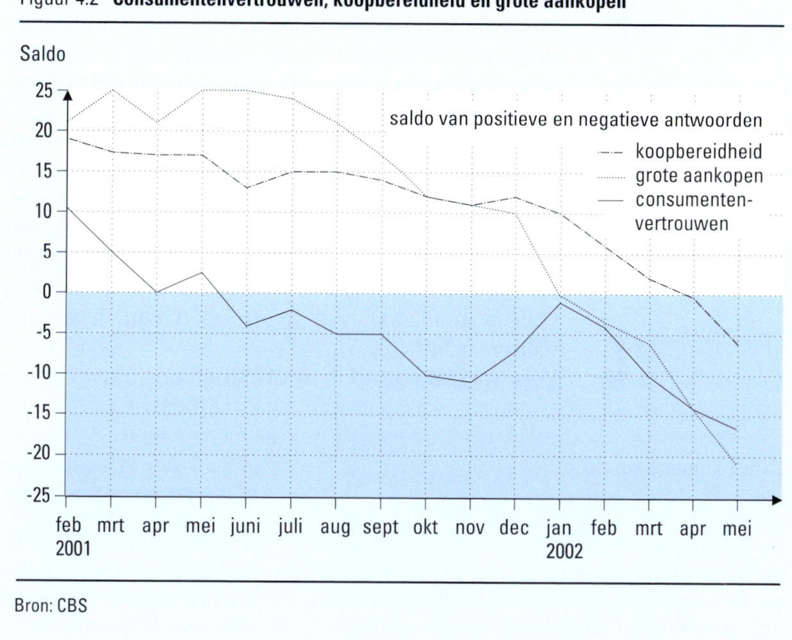

Bron: CBS

Crossculturele analyse

In de internationale marketing is de invloed van de cultuur het duidelijkst. Hierbij is de *crossculturele analyse* een instrument waarmee de culturele verschillen tussen de thuismarkt en de vreemde markt in kaart gebracht kunnen worden. Op basis van deze analyse, waarbij de componenten van de te vergelijken culturen systematisch aan elkaar gespiegeld worden, kan de marketeer zijn marketingmix aan de vreemde markt aanpassen. In veel gevallen zal blijken dat de cultuurverschillen tussen beide markten een uniforme of aangepaste marketingmix onmogelijk maken en dat een totaal 'eigen' benadering van de exportmarkt nodig is.

Export voor Van Ellem

Van Ellem exporteert naar het Midden-Oosten, Azië en Australië. De export naar Europese landen is in omvang niet noemenswaardig. Het openbreken van de Europese markt zal voor Van Ellem niet gemakkelijk zijn, ondanks de Europese eenwording. Er zijn hoge kosten en problemen te verwachten doordat bijvoorbeeld:

- de verschillen in consumentenvoorkeur in smaak, kleur of verpakking het noodzakelijk maken om voor iedere markt een apart aanbod samen te stellen
- het opbouwen van een betrouwbaar distributienetwerk veel tijd en moeite zal kosten
- ondanks de open markt veel Europese landen regels en regeltjes hebben om de thuismarkt tegen import te beschermen
- de concurrentie sterk is en de grote concurrerende partijen machtig zijn.

Subcultuur

Binnen iedere cultuur ontdekken marketeers steeds weer nieuwe, kleinere subculturen. Een *subcultuur* is een onderdeel van een cultuur waarbinnen eigen normen en waarden gelden. Voorbeelden van subculturen zijn leeftijdsgroepen, etnische groepen en religieuze groepen. Veel subculturen vormen marktsegmenten die met een 'eigen' marketingmix benaderd worden. De verzadiging van massamarkten en het homogener en onherkenbaar worden van het aanbod maakt dat steeds meer aanbieders zich met hun aanbod richten op deze relatief kleine marktsegmenten.
De vertegenwoordigers van een subcultuur die zich door de benadering van de marketeer 'erkend' voelen, zijn vaak bereid hiervoor een meerprijs te betalen. Een voorbeeld is een sportzaak die zich specialiseert in de wandelsport. De sportzaak richt zich hiermee op een 'subcultuur' binnen de sportwereld en verkleint (kwantitatief) zijn markt. Tegelijkertijd vergroot hij de kwaliteit van zijn aanbod (specifiek assortiment voor wandelaars), wat in de ogen van de afnemer een meerwaarde rechtvaardigt.
Voor sociaal-culturele informatie kunt u terecht op de site www.scp.nl

Entertainment-educatie

In januari 1999 promoveerde Martine Bouman op het onderwerp 'Mogelijkheden om voorlichting te geven via amusementsprogramma's'. Voorlichters van bijvoorbeeld de Hartstichting kwamen er achter, dat het verstrekken van droge informatie over gezonde leefwijzen niet altijd bij de doelgroep terechtkwam. Daaruit kwam het idee voort te proberen via populaire media, zoals soapseries, voorlichting te geven. Het mooie daarvan is dat alle lagen van de bevolking kijken: jong en oud, mannen en vrouwen.
In Nederland kijken miljoenen mensen dagelijks naar soaps als bijvoorbeeld *Goede tijden, slechte tijden*. In ontwikkelingslanden is de soap een voorlichtingsmiddel bij uitstek. In Peru bijvoorbeeld zorgde de serie *Simplemente Maria* voor een enorme groei in de verkoop van Singer naaimachines.
Men moet in de serie een discussie op gang helpen tussen voor- en tegenstanders en twijfelaars. Dan kunnen de mensen meedenken. Uiteindelijk moet men ervoor zorgen dat de held het gewenste gedrag vertoont en daarvoor wordt beloond.

Referentiegroepen

Referentiegroepen zijn groepen waaraan de consument zich spiegelt. Het zijn groepen die een aanzienlijke invloed hebben op de attitude van een individu. Een individu vergelijkt zichzelf met een referentiegroep en komt vervolgens tot een reactie:

- identificatie (participatiegroep, 'daar hoor ik bij');

- associatie (aspiratiegroep, 'daar wil ik bij horen of daar wil ik op lijken');
- dissociatie (dissociatiegroep, 'daar wil ik niet bij horen of daar wil ik niet op lijken').

Affiliatiebehoefte

Identificatie en associatie geven de *affiliatiebehoefte* aan van een individu: het verlangen naar aansluiting bij de sociale groep waartoe het individu behoort of wenst te behoren.
Belangrijke referentiegroepen zijn de sociale klasse, de levensstijlgroep en het gezin. Zie tabel 4.1.

Tabel 4.1 **Referentiegroepen**

Directe groepen Groepen waar individu zelf deel van uitmaakt		**Indirecte groepen** Groepen waar individu geen deel van uitmaakt	
Primaire groep	**Secundaire groep**	**Aspiratiegroep**	**Dissociatiegroep**
Groep waartoe individu 'automatisch' behoort (gezin, leeftijdsgroep en geslacht)	Participatiegroep waar individu gewenst deel van uitmaakt (sociale klasse, vereniging of schoolgroep)	Groep waar individu bij zou willen horen	Groep waar individu niet bij wil horen

Opinieleiders

Binnen de referentiegroep functioneert de opinieleider als belangrijkste referentiepersoon. Hij is het individu dat op een of meer gebieden een sterke invloed heeft op de attitudes van anderen. Hij zet anderen aan tot zogenaamde anticiperende socialisatie, waarbij individuen normen, waarden en gedrag van hem over (willen) nemen. Informatie over attitude en gedrag van de opinieleider is voor de marketeer zeer waardevol. Immers, de opinieleider is als trendsettende initiator een betrouwbare voorspeller van toekomstige groepsbehoeften.

Sociale klasse

Een in de marketing veel gebruikte classificatie van directe groepen is de verdeling in sociale klassen. Het is een indeling van individuen in een hiërarchie van statusklassen met onderscheiden behoeften, interesses en gedrag. Een marketeer die zich op één sociale klasse richt, heeft als voordeel dat de groep afnemers in meerdere opzichten homogeen is. Bovendien is er, dankzij voortdurend marktonderzoek, over het gedrag van meerdere onderscheiden groepen veel bekend. Bekende gedragsvariabelen van sociale klassen zijn bijvoorbeeld mediagedrag, invulling van de vrije tijd en koopgedrag. De marketeer die zich op een sociale klasse richt, kan dan ook relatief eenvoudig een gerichte en trefzekere invulling aan de marketingmix geven.

Sociale klasse: een segmentatiesysteem met beperkingen

In de loop der jaren heeft de sociale-klassenindeling als segmentatiesysteem zich een belangrijke plaats verworven in het marktonderzoek. In Nederlandse consumentenonderzoeken wordt nog vrij vaak gebruikgemaakt van de vijfdeling naar A-, B1-, B2-, C- en D-klasse. Geen enkel ander segmentatiesysteem verdeelt de consumenten zo objectief. Kunnen we de sociale-klassenindeling dus als het ideale segmentatiesysteem zien?
Helaas, ook deze indeling kent haar beperkingen. Een eerste belangrijke beperking zien we bij het verschijnsel *status inconsistency*. Niet alle gemeten variabelen verwijzen naar dezelfde sociale klasse. Waar moeten bijvoorbeeld studenten met een studiebeurs worden geplaatst of zij die middels carrière op de 'sociale ladder' stijgen? Het statische karakter van de sociale-klassenindeling maakt het moeilijk om alles wat met sociale verandering te maken heeft erin te verwerken.
Een belangrijke beperking die hiermee samenhangt is dat de marketeer slechts met *proxy variables* werkt. Dat wil zeggen: hij stelt een sociale klasse vast op basis van variabelen die slechts een afgeleide zijn van het werkelijke gedrag van de consument. Op zich zegt de meting van de variabele 'opleiding' nog niets concreets over het koopgedrag van de ingedeelde consumenten. Om iets concreets te kunnen zeggen over de levensstijl per sociale klasse, is per (relevante) sociale klasse voorkennis of aanvullend onderzoek noodzakelijk.
Zie ook het kader 'Het mentalitymodel van Motivaction' enkele pagina's hierna.

Welstandsklassen

Een in Nederland gangbare indeling in sociale klassen is de differentiatie in *welstandsklassen*. Bij deze indeling zijn onder meer inkomen, beroep en opleiding de indelingscriteria. De indeling komt tot vijf klassen (zie tabel 4.2).

Tabel 4.2 **Indeling van de Nederlandse bevolking naar welstandsklasse**

Klasse	Percentage van de bevolking
A: welgestelden directeuren van grote ondernemingen, hoge ambtenaren en vrije beroepen	14,1
B1: bovenlaag middengroep directeuren van kleine ondernemingen, grote middenstanders, semi-hoge ambtenaren, hogere managers	18,9
B2: onderlaag middengroep ambtenaren in middenposities, middengroep middenstanders, middenkader in bedrijven	22,0
C: minder welgestelden kleine middenstanders, lager kantoorpersoneel, geschoolde arbeiders	34,0
D: minst welgestelden ongeschoolde werknemers, minima, uitkeringsgerechtigden	11,0

Levensstijlgroep

De sterk economisch gebonden indeling in sociale klassen is op zijn retour. De klassen zijn nauwelijks meer eenduidig af te bakenen en de behoeften en het gedrag binnen de klassen zijn moeilijk voorspelbaar. In de plaats hiervan is de indeling in levensstijlgroepen in opmars. Bij deze indeling is niet de welstand of welvaart maar de uniforme behoefte van de afnemers de belangrijkste groepsvormende factor. Op grond van deze behoeften probeert de marketeer tot 'overkoepelende' en groepsvormende karakteristieken te komen.

AIO-variabelen

De levensstijlgroep waartoe een individu behoort, wordt vaak gekarakteriseerd volgens de *AIO-variabelen*: Activiteiten, Interesses en Opinies. Het Amerikaanse reclamebureau Needham, Harper en Steers identificeerde verschillende levensstijlgroepen, zoals de volgende verdeling van mannen:

- de zakenman die het succes aan zichzelf te danken heeft (the self-made businessman);
- de succesvolle professionele man (the succesful professional);
- de toegewijde huisvader (the devoted family man);
- de gefrustreerde fabrieksarbeider (the frustrated factory worker);
- de gepensioneerde huismus (the retiring homeboy).

Poststructuralistische lifestyle-analyse

Douglas Holt somt de volgende vijf aanbevelingen op voor een doeltreffende lifestyle-analyse:

1 Consumptiepatronen worden bepaald door contexten die geen lang leven beschoren zijn. Deze contexten moet men per geval onderzoeken. De resultaten kunnen dan zeer verrassen.
2 Lifestyles komen tot stand door symbolische overeenkomsten in consumentengedrag. Deze overeenkomsten kunnen binnen zekere contexten wel typerend zijn (etnische groepen, de skate-scene, bejaarden, postmodernisten) maar kunnen tegelijkertijd ook gekoppeld zijn aan andere lifestyles.
3 Consumentengedrag vertoont regelmatigheden, die te registreren zijn. Maar om dit te kunnen interpreteren, moet men erkennen dat de motivatie van dat gedrag totaal kan verschillen.
4 Lifestyles duiden op collectiviteit. Maar lifestyles geven eerder tendenzen in groepen aan, dan vaste kenmerken van die groepen. De vermenging van lifestyles kan onderzoek ondermijnen. Onderzoekers zullen moeten onderkennen dat de gevonden collectieve eigenschappen een tijdelijke geldigheid hebben.
5 Lifestyles zijn aan verandering onderhevige, sociohistorische constructies. In de loop van de tijd verandert bovendien de definitie van bepaalde lifestyles. Verandering en dynamiek vormen daarom bij doeltreffende lifestyle-analyse het uitgangspunt.

Bron: *NieuwsTribune*, 28 augustus 1997

VALS-typologie

Een andere bekende levensstijlsegmentatie is de *VALS-typologie*. Het is een waarde- en levensstijltypologie (value and lifestyle) op basis van gedrag, activiteiten, belangen en opvattingen. Aan de hand van 36 criteria beschrijft dit model van Mitchell de volgende typeringen, verdeeld in drie verschillende groepen:

1 Behoeftigen (need driven):
   - overlevers (survivors)
   - standhouders, zwoegers (sustainers).
2 Extern georiënteerden (outer directed):
   - conservatieven, meelopers (belongers)
   - strevers, wedijveraars (emulators)
   - geslaagden (achievers).
3 Intern georiënteerden (inner directed):
   - eigenzinnigen (I am me = Ik ben ik)
   - ervaringsgerichten, voorlopers (experimentals)
   - maatschappelijk bewusten (societally conscious)
   - geïntegreerden (integrateds).

Het Mentality-model van Motivaction

Traditionele sociodemografische variabelen als leeftijd en geslacht verliezen steeds meer hun verklarende waarde. Consumenten maken hun keuzes veelal op basis van persoonlijke waarden en normen. Mentality is een op normen en waarden gebaseerd model dat de Nederlandse bevolking indeelt in verschillende sociale mileus.

Verdeling van Nederlanders naar sociaal milieu in percentages

Nederlandse bevolking van 15–18 jaar

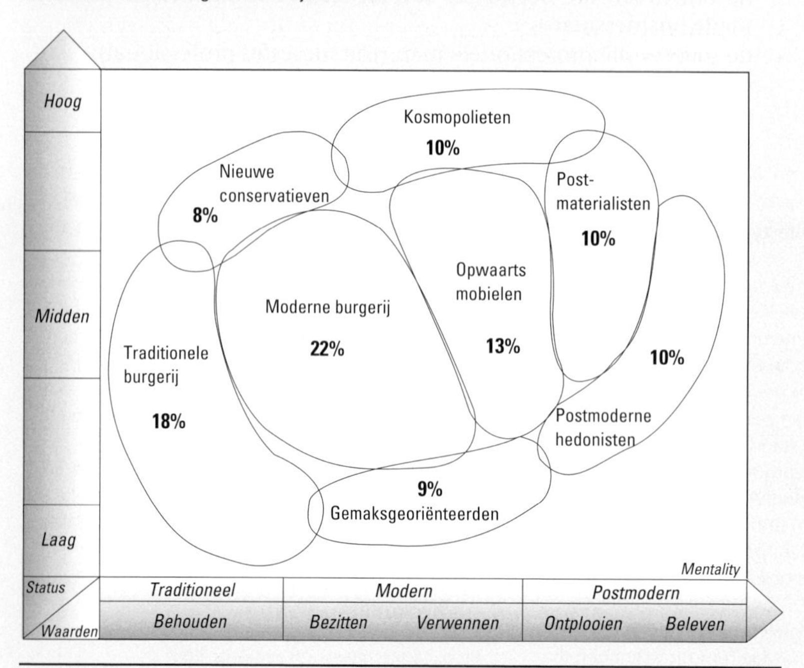

Hieronder worden de sociale milieus kort beschreven.

Sociale milieu	Doelen	Leefstijl	Werk	Vrije tijd
Ontplooiers	zelfbeschikking, zelfontplooiing	onafhankelijk, comfortabel	zelfstandig, uitdagend	kunst, cultuur, uitgaan
Postmaterialisten	solidariteit, harmonie in hun sociale en natuurlijke omgeving	milieubewust, kritisch politiek betrokken	maatschappelijk nut, voldoening	huiselijk, kunst cultuur, natuur
Kosmopolieten	ambitie, sociaal betrokken	cultuur, boeken, reizen	belangrijk voor persoon en maatschappij	actief, kunst, cultuur
Opwaarts mobielen	carrière, hogerop komen	druk, gehaast statusgevoelig	belangrijk, prestatiegericht	actief, uitgaan, sporten
Moderne burgerij	traditionele waarden, open voor vernieuwing	gepland, alles met mate, financieel zeker	belangrijk, uitdaging, inkomen	winkelen, wandelen, sporten
Gemaksgeoriënteerden	zorgeloos, comfort, vrij zijn	lekker leven, statusgevoelig	geen ambitie, werk is noodzaak	plezier, tv, pretpark
Traditionele burgerij	gezin, harmonie, behoudend	ordelijk, zuinig, sociaal betrokken	vaste baan, vaste werktijden	in familieverband

Bron: *Motivaction*, Amsterdam

'Global Scan'

Een internationaal bureau liet een groot internationaal onderzoek doen naar het consumentengedrag. Onder de titel *Global Scan* werden in 21 landen in totaal ruim 21000 consumenten ondervraagd. Global Scan bevat een schat aan onderzoeksgegevens en een verrassende segmentatie van de markt in vijf levensstijlgroepen:

1 Strevers (strivers): jong, actief, werken hard, materialistisch en nooit tevreden.
2 Geslaagden (achievers): jong, maar tevreden, hechten aan status en zekerheid.
3 Onderdrukten (pressured): meestal 20-40 jaar, hebben het leven niet onder controle, economische zorgen.
4 Traditionelen (traditionals): conservatief en zoekend naar veiligheid.
5 Aangepasten (adapters): meestal ouderen, actief, houden van veranderingen, maar hechten aan oude waarden.

Op welke klantprofielen richt de Rabobank zich?

'We onderscheiden nu de volgende vijf klantprofielen: aan de 'bovenkant' (met meer geld) enerzijds de ambitieuze particulier: die is calculerend, ik-georiënteerd en verdeelt zijn geldzaken over bijvoorbeeld een private bank, effectenbank en traditionele bank. Anderzijds vind je hier de BV Gezin: die is relatie- en groepsgeoriënteerd, heeft een meer dan modaal inkomen, moet keuzen maken en is calculerend geworden. Aan de 'onderkant' hebben we aan de ene kant de zekerheidszoekers, die concentreren het liefst al hun geldzaken bij één aanbieder, en aan de andere kant de servicecategorie: daarbij gaat het om de lagere inkomens, oudere mensen die voor elk vraagje naar de lokale bank gaan. En dan hebben we nog de groep non-conformisten: die zijn jong, optimistisch, leven bij de dag en hebben geen moeite met rood staan.'

'Een belangrijke kern van de vroegere zekerheids- en harmoniezoekers heeft zich doorontwikkeld naar de BV Gezin. Mensen die leven in een gezinssituatie, die bewust bezig zijn met hun sociale omgeving, een sterke groepsoriëntatie hebben en betrokken zijn bij de leefomgeving. Een groep die aan de andere kant ook meer en meer vermogend is door bijvoorbeeld overerving, banen of de beurs. Dat zijn de mensen met het dilemma enerzijds meer geld te hebben en te kunnen uitgeven en aan de andere kant het besef dat een aantal dingen die vroeger goed geregeld waren, pensioen, vaste banen en dergelijke, dat nu niet meer zijn. Dat je veel meer bezig moet zijn met geld, en met de financiële toekomst van jezelf en je naasten. Dat is de groep die we als Rabobank vooral willen aanspreken.'

Bron: *Tijdschrift voor Marketing*, september 2001

Het model van Lakatos

Lakatos legt een verband tussen consumentengedrag, segmentering en marketinginspanningen. Hij constateert een toenemende complexiteit van de samenleving door het wegvallen van traditionele verbanden en patronen. Hierdoor wordt de markt steeds heterogener en worden de marktsegmenten talrijker en tegelijkertijd kleiner. Hij veronderstelt dat in de toekomst naast geld ook tijd steeds meer een ruilmiddel zal zijn en schetst een nieuwe orde van afnemersgroepen, gebaseerd op een combinatie van tijd en geld. Een marketeer kan in de uitwerking van de marketingmix gericht op deze dimensies sturen. De tijdsdimensie kan vertaald worden in een distributieformule (bijvoorbeeld een internetwinkel) en de prijsdimensie in het prijsbeleid.
Lakatos onderscheidt de volgende afnemerssegmenten:

- *Segment A*: weinig tijd en veel geld. Deze afnemersgroep koopt kwalitatief goede en gezonde producten met een hoge expressieve waarde en is 'in' voor nieuwe technologische ontwikkelingen en voor luxevormen van vrijetijdsbesteding.
- *Segment B*: veel tijd en veel geld. Deze afnemersgroep koopt kwalitatief goede en gezonde producten met een hoge expressieve waarde,

heeft sentimentele gevoelens ten aanzien van de 'goede ouwe tijd' en hecht aan luxevormen van vrijetijdsbesteding.
- *Segment C*: weinig tijd en weinig geld. Deze afnemersgroep heeft problemen bij het bevredigen van behoeften, koopt goedkope producten en stelt grote bestedingen uit tot het laatste moment.
- *Segment D*: veel tijd en weinig geld. Deze afnemersgroep koopt goedkope producten en stelt (grote) bestedingen uit, doet veel dingen zelf en geeft relatief weinig uit aan vrijetijdsbesteding (vergelijk dit met de Wet van Engel).

Gezin

Ondanks individualisering en de toename van de eenpersoonshuishoudens blijft het gezin een enorm belangrijk referentiekader voor de consument. Het gezin is een dominante directe primaire referentiegroep die in hoge mate gedragsbepalend en gedragsvormend is.
Volgens de definitie is het gezin niet alleen het samenlevingsverband van ouders en kinderen. Het is een relatief kleine sociale groep, bestaande uit twee of meer mensen die regelmatig samen eten en in dezelfde woning slapen. We noemen dit 'kleine gezin' ook wel het *kerngezin*.

Kerngezin

In breder verband maakt een consument ook deel uit van een 'uitgebreide familie' (*extended family*) die, naast het kerngezin, bestaat uit andere familieleden zoals grootouders, ooms en tantes.

Extended family

Door de sterke emotionele en praktische binding is het gezin de belangrijkste primaire participatiegroep waartoe een individu behoort.
De invloed van een gezinslid op het afnemersgedrag varieert per product(categorie). Zo zijn de woonplaats en de vakantie zaken waar het hele gezin over meepraat. Dit in tegenstelling tot de hypotheek of het merk televisie. Binnen de besluitvormingsprocessen in een gezin zijn diverse rollen te onderscheiden zoals de initiator, de gebruiker, de beslisser en de koper.

Van Ellem en het gezin

De consumptie van suikerwerken vindt merendeels binnenshuis plaats. Binnen het gezin heeft ieder een eigen voorkeur. Alle gezinsleden zijn op hun manier bij de aankoop van suikerwerken betrokken. Een voorbeeld:
- moeder: beslisser, koper en gebruiker
- vader: beïnvloeder en gebruiker
- kinderen: initiator (koop jij dat ook?), beïnvloeder en gebruiker.

4.4 Intrapersoonlijke stimuli

Naast de invloed van de cultuur en de referentiegroepen wordt het consumentengedrag ook beïnvloed door de intrapersoonlijke stimuli.
Deze situationele (stimuli-)factoren hebben betrekking op de afnemer zelf. Zij kunnen ingedeeld worden naar de invloed die zij in tijdsduur hebben:

Situationele factoren

- langdurige situationele factoren;
- kortdurende situationele factoren;
- zeer kortdurende situationele factoren.

Langdurige situationele factoren
Tot deze factoren behoren onder meer:

- leeftijd en levensfase
- economische omstandigheden
- zelfbeeld
- motivatie en capaciteiten.

Leeftijd en levensfase
Veel consumentenbehoeften zijn gebonden aan de leeftijd en de levensfase van de consument. (De site www.cbs.nl, onder de rubriek 'statline', bevat veel demografische informatie. Zie ook fig. 4.3.) Dit exact vast te stellen is voor bepaalde productgroepen, zoals babyartikelen en jongerenreizen, een duidelijke begrenzing van de doelgroep en geeft richting aan de invulling van de marketingmix. Maar ook zaken als de smaak in kleding, waardering van reclames en gevoeligheid voor prijsaanbiedingen zijn sterk gebonden aan leeftijd en levensfase.

Een groot aantal producten en diensten is leeftijdsgebonden

Trends

Een kernactiviteit van NFO Trendbox is het volgen van de houding en het gedrag van Nederlanders ten aanzien van voeding. Op basis van vaste meet- en vraagpunten volgt men de veranderingen die grotendeels bepaald worden door sociaal-culturele ontwikkelingen. De afgelopen jaren ging het er bij voeding vooral om dat het zo veel mogelijk aan moest sluiten bij een hoge mate van fun, beleving, exclusiviteit, meer mogelijkheden, bevredigen van hoge verwachtingspatronen, gemak, gezondheid en veiligheid.

Veiligheid, een kwestie van vertrouwen
In de moderne maatschappij van de 21ste eeuw wordt de consument geconfronteerd met een constante stroom van zaken die zijn veiligheid bedreigen: voedselschandalen, zure regen, criminaliteit, zinloos geweld, slechte veiligheidsmaatregelen in gebouwen, dierziektes, neerstortende vliegtuigen, (bijna) ongelukken in kerncentrales en ga zo maar door. En al worden al deze risico's, die onlosmakelijk verbonden zijn met onze moderne maatschappij, gepresenteerd als 'incidenten', toch dragen zij tezamen bij aan een structureel gevoel van onveiligheid bij de consument. Aan de andere kant is het zo veel mogelijk vermijden van (gezondheids)risico's een belangrijk aspect geworden in het consumptiegedrag. De stormachtige ontwikkelingen binnen sectoren als de biotechnologie en genetica, waarvan de effecten op lange termijn nog niet helemaal bekend schijnen te zijn, zullen in de komende jaren ook zeker invloed blijven uitoefenen. In 42% van de Nederlandse huishoudens maakt men zich zorgen om de veiligheid van levensmiddelen en bij 29% is het vertrouwen in levensmiddelen de laatste jaren minder geworden. Daarnaast denkt men in (slechts) 52% van de Nederlandse huishoudens dat de kwaliteit van voeding steeds beter zal worden. Het vertrouwen in de toekomst is hiermee niet overwegend positief.

Gezondheid en vitaliteit
Het gezondheidsbewustzijn van de consument is de laatste jaren sterk gegroeid. Dat uit zich bijvoorbeeld in de steeds hogere uitgaven voor producten op het gebied van lichaamsverzorging, de toename van het aantal actieve en sportieve vakanties en de grote belangstelling voor 'gezonde' voedselproducten, zoals Functional Foods en biologische voedingsproducten (die in de perceptie van de consument gezonder zijn). Opvallend daarbij is dat gezondheid in toenemende mate wordt gedefinieerd als lichamelijk en geestelijk welzijn, en er grote aandacht is voor de wisselwerking tussen beide. Het toegenomen belang van gezondheid is onlosmakelijk verbonden met de toename van het aantal senioren (55+), die een groot belang hechten aan hun gezondheid. Daarnaast zijn we getuige van de opkomst van een steeds hedonistischere cultuur, gericht op zintuiglijke prikkeling, memorabele belevenissen en lichamelijk welbevinden. Een cultuur waarin er groot belang wordt gehecht aan het uiterlijk, het lichamelijke en waarin jeugdigheid en actief-zijn centrale waarden vormen. Allemaal zaken waarbinnen de gezondheid een erg belangrijke rol speelt. Maar liefst 80% van de Nederlanders probeert zo bewust mogelijk met eten om te gaan en 48% probeert zo goed mogelijk op de hoogte te blijven van nieuwe ontwikkelingen rond voeding.

Gemak
We zijn aanzienlijk minder tijd aan voeding gaan besteden. Deels minder dan we eigenlijk zouden willen, zo blijkt onder meer uit de toenemende compensatie in het weekend. Het afgelopen decennium is het gebruik van panklare en gemaksproducten verder toegenomen. Consumenten (met name jongeren) nuttigden meer 'tussendoor'-producten naast of in plaats van traditionele maaltijden. Gemak is in onze maatschappij een randvoorwaarde geworden.

Bron: *NFO Trendbox, CBL Consumenten Trends 2002*

Economische omstandigheden

Discretionary spending power

De economische omstandigheden van de consument blijken uit het inkomen dat de consument denkt te kunnen besteden. Dit bedrag bestaat uit het vrij besteedbaar inkomen (ook wel *discretionary spending power* of kortweg dsp genoemd), de leenmogelijkheden en de houding ten opzichte van sparen en lenen. Deze houding is de emotionele component die in de regel sterk samenhangt met het consumentenvertrouwen in de economie en de verwachtingen ten aanzien van de persoonlijke welvaartsontwikkeling. Een consument die voor zijn gevoel aan het begin van een geweldige carrière staat en die verwacht dat de nationale economie sterk zal groeien, zal in verhouding tot zijn vrij besteedbaar inkomen relatief veel willen en kunnen uitgeven.

Figuur 4.3 **De vergrijzing van de Nederlandse bevolking**

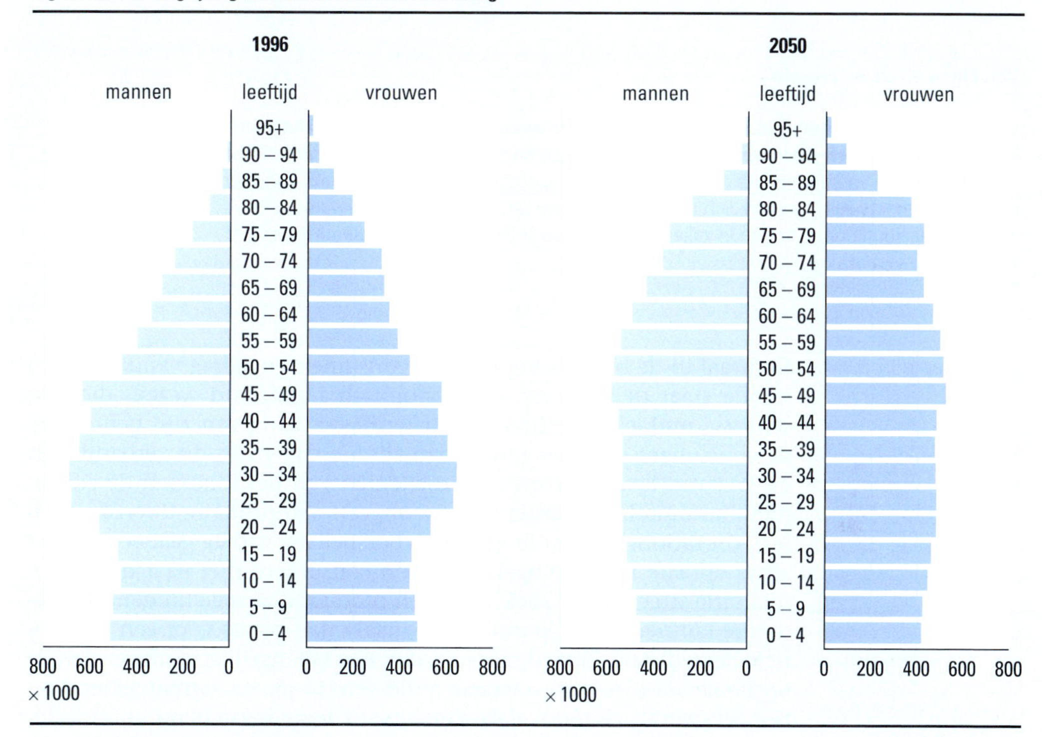

Bron: CBS, *Statistisch Jaarboek, 1997*

Marketeers moeten de economische omstandigheden van hun doelgroep, en daarbinnen met name het consumentenvertrouwen, scherp volgen. Als deze onder invloed van factoren, zoals de rentestand of olieprijzen, veranderen, zal de marketeer hier met zijn gehele marketingmix op moeten anticiperen.

Inkomenselasticiteit

In de ideale situatie kent de marketeer de *inkomenselasticiteit* (E_y) van zijn aanbod. Hiermee kan de marketeer een voorspelling doen over de procentuele vraagverandering die het gevolg is van een procentuele inkomensverandering. In formulevorm:

$$E_y = \frac{\%\Delta \text{vraag}}{\%\Delta \text{inkomen}}$$

De inkomenselasticiteit van producten en diensten kan zowel positief als negatief zijn. Bij een positieve inkomenselasticiteit volgt de vraag de inkomensverandering. Bij een stijgend inkomen stijgt de vraag, bij een dalend inkomen daalt de vraag. Producten en diensten met een positieve inkomenselasticiteit worden *luxegoederen* genoemd. Voorbeelden van luxegoederen zijn tweede auto's, vakantiehuizen en luxetijdschriften. Bij een negatieve inkomenselasticiteit ontwikkelt de vraag zich tegengesteld aan het inkomen. Bij inkomensstijging neemt de vraag af, bij inkomensdaling neemt de vraag naar het product of de dienst toe. Goederen met een negatieve inkomenselasticiteit worden *inferieure goe-*

Luxegoederen

Inferieure goederen

deren genoemd. Voorbeelden van *inferieure goederen* zijn tweedehandsartikelen, goedkope kleding en C-merken.

Van Ellem en de economie

Van Ellem heeft te maken met economische groei die welvaartsstijging en een daling van de werkloosheid met zich meebrengt. De koopkracht van de consumenten wordt groter. Consumenten zullen vooral meer gaan besteden aan luxeproducten (Wet van Engel). Van Ellem kan de prijzen iets verhogen en zich richten op nieuwe producten met meerwaarde. De meerwaarde zou kunnen liggen in zaken als een gezondheidsclaim, een luxe uitstraling of een handige verpakking.

Nutsmaximalisatie

Centraal in de benadering van het consumentengedrag vanuit de economie staat de afnemer als economisch handelend wezen, die zijn schaarse middelen optimaal inzet ter bevrediging van zijn behoeften: de consument die naar nutsmaximalisatie streeft. In dit verband stelt de Wet van Engel dat met het toenemen van het inkomen de consument automatisch relatief minder uitgeeft aan primaire levensbehoeften. Dit rationele en in hoge mate voorspelbare gedrag gaat echter niet altijd op. Het is ook mogelijk dat een consument niet naar nutsmaximalisatie streeft maar zoekt naar een product waarmee hij denkt tevreden te kunnen zijn. De nutsfactor maakt dan plaats voor een emotionele bevrediging. Tevredenheid is dan een belangrijker drijfveer dan de optimale allocatie van schaarse middelen. In plaats van uitgekiend rationeel gedrag vertoont deze consument tevredenstellend en emotioneel gedrag.

Zelfbeeld

Elke persoon heeft een eigen, unieke persoonlijkheid die het koopgedrag beïnvloedt. Marketeers gebruiken vaak het zelfconcept of zelfbeeld om de persoonlijkheid te karakteriseren en het gedrag voorspelbaar te maken.

Onder het zelfconcept verstaan we het totaal aan indrukken, kennis en verwachtingen dat iemand van zichzelf heeft betreffende de persoonlijkheid, de sociale omgeving waarin hij verkeert en de relaties die hij heeft.

Actuele en ideale zelf

Het is gebruikelijk hierbij onderscheid te maken tussen het actuele zelf en het ideale zelf. Het *actuele zelf* is het beeld dat een individu van zichzelf heeft, met betrekking tot hoe hij in werkelijkheid is. Het is de persoonlijkheid waarin het individu zichzelf 'herkent'. Dit in tegenstelling tot hoe iemand graag zou willen zijn: het *ideale zelf*.

Het is de uitdaging voor de marketeer in zijn marketingbeleid de juiste balans te vinden tussen deze twee beelden. In bijvoorbeeld een reclame-uiting moet de consument zowel zichzelf als zijn ideaal kunnen herkennen.

In reclame-uitingen moet een consument zowel zichzelf als zijn ideaal kunnen herkennen

Motivatie en capaciteiten

De mate waarin een individu externe signalen verwerkt is in belangrijke mate afhankelijk van zijn motivatie, capaciteiten en mogelijkheden. Iemand die niet geïnteresseerd is in postzegels zal een mailing van de filatelistische dienst niet lezen. Hij zal hooguit even naar de plaatjes kijken. Petty en Cacioppo kwamen in dit kader tot het zogenaamde *Elaboration Likelihood Model (ELM)*. Dit model beschrijft de verwerking van overredende communicatie. Als de boodschap, bijvoorbeeld een televisiecommercial, op inhoudelijke gronden en argumenten wordt verwerkt, volgt het individu de zogenaamde centrale route. Dat wil zeggen dat het individu in staat en gemotiveerd is om de boodschap (dat wil zeggen: de inhoudelijke argumenten) te verwerken. Als de motieven, capaciteiten en mogelijkheden niet aanwezig of beperkt zijn, wordt de perifere route gevolgd, waarbij het individu vooral afgaat op de vormaspecten van de boodschap, zoals sfeerbeelden. De perifere route leidt hooguit tot een tijdelijke verandering van de attitude.

Elaboration Likelihood Model (ELM)

Kortdurende situationele factoren

Naast de langdurig situationele factoren zoals levensfase, economische omstandigheden en zelfbeeld, bepalen ook de zogenaamde kortdurende situationele factoren het consumentengedrag. In veel gevallen zijn deze kortdurende situationele factoren zelfs doorslaggevend. Naast de kortdurende situationele factoren onderscheidt men nog de zeer kortdurende situationele factoren.

Een voorbeeld van een kortdurende situationele stimulus is de vakantie. Een vakantie is een korte en afgebakende periode waarin het individu specifieke stimuli krijgt die resulteren in een zeer situatiegebonden gedrag. De van het 'gangbare' afwijkende leefomstandigheden leiden vaak tot andere en specifieke behoeften, motieven en koopgedrag. Zo kan het voorkomen dat een consument die in het dagelijks leven zeer spaarzaam is, in de vakantieperiode het geld flink laat rollen.

Zeer kortdurende situationele factoren

Een bui, een bevlieging of een humeur zijn factoren die moeilijk voorspelbaar zijn. Het zijn ad hoc-reacties op vaak onverwachte stimuli. Deze ad hoc-reacties kunnen zo hevig zijn dat het gedrag van een individu schijnbaar volledig bepaald wordt door 'het moment'. Als een dergelijke situatie zich voordoet herkennen we de zogenaamde *momentconsument*, de consument die zich sterk laat sturen door het moment. Zijn gedrag bestaat uit een aaneenschakeling van momentopnames waarin alle variabelen zijn verenigd die de stemming van het moment bepalen. Voorbeelden van dergelijke variabelen zijn het weer, een prettige geursensatie, enzovoort. De aanbieder die bij zijn afnemers een sterke invloed van stemmingen herkent, zal in zijn marketingbeleid sterk de nadruk leggen op instrumenten waarmee hij de consument in een voor hem positieve stemming kan brengen. Een voorbeeld is het spelen van achtergrondmuziek in winkels.

Momentconsument

4.5 Black box

De 'black box' is het vrijwel ondoorgrondelijke systeem waarin de afnemer de stimuli ontvangt, verwerkt en vertaalt in een reactie. Het is een psychologisch construct, waar de niet-waarneembare mentale processen, zoals motivatie en perceptie, plaatsvinden.

Motivatie

Primaire en secundaire behoeften

Een consument heeft voortdurend behoeften, zowel *primaire* (lichamelijk/fysiologische) als *secundaire* (geestelijke/psychogenetische). Een behoefte kan gedefinieerd worden als een ongewenste discrepantie tussen een actuele en een mogelijke situatie. Anders gezegd: een behoefte ontstaat als een individu iets wil hebben (tastbaar of ontastbaar) wat hij niet heeft. Zodoende is de behoefte een probleem waarvoor een oplossing gevonden moet worden. Een individu gaat aan een oplossing werken als een behoefte tot een motief leidt. Een behoefte wordt een motief als de behoefte een zodanig intensiteitsniveau heeft, dat het de consument aanzet tot actie. Een behoefte kan daarbij resulteren in een negatieve, neutrale of positieve motivatie. Bij een negatieve (informationele) motivatie is de consument in zijn behoeftebevrediging erop

gericht problemen op te lossen en ontevredenheid te voorkomen. Bij een neutrale motivatie wil de consument zijn tevredenheid continueren en bij een positieve (transformationele) motivatie zoekt de consument naar een daadwerkelijke verbetering van zijn situatie.
Schematisch is dit als volgt weer te geven:

Behoefte → negatieve motivatie → actie
Behoefte → neutrale motivatie → continueren
Behoefte → positieve motivatie → actie

Drive

Met kennis van de motivatie (*drive*) van de doelgroep leert de marketeer de belangrijkste psychologische kracht achter het consumentengedrag kennen. We definiëren motivatie als de bij een individu bestaande emotioneel of rationeel drijvende krachten achter het handelen, gericht op behoeftebevrediging.

Vaak voorkomende drijfveren

In zijn boek: *Te koop: Welzijn, volksgezondheid en cultuur* (Deventer, 1983) geeft Hans Ferrée het volgende overzicht van vaak voorkomende drijfveren, waarbij hij een onderscheid maakt tussen defensieve en offensieve 'drives':

Offensieve drijfveren:
1 Het verlangen om voor 'vol' te worden aangezien.
2 Het verlangen er materieel op vooruit te gaan.
3 Het verlangen om lustgevoelens te ervaren.
4 Het verlangen aardig gevonden te worden.
5 Het verlangen naar een vrij en gemakkelijk leven.
6 Het verlangen naar een goede gezondheid.
7 Het verlangen naar zekerheid.
8 Het verlangen naar spanning, sensatie en romantiek.

Defensieve drijfveren:
1 De angst om 'af' te gaan.
2 De angst er materieel op achteruit te gaan.
3 De angst voor pijn, koude, stank en andere onlust.
4 De angst om sympathie en genegenheid te verliezen.
5 De angst om tijdrovend te moeten zwoegen.
6 De angst voor ziekte en dood.
7 De angst voor het onzekere.
8 De angst om zich te vervelen.

Een andere omschrijving noemt motivatie de innerlijke prikkels of wensen die mensen aanzetten tot bepaald gedrag. Bekende theorieën over motivatie zijn te vinden bij Freud, Maslow en Herzberg.

Analyse van Freud

Psychoanalyse van Freud

Freud is de schepper van de *psychoanalyse*. Met deze analyse brengt hij het onderbewustzijn van de mens scherp in beeld. Hij geeft het individu – uitgaande van een negatief mensbeeld – drie dimensies die de persoonlijkheid en het gedrag bepalen:
1 Id: factoren uit het ontoegankelijke deel van de persoonlijkheid zoals driften en eros.
2 Superego: bepalende factoren gevormd door opvoeding en omgeving zoals beschaving.
3 Ego: het rationele deel dat superego en id met elkaar verbindt en zo mogelijk in harmonie brengt.

Onderbewustzijn

In de visie van Freud is het moeilijk te doorgronden onderbewustzijn (id) een prominente gedragsbepalende factor. Hij geeft de symboliek van een product of merk, als antwoord op het 'id', een belangrijke rol in de motivatie. Op deze manier is vrijwel het gehele consumentengedrag te herleiden tot de 'oerdriften' van de consument. Zo kan de aankoop van een vloeiend gelijnde sportwagen gezien worden als een antwoord op de behoefte aan seksuele bevrediging.

Classificatie van Maslow

Behoeftehiërarchie van Maslow

Maslow gaat uit van een positief mensbeeld en classificeert de menselijke behoeften in een hiërarchische piramide (figuur 4.4), waarbinnen de consument – als aan de onderliggende behoeften is voldaan – op kan klimmen. De vijf behoefteniveaus van Maslow zijn:

1 behoefte aan primaire levensbehoeften (fysiologische behoeften);
2 behoefte aan zekerheid;
3 behoefte aan sociale acceptatie;
4 behoefte aan waardering en status;
5 behoefte aan zelfactualisatie of -verwezenlijking.

Figuur 4.4 **Behoeftepiramide van Maslow**

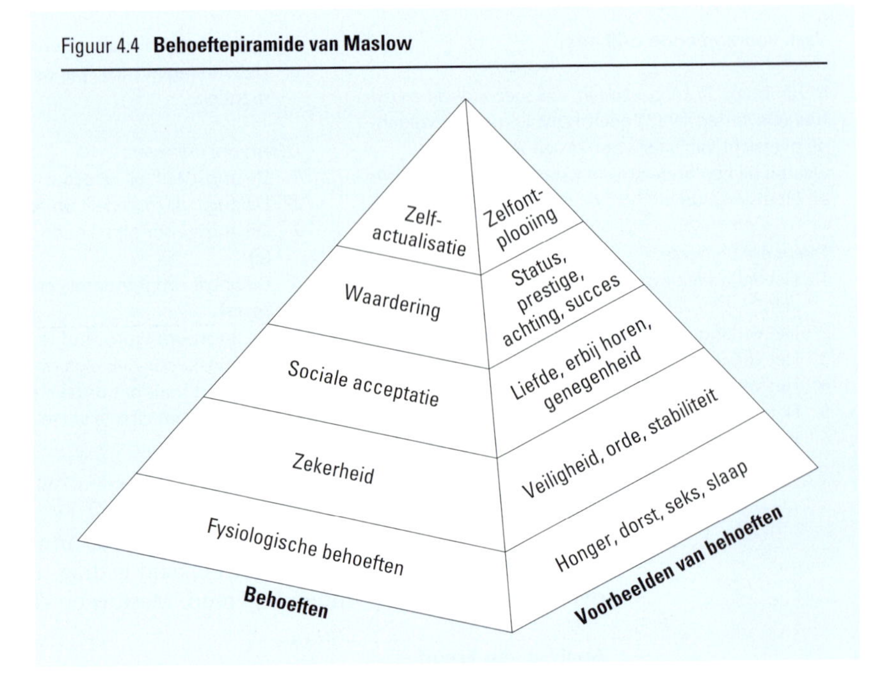

De Aziatische cultuur en de consequenties voor de marketing

Ondanks mondialisering, zijn volgens Schutte regionale culturen van grote invloed op het consumentengedrag. Aziatische consumenten zoeken voor 'alles' de opname, acceptatie en status binnen een sociale groep. In Azië is de druk hoger om aan de normen van de groep te voldoen dan dat in het Westen het geval is. Vooral in de Verenigde Staten ligt de nadruk van de opvoeding op het ontwikkelen van zelfvertrouwen en assertiviteit, terwijl in Azië de nadruk ligt op bescheidenheid en dienstbaarheid aan de groep. Zo moet eerst de groep een nieuw product accepteren, alvorens het 'groepslid' tot koop overgaat. Dit heeft invloed op de behoeftehiërarchie van Maslow.

Behoeftepiramides in het Westen en in het Oosten

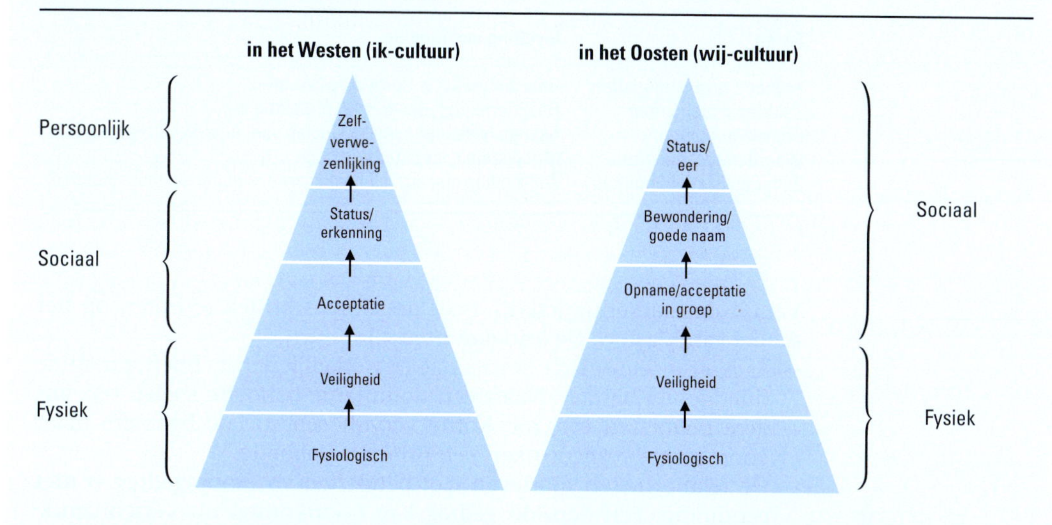

Weinig Aziatische afnemers zullen het sociale risico nemen om als 'innovater' als eerste of als 'laggard' als laatste een nieuw product te kopen. Als de groep het product of merk heeft geaccepteerd, gaat de diffusie (de acceptatie) door de doelgroep veel sneller.

Diffusie van nieuwe producten

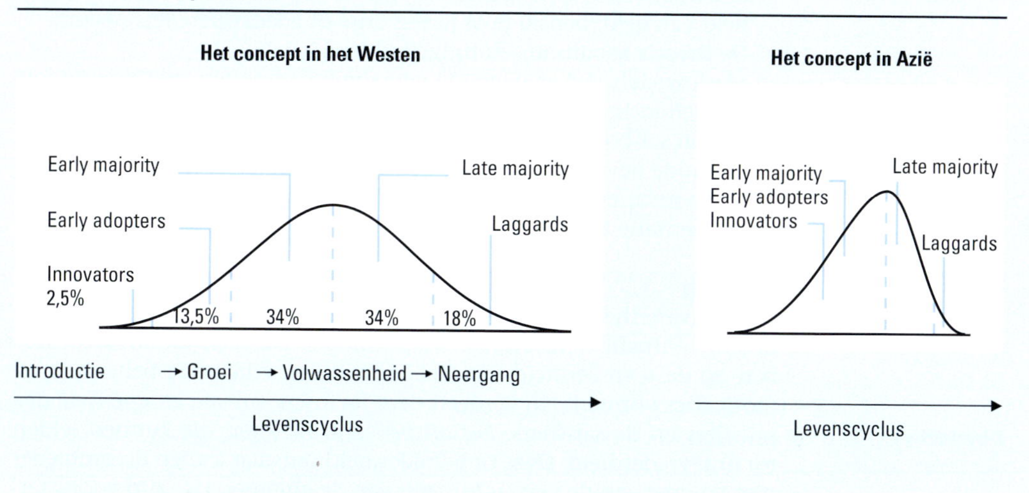

Maslow was aanhanger van de humanistische psychologie, waarin de geleidelijke en zelfstandige groei en bewustwording van individuen centraal staat.

Voor kleding zou de invulling van de Maslow-fasen er als volgt uit kunnen zien:

Tabel 4.3 **Maslow-fasen ingevuld voor kleding**

Fasen	Invulling met kleding
Primaire levensbehoeften	Basisbehoefte, is norm in het Westen
Zekerheidsbehoeften	Bescherming tegen het weer, ziekten etc.
Sociale behoeften	Casual, milieuvriendelijke kleding, niet door kinderen gemaakt
Waarderingsbehoeften	Merkkleding, identiteitskleding
Zelfactualisatiebehoeften	Zelf kleding maken, zelf combineren, niet aan de mode houden.

Vanuit de marketingpraktijk is er nogal eens kritiek te horen op het model van Maslow. De kritiekpunten zijn:

- Er is geen empirisch bewijs dat er werkelijk een behoeftepiramide (hiërarchie) bestaat. Naast een dominante behoefte spelen ook andere behoeften een rol. Koffie vervult een sociale behoefte maar voor stevige koffiedrinkers een primaire behoefte.
- De relatie tussen motieven c.q. behoeften en (koop)gedrag is niet eenduidig. Een bepaald gedrag kan voortkomen uit verschillende behoeften en behoeften kunnen bevredigd worden met verschillende gedragingen. Je hebt behoefte aan ontspanning en daarom ga je een vakantiereis boeken. De behoefte aan ontspanning kun je ook op vele andere manieren invullen, bijvoorbeeld door een snelle auto te kopen, een boek of hybride fiets aan te schaffen. Afhankelijk van de situationele gedragsbeïnvloedende factoren, zoals beschikbaarheid van geld, bepaal je of je een dure of goedkopere reis neemt.
- De theorie is cultuur- en tijdgebonden.
- Maslow stelt dat er naast de genoemde behoeften nog drie andere behoeften bestaan, namelijk de behoefte aan weten, aan begrijpen en aan schoonheid. Niet duidelijk is waar deze behoeften zich in de piramide bevinden.
- De motivatietheorie van Maslow is moeilijk met de variabelen voor segmentatie te combineren.

Herzberg

De motivatietheorie van Herzberg stelt de (on)tevredenheid van het individu centraal. Herzberg ziet verschillende factoren die invloed hebben op de tevredenheid van het individu en zodoende behoeften en motivaties vormen. Hij verdeelt deze factoren in twee groepen: de dissatisfiers en de satisfiers. *Dissatisfiers* zijn factoren die kunnen leiden tot ontevredenheid. Deze ontevredenheid ontstaat indien de aanbieder niet voldoet aan de verwachtingen van de afnemer. Het zijn voorwaarden waaraan je als aanbieder minimaal moet voldoen. Een voorbeeld is het startvermogen van een auto. Als een auto niet of slecht start zal de eigenaar hierover ontevreden zijn. Als de auto goed start vindt de automobilist dit een normale zaak: hij zal hierover niet tevreden zijn. Het is onwaarschijnlijk dat hij zijn vrienden zal melden dat zijn auto goed start. Voor *satisfiers* geldt het omgekeerde als voor dissatisfiers. Indien de aanbieder voldoet aan de verwachtingen van de afnemer, of deze wellicht overtreft, leidt dit tot tevredenheid. Voldoet de aanbieder niet, dan is de klant niet direct ontevreden. Een voorbeeld is de automobilist die de Wegenwacht belt. Hij verwacht en hoopt dat de Wegenwacht

Dissatisfiers

Satisfiers

snel komt. Als de Wegenwacht er ook werkelijk binnen vijf minuten is, is hij bijzonder tevreden. Het is goed voorstelbaar dat hij zijn vrienden over de 'ongekend snelle service' zal vertellen.
Het is voor de marketeer zaak om de kwaliteit van de bij de afnemers gepercipieerde dissatisfiers 100% in orde te houden. Pas als dat het geval is, kan een aanbieder overgaan tot de zorgvuldige selectie van een beperkt aantal satisfiers, die bijdragen aan de bouw van een sterke merkpositie.
Of een factor voor een individu als satisfier of als dissatisfier werkt, hangt af van zijn persoonlijke behoeften en waarden.

Perceptie
Een consument die behoeften als motieven heeft onderkend, is bereid tot het ondernemen van actie. Wat hij gaat doen, is afhankelijk van de mogelijkheden die hij denkt te hebben. Een gemotiveerde consument kiest in zijn behoeftebevrediging uit die alternatieven die hij, bewust of onbewust, in 'zijn' werkelijkheid percipieert. De consument handelt op basis van zijn perceptie: een mentale actie waarbij hij prikkels selecteert, verwerkt en integreert in een ervaring of geheel.
De manier waarop de consument de werkelijkheid waarneemt, is zeer subjectief. De consument bekijkt de wereld vanuit zijn eigen referentiekader en belangstelling, en kent aan de vele prikkels die op hem afkomen een eigen betekenis toe. Kotler geeft de perceptie drie kenmerken:

Selectieve aandacht

1 *Selectieve aandacht* (selective attention). Een individu neemt slechts een gedeelte van de werkelijkheid waar. Stimuli die betrekking hebben op de actuele behoeften van de consument maken een relatief grote kans opgemerkt te worden. Voorbeeld: Het mentale boodschappenlijstje van een consument bepaalt in hoge mate welke winkels hij opmerkt. Het komt vaak voor dat een consument pas op het moment dat hij bijvoorbeeld een televisie nodig heeft, audiovideozaken opmerkt die hij eerder niet zag.

Een belangrijk aantal aankoopbeslissingen vindt pas in de winkel plaats en dat is anno 2003 niet minder geworden

Straten steeds voller met 'zwevende consumenten'

Van een onzer verslaggeefsters

DEN HAAG – Het gebeurt steeds minder dat een klant vastbesloten naar zijn favoriete winkel gaat om een aankoop te doen. Veel vaker worden de winkelstraten bevolkt door groepen 'zwevende consumenten' die meestal geen vaste koopplannen hebben, maar gezellig willen rondkijken.
Dit concluderen het Hoofdbedrijfschap Detailhandel en het Instituut Midden- en Kleinbedrijf naar aanleiding van Shop '94, de vakbeurs voor winkelinrichting in Den Bosch.
Zestig procent van de Nederlandse consumenten vindt het leuk om te winkelen en doet dit volgens de organisaties minstens een keer per maand; 25 procent zelfs minstens een keer per week. Steeds vaker loopt de consument allerlei winkels in en uit. Bovendien vindt meer dan 70 procent van de aankoopbeslissingen pas in de winkel plaats.

De presentatie van de winkel wordt daarom steeds belangrijker om de consument binnen te krijgen en te laten kopen. Om de detaillist te helpen heeft het IMK het handboek Winkelpresentatie samengesteld. Dit boek reikt ideeën aan voor verbetering van etalage, pui en winkelinrichting.

Bron: *Algemeen Dagblad*, 8 november 1994

Selectieve verwerking

2 *Selectieve verwerking* (selective distortion). Een individu vervormt de signalen die op hem afkomen om ze in te kunnen passen in zijn eigen 'belevingswereld'. Stimuli worden op deze manier zodanig geïnterpreteerd dat zij passen bij het beeld of de overtuiging die men al had. Vaak streeft een individu ernaar de signalen in overeenstemming te brengen met het beeld dat hij al had. Als de consument een positief beeld heeft van merk x, dan is de kans groot dat hij alle uitingen van dat merk positief waardeert. Voorbeeld: Een consument die positief over Philips denkt, zal de berichtgeving van en over dit merk in de regel 'vertalen' in positieve informatie. Zo kan het zijn dat hij een sanering en massaontslagen bij Philips positief beoordeelt onder het motto 'daar zitten daadkrachtige managers die de zaken grondig en goed aanpakken'.

Selectieve herinnering

3 *Selectieve herinnering* (selective retention). Een individu onthoudt niet alles wat hij waarneemt. Stimuli die de bestaande overtuiging en attitudes ondersteunen, maken een grote kans om onthouden te worden. Voorbeeld: Een consument die positief denkt over Philips zal relatief snel geneigd zijn de berichtgeving van en over dit merk in zijn geheugen op te slaan.

Perceived risk

Wear in

Bursting

Wear out

Voor de koop zal de afnemer de consequenties afwegen die hij loopt bij aankoop van een bepaald product of merk. Dit kunnen risico's zijn, bijvoorbeeld van financiële, functionele, fysieke, sociale of psychologische aard. Deze denkbeeldige risico's noemt men *perceived risks*. Naarmate de brand equity of merkwaarde groter is, zullen de gepercipieerde risico's kleiner zijn. Dat is ook afhankelijk van de communicatie-intensiteit. We spreken daarbij van wear in, wanneer de communicatiedoelgroep na verloop van tijd aan de communicatie-uiting gewend geraakt is en dus haar maximale effect bereikt heeft. Gewenning treedt eerder op bij bursting, waarbij de boodschappen in korte tijd frequent worden geplaatst of uitgezonden. Vermindert dit effect door slijtage, dan is er sprake van wear out.

Cognitieve dissonantie

Er is sprake van *cognitieve dissonantie*, wanneer de consument over kenniselementen en gedragingen beschikt, die onderling manifest met elkaar in strijd zijn. Na de koop kan dan twijfel bij de koper ontstaan of hij wel het juiste merk heeft gekocht. Deze twijfel moet zo snel mogelijk worden weggenomen, voordat hij op anderen wordt overgedragen.

Leergedrag

Een elementair onderdeel in consumentengedragsmodellen is het leergedrag van de consument. Gaandeweg een zoek- of koopproces 'leert' de consument over zijn behoefte en over de alternatieven waarmee hij deze behoefte kan bevredigen. Naarmate de consument meer ervaring heeft, zal het proces korter worden en zal hij zich steeds minder bewust zijn van de fasen die hij doorloopt. Howard en Sheth onderscheiden in dit verband drie mogelijke 'probleemsituaties':

Uitgebreide besluitvorming

1 *Uitgebreide besluitvorming* of Uitgebreid Probleemoplossend Gedrag (UPO) doet zich met name voor in een 'nieuwe' situatie waarbij voor de consument veel (geld, reputatie, imago) op het spel staat. De consument zal zich uitgebreid oriënteren, laten informeren en vergelijken. Dit gedrag zien we vaak bij de zogenaamde specialty goods, zoals een auto, een bankstel of een huis.

Beperkte besluitvorming

2 *Beperkte besluitvorming* of Beperkt Probleemoplossend Gedrag (BPO) doet zich met name voor bij een situatie waarmee de consument slechts een beperkte ervaring heeft en/of waarbij hij een beperkt risico loopt. Dit gedrag zien we vaak bij de zogenaamde shopping goods, zoals kleding.

Routinematig aankoopgedrag

3 *Routinematig aankoopgedrag* (RAG) doet zich voor in situaties waarmee de consument veel ervaring heeft en waarmee hij nauwelijks risico loopt. De consument heeft als het ware routine opgebouwd in de wijze van behoeftebevrediging. Dit gedrag zien we vaak bij de zogenaamde convenience goods, zoals levensmiddelen.

Aankoopgedrag en Van Ellem

Suikerwerken vallen onder het routinematig aankoopgedrag. Relatief vaak komt de aankoopactie voort uit een impuls en kunnen wij spreken van een impulsaankoop. Vooral kauwgom, keelpastilles en drop koopt men voor zichzelf. Kauwgom wordt van de verschillende suikerwerksoorten het vaakst gekocht; gemiddeld koopt men eens in de acht dagen kauwgom. Indien het niet door de gebruiker zelf wordt gekocht, wordt het suikerwerk voornamelijk door de partner of door de moeder gekocht. Aankoopcriteria zijn de prijs, het merk, de kleur, de inhoud, de samenstelling en de aanwezigheid van smaak- en kleurstoffen.

In alle vormen van behoeftebevrediging, of deze nu uitgebreid of routinematig is, verwerft de consument informatie en transformeert deze in een attitude: kennis, waardering en gedrag.
Als de aanbieder bij de consument een gunstige attitude ten opzichte van zijn product wil vormen, is het van belang dat hij het leerproces goed inschat en op de juiste manier en op het juiste moment op de verschillende fasen uit het koopproces inspeelt.

4.6 Theorieën in het consumentengedrag

Vele marketeers en wetenschappers poogden en pogen het commercieel risico te verkleinen door het consumentengedrag voorspelbaar te maken in de vorm van modellen en theorieën van koopbeslissingsprocessen.

In dit kader zijn er drie belangrijke theorieën die zich onderscheiden door de volgorde waarin de consument de verschillende gedragsfasen doorloopt:

1 De klassieke hiërarchische theorie:
gedragsfasen: kennis → waardering → actie.
2 De low involvement-theorie:
gedragsfasen: kennis → actie → waardering.
3 De dissonantie-reductietheorie:
gedragsfasen: actie → waardering → kennis.

Klassieke hiërarchische theorie

De klassieke hiërarchische theorie start het leerproces met kennis, waarna zich veranderingen voordoen in de affectie. Deze wijzigingen leiden op hun beurt tot veranderingen in gedrag. Deze klassieke situatie zal zich meestal voordoen bij een complex aankoopgedrag. Na het inwinnen van informatie leert de consument over de alternatieven (kennis), krijgt hij affectie (waardering) voor bepaalde producten/merken en komt hij uiteindelijk tot een specifieke koopintentie (actie).

De herkenning van een klassiek afnemersgedragsmodel impliceert dat de aanbieder zijn marketingbeleid baseert op de volgorde 'kennis-waardering-actie' die de afnemer doorloopt. Als de aanbieder met een nieuw product of een nieuw merk op de markt komt, zal hij eerst bekendheid willen creren, bijvoorbeeld door middel van televisiereclame of een andere massacommunicatieve uiting.
Pas als de gewenste bekendheid gerealiseerd is en de consument 'geleerd' heeft dat de aanbieder een goed aanbod heeft, zal de aanbieder waardering trachten te verkrijgen. Dit kan hij bijvoorbeeld doen door te zorgen voor een 'goede pers' en door potentiële afnemers positieve gebruikservaringen te geven met monsters.
Vervolgens zal hij zich richten op het opwekken van aankopen door bijvoorbeeld aanbiedingen of refund-acties.

De autoverkoper

Een autoverkoper die de overtuiging heeft dat zijn potentiële afnemers volgens het klassieke hiërarchische AIDA-model handelen, zal zijn communicatie hierop afstemmen. Hij zal de beginsituatie van de showroombezoeker inschatten en vervolgens (een gedeelte van) het AIDA-traject met hem doorlopen. Het is hierbij belangrijk het traject stap voor stap te doorlopen en niet te overhaasten. Een te snelle overgang naar een volgende fase kan funest zijn. Zo mag een verkoper pas over levertijden spreken als hij ervan overtuigd is dat de potentiële afnemer in het begin van de actiefase zit. Als hij de levertijden ter sprake brengt op een moment dat de affectie nog niet compleet is, kan de afnemer in verwarring komen en het koopproces afbreken.

Low involvement-theorie

Het leerproces dat de consument doorloopt, verloopt volgens de low involvement-theorie niet in de klassieke volgorde, maar kent het volgende patroon: kennis-actie-waardering. Dit patroon, waarbij het gedrag aan de waardering voorafgaat, doet zich met name voor bij producten waarvoor de consument een relatief geringe interesse heeft en waarmee hij nauwelijks risico loopt. De consument gaat, bijvoorbeeld geprikkeld door een aanbieding of reclame, snel over tot koop van een low involvement-product, zoals een wasmiddel. Hij krijgt pas later, veelal na het gebruik, waardering voor het product. De kennisfase duurt slechts kort. In het FCB-model (zie figuur 4.6) start men met de actiefase, wat ook verdedigbaar is.
De aanbieder die dit gedrag bij zijn afnemers herkent, zal in de communicatie de nadruk leggen op promotionele acties, gevolgd door acties om de klant merktrouw te maken.

Dissonantie-reductietheorie

Het gedragspatroon bij de dissonantie-reductietheorie of *action first hierarchy* is het volgende: actie-waardering-kennis. Dit niet-klassieke model hanteert een andere dwingende volgorde dan de klassieke hiërarchische theorie en de low involvement-theorie. Het model gaat ervan uit dat de afnemer eerst koopt, vervolgens ervaring opdoet en waardering krijgt, en pas tot slot informatie zoekt om de koop achteraf te rechtvaardigen. Dit proces doet zich voor bij afnemers die, om wat voor reden dan ook, een snelle en relatief onoverwogen koopbeslissing nemen, bijvoorbeeld volgens de affect referral-regel.

Affect referral-regel

De *affect referral-regel* (een beslisregel) beschrijft de consument die een keuze maakt op basis van globale, algemene en gevoelsmatige oordelen. Een voorbeeld is een consument die, sterk beïnvloed door de verkoper en zonder oriëntatie vooraf, een videocamera koopt. Na de aankoop doet hij ervaring op die hij vervolgens koppelt aan productinformatie. Hij doorloopt de cognitieve fase pas aan het einde van de cyclus.

De aanbieder die deze theorie bij zijn afnemer herkent, is in eerste instantie gericht op het snel en soepel verkopen. Daarna richt hij zich op het ondersteunen van een positieve gebruikservaring en het aanreiken van attributen, waarmee de afnemer zijn koop achteraf kan rechtvaardigen en cognitieve dissonantie reduceert. Middelen hiertoe zijn een uitgebreide en duidelijke gebruiksaanwijzing, advertenties die de kwaliteit van het merk of product onderstrepen (de koper eigenlijk een compliment voor de verstandige keuze maken) en een zorgvuldige afhandeling van de aftersales.

4.7 Modellen

Naast de theorieën over het consumentengedrag zijn er verschillende modellen die het gedrag schematisch weergeven. De aankoopgedragsmodellen zijn hiervan de bekendste. Veel modellen stellen het aankoopgedrag afhankelijk van het soort en type product dat gekocht wordt, de motivatie van de koper, en de ervaring die de koper heeft met de aankoop en/of het gebruik van het product.
Men onderscheidt impliciete en expliciete gedragsmodellen van afnemers.

Impliciet gedragsmodel

Bij het *impliciete gedragsmodel* gaat men, in tegenstelling tot het expliciete gedragsmodel, ervan uit dat mentale processen van individuen zich buiten de waarnemingssfeer afspelen en zich daarom niet lenen voor studie. Het gedrag van de afnemer wordt in deze modellen dan ook niet verklaard, maar alleen beschreven dan wel voorspeld. Impliciete modellen geven geen inzicht in het besluitvormingsproces als zodanig. Er worden alleen verbanden gelegd tussen waarneembare stimuli en waarneembare gedragsuitingen. Een bekende constructie van deze benadering is de in dit hoofdstuk reeds besproken black box, die niet waarneembare mentale processen in het besluitvormingsproces van de consument weergeeft.

Expliciet gedragsmodel

Expliciete gedragsmodellen beschrijven, verklaren en voorspellen het consumentengedrag op basis van een beperkt aantal te kennen gedragsvariabelen.

We behandelen in deze paragraaf de volgende modellen:
- klassieke vijffasenmodel
- diffusiemodel van Rogers
- model van Assael
- model van Howard & Sheth
- FCB-model.

Fasering van het aankoopgedrag

Het klassieke vijffasenmodel (beslissingsmodel)

Het klassieke vijffasenmodel volgt de klassiek-hiërarchische theorie en verdeelt het aankoopgedrag in vijf fasen:

1 probleemonderkenning
2 informatiezoekproces
3 evaluatie van alternatieven
4 aankoopbesluit
5 evaluatie na aankoop.

Het model start met een probleem: de consument heeft een onrust en meent ergens behoefte aan te hebben. Vervolgens verschillen de specifieke behoeften van de consument per fase. Zo wenst de consument in fase 1 en 2 duidelijke, snel beschikbare, toegankelijke en objectieve informatie over de wijze waarop en het product/merk waarmee zijn probleem opgelost kan worden. In fase 3 zoekt hij naar attributen om de voorkeur die hij vaak al gevormd heeft, te bevestigen. In fase 4 wenst de consument een soepele en vriendelijke afhandeling van de transactie. Fase 5 staat in het teken van de bevestiging van de koop en de aftersales.
Met een uitgewogen marketingmix, variërend van bijvoorbeeld een goed advertentiebeleid tot een groot relatief marktbereik, moet de marketeer op deze verschillende wensen inspelen.

Het diffusiemodel van Rogers

Het diffusiemodel van Rogers verdeelt de afnemers in het *acceptatietempo* dat zij vertonen ten aanzien van nieuwe producten. Per product(groep) zijn afnemers in de adoptiecurve te plaatsen als innovators, early adopters, early majority, late majority en laggards (zie hoofdstuk 3). Door deze theorie te koppelen aan de product life-cycle (PLC) kan men aan de levensfase van het product het type afnemer aflezen.

Het model van Assael

Assael onderscheidt vier soorten aankoopgedrag op basis van de betrokkenheid van de afnemers en de (gepercipieerde) verschillen tussen de aangeboden merken (zie tabel 4.4).

Tabel 4.4 **Soorten aankoopgedrag volgens het model van Assael**

De klant:	**Grote verschillen in merkwaarden**	**Kleine verschillen in merkwaarden**
Hoge betrokkenheid	Complex zoek- en koopgedrag	Dissonantie reducerend zoek- en koopgedrag
Lage betrokkenheid	Merkafwisselend zoek- en koopgedrag	Routinematig zoek- en koopgedrag

De dimensie: Mate van betrokkenheid

De dimensie *'betrokkenheid'* of 'involvement' heeft te maken met de consequenties van de koop en al dan niet gepercipieerde (wat beeldt de koper zich in) risico's (sociale, financiële, technische, inhoudelijke et cetera) die de potentiële koper heeft bij de keuze en aanschaf van een product of dienst. De betrokkenheid verschilt per persoon, product en situationele omstandigheid en heeft ook grote invloed op de mate van de koopinspanningen.

Voorbeelden van een hoge(re) mate van betrokkenheid:
- PC-hardware
- auto
- duurdere cosmetica
- juwelen
- studie bedrijfskunde
- PC-software
- uitvaart en uitvaart verzekering
- levensverzekering
- woning
- biologische producten

Voorbeelden van een lage(re) mate van betrokkenheid:
- snoepjes, drop
- uierzalf voor ruwe handen
- producten, zonder service
- busreis Costa del Sol
- standaardproducten
- gewone biertjes
- dagelijkse levensmiddelen

De dimensie: merkwaarde

De merkwaarde wordt vooral bepaald door de factoren: *merkbekendheid, merktrouwheid, merkimago, gepercipieerde kwaliteit en overige aspecten* die de merkwaarde versterken, zoals de groene kleur van KPN of de unieke verpakking van de WC-eend. Het *merkimago* dat afnemers hebben van een merk is voor een groot deel de basis of er wel of geen merkverschillen zijn. Onderdeel van het merkimago zijn alle kenmerken – zowel functioneel als expressief - die aan het merk worden toegeschreven en de eigenschappen die aan het merk worden geassocieerd en dus het merk positief of negatief belichten. Het merkimago beïnvloedt dus het communicatie- en koopgedrag van de afnemers. Het verschil in merkwaarde is duidelijk bij Volkswagen en Daewoo, maar klein tussen Dell en Compaq *of* tussen Persil, Omo en Ariel *of* tussen Daewoo en Suzuki. De vraag die gesteld moet worden: zijn de verschillen in merkwaarde groot tussen ons merk en die van concurrenten.

Voorbeelden van grote merkverschillen (> merkwaarde) zijn:
- PC-software
- auto's; VW, Mercedes, Opel
- duurdere cosmetica
- dure juwelen
- snoepjes, drop
- uitvaart en levensverzekering
- gewone bieren

Voorbeelden van kleine merkverschillen (< merkwaarde) zijn:
- PC-hardware
- Suzuki, Deawoo, Seat, Fiat
- uierzalf
- woning (makelaars)
- studie bedrijfskunde
- reisverzekering
- uitvaartverzekering
- goedkopere juweeltjes
- dagelijkse levensmiddelen

Het model van Howard & Sheth

Het model van Howard & Sheth geniet grote bekendheid. Het is een gedetailleerde uitwerking van de black box (zie paragraaf 4.5).

Variabelen

In het model worden vier *variabelen* onderscheiden, namelijk:
1 exogene variabelen
2 endogene variabelen, verdeeld in:

- perceptuele constructen
- leerconstructen

3 stimuli of inputvariabelen (prikkels)
4 respons- of outputvariabelen.

In figuur 4.5 is het volledige model van Howard & Sheth weergegeven.

Figuur 4.5 **Het volledige model van Howard en Sheth**

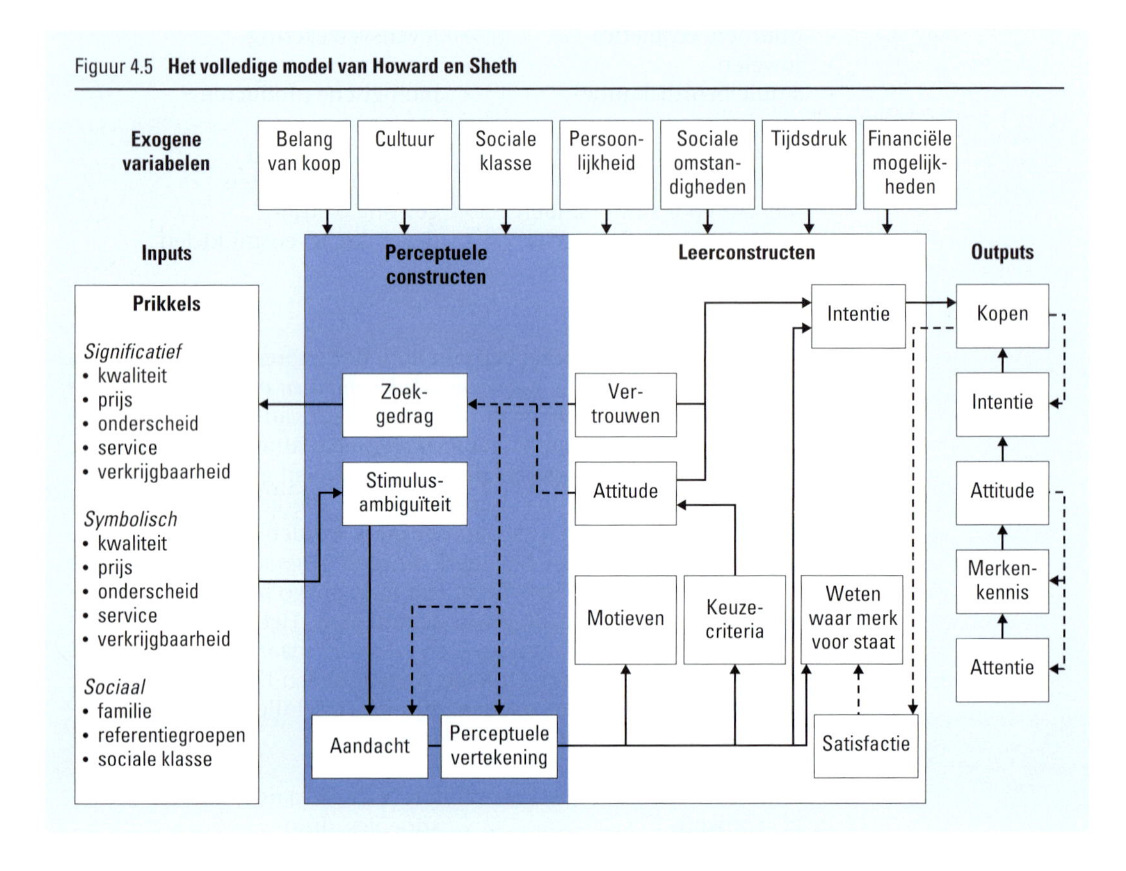

Exogene variabelen

Exogene variabelen zijn omgevingsfactoren of kenmerken van de persoon, die leiden tot een bepaald gedrag. Deze variabelen beïnvloeden de waarnemings- en leerprocessen van een individu. Er zijn variabelen die een min of meer stabiel karakter hebben, zoals de cultuur en de referentiegroepen. Fluctuerende variabelen zijn onder meer de belangrijkheid van de aankoop, de financiële status en de tijdsdruk waaronder de aankoop plaatsvindt.

Endogene variabelen

Endogene variabelen zijn verdeeld in perceptuele en leerconstructen.

Perceptuele constructen

Perceptuele constructen spelen een rol bij het waarnemings- en informatieverwerkingsproces dat zich bij de consument afspeelt naar aanleiding van de stimuli. Uitgaande van een gespecificeerde behoefte en motivatie, volgt een actief of passief zoekgedrag. De stimulusambiguïteit duidt op selectieve perceptie. Het is niet onvoorstelbaar dat een stimulus niet of anders dan bedoeld ervaren wordt.

Invloeden van de referentiegroep op de merkkeuze

Wierenga en Van Raaij maken in hun boek *Consumentengedrag, Analyse, Theorie & Toepassingen* (Stenfert Kroese, Leiden, 1987) een onderscheid in drie soorten invloeden van de referentiegroep op de merkkeuze. Daarbij gaat het volgens hen om:

1 *Informatieve invloed*:
- Informatie zoeken van deskundigen.
- Informatie zoeken van personen die het product al bezitten.
- Informatie zoeken van vrienden en familieleden die het product kennen.
- Informatie ontlenen aan keurmerken en vergelijkend warenonderzoek (zeer abstracte referentiegroep).
- Observeren welke merken door deskundigen worden gebruikt (bijvoorbeeld een BMW-politiemotor).

2 *Nuttigheidsinvloed*:
- Keuze van een bepaald merk om de verwachtingen van anderen niet teleur te stellen.
- Merkkeuze afstemmen op de voorkeuren van de referentiegroep.
- Merkkeuze afstemmen op de voorkeuren van de gezinsleden.
- Door middel van merkkeuze door anderen geaccepteerd proberen te worden.

3 *Expressieve invloed*:
- Merkkeuze om het eigen zelfbeeld te versterken.
- Merkkeuze afstemmen op de merkkeuze van de aspiratiegroep.
- Merkkeuze op basis van de wens te lijken op de in de reclame afgebeelde (bekende) persoon.
- Het idee hebben dat bezitters van een bepaald merk meer door anderen gewaardeerd worden.
- Merkkeuze om het eigen ideale zelfbeeld te benaderen.

Leerconstructen

Bij *leerconstructen* wordt ervan uitgegaan dat de informatie die verwerkt is, leidt tot kennis en attitudes of veranderingen daarin, zoals:
- verandering of bijstelling van motieven;
- ontstaan en/of bijstellen van keuzecriteria en attitudes;
- meer merkenkennis en kennis van producteigenschappen;
- satisfactieverandering onder invloed van gebruikservaring.

Evoked set

Merkenkennis en attitudes zijn bepalend voor de *evoked set* (een term van Howard en Sheth die de groep producten of diensten aanduidt die na een bepaalde selectie voor aankoop in aanmerking blijven komen). De mate van vertrouwen in een merk, ontstaan uit merkenkennis en ervaring, bepaalt of het merk van voorkeur resulteert in een koopintentie.

Consideration set en choice set

Tegenwoordig geeft men er de voorkeur aan te spreken van een consideration set en een choice set. In de *consideration set* worden producten of merken aanvaardbaar (cognitief) geacht en in overweging genomen, ter bevrediging van een bepaalde behoefte. De *choice set* is een zeer beperkt aantal producten of merken uit de consideration set, waaruit de afnemer de uiteindelijke (aankoop-)keuze zal maken. Deze producten of merken zijn dus affectief aanvaard.

Stimuli of inputvariabelen

Stimuli of inputvariabelen zijn marketingstimuli en stimuli uit de omgeving van de consument (sociale stimuli).

Marketingstimuli

Marketingstimuli worden onderverdeeld in:
- signatieve stimuli: het product zelf of elementen daarvan, zoals prijs, inhoud en merknaam;
- symbolische stimuli: aspecten die de consument op een indirecte wijze via reclame of promotie bereiken.

Respons- of outputvariabelen

Er wordt een soort hiërarchie van responsmogelijkheden onderscheiden: van aandacht tot kopen. Het is dus mogelijk dat een consument – als hij weet dat er een nieuw merk is – dit niet direct koopt, maar dat wellicht op een later tijdstip doet.
Na de koop volgt een bepaalde mate van satisfactie (tevredenheid), die als leerconstruct is opgenomen, omdat dit zich in het innerlijk van de consument afspeelt. Er is een terugkoppeling naar het koopgedrag, omdat – bij afwijkende ervaringen – de mate van satisfactie kan worden bijgesteld. Als de consument tevreden is of zijn tevredenheid wordt bevestigd, versterkt dat de attitude en de koopintentie voor een volgende keer.

Compensatoire beslisregel

We spreken van een *compensatoire beslisregel*, wanneer de door een afnemer negatief gewaardeerde attributen van een product of dienst worden gecompenseerd door andere, positief gewaardeerde attributen van hetzelfde product of dezelfde dienst. Een verouderd automodel wordt bijvoorbeeld gecompenseerd door een lagere prijs of een grotere kofferbak.

Non-compensatoire beslisregel

Bij een *non-compensatoire beslisregel* daarentegen, vindt geen compensatie plaats en wordt op een andere wijze een keuze gemaakt, zoals bij de:

- *lexicografische beslisregel*: keuze op basis van het belangrijkste attribuut of, bij gelijke waarden, het op één na belangrijkste attribuut. De weging geeft de belangrijkheid van het attribuut aan;
- *conjunctieve beslisregel*: de attributen moeten voldoen aan een minimumscore, de zogenaamde *cut off-waarde*, anders komen de producten niet in de consideration set;
- *disjunctieve beslisregel*: elk alternatief dat aan de cut off-score voor één of enkele attributen voldoet, wordt gezien als een acceptabel alternatief;
- *elimination-by-aspects beslisregel*: het beste alternatief wordt gekozen uit de set, die in ieder geval voldoet aan de cut off-score. Vervolgens wordt de lexicografische beslisregel toegepast.

FCB-model

FCB-model

Vaughn, werkzaam bij Foote, Cone & Belding (FCB) ontwikkelde een matrix die de functies van de hersenen weerspiegelt. De linkerkant van de hersenen is rationeel, lineair en cognitief denkend en de rechterkant met name visueel, affectief en gevoel. Vaughn stelde dat, wanneer men betrokkenheid combineert met cognitief en affectief, de basis gelegd wordt voor vier combinatiestrategieën: informatief, affectief, gewoontegedrag (habitual) en zelfverwenning (self-satisfaction). De FCB-matrix is een goed hulpmiddel om de relatie tussen afnemer en product of dienst te analyseren en vervolgens daarop toegespitste communicatieplannen te implementeren. Dit model volgend, moet bij het promoten van parfum gekozen worden voor grote imago-advertenties en bij auto's voor informatieve, relevante boodschappen. Zie figuur 4.6.

Het FCB-model is opgebouwd uit twee dimensies: betrokkenheid en cognitieve/affectieve benadering. De dimensie betrokkenheid is reeds bij het model van Assael behandeld.

Figuur 4.6 **Het FCB-model**

De klant	Sterk cognitief	Sterk affectief
Hoge betrokkenheid	cognitief ⇓ affectief ⇓ conatief	affectief ⇓ cognitief ⇓ conatief
Lage betrokkenheid	conatief ⇓ cognitief ⇓ affectief	conatief ⇓ affectief ⇓ cognitief

De dimensie: cognitieve/affectieve benadering

Is het communicatie- en koopgedrag in eerste instantie rationeel (cognitief) of meer emotioneel en meer op gevoel (affectief)? Bij hoog betrokken producten of diensten is het communicatie-, zoek- en koopgedrag zorgvuldiger en langer dan het gedrag bij laag betrokken producten. Wil de boodschapper de attitude van de (potentiële) klant beïnvloeden dan moet de communicatie daarop worden afgestemd.
Bij een lage betrokkenheid worden de fasen in het algemeen snel doorlopen.

Voorbeelden van een cognitieve (verstandelijke) communicatie-, zoek- en aankoopbenadering zijn:
- PC-hardware
- auto's
- levensverzekering
- gewone bieren
- dagelijkse levensmiddelen
- PC-software
- uitvaartverzekering
- uierzalf van een 'droge' huid
- woning
- studie bedrijfskunde

Voorbeelden van een affectieve (emotionele) communicatie-, zoek- en koopbenadering zijn:
- speciale auto's; classics, Porsche
- duurdere cosmetica
- uitvaart
- juwelen

Model van Rossiter & Percy

Rossiter en Percy stelden dat de FCB-matrix op bepaalde punten tekortschoot. Zij stellen dat de dimensie 'involvement' geen continuüm is, omdat het heel moeilijk is vast te stellen waar de afnemer zich op de lijn bevindt. Bovendien: de afnemer kan op de lijn van 'involvement' ook al dan niet tijdelijk, hoger geïnvolveerd raken. De dimensie 'thinking-feeling' is volgens hen te simpel. Er moet een breder spectrum van motieven ingebouwd worden.

Het R&P-model is opgebouwd uit twee dimensies: betrokkenheid en informationele/transformationele motivatie. Zie tabel 4.5. De dimensie betrokkenheid is ook hier bij het model van Assael behandeld.

De dimensie: Mate van informationele en transformationele motivatie

Er is vooral sprake van een zogenaamde *informationele (negatieve) motivatie*, als er *'negatieve' beweegredenen* zijn om een product te kopen. Men heeft een probleem wat opgelost moet worden, bijvoorbeeld men heeft hoofdpijn of men moet een cursus volgen, omdat kennis nodig is voor de beroepsuitoefening. Zo zijn ook grondstoffen en halffabrikaten nodig voor een productiebedrijf. De motivatie voor het aanschaffen van een dergelijke product is om problemen op te lossen c.q. te vermijden. In de positionering wordt dan de nadruk gelegd op concrete (product)-voordelen en probleemoplossingen (dus *hardsell*-aspecten).

Maar bij *transformationele (positieve) motivatie* is er sprake van positieve beweegredenen om een product kopen, omdat men het (organisatie-) leven wil veraangenamen, problemen begrijpen, kunnen meedenken, meetellen in de organisatie e.d. Sier maken met een Porsche. In de positionering wordt de nadruk gelegd op imago product, persoonlijkheid, je telt mee als je de cursus volgt, goed voor de organisatie. In dit geval zijn er *softsell*- aspecten nodig. Bij particulieren gaat het meer om fun, cool, beter, status, et cetera.

Tabel 4.5 **Het R&P-model**

De klant	**Sterk informationeel**	**Sterk transformationeel**
Hoge betrokkenheid	zwaarwegend probleem (urgentie)	wij hechten er zeer aan
Lage betrokkenheid	makkelijk op te lossen probleem	het leuk vinden, plezier

Voorbeelden van Informationele motivatie zijn:

- auto voor woonwerkverkeer
- PC-hardware/software voor je werk/studie
- uitvaartverzekering
- levensverzekering om 'pensioengat' te vullen
- uierzalf
- bieren om dorst te lessen *of* alcoholvrij
- eventueel woning
- dagelijkse levensmiddelen
- studie bedrijfskunde (nodig voor je werk *of* carrière)
- grondstoffen
- halffabrikaten
- papier voor printer

Voorbeelden van Transformationele motivatie zijn:

- auto voor bepaalde doeleinden; classics, Porsche
- snoepjes, drop et cetera
- PC-hardware/software voor je werk/studie
- uitvaart
- levensverzekering om later leuke dingen te kunnen doen
- duurdere cosmetica

- gewone bieren voor het plezier
- juwelen
- woning
- studie bedrijfskunde voor zelfontplooiing

Opvallend is dat de dimensie 'betrokkenheid' zowel in het Assaelmodel als in het FCB-model en R&P-model prominent aanwezig is. De plaats van de producten en/of diensten in het Assaelmodel, FCB-model en R&P-model heeft grote invloed op de inhoud van de communicatieboodschap. Dit wordt geïllustreerd door figuur 4.7.

Figuur 4.7 **Ruscon-model ter bepaling van de communicatieboodschap**

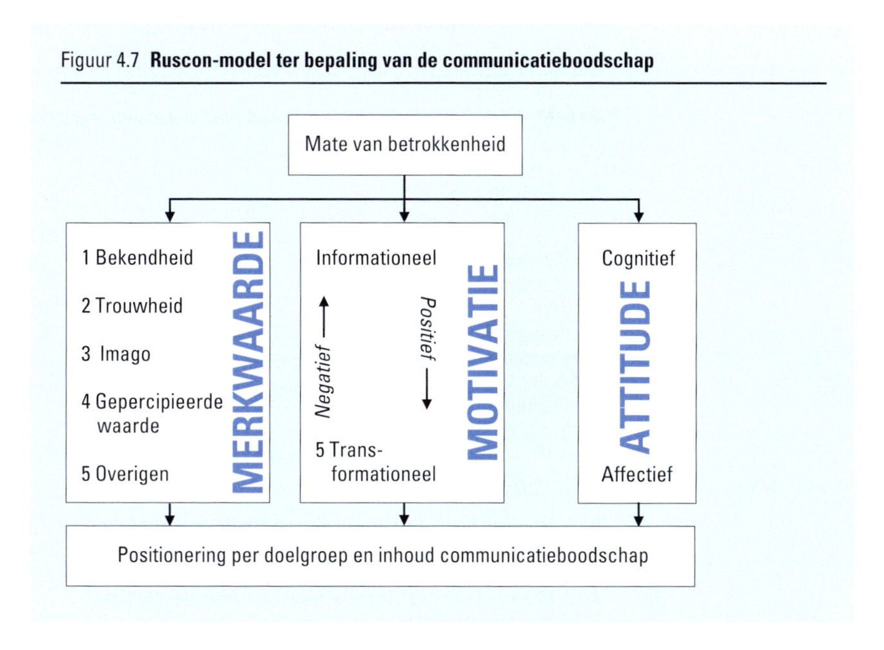

Functionarissen, verantwoordelijk voor de marketing en communicatie van producten en diensten zouden veel aandacht aan de plaatsbepaling van hun producten en diensten per doelgroep moeten besteden. Dit geldt ook voor ondernemers en managers van het midden- en kleinbedrijf die vaak geen aparte marketing- of communicatiedeskundige in de organisatie hebben. Het communicatiebudget moet effectief en beargumenteerd worden besteed. Voor deze ondernemers is het 'Ruscon-model' een goed hulpmiddel om grondig over de inhoudelijke kant van de reclame- of communicatieboodschap na te denken. Is mijn doelgroep/zijn mijn doelgroepen wel betrokken bij mijn product/diensten? Hoe ligt mijn merk bij mijn doelgroepen? Wat zou de motivatie van de (potentiële) afnemers kunnen zijn, om mijn product eventueel te kopen/te lenen? Welke attitude hebben mijn (potentiële) afnemers ten opzichte van mijn product of mijn organisatie?

Voor de plaatsbepaling op de verschillende dimensies kan figuur 4.8 worden gebruikt. Om het gebruik te illustreren is deze ook al ingevuld voor het 4-Granen Ei van Kwetters BV.

Met behulp van het Ruscon-model is in het laatste 'kader' van paragraaf 14.4 (p. 466) voor de organisatie 'DEVO' ook een voorbeeld uitgebreid uitgewerkt.

Figuur 4.8 **Invulformulier Ruscon-model**

Korte omschrijving productgroep:
4-Granen Ei, een scharrelei voor de consumentenmarkt. Dit merk is marktleider in Nederland.

Korte omschrijving doelgroep:
De consument, die een kwalitatief goed eitje wil, een scharrelei, omdat de levensomstandigheden van de legkippen behoorlijk moeten zijn. Men kiest bewust voor een ei. Ondanks dit kiest de consument ook van tijd tot tijd voor een goedkoper huismerk.

Ad a. Mate van betrokkenheid* (perceived risk; al dan niet ingebeelde risico's)
Laag (1) .... **5** .... (10) hoog

Ad b. Merkwaarde*
1 bekendheid
Laag (1) .... **7** .... (10) hoog
(verbeteren houden)
2 trouwheid (loyalty)
Laag (1) .... **6** .... (10) hoog
(verbeteren houden)
3 gepercipieerde prijs/kwaliteit
Ongunstig (1) .... **6** .... (10) gunstig
(verbeteren houden)
4 imago (associatie)
Zwak (1) .... **7** .... (10) sterk
(verbeteren houden)

Ad c. In eerste instantie een cognitieve of affectieve benadering*
Sterk cognitief (1) .... **4** .... (10) sterk Affectief

Ad d. Mate van informationele of transformationele motivatie*
Sterk informationeel (1) .... **7** .... (10) sterk transformationeel

***) Geef een rapportcijfer**

⇓ ⇓ ⇓ ⇓ ⇓ ⇓

Bepaalt positionering en content van communicatieboodschap voor de doelgroep:
Kwetters BV heeft een redelijk sterk merk. Wel moeten zij meer investeren in het merk, met name de merktrouwheid. Het merk wordt nog te vaak voor een ander (huis-)merk ingewisseld. Is het 4-Granen Ei wel voldoende onderscheidend? De reputatie (de merkassociaties/-claims) moet worden versterkt, zodat het imago duidelijker wordt en de consument voor de toegevoegde waarde wil betalen. Zijn al die verschillende eieren niet diffuus voor de consument? Kwetters moet vooral naar voren brengen dat het 4-Granen Ei OK is, waarmee leuke gerechten kunnen worden gemaakt. Het 4-Granen Ei is geen gewoon ei, maar bevat door de vier granen veel onverzadigde vetzuren, die gezond zijn. Maak zo nodig een vergelijking met batterij-eieren. Wees concreet, wijs op de positieve mogelijkheden van eieren voor zelfstandige mensen, die gezond willen leven en snel klaar willen zijn. Een ei in de magnetron is tenslotte in een paar minuten klaar.

Gedrag van organisaties

5

Het gedrag van organisaties vertoont veel overeenkomsten en parallellen met dat van consumenten. Organisaties, of dit nu productiebedrijven, overheden, instituties of handelsondernemingen zijn, kiezen die producten en diensten die het beste in de eigen behoefte voorzien. Net als consumenten kiezen organisaties niet zozeer voor een bepaald product, maar kiezen zij voor het aanbod dat de meeste voordelen biedt.

Het grote verschil tussen consumentengedrag en het gedrag van organisaties is gelegen in de behoeften en motieven die achter het gedrag schuilgaan. In plaats van de individuele behoeftebevrediging handelt een organisatie vanuit de behoeften van een bedrijf of organisatie. De organisatie zoekt naar die producten en diensten die een optimale bijdrage leveren aan de realisatie van haar bedrijfsdoelstellingen zoals het maken van winst, het verlagen van kosten, het werven van stemmen en het voorzien in de behoeften en verlangens van afnemers, patiënten, cliënten, werknemers en overheden (paragraaf 5.1). De beïnvloedende stimuli op het industrieel koopgedrag worden behandeld in de paragrafen 5.2 tot en met 5.5. De gang van zaken in het industrieel koopproces komt aan de orde in paragraaf 5.6.

5.1 De industriële markt

In 2002 koos de Nederlandse regering voor de JSF-straaljager. Deze keuze werd gemaakt na een zeer lange periode van voorbereiding en een roerig politiek debat. De Nederlandse bewindslieden gingen zogezegd niet over één nacht ijs. De oorzaak voor het uitstel ligt in de grote belangen die bij deze aankoop op het spel staan. In de eerste plaats zijn er de belangen van de luchtmacht. Deze bepaalt de technische specificaties en spreekt de voorkeur uit voor een bepaald type. Maar naast de luchtmacht spelen ook ambtenaren en politici een belangrijke rol in het aankoopproces. De order is zodanig groot dat er vanuit het land waar de order geplaatst wordt *compensatieorders* verwacht mogen worden. Ook speelt de betrokkenheid van Nederlandse bedrijven in de ontwikkeling en bouw van de JSF een rol. De politici spelen de partijen tegen elkaar uit om voor Nederland een zo gunstig mogelijke deal te maken.

Compensatieorders

Zoals in de inleiding van dit hoofdstuk al gezegd is, vertoont de industriële markt overeenkomsten, maar ook verschillen met de consumentenmarkt. Een huisvader die een pak melk aanschaft, vertoont ander gedrag dan een regering die voor haar defensie straaljagers koopt. De basis voor beide aankopen is echter gelijk: er is een behoefte die tot actie leidt.

Verschillen met consumentenmarkt

Kotler noemt acht karakteristieken waarmee de industriële markt zich onderscheidt van de consumentenmarkt:
1 De industriële markt heeft relatief weinig kopers.
2 In de industriële markt is sprake van een hechte relatie tussen klant en leverancier.
3 De industriële markt heeft geografisch geclusterde kopers.
4 Op de industriële markt is sprake van een afgeleide vraag.
5 De vraag is op de industriële markt relatief prijsinelastisch.
6 De vraag is op de industriële markt sterk wisselend.
7 Op de industriële markt werken professionele inkopers.
8 Op de industriële markt oefenen verschillende mensen invloed uit op de aankoopbeslissing.

Hieraan kan als negende dimensie de relatief grote omvang van de transacties toegevoegd worden. Op de industriële markt gaat het vaak om zodanig grote transacties dat een potentiële aanbieder, met het oog op het verkrijgen van een specifieke order, een apart marketingplan opstelt (microsegmentatie). Dit is duidelijk afwijkend van de consumentenmarkt waar de marketeer een geheel segment benadert (macrosegmentatie).

Macrosegmentatie

Macrosegmentatie is een vorm van segmentatie in de markt van organisaties waarbij in eerste instantie de totale markt wordt opgedeeld in afnemersgroepen met gemeenschappelijke karakteristieken, die niet aan het koopgedrag van organisaties gekoppeld zijn, zoals grootte (MKB, grootbedrijf, nationaal of internationaal werkend), branche (bloemen, fruit, akkerbouw, veeteelt, industriecode van het CBS) of locatie (postcode, havengebied Amsterdam, havengebied Rotterdam).

De industriële dienstverlening wordt gekenmerkt door een relatief gering aantal afnemers

■ **Voorbeeld 5.1**

Voor Brivers Consultancy & Incompany Trainingen zouden de segmenten kunnen zijn:

- industriële bedrijven, banken en verzekeraars, nutsbedrijven of
- organisaties in de Randstad en daarbuiten of
- heavy, medium en low advies-users of
- trouwe klanten, first time-users, prospects.

Microsegmentatie

Microsegmentatie is een vorm van segmentatie waarbij de macrosegmenten verder worden opgedeeld in subsegmenten op basis van overeenkomsten in aankoopgedrag van de organisaties, de grootte van de DMU, de mate van aankoopcomplexiteit of de kenmerken van de DMU-leden (bijvoorbeeld leverancierstrouw).

■ **Voorbeeld 5.2**
Voor Brivers Consultancy & Incompany Trainingen zouden de segmenten kunnen zijn:

- prijskopers, servicekopers, statuszoekers, persoonlijkheidsontwikkelaars, efficiencydenkers of
- overtuigde, op basis van visie en beleid inhuurders, incidentele inhuurders, sceptici of
- vaste klanten, losse klanten.

Business marketing

De marketeer die werkt op het terrein van de industriële marketing – ook wel de business-to-business-marketing of kortweg *business marketing* genoemd – dient zijn afnemers en hun gedrag te kennen. Business marketing omvat de marketingactiviteiten van een organisatie, gericht op andere organisaties, zoals industriële bedrijven, dienstverlenende profit- en not-for-profit-organisaties (scholen, overheden, zorginstellingen et cetera). Centraal in het gedrag van organisaties staat de attitude van de afnemer of afnemende organisatie die beïnvloed wordt door verschillende stimuli.

Koopcentrum

Het koopproces van de organisatie vindt veelal plaats in het zogenaamde *koopcentrum* of de Decision Making Unit (DMU). In dit koopcentrum participeren vaak meerdere personen die, vanuit hun specifieke competentie en persoonlijkheid, vaak volgens vaststaande procedures en patronen (onder)handelen. Zij maken, vooral wanneer het risico van de aankoop (financieel of anderszins) groot is, een zorgvuldige inschatting van de complexe economische en technische implicaties van de aankoop. Voor het inkoopproces hebben veel bedrijven vaststaande regels en modellen. Deze regels geven aan dat de aanbieder op de industriële markt vaak een duidelijk begrensde speelruimte heeft.

De organisatie koopt producten en diensten om de productie of voortbrenging van andere goederen en diensten mogelijk te maken.

Schuivende relaties in business-to-business

Het begrip 'relatie' lijkt zo langzamerhand uit te groeien tot een synoniem voor 'marketing'. Met de huidige nadruk op relatiemarketing kunnen we volgens wetenschappers rustig spreken van een 'fundamentele marketinghervorming' (Webster, 1992) c.q. een 'paradigmaverandering' (Gronroos, 1994). Er is dus nogal wat aan de hand. De turbulentie wordt met name aangewakkerd vanuit de machtsverschuivingen binnen bedrijfskolommen. Met deze constateringen komen we nog niet veel verder. Het is interessanter om te kijken hoe relaties zich in historisch perspectief hebben ontwikkeld en welke lessen we daar nu uit kunnen trekken. We hebben daartoe vier uiteenlopende Amerikaanse business-to-business-markten geanalyseerd:

1 *Reclamebureaus versus adverteerders.* Van oudsher gaat het hier idealiter om een langetermijnrelatie. Het bureau moet de klant en zijn markt immers leren kennen. De laatste jaren wordt steeds meer marketingbudget buiten het fullservicebureau om besteed. Denk aan sponsoring, direct marketing, eventmarketing en public relations. Adverteerders switchen nu sneller en vooral vaker over naar een ander reclamebureau en de marges in de reclame-industrie staan onder permanente druk.

2 *Textielfabrikanten versus agenten.* Kledingproducenten hadden vanouds goede banden met hun agenten, maar dat veranderde toen ze direct gingen verkopen aan warenhuizen. De agenten hadden vervolgens het nakijken, ondanks die jarenlange, innige relatie met de textielfabrikanten.

3 *Pullman versus spoorwegmaatschappijen.* De spoorwegmaatschappijen betaalden aanvankelijk voor Pullman's slaapwagons, maar die situatie

draaide om toen de overheid de subsidiekraan dichtdraaide. Pullman moest gaan betalen om (letterlijk) te mogen aanhaken. Het bedrijf redde het uiteindelijk niet.

4 *Warenhuizen versus inkoopkantoren.* Vroeger werkten Amerikaanse warenhuizen veelal met inkoopkantoren of -combinaties. De afstand tussen leverancier en winkel was immers vaak te groot. Maar de positie van de grote warenhuizen is uitgebreid en versterkt. Vaak slaan ze de inkoopcoöperaties over. Deze richten hun pijlen nu noodgedwongen vooral op de overgebleven speciaalzaken.

Al deze ooit goede relaties kenden – over langere periode beschouwd – hun ups en downs. De les die we hieruit kunnen trekken is: marktverhoudingen mogen in evenwicht lijken, maar dan is er wel sprake van een dynamisch evenwicht. Er hoeft maar iets te gebeuren, en de relatie verandert of houdt op te bestaan.

Bron: *Tijdschrift voor Marketing*, januari 1999, op basis van: W.W. Keep, S.C. Hollander en R. Dickinson, *Journal of Marketing*, april 1998

Afgeleide vraag

Met zijn aankopen oefent hij een zogenaamde *afgeleide vraag* uit: de aankopen zijn af te leiden uit de vraag die verder in de bedrijfskolom, uiteindelijk door de consument, wordt uitgeoefend.
De organisatie kan zijn aankopen inzetten in het productieproces (bulkgoederen, machines, grondstoffen, hulpstoffen, energie enzovoort) of in de productiefaciliterende en -ondersteunende processen, zoals administratie, kantine en schoonmaak.

De belangrijkste stimuli voor een aankoop komen uit de organisatie zelf. Vanuit de organisatie worden aan de in te kopen goederen vijf hoofdeisen gesteld (Bunt, 1994). Ze moeten direct of indirect bijdragen aan:
1 de continuïteit van het bedrijfsproces;
2 het ondernemingsresultaat;
3 een vermindering van de strategische kwetsbaarheid;
4 de innovatieve kracht;
5 de presentatie en profilering.

Het industrieel koopgedrag is op verschillende manieren te benaderen. Wij gaan bij de verdere behandeling van dit gedrag uit van de structuur zoals deze is aangereikt door Webster en Wind.

Industrieel koopgedrag

Zij ontwikkelden een model van *industrieel koopgedrag* dat vier beïnvloedende stimuli kent:
1 de omgeving
2 de organisatie
3 het koopcentrum (DMU)
4 de intrapersoonlijke stimuli.

De afgeleide vraag van Van Ellem

De vraag uit de distributiekanalen naar suikerwerken van Van Ellem is direct afgeleid van de consumentenverkopen. De vraag die Van Ellem op zijn beurt uitoefent op de industriële markt (of dit nu de vraag naar suiker, bedrijfswagens of bedrijfsopleidingen is), is uiteindelijk af te leiden uit de hoeveelheid suikerwerken die verkocht worden.

5.2 De omgeving

De omgeving is een belangrijke beleidsbepalende factor, ook op de industriële markt. Drie karakteristieken zijn in de industriële omgeving bepalend:

- de marktvorm
- het ondernemingsklimaat
- de mate van reciprociteit.

Marktvorm

De *marktvorm* is de typering van de markt op grond van het aantal aanbieders, afnemers en de homogeniteit dan wel heterogeniteit van de verhandelde producten of diensten. Bekende typeringen zijn: monopolie, homogeen oligopolie, heterogeen oligopolie en vrije mededinging. Generaliserend kan gesteld worden dat de marktvorm een indicatie geeft van de concurrentiepositie van de handelende partijen. Deze concurrentiepositie bepaalt in belangrijke mate het koopgedrag van een organisatie. Zo is de aankoop van telecommunicatieve faciliteiten onlangs gecompliceerder geworden. Toen het voormalige PTT – nu KPN Telecom – nog monopolist was, was het voor een bedrijf of organisatie geen vraag waar 'telecommunicatie' ingekocht moest worden. De leverancierskeuze stond bij voorbaat vast. Aan deze voor KPN Telecom comfortabele positie is nu een einde gekomen. KPN Telecom is het monopolie op netten, centrales en toestellen kwijt en moet nu, net als andere oligopolisten, vechten om klanten binnen te halen.

Ondernemingsklimaat

Een andere belangrijke omgevingsfactor is het ondernemingsklimaat. Onder het *ondernemingsklimaat* verstaan we de juridische, economische en sociaal-culturele omstandigheden waarbinnen een bedrijf werkt. Een gunstig ondernemingsklimaat kenmerkt zich door voldoende afzetmogelijkheden, een ruim aanbod in adequaat opgeleide en gemotiveerde werknemers en politieke stabiliteit.

Voor het vrachtvervoer per spoor bezit de NS, nu Railion Nederland, sinds 1996 geen monopolie meer

Een voorbeeld van een recente politiek-juridische verandering in het Nederlandse ondernemingsklimaat is de invoering van het Nieuw Burgerlijk Wetboek. Door de veranderingen in de regelingen, betreffende de koopovereenkomst en de hieruit voortvloeiende rechten en verplichtingen voor de contractpartijen, moeten aanbieders hun leveringsvoorwaarden herzien.

Reciprociteit

Een voor de 'business-to-business-marketing' unieke karakteristiek is de reciprociteit. *Reciprociteit* is de situatie waarin leverancier en afnemer over en weer producten van elkaar afnemen. In veel landen is de reciprociteit zeer diep geworteld en betekent de keuze voor een nieuwe aanbieder vrijwel automatisch het verkrijgen van een nieuwe afnemer. Als de reciprociteit binnen de branche of geografische omgeving gebruikelijk is, vormt deze een uiterst belangrijke bepalende factor in het commercieel beleid, waar de marketeer niet omheen kan. Een voorbeeld van reciprociteit zijn de compensatieorders die de Nederlandse regering probeert te verwerven bij grote buitenlandse aankopen. Het kan soms zo ver gaan dat deze compensatieorders bij de aankoop de doorslag geven. Een voorbeeld is de aanschaf van gevechtshelikopters in 1994. Voor de Nederlandse regering waren er twee acceptabele aanbiedingen. Om het onderste uit de kan te krijgen werden de twee partijen tegen elkaar uitgespeeld. Hierbij speelden niet de transactieprijs maar de compensatieorders de hoofdrol.

De omgeving van Van Ellem

Van Ellem opereert op een markt waar een groot aantal aanbieders op een vergelijkbare wijze in een en dezelfde behoefte voorziet. Het ondernemingsklimaat waarbinnen Van Ellem opereert, wijkt nauwelijks af van dat van de gemiddelde Nederlandse onderneming van gelijke grootte. Wel geeft de houding van de afnemer ten opzichte van snoep het ondernemingsklimaat op de suikerwerkenmarkt een eigen kleur. Zo moet Van Ellem altijd scherp rekening houden met het ongezonde imago van snoep (slecht voor tanden, dikmaker, snoep is iets voor verwende kinderen). Van Ellem heeft hoogstwaarschijnlijk nauwelijks te maken met enige vorm van reciprociteit.

5.3 De organisatie

Het koopproces van een organisatie kan gekend worden door een analyse van vier op elkaar inwerkende groepen stimuli, namelijk:

1 ondernemingsactiviteiten
2 inkoopsituatie
3 interne structuur
4 inkooptechnologie.

Ondernemingsactiviteiten

De basis van de analyse van de behoeften van een organisatie zijn natuurlijk de ondernemingsactiviteiten. Hiertoe rekenen we alle activiteiten die de onderneming verricht om de ondernemingsdoelstelling te bereiken. Zo leiden activiteiten van een dienstverlener tot een relatief sterke behoefte aan personeel terwijl de activiteiten van een productiebedrijf leiden tot een behoefteaccent bij grondstoffen of halffabrikaten.

Bij de inkoopbehoefte van een ingenieursbureau ligt het accent op personeel, kantoorruimte en kantoorinventaris terwijl een snoepproducent het accent legt op grondstoffen, marketingdiensten, personeel, fabrieksruimte en machines.

Toen de Arbowet in werking trad, onstonden er nieuwe industriële producten en diensten

Binnen de grote verscheidenheid aan producten en diensten waar een ondernemer behoefte aan heeft, zijn zes hoofdgroepen te onderscheiden: grondstoffen, halffabrikaten, kapitaalgoederen en machines, componenten, MRO-goederen (Maintenance, Repair and Operating supplies: onderhoudsproducten, reparatieproducten en producten die nodig zijn om het productieproces gaande te houden) en diensten. Deze groepen producten en diensten vertonen een zekere homogeniteit voor wat betreft de koopcriteria.

OPG besteedt transportwerk uit

Van onze redactie economie

AMSTERDAM – Ondanks het behalen van een winststijging van 28 procent gaat het farmaceutisch bedrijf OPG zijn groothandelsafdeling ingrijpend reorganiseren. In 2005 moeten ongeveer 370 werknemers zijn verdwenen, de helft van het huidige personeel van deze divisie.

'Nu de zon nog schijnt, moeten we het dak repareren', licht een woordvoerder van OPG de maatregelen toe. Volgens hem is de reorganisatie nodig omdat de medicijnengroothandel van OPG niet goed draait. 'De winstgevendheid valt tegen en bovendien is de concurrentie moordend.'

OPG, die tevens 137 apotheken in Nederland uitbaat, gaat tweehonderd mensen gedwongen ontslaan. Onder hen zijn honderd chauffeurs. 'Het transportwerk besteden we uit dus misschien kunnen zij bij een ander transportbedrijf uiteindelijk nog voor ons blijven werken.'

In de rest van de banen die moeten verdwijnen, zijn uitzendkrachten werkzaam. ■

Bron: *Trouw*, 6 augustus 2002

Make or buy

Outsourcing

Uit een analyse van het voortbrengingsproces van de potentiële klant kan de aanbieder de productiefactoren van de potentiële afnemer leren kennen. Daarbij is het overigens nog de vraag wat de potentiële klant uiteindelijk inkoopt. Iedere ondernemer kan immers kiezen tussen 'to make or to buy' (zelf maken of uitbesteden). De belangrijkste motieven om zelf te produceren zijn de lagere kosten en de betere beheersbaarheid. Motieven om te kopen en zodoende de productie uit te besteden (*outsourcing*) zijn onder meer flexibiliteit, kostenvoordelen en efficiencyvoordelen door gebruikmaking van de schaalvoordelen bij de leverancier, focus op core competences en vrijmaken van managementtijd.

Praktische tips voor uitbesteders

Hoogleraar inkoopmanagement A.J.van Weele verwacht dat de markt voor uitbesteed werk de komende jaren met 5-10% per jaar zal groeien. Voor uitbesteders formuleerde hij de volgende praktische tips:

- Maak een onderscheid tussen kernactiviteiten en niet-kernactiviteiten: doe alleen datgene zelf wat u niet kunt of wilt uitbesteden.
- Houd ook in tijden van recessie uitbesteed werk buiten de deur.
- Werk aan de ontwikkeling tot 'business engineer': maak haast met het organiseren van een concurrerend netwerk van (lokale) toeleveranciers.
- Ga uitermate zorgvuldig te werk bij de selectie van uw toekomstige leveranciers: zorg dat deze tot de 'best in class' (gaan) behoren.
- Maak werk van samenwerking met uw main-suppliers: wees duidelijk over taakstellingen op het gebied van kostenreductie, kwaliteitsverbetering en doorlooptijdverkorting. Draag specialistische kennis aan over uw toeleveringspartners ('reverse marketing').
- Pas op voor verwaarlozing van contacten met innovatieve co-suppliers en jobbers: betrek deze tevens bij uw verbeterings- en ontwikkelingstrajecten.
- Ondersteun uw main-suppliers met hun inkoop- en uitbestedingsactiviteiten.

Bron: F.G.Andriesse, 'Uitbesteden als overlevingsstrategie', in *Tijdschrift voor Inkoop & Logistiek*, maart 1994

De trend van het laatste decennium wijst in de richting van toenemende uitbesteding. De vaak op basis van bedrijfseconomische omstandigheden ingegeven beleidskeuze voor 'back-to-the-core-business' versterkt deze ontwikkeling. Het mag duidelijk zijn dat activiteiten die wel tot de core business behoren niet uitbesteed kunnen worden (zie figuur 5.1). Veel productieactiviteiten en vormen van dienstverlening blijken in de praktijk goedkoper, sneller en beter uit-voerbaar door gespecialiseerde leveranciers. Zo zijn de laatste jaren veel productieactiviteiten uitbesteed aan de lagelonenlanden in het Verre Oosten. We zien deze uitbestedingstendensen, maar dan binnen Nederland, ook op het gebied van diensten als bedrijfsopleidingen, schoonmaak, transport en catering. Het onderzoeken van dergelijke uitbestedingsmogelijkheden wordt door bedrijven vaak gedelegeerd aan de afdeling Inkoop.

Nieuwe relaties

Outsourcing brengt een enorme binding tussen leverancier en afnemer met zich mee. Men krijgt relaties waarbij de informatiesystemen van beide partijen op elkaar worden afgestemd. Zo'n intensieve relatie heeft natuurlijk wel wat nadelen. De concurrentiedruk (en daarmee misschien de prestatiedruk) wordt enigszins weggenomen. De contracten kunnen natuurlijk wel worden verbroken, maar dat brengt vaak dermate hoge transactiekosten met zich mee, dat men daaraan niet zo snel begint. Het grote voordeel is, dat de leverancier zich nu echt in de bedrijfsprocessen moet gaan verdiepen, in plaats van alleen maar 'contracten binnenhalen' en producten verkopen. De afstemming tussen de leverancier en de afnemer wordt, als het goed is, veel beter. In feite is dat pas echte marketing: een leverancier die de behoeften en wensen van zijn afnemer beter kent dan de afnemer zelf. Marketing wordt in zo'n situatie heel sterk *relatiemanagement*, waarvan service een essentieel onderdeel vormt.

Bron: H. van der Hart in een interview met F. Koopmans, in: *Tijdschrift voor Marketing*, maart 1995

Figuur 5.1 **Strategische opties voor outsourcing**

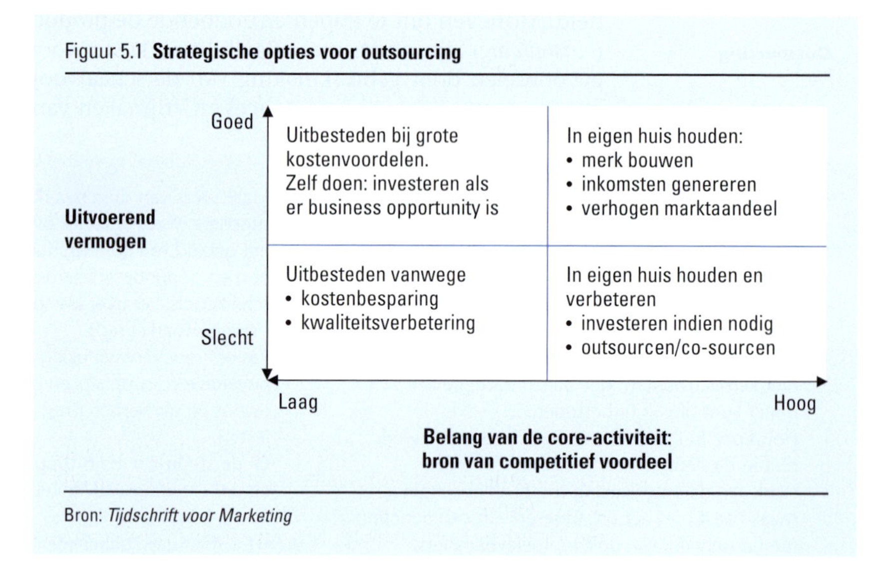

Bron: *Tijdschrift voor Marketing*

Uitbesteden aan Van Ellem

Van Ellem kent een relatief transparant en eenvoudig productieproces en zal dit waarschijnlijk volledig in eigen hand houden. Een gedeelte van de distributie heeft Van Ellem in wezen uitbesteed aan de grossier en de supermarktketens. Andere mogelijke zaken die Van Ellem kan uitbesteden zijn het bedrijfsrestaurant, de schoonmaak et cetera.

Outsourcing

Redenen ten gunste van uitbesteding:
- het verbeteren van de ondernemings- of SBU-resultaten;
- het vergroten van de flexibiliteit;
- het zichzelf kunnen concentreren teneinde de core competence te behouden;
- het inzetten van een betrouwbare outsourcepartner levert een meerwaarde op in kennis, capaciteit et cetera.

Redenen ten nadele van uitbesteding:
- de kwetsbaarheid neemt toe (afhankelijkheid van derden);
- het wegvloeien van kennis en mogelijk van de core competence;
- hiervoor zijn andere managementkwaliteiten nodig.

Inkoopsituatie

Veel ondernemers hebben een netwerk van vaste handelspartners. Bij de een kopen ze grondstoffen, de volgende levert de kantoorinventaris en nummer drie verzorgt de reclame. De ondernemer dankt dit netwerk aan een jarenlange ervaring waarbij hij vaak door schade en schande wijs geworden is. Het handelsnetwerk is overigens zelden een vaststaand gegeven. Een handelspartner die slecht presteert, krijgt vaak nog één of twee keer een herkansing maar wordt er vervolgens toch uitgegooid. Als de ondernemer breekt met een bestaande leverancier, ontstaat er voor hem een nieuwe inkoopsituatie.

De inkoopsituatie is een typering op basis van de ervaring van de ondernemer. Op basis van deze ervaring onderscheiden we:
- eerste aankoop (new task buy)
- gewijzigde heraankoop (modified rebuy)
- ongewijzigde heraankoop (straight rebuy).

New task buy

In een situatie van *new task buy* wil de organisatie voor de eerste maal een bepaald goed of bepaalde dienst aanschaffen. De afnemer is onzeker over de aan te kopen producten. Het koopproces en de DMU zijn dan ook relatief uitgebreid. Voor de marketeer die op een dergelijke situatie in wil spelen, is het zaak zo vroeg mogelijk in het koopproces vertrouwen te wekken. Bestaande leveranciers, ook wel in-suppliers genoemd, maken goede kansen, omdat zij oplossingen bieden vanuit een bestaande relatie en op de hoogte zijn met de karakteristieken van de koper.

Modified rebuy

In een situatie van *modified rebuy* oriënteert de organisatie zich bij aankoop opnieuw op het aanbod en/of wil zij wijzigingen in de aankoop doorvoeren. Bijvoorbeeld in de vorm van een andere productspecificatie, leveringsvoorwaarde, leverancier of prijs. Een belangrijk motief bij modified rebuy is ontevredenheid met de bestaande leverancier. Voor deze bestaande leverancier is het dan ook zeer moeilijk, zo niet onmogelijk, in een dergelijke situatie nog een kans te maken. In het voor de bestaande leverancier gunstigste geval wordt hierbij de 'array and review strategy' gevoerd, waarbij zowel aan de huidige als aan mogelijk andere leveranciers offertes worden gevraagd.

Straight rebuy

In een situatie van *straight rebuy* handelt de organisatie vaak routinematig. Het product wordt zonder wijzigingen in prijs, condities of specificatie opnieuw aangeschaft. In deze situatie wordt dan ook zelden een complete DMU ingezet en delegeert men de aankoop vaak volledig aan de inkoper. Voor de aanbieder is het dan zaak een goede relatie met de inkoper te hebben.

Als de afnemer tevreden is over de bestaande leverancier (in-supplier), is het voor een nieuwe aanbieder zeer moeilijk tot de DMU door te dringen. De inkoper functioneert in dergelijke situaties vaak als 'gatekeeper' die de informatiestroom van alternatieve aanbieders tegenhoudt en niet aan de hogere echelons doorspeelt.

Interne structuur

Bij veel kleine bedrijven is de inkoop in handen van de directeur/eigenaar. Sommige grote ondernemingen hebben een structuur waarbij voor de inkoop een aparte afdeling of handelsmaatschappij is ingericht.

Inkoopafdeling

De interne structuur van een bedrijf of organisatie geeft aan hoe taken, verantwoordelijkheden en bevoegdheden zijn verdeeld, hoe de interne communicatie plaatsvindt, hoe de informatievoorziening verloopt enzovoort. Om het industrieel afnemersgedrag te leren kennen moet de marketeer met name de taak en positie van de inkoopafdeling kennen. Deze kan variren van een zuiver administratief-uitvoerende afdeling tot een afdeling met een coördinerende en beslissende taak. De inkoopfunctie is de laatste decennia bij veel bedrijven sterk geprofessionaliseerd. Met name de grote besparingen in tijd en geld die met een dergelijke professionalisering gepaard gaan, hebben hiertoe een grote stimulans gegeven. Enkele processen die dit illustreren zijn:

- grotere beslissingsbevoegdheid van de inkoper;
- centralisatie van alle inkoopactiviteiten in de afdeling inkoop;
- integratie van de inkoop met andere afdelingen, zoals Magazijn, Logistiek, Productie en Verkoop.

Ondanks of misschien wel dankzij de integratieve ontwikkelingen houdt de afdeling inkoop als hoofdtaak de koppeling van de interne behoeften aan de externe mogelijkheden. De inkoopfunctie kan nader gekarakteriseerd worden naar het belang van de inkoopafdeling binnen het bedrijf, de activiteiten van de inkopers, de verantwoordelijkheid van de inkoper per fase in het inkoopproces en de sterktes en zwaktes van de inkoopafdeling.
In tabel 5.1 zijn de verschillen met betrekking tot de inkoopfunctie per type organisatie aangegeven. De gegevens zijn gebaseerd op een in 1987 door de Stuurgroep Inkoopontwikkeling uitgevoerd onderzoek.

Inkooptechnologie

Het industriële inkoopproces is sterk in ontwikkeling. Een efficiënt en effectief werkende afdeling inkoop kan een substantiële bijdrage leveren aan de realisatie van de ondernemingsdoelstelling. Samen met specialisten op het gebied van logistiek, productiebesturing en materiaalplanning kan de inkoper tot een optimale afstemming komen tussen de actuele interne behoefte en het externe aanbod. Dit leidt vaak tot een nieuwe invulling van de relatie met de leveranciers. Enerzijds worden de afspraken harder en strakker, anderzijds wordt de samenwerking inniger en hechter.

Tabel 5.1 **Verschillen met betrekking tot de inkoopfunctie per type organisatie**

Aspecten van inkoop	Industrie	Handel	Overheden	Ziekenhuizen
Belang van de inkoopfunctie				
• Inkoopaandeel in %	50-60	60-90	10-30	13-27
• Invloed op het financiële resultaat	+	+	–	–
• Huidige waardering voor de inkoopfunctie	+	++	0	0
• Verwachte ontwikkeling van de waardering	+	0	++	++
Activiteiten van inkoopmanagers				
• Betrokkenheid bij belangrijke ondernemingsbeslissingen	–	+	– –	– –
• Ontwikkelingen van inkoopbeleid (relaties met leveranciers)	+	0	–	–
• Opstellen en uitvoeren van inkoopplannen	0	0/+	– –	0/–
• Geformuleerde inkooptaakstellingen	–/0	–/0	– –	– –
• Beschikbaarheid inkoophandboek	0	–	+	0
• Tijdsbesteding in %				
– inkoopmanagement	25	30	nb	20
– interne contacten	35	30	nb	40
– externe contacten	40	40	nb	40
Verantwoordelijkheid van inkoop per fase				
• Waardering voor de uitvoering van inkoopactiviteiten	++	++	+	+
• Samenwerking met andere afdelingen	+	+	0	0
• Inkoop 'vakkennis'	+	+	+	–
• Inkoopprestatiemeting	–	–	–	– –

++ = veel meer, heel groot, erg veel
+ = meer, toenemend
0 = matig, gelijk
– = minder, beperkt aanwezig
– – = ontbreekt, negatief
nb = niet bekend

Bron: W.G.Biemans, *Industriële marketing*, Groningen 1996

Processen, ontwikkelingen en technieken die momenteel veel invloed hebben op het gedrag van de organisatie zijn onder meer:

- vendor rating
- comakership
- logistieke ontwikkelingen
- ontwikkelingen in relatiebeheer.

Vendor rating

In de fase van de beoordeling en de selectie van potentiële afnemers kan de organisatie gebruikmaken van vendor rating. Hierbij rangschikt hij leveranciers door deze te beoordelen op voor het product relevante gewogen criteria, zoals certificering, kwaliteit, prijs, levertijd, geografische nabijheid, leveringsbetrouwbaarheid, flexibiliteit, financiële situatie en service.

Bij vendor rating 'scoort' een beperkt aantal mogelijke leveranciers (dat aan de eventueel vastgestelde ondergrenzen van de gebruikte criteria voldoet) op de verschillende criteria. De leverancier met de hoogste totaalscore krijgt vervolgens de voorkeur.

Shortlist

In de praktijk is vendor rating een goed hulpmiddel voor het samenstellen van een *shortlist*: een lijst met verschillende zogenaamde approved vendors waaruit gekozen gaat worden.

Approved vendors

Het is voor de aanbiedende marketeer zaak om op de lijst van *approved vendors* (geselecteerde leveranciers) te komen en een juiste inschatting te maken van de vendor rating van de afnemer. Vervolgens kan de marketingmix gericht worden op een zo hoog mogelijke score. Een voorbeeld van een scoremodel voor een leveranciersbeoordeling wordt in tabel 5.2 gegeven.

Tabel 5.2 **Voorbeeld van een vendor rating scorelijst**

Aspect	**Wegings-factor**	**Leverancier**					
		X		Y		Z	
		Cijfer	*Score*	*Cijfer*	*Score*	*Cijfer*	*Score*
1 Kwaliteit (% goedgekeurd)	0,40	9	3,6	7	2,8	8	3,2
2 Leveren (% op tijd)	0,40	8	3,2	7	2,8	8	3,2
3 Prijs (concurrerend)	0,20	2	0,4	4	0,8	6	1,2
Totaal gewogen (rapportcijfer)	1,00		7,2		6,4		7,6

Bron: Burgers en Kense, *Industriële Marketing*, 1992

Gebruik leverancierslijsten in Nederland

In tabel 5.3 wordt een overzicht gegeven van de criteria die gebruikt worden bij het samenstellen van de leverancierslijst en in tabel 5.4 de informatiebronnen die daarbij gebruikt worden. Beide tabellen zijn ontleend aan een in 1994 gehouden onderzoek naar de wijze waarop en de mate waarin door Nederlandse ondernemingen bij het inkoopproces gebruikgemaakt wordt van een leverancierslijst.

Tabel 5.3 **Criteria (in %) gebruikt bij het samenstellen van een leverancierslijst (N = 95)**

Criterium	**Op 1e plaats**	**Op 1e, 2e of 3e plaats**
Kwaliteit	58	36
Prijs	21	31
Levertijd	13	22
Certificaat	3	1
Leveringsbetrouwbaarheid	3	5
Geografische nabijheid	1	1
Flexibiliteit	–	2
Financiële situatie	–	1

Bron: M.J.Brand, 'Het gebruik van leverancierslijsten in de Nederlandse industrie', in *Tijdschrift voor Inkoop & Logistiek*, mei 1994

Co-makership

Bij co-makership werken leverancier en afnemer intensief samen aan het te leveren product of de te leveren dienst. Co-makership geeft de leverancier enige zekerheid van een langerdurende relatie en zodoende een redelijk solide basis voor investeringen, planning en personeelsbeleid. De afnemer kan bij co-makership vaak gunstige condities bedingen op het gebied van productspecificatie, prijs en levering. Het grote nadeel van co-makership is de wederzijdse afhankelijkheid.

Tabel 5.4 **Informatiebronnen (in %) gebruikt bij het samenstellen van leverancierslijsten (N = 97)**

Informatiebron	Op 1e plaats	Op 1e, 2e of 3e plaats
Vakbladen	32	25
Ervaring	16	19
Vertegenwoordigers	16	17
Monsters	16	12
Beurzen	8	10
Collega's	5	10
Certificaten	4	6

Bron: M.J.Brand, 'Het gebruik van leverancierslijsten in de Nederlandse industrie', in *Tijdschrift voor Inkoop & Logistiek*, mei 1994

Single sourcing

In sommige gevallen kiest de inkoper niet voor *single sourcing* zoals bij co-makership, maar voor het aanhouden van meer dan één leverancier. Het hoofdmotief van deze multiple sourcing-techniek is het vermijden van afhankelijkheid van één leverancier en het min of meer kunstmatig bewaken van de prijs en kwaliteit.

Double/multiple sourcing

Bij de inzet van twee leveranciers spreken we van *double sourcing*, bij meerdere leveranciers van *multiple sourcing*.

Global sourcing

Een aparte vorm van 'sourcing' is de zogenaamde *global sourcing*. Bij toepassing van deze werkwijze beschouwt de inkoper de gehele wereld als mogelijke toeleverancier.

Grondslagen van co-makership

Co-makership biedt alleen voordeel wanneer het product een sterk element uit de marketingmix is. De behoefte aan samenwerken kan ontstaan wanneer een bedrijf op basis van de strategische kloof besluit tot het ontwikkelen van nieuwe producten (productinnovatie of productdiversificatie). Wanneer uit het in- en extern onderzoek blijkt dat de uitbesteder niet voldoende marketing- c.q. saleskennis heeft, is een co-makership niet haalbaar. Heeft de toeleverancier geen sterktes in development, engineering en/of technologie dan levert een co-makership evenmin voordelen. Wanneer uit in- en extern onderzoek blijkt dat de ontbrekende vaardigheden in de toekomst strategisch worden, dan moeten deze intern worden opgebouwd en is co-makership geen optie.

Wanneer co-makership daarentegen een optie is, geldt de vraag hoe men een partner en een geschikte samenwerkingsvorm zoekt. Partners dienen al in een eerder stadium gezocht te worden. Dat wil zeggen: niet in de tactische fase van development en engineering, maar in de strategische marketingfasen bij het formuleren van zoekvelden. Verder is het van belang dat de eisen aan het product en de partner gelijktijdig worden opgesteld. Hierdoor wordt de bijdrage van de partner – in de vorm van vaardigheden en expertise – aan het product geoptimaliseerd. Voor het opstellen van het partnerprofiel en het kiezen van een geschikte relatiestructuur moet uitgegaan worden van een aantal aandachtspunten. De grondslagen van een co-makership zijn daarmee gelegd.

Bron: E.B.Siebrand en S.C.Santema, 'Co-makership in marktgerichte productontwikkeling', in *Tijdschrift voor Marketing*, februari 1995

Logistieke ontwikkelingen

Logistieke technieken worden door steeds meer ondernemingen ontdekt als snelle en structurele besparingsmogelijkheden. Ook de korter wordende productlevenscyclus (PLC), de explosie van het assortiment, de veranderende machtsverhoudingen en het toenemend belang van de export dragen bij aan de prominente positie van logistiek management. Voorbeelden zijn just-in-time-management (JIT) en materials required planningstechnieken (MRP). Het is voor de marketeer zaak met zijn aanbod adequaat op deze ontwikkelingen in te spelen. Hierbij ligt het accent niet zozeer op de productspecificaties als wel op de customer service zoals deze ontleend kan worden aan de leveringsbetrouwbaarheid, productinformatie, orderstatus-informatie, enzovoort.

Klanten eisen flexibiliteit

Dankzij een monstercontract met een Russische fabriek kon een leverancier van conische garenklossen zijn klanten een fantastisch aanbod doen. Iedere klant die in één keer voor de komende vijf jaar zou bestellen, kreeg 30% korting. En voor een bodemprijs zou de Russische fabriek de bestellingen op voorraad houden. Via een afroepcontract zou het uitgeleverd worden. Klanten die de partij ineens geleverd wilden hebben, kregen nog eens 5% korting. Tot verbazing van de leverancier reageerde geen van zijn klanten positief op het aanbod. De meeste klanten gaven aan dat de orders in de toekomst kleiner, specifieker, veranderlijker en spoedeisender zouden worden. Het aanbod uit Rusland paste niet in deze ontwikkeling.

JIT-management

De factor tijd wordt een steeds belangrijker servicepunt, onder meer door invoering van een JIT-werkwijze. Het *JIT-management* is een ondernemingstechniek die erop gericht is de benodigde producten in de gewenste kwaliteit en hoeveelheid precies op het moment (just-in-time) dat ze nodig zijn te leveren. De methode is met name gericht op het primaire proces, waarbij voortdurend gezocht wordt naar het verkorten van doorlooptijden en het reduceren of elimineren van voorraden.

Een leverancier die wil kunnen inspelen op de veranderende behoeften na invoering van een JIT-werkwijze, moet naast kennis van deze werkwijze ook de mogelijkheden hebben de sterk veranderende leveringscondities na te komen. Voorbeelden van JIT-condities zijn:

- intensieve continue informatie-uitwisseling;
- 100% leveringsbetrouwbaarheid;
- reliability engineering: 100% betrouwbaarheid en 'zero' defects;
- flexibiliteit.

Reverse auctions voor b-to-b

In business-to-business neemt de *reverse auction* of *inkoopveiling* toe in populariteit. Het is een efficiënte, kostenbesparende manier om via internet van alles in te kopen; van grondstoffen tot transportdiensten, van brandstoffen tot onderdelen. Leveranciers bieden op een contract, terwijl de prijs daalt. Wat betekenen reverse auctions voor de relatie tussen leverancier en koper? En wat voor toekomstverwachtingen kunnen we hebben van deze 'omgekeerde veilingen'? Professor Sandy Jap van MIT meent dat het fenomeen het vertrouwen van leveranciers ondermijnt.

Reverse auctions of inkoopveilingen werken in business-to-business zoals Priceline in de consumentenmarkt: niet de koper maar de leverancier is de biedende partij en de prijs zakt. Het in Pittsburgh gevestigde bedrijf Freemarkets.com mag inmiddels meer dan 20 Fortune 500 bedrijven, waaronder Procter & Gamble, tot zijn klanten rekenen. Zij staan bekend om hun excellente service; ze behartigen de belangen van de koper, maar brengen ook expertise in voor diverse branches, brengen soms zelf nieuwe toeleveranciers aan, treden als bemiddelaar op en zien erop toe dat de regels van de veiling worden nageleefd. Wereldwijd zijn er al meer dan 4 100 leveranciers bij betrokken in diverse branches op de diverse veilingsites en in het afgelopen jaar werd een totaalbedrag van ruim een miljard bespaard voor kopers. Op dit moment zit de verkoop via het net nog rond de $1 mld, maar voor 2004 wordt verwacht dat dat bedrag $2,5 mld zal zijn. Nog een paar bekende business-to-business veilingsites zijn VerticalNet en Ecumulate.

Er zijn verschillende vormen van reverse auctions. Normaal gesproken worden de deelnemende leveranciers van tevoren geselecteerd en gevraagd te bieden op een bepaalde vraag of een bepaald contract van de koper, gedurende een gelimiteerde tijd. Soms neemt er maar één koper deel, soms een groep kopers. Het bieden kan *sealed* gebeuren of *open*. Bij een *sealed bid auction* zijn de biedingen van leveranciers alleen voor de koper zichtbaar, bij *open bid auctions* zijn de biedingen openbaar.

De voordelen voor de inkopende partij zijn duidelijk. Doordat leveranciers worden gedwongen te bieden op een contract en dus proberen concurrerend te zijn, vallen er voor kopers flinke financiële besparingen te behalen op de kosten van grondstoffen, onderdelen, brandstoffen en dergelijke. Het stimuleert leveranciers om met een duidelijk onderscheidende waardepropositie te komen en te investeren in de relatie met de kopende partij, in termen van machines, human resources en dergelijke. Op die manier behouden ze niet alleen hun plaats in de rij van uitverkoren deelnemende leveranciers – het is natuurlijk ook van belang om de relatie met de koper stabiel te houden. Zo niet, dan vertrekt die bij een volgende veiling naar een goedkopere concurrent.

Verder is het voor kleinere inkopende partijen natuurlijk gunstig om met een groep te kunnen inkopen, zodat ze volumes kunnen maken die ze normaal als eenling niet halen. Bovendien is zo'n veilingsite een perfecte manier om overal verspreid zittende, niet allemaal met elkaar bekende kopers, verkopers en resellers op een efficiënte manier bij elkaar te brengen. Een unieke plaats voor *one-stop-shopping*, waardoor bijvoorbeeld ook weer kortere *cycletimes* mogelijk zijn. Plus een flinke tijdsbesparing: in plaats van een eindeloze rij leveranciers af te moeten bellen om offertes te vragen, roep je ze allemaal bij elkaar op de veiling en krijg je in één klap het overzicht.

Bron: *Tijdschrift voor Marketing*, april 2001

MRP-techniek

Een andere belangrijke 'tool' in de logistiek is de *MRP-techniek*. MRP staat voor Materials Required Planning, een planningssysteem dat de productie en inkoop plant op basis van de verwachte verkopen. De doelstellingen van MRP lopen vaak parallel aan die van JIT, namelijk: voorraadverkleining, verkorting van levertijden en doorlooptijden en een grotere flexibiliteit.

Techniek en marketing

We kunnen de laatste jaren vier trends signaleren die alles te maken hebben met de invloed van technische ontwikkelingen op het marketingbeleid:

1. Steeds meer samenwerking tussen afnemers en leveranciers.
2. Groeiende behoefte aan de inzet van commercieel-technische medewerkers.
3. Toenemende aandacht voor een adequaat serviceaanbod in samenhang met de levering van technisch-complexe producten.
4. Grote voordelen kunnen bereikt worden door optimaal gebruik van de informatie- en communicatietechnologie in de marketing, teneinde effectieve direct marketing-tools te ontwikkelen voor een intensiever relatiemanagement en accountmanagement.

Bron: H.W.C.van der Hart, *Tijdschrift voor Marketing*, april 1993 (bewerkt)

Ontwikkelingen in relatiebeheer

De genoemde trends (JIT en MRP) hebben geleid tot vergaande veranderingen in de relatie tussen de inkoper en de leverancier. De taak en functie van de leverancier ontwikkelt zich van 'magazijn' tot partner.

Relatiemanagement

Mede door de hiervoor beschreven ontwikkelingen, krijgen relatiemanagement, relatiebeheer en retentiemarketing (een vorm van marketing die gericht is op het vasthouden van de relatie) in de business-to-business-marketing een steeds prominentere plaats. Vooral bij aanbieders van homogene producten of in fel bevochten markten, is het opbouwen en onderhouden van relaties een cruciale succesfactor. Storm gaat zelfs zo ver, dat hij de 'klassieke marketingmix' vervangt door de drie R's. In de plaats van Product, Prijs, Plaats en Promotie noemt hij als de strategische instrumenten Reputatie, Relatie en Ruil. Hierbij is de reputatie de basis voor een houdbaar concurrentievoordeel dat leidt tot duurzame relaties die zodanig uitgediept kunnen worden dat de ruil voor beide partijen optimaal wordt.

Integratie en relatie

De marketeer in industriële markten moet nog veel strategischer en integraler denken dan voorheen. Hij moet vertrouwd zijn met de nieuwe wijze van werken de nieuwe vormen van relaties: netwerken, outsourcing, grote samenwerkingsverbanden, comakership, co-development et cetera. Hij moet intern met alle functies door 'de bocht kunnen'. Overigens kan men in de business-to-business-marketing niet echt spreken over 'de marketeer', die bezig is met 'de marketing van het bedrijf'. De strategische marketingfunctie bevindt zich op directieniveau en door het gehele bedrijf heen. Business marketing vereiste altijd al een sterke integratie van alle functionele gebieden in de onderneming.

Bron: H. van der Hart in een interview met F. Koopmans, in: *Tijdschrift voor Marketing*

Ontwikkelingen koopproces

Veeke behandelt de ontwikkelingen ten aanzien van het relatiemanagement in een model dat de ontwikkeling van het inkoopproces weergeeft in zes niveaus (overgenomen uit *Tijdschrift voor Inkoop en Logistiek*, oktober 1992):

Lage prijs

1 *Ieder voor zich*: accent op *lage prijs*. Op dit niveau worden de leveranciers op afstand gehouden. Ze moeten producten zo goedkoop mogelijk leveren en worden daartoe tegen elkaar uitgespeeld. Het overleg tussen leverancier en inkoper is vooral een ad hoc-onderhandeling waarbij de goedkoopste aanbieder wint. Door een tekort aan interne en externe afstemming is er veel tijdrovend aanvullend overleg nodig.

Integratie inkoop en logistiek

2 *Integreren*: *inkoop integreert met logistiek*. Ook op dit niveau zijn leveranciersrelaties nog zwak ontwikkeld en gericht op de korte termijn. Er wordt behalve over de prijs ook onderhandeld over de levertijd en productspecificaties. Het overleg is nog steeds gericht op afzonderlijke orders en leveringen.

Efficiency en besparingen

3 *Vereenvoudigen*: accent op *efficiency en besparingen*. Het inzicht dat afspraken op de lange termijn besparingsmogelijkheden bieden, leidt tot een intensievere relatie. Voor de aanbieder zit de winst in de gegarandeerde omzet, voor de afnemer in de gegarandeerde levering. Op dit niveau wordt het systematisch overleg gestart, bijvoorbeeld over afroepmomenten en -methoden.

Kwaliteit

4 *Samen plannen*: accent op *kwaliteit*. Het besef dat de kwaliteit van het eigen product toeneemt met een hoge kwaliteit van het ingekochte

product, maakt de relatie belangrijker en waardevoller. Naast het systematisch en frequent overleg over de planningen, worden productwijzigingen in een vroegtijdig stadium aan de leverancier doorgegeven. De onderneming stelt eisen aan de inrichting van het proces van de leverancier, bijvoorbeeld in de vorm van eindcontrole of het meeleveren van documenten.

Consolidatie

5 *Fijn afstemmen*: accent op *consolidatie*. Op dit niveau zijn de relaties stabiel. De belangrijke leveranciers worden door de inkoper gezien als verlengstuk van de onderneming. Op diverse gebieden wordt voortdurend over en weer informatie uitgewisseld. Engineering, Productie, In- en Verkoop werken al of niet op projectbasis samen met de leverancier aan verbeteringen. De dagelijkse informatie-uitwisseling wordt (waar mogelijk) door geavanceerde hulpmiddelen ondersteund. Mede hierdoor kunnen leverancier en afnemer de locatie en status van de goederen volgen.

Integratie

6 *Samen optrekken*: accent op *integratie*. Leverancier en afnemer zijn partners geworden. Partners die op zakelijke maar gelijkwaardige en permanente basis continu overleggen over bijvoorbeeld de prestaties, de kwaliteitsverbetering, de procesbewaking en het productontwerp.

Inkoopbeleid van de overheid

Overheidsinstellingen, zoals gemeenten, zijn verplicht diverse opdrachten conform de Europese richtlijnen aan te besteden. Drie aspecten vallen daarbij op:

- openbaarheid door middel van de publicatieplicht;
- doorzichtigheid door middel van vaste procedures en termijnen;
- geen discriminatie met betrekking tot de selectie en gunning van EU-leveranciers.

Het ontwerpproces bij Océ van der Grinten

Océ van der Grinten is een voorbeeld van een bedrijf dat een ontwerpproces hanteert, waarbij ook de leveranciers worden betrokken. Daarvoor is een duidelijk instrument gecreëerd, een variant van de inkoopportfolio, specifiek toegepast op het ontwerpproces. Op basis van twee dimensies, (ontwerp- en inkoop)risico en integrale kosten, worden kooponderdelen in een matrix gepositioneerd (zie de figuur).

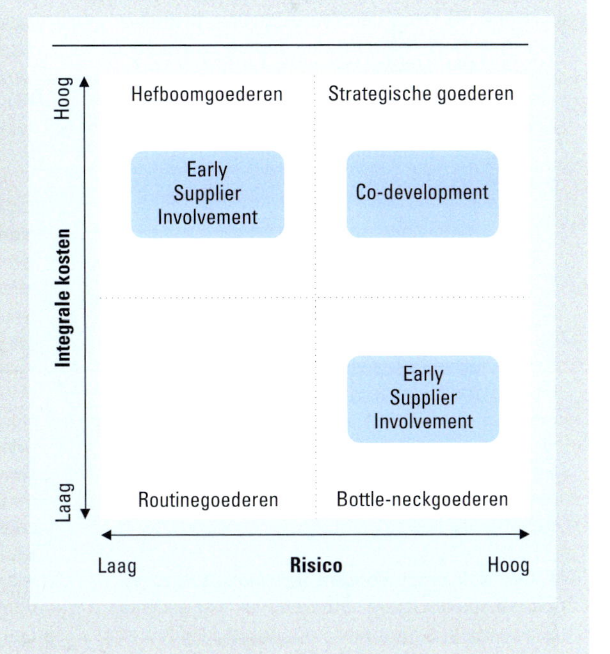

Elk van de vier categorieën die zo worden onderscheiden, leent zich voor een andere benadering in het ontwerpproces. De leveranciers van strategische goederen worden zoveel en zo vroeg mogelijk bij het ontwerpproces betrokken. Dit geldt in iets mindere mate voor de leveranciers van hefboom- en bottleneckgoederen. Leveranciers van routinegoederen worden niet of nauwelijks betrokken bij het ontwerpproces.

Bron: B.Pothast, 'Portfoliobenadering in de ontwerpfase', *Tijdschrift voor Inkoop & Logistiek*

Openbare en onderhandse aanbesteding

Als iedere leverancier een aanbieding kan uitbrengen, spreken we van een *openbare aanbesteding*. Wordt echter een beperkt aantal aanbieders uitgenodigd, dan is er sprake van een *onderhandse aanbesteding*.

We onderscheiden de volgende aanbestedingen:

Open aanbestedingen

- *Open aanbestedingen*. Hierbij kunnen belangstellende leveranciers tot een bepaalde datum op informele wijze, schriftelijk of mondeling een offerte uitbrengen. Na onderhandelingen en aanpassingen in de oorspronkelijke offerte, wordt uiteindelijk een keuze gemaakt.

Gesloten aanbestedingen

- *Gesloten aanbestedingen*. Hierbij worden leveranciers uitgenodigd een schriftelijke, gesloten offerte uit te brengen op de specificaties, die in de zogenaamde Request for Proposal zijn opgenomen. Daarbij gaat het om bijvoorbeeld de uiterste inleverdatum, de onderdelen van de offerte, de levertijden, de betaling, de garantie, de installatie, de training en de certificering. Alle offertes worden op een vooraf afgesproken tijdstip geopend. Het contract wordt toegekend aan de laagste aanbieder.

Bezoekersgedrag op vakbeurzen

De bezoekersgerichte aanpak van vakbeurzen, door zowel organisatie als exposanten, wordt onderstreept door het onderzoek dat Karoline Wiegerink deed onder 644 bezoekers van dertig verschillende vakbeurzen in Nederland. De volgende bezoekerstypen werden waargenomen.

Door middel van een clusteranalyse, die betrekking had op de variabelen vakbeursbezoekdoelstellingen, tijdsbesteding vakbeursbezoek, follow-up en satisfactie zijn er zes typen beursbezoekgedrag te onderscheiden. Deze typen hebben gedragstyperende benoemingen gekregen:

- oriënterende slenteraar (23,8% van het bij aankoop betrokken vakbeursbezoek)
- doelgerichte informatieverzamelaar (21,1%)
- netwerker (19,5%)
- anti-beursbezoeker (19,1%)
- transactiegerichte bezoeker(12,1%)
- seminarganger (4,3%).

De *oriënterende slenteraar* wil zich breed informeren op alle fronten. Zijn voornaamste activiteit is oriëntatie. Zijn follow up-activiteiten beperken zich tot het bij thuiskomst nog eens doornemen van de verzamelde informatie. Al met al kunnen we hem typeren als een oppervlakkige bezoeker, die zijn (niet duidelijk gedefinieerde) doelen niet of slecht weet te realiseren en daarom ook eerder een negatieve kijk op beursbezoek heeft.

Anders is de groep *doelgerichte informatieverzamelaars*. We hebben hier te maken met zeer gerichte beursbezoekers, gestuurd door duidelijke doelstellingen in termen van het zoeken, beoordelen en selecteren van (nieuwe) leveranciers. Het beursbezoek wordt intensief voorbereid. De vele standbezoeken die deze groep aflegt zijn van tevoren gepland. Dit gerichte beursbezoek leidt tot relatief veel transacties in termen van offerteaanvragen en orders. De evaluatie van het beursbezoek valt positief uit.

De *netwerker* gebruikt het beursbezoek voor relatieonderhoud door middel van persoonlijke contacten. Zijn bezoekdoelstellingen worden gedomineerd door relatiedoelen; hij voert inhoudelijke gesprekken op de beursvloer, die van tevoren goed zijn gepland en van alle typen verblijft hij het langst op de beursvloer. Dat het beursbezoek op zichzelf staat, blijkt uit het feit dat er nagenoeg geen follow up-acties volgen. De netwerker is een tevreden beursbezoeker, die zijn doelstellingen het beste realiseert.

De *anti-beursbezoeker* springt in het oog vanwege zijn algehele negativisme. Geen beursbezoekdoelstellingen van belang, geen voorbereiding, slentert oriënterend rond, blijft niet lang en legt nauwelijks contacten. Het beursbezoek zal ook gauw weer uit zijn gedachten verdwijnen. Het lijkt erop dat beursbezoek voor deze categorie een 'verplicht nummer' is.

Het beursbezoek van de *transactiegerichten* is erop gericht transactiedoelstellingen te realiseren. Dit wordt bereikt door veel tijd te besteden aan gerichte informatieverzameling en een groot aantal standbezoeken. Het beursbezoek wordt goed voorbereid en leidt tot een intensieve transactiefollow-up. Hiermee is deze groep in staat zijn doelstellingen goed te realiseren en wordt de waarde van het beursbezoek dan ook hoog beoordeeld.

Ten slotte zijn er de *seminargangers*, die hun benaming te danken hebben aan hun hoge aandeel in het seminar- en lezingenbezoek. De seminarganger komt voor de 'inhoud' van de beurs. Het inwinnen van informatie voorafgaand aan het beursbezoek en nieuwe informatie door terugrapportage en terugkoppeling 'delen' met zijn organisatie zijn kenmerkend voor het gedrag van dit type bezoeker. De seminarganger beoordeelt het beursbezoek erg positief.

Bron: *NieuwsTribune*

5.4 Het koopcentrum (DMU)

Een industrieel bedrijf loopt met de aankoop en invoer van een nieuw geautomatiseerd informatiesysteem een groot risico. Het aankoopbedrag is hoog, de invoertijd is lang en gecompliceerd en de informatie die het systeem oplevert moet absoluut betrouwbaar zijn. Bij de aankoop van een dergelijk systeem zullen dan ook veel mensen betrokken zijn: de inkopers, de gebruikers, de afdelingen Informatiebeheer, Financiën, Logistiek, Marketing, Productie, de directie enzovoort. Samen vormen deze mensen en afdelingen het zogenaamde koopcentrum.
Zoals dit voorbeeld illustreert, heeft de marketeer die opereert op de industriële markt zelden te maken met één zakenpartner. Hij wordt geconfronteerd met een vaak ondoorzichtig koopcentrum, waarbinnen verschillende mensen, elk met eigen wensen en behoeften, opereren.

Decision Making Unit (DMU)

Het koopcentrum, ook wel *Decision Making Unit* of kortweg DMU genoemd, is de tijdelijke of permanente groep in een organisatie die zich bezighoudt met de aankoopbeslissing omtrent een bepaald product of bepaalde dienst.

Functies binnen het koopcentrum

Het koopcentrum bestaat in het algemeen uit ten minste drie personen die afkomstig zijn uit diverse onderdelen van de organisatie zoals Marketing, Productie, Research & Development, Financiën, Management en natuurlijk Inkoop.

Rollen in de DMU

Deze personen kunnen binnen de DMU verschillende rollen spelen:

Beïnvloeders

- *Beïnvloeders*. Vaak zijn dat personen die indirect met het aan te kopen product te maken krijgen en/of de uiteindelijke hoofdgebruikers zijn, zoals technici, ontwikkelaars en ontwerpers. Mogelijke koopmotieven/gezochte voordelen van de beïnvloeders: gemakkelijk te onderhouden, technisch geavanceerd, passend in bestaande configuratie.

Kopers

- *Kopers*. Daartoe behoren personen die bevoegd zijn de koop af te sluiten, vaak het hoofd Inkoop of de procuratiehouder (financiële procesbewaker). Mogelijke koopmotieven/gezochte voordelen van de kopers: heldere leveringsvoorwaarden, betrouwbare leverancier.

Gebruikers

- *Gebruikers*. De groep hoofdgebruikers van het product wier invloed afhankelijk is van de aard van het product. Zo zullen gebruikers van hard- en software vaker betrokken worden in het koopproces dan bijvoorbeeld 'gebruikers' van grondstoffen zoals ijzererts. Mogelijke koopmotieven/gezochte voordelen van de gebruikers: gebruikersvriendelijkheid, goede aftersales, aansluitend bij bestaande producten en vaardigheden.

Binnen een DMU hebben de deelnemers een verschillende rol, namelijk die van beslisser, beïnvloeder, (in)koper en gebruiker. De DMU heeft afhankelijk van de klant of klantengroep een heterogeen karakter. Naarmate het orderbedrag hoger is, en de organisatie kleiner is, wordt de koopbeslissing hoger in de organisatie genomen. In tabel 5.5 wordt een voorbeeld gegeven van klantengroepen c.q. segmenten van organisaties, die het drukken van boeken, bladen, gidsen en sponsored magazines aan een drukkerij uitbesteden. De (eind)gebruiker (dit is de lezer) speelt natuurlijk in dit voorbeeld geen rol in de DMU.

Tabel 5.5 **Een voorbeeld van de rolverdeling binnen een DMU**

Klantengroep	Beslisser	Beïnvloeder	(In)koper
Grote profituitgever	Inkoper, uitgever	Redactie	Inkoper
Kleine profituitgever	Directeur, uitgever	Redactie, traffic manager	Directeur
Non-profituitgever	Marketing, PR, directie	Reclamebureau	Inkoper
Verenigingen e.d.	Bestuur, PR	Adviseur, redactie	Redacteur, secretaris
Winkelketen	Marketing	Reclamebureau	Inkoper, productmanager
Catalogi-uitgever	Marketing	Reclamebureau	Inkoper, productmanager

Beslissers

- *Beslissers.* Meestal één persoon die het fiat tot aankoop kan en mag geven. Mogelijke koopmotieven/gezochte voordelen van de beslisser: optimale bijdrage aan bedrijfsdoelstelling, 'value for money'.

Gatekeepers

- *Gatekeepers.* Betreft de personen, in de meeste gevallen de inkopers, die de informatie over het aan te kopen goed naar het koopcentrum leiden en op deze manier de mogelijkheid hebben informatie vooraf te filteren en zo de 'poort te bewaken'. Mogelijke koopmotieven/gezochte voordelen van de gatekeepers: persoonlijke ambities en relaties.

Overigens kan één persoon meerdere rollen tegelijk spelen. In een uiterst geval is dit de directeur die de inkoop volledig solitair verricht. Ook kan het voorkomen dat één rol door meerdere personen, bijvoorbeeld door een afdeling, gespeeld wordt.

DMU en Van Ellem

Van Ellem kent twee grote afnemersgroepen: de grossiers en de supermarktketens. Bij deze partijen zal Van Ellem zaken doen met ervaren inkoopteams, waarin vertegenwoordigers van diverse disciplines hun eigen rol spelen. Het is de uitdaging voor Van Ellem al deze partijen in de DMU te kennen en op hun specifieke vragen en behoeften in te spelen. Zo is de categorymanager van een supermarktketen niet echt geïnteresseerd in het aanbod van Van Ellem, maar is hij extra gevoelig voor cijfers die aantonen dat het snoepschap veel rendement oplevert. De persoon die de winkelformule bewaakt zal willen weten of Van Ellem past in zijn formule.

Externe partijen

Naast de genoemde rollen kunnen ook externe partijen, zoals afnemers, Arbo- en veiligheidsfunctionarissen en verzekeringsmaatschappijen tot de DMU gerekend worden. In gecompliceerde inkoopprocessen zullen zelfs gespecialiseerde adviseurs of makelaars ingeschakeld worden.

De taak en verantwoordelijkheid van het koopcentrum wordt vaak duidelijk uit de posities van de verschillende DMU-leden in de organisatiestructuur, zoals deze blijken uit bijvoorbeeld een organogram.

Benaderen van het koopcentrum

Voor de marketeer is het koopcentrum een groep afnemers die bestaat uit meerdere personen en partijen die elk eigen behoeften hebben. Voor de aanbiedende marketeer is het de taak de onderscheiden wensen en behoeften te kennen, te herkennen en erop te anticiperen. Dit betekent dat – na identificatie van de partijen in het koopcentrum – de koopmotieven van de verschillende partijen vastgesteld dienen te worden.

Communicatiestrategie

Vervolgens kan, per partij van het koopcentrum, een adequate marketing- en *communicatiestrategie* opgesteld worden. Onderdelen van deze strategie zijn de verschillende soorten informatie die een leverancier uit kan zenden in de richting van bijvoorbeeld de koper, de benvloeder of de beslisser. Deze informatiestromen kunnen onderscheiden worden op doel en persoonlijkheidsfactor:

- commerciële persoonlijke informatie van de accountmanager;
- commerciële onpersoonlijke informatie, zoals brochures, mailingen en advertenties;
- niet-commerciële onpersoonlijke informatie in pr-activiteiten.

De aanbieder moet zich wel realiseren dat hij alleen de informatie die hij zelf uitzendt kan sturen en beheersen. De andere informatiebronnen van de DMU, zoals de concurrenten en onafhankelijke onderzoeksinstituten, vallen vrijwel geheel buiten zijn invloedssfeer.

Vakbladreclame in industriële markten

'Business-to-businessmarkten, waar laaggeprijsde en technisch eenvoudige producten worden aangeboden, waarvan het aanschafrisico gering is, lijken op consumentenmarkten', aldus één van de conclusies uit het in opdracht van Misset Uitgeverijen samengestelde rapport over vakbladreclame in industriële markten.
'In deze markten zijn persoonlijke communicatiemiddelen, zoals de beurs en telefonische of persoonlijke verkoop niet nodig en niet efficiënt. Vakbladreclame vormt hier in de praktijk het enige communicatiemiddel.'
'Ook in markten waar dure en technisch ingewikkelde producten met een hoog aanschafrisico worden aangeboden, speelt vakbladreclame een centrale rol', aldus Misset. 'Vakbladreclame zorgt voor een hoge bekendheid en een goede reputatie van de leverancier, waardoor de directe communicatiemiddelen hun werk op een effectieve manier kunnen doen'. Met andere woorden: in deze situatie is de betekenis van vakbladreclame aanvullend c.q. versterkend. Het rapport vervolgt: 'Bovendien zorgt vakbladreclame ervoor dat functionarissen worden bereikt, die door de direct marketing-communicatiemiddelen niet bereikt kunnen worden. Deze centrale rol van vakbladreclame brengt met zich mee dat er een sterk verband is tussen vakbladreclame en omzet: wanneer er meer vakbladreclame wordt gemaakt worden de direct marketing-communicatiemiddelen effectiever en de omzet groter.'

Bron: J.Ligthart, *Vakbladreclame. De motor van uw communicatie*, Misset Uitgeverijen, Doetinchem, 1991

Verkoopcentrum

In de communicatie met de organisatie speelt de vertegenwoordiger of accountmanager van de aanbieder een prominente rol. Afhankelijk van de complexiteit van het product en de koopsituatie kan hij zich laten assisteren door specialisten uit zijn eigen organisatie, zoals technici, bedrijfseconomen en ergonomen.

PSU

Op deze manier vormt hij samen met zijn interne adviseurs een verkoopcentrum, ook wel *Problem Solving Unit* (PSU) genoemd.

De PSU wordt gedefinieerd als een groep specialisten die geformeerd is om een product te verkopen aan een andere organisatie. Een taak van de PSU is bijvoorbeeld het verzorgen van het engineeringproces, waarbij de eisen van de afnemer worden vertaald naar een technisch haalbare oplossing. Engineering speelt met name een rol als de aanbieder tracht een geavanceerde technologie te vertalen in een oplossing van klantenproblemen (hightechmarketing).

De PSU is de tegenhanger van de DMU (zie figuur 5.2) en kan bestaan uit functionarissen van verschillend niveau en afkomstig uit verschillende disciplines. Net als bij de DMU kunnen ook externe partijen deel uitmaken van de PSU. Een zeer geloofwaardige externe partij wordt gevormd door tevreden klanten die, op verzoek van de vertegenwoordi-

Figuur 5.2 **Het op elkaar afstemmen van de PSU en de DMU**

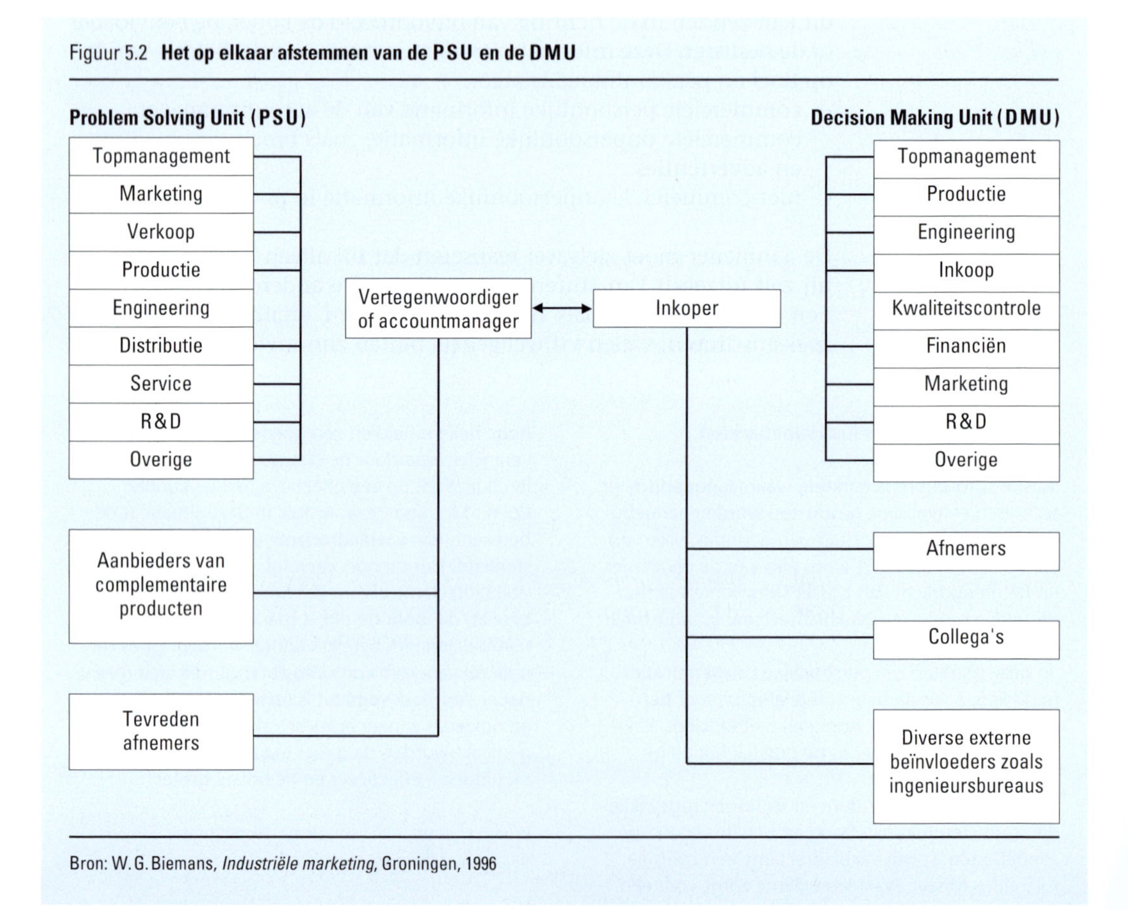

Bron: W.G. Biemans, *Industriële marketing*, Groningen, 1996

ger, vaak bereid zijn een testimonial te verzorgen, bijvoorbeeld door aan het woord te komen in een Sponsored Magazine of door de potentiële afnemer een demonstratie te geven.

De coördinatie van de PSU ligt vaak in handen van de vertegenwoordiger of accountmanager. Naast het verzamelen van de specialisten, het leggen van de contacten en het managen van de samenwerking heeft hij ook als taak de eenduidigheid van de 'boodschap' te bewaken. Voor traditionele verkopers betekent deze transformatie van verkoper naar klantaanpasser of klantontwikkelaar vaak een complete omschakeling.

Het klantenteam

Samenwerking in het belang van de klant is het voornaamste doel van een klantenteam. Voor de klant is het prettig te merken dat meerdere medewerkers van zijn situatie op de hoogte zijn en dat er wordt ingespeeld op zijn vragen en wensen. In de praktijk blijkt dit echter niet altijd het geval te zijn. Klantcontacten zijn vaak niet volledig in kaart gebracht en informatie over klanten wordt te weinig uitgewisseld. Niet alleen contacten van de accountmanager en marketingmedewerkers bepalen het imago van een organisatie, maar ook contacten van mensen van de technische dienst, het callcenter en de receptie. De klant baseert zijn mening immers altijd op ervaringen. Het is daarom van belang de klant het gevoel te geven dat hij een partner is en geen nummer. Bedrijven moeten een relatie opbouwen met hun klanten en laten zien, dat ze met hen meedenken.

Werken met klantenteams levert ook veel op voor de eigen organisatie. Gestructureerd werken aan het verbeteren van de klanttevredenheid, aan het signaleren van verkoopkansen en aan het uitwisselen van informatie zorgt voor een effectief en efficiënt verkoopapparaat. Het geeft de mogelijkheid de inspanningen van marketing en sales meetbaar te maken.

Bron: S. van der Graaf, Het klantenteam. Multidisciplinaire teams behartigen belangen klant, in: *Tijdschrift voor Marketing*, april 1998

5.5 De intrapersoonlijke stimuli

In de voorafgaaande paragrafen is uitgebreid ingegaan op de invloed van de plaats en functie van de inkoper. Naast deze organisatorische karakteristieken spelen ook de individuele karakteristieken van de leden van de DMU een rol in het aankoopgedrag. Kennis, houding, karakter, ervaring en ambitie zijn voorbeelden van dergelijke persoonlijke karakteristieken die leiden tot individuele of intrapersoonlijke koopmotieven. Hierbij kan een onderscheid gemaakt worden tussen taakgebonden en niet-taakgebonden koopmotieven.

Taakgebonden koopmotieven

Taakgebonden koopmotieven zijn motieven die direct voortvloeien uit de taak van de functionaris. Bij de beschrijving van de diverse rollen in het koopcentrum zijn al vele van dergelijke motieven genoemd. Het belangrijkste taakgebonden koopmotief voor de inkoper is een goede prijs/prestatieverhouding. Steeds vaker stellen inkopers de te leveren prestaties van een te kopen product nauwkeurig vast en gebruiken de gespecificeerde indicatoren bij de selectie, keuze en evaluatie van het product.

Niet-taakgebonden koopmotieven

Niet-taakgebonden koopmotieven komen veelal voort uit de persoonlijke eigenschappen van de betrokken functionaris. Voorbeelden hiervan zijn het streven naar status, het vermogen en de drang om risico's te nemen, de 'drive' voor incentives (beloningen aan afnemers) en het zoeken naar vriendschap. Er zijn theorieën die stellen dat het merendeel van de koopbeslissingen op emotionele motieven terug te voeren is. De toenemende homogeniteit van producten zal dit in de toekomst nog versterken. Dit betekent voor de marketeer de uitdaging om de psychologische behoeften van de leden van de DMU te leren kennen, om er vervolgens adequaat op in te kunnen spelen.

5.6 Het industrieel koopproces

Fasen industrieel koopproces

Het industrieel koopproces is op verschillende manieren in kaart te brengen. Ogilvie en Groenenboom verdelen het proces in drie fasen:
1 ontdekking van de behoefte;
2 technische en technologische beslissing;
3 investeringsbeslissing.

Inter- en intrabedrijfsactiviteiten

Een andere verdeling is gebaseerd op het contact tussen aanbieder en afnemer. Daarbij wordt het koopproces verdeeld in:
- *interbedrijfsactiviteiten*, waarbij direct contact bestaat tussen aanbieder en afnemer;
- *intrabedrijfsactiviteiten*, waarbij dit directe contact ontbreekt.

Biemans komt, in navolging van de *Stuurgroep Inkoopontwikkeling*, tot een industrieel koopproces in elf stappen. Deze stappen zijn in drie fasen gegroepeerd.

I *Product- en markttechnische fase*
1 Probleemherkenning. De afnemer wordt zich bewust van een probleem: een onvoldoende bevredigde behoefte die om een oplossing vraagt.
2 Vaststellen specificaties. De afnemer probeert de behoefte zo nauwkeurig mogelijk in kaart te brengen.
3 Bepaling gewenste hoeveelheid. De afnemer specificeert naast de kwaliteit ook de tijd en hoeveelheid van het gewenste product.

II *Commerciële fase*
4 Selectie potentiële leveranciers. De afnemer gaat na welke aanbieders in zijn behoefte kunnen voorzien en komt eventueel tot een shortlist. In voorkomende gevallen moet de afnemer kiezen uit een beperkt aantal approved vendors: leveranciers die in een eerdere fase (meestal door de afdeling inkoop) geselecteerd zijn.
5 Aanvragen offertes. De afnemer vraagt verschillende aanbieders een offerte uit te brengen. In deze offerte dienen naast de prijs ook de overige condities en productspecificaties opgenomen te zijn.
6 Evaluatie offertes. De offertes worden, vaak op basis van vooraf opgestelde criteria, beoordeeld.
7 Onderhandelingen. In de onderhandelingsfase geven de offrerende partijen een toelichting op hun aanbod en geven zij tevens aan wat de speelruimte is op het gebied van prijs en condities.
8 Leverancierskeuze.

III *Administratieve fase*
9 Opstellen contract. De afnemer en aanbieder leggen hun afspraken vast in een contract. Aandachtspunten hierbij zijn bijvoorbeeld:

prijs, leveringsdata, boeteclausules, afroepcondities, leveringsadressen, garantieregelingen, looptijd, betalingsvoorwaarden, garantiestellingen, enzovoort.
10 Orderbewaking. De afnemer houdt toezicht op naleving van het contract.
11 Evaluatie. Tijdens of na de levering/contractperiode worden levering en afspraken geëvalueerd.

Deze elf stappen zijn opgenomen in tabel 5.6.

Tabel 5.6 **Het industrieel koopproces van organisaties**

	Aandachtspunten voor de onderneming	**Fase van het inkoopproces**	**Aandachtspunten voor de verkopende onderneming**
I Product- en markttechnische fase	Identificatie van behoefte op verschillende plaatsen binnen onderneming	1 Probleemherkenning	Bewustmaken van problemen; inleven in de situatie van de klant; aanbieden van pasklare probleemgerichte oplossing
	Door technici vertalen van functionele eisen van onder meer gebruikers	2 Vaststellen specificaties	Bieden van gespecialiseerde technische kennis; beïnvloeden van specificaties; assistentie bij waardeanalyse
	Huidige activa; historisch c.q. verwacht gebruik; productieplanning	3 Bepaling gewenste hoeveelheid	Assistentie op basis van ervaring met voorgaande leveringen; vergelijking met andere afnemers
II Commerciële fase	Combinatie van interne informatie (ervaring) en externe (marktonderzoek, publicaties, collega's)	4 Selectie van potentiële leveranciers	Geïntegreerd gebruik van marketinginstrumenten; relatiemanagement; vertrouwen wekken met realistische beloften
	Bepalen van het aantal offertes, verschaffen van duidelijke specificaties	5 Aanvragen offertes	Beïnvloeden van de aanvraag; exact afstemmen van offerte op aanvraag; suggereren van verbeteringen
	Combineren/afwegen van verschillende criteria en belangen; verzoek om aanvullende informatie	6 Evaluatie offertes	Voortdurend contact met kopende onderneming; op verzoek leveren van aanvullende informatie en aanpassen van de offerte
	Betreft voornamelijk prijzen en leveringsvoorwaarden	7 Onderhandelingen	Tonen van een flexibele opstelling; wekken van vertrouwen; relatiemanagement
	Combineren/afwegen van verschillende criteria en belangen; single versus dual en multiple sourcing	8 Keuze leverancier(s)	Voortdurend contact met de kopende onderneming; flexibele opstelling; tonen van betrokkenheid
III Administratieve fase	Eenmalige levering versus raamcontract; juridische aspecten	9 Opstellen contract	Juridische aspecten; heldere en ondubbelzinnige afspraken; eventueel exclusiviteit
	Toezicht door inkoop	10 Orderbewaking	Levering volgens overeengekomen voorwaarden; inkoop op de hoogte houden van de voortgang; verwachte problemen direct melden
	Input voor continue leveranciersbeoordeling; evaluatie product	11 Evaluatie en terugkoppeling	Oplossen van problemen; klachtenbehandeling; marktinformatie; mogelijkheden tot productverbetering

Bron: W.G.Biemans, *Industriële marketing*, Groningen, 1996

Buygrid of aankoopmatrix

Om als aanbieder grip te krijgen op het inkoopproces van de afnemers en prospects is het zaak het belang van de verschillende stappen uit het inkoopproces op waarde te schatten. Zo zal een klein bedrijf dat nieuwe bureaustoelen in wil kopen een ander proces doorlopen dan een groot bedrijf dat de aanschaf van een compleet nieuwe productlijn overweegt.

Door het industrieel aankoopproces te koppelen aan de onderscheiden koopsituaties (new task buy, modified rebuy, straight rebuy) ontstaat de zogenaamde buygrid of aankoopmatrix. Uit deze matrix blijkt welke fase bij welke koopsituatie een rol speelt. De matrix is een sterk vereenvoudigde weergave van de werkelijkheid. Belangrijke factoren die wel invloed op het inkoopproces hebben maar die niet meetellen zijn bijvoorbeeld de productcomplexiteit, de commerciële onzekerheid, het risico dat de inkoper loopt en de grootte van het bedrijf.

Voor ieder vakje dat een combinatie van een koopsituatie en koopfase aangeeft, moet de aanbieder zich afvragen of de combinatie van toepassing is, welke personen hierop invloed hebben, welke motieven zij hebben, welke criteria zij gebruiken en welke informatiebronnen zij raadplegen. Met deze informatie kan vervolgens de marketingstrategie ontworpen worden. De buygrid, die Kotler overneemt van Robinson, Faris en Wind, is opgenomen in tabel 5.7.

Tabel 5.7 **Buygrid**

	EA	GH	OH
Probleemherkenning	ja	?	nee
Beschrijving behoefte	ja	?	nee
Productspecificatie	ja	ja	ja
Leveranciersoriëntatie	ja	?	nee
Aanvraag leveranciersvoorstel	ja	?	nee
Leveranciersselectie	ja	?	nee
Order-routinespecificatie	ja	?	nee
Prestatiebeoordeling	ja	ja	ja

EA = Eerste Aankoop (new task buy)
GH = Gewijzigde Heraankoop (modified rebuy)
OH = Ongewijzigde Heraankoop (straight rebuy)

Concurrentieanalyse en -strategie

6

De belangstelling voor concurrentieanalyse neemt toe. Deze toename wordt hoofdzakelijk verklaard door een tweetal factoren. In de eerste plaats door een lage groei of nulgroei in veel markten, in de tweede plaats door een toenemende concurrentie uit het buitenland die onder meer verklaard wordt door de komst van de euro, het opheffen van handelsbarrières, het verbod op kartelvorming, de opkomst van Oost-Europese landen en de met deze factoren verband houdende tendens tot 'global competition'.
Een toenemend aantal concurrenten op nauwelijks groeiende markten leidt altijd tot een hevige strijd. Groei in omzet en/of marktaandeel kan immers in zo'n situatie alleen worden gerealiseerd ten koste van andere marktparticipanten. Een helder inzicht in sterktes en zwaktes van de concurrenten is voor groei dan ook noodzakelijk. Anderzijds is inzicht in de kracht van de concurrenten ook noodzakelijk uit defensief oogpunt. Van wie kan een aanval verwacht worden en met welke middelen?
In paragraaf 6.1 wordt ingegaan op het nut en het doel van de concurrentieanalyse. Vervolgens wordt in paragraaf 6.2 ingegaan op de identificatie van de concurrenten. In paragraaf 6.3 worden de belangrijkste stappen beschreven om tot een goede analyse van de geïdentificeerde concurrenten te komen. In paragraaf 6.4 komen we tot de conclusie dat concurrentieanalyse en concurrentiestrategie onlosmakelijk met elkaar verbonden zijn. Ten slotte worden in paragraaf 6.5 de zogenaamde marktleiderschapsstrategieën behandeld.

6.1 Doel concurrentieanalyse

Met een concurrentieanalyse probeert een ondernemer *inzicht* te verkrijgen in de offensieve en defensieve vermogens van de concurrenten. Een concurrentieanalyse zal dan ook antwoord moeten geven op vragen; zoals:

Offensief
1 Wie zijn de voornaamste concurrenten?
2 Welke van de voornaamste concurrenten kunnen worden aangevallen?
3 Op welke manier moet worden aangevallen?
4 Hoe zal de concurrentie op de aanval reageren?

Defensief
1 Van welke concurrenten kan een aanval worden verwacht?
2 Hoe zal de aanval eruit zien?

Reactie van concurrenten

Bij een offensieve actie is het van belang te weten hoe de reactie van concurrenten zal zijn. Een aanval zal immers altijd reacties oproepen. Het is nuttig reeds bij het overwegen van een aanval te onderzoeken hoe de concurrent zal reageren.
Zo zal een prijsverlaging van aanbieder A vermoedelijk direct tot een prijsverlaging bij concurrent B leiden. Dit leidt weer tot een prijsverlaging bij A enzovoort. Als onderneming A financieel draagkrachtiger is dan haar concurrent B en bovendien over kostenvoordelen beschikt, kan een dergelijke *prijzenoorlog* uittreding van concurrent B tot gevolg hebben. Dit kan voor aanbieder A het gewenste effect zijn. Maar het kan ook anders lopen. Aanbieder B kan, door de prijzenoorlog, samenwerking zoeken met concurrent C en zo een machtsblok tegenover A vormen. Aanbieder A moet terdege inzicht hebben in de positie van de concurrenten B en C alvorens hij aan een prijzenoorlog begint. Als tijdens de prijzenoorlog blijkt dat B, dankzij de samenwerking met C, een sterkere financiële buffer heeft dan werd ingeschat, kan de zaak voor A slecht aflopen.

Prijzenoorlog

Het is overigens opmerkelijk dat ondanks het sterk toegenomen belang van de concurrentieanalyse, veel met name kleine en middelgrote bedrijven zich in de praktijk tot een oppervlakkige analyse beperken. In het denken van het management over concurrenten zijn vaak gevaarlijke vooronderstellingen ingeslopen, zoals: 'Concurrenten kunnen niet systematisch worden geanalyseerd', of: 'We weten alles van onze concurrenten af, omdat we elke dag met hen concurreren.' Veelal dekken dergelijke veronderstellingen slechts een gedeelte van de realiteit af. Wel is het vaak erg moeilijk betrouwbare gegevens, die nodig zijn voor een grondige analyse van een concurrent, te verzamelen. De meeste bedrijven verzamelen de gegevens niet op systematische wijze en handelen op basis van indrukken, gissingen en intuïtie.

Uw persoonlijke aanvraag

Vertrekplaats: Amsterdam
Bestemming: London (all airports)
Vertrek: 07-03-2003
Terug: 09-03-2003

12 retour vliegtarieven gevonden. U ziet vliegtarieven 1 tot 12.

Vertrek	Aankomst	Maatschappij	Volw €	Klasse
Selecteer maximaal vijf vliegtarieven om de beschikbaarheid te bekijken.				
Amsterdam	London, Heathrow	KLM	140,00	Economy
Amsterdam	London, Heathrow	KLM	140,00	Economy
Amsterdam	London, City Airport	KLM	160,00	Economy
Amsterdam	London, Heathrow	KLM	180,00	Economy
Amsterdam	London, Heathrow	KLM	180,00	Economy
Amsterdam	London, City Airport	KLM	200,00	Economy
Amsterdam	London, Heathrow	KLM	270,00	Economy
Amsterdam	London, Heathrow	KLM	357,00	Economy
Amsterdam	London, Heathrow	KLM	409,00	Business
Amsterdam	London, City Airport	KLM	409,00	Economy
Amsterdam	London, City Airport	KLM	465,00	Economy
Amsterdam	London, Heathrow	KLM	502,00	Business

Deze retour vliegtarieven zijn per persoon zonder luchthavenbelasting en overige toeslagen.

Een voorbeeld van een vergelijkende site: www.vliegwinkel.nl

Competitive intelligence

Grote bedrijven hebben ten behoeve van de concurrentieanalyse vaak een afdeling of functionaris die belast is met de zogenaamde *competitive intelligence*. Deze afdelingen hebben een scala aan bronnen ter beschikking zoals producten van de concurrent, jaarverslagen, websites met vergelijkende prijzen, persmedia (dagbladen, tijdschriften et cetera) en branchegegevens. Ondernemers uit Japan staan bekend om hun scherpe kijk op de ontwikkelingen bij de concurrent. Japanners schromen niet om een kijkje te nemen bij de concurrent en het zelf vervolgens beter aan te pakken. Op deze manier besparen zij zich 'de uitvinding van het wiel' en kunnen zij zich volledig toeleggen op het perfectioneren van een concept dat zich al bewezen heeft. De 'imitatiestrategie' was zeer succesvol tot medio jaren negentig van de vorige eeuw. Daarna bleek deze strategie geen afdoende concurrentiestrategie te zijn, om als onderneming een core competence te bereiken. Zie ook paragraaf 1.5.

Benchmarking

Twee bijzondere vormen van competitive intelligence zijn benchmarking en bedrijfsspionnage. *Benchmarking* is een concurrentieonderzoektechniek die ingezet kan worden om de concurrentiekracht te vergroten. Het is een systematisch proces met als doel de 'besten van de branche' na de analyse te evenaren of te overtreffen. De basis van benchmarking is een vergelijkende prestatiemeting op deelgebieden tussen de eigen onderneming en andere ondernemingen.

Benchmarkingproces

In het benchmarkingproces kunnen we de volgende stappen onderscheiden:

1 Ga na welke kernprocessen in de eigen onderneming verbeterd moeten worden.

2 Analyseer die kernprocessen van de eigen onderneming of het product, die de afnemersperceptie beïnvloeden.
3 Selecteer benchmarkkandidaten, die vergelijkbare processen hebben, ongeacht de bedrijfstak.
4 Meet de performance van de *best in class* benchmarkkandidaat en meet de performance van de eigen onderneming. Wat is de kloof?
5 Specificeer een activiteitenplan om deze kloof te dichten c.q. te overtreffen.
6 Implementeer de activiteiten en monitor de resultaten.
7 Evalueer en pas feedback toe.

Relatieve prestatie

Uit het benchmarkproces komt de *relatieve prestatie* van de eigen onderneming en de prestatie van de 'beste' onderneming naar voren. Benchmarkinganalyse vindt vaak plaats op specifieke terreinen, zoals logistiek en communicatie. Veelal bevinden de referentiebedrijven zich buiten de branche waarin de benchmarker opereert. Door buiten de eigen branche te onderzoeken, vergroot de benchmarker de kans dat hij relevante informatie boven tafel krijgt en onderscheidende innovatie op het spoor komt. Een voorbeeld van benchmarking wordt gegeven in tabel 6.1.

Tabel 6.1 **Benchmarking van de vier grootste aanbieders van aanhangwagens**

Factoren	Boedelwagen	All Car	Bo-Rent	Handy Car
Marktaandeel volume in %	55,8	0,9	10,2	3,6
Omzet x 1.000	5.500	250	1.350	350
Omzetontwikkeling	dalend	gelijk	stijgend	dalend
Winstontwikkeling	dalend	gelijk	stijgend	dalend
Aantal wagens	1.200	97	520	145
Verhuurlocaties	240	15	50	29
Dealermarge in %	20 + bonus	20	22	21 + bonus
Gemiddelde prijs (excl. BTW)	25	22,75	22,75	25,50
Kostenstructuurindex	100	85	75	70
TOMA van 1-10	7,5	5,5	7,5	6
Kwaliteit wagens	goed	matig	goed	goed
Kwaliteit personeel	goed	matig	goed	matig
Promotiebudget × 1.000	200	20	75	55
Aantal typen wagens	6	4	2	6
Geografische ligging	landelijk	regionaal	landelijk	regionaal

Bedrijfsspionage

Bedrijfsspionage is een niet-toegestane doch wel toegepaste vorm van concurrentieanalyse waarbij de ondernemer informatie bij de concurrent 'steelt'. Dit kan bijvoorbeeld in de vorm van het omkopen van personeel of het stelen van documenten. Een geruchtmakend voorbeeld van vermeende bedrijfsspionage is de zaak Lopez. De heer Lopez wordt ervan beschuldigd bij zijn omstreden transfer van GM naar Volkswagen een schat aan vitale bedrijfsinformatie meegenomen te hebben.

6.2 Identificatie van concurrenten

Wie is de grootste en belangrijkste concurrent van de NS? Zijn dat de wegenbouwers, de bovag, of een andere partij? Wie is de grootste concurrent van de haven van Rotterdam? Hamburg, Antwerpen, Singapore of misschien zelfs Amsterdam? Of is het een luchthaven? Vraag aan drie managers van hetzelfde bedrijf wie zij als de grootste concurrent zien, en men krijgt drie verschillende antwoorden. De identificatie van concurrenten is niet zo eenvoudig als het lijkt.

Concurrentieniveaus

In grote lijnen zijn er vier niveaus waarop de ondernemer concurrenten heeft (zie figuur 6.1):

Behoefte-concurrentie

1 *Behoefteconcurrentie.* Concurrentie tussen verschillende behoeften van een afnemer. Een afnemer heeft schaarse middelen (tijd en geld) die hij inzet om zijn behoeften te bevredigen. Zo zijn bioscoopfilms, fitnesscentra en bruine cafés concurrenten. Ze voorzien alle in de behoeften aan ontspanning en kunnen niet gelijktijdig worden gebruikt.

Generieke concurrentie

2 *Generieke concurrentie.* Concurrentie tussen aanbieders van verschillende soorten producten die in eenzelfde behoefte voorzien. Bijvoorbeeld de concurrentie tussen een kampeerreis, een hotelreis en een avonturenvakantie.

Productvorm-concurrentie

3 *Productvormconcurrentie.* Concurrentie tussen (aanbieders) van verschillende technische verschijningsvormen van eenzelfde product. Bijvoorbeeld de concurrentie tussen filterkoffie en oploskoffie.

Merkenconcurrentie

4 *Merkenconcurrentie.* Concurrentie tussen verschillende merken van een bepaald product die elkaars substituten zijn. Bijvoorbeeld de concurrentie tussen de Volkswagen Golf en de Peugeot 307.

Figuur 6.1 **De concurrentieniveaus**

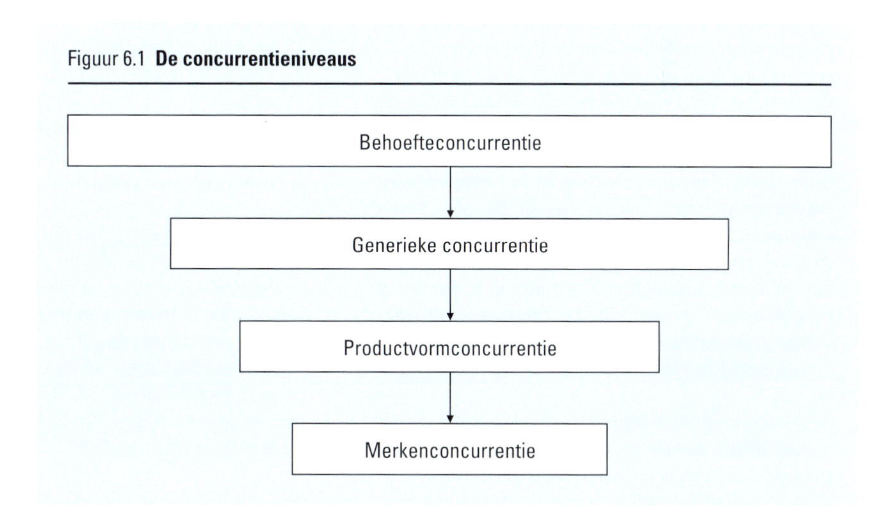

Het hangt onder meer van de aard, inhoud en omvang van de activiteiten af op welk niveau een bedrijf de meeste concurrenten tegenkomt. Zo zal een internationale aanbieder van heftrucks met name met merkenconcurrentie te maken hebben terwijl de plaatselijke schoonheidsspecialiste meer te maken heeft met de generieke concurrentie tussen haar diensten en die van bijvoorbeeld de sportschool, de diëtist(e) en de kapper.

Potentiële concurrenten

Bij de problematiek van de concurrentie-identificatie legt Aaker (2002) sterk de nadruk op het belang van potentiële concurrenten. Dit zijn bedrijven die op het eerste gezicht niet op een van de vier concurrentieniveaus opereren maar bij nader inzien toch een bedreiging vormen. In zijn visie behoren tot de *potentiële concurrenten* de bedrijven die geïnteresseerd zijn in:

- marktexpansie: een bedrijf dat van zijn product meer af wil zetten, eventueel op nieuwe markten;
- productexpansie: een bedrijf dat door een uitbreiding van de productlijn meer af wil zetten;
- integratie: een bedrijf dat voor- of achterwaarts overnames wil plegen om zodoende meer grip te krijgen op de bedrijfskolom;
- overname en fusie: een bedrijf dat door samenwerking de concurrentiekracht wil vergroten.

In al deze gevallen is de dreiging ingegeven door strategische keuzes van de potentiële concurrent. Zo is Albert Heijn door het aanbieden van boeken (een strategische keuze in het assortimentsbeleid) nu een concurrent geworden van boekhandels.

Michael Porter heeft in de theorievorming rond concurrentieanalyse en strategie uiterst belangrijke en nuttige bijdragen geleverd. In dit hoofdstuk zullen we nauw aansluiten bij de door hem ontwikkelde theorie, bijvoorbeeld beschreven in zijn boek *Competitive Advantage*.

Concurrentiestrategie en -krachten

'Twee centrale vragen liggen ten grondslag aan de keuze voor een concurrentiestrategie. De eerste betreft de aantrekkelijkheid van bedrijfstakken voor winstgevendheid op lange termijn en de factoren die deze bepalen. Niet alle bedrijfstakken bieden gelijke mogelijkheden voor blijvende winstgevendheid. Daarbij is de inherente winstgevendheid van de bedrijfstak een essentieel element bij het bepalen van de winstgevendheid van een bedrijf. De tweede belangrijke vraag bij concurrentiestrategie heeft betrekking op de determinanten van de relatieve concurrentiepositie binnen een bedrijfstak. In de meeste bedrijfstakken zijn sommige bedrijven veel winstgevender dan andere, ongeacht wat de gemiddelde winstgevendheid van de bedrijfstak ook mag zijn.'

'Een concurrentiestrategie moet voortkomen uit een subtiel begrip van de concurrentieregels die de aantrekkelijkheid van een bedrijfstak bepalen. Het uiteindelijke doel van een concurrentiestrategie is het omgaan met en, idealiter, het veranderen van deze regels ten gunste van het bedrijf. In elke bedrijfstak, óf deze nu nationaal of internationaal is óf producten of diensten levert, zijn de concurrentieregels verenigd in vijf concurrentiekrachten:

1 bedreiging van nieuwe toetreders;
2 bedreiging van substituutproducten of -diensten;
3 onderhandelingspositie van afnemers;
4 onderhandelingspositie van leveranciers;
5 rivaliteit tussen bestaande organisaties.'

'De collectieve sterkte van deze vijf concurrentiekrachten bepalen het vermogen van bedrijven in een bedrijfstak om, gemiddeld, meer winst op investeringen te maken dan de kapitaalkosten bedroegen. De sterkte van de vijf krachten varieert van bedrijfstak tot bedrijfstak en kan veranderen als een bedrijfstak zich ontwikkelt. Het resultaat is dat alle bedrijfstakken ongelijk zijn vanuit het standpunt van inherente winstgevendheid.'

Bron: Michael Porter, *Concurrentievoordeel*, vertaling van *Competitive Advantage*.

Strategische groepen

Strategische groepen

In de marketing wordt vaak gesproken van strategische groepen, dat kunnen groepen afnemers, maar ook groepen aanbieders c.q. concurrenten zijn. Wat zijn nu strategische groepen?

De definitie in het Nima-lexicon is erg summier: Dit is een groep organisaties binnen een bedrijfstak met een gelijksoortig strategisch profiel, dat wil zeggen met vergelijkbare strategische kenmerken. De auteurs Frambach & Nijssen schrijven: een strategische groep is een meer of minder homogeen cluster van aanbieders, ingedeeld naar overeenkomsten en verschillen.
Vergelijkbare strategische kenmerken zijn dan:

- zelfde PM-combinaties;
- zelfde distributiemethode;
- zelfde businessmodel, bijvoorbeeld online-business;
- zelfde strategie;
- zelfde positionering.

In de Europese luchtvaart heb je onder andere de volgende strategische groepen:

- charter airlines;
- 'low cost' airlines;
- 'global' airlines;
- nationale airlines.

Vijfkrachtenmodel

In het vijfkrachtenmodel van Porter draait alles om vijf concurrerende krachten die de structurele winstgevendheid van een bedrijfstak en de intensiteit van de concurrentie bepalen. Door de aard en invloed van deze krachten te onderzoeken en in kaart te brengen, kan de ondernemer een goed beeld krijgen van de situatie in de bedrijfstak waar hij met zijn pmc opereert. Tevens kan hij op basis van de bedrijfstakanalyse een voorspelling doen over relevante kansen en bedreigingen.
De vijf concurrentiekrachten van Porter zijn (zie figuur 6.2):

1 bedreiging van nieuwe toetreders;
2 bedreiging van substituutproducten of -diensten;
3 onderhandelingspositie van afnemers;
4 onderhandelingspositie van leveranciers;
5 rivaliteit tussen bestaande organisaties.

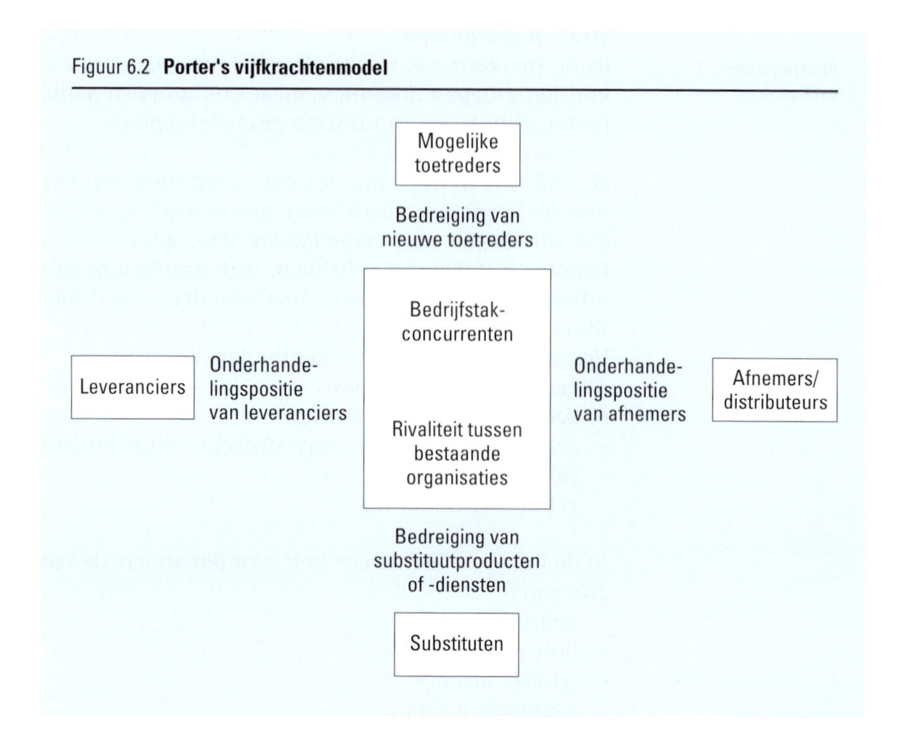

Figuur 6.2 **Porter's vijfkrachtenmodel**

Porter noemt de overheid niet als speler, terwijl de overheid in veel bedrijfstakken een grote rol speelt. Denk bijvoorbeeld aan de markten voor mobiele telefonie, de luchtvaart en de farmacie. Porter zegt, dat in de vijf krachten ook de rol van de overheid moet worden meegenomen, waarbij gedacht kan worden aan de wetgeving op het gebied van de vrije mededinging. Deze lijn volgend, kan de overheid als een aparte 'kracht' worden opgevoerd.

Bedreiging van nieuwe toetreders

Toetredingsdrempels

De bedreiging van nieuwe aanbieders op de markt is gebaseerd op de hoogte van de *toetredingsdrempels*. Dit zijn de drempels die de nieuwe aanbieder moet nemen om op de nieuwe markt te kunnen opereren. Deze drempels ontstaan door:

- schaalvoordelen van de bestaande aanbieders;
- het concurrentievoordeel dat door bestaande aanbieders is opgebouwd met behulp van een of meer marketingmix-elementen;
- overstapkosten;
- benodigd kapitaal;
- overheidsbeleid.

Zo is de cola-markt een markt met hoge toetredingsdrempels. Het is een grote en aantrekkelijke markt met slechts twee belangrijke spelers: Coca-Cola en Pepsi. De door deze twee ondernemingen opgebouwde merken zijn dermate krachtig dat toetreding door andere A-merken erg onwaarschijnlijk is.
Een ander voorbeeld is de Europese markt voor telefoonverkeer en energie. Het overheidsbeleid maakt in Europa toetreding tot de zeer aantrekkelijke markt voor telefonie en energie bijzonder lastig. Hierin

komt langzaam maar zeker verandering. Anders gezegd: de toetredingsdrempel wordt lager. Dit leidt tot toetreding van nieuwe ondernemingen, vooral uit de Verenigde Staten, wat de rentabiliteit van de branche waarschijnlijk geen goed zal doen. Overigens is de toetredingsdrempel voor mobiele telefonie aanmerkelijk lager dan die voor de hier beschreven lijntelefonie.

Bedreiging van substituutproducten of -diensten

Andere functievervullers

Een product heeft de functie om aan een bepaalde afnemersbehoefte te voldoen. De ondernemer moet dus niet alleen naar het huidige productaanbod kijken; het potentiële aanbod van nieuwe of andere functievervullers is minstens zo belangrijk. De volgende factoren bepalen de mate waarin substituten een reële bedreiging vormen:

- de relatieve prijs/waardeverhouding van de verschillende substituutproducten;
- de omschakelingskosten of switching costs;
- de mogelijkheid en bereidheid van de afnemer om over te schakelen;
- de aanbieder van het substituutproduct; als dit een sterk en winstgevend bedrijf is, is dit uiteraard een potentieel zeer storende factor in de concurrentieverhoudingen.

Deutsche Post duikt Nederland in

AMSTERDAM – Het grootste Europese postbedrijf, Deutsche Post AG, bestormt de Nederlandse postmarkt. Het neemt Wegener-dochter Interlanden over, in Nederland marktleider in de verspreiding van huis-aan-huiskranten en ongeadresseerde reclame. Maar bovendien stort het zich met behulp van Wegener op de geadresseerde post. Wat de Nederlanders op onze markt doen, kunnen wij ook op de Nederlandse markt, moet Deutsche Post gedacht hebben.

In het najaar van 2001 werd bekend dat TPG Post op grote schaal post ging bezorgen in Duitsland. TPG werkt goedkoper dan Deutsche Post, stelden de Nederlanders destijds. Er was daarom weinig vrees dat de Duitsers hetzelfde kunstje op de Nederlandse markt zouden uithalen. Hoe anders kan het lopen. Gisteren kon Deutsche Post in één keer een flinke klapper bekendmaken. De Duitsers waren al actief op de Nederlandse markt voor pakketpost met dochter Van Gend en Loos/Selektvracht (ruim 5 000 werknemers). Via deze dochter nemen ze nu Interlanden (450 werknemers, 2 400 bezorgers) voor 70% uit handen van Wegener. Daarmee wordt Deutsche Post marktleider in Nederland in de bezorging van foldertjes en huis-aan-huiskranten. Maar bovendien vormen de Duitsers samen met Wegener een nieuw samenwerkingsverband waarmee ze in korte tijd een fijnmazig distributienetwerk willen opzetten voor de bezorging van geadresseerde post van meer dan 100 gram. Eind dit jaar moet het nieuwe bedrijf er staan en ook hierin krijgt Deutsche Post een meerderheidsbelang (51%). De Duitsers lieten gisteren weten dat het nieuwe bedrijf 'een leidende positie moet opbouwen in de bezorging van geadresseerde post in de geliberaliseerde Nederlandse brievenmarkt'. Financiële gegevens over de transacties werden gisteren niet bekendgemaakt.

Deutsche Post duikt met de gisteren aangekondigde stappen in alle openingen van de postmarkt. Poststukken onder de 100 gram (de normale brief) mogen nu alleen nog maar bezorgd worden door het voormalige staatsbedrijf TPG Post. Alle andere stukken van de postmarkt heeft Nederland echter inmiddels geliberaliseerd, waarmee het monopolie van TPG verviel. TPG Post zegt niet verrast te zijn over de komst van Deutsche Post op de vaderlandse postmarkt. 'We hadden reeds geruime tijd aanwijzingen dat deze overname ophanden was', verklaart TPG-topman H. Koorstra. Hij merkt verder op dat de Nederlandse markt een van de meest geliberaliseerde van Europa is. TPG Post heeft daar niets op tegen maar vindt wel dat overal binnen de Europese Unie de markten even open moeten zijn. Dat is bijvoorbeeld in Frankrijk in het geheel niet, en in Duitsland in beperkte mate het geval. Als gevolg van de ingezette liberalisering van de Europese postmarkt komt de positie van TPG Post steeds meer onder druk te staan. In april maakte Interlanden al duidelijk haast te maken om post te gaan bezorgen. Daartoe wilde het destijds Secuur Verspreidingsorganisatie in Alkmaar overnemen. Enkele maanden eerder meldde groothandel Van Tol zich als mogelijk alternatief voor TPG Post. De onderneming uit Bodegraven wil nog dit jaar via twee van haar winkelformules (Troefmarkt, Fresh en Snackstores) landelijk brieven bezorgen. ■

Bron: *Economie*, 7 september 2002

Zo leek de fax een volwaardig substituut voor de telex. Door de lage gebruiksprijs en de geringe omschakelingskosten heeft de fax binnen enkele jaren het telexgebruik geheel weggevaagd. Vervolgens heeft de mailfunctie binnen het internet de fax vrijwel geheel verdrongen. Een ander voorbeeld is de cd-speler. Dit afspeelapparaat heeft als substituut de platenspeler binnen tien jaar vrijwel doen verdwijnen. Dit proces werd belangrijk versneld nadat de prijs van de cd-speler, die aanvankelijk €1.000 bedroeg, zakte tot beneden de €250. De consument was reeds onder de indruk van de kwaliteit van de cd–speler ten opzichte van de platenspeler, terwijl de prijs zakte. Maar ook de cd-speler zal weer verdrongen worden door de dvd-speler. Met andere woorden: de relatieve *prijs/waardeverhouding* werd gunstiger en de platenspeler verdween.

Prijs/waarde-verhouding

Een derde voorbeeld betreft software. Microsoft is er, na eerdere mislukte pogingen, in geslaagd het zeer succesvolle 'Wordperfect' te overwinnen met 'Word'. Overigens levert de bijna-monopoliepositie Microsoft niet alleen voorspoed. Vanuit de overheid krijgt Microsoft voortdurend claims en waarschuwingen teneinde de echte monopoliepositie te voorkomen.

Onderhandelingspositie van afnemers

Uiteindelijk is de afnemer de bepalende factor in het ondernemingsbeleid. Naarmate de afnemers machtiger zijn, kunnen ze een deel van de *toegevoegde waarde*, gecreëerd door de fabrikanten, naar zich toe trekken. Afnemers zijn machtig als:

Toegevoegde waarde

- ze geconcentreerd zijn of grote hoeveelheden kopen in verhouding tot de omzet van de verkoper;
- het gekochte product vanwege de kosten ervan zeer belangrijk voor ze is;
- ze lage omschakelingskosten hebben;
- ze werken met lage marges; ze moeten dan wel zeer scherp inkopen met alle nadelen daarvan voor de aanbieders;
- de verkochte producten zich onvoldoende van elkaar onderscheiden.

Zo heeft Albert Heijn als marktleider een sterke machtspositie op de markt voor fast moving consumer goods. Hetzelfde geldt voor eci op de boekenmarkt. Er is in beide gevallen sprake van een concentratie van afnemers. Maar ook op het niveau van de eindgebruiker kan sprake zijn van een sterke onderhandelingspositie. Een voorbeeld hiervan is de Consumentenbond.

Afnemersmacht voor Van Ellem

Het is voor de afnemers van Van Ellem (grossiers en supermarktketens) niet kostbaar om de producten van Van Ellem in te wisselen voor die van de concurrent. Het onderscheidend vermogen in de kracht van de merken van Van Ellem maakt dat Van Ellem toch een redelijke onderhandelingspositie heeft.

Onderhandelingspositie van leveranciers

Leveranciers hebben een belangrijke positie in de bedrijfstak omdat ze voor de input van bedrijven zorgen. Er is van grote *onderhandelingsmacht* van leveranciers sprake als:

Onderhandelings-macht

- ze veel sterker zijn geconcentreerd dan de afnemende industrie;
- ze een gedifferentieerd product leveren;
- de industrie een onbelangrijke afnemer is;
- ze omschakelingskosten hebben gecreëerd en/of er geen substituten bestaan.

Zo leidt de sterke positie van sommige cosmeticafabrikanten (leveranciers van een sterk merk en een gedifferentieerd product) tot een relatief geringe onderhandelingsmacht van de drogisterijen en parfumeriezaken.

Rivaliteit tussen bestaande organisaties

De dreiging van bestaande concurrenten wordt in het algemeen 'de concurrentie' genoemd.

Vergelijkbaar aanbod

Het is de dreiging die uitgaat van ondernemers die met een vergelijkbaar aanbod op dezelfde markt opereren. Over het algemeen beïnvloeden concurrenten elkaar sterk. Deze beïnvloeding kan variëren van uiterst felle concurrentie tot het vermijden van concurrentie uit welbegrepen eigenbelang.

Sterke concurrentie is het gevolg van de volgende factoren:

- een veelheid van ongeveer even grote en niet-machtige aanbieders;
- geringe marktgroei;
- hoge vaste productie- en opslagkosten; de druk om de productiecapaciteit bezet te houden is groot, dus is het gevaar van prijsconcurrentie altijd aanwezig;
- afwezigheid van productdifferentiatie en omschakelingskosten;
- de uitbreiding van de productiecapaciteit vindt plaats door relatief grote toevoegingen; tijdelijke onderbezettingsverliezen en druk op de prijzen zijn dan onvermijdelijk;
- verschillende types concurrenten, alle met hun eigen doelstellingen en strategieën; er komen dan geen 'spelregels' waaraan 'iedereen' zich houdt;
- concurrenten met ambitieuze doelstellingen, bijvoorbeeld 'Japanners', die koste wat kost in een bepaald land een positie willen opbouwen;

Uittredingsbarrières

- hoge *uittredingsbarrières* bij de aanwezigheid van gespecialiseerde activa die alleen in de betreffende industrie gebruikt kunnen worden; hoge vaste kosten, emotionele weerstanden om de strijd te staken en het overheidsbeleid (werkgelegenheid) kunnen allemaal belemmeringen zijn om een bedrijfstak te verlaten, waardoor het verlies kan toenemen;
- veranderende concurrentieverhoudingen; in de loop van de tijd veranderen de concurrentieverhoudingen: de groei – om maar een factor te noemen – neemt op den duur altijd af.

Verstorend voor concurrentieverhoudingen zijn fusies en overnames, die – als een bedrijfstak min of meer volgroeid is – altijd zullen plaatsvinden.

Gebruik van het bedrijfstakmodel bij het identificeren van de concurrentie

Het bedrijfstakmodel (Porter's vijfkrachtenmodel, zie figuur 6.2) dat nader toegelicht is, kan een bijdrage leveren aan de identificatie van de concurrentie. De gebruiker van het model moet zich echter wel realiseren dat het model niet primair voor de concurrentie-identificatie ontwikkeld is. Allereerst is het model bedoeld voor het bepalen van de structurele rentabiliteit van een bedrijfstak. Het model geeft echter wel degelijk aanknopingspunten voor een concurrentie-identificatie. Het dwingt de ondernemer alle vijf concurrerende krachten en de toe- en uittredingsdrempels te onderzoeken en zodoende verder te kijken dan de 'bestaande concurrentie' zoals de ondernemer deze ervaart.

Rentabiliteit bedrijfstak

Dynamisch veld

Het model plaatst de onderneming in een *dynamisch veld* waar verschillende krachten 'concurreren' om de schaarse middelen van ondernemer (leveranciersdreiging) en afnemer (overige vier dreigingen). Met name de dreiging van substituten en nieuwe toetreders zijn factoren die, zonder gebruikmaking van het model, gemakkelijk over het hoofd worden gezien.

Het krachtenmodel van Porter toegepast op Van Ellem

We schenken aandacht aan vijf krachten, twee drempels en een eindconclusie.

1 Bedreiging nieuwe toetreders

Dit gevaar dreigt altijd. De suikerwerkenmarkt is laagdrempelig en kent bij grote volumes hoge marges. Er zijn voor de aanbieders veel mogelijkheden om schaalvoordelen te realiseren. Internationaal opererende producenten zullen altijd op zoek zijn naar nieuwe markten waarop zij kunnen toetreden.

2 Bedreiging van substituutproducten

Deze dreiging is er op het eerste gezicht nauwelijks. Snoep kent nauwelijks substituten die op een vergelijkbare wijze voorzien in de behoefte aan iets zoets. Als wij iets verder kijken, zien wij substituten in de vorm van alle tussendoortjes: frisdranken, ijs, hartige snacks et cetera. Per saldo kan de inhoud van alle schappen (exclusief snoep) rondom de kassa in de shop van een middelgroot benzinestation als substituut van snoep gezien worden.

3 Onderhandelingspositie van afnemers

De afnemers staan sterk:

- er is in het supermarktkanaal sprake van marktconcentratie bij enkele grote afnemers;
- de meeste grossiers hebben een sterke band met en oefenen veel invloed uit op de verkopers/verkooppunten waaraan zij leveren;
- de afnemer heeft geen of lage overstapkosten;
- de afnemer kan het koopgedrag van de consument beïnvloeden.

Maar ook Van Ellem heeft een troef in handen:

- de consument heeft duidelijk een merkvoorkeur. Van Ellem levert een gedifferentieerd product.

4 Onderhandelingspositie van de leveranciers

Er is geen onderhandelingsmacht van de leveranciers van Van Ellem. Suiker en kleurstoffen worden in grote hoeveelheden op internationale markten tegen marktprijzen ingekocht. De enige leverancier die een sterke positie zou kunnen hebben is het marketingbureau dat een rol speelt in de branding.

5 Rivaliteit tussen bestaande organisaties

De rivaliteit is groot. De productverschillen zijn klein en de overstapkosten laag. Wel geeft de merkidentiteit en de bestaande consumentenvoorkeur en consumententrouw de bestaande marktspelers eigen kracht.

Conclusie

Per saldo ontstaat het volgende beeld:

- bedreiging nieuwe toetreders: gemiddeld
- bedreiging van substituutproducten: gemiddeld
- onderhandelingspositie van afnemers: hoog
- onderhandelingspositie van leveranciers: laag
- rivaliteit tussen bestaande aanbieders: hoog
- toetredingsdrempels: gemiddeld
- uittredingsdrempels: hoog.

Op basis van deze analyse kan geconstateerd worden dat de structurele rentabiliteit van de bedrijfstak minder aantrekkelijk wordt. De analyse kan richting geven aan de discussie rond de te voeren strategie. Duidelijk is dat Van Ellem de rentabiliteit kan verbeteren door een of meer krachten van het model positief te beïnvloeden, bijvoorbeeld door nog meer te investeren in de eigen merken (Vital) en zo de afhankelijkheid van de afnemers kleiner te maken.

6.3 Analyseren van concurrentie

Na het identificeren van de concurrenten staat de ondernemer voor de taak de activiteiten van de concurrenten te onderzoeken.

Eigen concurrentiepositie

Deze analyse geeft in feite zicht op de eigen concurrentiepositie binnen de bedrijfstak. Een complete concurrentieanalyse is een tijdrovende en vrijwel onafzienbare aangelegenheid. De ondernemer moet zich beperken tot de voornaamste actuele en potentiële concurrenten zoals deze uit de identificatiefase naar voren zijn gekomen.

Onderzoeksgebieden van de concurrentieanalyse

Stappen concurrentieanalyse

De vier belangrijkste stappen/onderzoeksgebieden van de concurrentieanalyse zijn:

1 doelstelling binnen de business-scope van concurrenten
2 huidige strategie van concurrenten
3 resultaten van concurrenten
4 sterktes en zwaktes van concurrenten.

Doelstelling van concurrenten

Allereerst moet de ondernemer proberen inzicht te krijgen in de doelstellingen van de concurrenten. Dit lijkt moeilijker dan het is.

Vakpers

Met name in de financieel-economische pers en in de branchespecifieke vakpers verschijnt regelmatig openlijk of verborgen informatie omtrent de doelstelling van bedrijven. Vaak worden deze ondernemingsdoelstellingen tijdens de presentatie van het jaarverslag nader toegelicht, binnen de business-scope, maar ook de nieuwe activiteiten binnen hun business-definitie.

Ook de concurrent leest de patentaanvraag

Bedrijfsspionage mag niet; het elektronisch snuffelen in de patentaanvragen van de concurrentie wel. Daardoor wordt de gang naar het octrooibureau steeds minder aantrekkelijk.
Je zult maar een patent aanvragen, een paar jaar later een product op de markt brengen en er achter komen dat de concurrent door je aanvraag te bestuderen een concurrerend product heeft kunnen voorbereiden. Dat lijkt niet de bedoeling van octrooien, maar door de toenemende elektronische beschikbaarheid van patentgegevens is het een steeds duidelijker neveneffect. Vooral als de tijd tussen patentaanvraag en marktintroductie lang is, biedt de patentinformatie een interessant kijkje in de keuken van de concurrentie. Het Britse octrooibureau maakt er zelfs reclame mee.
Niet alleen het aantal patenten, maar ook de kwaliteit van die patenten kan een aanwijzing zijn. Die kwaliteit is vast te stellen dankzij de gewoonte om in patenten terug te verwijzen naar andere patenten. Een succesvol patent zal vaker geciteerd worden dan een flop. Als eenmaal een overzicht van patenten is opgesteld, kunnen vakexperts daar de waardevolle inhoudelijke informatie uitlichten. Niet alleen in de Verenigde Staten, maar ook in Europa zijn patentgegevens elektronisch beschikbaar. De Weense vestiging van het Europese octrooibureau biedt alle Europese patentaanvragen vanaf 1979 te koop aan op cd-rom.

Bron: *Intermediair*

Huidige strategie van concurrenten

Bedrijven lichten dikwijls, direct of indirect, hun strategie toe.
De vakbladen, waarvan er in vrijwel iedere branche meerdere verschijnen, leveren soms zeer concrete informatie omtrent de strategie. Maar ook als de strategie niet via de vakbladen wordt gecommuniceerd, zijn er voldoende mogelijkheden.

Communicatiebeleid

Het *communicatiebeleid* van concurrenten is bijvoorbeeld gemakkelijk traceerbaar. Gespecialiseerde bureaus, zoals het Bureau voor Budgetten Controle (BBC), meten zelfs exact de mediabestedingen in een groot aantal branches. Een advertentie, mailing of commercial kan worden beschouwd als een 'kijkgat', waardoor doelgroepkeuze, positionering en communicatiestrategie van concurrenten helder kunnen worden geanalyseerd.

Het prijsbeleid, productbeleid en distributiebeleid van concurrenten kunnen, ook op de industriële markt, zonder al te veel moeite worden getraceerd. Producten van concurrenten kunnen worden gekocht en geanalyseerd. Prijzen kunnen gemakkelijk worden opgevraagd. Offertes kunnen eventueel met medewerking van een persoon werkzaam bij een niet-concurrerend bedrijf, worden verkregen. Het is, kort samengevat, goed mogelijk een helder inzicht te verkrijgen in het marketingbeleid van concurrenten.

Trade franchising moet Varta helpen meer batterijen te verkopen

Varta, de derde grote partij in de batterijmarkt, gaat het helemaal maken volgens de marketingmanager Benelux. Niet door de concurrenten Duracell en Philips met hun eigen rtv-wapen (radio/tv) te verslaan, maar door te proberen de gespecialiseerde handel aan zich te binden. 'Wij gaan onze doelstellingen realiseren met behulp van trade franchising en niet, zoals Duracell en Philips doen met consumer franchising.' Het rtv-budget van de concurrenten stelt Varta voor problemen. 'Wij zouden een gigantisch hoog budget nodig hebben om maar iets te bereiken. Dat geld is er gewoon niet.'
Varta koos voor een andere strategie. 'Wij willen niet op meerdere vlakken iets doen. Wij gaan al onze krachten op één punt concentreren. Wij richten ons volledig op de handel.' De detaillist (warenhuizen en vakhandel) is in ons land een belangrijke tussenschakel voor wat betreft de verkoop van batterijen. Door deze tussenpersonen direct te benaderen, hoopt Varta meer batterijen te verkopen. Marges die de marges van de concurrentie overstijgen, maar Varta doet meer. 'Wij willen een soort probleemoplosser voor de handel worden.' Varta heeft daartoe continu mensen op de weg, die de speciaalzaken bezoeken om te vragen wat de detaillist belangrijk vindt.

Bron: *NieuwsTribune*

Resultaten van concurrenten

Wanneer doelstellingen en strategie van concurrenten duidelijk zijn, ontstaat de vraag: Welke resultaten worden nu door de concurrenten behaald? In veel branches worden omzetten en marktaandelen door onderzoeksbureaus of brancheorganisaties gemeten. Deze gegevens beperken zich bepaald niet tot de markt voor 'fast moving consumer goods'. Ook omtrent vele industriële markten zijn gegevens beschikbaar. Toegegeven moet worden dat er branches bestaan waar omzetten en marktaandelen slechts bij benadering of in het geheel niet bekend zijn. In zo'n geval kan een zelf opgezet onderzoek bij de voornaamste afnemers of branchedeskundigen (autoriteitenonderzoek) uitkomst bieden. Op basis van de beschikbare informatie omtrent de ontwikkeling van de markt en de marktaandelen kan een goed beeld ontstaan over de door de concurrentie behaalde resultaten.

Onderzoeksbureaus

Sterktes en zwaktes van de concurrenten

De sterktes en zwaktes van de concurrenten kunnen blijken uit de SWOT-analyse. Een analyse van de sterke en zwakke punten van concurrenten is buitengewoon belangrijk. De analyse kan bepalend zijn voor de keuze wie kan worden aangevallen en met welke middelen.

Internet verhoogt de concurrentie

Volgens Porter zorgt de internettechnologie er grotendeels voor dat de te behalen winst in de bedrijfstak omlaag gaat. Door internet worden schaalvoordelen in veel markten minder belangrijk. De 'switching costs' voor ICT-software gaan omlaag, waardoor de onderhandelingsmacht van de afnemers toeneemt. Kleine bedrijven kunnen nu ook, al dan niet in netwerken, mondiaal opereren. Door meer transparantie, denk aan prijsvergelijkingssites, elektronische marktplaatsen, kunnen afnemers gemakkelijker hun evaluatie maken en gunstiger inkopen. De vraag kan gesteld worden wat de rol nog zal zijn van de traditionele tussenhandel c.q. leveranciers. Aanbieders zullen zich meer onderscheidend moeten opstellen om klanten op een effectieve wijze te bereiken en efficiënt vast te houden. Zo nodig moet de rol van de tussenhandel worden overgenomen (voorwaartse integratie). Substitutie van producten vindt (deels) plaats. Denk aan de krant, fax, EDI, boekenwinkel of het downloaden van software. Door kostenverlaging en minder onderscheidend vermogen neemt de onderlinge rivaliteit toe.

Internettechnologie kan er ook voor zorgen dat de afstand tot de concurrentie door differentiatie toeneemt, bijvoorbeeld door het verlenen van meer informatie, een betere dienstverlening of meer maatwerk. Volgens Porter moeten we internet niet als een neutraal hulpmiddel gebruiken, maar voor het ontwikkelen van een onderscheidende strategische positionering voor internet. Dus internet niet alleen gebruiken voor een hogere operationele efficiency in de organisatie, maar vooral voor het bereiken van hogere marktprijzen door middel van een combinatie van toegevoegde waarden in de waardeketens van leveranciers, aanbieders en klanten.

Strategische positionering leidt tot een onderscheidende propositie en waardeketen. Hiervoor is vereist dat we duidelijke keuzes maken, juiste doelen stellen en een samenhangende reeks van activiteiten (to do the right things right) gedurende voldoende lange tijd uitvoeren.

Bron: Strategy and the Internet, *Harvard Business Review*, 2001

Anderzijds kan een dergelijke analyse inzicht geven in de te verwachten offensieve acties van concurrenten. De analyse van de sterke en zwakke punten van concurrenten kan parallel lopen aan de analyse van de sterktes en zwaktes van de eigen onderneming. Wanneer de ondernemer de eigen sterktes en zwaktes vergelijkt met die van de concurrenten, kunnen interessante uitgangspunten voor offensieve en defensieve acties worden geformuleerd.

Voor het analyseren van concurrerende sterkes en zwaktes is het noodzakelijk de relevante middelen en vaardigheden te identificeren. Vragen die daarbij nuttig kunnen zijn (naar Aaker):

- Waarom zijn succesvolle ondernemingen succesvol? Wat zijn succesfactoren? Wat zijn faalfactoren?
- Wat zijn de belangrijkste motieven van de afnemer?
- Wat zijn belangrijke kostencomponenten in de branche? Waar liggen besparingsmogelijkheden?
- Wat zijn de mobiliteitsbarrières in de branche?
- Welke componenten uit de waardeketen kunnen een concurrentieel voordeel opleveren?

Checklist van Porter

Porter heeft een checklist opgesteld voor het uitvoeren van een sterkte-zwakteanalyse van concurrenten, die veertien aspecten onderzoekt. Op basis van de bij deze veertien punten verzamelde gegevens kan een volledige SWOT-analyse van de voornaamste concurrenten worden gemaakt.

1 *Producten*

- Reputatie van de producten, gezien vanuit het oogpunt van de gebruiker, in elk segment van de markt.
- Breedte en diepte van de productlijn.

2 *Dealer/distributie*
- Bereik en kwaliteit van de kanalen.
- Kracht van de relatie met de kanalen.
- Servicemogelijkheden binnen de kanalen.

3 *Marketing en verkoop*
- Vaardigheden in de diverse aspecten van de marketingmix.
- Vaardigheden in marktonderzoek en ontwikkeling van nieuwe producten.
- Training en vaardigheden van de verkoopafdeling.

4 *Voornaamste capaciteiten*
Op welke beleidsterreinen liggen de capaciteiten van de concurrent? Waarin is hij het best? Waarin is hij het slechtst?

5 *Groeimogelijkheden*
Wat zijn de groeimogelijkheden van de concurrent in termen van personeel, vaardigheden en bedrijfscapaciteit?

6 *Vermogen om snel te reageren*
Is de concurrent in staat snel te reageren op manoeuvres van anderen, of om snel offensief te reageren?

7 *Uithoudingsvermogen*
In hoeverre is de concurrent in staat een langdurige strijd te voeren, waarbij winst en cashflow onder druk komen te staan?

8 *Organisatie*
- Overeenkomst tussen normen en duidelijkheid in de doelstellingen van de organisatie.
- Vermoeidheid binnen de organisatie vanwege onlangs uitgevoerde zware taken.
- De consistentie van organisatorische maatregelen met de strategie.

9 *Kwaliteiten van het algemeen management*
- Leiderskwaliteiten van PD (president-directeur).
- Vermogen van de PD om te motiveren.
- Vermogen om bepaalde functies of functiegroepen te coördineren, bijvoorbeeld coördinatie van productie met onderzoek.
- Leeftijd, training en beleidsoriëntatie van het management.
- Vooruitziende blik van het management.
- Flexibiliteit en aanpassingsvermogen van het management.

10 *Portefeuille van het overkoepelend moederbedrijf of concern*
- Vermogen van het concern om geplande veranderingen in alle dochterondernemingen/bedrijfseenheden te steunen met financiële of andere bedrijfsmiddelen.
- Vermogen van het concern om de positie van dochterondernemingen/bedrijfseenheden uit te breiden of te versterken.

11 *Totale kosten*
- Totale relatieve kosten.
- Kosten of activiteiten die gedeeld worden met andere bedrijfseenheden/dochterondernemingen.
- Waar haalt de concurrent zijn schaalvoordelen of andere factoren die van belang zijn voor zijn kostenpositie, vandaan?

12 *Financiële positie*
- Cashflow.
- Mogelijkheid tot aantrekken van kort- en langlopende leningen (relatieve ratio van schuld en actief vermogen).
- Uitzicht op nieuw actief vermogen in de naaste toekomst.
- Kwaliteiten van het financieel management, waaronder onderhandelingen over het aantrekken van kapitaal, kredieten, voorraden en uitstaande rekeningen.

13 *Onderzoek en techniek*
- Patenten en copyrights.
- Eigen mogelijkheden van het bedrijf voor onderzoek en ontwikkelingsprocessen (productonderzoek, procesonderzoek, basisonderzoek, ontwikkeling, imitatie enzovoort).
- Vaardigheden van de R&D-staf in termen van creativiteit, eenvoud, kwaliteit, betrouwbaarheid enzovoort.
- Beschikking over faciliteiten voor onderzoek en techniek buiten het bedrijf (bijvoorbeeld: leveranciers, klanten, aannemers).

14 *Productie*
- Productiekosten: schaalvoordelen, ervaringscurve, ouderdom van apparatuur enzovoort.
- Technologische verfijning van faciliteiten en apparatuur.
- Kennis in eigendom en unieke patent- of kostenvoordelen.
- Vaardigheden in capaciteitstoevoeging, kwaliteitscontrole, gereedschap enzovoort.
- Locatie, waaronder arbeids- en transportkosten.
- Arbeidsklimaat; vakbondssituatie.
- Mate van verticale integratie.
- Toegang tot en kosten van grondstoffen en producten onder eigen merknaam, zoals de D-merken.

Een voorbeeld van het laatste punt uit het tekstkader is de advertentie van Bakx Vleesproducten BV over Saté Ajam, waarin nauwgezet alle D-merken van deze fabrikant genoemd worden.

MEDEDELING BAKX VLEESPRODUCTEN B.V.

INZAKE SATÉ AJAM (KIP)

Naar aanleiding van klachten van consumenten over stukjes glas in het diepvriesproduct kip saté, hebben wij als producent van dit product in nauw overleg en in samenwerking met onze afnemers besloten om met onmiddellijke ingang onze kip-satéproducten terug te laten nemen.

Het betreft de volgende producten:

Naam product

Albert Heijn duopak
Spar duopak
Super duopak
Bakx saté zonder stokjes (bakjes)
Jac. Hermans saté zonder stokjes (bakjes)
Jemefa (zakjes
DinnerGold (zakjes)
H.G.C. (zakjes)
B.F. voorgefrituurd (bulk)

Hoewel het slechts om een zeer klein aantal klachten gaat, menen wij toch in het belang van de gezondheid en de veiligheid van de consumenten van ons product deze maatregel te moeten nemen, teneinde elk risico, hoe gering ook, uit te sluiten.

Wij verzoeken consumenten dan ook vriendelijk doch dringend bovengenoemde producten terug te brengen bij de supermarkt of winkelier.
Bij inlevering krijgt u onvoorwaardelijk uw aankoopbedrag terug.

Wij bieden onze oprechte verontschuldigingen aan voor het ongemak.

Uit deze advertentie blijkt duidelijk welke D-merken door deze fabrikant worden geproduceerd

Verwerking van de onderzoeksgegevens

Na verzameling kunnen de gegevens van de concurrentie op verschillende manieren verwerkt en bewerkt worden. We beperken ons in dit verband tot drie methoden:

1 concurrentieanalyse van Alsem
2 portfolioanalyse
3 value chain-analyse.

Concurrentieanalyse van Alsem

K.J. Alsem heeft in zijn boek *Strategische Marketingplanning* een schema uitgewerkt dat grotendeels in tabel 6.2 is opgenomen. In zijn analyse gaat hij uit van vijf groepen eigenschappen die de concurrentie karakteriseren. De ondernemer moet zijn concurrenten op alle variabelen laten 'scoren'.

Scores

De meting die aan de *scores* voorafgaat, moet zo objectief mogelijk worden uitgevoerd, hetzij in concrete cijfers of in kernachtige bewoordingen. Bovendien moet de meting op het juiste niveau worden uitgevoerd (bijvoorbeeld op PMT- of product/marktniveau).

Rapportcijfers

Op basis van de beoordelingen kunnen vervolgens rapportcijfers worden gegeven aan de zwaktes en sterktes van de vijf hoofdeigenschap-

Tabel 6.2 **Beoordeling van sterktes en zwaktes volgens Alsem**

Eigenschappen	Concurrenten				Eigen bedrijf
	A	B	C	Overige	
Innovatie:					
• Technologieën	....	....	....	....	....
• Uitgaven R&D	....	....	....	....	....
• Differentiatie	....	....	....	....	....
Productie:					
• Flexibiliteit	....	....	....	....	....
• Kostenstructuur	....	....	....	....	....
• Productiemiddelen	....	....	....	....	....
• Toegang grondstoffen	....	....	....	....	....
Financiën:					
• Cashflow	....	....	....	....	....
• Huidige positie (kengetallen)	....	....	....	....	....
• Ondersteuning (moederbedrijf)	....	....	....	....	....
Marketing:					
• Marktkennis	....	....	....	....	....
• Gepercipieerde prijs/kwaliteit	....	....	....	....	....
• Relaties/reputatie	....	....	....	....	....
• Service	....	....	....	....	....
• Verkoopbevordering	....	....	....	....	....
Marktpositie:					
• Markten	....	....	....	....	....
• Marktaandelen	....	....	....	....	....
• Merktrouw en -bekendheid	....	....	....	....	....
• Afnemerswaarde	....	....	....	....	....

pen. Dit zou bijvoorbeeld kunnen leiden tot een resultaat, zoals weergegeven in tabel 6.3. Uit de tabel kan eenvoudig worden afgeleid:
- wat de sterktes en zwaktes per onderneming zijn;
- bij welke eigenschap men de sterkste of zwakste is;
- wat de eigen relatieve sterktes en zwaktes zijn.

Portfolioanalyse
Men kan een stap verder gaan dan Alsem en met behulp van de SWOT-analyse een portfolioanalyse opstellen van de producten van de voornaamste concurrenten. Voorbeelden hiervan zijn de elders in hoofdstuk 10 te behandelen MABA-analyse en BCG-matrix. Op basis van deze portfolioanalyses kunnen voorspellingen worden gedaan over investeringen en desinvesteringen door de concurrenten. Zo zal een concurrent in zijn 'dogs' weinig investeren en wellicht een offensief starten om van zijn 'problem child' een 'star' te maken.

Tabel 6.3 **Scores op sterke en zwakke punten van concurrenten en eigen organisatie**

Eigenschappen	Concurrenten				Eigen bedrijf
	A	B	C	Overige	
Innovatie	1	8	4	6	4
Productie	8	7	1	4	4
Financiën	9	4	8	4	10
Marketing	3	4	10	7	2
Marktpositie	4	6	8	5	6

Value chain-analyse

Bij een goede strategische analyse worden de value chain en de business definition voor de eigen onderneming geanalyseerd en bepaald. Het kan zeer leerzaam zijn deze modellen ook voor de concurrenten in te vullen. Op deze manier kan men proberen de positie van de concurrent duidelijk voor ogen te krijgen. Vervolgens kan men zich de vraag stellen: Wat zouden wij in deze positie doen? De value chain wordt in hoofdstuk 7 uitvoerig toegelicht.

6.4 Concurrentiestrategie

Reeds eerder is in dit hoofdstuk gesteld dat de uiteindelijke concurrentiestrategie pas kan worden bepaald na identificatie en analyse van de concurrent.

Houdbaar concurrentievoordeel

Pas als de ondernemer zicht heeft op de aard, omvang en intensiteit van de concurrentie kan hij komen tot de bepaling van het *houdbare concurrentievoordeel* waarmee hij zijn ondernemingsdoelstelling denkt te kunnen realiseren. Anders gezegd: voor men positie kiest moet men de concurrentie kennen. In het kiezen van de positie ten opzichte van de concurrentie kan de ondernemer kiezen voor de aanval, voor de verdediging, voor marktafbakening, voor een prijzenoorlog enzovoort. Kortom, de acties kunnen op vele manieren worden ingedeeld. Porter brengt de concurrentiestrategieën terug tot drie *generieke concurrentiestrategieën*, namelijk (zie tabel 6.4):

Generieke concurrentiestrategieën

1 de 'overall costleadership-strategie'
2 de differentiatiestrategie
3 de focusstrategie.

Tabel 6.4 **Generieke concurrentiestrategieën**

	Strategisch voordeel	
	Het unieke in de perceptie van de afnemer	Lagekostenpositie
In de hele bedrijfstak	Differentiatie	Algemeen kostenleiderschap
In een enkel segment	Brandpunt (focus)	Brandpunt (focus)

Als een organisatie succesvol wil zijn, moet zij kiezen voor één specifieke strategie. Een generieke concurrentiestrategie moet op organisatie- of SBU-niveau worden doorgevoerd.

Kostenleiderschapstrategie

De integrale kostenleiderschapstrategie (overall costleadership) vergt een agressieve aanpak van alle kostenelementen bij de productie van goederen en/of diensten, namelijk:

- doelmatige schaalgrootte van de productie;
- integraal gebruik van de leercurve- en schaaleffecten bij de kostenverlaging;
- sorteren van de marginale afnemers;
- stringente kostenbeheersing;
- research & development (R&D);
- dienstverlening;
- verkooporganisatie;
- reclame.

Het gaat meestal om eenvoudige producten met een minimale noodzaak voor dienstverlening. Het product wordt zeer professioneel geïntroduceerd en de distributie moet uiterst zorgvuldig plaatsvinden. Voor de prijsstelling wordt meestal gekozen voor relatief lage prijzen, ondersteund met 'discounts' bij promotie, en hoeveelheidskortingen bij grotere aankopen. Het is niet uitgesloten dat bij de prijsstelling reeds rekening wordt gehouden met de verwachting in de toekomst een lagere kostprijs te krijgen als gevolg van de hogere productiehoeveelheden.

Experience curve-pricing

Bij de marktintroductie en de marktpenetratie zullen dan reeds in de prijsstelling latere leercurve- en schaaleffecten worden gebruikt om met lage verkoopprijzen de markt te bewerken (*experience curve-pricing*). Lage kosten zijn vaak gekoppeld aan relatief hoge marktaandelen, maar ook andere elementen kunnen daarbij een rol spelen, bijvoorbeeld de gemakkelijke toegang tot de grondstoffen.

Voorts zullen de producten een vormgeving moeten krijgen die het productieproces eenvoudig houden. Het assortiment zal breed genoeg moeten zijn om de kosten te spreiden, de productiecapaciteit zo goed mogelijk te benutten en aan een zo groot mogelijke groep van klanten te leveren.

Herinvesteringen

De keerzijde van deze voorwaarden is echter een zeer hoge investering in gebouwen en machines met de hoogst mogelijke productierendementen. Een agressieve prijspolitiek gaat gepaard met aanloopverliezen om een groot marktaandeel te veroveren. Het gevolg is een enorme financiële investeringslast die bij voorkeur met eigen middelen moet worden gefinancierd. Is deze strategie succesvol, dan kan het aankoopvolume tot aankoopmacht leiden met een kostenverlagend effect aan de inkoopzijde. De brutomarges bij de verkoop zullen dan geleidelijk stijgen en de mogelijkheid zal ontstaan tot herinvestering in nog meer renderende machines en installaties om het kostenleiderschap te handhaven. Deze herinvestering is trouwens de voorwaarde voor het behoud van de lagekostenpositie.

Differentiatiestrategie

De differentiatiestrategie stoelt op een uitstekende, creatieve marketing. De bedoeling daarbij is het product en/of de dienst aanmerkelijk verschillend te maken, of voor te stellen in vergelijking met concurrerende producten en/of diensten. Het unieke in de perceptie van het product moet in de gehele bedrijfstak worden herkend.

Unieke perceptie

De differentiatie zelf kan op een groot aantal manieren worden verwezenlijkt. Meestal is de basis een bijzondere PMT-segmentatie. Deze kan aan de hand van honderden criteria plaatsvinden. Bedrijven die uitblinken op het gebied van R&D, kwaliteit, marketing en innovatie, kunnen op deze terreinen hun onderscheidend vermogen benutten. Deze bedrijven zorgen ervoor dat hun producten uniek zijn, hetzij in ontwerp, zoals bijvoorbeeld bij Bang & Olufsen, hetzij in technologie, zoals bij IBM. Via deze unieke producten kan het bedrijf hogere marges genereren en neemt het een voorsprong op de concurrentie.

Philips wordt gezien als een sterk innovatieve onderneming, die daarin een voorsprong heeft op de concurrentie

Een nadeel kan zijn dat de concurrentie probeert zo snel mogelijk deze unieke producten te imiteren. Ook is het zaak de prijs–prestatieverhouding te bewaken. Wordt het prijsverschil met vergelijkbare niet-unieke producten te groot, dan zal de consument/afnemer de voorkeur geven aan het 'gewone' product. De activiteiten die niet bijdragen tot differentiatie, moeten volgens het principe van 'kostenleiderschap' worden uitgevoerd. De ondernemer moet investeren in activiteiten die daadwerkelijk toegevoegde waarde leveren. Andere activiteiten, die geen toegevoegde waarde leveren, moeten natuurlijk volgens het principe van kostenleiderschap worden uitgevoerd.

Caterpillar Tractor

Caterpillar is een fabrikant van zware machines voor de bouwsector. De differentiatie steunt niet alleen op een extreem hoge kwaliteit van de machines, met een gegarandeerde gebruiksduur, maar ook op een sterk uitgebouwd dealernetwerk en de parate beschikbaarheid van onderdelen. De klanten bevestigen de superioriteit van Caterpillar vooral in het segment grondwerken. Ondanks hogere prijzen dan de concurrentie is Caterpillar in deze branche dominant en heeft zij een relatief hoog marktaandeel.

Focusstrategie

Als derde generieke concurrentiestrategie richt de focusstrategie het brandpunt op een enkele afnemersgroep, een segment van de productielijn of een geografische markt. Het komt wel voor dat meerdere segmenten aan bod komen, maar dan geconcentreerd rond een doelgroep. Meestal wordt uit een aantal kansen een enkele specifieke kans geselecteerd, waarvan de onderneming het centrale streefdoel maakt. Daardoor zal het bedrijf zich sterk onderscheiden van mededingers die met hun gehele productassortiment de volledige markt proberen te bestrijken. Tussen beide uitersten is een aantal varianten mogelijk:

Varianten focusstrategie

- een product op een marktsegment (*single segment concentration*);
- een product op meerdere markten (*product specialisation*);
- meerdere producten op een markt (*market specialisation*);
- diverse producten op meer specifieke markten (*selective specialisation*, multifocus).

De strategie van Ryanair

Easy Jet is een luchtvaartmaatschappij die gebruikmaakt van een focusstrategie, gericht op costleadership. Men bereikt dit door:

- één type vliegtuig (efficiënt in het onderhoud);
- meer stoelen dan gemiddeld;
- lage landingsrechten (niet op mainports als Heathrow);
- goedkoop en gemakkelijk te bedienen reserveringssoftware (lager opgeleid boekingspersoneel nodig);
- direct boeken (geen marge van gemiddeld 5 tot 10% voor reisbureaus);
- de relatief korte tijd dat het vliegtuig aan de grond staat;
- geen catering;
- in het vliegtuig is weinig personeel nodig;
- een internationaal callcenter met landentelefoonnummers.
- kopen van vliegtuigen in een kopersmarkt.

Dit resulteert in lage kosten en een zeer gunstig break-evenpoint. Dit wordt bereikt bij een capaciteit van 50 tot 60%, terwijl de werkelijke capaciteit ligt op ongeveer 80%. Bij British Airways ligt het break-evenpoint op ongeveer 70% bij een vergelijkbare actuele capaciteit.

Niche marketing

Een veelvoorkomende uitdrukking voor een focusstrategie is *niche marketing*. Binnen de focusstrategie wordt een onderscheid gemaakt tussen kostenfocus en differentiatiefocus. Bij kostenfocus wordt vaak gebruikgemaakt van de bij een onderneming 'toevallig' aanwezige kostenvoordelen voor een bepaald segment. Differentiatiefocus richt zich op zeer specifieke wensen van de afnemers in een segment.

Concurreren met superieure waarde

Apple had aanvankelijk concurrentievoordelen. Binnen het bedrijf werd daar te veel aan vastgehouden toen de markt andere eisen ging stellen. Men dient mee te veranderen met de wensen en eisen van de markt. Porter spreekt van 'sustaining competitive advantage', maar tegenwoordig is hetzelfde voordeel niet lang vol te houden. D'Aveni stelt zelfs dat in dit tijdperk van hyperconcurrentie, bedrijven erop uit moeten zijn hun eigen concurrentievoordeel te vernietigen. Het gaat nu om 'contestable advantage': het continu leveren van een superieure waarde. Superieure waarde kan in een dynamische markt gewoonweg niet statisch zijn.

Bron: P. Matthysens in gesprek met L. Koks, in: *Tijdschrift voor Marketing*, maart 1998

De generieke concurrentiestrategieën zijn bruikbaar om strategische posities op het eenvoudigste en breedste niveau te beschrijven. Voorbeelden zijn:

- Ryanair, Frisia, Hema: kostenfocusstrategie
- Van Bommel schoenen: focusdifferentiatiestrategie
- KLM, Sigma, Unilever: differentiatiestrategie
- Corus, Infoproducts, NS: kostenleiderschapstrategie.

Om niet een speelbal van de concurrentie te worden, moet een organisatie een bewuste keuze uit voorgaande strategieën maken (zie figuur 6.3). De vleeshouwerij heeft een stuck in the middle-strategie.

Figuur 6.3 **Hoe kan geld worden verdiend?**

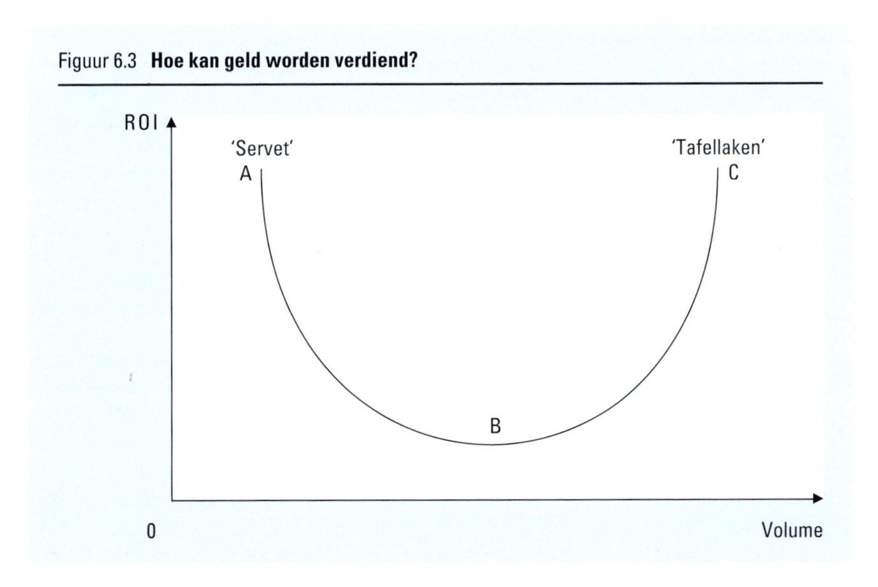

In figuur 6.3 staan A, B en C respectievelijk voor:

Formule A
Hoge marge bij laag volume:
- concentrated marketing
- niche-strategie.

Formule B
Matige marge bij matig volume:
- 'middle of the road' (stuck-in-the-middle).

Formule C
Lage marge bij hoog volume:
- geaggregeerde marketing
- gedifferentieerde marketing; meerdere producten op meerdere specifieke markten
- leercurve- en schaaleffecten.

De generieke concurrentiestrategieën tonen aan dat een onderneming zich moet concentreren op datgene waar ze goed in is. Voor de één leidt dit tot het bewerken van specifieke marktsegmenten (mits daarvoor de marketingexpertise aanwezig is), voor de ander betekent het een concentratie op de basistechnologie om zo kostenleiderschap te verwerven.

Donatus, een marktnisser

Noem een willekeurige kerk in Nederland en je kunt er bijna staat op maken dat deze verzekerd is bij Donatus. De onderlinge uit Rosmalen heeft alle katholieke kerken in ons land in de boeken en bijna alle hervormde kerken. Een monopoliepositie waar menig verzekeraar jaloers op zal zijn. Toch heeft Donatus door de 'ontkerkelijking' alle reden om zich te beraden op de toekomst. 'We kunnen nog groeien in het reformatorische segment', zegt directeur Jo Hermans. 'Maar verwacht niet dat we ineens buiten de kerkelijke wereld gaan verzekeren. Waarom zouden we gaan knokken tegen de grote jongens?'
In totaal heeft Donatus ruim 4 000 kerken in de boeken en 12 000 leden-verzekerden. Ook aanverwante gebouwen kunnen hier verzekerd worden. Daarnaast worden scholen en zorginstellingen, zoals verpleeg- en verzorgingstehuizen die van oudsher vaak bij een orde of congregatie hoorden, door Donatus in dekking genomen. In totaal heeft de onderlinge 500 zorginstellingen in de boeken.

'De grote, monumentale kerken zijn meestal verzekerd tegen het catastroferisico: brand, storm en bliksem. Een inbraakje kunnen die kerken zelf wel betalen. De kleinere zijn vaak ook tegen inbraak verzekerd of op de zogenaamde uitgebreide condities, inclusief glas.' Hermans zegt enorm veel aan preventie te doen. 'Onze buitendienst adviseert kerken op dit gebied.' Verder verzekert Donatus de inventaris van de kerk. 'De taxatie hiervan is echt specialistenwerk. De gemiddelde expert kan echt niet uit de voeten met de kerkelijke kunst.'
Behalve de opstal- en inventarisverzekering biedt Donatus een kostbaarhedenverzekering voor schilderijen en andere versierselen in de kerk. Daarnaast kan een kerkbestuur ervoor kiezen de grafmonumenten bij Donatus te verzekeren. Als extraatje heeft Donatus nog een polis voor schade aan de aanstraalverlichting. Dit is de lichtbron waarmee onder meer gevels en torens verlicht worden. 'Dit product, en dat geldt eigenlijk ook voor de grafmonumentenverzekering, hebben we ontwikkeld omdat onze verzekerden daar behoefte aan hadden. Waar het ons puur om gaat, is het belang van de leden te dienen.' De bemiddeling in verzekeringen ziet Hermans eveneens als zo'n extra service voor de leden.

Bron: *Assurantie Magazine*, 6 september 2002

Nadelen concurrentiestrategieën

Aan de generieke concurrentiestrategieën is ook een aantal nadelen verbonden.

Risico's van kostenleiderschapstrategie:

- Er kan er maar één de goedkoopste zijn; er is steeds het risico van technologische doorbraken en de mogelijkheid dat iemand nog goedkoper werkt (staal uit bijvoorbeeld het voormalige Oostblok).
- Kostenfocussers zijn altijd *nog* goedkoper.

Risico's van differentiatiestrategie:

- Risico van imitatie.
- Klanten vinden de mate van differentiatie niet meer voldoende belangrijk in vergelijking met de kosten (A-merken ten opzichte van private labels).
- Differentiatiefocussers zijn altijd *nog* sterker gedifferentieerd. Bijvoorbeeld: Rolex ten opzichte van Seiko.

Risico's van focusstrategie

Risico van imitatie doordat een op differentiatie gebaseerde onderneming zich in deze niche kan begeven, met de voordelen van schaal, distributie et cetera. Bijvoorbeeld: Mazda met de Xedos.

Benadering van Kotler

Kotler benadert de strategie ten opzichte van de concurrenten vanuit de rol die de verschillende aanbieders op de doelmarkt spelen. Daarbij speelt de relatieve positie van de aanbieder, en in het bijzonder zijn positie als of ten opzichte van de marktleider(s), een belangrijke rol. Aan de verschillende posities koppelt Kotler passende strategieën, die echter op een lager hiërarchisch niveau staan dan de generieke strategieën.

De marktleider

Marktleider

De marktleiderstrategie is een strategie, die de evoluties in de markt wil beheersen en controleren. Deze benadering komt in elke branche voor. Deze marktleiders moeten zeer waakzaam blijven en zullen hun marktaandeel voortdurend moeten verdedigen tegen aanvallen van buitenaf. Hun hoofddoel, nummer één zijn en blijven, kunnen we splitsen in ten minste drie subdoelstellingen:

1 Het vinden van mogelijkheden om de totale markt uit te breiden (nieuwe gebruikers creëren, gebruiksfrequentie opvoeren, nieuwe toepassingen).

2 Het verdedigen van het marktaandeel. Om zich te wapenen tegen externe aanvallen, kan de onderneming drie opties nemen:

Innovatiestrategie

a *Innovatiestrategie*. Het principe dat de aanval de beste verdediging is. De innovatie kan zowel op de marketingvariabelen (product, distributie, service) als op de productieprocessen betrekking hebben.

Versterkingsstrategie

b *Versterkingsstrategie*. Een gecoördineerde actie in alle marketingmixelementen, met name het opvoeren van een parate dienstverlening door speciale acties, het behouden van een gematigde prijs, het introduceren van nieuwe toepassingsmethoden.

Destructiestrategie

c *Destructiestrategie*. Deze keiharde benadering impliceert dat de leider onder meer leveranciers en toeleveringsbedrijven ertoe kan dwingen een boycot van de kleinere concurrent door te voeren. De leider kan echter ook goede krachten bij de concurrent wegkopen.

3 Het verhogen van het marktaandeel. Zolang het marktaandeel kleiner is dan 50%, kan het zinvol zijn dit te verhogen. Voor marktaandelen boven de 50% is een stijging doorgaans niet meer rendabel.

De marktuitdager

Marktuitdager

De marktuitdager valt de marktleider(s) aan. Dit kan op verschillende manieren:

- *Frontale aanval.* Bijvoorbeeld door het lanceren van een aanbod dat het hart raakt van de kracht van de marktleider. Zo is de Lexus een frontale aanval op topklasseauto's, zoals Mercedes en Cadillac.
- *Flankerende aanval.* Bijvoorbeeld door het lanceren van een verwant aanbod aan dezelfde doelgroep of door het benaderen van een segment dat de marktleider verwaarloost. Zo veroverde Bavaria de biermarkt met goed smakend alcoholvrij bier.
- *Omcirkelende aanval.* Bijvoorbeeld door een allround beter aanbod te doen dan dat van de marktleider. Zo bieden drogisterijketens als Kruidvat en Etos een winkelconcept waarop de warenhuizen en supermarkten eigenlijk nauwelijks een antwoord hebben.
- *Bypass aanval.* Bijvoorbeeld door het lanceren van nieuwe technieken in producten. Zo probeerde Apple Microsoft voor te blijven door voortdurend te innoveren en naar nieuwe toepassingsmogelijkheden van ICT te zoeken.
- *Guerilla-aanval.* Bijvoorbeeld door de marktleider steeds met korte en heftige aanvallen te confronteren, zoals een tijdelijke enorme prijsverlaging. Een andere mogelijke guerilla-actie is het op intensieve wijze overrompelen van een klein gedeelte van de doelgroep.

De marktvolger

Marktvolger

De strategie van de marktvolger is relatief eenvoudig en doorzichtig; hij houdt de marketingmix van de marktleider scherp in de gaten en volgt op (vaak vaste) afstand. Een voorbeeld is Van Dijk foodproducts die, met onder meer de merknaam Gouda's Glorie, marktleider Unilever (met vele merken) op vaste afstand volgt.

De marktnicher

Marktnicher

De marktnicher zoekt naar specifieke doelgroepen en specifieke vormen van behoeftebevrediging. In zijn strategie maakt de nicher intensief gebruik van marktsegmentatiestrategieën. De marktnicher specialiseert zich in een specifieke doelgroep of een specifieke vorm van behoeftebevrediging. Een voorbeeld van een marktnicher is de detailhandel die zich specialiseert in schoenen voor hardlopers.

Samenwerkingsstrategie

Aan de verschillende strategieën van Kotler kan de *samenwerkingsstrategie* worden toegevoegd. In plaats van elkaar te bestrijden, kunnen bedrijven strategische samenwerkingsverbanden sluiten, waarin bijvoorbeeld afspraken gemaakt worden over de marktverdeling (bijvoorbeeld per geografisch gebied of per doelgroep) of de productverdeling en waarbinnen aanmerkelijke schaalvoordelen behaald kunnen worden. Dergelijke samenwerkingsverbanden spelen een voorname rol in de auto-industrie. Zo werken binnen het VAG-concern, onder leiding van het grote Volkswagen, verschillende voormalige concurrenten samen: Volkswagen, Audi, Porsche, Seat en Skoda. Elk van deze merken biedt een eigen productenserie en bedient een eigen segment van de markt. Tegelijkertijd behaalt het concern enorme schaalvoordelen in ontwerp,

Kartelcommissie houdt Dupont/ICI-deal tegen

Van een onzer verslaggevers
ROTTERDAM - Het Britse chemieconcern ICI heeft voor de tweede keer in korte tijd een voorgenomen verkoop in de Verenigde Staten in rook zien opgaan. Dit als gevolg van de strenge regels van de Federal Trade Commission (FTC), de Amerikaanse kartelautoriteit.
Gisteren bleek dat de verkoop van de titanium dioxide-activiteiten ter waarde van ruim een miljard dollar (zo'n *f* 2 miljard) aan de Amerikaanse concerns DuPont en NL Industries dermate door deze Amerikaanse concurrentiewaakhond is gedwarsboomd dat Du Pont nu heeft afgezien van de overname. Titanium dioxide is een wit pigmentpoeder dat wordt gebruikt voor het maken van onder meer verf, papier, kunststoffen en cosmeticaproducten.
De bezwaren zorgen voor een vertraging van anderhalf jaar.
Het niet doorgaan van de verkoop komt voor ICI bijzonder ongelegen. Het beleid is er sinds enkele jaren op gericht de bulkchemie af te stoten en meer te investeren in de zogenoemde 'specialties' en fijnchemie. Dat moet gebeuren met de opbrengst uit de desinvesteringen. „Het voorlopig niet doorgaan van deze verkoop kost ons dan ook veel geld", zegt een ICI-woordvoerder in Londen.

Bron: *Rijn en Gouwe*, 5 januari 1999

Samenwerkingsverbanden zijn niet altijd te realiseren

productie en logistiek. Hetzelfde geldt voor het uitgeversconcern PCM, waaronder de landelijke dagbladen Algemeen Dagblad, NRC Handelsblad, Trouw en De Volkskrant ressorteren.

6.5 Marktleiderschapsstrategieën

Medio jaren negentig van de vorige eeuw zijn de marktleiderschapsstrategieën van Treacy & Wiersema in zwang gekomen. Zij onderscheiden drie strategieën die elk kunnen leiden tot een positie van marktleiderschap, namelijk:

- excelleren in operationele bedrijfsvoering (operational excellence): relatief laagste kosten;
- productleiderschap (productleadership): beste producten;
- klantenrelatie loyaliseren (customer intimacy): beste oplossingen.

Op ten minste één van deze strategieën moet een organisatie veruit superieur zijn, maar wel onder de voorwaarde dat de andere strategieën ook alleszins acceptabel aan bod komen. Hieronder wordt kort ingegaan op deze *afnemersgerichte strategieën.*

Excelleren in operationele bedrijfsvoering

Operational excellence

Operationele bedrijfsvoering omvat allerlei bedrijfsprocessen, organisatiestructuren, managementsystemen en organisatieculturen, die *invloed hebben op de kwaliteit, kosten, prijs, bereikbaarheid, verkrijgbaarheid et cetera. Operational excellence* zorgt voor een probleemloze levering van producten en diensten aan de klant en dat tegen de laagste kosten. Er is sprake van een hoge mate van standaardisatie en een strakke centrale beheersing van processen. Het managementsysteem is gericht op efficiënte transacties en de organisatie op kostenbesparing en minimalisatie van verspillingen. Zo heeft Dell een extreem laag kostenniveau, terwijl haar PC's toch 'state of the art' zijn en ze gemakkelijk te verkrijgen zijn. Dit komt omdat Dell de logistieke kosten heeft geminimaliseerd, de gestandaardiseerde processen centraal heeft gepland, een cultuur heeft geschapen die efficiency stimuleert en verspilling tegengaat en geïntegreerde, betrouwbare en high speedsystemen heeft ingevoerd en genormeerd. Internetbedrijven en logistieke bedrijven zouden deze strategie moeten hebben, zoals Att, KLM, NS, TPG, Vodafone et cetera.

Productleiderschap

Productleadership

Het productleiderschap vereist creativiteit, razendsnelle vercommercialisering van nieuwe producten en een continue verbetering of vernieuwing van het productassortiment. *Productleadership* vereist:

- een focus op enerzijds productontwikkeling en anderzijds op 'marktverovering';
- een organisatiestructuur met processen die ad hoc en 'ever-changing' inspelen op entrepreneurial initiatieven;
- managementsystemen die resultaat- en outputgedreven zijn, ofwel een resultaatgerichte attitude waarbij experimenteren wordt gestimuleerd;
- een cultuur die individueel denken en initiatief aanmoedigt.

Productleiders komen met een constante stroom van innovaties, die afnemers interesseren en begerig en nieuwsgierig maken voor de komende innovaties. Er is dus een emotionele dimensie. Het moet allemaal 'smaller, faster, lighter, cooler, cheaper' dan het bestaande. De productleaders vinden het ook hun taak dat (potentiële) afnemers worden 'opgevoed' om nieuwe producten beter te accepteren. Men kan niet op een groot aantal gebieden productleader zijn. Daarom specialiseren bedrijven zich op core-gebieden, zoals Intel met processoren en Glaxo in de farmacie. Riedel is succesvol in de markt van frisdranken en vruchtensappen, omdat het een breed en diep assortiment heeft, met vele innovaties komt, kwalitatief perfecte producten heeft en veel toegevoegde waarde levert voor afnemers en retailers en daardoor een sterke onderhandelingspositie in de bedrijfskolom bezit. Riedel heeft een marktleiderschapspositie verkregen door het toepassen van een consistente strategie, een sterke R&D-groep, het bezitten van goede kennis van marktsegmenten, het hebben van een multidisciplinaire aanpak, het bezitten van een innoverende cultuur, het hebben van goede relaties met retailers en het beschermen van de merkposities. De strategie wordt tot nu toe slechts benut voor de Nederlandse markt.

Klantenrelatie loyaliseren

Customer intimacy

Dit vereist:

- een proces gericht op het aanbieden van oplossingen voor de klant;
- dat de beslissingsbevoegdheid ligt bij de werknemers die het dichtst bij de klanten staan en maatwerk leveren, waarbij de klant als het ware het product 'meeproduceert';
- een zorgvuldige selectie van klanten;
- eerder specifieke (one-to-one) oplossingen dan algemene;
- het scheppen van een 'customer cult' voor werknemers en klanten.

Staalbankiers heeft een customer intimacy-strategie die wordt gekenmerkt door een uitstekende dienstverlening, het werken in geselecteerde en gespecialiseerde marktniches met vaak complexe producten en het leveren van veel toegevoegde waarde.

Interne organisatie

7

De externe analyse is uitgebreid in de vorige hoofdstukken aan de orde geweest. De volgende logische stap is de analyse van de organisatie zelf; de interne analyse of audit. In algemene termen wordt die behandeld in paragraaf 7.1.
De marketeer zoekt naar de sterktes en zwaktes van de eigen organisatie, ook ter vergelijking met die van de concurrenten. Bij deze grondige analyse worden niet alleen de financiële prestaties van de organisatie onder de loep genomen (paragraaf 7.2), maar ook de niet-financiële prestaties, zoals klanttevredenheid, nieuwe producten, kwaliteit, management (paragraaf 7.3).
Hoe een organisatie zich manifesteert ten opzichte van concurrenten en op welke manieren dit vastgesteld kan worden, wordt besproken in paragraaf 7.4.
Voor het behouden van concurrentievoordelen zijn zowel inspanningen als investeringen van de organisatie vereist. Klantgerichtheid en alertheid op de (potentiële) concurrentie zijn daarbij essentiële ingrediënten. Deze onderwerpen komen in paragraaf 7.5 aan bod.
In paragraaf 7.6 ten slotte wordt aangegeven op welke wijze een onderneming brancheproblemen succesvol kan overwinnen.

7.1 Analyse van een organisatie in het algemeen

Doel van de audit

Het doel van de periodieke *audit* (systematische en objectieve interne analyse van een organisatie) is inzicht te verkrijgen in de capaciteit van de organisatie om de sterktes en de zwaktes van de organisatie bloot te leggen.

Kwantificeren van gegevens

Gegevens zullen zoveel mogelijk moeten worden gekwantificeerd en – waar mogelijk – moeten verschillende externe opinies worden ingewonnen. De eigen afnemers, externe consulenten, branchespecialisten en brancheorganisaties, marktonderzoek en dergelijke komen hiervoor in aanmerking.

Als de zwakke kanten van een organisatie niet worden afgezwakt, beperkt of geneutraliseerd, heeft dit nadelige gevolgen voor de effectiviteit van de organisatiestrategie. Het resultaat hiervan kan zijn dat kostenbudgetten worden overschreden, de marketingdoelstellingen niet worden gehaald, de omloopsnelheid van de voorraden vertraagt of het uitvalpercentage van de geproduceerde goederen toeneemt.

Concurrentie

Een alerte concurrent ziet de onderneming afglijden en zal niet nalaten de zwakke kanten van de organisatie te exploiteren. Dit is ook niet zo moeilijk omdat hij de onderneming bij zijn eigen concurrentieanalyse in detail heeft bestudeerd, de sterktes en zwaktes kent, en scenario's heeft ontwikkeld hoe hij met de sterktes en zwaktes van de concurrentie zal omgaan.

Niet-financiële prestaties

De financiële prestaties zijn gebaseerd op winst en kosten. Bij een interne analyse worden naast financiële prestaties vooral ook de niet-financiële prestaties gemeten, zoals de marktpositie, het gepercipieerde prijs/kwaliteitsbeeld, de merkproducten, de inzet van human resources, de organisatiecultuur en de organisatiewaarden.
De niet-financiële prestaties geven vooral de sterktes en zwaktes van de organisatie op termijn aan en hoe de organisatie het doet ten opzichte van haar concurrenten. De analyse noopt ons dus om buiten de organisatie te treden en extern de afnemers en concurrenten (ook de potentiële) te bestuderen.

Inzicht verwerven in de belangrijkste interne variabelen, die de positie van de organisatie nu en in de toekomst beïnvloeden, is het doel van dit hoofdstuk.

7.2 Analyse van financiële prestaties

Financiële prestaties

In deze paragraaf zullen we vooral de financiële prestaties van producten, markten, afnemers en organisatie-units bekijken. De elementen 'kosten' en 'rendement' zijn de exponenten van de financiële prestaties. Niet aan de orde komen de financiële analyse van de organisatie en de bepaling van financiële kengetallen op basis van de balans en de resultatenrekening. Deze analyse, alsmede aspecten van kosten en kostprijsberekening, prijzen en investeringen, wordt uitgebreid behandeld in de hoofdstukken 8 en 15.

Centocor blijft flink groeien

Van een onzer verslaggevers
LEIDEN - De Leidse vestiging van het Amerikaanse biotechnologiebedrijf Centocor wordt de komende jaren nog fors uitgebreid. Nadat de afgelopen twee jaar het personeelsbestand al is verdubbeld naar vijfhonderd, groeit de medicijnenfabriek met bijbehorend laboratorium naar zeshonderd à zevenhonderd mensen.
Die verwachting sprak directeur P. Tetteroo van de Nederlandse tak van Centocor uit tijdens een toelichting op de jaarcijfers. Centocor heeft het afgelopen jaar opnieuw winst geboekt, net als het jaar daarvoor.
In de negentienjarige geschiedenis zijn dat tevens de enige twee jaren met een positief resultaat. In de sector is dat normaal. Biotechnologie wordt gekenmerkt door een veelheid aan bedrijven waar de beloftes voor de toekomst beter zijn dan de resultaten uit het verleden.
Met een winst uit gewone bedrijfsuitoefening voor belasting van $ 17,2 miljoen dollar (*f* 34,4 miljoen) was het afgelopen jaar het meest succesvolle uit de geschiedenis van Centocor. De winst steeg met 10 procent heel wat minder snel dan de omzet (plus 60 procent). Volgens Tetteroo komt dat doordat de introductie van een aantal nieuwe geneesmiddelen veel geld heeft gekost. Dit jaar zal dat vruchten afwerpen: het bedrijfsresultaat moet verdubbelen.
Alle producten die Centocor op de markt brengt, worden in Leiden gefabriceerd. In de VS, de grootste afnemer van de medicamenten, is een fabriek in aanbouw, die halverwege volgend jaar wordt opgeleverd. Intussen blijft de Leidse vestiging doorgroeien. Vorig jaar juni is een nieuwe fabriek opgeleverd. De zeer strenge keuringen maken dat de medicijnen pas een jaar later van de band rollen.
Centocor heeft de laatste jaren met succes vier geneesmiddelen op de markt gebracht die met behulp van biotechnologie tot stand zijn gekomen. Het bedrijf gebruikt cellen om antistoffen te fabriceren die helpen bij hart- en vaatziekten. Sinds kort maakt Centocor ook stoffen die nuttig zijn bij de ziekte van Crohn (chronische darmonsteking) en reuma.

Bron: *Rijn & Gouwe*, 30 januari 1999

Dagbladen publiceren regelmatig gegevens over bedrijven

Relatieve kostenpositie

In een verzadigende of stagnerende markt of in een periode van economische groei worden de marktposities van organisaties steeds weer door elkaar geschud. Denk aan de uitzendorganisatie Content Beheer, die ondanks de hoge economische groei, het financieel resultaat nauwelijks zag verbeteren, in tegenstelling tot concurrerende aanbieders. Denk ook aan de zeer teleurstellende verkopen in de auto- en luchtvaartindustrie in 2001, waarbij sommige ondernemingen het toch veel beter deden dan andere zoals de 'lage prijzen'-aanbieders. Organisaties die anticiperen op dergelijke situaties, passen hun kostenstructuur aan. Ze komen perioden van recessie beter door dan organisaties die pas reageren als de recessie zich al heeft aangediend.
Uit het oogpunt van concurrentiepositie is het van belang de relatieve kostenpositie te weten, dus die van de eigen organisatie ten opzichte van die van haar concurrenten en deze ook te vergelijken met die van andere planningsunits, zoals afdelingen, divisies of SBU's binnen de eigen organisatie.
Dit zou bijvoorbeeld door middel van de *leer-* of *ervaringscurve* kunnen worden gedaan.

Definitie leer- of ervaringscurve

De leercurve is een grafische weergave van het verband tussen de gecumuleerde productie en de arbeidskosten per eenheid product.

Door het toenemen van de productie-ervaring kunnen de arbeidskosten per eenheid product dalen. De leercurve resulteert uiteindelijk in een getal, bijvoorbeeld 80%. Dat wil zeggen dat de productiekosten per eenheid na een verdubbeling van de productie, nog maar 80% bedragen van wat het voorheen was. De leercurve is een belangrijk gegeven voor de planning van nieuwe producten. De leercurve verschilt echter van onderneming tot onderneming, omdat de factoren zoals genoemd in het 7-S-model van McKinsey (zie verderop in dit hoofdstuk) verschillend worden geïnterpreteerd c.q. uitgevoerd en daardoor een andere uitwerking hebben op de waardeketen van de organisatie. Een concurrent heeft een duidelijk voordeel wanneer zijn leercurve een lagere uitkomst oplevert, bijvoorbeeld 76%.

Schaalvoordelen

Ondanks strategieën zoals 'differentiatie' en 'productleadership', concentreren organisaties zich meer en meer op minder merken (denk aan Unilever) en op de reductie van het aantal productieplaatsen. Hiermee kunnen schaalvoordelen en de daarmee samenhangende kostenvoordelen worden behaald, terwijl de toegevoegde waarde voor de klant er niet onder lijdt. Onderstaand een aantal voorbeelden.

Onderneming	Producten	Productieplaats	Verkoopgebied
Bonduelle	Blikgroenten (Bonduelle)	Frankrijk	Europa
Bestfood (Unilever)	Soepen (Unox, AH)	Nederland	West-Europa
Nestlé	Honden- en kattenvoer (Friskies, Bonzo, Felix, Gourmet)	Nederland	West-Europa
Mars	Honden- en kattenvoer (Sheba, Pedigree, Kitekat)	Duitsland, Frankrijk	Europa
Sigma Coating, Akzo Coating	Verven	Nederland	Nederland en omringende landen
Dole, Cirio Del Monte	Blikfruit	Spanje, Thailand, Filippijnen, Kenya	Wereld

Inzicht in de kosten

Een goed inzicht in de kosten is van belang voor een juiste berekening van de kostprijs en de marges van een product of productassortiment, en ook voor de calculatie van de kosten van commerciële activiteiten per product, productgroep, afnemer, regio, land of distributiekanaal.

Kosten per activiteit

Uitsplitsing van de kosten per activiteit geeft inzicht in mogelijke organisatorische 'storingen' en is belangrijk voor verbeteringen van de efficiency, wat wellicht weer leidt tot reductie van overheadkosten. Hetzelfde geldt uiteraard ook voor de berekening van het rendement van producten, klanten en landen.

De onderlinge posities van producten, maar ook van SBU's kunnen in een tweedimensionale figuur (portfolio) zichtbaar gemaakt worden, zoals de opzet van figuur 7.1 laat zien.

Figuur 7.1 **Marktaandeel producten versus rendement**

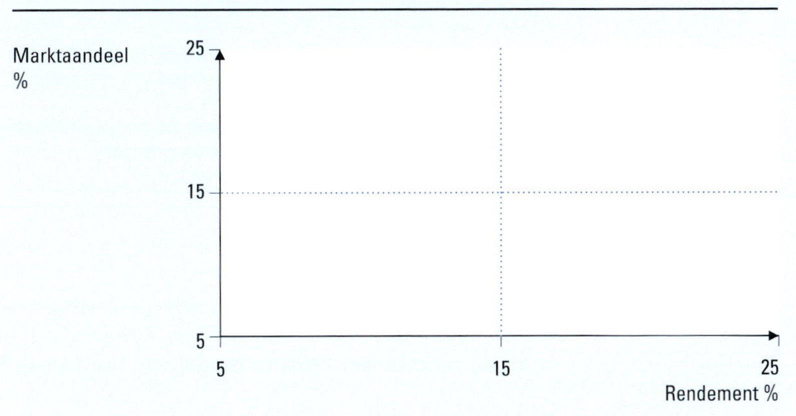

De dimensies in figuur 7.1 zouden de volgende kunnen zijn:

- op de horizontale as: het rendement of ROS;
- op de verticale as: een van de volgende grootheden:
  - marktaandeel producten
  - omzet regio's
  - omzet landen
  - omzet verkopers
  - omzet afnemers
  - omzet SBU's.

In de kwadranten moeten de verschillende producten, productgroepen, SBU's of landen worden geplaatst. De waarden van de dimensies moeten zo realistisch mogelijk worden vastgesteld.

Rendementsverschillen

Voor het gemiddeld rendement kan de interestvoet van een risicoveilige belegging worden gehanteerd, stel 15%. Een laag rendement zou dan op 5% en een hoog rendement op 25% uitkomen. Het is aan te bevelen hierbij de organisatiecijfers van de bedrijfstak als maatstaf aan te houden. De factoren verschillen echter sterk van branche tot branche, dus een nuchtere hantering van de cijfers blijft nodig.

Een andere maatstaf die gehanteerd kan worden is de *Return on Sales (ROS)*. Dit kengetal wordt in hoofdstuk 8 nader besproken.

Performance-indicatoren

Wanneer we bepaalde aspecten van een organisatie in kengetallen weergeven, kunnen we ook spreken van zogenaamde *performance-* of *prestatie-indicatoren*, die we in twee groepen kunnen verdelen, namelijk de output- en de input-indicatoren. Bij de berekening van deze kengetallen draait het om de effectiviteit en de efficiency. De effectiviteit is de mate waarin de output-indicatoren van een marketing- en verkooporganisatie worden gerealiseerd. De output is de resultante van de input. De efficiency geeft de relatie aan tussen de input- en output-indicatoren. Hierna volgen enkele voorbeelden van indicatoren.

Output-indicatoren	Input-indicatoren
Marktaandeel	Contacten per (potentiële) klant
Verkoopprijzen en marge (%)	Bezoekdagen van verkopers
Omzet en afzet	Offertes
Omzet- en winstaandeel	Bezoeken per dag per verkoper
Aantal orders	Productassortiment
Ingestuurde antwoordcoupons	Kostenbudget

Ratio's

Door combinatie van verschillende performance-indicatoren kunnen we de efficiency door middel van kengetallen of ratio's berekenen, zoals de ratio in het Postma-model (zie hoofdstuk 14).

Zo heeft een efficiënte organisatie bijvoorbeeld een gunstige ratio tussen de omzet en de verkoopkosten.

De marktpositie van De Vleeshouwerij

Een grondige doorlichting van afnemersgroepen toont aan dat het rendement verschilt per klantengroep en/of dat de marktpositie afwijkt per regio.
Zo heeft De Vleeshouwerij in Wallonië, in een relatief grote markt, een slechte marktpositie.
In de volgende tabel wordt ervan uitgegaan dat het omzetaandeel per regio gelijk is.

De numerieke distributie per regio van De Vleeshouwerij, 2002

Regio	Omvang slagersmarkt (× €1 mln)	Numerieke distributie (in %)
Brussel	190	38
Vlaanderen	245	45
Wallonië	345	25
België (totaal)	780	34

Het komt voor dat de bewerking van sommige groepen zo intensief is, dat daardoor het rendement van een product juist bij die groepen negatief uitvalt.
Het rendement verschilt ook met de grootte van de afnemers. Middelgrote afnemers vertonen doorgaans het meest gunstige rendement. De grote afnemers hebben in het algemeen lagere inkoopprijzen en bij de kleine afnemers ontbreken de schaalvoordelen, bijvoorbeeld in transport en handling, waardoor het rendement onder druk komt te staan.

Behouden van klanten

Belangrijk is het om aantrekkelijke klanten te behouden, kleine klanten groter te maken en wegen te zoeken om de efficiency te verbeteren.

Kosteneffectiviteit

De kosteneffectiviteit neemt toe door de ordergrootte te vergroten, bijvoorbeeld door alleen de grotere afnemers direct te beleveren en de kleine afnemers via een tussenschakel. Veelal is het zo dat een klein deel van de producten het overgrote deel van de winst genereert.

20/80-regel

Ook hier gaat de *20/80-regel* vaak op, namelijk dat slechts 20% van de producten 80% van de winst opbrengt.
Soms kan het nodig zijn, ter ondersteuning van winstgevende producten, ook een 'klein' product met een (te) lage bijdrage aan het rendement aan te blijven bieden, maar dit moet een uitzondering blijven. Uitgangspunt moet zijn dat elk aangeboden product een voldoende bijdrage aan het rendement levert, teneinde de vastgestelde winstdoelstellingen te realiseren.

Resource sharing

De kosten kunnen drastisch afnemen als de activiteiten met andere SBU's of zelfs met andere organisaties worden gedeeld (*resource sharing*). Een voorbeeld hiervan is het opzetten van een opslag- en distributiecentrum voor verschillende organisaties. Ook het inschakelen van een importeur, agent of groothandel kan hiertoe worden gerekend.
Een ander (concreet) voorbeeld van resource sharing is het importeurschap van Abacus bv in Rotterdam voor merkproducten van verschillende ondernemingen, zoals Akai, Samsung, Olympus, Fujicolor en Telefunken.

De relatie tussen productassortiment en omzet van De Vleeshouwerij

De Vleeshouwerij's eigen productontwikkelingsafdeling, opgericht in 1999, is een succes gebleken. Dit blijkt uit het feit dat de ontwikkelde nieuwe producten eind 2002 al 25% van de omzet uitmaken.
De keerzijde van de medaille is dat 50% van alle producten slechts 25% van de omzet vertegenwoordigt. Ook kan gesteld worden, dat de andere 50% van het assortiment 93% van de omzet oplevert. Wellicht leidt productsanering tot aanzienlijke besparingen.

Loonproductie voor De Vleeshouwerij

Door aanpassing van het productieapparaat aan de strengere EU–wetgeving heeft De Vleeshouwerij een volledig nieuw vleeswarenbedrijf opgezet met verdubbelde productiecapaciteit.
De productiecapaciteit, bezetting nu ongeveer 60%, zou kunnen worden opgevuld door loonproductie voor kleine vleeswarenfabrikanten, die geen directe concurrent zijn en die niet aan de EU–normen kunnen voldoen.
Ook zou De Vleeshouwerij bepaalde 'Belgische specialiteiten' onder private label voor Unilever of Nestlé kunnen produceren.

Bepaalde activiteiten die niet de kernactiviteiten betreffen, kunnen ook geheel aan derden worden uitbesteed, wat *outsourcing* wordt genoemd. Dit komt bijvoorbeeld veelvuldig voor in de auto-industrie.

Vergelijking kosten-analyseresultaten

Voor de bepaling van de relatieve kostenpositie is het gewenst informatie te hebben over de kostenpositie van de concurrenten. Nagegaan moet worden of de onderneming kostenvoordelen heeft voor wat betreft grond- en hulpstoffen, assemblage, arbeid en dergelijke. Daarbij kunnen de volgende vragen rijzen:

- In welke mate kunnen concurrenten gebruikmaken van schaalvoordelen?

TNT Post Groep doet de logistiek voor Fiat

Ook in de auto-industrie is het parool: 'je richten op de core business'. In het geval van Fiat is dat het ontwerpen, bouwen en verkopen van auto's. Eind 1994 begon TNT in Italië met de opslag en distributie van reserveonderdelen voor Fiat. Medio 1995 deed men hetzelfde in Engeland, Duitsland, Spanje, Frankrijk en Griekenland. Op dit moment verzorgt TNT wereldwijd de distributie van alle reserveonderdelen voor Fiat.

Dit was het begin van een nog grotere betrokkenheid van TNT bij de productie van Fiat-auto's. De zogenaamde *knock down-operatie* is gestart, waarbij delen van auto's in Italië in containers worden geladen, naar Zuid-Amerika worden vervoerd en aldaar geassembleerd worden. Hetzelfde gebeurt van Brazilië naar Polen. Inmiddels heeft TNT de gehele toelevering van de assemblagelijnen van de hoofdvestiging in Turijn op zich genomen. 'Wij halen de onderdelen op bij leveranciers, brengen ze naar onze depots en distribueren ze over de assemblagelijnen, precies op de plek waar het betreffende onderdeel moet zijn'. En dat voor de productie van duizenden auto's per dag met als conditie: *just in time*. Het doel hiervan is de juiste hoeveelheden goederen op het juiste moment op de juiste plaats te hebben, waarvoor heel wat komt kijken.

Doordat de auto-industrie steeds meer maatwerk levert, meer modellen met meer verschillende opties aanbiedt, is er een steeds grotere behoefte aan ondernemingen die veel kennis hebben op het gebied van logistiek en internationaal actief zijn. Kleinere logistieke ondernemingen hebben in deze oligopoliemarkt geen kans.

Bron: *Share*, nummer 1, 1998

- Waar is de productieplaats, is deze nabij of in een ver land gelegen?
- Is de valuta van het productieland stabiel, sterk ten opzichte van andere munten, of is er een devaluatie van de munt te verwachten?
- Hoe is het met de inkoopzijde van de concurrenten gesteld?
- In welke mate worden grondstoffen en halffabrikaten van derde firma's betrokken en is er informatie over deze leveranciers aanwezig?

In publicaties, zoals krantenartikelen, advertenties, jaarverslagen en ook via het Handelsregister kan informatie over concurrenten worden verkregen. Deze informatie kan ook worden afgeleid uit branchestudies en natuurlijk uit specifiek uitgevoerd marktonderzoek. Zo krijgen de (nieuwe) concurrenten van KPN Mobile, zoals T-Mobile (Ben), Vodafone (Libertel), O2 (Telfort) en Orange (Dutchtone) veel informatie over KPN Mobile in handen door uitspraken en rapporten van OPTA (Onafhankelijke Post en Telecommunicatie Autoriteit). Dit is de toezichthoudende organisatie die door de overheid is ingesteld voor de telecommarkt. OPTA heeft onlangs KPN Mobile verplicht bepaalde telefoontarieven te verlagen, wat tot woedende reacties van het KPN Mobilemanagement heeft geleid.

7.3 Analyse van niet-financiële prestaties

De niet-financiële prestaties geven op lange termijn vaak beter de werkelijke positie en de winstgevendheid van een organisatie weer dan de financiële prestaties.
Onder de niet-financiële prestaties verstaan we die bedrijfsmiddelen, vaardigheden en capaciteiten die de basis leggen voor de huidige en toekomstige organisatiestrategieën en voor de duurzame concurrentievoordelen.

Niet-financiële prestaties

Belangrijke niet-financiële prestaties zijn:
- marktpositie: relatief marktaandeel en groei;
- kwaliteit van producten of diensten;
- merkproducten: imago, bekendheid, associaties, merktrouw;
- afnemerssatisfactie;
- R&D-output: nieuwe producten, patenten;
- management en functionele disciplines: visie, kennis, vaardigheden, gedrag, effectiviteit, prestaties, onderlinge samenwerking; een en ander vooral op marketinggebied;
- organisatie; waarden, cultuur, visie, missie.

De eerste zes punten worden nader uitgewerkt in deze paragraaf. Het laatste punt is reeds behandeld, namelijk in paragraaf 1.2.

Marktpositie

Het marktaandeel van een organisatie is een van de belangrijkste factoren voor de bepaling van haar concurrentiekracht. Het gaat erom of de organisatie een 'leidende positie' (het relatief marktaandeel is duidelijk groter dan dat van de concurrenten), een 'belangrijke positie' (de organisatie hoort bij de eerste drie nagenoeg even grote merken), een 'gemiddelde positie' of een 'onbeduidende positie' inneemt.

C4-index

Om de concentratiegraad van aanbieders aan te geven, hanteert men wel de *C4-index*. Dat is de som van de marktaandelen van de vier grootste aanbieders. Is de C4-index laag, bijvoorbeeld 20% marktaandeel, dan duidt dit op de aanwezigheid van veel kleine aanbieders. In een oligopolistische marktvorm is de C4-index doorgaans hoog. De organisatie met het grootste marktaandeel profiteert echter het meest van schaalvoordelen in productie, marketing en R&D, zeker als het aanbod geconcentreerd is. De constante kosten worden dan namelijk door een groter aantal eenheden product gedragen.
Door schaalvoordelen is een grotere markt in het algemeen aantrekkelijker dan een kleine markt. Daar staat tegenover dat relatief kleine markten een hoger rendement vertonen dan grote, niet-gedifferentieerde markten.
Een market niche, een specifiek marktsegment, kan uit het oogpunt van een hoge toegevoegde waarde voor een organisatie interessant zijn, onder voorwaarde dat de producten of diensten naadloos aansluiten bij de specifieke behoeften van de niche.

Een markt die sneller groeit dan het Bruto Nationaal Product (BNP), is aantrekkelijker dan een stagnerende markt.

Entreedrempel

Wanneer men eenmaal een bepaalde marktpositie heeft verkregen, is handhaving van een zo hoog mogelijke *entreedrempel* (tegen nieuwe concurrenten) gewenst. Entreedrempels kunnen ontstaan door hoge investeringen in R&D, productenregistraties of certificeringen (ISO, KOMO, KEMA), importheffingen, patenten, merkpositie en distributiepositie. Een objectieve schatting van de marktomvang is een primair vereiste voor de bepaling van de marktpositie.

Kwaliteit van producten of diensten

De kwaliteit van een product of dienst is op een aantal dimensies gebaseerd.

Bond: Hogere eisen aan kwaliteit fiets

Van een onzer verslaggeefsters

LEIDSCHENDAM – Tien procent van de ongelukken met de fiets is te wijten aan mechanische gebreken. De Vereniging Rai, waarin de rijwielindustrie is vertegenwoordigd, de fietsersbond Enfb en de Stichting wetenschappelijk onderzoek verkeersveiligheid (Swov) vinden daarom dat er wettelijke kwaliteitseisen moeten worden gesteld aan fietsen.

Bijna dertig procent van de valpartijen door mankementen wordt veroorzaakt door kapotte remmen. Plotseling brekende voorvorken, sturen of frames nemen elk ongeveer tien procent voor hun rekening.

Volgens de Swov hadden ongelukken voorkomen kunnen worden als de fiets van betere kwaliteit was geweest. In 1993 werden 106.235 ongelukken geregistreerd waarbij een fietser was betrokken; 244 daarvan waren dodelijk voor de fietser.

De eisen waaraan rijwielen moeten voldoen zijn vastgelegd in de Wegenverkeerswet, maar ze zijn minimaal: de stuurinrichting moet deugdelijk zijn, de bel moet op twintig meter te horen zijn en ten minste één rem moet het doen. De fietsersbond vindt dat te weinig en is het met de Swov en de rijwielindustrie eens dat er zwaardere eisen moeten worden gesteld.

Het probleem met brekende onderdelen is echter, dat dit zelden gebeurt met een nieuwe fiets. „En er zijn nogal wat oude fietsen in omloop", verzucht de Enfb, die daarom meer aan diefstalpreventie wil doen. „Het is het verhaal van de kip en het ei, maar vaststaat dat veel mensen op een oude fiets rijden omdat een nieuwe eerder wordt gestolen. Als je daar iets aan kunt doen, wordt de aanschaf van een nieuwe fiets aantrekkelijker."

Volgens de Vereniging Rai komt het ook nogal eens voor dat nieuwe, maar erg goedkope fietsen mankementen hebben. „Fietsen, die je bij wijze van spreken in de doos vanuit het verre oosten koopt voor een prikje.

Die zijn vaak ver onder de maat." De Rai wil de verzwaarde eisen daarom niet alleen in de Wegenverkeerswet, maar ook in de Warenwet laten opnemen.

Een 'apk' voor fietsen zit er niet in. „Dat is niet haalbaar, omdat er te veel fietsen in Nederland zijn", aldus de Rai. Nederland telt iets meer dan één rijwiel per hoofd van de bevolking.

Volgens de Enfb zou een verplichte keuring bovendien niet afdoende zijn. „Dat blijkt wel uit het aantal ongelukken als gevolg van mankementen aan auto's: zes procent van de ongevallen komt daardoor." De Enfb adviseert fietsers wel hun rijwiel goed te onderhouden en het stalen ros regelmatig te laten keuren door de fietsenmaker. Die kan mankementen snel signaleren en verhelpen.

Bij zwaardere kwaliteitseisen denken Rai, Swov en Enfb onder meer aan normen voor de bouw, voor onderdelen, zoals verlichting en reminstallaties en aan strengere controle. „Er worden nog te veel inferieure onderdelen verkocht", heeft de Enfb samen met de Consumentenbond geconstateerd. „Dat moet prioriteit krijgen, ook in Europees verband."

Bron: *Algemeen Dagblad*

De productkwaliteit van de fiets laat kennelijk nogal eens te wensen over, reden om te pleiten voor wettelijke kwaliteitseisen

Voor een product kunnen dat zijn:
- levertijden
- defecten, uitval
- duurzaamheid
- reparaties en serviceverlening
- voldoen aan bepaalde specificaties
- toegankelijk zijn voor en oplossen van klachten.

Het toegankelijk zijn voor klachten, het hebben van een klachtenregistratie, het accuraat nalopen en oplossen van klachten is een goede indicatie van marktgerichtheid. De gemelde klachten zijn vaak slechts het topje van de ijsberg. Meer dan 90% van de consumenten meldt de klacht niet en gaat over op een ander product. Om de afnemers van dienst te zijn, hebben veel ondernemingen het adres of soms ook het telefoonnummer van de afdeling Consumentenvoorlichting op de verpakking van hun producten vermeld. Klachten dienen serieus te worden genomen; ze zijn een belangrijke informatiebron ter verbetering van de productkwaliteit.

Vendor rating

Door selectie van de leveranciers met behulp van *vendor rating* wordt de inkoopkwaliteit van de ingekochte producten vergroot. Op basis van een aantal relevante, vaak gewogen criteria, worden de geselecteerde leveranciers met rapportcijfers onderling beoordeeld. Vaak vallen leveranciers met een onvoldoende voor een van de factoren direct uit de boot. Met andere woorden: een slechte rating van een criterium wordt niet gecompenseerd door de andere criteria.

Kwaliteitsmeting

De kwaliteit van een product of dienst kan met de volgende formule worden weergegeven:

Kwaliteit = opgedane ervaring – verwachting van de afnemer

Servqual-model

Het bepalen van het verschil tussen de verwachte dienst en de opgedane ervaring met de dienst, vormt de kern van de meetprocedure van het *Servqual-model*. Dit model meet de kwaliteit op basis van het verschil tussen de ervaring en de verwachting van de dienst op basis van de volgende vijf dimensies:
1 de tastbare zaken van de dienst;
2 de betrouwbaarheid en consistentie van de organisatie;
3 de responsiviteit (= het op snelle wijze verlenen van de dienst);
4 de zorgzaamheid op basis van competentie, respect, vriendelijkheid, geloofwaardigheid en geborgenheid;
5 de empathie op basis van begrip, het kunnen luisteren en de toegankelijkheid.

Uit de eerdergenoemde kwaliteitsformule blijkt dat er sprake is van een kwaliteitskloof of quality gap – in dit geval zijn de afnemers teleurgesteld – wanneer de verwachting groter is dan de opgedane, gepercipieerde ervaring. Door middel van onderzoek kan men het belang (weging) van de kwaliteitsdimensies meten, alsmede de verwachting die men heeft van de dienst en de opgedane ervaringen met de dienst. Dit vindt plaats door het geven van een rapportcijfer. Een en ander is in tabel 7.1 nader uitgewerkt.

Tabel 7.1 **Uitwerking van het Servqual-model**

Kwaliteitsdimensies	**Gewicht**	**Rating van**		**Score**
		Ervaring	Verwachting	
Tastbare zaken	0,10	7	6	0,10
Betrouwbaarheid	0,25	6	7	–0,25
Responsiviteit	0,20	5	6	–0,20
Zorgzaamheid	0,20	7	6	0,20
Empathie	0,25	8	7	0,25
Totaalscore	1,00			0,10

De totaalscore is positief. De algehele kwaliteit is dus redelijk goed. Verbeteringsmogelijkheden liggen met name in de zwaarwegende dimensies 'betrouwbaarheid' en 'responsiviteit'. Elke kwaliteitsdimensie is uiteraard op te delen in subelementen. Zo zou de dimensie 'betrouwbaarheid' uit de volgende elementen kunnen bestaan:
- de klachten worden adequaat genoteerd en opgelost;
- de dienst wordt in een keer naar behoren uitgevoerd;
- de levertijd komt overeen met de afspraken;
- de specificatie en de factuur komen overeen met de bestelling;
- mogelijke problemen worden vooraf of direct na het ontstaan gemeld.

Een van de mogelijkheden de dienstkwaliteit tot uitdrukking te brengen, is het tastbaar maken van de dienst

KLM en Northwest Airlines introduceren World Business Class℠. Een nieuw niveau in service. Met een ruimere keuze uit verschillende menu's. Met de controle over uw eigen videosysteem en het comfort van

een stoel die je de helft meer beenruimte geeft en een leuning die 50% verder achterover kan. Bel voor meer informatie of reserveringen uw reisagent. Of direct met KLM (020 - 4 747 747) of Northwest (020 - 6 487 111)

De nieuwe KLM Northwest World Business Class.℠
Zo goed dat je overal doorheen slaapt.

De waarden van deze dimensies moeten door de afnemers van de organisaties worden ingevuld. De uitkomsten geven het antwoord of men beter, evengoed of slechter is dan de belangrijkste concurrenten.
Afnemers winnen kan met lage prijzen; afnemers behouden kan alleen door een goede en juiste kwaliteit te leveren, waarmee de desbetreffende afnemers tevreden zijn

Serviceverlening

Vooral in industriële markten met vaak complexe producten en systemen speelt service een cruciale rol. Dienstbetoon is een belangrijk instrument van 'relatiemarketing' voor het verkrijgen en behouden van afnemers, en het behalen van een price premium, kortom, service is een tool uit de set instrumenten van non-price competition. De innovatiekracht en ontwikkelingscompetentie van een organisatie op het gebied van serviceverlening moet met die van de voornaamste benchmarken worden vergeleken.

Een organisatie moet continu werken aan kwaliteitsverbetering. Dit wordt alleen bereikt als de samenwerking binnen en tussen functionelebedrijfsdisciplines uitmondt in creativiteit en afstemming. De samenwerking leidt dan niet alleen tot kwaliteitsverbeteringen, maar veelal ook tot kostenbesparingen.
Illustratief is het verhaal over planning bij Du Pont de Nemours (zie hierna).

Distribution Resource Planning (DRP) bij Du Pont de Nemours

Het chemiebedrijf Du Pont bracht zijn Europese voorraad terug met zo'n 15% en verbeterde de marketing en productplanning door middel van Distribution Resource Planning (DRP).
In elk land bezat Du Pont tot zo'n drie jaar geleden minstens één lokaal distributiecentrum. Van hieruit werden de polymeerproducten van de chemiegigant in het betrokken land gedistribueerd. Elk van die centra beschikte over een eigen computersysteem voor voorraad- en aankoopbeheer. Deze systemen waren niet onderling verbonden en communiceerden alleen met het dichtstbij gelegen centrum om een aanvulorder te plaatsen. Het ontbreken van een overkoepelend systeem leverde nogal eens problemen op in verband met de traceerbaarheid van zendingen. Daarom werd eind jaren tachtig beslist om een DRP-systeem op Europees niveau uit te bouwen.
Na studie bleek dat de voorraadniveaus in de verschillende warehouses duidelijk hoger waren dan strikt nodig was. Hier was dus verbetering mogelijk. Na volledige invoering van het DRP-systeem daalde de gemiddelde voorraad met bijna 15%.
Ook de klanten van Du Pont merkten de positieve effecten van de invoering.
Aan het stijgend aantal orderlijnen dat op tijd en volledig verscheept kon worden, was te merken dat het peil van de klantenservice overal omhoogging.
Het resultaat van de Europese aanpak was vooral een verbeterde marketing- en productplanning, het beter op tijd plaatsen van aankooporders, een verbeterde klantenservice en een verbeterde beheersing van de voorraden. Kostenbesparingen ontstonden enerzijds door het aantal dure spoedzendingen te verminderen en anderzijds werd geprobeerd om de trucks zo veel mogelijk vol te laten rijden. De productiekosten in de fabrieken konden eveneens gedrukt worden omdat 'storingen' ten gevolge van spoedorders afnamen. De voorraadkosten zakten eveneens, door verlaging van de lagere veiligheidsvoorraden.

Bron: *Logistiek Signaal*

Kwaliteitskloof

Als de kwaliteit is gemeten en we niet tevreden zijn over de resultaten, dan is het zinvol na te gaan waardoor het negatieve resultaat is veroorzaakt. Dit noemen we de kwaliteitsanalyse of quality gap analysis. De vragenlijst die we aan klanten hebben voorgelegd, wordt nu ook aan medewerkers en management voorgelegd. Er kunnen een vijftal oorzaken c.q. gaps zijn waardoor klanten uiteindelijk teleurgesteld afhaken.

Gap 1: Managementperceptie versus klantenverwachtingen
Weet het management wel wat de klant wenst? Ontmoet men de klant zelf wel? Wordt er een product gemaakt met of zonder marktonderzoek? Is de organisatie klantengeoriënteerd?

Gap 2: Managementperceptie versus kwaliteitsnormen
Als de organisatie wel marketinggeoriënteerd is, worden er dan wel kwaliteitsnormen geformuleerd die achteraf geëvalueerd kunnen worden? Vindt het management dat alle e-mails binnen 24 uur moeten worden beantwoord?

Gap 3: Kwaliteitsnormen versus werkelijke kwaliteit
Worden de doelen of normen ook daadwerkelijk gemeten?

Gap 4: Werkelijke kwaliteit versus communicatie naar klanten
Maken we waar wat we naar klanten communiceren? Zo ja, dan zijn klanten niet teleurgesteld. Geven we goede informatie over wachttijden, levertijden, producten en diensten?

Gap 5: Klantenverwachtingen versus klantenperceptie
Als de verwachting overeenkomt met de perceptie of ervaring, dan is de klant tevreden. Zo niet, dan beginnen we weer bij gap 1.

Om tot een optimale afstemming te komen tussen wat klanten willen en wat een organisatie kan leveren, moeten de vijf gaps worden opgelost.

Merkproducten
Een merk heeft de functie producten te identificeren en te differentiëren van andere producten. Belangrijk is daarbij op de eerste plaats bij afnemers en niet-afnemers na te gaan, welke associaties worden opgeroepen, met andere woorden het bepalen van de merkwaarde voor de afnemers.
De volgende stap is vast te stellen of de merkwaarde, die bijvoorbeeld bestaat uit gepercipieerde prijs/kwaliteit, betrouwbaarheid, onderhoud, innovatiegraad, overeenkomt met de merkpositionering, die de organisatie wenselijk acht voor de verschillende doelgroepen. Een krachtig merk heeft voor de organisatie ook een grote waarde: hogere marges, merktrouw, positie onafhankelijker van de distributieschakels, concurrentievoordeel. De merkwaarde is echter moeilijk te bepalen. Volgens recente schattingen is de waarde van Coca-Cola €65 mld, Pepsi-Cola €35 mld en Pampers €5 mld.

Afnemerssatisfactie
Hoe is het merkimago bij de doelgroep; wat zijn de denkbeeldige, subjectieve voorstellingen, ideeën en gevoelens die een merk bij de afnemers en niet-afnemers oproept? Is het merkimago in lijn met de merkidentiteit die de organisatie wenst? Soortgelijke vragen betreffen de spontane en geholpen bekendheid en merktrouw.
De afnemers kopen dus meer dan alleen een merk of een product. Zij kopen attributen (stijl, waarden, gevoel, betrouwbaarheid), samengevat: een merkproduct.
Imago, associaties en bekendheid worden onderzocht door bij de afnemers regelmatig kwalitatief en kwantitatief marktonderzoek uit te voeren.

R&D-output
Wanneer de organisatie de huidige en toekomstige afnemers nauwgezet volgt, komt ze tot de ontdekking dat de behoeften aan veranderingen onderhevig zijn. Zo is er een groeiende voorkeur voor caloriearme producten, andere materialen, energiebesparende apparaten, milieuvriendelijke producten, lichtgewicht en kleinere verpakkingen.

Is de afdeling R&D wel voldoende toegerust om op de veranderende wensen in te spelen en zo afnemersproblemen adequaat op te lossen? De organisatie en vooral de ontwikkelingsgroep en de afdeling Productie moeten in staat zijn om in korte tijd nieuwe technologieën, bijvoorbeeld andere materialen toe te passen. De levenscycli van nieuwe producten worden tenslotte steeds korter.

Het volgen van trends door De Vleeshouwerij

De Vleeshouwerij observeert de volgende trends in de jaren negentig die zich in de jaren daarna zullen voortzetten:

- De consument zoekt meer zekerheid en constante kwaliteit.
- De consument is meer bekommerd om zijn gezondheid.
- De consument gaat op zoek naar meer variatie in zijn voeding.
- De consument heeft steeds minder tijd om te koken en verkiest daarom meer kant-en-klare maaltijden.

Gemeten kan worden hoeveel nieuwe producten in de laatste vijf jaar ontwikkeld en succesvol op de markt gebracht zijn, en hoeveel producten er in de pijplijn zitten.

Patenten

Succesvolle *patenten* vormen belangrijke toetredingsdrempels voor concurrenten in attractieve markten. Patentomschrijvingen geven de concurrenten echter ook inzicht in innovaties en nieuwe technologieën.

Management en functionele disciplines

Human resources

Aan het management de taak om de *human resources* dusdanig te organiseren, dat de samenwerking tussen de verschillende functionele disciplines, zoals Marketing en Verkoop, Administratie, Inkoop, Productontwikkeling en Productie, zo optimaal mogelijk functioneert, in zowel formele als informele zin.

Directie of RvB

De directie of de Raad van Bestuur (RvB) moet uiteindelijk de strategische beslissingen nemen, volledig achter deze besluiten staan en niet schromen het goede voorbeeld te geven. Zij moet als eerst verantwoordelijke de vastgestelde strategieën handhaven en deze naar alle organisatiedisciplines toe voluit communiceren. Laat het topmanagement hier verstek gaan, dan is het voor de individuele manager vechten tegen de bierkaai.

Geïntegreerde organisatie

Een goede onderlinge samenwerking tussen de organisatiedisciplines en een snelle informatie-uitwisseling moeten als een routine in de organisatie fungeren. Deze routines, gecombineerd met een gedegen kennis van de markt en marktpartijen, zijn de ingrediënten voor een marktgerichte organisatie. De cirkel van figuur 7.2 geeft een geïntegreerde marketingorganisatie weer.

Werknemers

De werknemers moeten uiteraard toegerust zijn met adequate kennis en vaardigheden om efficiënt, effectief en gemotiveerd prestaties te kunnen verrichten.
De omzet per werknemer, de omzet per oppervlakte-eenheid schapruimte, het aantal succesvolle productintroducties, het prijsniveau van de producten, de numerieke distributie, de successcore van offertes, het resultaat van de gemiste orderanalyse en dergelijke zijn maatstaven voor een vergelijking met belangrijke concurrenten.

Het INK-model

Kwaliteit is tegenwoordig een veelbesproken onderwerp in organisaties omdat kwaliteitsmanagement *het* strategische wapen is voor de toene-

Figuur 7.2 **Schematische weergave van een geïntegreerde marketingorganisatie**

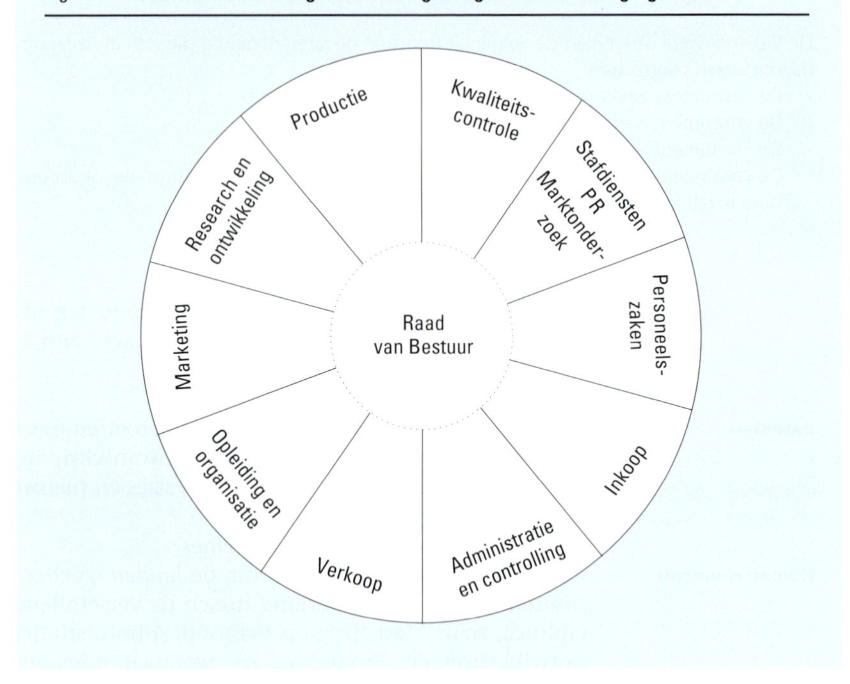

mende global competition. Een van de hulpmiddelen om total quality management te bereiken, is het model van het *Instituut Nederlandse Kwaliteit* (INK).

Zelfevaluatie

Het INK-model is een veelgebruikt kwaliteitsmodel in Nederlandse organisaties. Maar, waar andere modellen statisch zijn, wordt het INK-model steeds herzien en verbeterd in de tijd. Het INK-model bestaat uit *zelfevaluatie* (lees: positiebepaling) en verbeteren. Zelfevaluatie is een systematische methode om zelfstandig de activiteiten van een organisatie te beoordelen. De zelfevaluatie geeft antwoord op twee vragen: wat is de huidige situatie en wat zou beter kunnen? Zelfevaluatie is een hulpmiddel dat aangeeft waar de organisatie zich bevindt in haar streven naar totale kwaliteit. Tegelijkertijd maakt ze duidelijk wat er nog in het bedrijf moet gebeuren voordat totale kwaliteit kan worden bereikt. Zelfevaluatie is een algemeen geaccepteerd hulpmiddel om temidden van de toenemende concurrentie – zowel regionaal, nationaal als temidden van de huidige global competition – overeind te kunnen blijven en, nog beter, voor te blijven. Een organisatie hoeft niet ziek te zijn om beter te worden. Zelfevaluatie kan daarom worden gezien als een spiegel die het bedrijf met zichzelf confronteert.

Organisatiegebieden en resultaatgebieden

Het INK-model bestaat uit negen aandachtsgebieden (zie figuur 7.3) die in hun samenhang bepalend zijn voor het succes van een organisatie. Het model is verdeeld in twee onderdelen: de organisatiegebieden en de resultaatgebieden.
De *organisatiegebieden* zijn: management van processen, management van middelen, personeelsmanagement, beleid en strategie en leider-

Figuur 7.3 **Het spinneweb voor een Nederlands bedrijf**

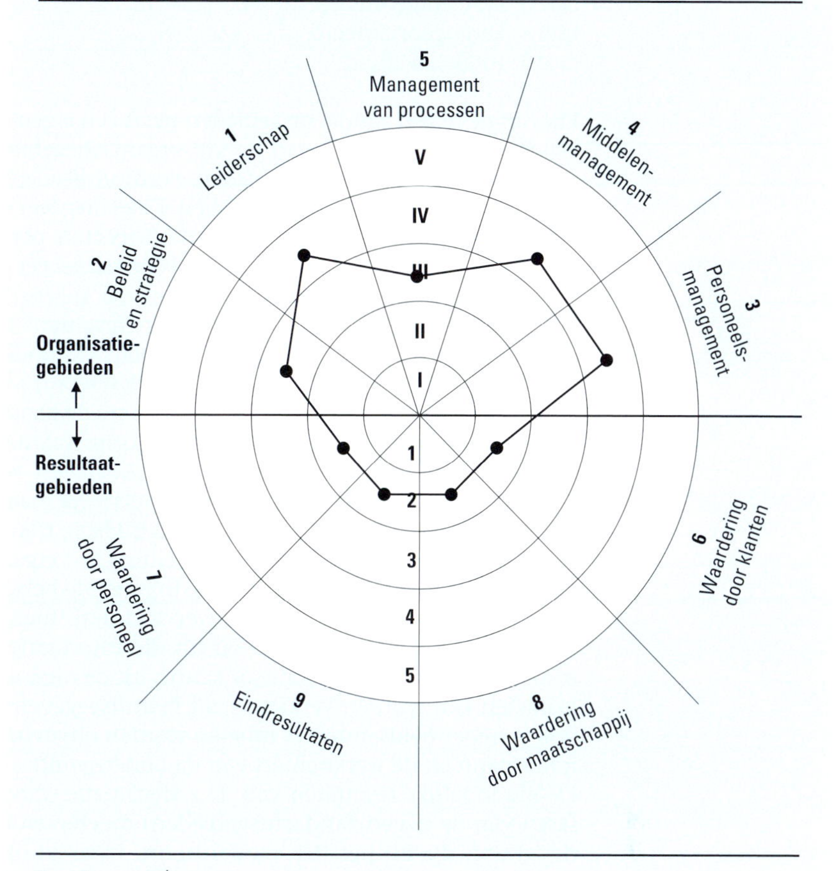

Bron: Suzanne Bal

schap. Deze organisatiegebieden zijn de essentiële elementen die nodig zijn voor het goed functioneren van een bedrijf.

De *resultaatgebieden* zijn: ondernemingsresultaten, waardering door klanten, waardering door personeel en waardering door de maatschappij. De resultaatgebieden zijn de consequenties van de activiteiten van een organisatie. Met andere woorden: de resultaten veranderen als men maatregelen neemt in de organisatiegebieden van een bedrijf. Dit is de reden waarom die twee onderdelen zo nauw met elkaar verbonden zijn.

Ontwikkelingsfasen van een bedrijf

Organisaties doorlopen een stapsgewijze ontwikkeling op hun weg naar het bereiken van totale kwaliteit. Het INK-model laat zien hoe volwassen een bedrijf op dit moment is. Dit wordt uitgedrukt in vijf fasen, ook wel de vijf *ontwikkelingsfasen* genoemd. Met het zelfevaluatiemodel kan dus worden vastgesteld in welke ontwikkelingsfase het bedrijf zit en wat de volgende stap is. De ontwikkeling van een bedrijf verloopt van intern en productgeoriënteerd naar extern en maatschappijgeoriënteerd. Deze fasen zijn:

fase 1: productgeoriënteerd
fase 2: procesgeoriënteerd
fase 3: systeemgeoriënteerd
fase 4: ketengeoriënteerd
fase 5: totale kwaliteit.

Elk van de negen aandachtsgebieden heeft een eigen ontwikkelingsfase, evenals de deelaspecten van de vijf organisatiegebieden. De zelfevaluatie van de vijf organisatiegebieden wordt uitgevoerd met vijf matrices die allemaal dezelfde opbouw hebben. Deze matrices zijn onderverdeeld in de vijf ontwikkelingsfasen. De deelaspecten per organisatiegebied vallen dus elk in een bepaalde ontwikkelingsfase. Per deelaspect staan er een of meer kernachtige formuleringen die kenmerkend zijn voor de fase waarin het bedrijf zich bevindt. De zelfevaluatie voor de vijf organisatiegebieden is dus al vastgesteld door het INK-model.
Bij de zelfevaluatie van de resultaatgebieden wordt met behulp van een ander soort matrix vastgesteld in welke mate de klanten, het personeel, de maatschappij en de financiers het bedrijf waarderen. Per resultaatgebied moeten een aantal relevante maatstaven worden vastgesteld waaraan de organisatie kan worden getoetst. Per maatstaf kan er op vijf punten worden gescoord: gegevens beschikbaar, trend in ontwikkeling, prestatie ten opzichte van de doelstellingen, vergelijking met de belangrijkste concurrenten en vergelijking met de beste organisaties. Hoe hoog de score is, hangt af van twee factoren: men moet beschikken over de benodigde informatie en uit die informatie moeten positieve resultaten blijken. Informatie of kennis uit de organisatie- en resultaatgebieden kan worden verkregen uit bedrijfsgegevens. Echter, er zullen ook tevredenheidsenquêtes moeten worden uitgevoerd onder het klantenbestand en de werknemers van de onderneming.
De uiteindelijke resultaten van de zelfevaluatie (dus de ontwikkelingsfasen van de negen aandachtsgebieden) moeten worden ingevoerd op de cd-rom die bij het INK-model hoort. Deze cd-rom produceert een profielschets van de negen aandachtsgebieden. Hierin worden de aandachtsgebieden verder opgesplitst in de deelaspecten. Hierdoor krijgt men een gedetailleerder inzicht in de reden van een bepaalde lage of hoge score van een van de aandachtsgebieden. De slecht scorende deelaspecten komen dus als eerste in aanmerking voor verbetering. Vanuit de profielschets wordt een spinnenweb geconstrueerd (zie figuur 7.3).

Na de zelfevaluatie en het schrijven van het rapport, volgt de beoordeling. De organisatie beschikt nu over een gedetailleerde beschrijving van de huidige stand van zaken en de verbetermogelijkheden van de negen aandachtsgebieden. Er kan nu een verbeterplan worden opgesteld.

7.4 Organisatie: waardeketen en FOETSIE-concept

Value chain analysis

Waardeketen van Porter

In het kader van de organisatiebeoordeling past de bespreking van de value chain analysis, ook genoemd: 'de analyse van de *waardeketen van Porter*'. Deze analysemethode heeft tot doel concurrentiële voor- en nadelen te identificeren, steeds in vergelijking met concurrenten. De organisatie als geheel wordt als uitgangspunt genomen.

Porter beschouwt de organisatie als een reeks van opeenvolgende processen, die elk een waarde of marge toevoegen aan het geheel.
Kenmerkend voor de aanpak is het onderscheiden van die strategisch belangrijke functionele disciplines binnen een organisatie, waarbinnen belangrijke toegevoegde waarden kunnen worden gerealiseerd.
Per discipline wordt door Porter nauwkeurig geanalyseerd wat de kosten en differentiatiemogelijkheden zijn. Hierbij wordt enerzijds een onderscheid gemaakt tussen de *primaire activiteiten*, die direct verbonden zijn met het voortbrengingsproces van producten en diensten en anderzijds de *ondersteunende activiteiten*.

Primaire activiteiten

De primaire activiteiten zijn:
- *ingaande logistiek*: transport, opslag, intake-controle, voorraadbeheer van grond- en hulpstoffen;
- *operaties* aangaande de productie van het eindproduct/de diensten: bewerking, assembleren, verpakken, onderhoud van machines, drukwerk verzorgen, facilitaire operaties;
- *uitgaande logistiek*: fysieke distributie van het eindproduct, waaronder orderverwerking, opslagbeheer, transport;
- *marketing & sales*: marketingmixelementen;
- *services*: installatie, reparatie, scholing.

Airbus: Boeing overdrijft verkoopcijfers

Door onze correspondent

PARIJS - Airbus Industrie rekent op een marktaandeel van structureel 50 procent. Het Europese consortium denkt dat aandeel onder meer te veroveren door de lancering van de A3XX, een toestel dat meer dan 500 passagiers kan vervoeren. De A3XX is daarmee de beoogde concurrent van de 737, het 'slagschip' van de Amerikaanse concurrent Boeing.
Airbus voert met de Nederlandse onderneming Stork-Fokker nog altijd gesprekken over deelname in het A3XX-project. Nadere mededelingen wilden managers van Stork-Fokker daarover niet doen.
Airbus boekte in 1998 een omzet van $ 13,3 miljard, een stijging 14 procent ten opzichte van 1997. Er werden 229 passagiersvliegtuigen verkocht, terwijl er 556 toestellen werden besteld.
Daarmee nam de waarde van de orderportefeuille toe van $ 29,6 miljard in 1997 tot $ 39 miljard vorig jaar. Boeing maakte vrijdag bekend vorig jaar 656 nieuwe orders te hebben geboekt, maar bij de Amerikaanse concurrent ging het toegenomen aantal verkopen gepaard met een daling van de waarde van de portefeuille met 1,6 procent tot $ 42,1 miljard.
Vergelijking van deze cijfers is moeilijk. Airbus geeft alleen die orders op, waarbij op zijn minst al een gedeeltelijke betaling is verricht. Het Europese consortium beschuldigt Boeing er regelmatig van zogenoemde letters of intent als orders mee te tellen. Zou Airbus dat ook doen, stelde directievoorzitter Noël Forgeard gisteren op een persconferentie in Parijs, zou dat 174 extra orders hebben betekend voor Airbus.
Forgeard rekent erop dat in 1999 229 vliegtuigen worden afgeleverd en in 2000 nog eens 317. De huidige orderportefeuille betekent werk voor de komende vier jaar.
Forgeard erkende dat het aantal orders licht afneemt. Een dramatische terugval ten opzichte van de piek, zoals in het verleden het geval was, verwacht hij echter niet.
Forgeard hield zich op de vlakte over de wens van Airbus een Europese onderneming te maken. Nu is Airbus nog een consortium, waarin Duitsers, Fransen, Engelsen en Spanjaarden samenwerken
„Ik streef naar een onderneming met een duidelijke managementstructuur. Over de nieuwe eenheidsmunt de euro toonde hij zich zeer ingenomen. „Wij hebben groot belang bij een stabiele koers. Het liefst rekenen we in euro af, omdat we ook onze kosten in euro maken. Maar tegelijkertijd proberen we zo flexibel mogelijk te zijn voor onze klanten."

Bron: *Rijn & Gouwe*, 12 januari 1999

De verkoop behoort tot de primaire activiteiten van een organisatie

Ondersteunende activiteiten

De ondersteunende activiteiten maken het mogelijk het voortbrengingsproces uit te voeren. De volgende ondersteunende activiteiten kunnen worden onderscheiden:

- *infrastructuur van een organisatie*: algemeen management, planning, administratie, regelgeving, CAO, algemene verkoopvoorwaarden, kwaliteitsbeheer, vergunningen;
- *human resources management*: werven, huren, opleiden, coachen, belonen van personeel;
- *technologische ontwikkeling*: activiteiten om het product en allerlei processen te ontwikkelen of te verbeteren, zoals mediaplanning, marktonderzoek, productontwikkeling, productieproces, automatiserings- en informatieproces, design;
- *verwerving*: inkopen van inputs, zoals grond- en hulpstoffen, duurzame productiemiddelen, inrichting, marktonderzoek, diensten reclamebureau.

De ondersteunende activiteiten worden voor zowel de primaire als ondersteunende activiteiten zelf verricht, bijvoorbeeld de automatisering van logistieke activiteiten (primair) en administratie (ondersteunend). Uit de naamgeving mag echter niet de conclusie worden getrokken dat de ondersteunende activiteiten tot een lagere rangorde behoren dan de primaire activiteiten. Zonder de ondersteunende activiteiten kunnen primaire activiteiten niet succesvol zijn.
Duurzame concurrentievoordelen kunnen op elk niveau van de activiteiten en subactiviteiten worden gecreëerd. Door de disciplines op elkaar af te stemmen wordt de toegevoegde waarde vergroot, mits in dit proces de wensen van de afnemers steeds centraal staan.

In figuur 7.4 worden de primaire en ondersteunende activiteiten van een waardeketen weergegeven.

Figuur 7.4 **De onderdelen van een waardeketen**

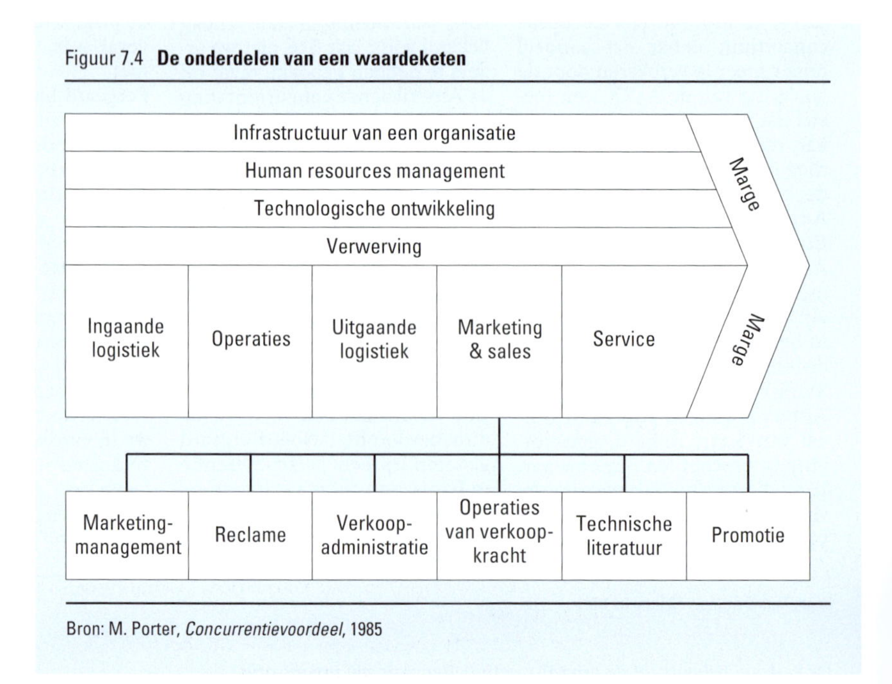

Bron: M. Porter, *Concurrentievoordeel*, 1985

Figuur 7.5 geeft een toepassing van de waardeketen voor een fabrikant van luiers.

Figuur 7.5 **Toepassing van de waardeketen voor een fabrikant van luiers**

Ondersteunende activiteiten

- **Infrastructuur van het bedrijf**
  Doelstellingen, planningen, kwaliteitsinstructies, vergunningen voor vestiging, afvalwater, CAO, algemene verkoopvoorwaarden e.d.

- **Human resources management of personeelsbeleid**
- **Technologische ontwikkeling**
- **Verwerving of inkoop**

Human resources management of personeelsbeleid		Werving	Training	Huren	Training
Technologische ontwikkeling	Automatisering	R & D, testprocedure, energiebeheer, processing	Automatisering	Marktonderzoek, MIS, VIS, informatievoorziening	Elektronisch hulpmiddel procedures
Verwerving of inkoop	Vervoer	Papier, absorbers, energie, water, octrooien, verpakking, machines	Vervoer, magazijn, software	Zakenauto's, computers, MIS, MMSS, voorraden, reclamebureau, designer, contracten	Reizen, materiaal, o.a. display

Primaire activiteiten

Ingaande logistiek	**Operaties**	**Uitgaande logistiek**	**Marketing & sales**	**Service**
Verwerking, intake-controle, opslag	Productie, verpakken, kwaliteits-controle	Order-verwerking, verzending, rolcontainer	Reclame, verkoop, administratie, voorlichting	Merchandising (instore-activiteiten)

Interne verbindingen (horizontale linkages)

Horizontale linkages

De activiteiten zijn onderling van elkaar afhankelijk (synergisme) en de samenhang of de verbinding bepaalt in hoge mate het concurrentievoordeel bij de klant. Voorbeelden:

- marktonderzoek versus planning en strategie;
- verwerving versus kwaliteit;
- Research & Development versus service, product en productiekosten;
- Logistieke planning versus levertijd;
- Inspectie versus servicekosten.

Door optimalisatie en coördinatie van de onderlinge verbindingen worden belangrijke concurrentiële voordelen c.q. waarden behaald.

Externe verbindingen (vertical linkages) met andere value chains (waardesystemen)

Vertical linkages

Het waardesysteem van een bedrijfstak bestaat uit verschillende waardeketens, zoals die van de leveranciers, de afnemers en de distributeurs.

Corus groot in blikjes

Corus heeft in het afgelopen decennium een heel belangrijke positie verkregen in de levering van metaal voor blikjes voor onder andere bier, cola en andere frisdranken. Corus bestudeerde niet alleen de value chain van haar directe (potentiële) klanten, zoals Heineken en Pepsi-Cola, maar ook de consumenten van bijvoorbeeld een blikje bier of cola. Daarnaast werd uitvoerig de macro- en meso-omgeving bestudeerd. Uit deze studie bleek al snel dat (lokale) overheden steeds meer problemen kregen met de grote hoeveelheden los slingerende 'bliklipjes', vergelijkbaar met het afval van kauwgom op sommige locaties. Gemeenten spraken vervolgens brancheorganisaties of individuele ondernemingen zoals Heineken, daarop aan. Een afdeling Research & Development van Corus kreeg vervolgens de opdracht hiervoor een oplossing te vinden. Na twee jaar onderzoek kwam men met een product: een vaste, maar draaibare verbinding van het blikje en het lipje na opening. Deze innovatie levert nog steeds voordelen voor Corus zelf op, alsook voor de blikfabrikanten, de bier- en frisdrankfabrikanten en de gemeenten.

Door analysering van een van de diverse bedrijfsprocessen komen de zwakke en sterke kanten van een organisatie, haar afnemers en haar concurrenten naar voren. De value chain van een onderneming heeft enerzijds verbindingen met de value chains van belangrijke leveranciers en anderzijds met die van de afnemers. Het kennen, inspelen en afstemmen op deze value chains kan het eigen waardesysteem gunstig beïnvloeden en concurrentiële voordelen worden behaald. Denk bijvoorbeeld aan de inkoopprijzen, de inkoopkwaliteit, het inspelen op de behoeften van de afnemer, de benefits voor de afnemer en het kennen van de DMU. In dit verband spelen ook activiteiten als outsourcing, just in time en co-makership een belangrijke rol.

Activiteitensysteem

Op basis van de value chain analyse kunnen we aangeven welke activiteiten belangrijk zijn voor het creëren van één of meerdere concurrentiële voordelen. Een duurzaam concurrentieelvoordeel moet worden opgebouwd; het kost tijd, vergt kennis van zaken en vraagt de nodige creativiteit. Een onderscheidend vermogen moet worden omgezet in een positioneel voordeel om uiteindelijk uit te monden in een duurzaam voordeel. Daarbij spelen bepaalde activiteiten van de value chain een cruciale rol. Het effect van bepaalde activiteiten kan door andere activiteiten worden vergroot. Er treedt als het ware een synergie tussen activiteiten op. De sleutelactiviteiten en de onderlinge samenhang en volgorde van activiteiten wordt het activiteitensysteem genoemd. In het onderstaande voorbeeld wordt een en ander schematisch uitgewerkt.

■ Voorbeeld 7.1 Hema is Operational Excellence

HEMA is een succesvolle detailhandelsformule met 252 winkels in Nederland, 24 in België. HEMA (de Hollandse Eenheidsprijzen Maatschappij Amsterdam) werd opgericht in 1926. Sinds het begin kenmerkt HEMA zich door een hoge mate van zelfbediening en een breed assortiment populaire artikelen tegen scherpe prijzen. Het is de grootste non-food retailer van Nederland, met een sterk merk en actief marktbewerkingsbeleid. In 2003 is de HEMA tot het beste warenhuis gekozen. De winkels van de Hema zijn open, fris, overzichtelijk, gebruiksvriendelijk en met verrijdbare rekken en stellingen flexibel ingericht, met oog voor detail. HEMA heeft aandacht voor de medewerkers, werkt aan teamspirit, een pragmatische en no nonsens aanpak. HEMA staat ook voor het voortdurend streven naar verbetering, vernieuwing en verrassende ideeën. Hygiënische en visionaire KSF's worden goed gevuld.

Generieke strategie: operational excellence voor de klant/ focus cost leadership t.o.v. concurrenten.

Onderscheidend vermogen ten opzicht van concurrenten:
- platte organisatie; korte lijnen, team players in efficiëntie;
- gestandaardiseerde bedrijfssystemen, veel ICT, beperkt product assortiment;
- concrete taken en verantwoordelijkheden;
- efficiënte cultuur (zie 7 S'n): cultuur van scoren, kostenbewust, organiseren en planning;
- veel kennis en inzicht van transacties.

Positionele voordelen voor klanten:
- continu laagste (gepercipieerde) verkoopprijzen of kosten tijdens PLC;
- kortste wachttijden;
- laagste onderhoudskosten;
- minste koopongemak;
- meest snelle, accurate, makkelijke, foutloze en plezierige kooptransacties;
- klant weet wat hij/zij kan verwachten: eenduidige communicatie.

Superieure prestaties: concurrentie wordt op prestaties gepasseerd. Als dit houdbaar is voor een lange periode dan heb je een SCA:
- grote series aan acties van 'top'-producten tegen aantrekkelijke prijzen; ongeëvenaard aanbod;
- prijsleiderschap;
- relatief laagste overheadkosten;
- uitbuiten van 'cost drivers'.

Meer dan gemiddelde marktpositie en winstgevendheid en dat in verschillende productgroepen, waarvan de kwaliteit wordt gegarandeerd (niet goed, geld terug etc.). Consumenten awards worden verdiend.

Bijbehorend activiteitensysteem:
Een activiteitensysteem, *afgeleid van missie, strategie en value chain*, geeft de belangrijkste activiteiten aan en dat in een logische volgorde. De activiteiten versterken elkaar (synergie).

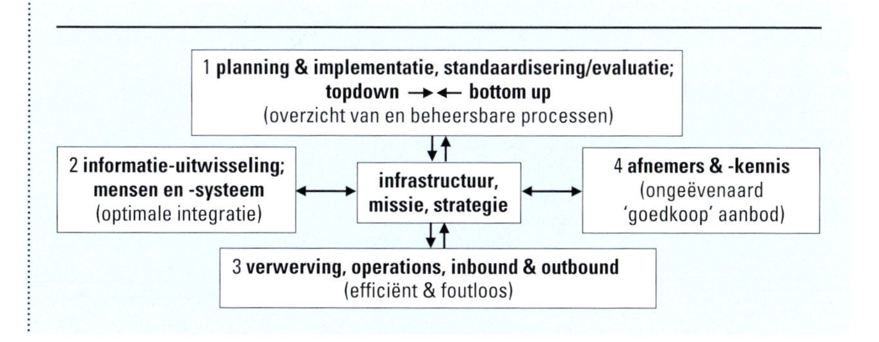

Inspelen op de wensen van klanten

Om optimaal op de wensen van de afnemers te kunnen inspelen, dient een organisatie zich aan de veranderende omgeving aan te passen, wat een continu proces is. Is de organisatie in staat zichtbare concurrentiële voordelen te creëren, dan is dat goed voor de klant en goed voor de desbetreffende organisatie. Met andere woorden: er is sprake van een *win/win-situatie*. Om als organisatie dergelijke win/win-situaties te bewerkstelligen moet doorgaans aan de volgende punten worden voldaan:

Win/win-situaties

- het management moet sturen, motiveren, visie tonen et cetera;

- men dient als het ware op de 'stoel' van de klant te gaan zitten om de eigen organisatie vanuit die optiek te bekijken;
- een integrale aanpak over de functies en afdelingen heen;
- het vormen van multidisciplinaire teams;
- het zoeken naar totaaloplossingen en niet naar deeloplossingen;
- voor de interne motivatie zijn 'snelle' successen nodig.

■ Voorbeeld

Een autofabrikant onderzoekt onder zijn klanten de aanwezige wensen. Door middel van een rapportcijfer van 1 tot en met 10 wordt ook een bepaalde prioriteit aangegeven. Uit dit onderzoek blijkt dat de vier voornaamste afnemerswensen de kwaliteit, de service, de kosten en de tijd zijn. Vervolgens moeten de ondervraagde afnemers deze vier wensen, die weer zijn onderverdeeld in subwensen, waarderen door middel van een rating van 0 tot en met 100. In tabel 7.2 zijn de uitkomsten van dit onderzoek nader uitgewerkt.

Tabel 7.2 **De voornaamste afnemerswensen en -prioriteiten van een autofabrikant**

	Weging	**Rating**				**Score**
		100	67	33	0	
Kwaliteit: 7						
· differentiatie	0,2			x		6,6
· veiligheid	0,5			x		16,5
· reparaties	0,3		x			20,1
	1,0					43,2
Service: 8						
· technische ondersteuning	0,3			x		9,9
· leverbetrouwbaarheid	0,4	x				40,0
· garanties	0,3		x			20,1
	1,0					70,0
Kosten van auto: 5						
· aanschafprijs	0,25		x			16,75
· operationele kosten, onderhoud	0,50	x				50,00
· levensduur	0,25			x		8,25
	1,00					75,00
Tijd: 6						
· productontwikkeltijd	0,2	x				20,0
· levertijd naar klant	0,4		x			26,8
· reparatietijd	0,4				x	0,0
	1,0					46,8

Hieruit blijkt dat service en kwaliteit de belangrijkste klantenwensen zijn en dat kosten en tijd lager worden gewaardeerd. Aspecten waarop een organisatie laag scoort waar het gaat om het prestatieniveau, maar waaraan een klant een hoge prioriteit toekent, vormen een potentieel verbeter- of doorbraakgebied. Het omgekeerde is ook het geval: een hoge waardering van de organisatie en een wat lagere prioriteit bij de klant. Dit laatste is wel moeilijker en kost tijd, omdat dan een perceptiewijziging nodig is (wil een klant bijvoorbeeld betalen voor de veiligheid van de auto?). De resultaten uit tabel 7.2 worden in figuur 7.6 gevisualiseerd.

Figuur 7.6 **De positie van een autofabriek bij de klant**

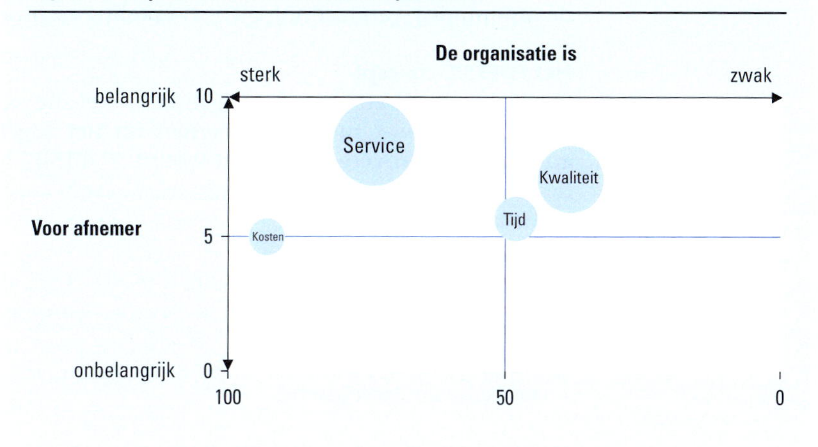

De diameter van de cirkel geeft de prioriteit van de afnemers voor bepaalde wensen aan. Aan service wordt de hoogste prioriteit gegeven.

Benchmarking
Zoals we al gezien hebben worden bij benchmarking de prestaties van één of meer organisatieonderdelen vergeleken met die van de concurrenten of met een organisatie uit een andere bedrijfstak die op de te vergelijken onderdelen, bijvoorbeeld de distributie of logistiek, goed presteren. Zo wordt benchmarking gebruikt voor concurrentievergelijking, maar ook om te leren van andere organisaties.
Het verschil met de value chain analysis is dat bij een value chain analysis *alle* organisatieonderdelen worden beoordeeld.

Waardesysteem van een bedrijfstak
De waardeketen van een organisatie is een onderdeel van het waardesysteem van een bedrijfstak en bestaat uit waardeketens van de leveranciers, afnemers en distributeurs.
Door analyse van de verschillende bedrijfsprocessen komen de zwakke en sterke kanten van een organisatie naar voren.
Afstemming van de waardeketen van de eigen organisatie op die van andere waardeketens, zoals op die van leverancier, handel en eindafnemers verhoogt de effectiviteit van het marketingbeleid en leidt tot een verbetering van de onderlinge relatie en reputatie. Hierna volgt een voorbeeld van welke onderdelen op elkaar afgestemd kunnen worden.

Afstemming onderdelen waardeketens tussen
De Vleeshouwerij en de groothandel en slagers

De Vleeshouwerij	→ groothandel en slagers
Service	→ Human resource
Uitgaande logistiek	→ Ingaande logistiek/Verwerving
Marketing & sales	→ Marketing/Verwerving
Technologische ontwikkeling	→ Technologieontwikkeling/Ingaande logistiek

Voor de groothandel en de detaillist zijn logistieke activiteiten dominerend. Daarentegen zijn bij co-makership en co-manufacturing vooral de afstemming van technologieontwikkeling en productie belangrijk.

Het FOETSIE-concept
De eigen organisatie kan in vergelijking met die van de belangrijkste concurrenten ook met de elementen uit het zogenaamde FOETSIE–concept worden vergeleken. Het woord 'FOETSIE' is de afkorting van de volgende elementen:

- Financiële
- Organisatorische
- Economische
- Technologische
- Strategische en Sociale
- Juridische (Iustitia)
- Ethische en Ecologische.

Op deze verschillende elementen van het FOETSIE-concept zullen we hierna kort ingaan.

Financiële elementen
Voor de kengetallen van de financiële analyse verwijzen we naar hoofdstuk 8. Onder financiële elementen vallen ook de gealloceerde budgetten die besteed worden aan R&D, communicatie en dergelijke, alsmede investeringen in productie, laboratoria, en nieuwe technologieën.

Organisatorische elementen
Belangrijk is dat men grondig onderzoek doet naar de aard van de organisatie, de strategische planningseenheden, bijvoorbeeld de SBU's, de disciplines per SBU, de verantwoordelijkheden en bevoegdheden, de mate van bureaucratie, de regelgeving en de organisatiecultuur.

Economische elementen
Economische elementen zijn aspecten als kosten, kostprijzen, bezettingsgraden, schaaleffecten, leercurven, break-evenanalyses, knelpuntanalyses, lineaire programmering en dergelijke.

Technologische elementen
Bij de technologische elementen bekijken we onder meer ontwikkelingen op het gebied van productietechnologieën, productinnovaties, licenties en octrooien, samenwerkingsvormen, productieplaats enzovoort.

Strategische en sociale elementen
Belangrijke strategische elementen in de vergelijking met de concurrenten zijn het bepalen van: de marktpositie aan de hand van marktaandelen, het relatief marktaandeel in de verschillende segmenten, de afhankelijkheid van de afnemers en leveranciers, de gepercipieerde prijs/kwaliteitsverhouding, de merkpositie, het organisatie-imago, het aantal geïntroduceerde producten, de kwaliteit van marketing en sales enzovoort.
Onder sociale elementen vallen de opleidings- en coachingsfaciliteiten, de managementstijl, het personeelsbeleid en de secundaire arbeidsvoorwaarden.

Juridische elementen

Bij de juridische elementen analyseren we de samenwerkingsvormen tussen leveranciers en distribuanten, de bedrijfsvorm, het aantal patenten, de geregistreerde merknamen, de algemene leverings- en betalingscondities, de vergunningen, de productaansprakelijkheid enzovoort.

De Wet productaansprakelijkheid van november 1990

De hoofdregel van de Wet productaansprakelijkheid luidt: 'De producent is aansprakelijk voor de schade veroorzaakt door een gebrek in zijn product.' Deze wet, die afgeleid is van een richtlijn van de EG (thans EU) beschermt de afnemer. Het 'slachtoffer' moet alleen het verband of vermeend verband aangeven tussen de schade en het gebrekkige product. Nu moet door omkering van de bewijslast de fabrikant bewijzen dat hij niet onzorgvuldig heeft gehandeld en dat hem geen verwijt valt te maken.
Kennis van de verschillen per land dat deel uitmaakt van de Europese Unie is gewenst. Zorgvuldige contractafspraken zijn op hun plaats, als producten van buiten de Europese Unie in de 'interne' markt worden afgezet.

Ethische en ecologische elementen

Bij de ethische en ecologische elementen kijken we vooral naar de in de organisatie levende normen en waardepatronen. Ook onderwerpen als ketenbeheer en recycling van producten, materiaalbeheer en 'Codes of Conducts' komen hier aan de orde.

FOETSIE staat voor een vergelijking van ondernemingen. Belangrijk is dat per subelement een rapportcijfer wordt gegeven of dat de prestatie via een semantische differentiaal (Osgood-schaal) wordt gemeten. Het FOETSIE-concept bewijst ook vaak zijn dienst als een checklist ter beoordeling van de uitvoerbaarheid (feasibility) van een nieuwe strategie of de beoordeling van opties.

Niet-financiële prestaties van De Vleeshouwerij

De niet-financiële prestaties van De Vleeshouwerij over het jaar 2002 aan de hand van de eerder vastgestelde criteria zijn:

- *Marktpositie in België*
  - Marktaandeel in de totale vleeswarenmarkt daalt tot 5,3% en stabiliseert zich in het slagerskanaal, het distributiekanaal waarin De Vleeshouwerij uitsluitend opereert.
  - De numerieke distributie is 34%, in Wallonië echter slechts 25%.
  - Er is alleen sprake van indirecte distributie via grossiers.
  - Het marktbereik van het slagerskanaal is 52%, maar daalt.
  - 50% van de producten levert 7% van de omzet op.
- *Kwaliteit van producten en diensten*
  - Hoogwaardig, breed assortiment van constante kwaliteit.
  - Betrouwbaar distributieapparaat.
  - Doorvoeren van een kwaliteitszorgprogramma.
- *Merkproducten*
  De producten van De Vleeshouwerij zijn merkloos. Daarentegen vinden de merken van Unilever en Nestlé, die als indirecte concurrenten worden gezien, hun weg naar de consument via het supermarktkanaal.
- *Afnemerssatisfactie*
  - 73% van de geënquêteerde slagers verklaarde tevreden te zijn over De Vleeshouwerij, terwijl slechts 65% tevreden is over de belangrijkste concurrent De Varkenskoning.
  - Door de toegenomen prijsconcurrentie veranderen zowel slagers als grossiers vrij gemakkelijk van leverancier.
- *R&D-output van nieuwe producten*
  - Door participatie in NV Heinen zijn Ardense specialiteiten aan het assortiment toegevoegd.
  - In 2001 zijn 24 nieuwe producten geïntroduceerd. 25% van de omzet bestaat uit producten die de laatste drie jaar zijn ontwikkeld door de nieuwe productontwikkelingsafdeling.

- *Management en functionele disciplines*
  - Slechts drie disciplines: R&D, Verkoop en Productie.
  - Geen marketingplanning, weinig marktinformatie. Waarom dan na zeven jaar nog steeds verlies in Frankrijk en Engeland?
  - Monocultuur in marktbewerking (geen core competence); niet in groeikanaal, geen merk, geen 20/80-regel, alleen lang distributiekanaal.
- *Organisatie; waarden, cultuur, relatie, reputatie*
  - Productgeörienteerd.
  - Kleine platte organisatie, marketingfunctie ontbreekt, zoals de functie van productmanager.
  - Goede relatie met grossier en slagers. Geen relatie met consumenten.
- *Organisatiewaarden:*
  1. zorg voor productkwaliteit;
  2. betrouwbaarheid (reputatie);
  3. expertise (technisch van aard);
  4. ambachtelijke uitstraling.

Samenvattend kan worden gezegd, dat De Vleeshouwerij in een teruglopend marktkanaal opereert, met name in 'zwakke' regio's als Brussel en Vlaanderen, geen 'grip' op de afnemers heeft, ondanks goede producten en reputatie bij de tussenschakels. Dit kan worden toegeschreven aan het ontbreken van een merk, geen contact met en kennis van eindafnemers en geen marketingplanning.

7.5 Succesvolle organisatie

In de vakliteratuur zijn vele artikelen geschreven over de kenmerken van succesvolle bedrijven. Kenmerkend is ook dat succesvolle bedrijven niet altijd succesvol blijven, af kunnen glijden en weer met de grootste moeite uit het moeras kruipen. De externe omgeving van bedrijven is voortdurend aan veranderingen onderhevig, soms zo onverwachts dat de door het succes wat ingedutte marktleider hierop niet tijdig anticipeert.

Kenmerken van succesvol management

In het boek *Excellente ondernemingen; kenmerken van succesvol management* hebben Peters en Waterman uit een uitgebreid onderzoek in het begin van de jaren tachtig de volgende acht kenmerken gedestilleerd:

1. actiegerichte oriëntatie;
2. klantgerichte instelling;
3. autonomie en ondernemersgeest;
4. productiviteit door inzet van mensen;
5. persoonlijke inzet en waardebewustzijn van het management;
6. schoenmaker blijf bij je leest;
7. eenvoudige organisatie met een kleine staf;
8. vrijheid in gebondenheid.

Actiegerichte oriëntatie. Als er een probleem opgelost moet worden dan wordt dit flexibel en slagvaardig aangepakt, met alle middelen en vaardigheden die ter beschikking staan, zonder dat de strategische doelstellingen geweld wordt aangedaan.
Klantgerichte instelling. De afnemers worden als uitgangspunt genomen, hun wensen worden vertaald in gedifferentieerde productenen diensten, die zich onderscheiden in kwaliteit, betrouwbaarheid, service en dergelijke.
Autonomie en ondernemersgeest. Creëer binnen de kaders van de organisatiedoelstellingen en -strategieën kleine 'broedplaatsen' van creatieve entrepreneurs en ideeën. Door job rotation blijft de creativiteit van de mensen gewaarborgd.

Productiviteit door inzet van mensen. Het personeel moet beschouwd worden als een 'human resource'. Alleen de mensen kunnen de wensen van de afnemers interpreteren en in succesvolle producten omzetten en zij moeten het uitgangspunt van een succesvolle onderneming zijn.
Persoonlijke inzet en waardebewustzijn van het management. De cultuur en waarden moeten ten volle door het management worden uitgedragen. De 'bottom-up'-creativiteit wordt alleen geoptimaliseerd door de inspiratie van het 'top-down'-voorbeeld.
Schoenmaker blijf bij je leest. Het is zinvoller voor de organisatie zich te concentreren op die bedrijfstakken waarin de meeste kennis en ervaring bestaat en de werkgebieden uit te breiden in vergelijkbare buitenlandse markten of in verwante bedrijfstakken.
Eenvoudige organisatie met een kleine staf. De staf moet zo klein mogelijk worden gehouden, omdat zij niet of nauwelijks contact heeft met de markt. Om feeling met de afnemers te houden moet een divisie of SBU rond een doelgroep worden gebouwd, compleet met alle kernactiviteiten.
Vrijheid in gebondenheid. De (centrale) organisatiedoelstellingen en -strategieën moeten duidelijk zijn en het uitgangspunt voor elke individuele planningseenheid. De uitwerking moet echter bij de lagere echelons worden gelegd.

Zoals uit de genoemde kenmerken blijkt, is 'human resources', de mensen in een organisatie, een essentiële factor.
Zo gaat een organisatie mee en past zich aan het feit aan dat er bijvoorbeeld een nieuwe general manager in de organisatie is gekomen. Het ligt aan deze man of vrouw of de gehele organisatie werkelijk een topprestatie levert.
Het voldoen aan de genoemde kenmerken geeft nog geen garantie voor een goede toekomst. Enkele van de excellente ondernemingen van Peters en Waterman bestaan inmiddels niet meer.

McKinsey; 7-S-model
In McKinsey's 7-S-model zijn aspecten van de organisatie opgenomen die ieder speciale aandacht behoeven van het management. Elk element is even belangrijk. Dit vraagt om een evenwichtige onderlinge afstemming tussen de elementen of variabelen. De variabelen tezamen vormen een samenhangend geheel. Dat wil zeggen dat iedere wijziging in één van de elementen ook een gevolg zal hebben voor de andere elementen. Met dit model kan de 'cultuur in brede zin' van een organisatie worden beschreven.

Zeven S'n

De zeven aspecten worden onderscheiden in drie 'hardware-variabelen' (nummers 1, 2 en 3) en vier 'softwarevariabelen' (nummers 4 tot en met 7). De softwarevariabelen zijn vooral op de human resources afgestemd. De zeven variabelen zijn:
1 Structuur
2 Strategie
3 Systemen (en procedures)
4 Stijl van het management
5 Sleutelvaardigheden (core competence)
6 Staf
7 Significante waarden (organisatiecultuur).

Structuur. Is de structuur van de organisatie een hiërarchische of een platte structuur? Wat zijn de planningseenheden, de SBU's, de divisies en dergelijke? Op welke wijze zijn de formele en de informele taken en verantwoordelijkheden gedelegeerd en hoe is de coördinatie daarvan vastgesteld?

Door veranderingen in de externe omgeving, verzadigde markten, verheviging van de concurrentie, concentratievorming van detaillisten of wijziging in de organisatiedoelstellingen en –strategieën, zal regelmatig de organisatie van de marketingfuncties moeten worden doorgelicht. In een kleine organisatie is een functionele (F-)organisatie, waarbij de marketingactiviteiten naar functie zijn opgedeeld, zoals Marktonderzoek, Communicatie, Verkoop, Planning en Service, goed werkzaam.

Indien een organisatie meer producten heeft of indien uitbreiding plaatsvindt in andere landen of distributiekanalen, is het zinvol de marketingfuncties anders te structureren. Er zijn verschillende vormen mogelijk:

- *Geografische (G-)organisatie*. De marketingfuncties zijn per geografisch gebied gestructureerd.
- *Marktgerichte (M-)organisatie*. De functies zijn per markt van afnemers gestructureerd, zoals consumenten- en industriële markt. In figuur 7.7 wordt een voorbeeld van een marktgerichte structuur gegeven, waarin tevens het verkoop- en accountmanagement zijn opgenomen.
- *Productgerichte (P-)organisatie*. De activiteiten zijn rond producten of productgroepen gecoördineerd.
- *Matrixorganisatie*. Dit is een combinatie van bijvoorbeeld de M- en P- gerichte organisaties. De organisatie van de marketingafdeling is opgedeeld in markten, vervolgens naar commerciële functies per markt (bijvoorbeeld verkoop, services, communicatie, planning, marktonderzoek) en ten slotte naar producten. In figuur 7.8 is pro-

Figuur 7.7 **Een marktgerichte organisatiestructuur**

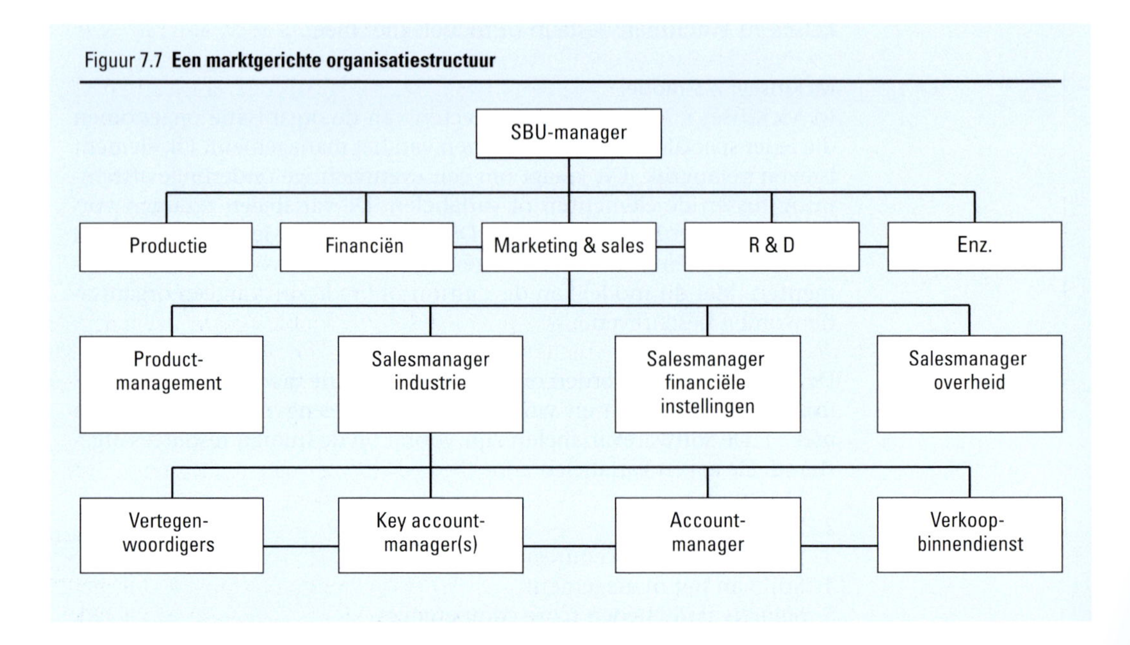

ductmanager (pm) 1 verantwoordelijk voor product 1 in de markten 'drogisterijen' en 'industrie'. In de levensmiddelenmarkt wordt product 1 niet verkocht.

- *Mengvorm van de genoemde organisatiestructuren.* Zo kan een organisatie voor de bewerking van de consumentenmarkt kiezen voor een P-gerichte structuur, terwijl voor de industriële markten een G- of M-gerichte structuur beter kan zijn.

Figuur 7.8 **Voorbeeld van een gecombineerde M- en P-organisatie**

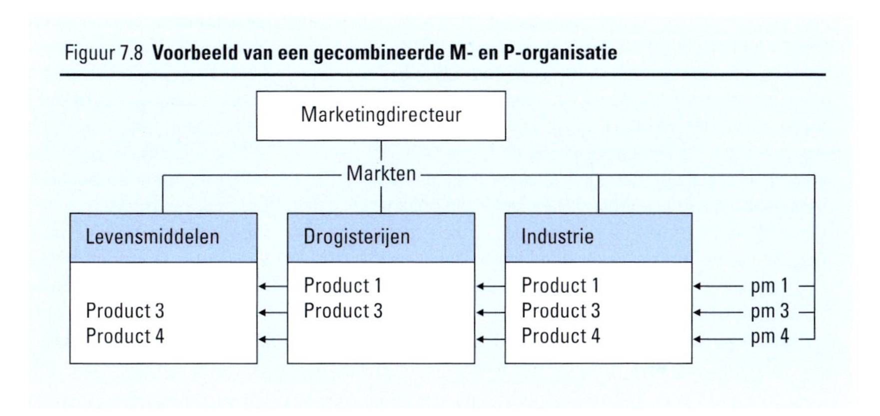

Productmanager

Ter optimalisering van het planningsproces (analyse, planning, implementatie, controle, evaluatie en bijsturing) betreffende producten of accounts, worden in toenemende mate marketingfunctionarissen als productmanager respectievelijk accountmanager aangesteld.
De *productmanager* beheert alle marketingactiviteiten van één product of productlijn en draagt winstverantwoordelijkheid. Voor de continuïteit zal de productmanager de markt moeten kennen, een productmarketingplan moeten vaststellen, maar ook op grond van veranderende afnemerswensen ideeën voor productinnovaties moeten aandragen.

Accountmanager

Door schaalvergroting bij afnemers (accounts) worden fabrikanten afhankelijk van steeds minder, maar grotere klanten. De *accountmanager* vertegenwoordigt de fabrikant bij zijn accounts en behartigt de belangen van de accounts binnen zijn organisatie zo goed mogelijk. Het accountmarketingplan speelt daarbij een belangrijke rol, hetgeen in paragraaf 9.4 uitgebreid wordt toegelicht.

Strategie. De strategieën en doelstellingen moeten zowel op lange als op korte termijn duidelijk zijn. Betreffen de doelstellingen het marktaandeel, het rendement of de continuïteit van de organisatie? Japanse organisaties stellen in eerste instantie de marktaandeeldoelstellingen boven die van het rendement, dit in tegenstelling tot Amerikaanse organisaties.
Bij de strategie gaat het om de wijze waarop de organisatie haar vooraf gestelde langetermijndoelstellingen wil bereiken, bijvoorbeeld door prijspenetratie of door kwaliteitspositionering. De inhoudelijke kant van de strategie vereist een keuze, voor wat wel en wat niet wordt gedaan. Een gefundeerde analyse is daarvoor onontbeerlijk, evenals een duidelijke en herkenbare formulering van de strategie, zowel voor de afnemers als voor de mensen in de organisatie.

Systemen (en procedures). De systemen betreffen de procedures (regels en informatiesystemen) zoals die binnen een organisatie gelden en waarmee de dagelijkse gang van zaken van een organisatie wordt gestuurd en geregeld. De systemen hebben natuurlijk invloed op de relaties met afnemers, leveranciers, overheid, concurrenten en dergelijke.

De zestien geboden van Boonstra

Philips-topman Boonstra heeft in de loop van zijn carrière zijn eigen zestien geboden geformuleerd, waarvan vele rechtstreeks uit de koker van ex-Philips-topman Timmer hadden kunnen komen. 'Houd je aan je budget', is bijvoorbeeld ook de eerste stelregel waarop Timmer zijn managers afrekent. Net als Timmer staat Boonstra bekend als een leider die onaangename besluiten niet uit de weg gaat. Enkele geboden die het bij Timmer zeker goed zullen doen, zijn:

- Realiseer je doelstellingen, vooral de financiële, blijf binnen het budget.
- Ga uit van eenvoudige basiswaarden.
- Stimuleer een gemeenschappelijk gevoel in je organisatie.
- Stel *demanding targets* en sta na aanvaarding geen afwijking meer toe.
- Wees zelf nauw betrokken bij de kostencontrole.
- Ken je belangrijkste klanten en de sleutelfiguren in hun organisatie persoonlijk.
- Volg een opendeurbenadering, wees beschikbaar voor je mensen.
- Wees ervan overtuigd dat de concurrentie het vaak veel beter doet dan je eigen onderneming. Ken ze, houd ze in de gaten en heb het nodige ontzag.
- Wees overtuigd van jezelf.

Stijl van het management. De stijl van het management is van fundamenteel belang voor het succes van een organisatie. Is de managementstijl 'top-down' of 'bottom-up'? Heeft het (top)management gedragspatronen die voor dit niveau gewenst zijn, zoals inspirerend en mobiliserend leiderschap, helikopterblik en -visie, creativiteit, inzicht in de business definition van de organisatie, contactrijk zijn op alle niveaus?

Leidinggevenden werken te veel 'vanuit de buik'

'De Nederlandse manager geeft leiding 'vanuit de buik'. Hij denkt op de hoogte te zijn van de wensen van de klanten en medewerkers, maar verzuimt te meten. Dat is dom want 'het buikgevoel' van de manager is ver verwijderd van de waarheid.'
Dit zegt de vereniging MANS (Management en Arbeid Nieuwe Stijl), die een onderzoekje deed onder 300 managers. Tweederde van de managers denkt te weten wat de klant wil, terwijl maar eenderde regelmatig de wensen van de klant meet. Van de leidinggevenden denkt 75% dat de medewerkers tevreden zijn met hun werkomgeving, terwijl slechts 44% van de niet-leidinggevenden dat vermoedt.
Dat bewijst dat de manager aan zelfoverschatting lijdt, concludeert MANS. De dagelijkse praktijk in bedrijven laat dat zien. Leidinggevenden waarderen zichzelf als het om hun functioneren gaat stelselmatig hoger dan hun medewerkers hen. Op de vraag aan managers hoe het toch komt dat leidinggevenden een slechte zelfperceptie hebben, komt steevast hetzelfde antwoord: 'Ik krijg geen feedback, terwijl de deur toch altijd openstaat.' Maar geen mens durft uiteraard naar binnen, zo voegt MANS eraan toe. 'Mijn medewerkers vertellen me niets, ik moet het altijd van anderen horen, ze durven geen verantwoording te nemen.'
De rode draad in de antwoorden is dat het altijd aan anderen ligt. Het simpele antwoord om die vicieuze cirkel te doorbreken, zo stelt MANS, is meten. Gewoon vragen aan collega's en medewerkers: 'Hoe functioneer ik?'
Maar als de manager meet, dan gaat het in 80% van de gevallen om 'harde' gegevens, zoals productie-uitval en het aantal klachten.
Slechts in 28% van de gevallen worden ook 'zachte' factoren als communicatie, houding en gedrag gemeten.

Bron: *Trouw*

Het management is verantwoordelijk voor het slagen van het interne beleid, het afstemmen van mensen, structuren en systemen.

Strategie-elementen

Hierbij zijn drie elementen belangrijk:

1 Een strategie die voor iedereen duidelijk is.
2 Een strategie waarvan zowel het management als de mensen 'op de werkvloer' overtuigd zijn en die intern geaccepteerd is.
3 Een gemotiveerd en effectief gedrag van management en personeel conform de strategie.

Intern acceptatieproces

Voor het *interne acceptatieproces* moet het management niet te veel hooi op de vork nemen. Wees niet compleet, concentreer je op een klein aantal kritische factoren, ondersteun de voortrekkers, richt je ook op de medewerkers, die niet direct met de afnemers in contact staan. Tot deze groep medewerkers die aangeduid worden met 'back office', behoren bijvoorbeeld: Administratie, Postkamer, Productie.
De 'back office' is van grote waarde voor de 'front office'.

Sleutelvaardigheden (core competence). De core competence-kenmerken, de sleutelvaardigheden van een organisatie, zijn: R&D-kennis, productietechnologie, benutten van schaalvoordelen, marktpositie, dienstverlening, marktslagvaardigheid enzovoort.

De situatie in veel Japanse organisaties

Hardwarevariabelen
Veelal een SBU-structuur met een uitgebreid netwerk in overheid en industrie, gericht op het bereiken van een dominerend marktaandeel.

Softwarevariabelen
Een wat bureaucratische top-down-benadering van het management, om met een hooggekwalificeerd team productinnovaties tot stand te brengen en in de productie naar economies of scale te streven. De ondernemingscultuur is gebaseerd op ijver en volharding, en om door middel van expansie een dominante marktpositie te verwerven.

Staf. Onder de variabele 'staf' verstaat men de grootte van het team, hoog of laag gekwalificeerd, zwaktes en sterktes in de verschillende organisatiedisciplines. De betrokkenheid van het personeel is een vereiste voor het welslagen van de organisatiestrategieën. Daarbij is de vertaalslag van de 'customer value' naar de dagelijkse praktijk voor iedere medewerker essentieel.

Significante waarden. De significante waarden ('shared values') zijn de resultanten van de voorgaande zes variabelen en monden uit in de organisatiecultuur. Er zijn veel significante waarden, zoals dominantie, expansie, continuïteit en reputatie.

Figuur 7.9 toont het 7-S-model van McKinsey, waaruit de samenhang tussen de zeven variabelen blijkt. Gezien de vorm wordt het wel aangeduid als een 'atoommodel'.

Vaardigheden van marketeer

Een van de cruciale vaardigheden die marketeers moeten bezitten om goed te functioneren, is een externe oriëntatie. De marketeer moet openstaan voor het kennen en herkennen van: ontwikkelingen, situ-

Figuur 7.9 **Het 7-S-model van McKinsey**

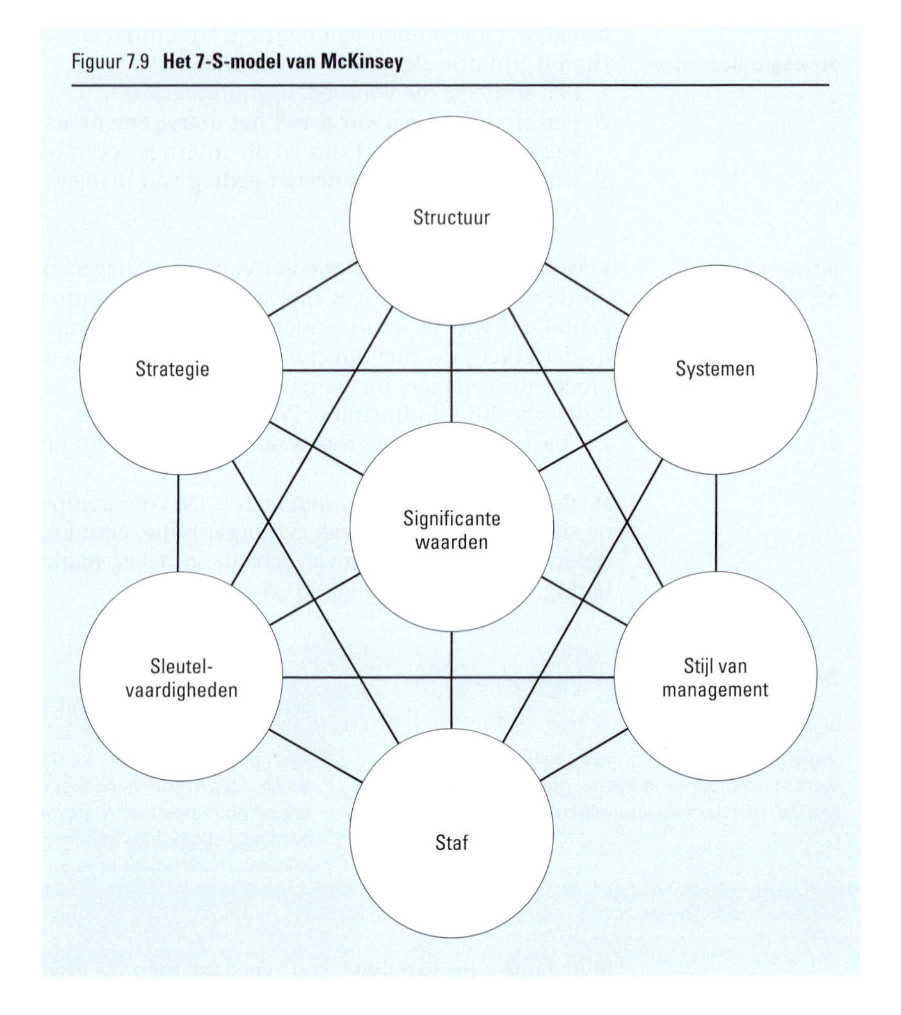

aties, plannen, opvattingen, problemen, wensen van de marktpartijen (vooral van de afnemers), concurrenten en overheden.
Dat is primair nodig om een duurzaam concurrentievoordeel te behalen. Het hangt verder af van de kwaliteit van de gekozen strategie en van de interne acceptatie.

De organisatie moet streven naar het verwerven van informatie uit de markt en het snel en efficiënt verspreiden van de verkregen informatie binnen de organisatie.

Database-marketingsysteem

Om dit te bereiken is het wenselijk dat de organisatie over een *database-marketingsysteem* beschikt, waarbij de kern wordt gevormd door een gegevensbank, waarin de leveranciers, afnemers en concurrenten, en de resultaten van deze fysieke en niet-fysieke contacten, zijn vastgelegd.
In hoofdstuk 9 wordt dieper ingegaan op marketingmanagement-supportsystemen, die een organisatie ter beschikking staan.

7.6 Overwinnen van brancheproblemen

Structurele afzetdalingen in een bedrijfstak zijn een normaal verschijnsel. In de publicatie 'Overwinnen bij Brancheproblemen' stelt NIB Capital dat een kwart van de 120 onderzochte bedrijfstakken geconfronteerd is met een daling van de toegevoegde waarde van ten minste 20%. Door een verschil in aanpak doorstaat de ene organisatie deze externe bedreiging echter veel beter dan de andere. Waarin verschilt nu de aanpak van de 'succesvolle' organisaties met die van de minder succesvolle organisaties?
Succesvolle organisaties nemen meer maatregelen, met name op het terrein van de markt, dus de vraagzijde. Zij passen de interne organisatie meer aan de gewijzigde omstandigheden aan en ze nemen meer financiële maatregelen.
Succesvolle bedrijven schrikken niet terug voor versmalling van het topmanagement, ten gunste van het tweede echelon. De minder succesvolle bedrijven doen veelal het tegenovergestelde.
Opvallend is ook de hogere score van succesvolle bedrijven als het gaat om decentralisatie en de vorming van minder of kleinere divisies of afdelingen. Bovendien worden verantwoordelijkheden meer van de top naar lagere niveaus verschoven.
Succesvolle organisaties blijven in het algemeen de bedrijfstak trouw, doen meer aan productontwikkeling en begeven zich minder op het terrein van niet-verwante activiteiten. Ook zijn de succesvolle bedrijven beter in staat de vastgestelde budgetten te realiseren.
Op het terrein van marktgerichte maatregelen zijn de succesvolle organisaties veel actiever. Zij voeren wijzigingen door op de bediende segmenten met duidelijke aanpassingen van het productassortiment, passen vaker hun distributie aan en richten zich sterk op vergelijkbare exportmarkten.
Kenmerkend is echter dat de succesvolle organisaties hun beleid op de terreinen van de vraagzijde, productie en management pro-actief aanpassen voordat de neergang in de bedrijfstak is ingezet. Door verschil in maatregelen en intensiteit weten de succesvolle organisaties zelfs hun financiële kengetallen (ROI, ROS en solvabiliteit) te verbeteren tijdens de neergang. Zij komen per saldo versterkt uit de crisis van een bedrijfstak, de vliegmaatschappijen, die lage prijzen rekenen en relatief lage vaste kosten hebben. In figuur 7.10 is het advies van De Nationale Investeringsbank aan ondernemers gevisualiseerd.

Figuur 7.10 **Hoe overwinnen bij brancheproblemen?**

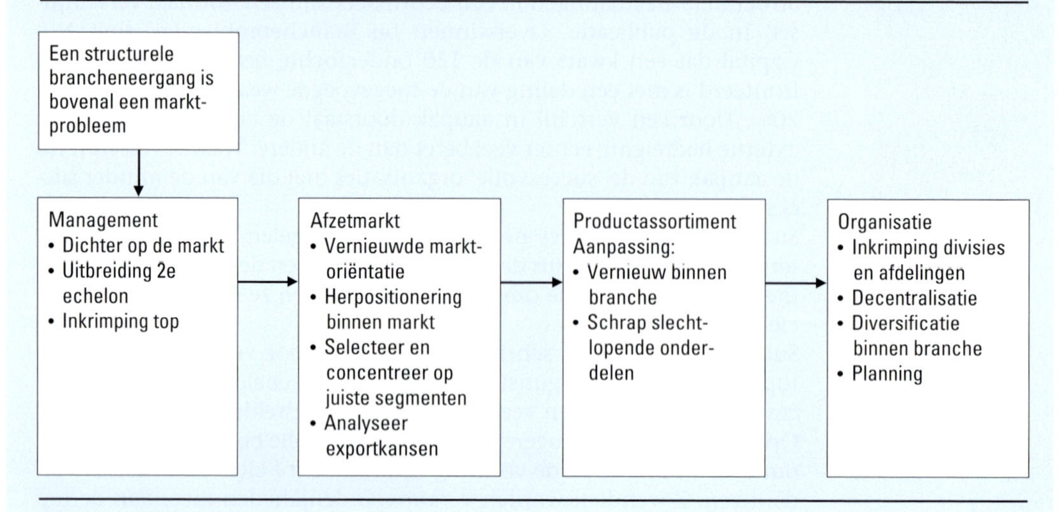

Bron: *De Nationale Investeringsbank (NIB Capital)*

Bedrijfseconomische analyse

8

De invulling van het 'strategisch profiel' van een organisatie hangt af van de financiële mogelijkheden van die organisatie. Zijn deze groot, dan kunnen meer behoeften van meer marktdoelgroepen met meer technologieën c.q. producten worden vervuld (uitbreiding van de business scope). Heeft de organisatie geen financiële buffer opgebouwd en/of zijn er verliezen geleden, dan dient de organisatie eerst die maatregelen te treffen, die de continuïteit van de organisatie waarborgen. Bij een zwakke financiële situatie moeten de budgetten daarop verstandig worden afgestemd en er moeten maatregelen worden genomen op het terrein van de interne organisatie.
In paragraaf 8.1 wordt het belang van een duale aanpak beklemtoond, namelijk die van de marktbewerking (omzet en winst) en die van de kostenbeheersing. Alleen snijden in de budgetten mag op korte termijn enig soelaas bieden, maar lost structureel niets op. Primair dient creatief naar de afzetmarkt te worden gekeken, zodat tijdig maatregelen worden genomen om brancheproblemen, zoals afnemende vraag en/of afnemende winstgevendheid en/of valutarisico's, op te vangen. Een dergelijk anticiperend beleid geeft de organisatie meer veerkracht in moeilijker tijden.
Kennis van de balans en de resultatenrekening (paragraaf 8.2) en een juiste beoordeling van de financiële resultaten van het marketingbeleid (paragraaf 8.3) zijn noodzakelijk voor het functioneren van de marketeer.

8.1 De organisatie en haar financiële omgeving

Een organisatie vervult een maatschappelijke functie; zij werkt intern en extern met mensen en voor mensen. Voor een goede taakvervulling worden afspraken gemaakt en schriftelijk vastgelegd. Bovendien wordt van tijd tot tijd verantwoording afgelegd.
Intern in de onderneming gebeurt dit veelvuldig op allerlei niveaus, extern is dit in veel gevallen ook nodig.

Jaarrekening

Publicatieplicht

Voor een aantal rechtspersonen heeft de overheid bij wet een publicatieplicht ingesteld, waarin wordt bepaald dat bij het Handelsregister de jaarrekening moet worden gedeponeerd. De overheid heeft deze *publicatieplicht* ingesteld teneinde tegemoet te komen aan de behoefte van het maatschappelijk verkeer aan informatie over het reilen en zeilen van organisaties. Deze behoefte bestaat niet alleen bij aandeelhouders en banken, maar ook bij andere belanghebbenden (stakeholders), zoals crediteuren, afnemers, leveranciers, media, beleggers, werknemers, landelijke en lokale overheden.

Rechtspersonen

De rechtspersonen, zoals naamloze vennootschappen (NV), besloten vennootschappen (BV), coöperaties en onderlinge waarborgmaatschappijen, zijn verplicht hun jaarrekening te publiceren, al kent de wet wel vrijstellingen en vereenvoudigingen voor met name 'kleine' en 'middelgrote' rechtspersonen. Eenmanszaken en dergelijke hebben geen publicatieplicht.

Mountain Travel, Riovision en De Vleeshouwerij

Mountain Travel BV dient op basis van het balanstotaal (< €6 mln), de omzet (< €12 mln) en het aantal medewerkers (< 50) als een kleine rechtspersoon te worden aangemerkt.
Riovision BV is een middelgrote rechtspersoon.
De Vleeshouwerij moet op grond van het balanstotaal (> €24 mln) en omzet (> €48 mln) als een grote rechtspersoon worden beschouwd.

Elementen jaarrekening

De jaarrekening bestaat uit:
- balans;
- verlies- en winstrekening (voor coöperaties de exploitatierekening);
- toelichting op de balans en de verlies- en winstrekening.

De jaarrekening moet per einde van het verslagjaar (veelal per 31 december, maar soms ook per 30 juni of op een andere datum), duidelijk en stelselmatig de omvang en de samenstelling van het vermogen en van het resultaat weergeven. Jaarrekeningen van middelgrote en grote rechtspersonen moeten voorzien zijn van een accountantsverklaring, waarin onder meer een oordeel over de getrouwheid van de jaarrekening wordt uitgesproken.
In de jaarrekening wordt ook op de verwachte gang van zaken in het komende jaar ingegaan: de omstandigheden die de rentabiliteit kunnen bepalen, de investeringen, de financiering, nieuwe producten en activiteiten op het gebied van research en development, het personeelsbestand en de winstbestemming.

Jaarverslag

Jaarrekeningen, uitgebracht in de vorm van jaarverslagen, vormen interessante informatiebronnen bij het analyseren van bedrijfsgegevens van concurrenten.

Jaarverslagen vormen een belangrijke informatiebron bij het opstellen van een concurrentieanalyse

Doelstellingen

Een organisatie die planmatig werkt en kennis van de markt en van het eigen kunnen heeft, formuleert doelstellingen voor de korte en de lange termijn, voor de organisatie als geheel, voor de Strategic Business Units (SBU's) en op het niveau van de product/marktcombinaties. De organisatiedoelstellingen zijn veelal van financiële aard of daaraan verwant.

Organisatiedoelstellingen

Kollat, Blackwell en Robeson gaven in 1972 de volgende indeling van organisatiedoelstellingen:

- *Profitability objectives*, zoals nettowinst al dan niet vóór belastingen, rendement op investeringen (ROI), cashflow, return on sales (ROS).
- *Internal-efficiency objectives*, zoals omloopsnelheid van voorraden, looptijd van debiteuren, solvabiliteit.
- *Flexibility objectives*, zoals liquiditeit.
- *Competitive-strength objectives*, zoals het percentage winst, de winst per werknemer, het marktaandeel.

Hoofddoel continuïteit

Het spreekt voor zich dat het hoofddoel van een organisatie het streven naar continuteit behoort te zijn en dat daarvoor ten minste een redelijke rentabiliteit gewenst is.

Hiërarchische doelstellingen

Op grond van de hiërarchie in doelstellingen zijn de SBU-doelstellingen afgeleid van de organisatiedoelstellingen; de marketingdoelstellingen zijn op hun beurt afgeleid van de SBU-doelstellingen. De doelstellingen geven aan welke functies de bedrijfsdisciplines, zoals research en development, marketing, productie en marktonderzoek, moeten uitvoeren om de doelstellingen te realiseren.

Financiële oriëntatie in Nederlandse bedrijven

Uit een analyse van de strategische marketingplannen van Nederlandse bedrijven, uitgevoerd door R.T.Frambach, T.M.M.Verhallen en H.C.A.Roest blijkt dat binnen het Nederlandse bedrijfsleven de financiële oriëntatie het meest voorkomt. 'Hierbij dient niet uit het oog verloren te worden dat men in de meeste gevallen toch nog een stapje verder gaat: interne of procesoriëntatie (23%), R&D-oriëntatie (18%) en concurrentieoriëntatie (16%). Dat de financiële oriëntatie bovenaan staat, strookt redelijk met al het gemopper over ondernemingen waar de directie of de Raad van Bestuur inmiddels vrijwel volledig bestaat uit personen die omzet/winstbegrotingen opstellen, die vervolgens door de rest van het bedrijf moeten worden gehaald – met daarbij nogal eenzijdige kniebuigingen richting de financiële gemeenschap op internationaal niveau (beurskoersen, kredietgevers et cetera).'

Bron: *Tijdschrift voor Marketing*

De financiële middelen van een organisatie zijn niet in onbeperkte mate aanwezig of beschikbaar. Er zullen keuzes moeten worden gemaakt voor wat betreft de allocatie van de financiële middelen naar de verschillende bedrijfsdisciplines.

De bedrijfsdisciplines staan niet op zichzelf, maar zijn onderling van elkaar afhankelijk. Zo hangt de hoogte van de marktprijs bijvoorbeeld af van de seriegrootte, de productieprijs en het onderscheidend vermogen van het product. De mate van interne samenwerking beïnvloedt in belangrijke mate het realiseren van de doelstellingen. Daarmee wordt dus ook het succes van de organisatie bepaald.

Allocatie geldmiddelen

Op grond van de uit te voeren functies vindt de allocatie van de financiële middelen plaats. In het budget van bijvoorbeeld een SBU zijn behalve de verwachte uitgaven ook de verwachte opbrengsten vastgesteld.

Een manager die bijvoorbeeld bezig is met het proces van exportvoorbereiding wil in verband met mogelijke extra budgetten weten:

- de begroting van tijd en kosten voor het opstellen van concept–exportplannen;
- de begroting van specifiek buitenlands marktonderzoek;
- de begroting van specialistische hulp;
- de begroting van ontwikkelingskosten voor producten.

Het marketing- en salesbudget (met betrekking tot de afzet, omzet en kosten) kan diverse niveaus omvatten. Op elk niveau worden plannen uitgewerkt en budgetten gealloceerd. In figuur 8.1 wordt daarvan een voorbeeld gegeven.

Toewijzing budgetten De Vleeshouwerij
De figuur laat zien op welke wijze de toewijzing van de budgetten bij De Vleeshouwerij kan plaatsvinden.

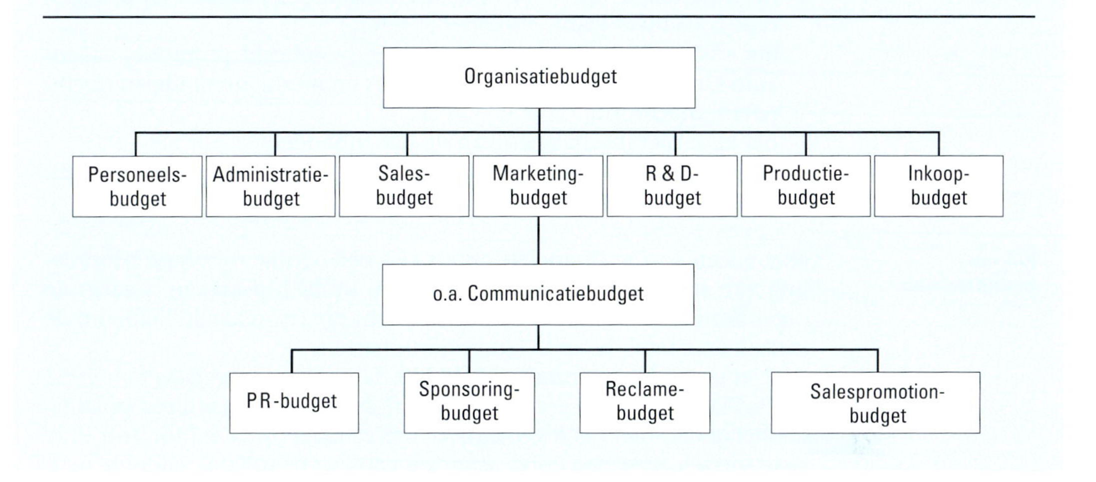

Figuur 8.1 **De hiërarchie van het marketing- en salesbudget**

Onderneming
voorspelling ↔ planning ↔ butgettering

↓

Strategische business units
voorspelling ↔ planning ↔ butgettering

↓

Product/marktcombinaties
voorspelling ↔ planning ↔ butgettering

↓

Per land of regio
voorspelling ↔ planning ↔ butgettering

↓

Per verkoper
voorspelling ↔ planning ↔ butgettering

↓

Per outlet (in business to business)

Zoals uit figuur 8.1 kan worden afgeleid, kunnen op voorspellingen gebaseerde planningen en budgetten over afzet, omzet, kosten en resultaat voor verschillende toepassingsdoeleinden gebruikt worden. Voorbeelden zijn:

- het jaarlijks maken van een financiële meerjarenplanning voor een organisatie, alsmede het bepalen van de jaarbudgetten;
- het nemen van go/no go-beslissingen over de introductie van nieuwe producten in bepaalde landen of districten;
- het vaststellen van verkoopdoelstellingen per product, land, regio, type (zakelijke) klant, verkoper et cetera;
- het vaststellen van budgetten voor bijvoorbeeld promotie, zakenauto's, onderzoek, vertegenwoordigers en productiemiddelen (faciliteiten, machines);
- het al of niet inschakelen van de tussenhandel;
- het bepalen van de productiecapaciteit, productieseries en het niveau van de voorraden.

Rol van bedrijfstakken

Niet alleen spelen financiële cijfers een belangrijke rol bij de beoordeling van organisaties, maar ook moeten de bedrijfstakken, waarin de organisaties opereren, worden onderzocht op aantrekkelijkheid, om de kansen en risico's beter te kunnen inschatten.
De Nationale Investeringsbank NV heeft in haar jaarverslag van 1992 een artikel gewijd aan een indicator, die aangeeft hoe goed een bedrijfstak het al dan niet heeft gedaan. Alvorens nader op deze indicator in te gaan dienen eerst nog enige aspecten van een bedrijfstak nader te worden bekeken.
De ene bedrijfstak doet het structureel beter dan de andere. Ook binnen een bedrijfstak zijn er verschillen in groei te onderscheiden naar de fase in de levenscyclus waarin de bedrijfstak verkeert. Figuur 8.2 geeft een branchelevenscyclus grafisch weer.

Figuur 8.2 **Branchelevenscyclus**

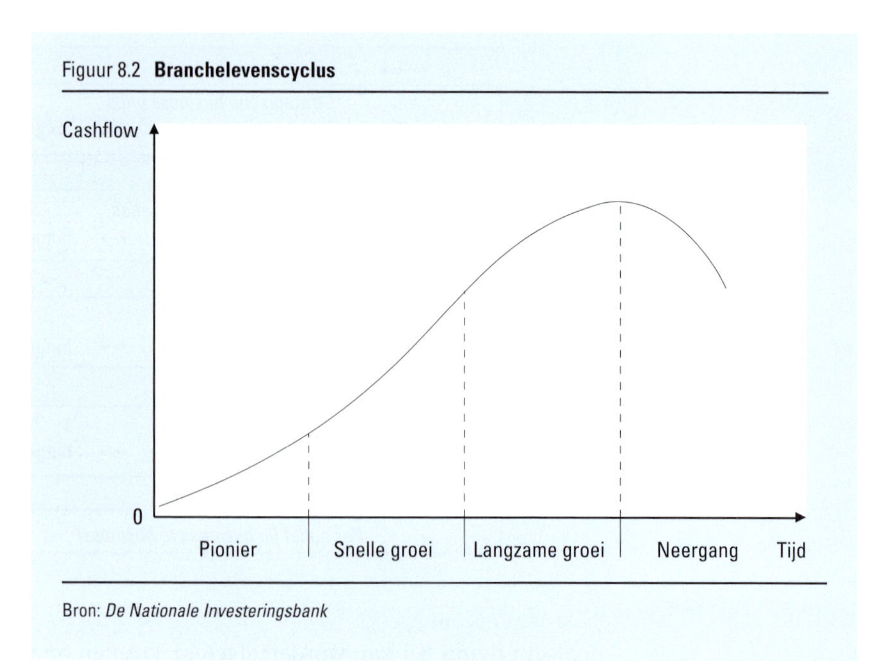

Bron: *De Nationale Investeringsbank*

Zo kent niet alleen elke fase (pionier, snelle groei, langzame groei en neergang) haar eigen risico's, maar ook de overgang van de ene naar de andere fase. Denk in dit geval aan de markt van personal computers, waarvan het groeipercentage sterk is gedaald. Deze sector heeft aangetoond dat een onstuimige groei vrij plotseling kan omslaan. Voor diverse producenten zelfs zo onverwacht snel, dat ingrijpende reorganisaties nodig bleken.

Bedrijfstakindicator

De door De Nationale Investeringsbank ontwikkelde *bedrijfstakindicator* is samengesteld uit de volgende componenten:

- de gemiddelde groei van de omzet in de laatste acht jaar;
- de groei van de omzet in het huidige jaar;
- de gemiddelde groei van de cashflow in de laatste acht jaar;
- de spreiding in de omzetgroei;
- de spreiding in de winstgroei;
- het gemiddelde faillissementspercentage over de laatste acht jaar.

Bedrijfsvergelijking

Het individuele bedrijf wordt vergeleken met de gemiddelde resultaten van de betreffende bedrijfstak. Voor strategische organisatieplanning is kennis van de bedrijfstakindicator essentieel; de indicator dient als een nuttig hulpmiddel bij de planning te worden beschouwd. De situatie van een bedrijfstak, bijvoorbeeld structurele problemen door onder meer marktverzadiging, toenemende internationale concurrentie, overheidsmaatregelen, productsubstitutie, wil nog niets zeggen over het al dan niet succesvol zijn van de individuele organisatie in die branche. Informatie over bedrijfstakken is veelal beschikbaar bij brancheorganisaties en banken. Zo heeft de Rabobank informatie over tientallen branches op cd-rom en www.rabobank.nl staan. Men kan ook waardevolle informatie verkrijgen bij organisaties als de Economische Voorlichtingsdienst (EVD) en de Kamers van Koophandel.

8.2 Balans en resultatenrekening

De balans en de resultatenrekening vormen de belangrijkste onderdelen van de jaarrekening. De balans wordt opgemaakt per het einde van het verslagjaar; daarbij moeten ook de cijfers van de vorige balans opgenomen worden. De resultatenrekening betreft de grootte van het resultaat (en de samenstelling daarvan) in het verslagjaar. Ook bij de resultatenrekening moeten de cijfers van het vorige verslagjaar vermeld worden. De vergelijking van de cijfers van twee opeenvolgende verslagperioden bevordert het inzicht in de organisatie.

Bij de financiële beoordeling wordt speciaal naar een drietal aspecten gekeken, namelijk:

1. de ontwikkeling van de omzet ten opzichte van de kosten;
2. de ontwikkeling van individuele balansposten, met name die van debiteuren en voorraden;
3. de financiële kengetallen met betrekking tot rentabiliteit, solvabiliteit en liquiditeit.

Balans

De balans geeft aan het einde van het verslagjaar (meestal is dat 31 december) duidelijk en stelselmatig de omvang en de samenstelling van het vermogen (passiva) weer en in welke activa (bezittingen) het vermogen is vastgelegd.

De balans wordt weergegeven in de vorm van een staat met aan de linkerzijde (debet) de activa en aan de rechterzijde (credit) de passiva.

Als voorbeeld is hier de balans van De Vleeshouwerij per 31 december 2002 opgenomen en (ter vergelijking) de balanscijfers per 31 december 1999.

Balans van De Vleeshouwerij (bedragen × €1 mln)

	1999	2002		1999	2002
Vaste activa			*Eigen vermogen*		
Gebouwen	5	5	Kapitaal	10	10
Machines	10	20	Reserves	10	11
Deelneming	-	25			
			Lang vreemd vermogen		
Vlottende activa			Bank	7,5	22,5
Voorraden	7,5	10			
Debiteuren	15	14	*Kort vreemd vermogen*		
Liquiditeiten	1	1	Bank	5	19
			Crediteuren	6	12,5
	38,5	75		38,5	75

Activa

De activa c.q. bezittingen zijn gerangschikt naar de tijdsduur die gewoonlijk nodig is om ze te gelde te maken. We onderscheiden vaste (duurzame) en vlottende activa.

Vaste activa

De *vaste activa* blijven lang in de organisatie, in ieder geval langer dan één jaar. De grond waarop de bedrijfsgebouwen staan, is niet aan slijtage onderhevig en blijft dus altijd of het langst in de organisatie en staat dus bovenaan in de rij activa. Op de duurzame productiemiddelen (gebouwen en machines) moet worden afgeschreven, omdat deze na verloop van tijd vervangen worden.
De vaste activa kunnen worden opgedeeld in:

- materiële activa: gebouwen, machines en dergelijke;
- immateriële activa: octrooien, licenties, auteursrechten, merken, concessies, vergunningen, goodwill;
- financiële activa: deelnemingen in andere bedrijven, vorderingen op deelnemingen.

De immateriële activa zijn soms, ten onrechte, niet op de balans vermeld, omdat ze in zeer korte tijd worden afgeschreven.

De vaste activa van De Vleeshouwerij zijn enorm gestegen (2002 versus 1999)

De post 'deelnemingen' van €25 mln is door de participatie in de NV Heinen te Malmédy ontstaan. Door modernisering is de balanswaarde van het machinepark van €10 mln naar €20 mln gestegen.

Vlottende activa

Voorraden en (handels)debiteuren zijn *vlottende activa*, omdat deze in principe één productieproces, dat wil zeggen van enkele weken tot maximaal één jaar, meegaan c.q. te gelde gemaakt kunnen worden.
De post debiteuren ontstaat omdat de goederen reeds zijn geleverd, maar nog niet door de afnemers zijn betaald. Dit is dus een vorm van

leverancierskrediet voor de afnemers of kopers. Een onevenredige toename van de posten Debiteuren en Voorraden duidt er in het algemeen op dat de onderneming haar greep op de markt aan het verliezen is, bijvoorbeeld door veranderde producten of een sterkere concurrentie. De post Debiteuren kan ook om andere redenen toenemen, zoals het betreden van een nieuwe markt waarin men gewoonlijk een langere betalingstermijn in acht neemt (in Zuid-Amerika is bijvoorbeeld een betalingstermijn van vier maanden niet ongewoon).

Het kapitaal dat in deze vaste en vlottende activa is geïnvesteerd, komt pas na een aantal jaren respectievelijk enkele weken of maanden weer beschikbaar.

Op duurzame productiemiddelen, zoals gebouwen en machines, moet worden afgeschreven

Liquide middelen

Het kasgeld en de tegoeden op bank- en girorekening behoren tot de *liquide middelen*. Deze zijn dus reeds in geldvorm in de organisatie aanwezig.

Passiva

De passiva geven de financieringsbronnen aan die de organisatie heeft aangeboord, om de activa te financieren.

Op de balans van De Vleeshouwerij zijn de passiva als volgt gerangschikt:

- eigen vermogen
- vreemd vermogen op lange termijn
- vreemd vermogen op korte termijn.

Het eigen vermogen is door de eigenaar bijeengebracht en/of door het kopen van aandelen door derden verzameld. Ook kan dit eigen vermogen, althans bij rechtspersonen, via reservevorming vergroot zijn.

Eigen vermogen (EV)

Het *Eigen vermogen* (EV) noemt men ook wel het ondernemend of risicodragend vermogen en functioneert als buffer voor het opvangen van eventuele verliezen, die het eigen vermogen kunnen verminderen. Het eigen vermogen heeft tevens een garantiefunctie ten opzichte van het vreemd vermogen. Als aandeelhouder is men mede-eigenaar en verwerft men als zodanig zeggenschap en bepaalde rechten, bijvoorbeeld tot het goedkeuren van de jaarrekening en de winstverdeling.

Formele reserves

De *formele reserves* ontstaan door winst in te houden, door herwaardering van de activa of doordat aandelen boven de a pari-koers (nominale waarde) worden geplaatst. In dit geval spreken we van de vorming van een agioreserve. Reserves behoren derhalve tot het eigen vermogen. Als verliesgevende organisaties het verlies niet kunnen dekken uit het eigen vermogen en deze organisaties geen vreemd vermogen van bijvoorbeeld banken kunnen krijgen, ontstaat er een *negatief eigen vermogen*.

Lang vreemd vermogen

De meest voorkomende vormen van *vreemd vermogen* (VV) op *lange termijn* waarover de onderneming eventueel kan beschikken, zijn: hypotheek o/g, obligatielening, achtergestelde lening, onderhandse lening en voorzieningen. De looptijd van lang vreemd vermogen is langer dan één jaar. Een hypotheek wordt veelal verstrekt voor tientallen jaren en heeft onroerend goed als onderpand.

Grote ondernemingen kunnen schuldbewijzen in de vorm van obligaties uitgeven, die op de beurs verhandelbaar zijn of door een derde partij worden gekocht.
In geval van een (gedwongen) liquidatie van de onderneming is een obligatielening achtergesteld op een hypotheek. Achtergestelde leningen moeten gezien worden als risicodragend vermogen en zijn bij een (gedwongen) liquidatie achtergesteld op andere vormen van vreemd vermogen. Het eigen vermogen plus achtergestelde leningen worden daarom ook wel het *garantievermogen* genoemd.

Garantievermogen

Voorzieningen

Een bijzondere vorm van lang vreemd vermogen is een langlopende *voorziening*. Dit is een kostenegalisatierekening voor kosten, waarvan de omvang min of meer kan worden ingeschat, maar het tijdstip waarop ze betaald moeten worden, nog onzeker is. Veelvoorkomende vormen van voorzieningen zijn die voor pensioenen, reorganisaties en assurantie eigen risico.

Kort vreemd vermogen

Onder *kort vreemd vermogen* worden de schulden verstaan, die binnen afzienbare tijd, in ieder geval binnen één jaar, moeten worden terugbetaald of ten minste opeisbaar zijn. De meest voorkomende posten zijn (handels)crediteuren, bankkrediet in rekening-courant, voorzieningen op korte termijn, bijvoorbeeld voor incourante voorraden, en dubieuze debiteuren, en ook de posten, die op korte termijn moeten worden afgedragen, zoals omzetbelasting (BTW), loonbelasting en premies van sociale verzekeringen. Vooruit ontvangen geld is ook kort vreemd vermogen. Crediteuren vormen vreemd vermogen waarvoor in het algemeen geen rente wordt betaald.

Vaste en vlottende passiva

Soms wordt het eigen vermogen plus het vreemd vermogen op lange termijn wel samengevat onder de term *vaste passiva*. Het vreemd vermogen op korte termijn noemt men dan de *vlottende passiva*.

UPC, akkoord met obligatiehouders

AMSTERDAM (DFT) – Het noodlijdende kabelbedrijf UPC heeft met zijn obligatiehouders en moederconcern UGC een akkoord bereikt over de omzetting van schulden in aandelen. De huidige aandeelhouders zien hun belang verwateren tot 2%. Dat heeft moederbedrijf United Global Com (UGC) bekendgemaakt. Bij de herkapitalisatie worden schulden ten bedrage van $5,4 mld omgewisseld voor aandelen in een nieuw op te zetten houdstermaatschappij van UPC. Moederbedrijf UGC krijgt in het 'nieuwe' UPC een belang van 65,5% in ruil voor $1,6 mld aan obligaties en een lening van $918 mln. Andere obligatiehouders ontvangen 32,5% voor hun stukken ter waarde van $2,9 mld. Ongeveer 2% van de aandelen blijft over voor de huidige aandeelhouders van UPC, inclusief moederbedrijf UGC.

UGC heeft toegezegd om voor €100 mln extra aandelen in het nieuwe UPC te nemen, tenzij UPC door de verkoop van bedrijfsonderdelen of op een andere niet-verwaterende manier zijn kapitaal weet te vergroten. De overige (ex-)obligatiehouders hebben dan het recht om naar rato van hun belang deel te nemen in de emissie.

Op de beurs stijgt het bijna weggevaagde aandeel UPC donderdag 40% naar €0,14. Begin 2000 was het aandeel nog bijna €80 waard. UPC, dat inclusief de obligaties zucht onder een schuldenlast van ongeveer €11 mld, had de rentebetalingen aan zijn obligatiehouders sinds maart opgeschort in afwachting van een akkoord over de schuldsanering. Het kabelbedrijf voelde daarbij de hete adem in de nek van zijn banken, die door het in gebreke blijven van UPC het recht hadden gekregen om een krediet van €4 mld op te eisen. In het eerste kwartaal boekte UPC, dat nog nooit winst heeft gemaakt, een nettoverlies van €492 mln. In het laatste kwartaal van 2001 was dit nog €2,29 mld.

Bron: *De Telegraaf*, 27 juli 2002

Financiering activa

De vaste activa worden gefinancierd door het lange beschikbare vermogen, te weten het eigen en het lang vreemd vermogen. Financiering met lang vreemd vermogen is in het algemeen goedkoper dan het lenen van kortlopend krediet.

In principe worden de vlottende activa gefinancierd door kortlopend vreemd vermogen, aangezien deze posten in de tijd gezien qua waarde aan schommelingen onderhevig zijn.

Het kan aanbeveling verdienen een deel van de vlottende activa, de constante kern, te financieren met lang vreemd vermogen, in plaats van met kort vreemd vermogen. Dat hangt af van de hierna te behandelen kritische termijn.

Financiering van De Vleeshouwerij

Als u de balans van De Vleeshouwerij nog eens bekijkt, kunt u het volgende constateren.

In 1999 bedroegen de vaste activa €15 mln en de vaste passiva €27,5 mln. Er was toen een overschot aan vaste passiva van €12,5 mln. Dat betekent dat de vlottende activa deels door vaste passiva waren gefinancierd.

In 2002 bedroegen de vaste activa €50 mln en de vaste passiva €43,5 mln. Er was een tekort aan vaste passiva (dus een negatief werkkapitaal) van €6,5 mln. Een en ander betekent dat een deel van de vaste activa gefinancierd was met vlottende passiva.

Kritische termijn

Rentevoeten

De rentevoet van kortlopend krediet is doorgaans hoger dan die van langlopend krediet. Daardoor zou de neiging kunnen ontstaan uit kostenoverwegingen steeds de voorkeur te geven aan langlopend krediet. Over langlopend krediet (bijvoorbeeld een hypothecaire lening) betaalt men rente, ook als men het krediet gedurende een bepaalde periode niet nodig heeft. Men kan de overtollige geldmiddelen wel tijdelijk 'stallen', bijvoorbeeld op een rekening-courant bij de bank, maar het rentepercentage dat men dan ontvangt is zeer laag. Bij kortlopend krediet, met name bij bankkrediet in rekening-courant, betaalt men alleen rente over het opgenomen deel van de kredietfaciliteit. Als het kortlopende krediet goedkoper is dan het langlopende krediet, zoals de laatste jaren het geval is, is het zinvol voor langlopende investeringen kort vreemd vermogen te gebruiken.

Kredietduur

De *kritische termijn* geeft de kredietduur aan, waarbij het er niet meer toe doet of men langlopend of kortlopend krediet aantrekt.
De kritische termijn, uitgedrukt in maanden, berekent men met de formule:

$$\frac{(\%L - \%B)}{\%K - \%B)} \times 12 \text{ maanden} \qquad [8.1]$$

Hierin stellen de symbolen het volgende voor:
%L = de rentevoet op jaarbasis van langlopend krediet
%K = de rentevoet op jaarbasis van kortlopend krediet
%B = de rentevoet op jaarbasis voor tegoeden in rekening-courant bij de bank.

■ **Voorbeeld**

%L = 7; %K = 10; %B = 1
De kritische termijn is:

$$\frac{7-1}{10-1} \times 12 \text{ maanden} = \frac{6}{9} \times 12 \text{ maanden} = 8 \text{ maanden.}$$

Als men een bedrag van €120.000 gedurende acht van de twaalf maanden nodig heeft, doet het er uit rentekostenoverwegingen niet toe of men dit in de vorm van langlopend of van kortlopend krediet aantrekt.
Bij kortlopend krediet over acht maanden betaalt men aan rente:

$$10\% \text{ van } €120.000 \times \frac{8}{12} = €8.000.$$

Bij langlopend krediet *betaalt* men gerekend over één jaar:
7% van €120.000 = €8.400 rente en *ontvangt* men van de bank over de vier maanden dat men het krediet niet nodig heeft en op de rekening-courant laat staan:

$$1\% \text{ van } €120.000 \times \frac{4}{12} = €400 \text{ rente.}$$

Per saldo betaalt men €8.400 – €400 is ook €8.000 rente.

Bij de in het voorbeeld gegeven interestpercentages is het:
- bij een kredietbehoefte korter dan acht maanden voordeliger kortlopend krediet aan te trekken;
- bij een kredietbehoefte langer dan acht maanden voordeliger een langlopend krediet aan te gaan.

Soms is de rentevoet van kort vreemd vermogen lager dan van lang vreemd vermogen, wat in 1998 het geval was. Vaste activa worden dan in eerste instantie met kort vreemd vermogen gefinancierd. Dit heeft uiteraard gevolgen voor de liquiditeit.

Resultatenrekening

Verlies- en winstrekening

De resultatenrekening, ook *verlies- en winstrekening* genoemd, geeft duidelijk en stelselmatig de omvang en de oorzaken van het resultaat van het verslagjaar weer. De resultatenrekening geeft een grondig inzicht met name in de opbrengsten en kosten tijdens een bepaalde periode van een organisatie. Deze toont niet alleen de hoogte en samenstelling van het bedrijfsresultaat en de winst aan, maar ook die van de cashflow. De omzet(waarde) verminderd met de kosten van de omzet vormt het bedrijfsresultaat. Het *totaalresultaat* (ook wel economische winst genoemd) is het bedrijfsresultaat vermeerderd of verminderd met bijzondere baten respectievelijk lasten. Bij De Vleeshouwerij is het bedrijfsresultaat gelijk aan het totaalresultaat omdat er geen bijzondere baten en lasten aanwezig zijn. Bekijkt u de resultatenrekening van De Vleeshouwerij dan kunt u het totaalresultaat ook omschrijven als de som van de winst ná belasting + belasting + rentelasten na aftrek van eventuele rentebaten. De winst voor belasting wordt dus verkregen door het totaalresultaat te vermeerderen met eventuele rentebaten en te verminderen met rentelasten.

Totaalresultaat

De resultatenrekening geeft een goed inzicht in de gang van zaken van een organisatie. Vooral als de resultatenrekeningen van voorgaande jaren worden opgenomen, is een objectieve vergelijking mogelijk.

Ter illustratie is de resultatenrekening van De Vleeshouwerij over de jaren 1999 en 2002 hier opgenomen.

Resultatenrekening van De Vleeshouwerij (bedragen €1 mln)

	1999		2002		Index 2002 (1999 = 100)
Omzet		73		80	110
Inkoop grondstoffen	31		35		113
Productiekosten	13		16		123
Overheadkosten	12		15		125
Afschrijvingen	4		7		175
Kosten van de omzet		60		73	122
Bedrijfs- of totaal resultaat		13		7	54
Rentelasten		2		5	250
Winst voor belastingen		11		2	18
Winstbelasting (40%)		4,4		0,8	54
Winst na belasting		6,6		1,2	18

Indexcijfers hanteren

Het is aan te bevelen de resultaten van de meest recente resultatenrekeningen onderling door middel van indexcijfers te vergelijken. Hierdoor worden ontwikkelingen, bijvoorbeeld een sterke stijging van een individuele post, binnen de resultatenrekening eerder gesignaleerd.

Bedrijfsresultaat van De Vleeshouwerij

Als u de resultatenrekening van De Vleeshouwerij bekijkt, kunt u aan de hand van de in de laatste kolom vermelde indexcijfers het volgende concluderen:

- De omzet is gestegen met 10 punten, dus met 10%.
- De kosten van de omzet zijn gestegen van 100 naar 122 punten, dus een stijging van 22%.
- Het bedrijfsresultaat daalde van 100 naar 54 punten, dus een daling van 46%.
- De rentelasten stegen van 100 naar 250 punten, dus werden met de factor 2,5 vermenigvuldigd.
- In vergelijking met 1999 is in 2002 de winst gedaald van 100 naar 18 punten, dus een daling van 82%.

Cashflow

Uit de resultatenrekening wordt de cashflow berekend.

Cashflow = winst ná belastingen + afschrijvingen [8.2]

Afschrijvingen

De *afschrijvingen* betreffen die op vaste (duurzame) activa. Als er veranderingen zijn geweest in de voorzieningen op lange termijn, worden die ook in de berekening van de cashflow betrokken. Toevoegingen aan deze voorzieningen verhogen de cashflow; onttrekkingen aan bedoelde voorzieningen verlagen de cashflow.

Cashflow = winst ná belastingen + afschrijvingen +/– wijzigingen in voorzieningen [8.2a]

Belang van de cashflow

Een voldoende omvang van de cashflow is noodzakelijk voor de continuïteit van een organisatie en voor een succesvolle bedrijfsvoering. Immers met de cashflow moeten ten minste alle uitgaven worden gefinancierd; zowel de uitgaven die kosten betreffen als de uitgaven die betrekking hebben op bijvoorbeeld investeringen.
De cashflow is belangrijk voor de liquiditeit, omdat de cashflow de geldmiddelen aanduidt, die voor een project gebruikt kunnen worden zonder dat de continuïteit van de organisatie in gevaar komt.
Zeker als de financiële situatie niet optimaal is en men het aantrekken van meer vreemd vermogen wil beperken (mede met het oog op de daarmee gepaard gaande extra rentelasten), is het raadzaam de cashflow te benutten voor de financiering van investeringsprojecten, met name voor die investeringen, die langer doorwerken. Markt- en productinnovaties hebben immers een langer aanhoudend effect en lenen zich beter tot het creëren van een duurzaam concurrentievoordeel dan investeringen in procesinnovaties.

Behoudende financiering

Uit onderzoek van de Nationale Investeringsbank blijkt op duidelijke wijze dat organisaties die een gezonde 'behoudendheid' bij de financiering betrachten een hogere cashflow genereren. Een gezonde behoudendheid wil zeggen: de investeringsprojecten zoveel mogelijk uit de

cashflow of het eigen vermogen financieren, en in projecten investeren die de 'core business' versterken of vernieuwen.
Deze cashflow is significant hoger dan bij organisaties die investeren in met name procesvernieuwing, dus vooral intern gericht op kostenbesparing (arbeid en energie), gecombineerd met financiering door vreemd vermogen. Niet alleen dragen laatstbedoelde organisaties een aanzienlijk grotere rentelast, maar de aard van de investeringen brengt met zich mee dat minder nieuwe cashflow per geïnvesteerde eenheid wordt gegenereerd. Dergelijke organisaties maken zich kwetsbaar, vooral als de concurrentie toeneemt en/of de conjunctuur tegenzit. Wil een organisatie haar investeringen zoveel mogelijk zelf financieren, dan moet de ratio (cashflow: investeringen =) minstens 1,5 bedragen.

Investeringen door De Vleeshouwerij

In de volgende tabel is de ontwikkeling samengevat in belangrijke posten van de balans en de resultatenrekening van De Vleeshouwerij bij een vergelijking van 1999 met 2002.

Vergelijking belangrijke posten van De Vleeshouwerij in de jaren 1999 en 2002
(bedragen × €1 mln)

	1999	2002	Index 2002 (1999 = 100)
Omzet	73	80	110
Vaste activa	15	50	333
Eigen vermogen	20	21	105
Vreemd vermogen	18,5	54	292
Rentelasten	2	5	250
Afschrijvingen	4	7	175
Winst na belastingen	6,6	1,2	18
Cashflow	10,6	8,2	77

Uit de tabel valt te concluderen dat De Vleeshouwerij niet effectief in de 'markt' heeft geïnvesteerd. Voor de investeringen in vaste activa is bijna uitsluitend gebruikgemaakt van vreemd vermogen en wel voor €15 mln krediet op lange termijn en voor €16 mln krediet op korte termijn. Door de sterk gestegen rentelasten is de winst na belastingen sterk gedaald, zodat de cashflow – ondanks het toegenomen afschrijvingsbedrag – daalde en daardoor minder middelen beschikbaar zijn voor nieuwe investeringen.

8.3 Financiële kengetallen

Om goed zicht te houden op de gang van zaken in de organisatie wordt een resultatenrekening meermalen per jaar opgesteld en berekent men tevens financiële kengetallen. Daarbij vindt een vergelijking plaats met voorgaande perioden.

Kengetallen

Kengetallen zijn verhoudingsgetallen die een bepaald aspect van een organisatie snel en gemakkelijk karakteriseren. In het bedrijfsleven zijn verhoudingscijfers, zoals rentabiliteit, winstmarge en solvabiliteit zeer gangbaar.

Er zijn ook financiële getallen die geen verhoudingsgetal zijn, maar een absoluut getal, zoals het werkkapitaal en de winst.

Nut van kengetallen

Kengetallen hebben vooral nut voor de beoordeling van een organisatie op een bepaald tijdstip. Vergelijken we de kengetallen van een organisatie of SBU op verschillende tijdstippen, dan wordt duidelijk of de financiële positie verbeterd dan wel verzwakt is.

Als we de behaalde resultaten met de eerder geformuleerde doelstellingen confronteren, krijgen we een indruk van de sterke en zwakke kanten van een organisatie en kunnen we de mogelijkheden tot verbetering daarvan ontdekken.
Kengetallen zijn gebaseerd op historische cijfers en daarom moet enige voorzichtigheid worden betracht bij het extrapoleren van kengetallen naar de toekomst.

Kengetallen van De Vleeshouwerij

Bij de berekening van de kengetallen worden de eerder gegeven balans en resultatenrekening van De Vleeshouwerij als voorbeeld genomen. Daarom verzamelden we in de volgende tabel enige noodzakelijke gegevens.

Kerngegevens van De Vleeshouwerij in 1999 en 2002 (bedragen × €1 mln)

	1999	2002
(Gemiddeld) TV	38,5	75
(Gemiddeld) EV	20	21
(Gemiddeld) VV	18,5	54
waarvan Lang VV	7,5	22,5
Kort VV	11	31,5
Vaste activa	15	50
Vlottende activa	23,5	25
waarvan Voorraden	7,5	10
Totaalresultaat	13	7
Winst voor belastingen	11	2
Winst na belastingen	6,6	1,2
Belasting over de winst	4,4	0,8
Rente over VV	2	5
Omzet	73	80
Inkoopkosten vleeswaren	31	35
Saldo debiteuren	15	14
Saldo crediteuren	6	12,5

Bedrijfsvergelijking

De vergelijking van een organisatie met verschillende concurrenten in dezelfde bedrijfstak (*bedrijfsvergelijking*) gaat met behulp van kengetallen niet alleen sneller en gemakkelijker, maar is ook een objectieve vergelijkingsbasis om te weten of men het al dan niet beter doet dan de concurrentie. De te vergelijken organisaties moeten dan wel eenzelfde methodiek van winst- en vermogensbepaling hebben, bijvoorbeeld een vergelijkbare afschrijvingsmethodiek, dat wil zeggen uitgaan van de historische of vervangingswaarde bij de afschrijving van duurzame productiemiddelen.

Ook de banken maken voor de bepaling van de kredietwaardigheid van hun klanten veelvuldig gebruik van kengetallen, zoals solvabiliteit en rentabiliteit. Ze vergelijken deze met de gemiddelde waarden in de bedrijfstak.
In het blad FEM wordt jaarlijks een groot aantal bedrijven aan de hand van kengetallen doorgelicht.

In de handzame uitgave Kengetallen *van ABN Amro worden alle wezenlijke financiële kengetallen beschreven. De eerste uitgave verscheen al aan het eind van de jaren zeventig*

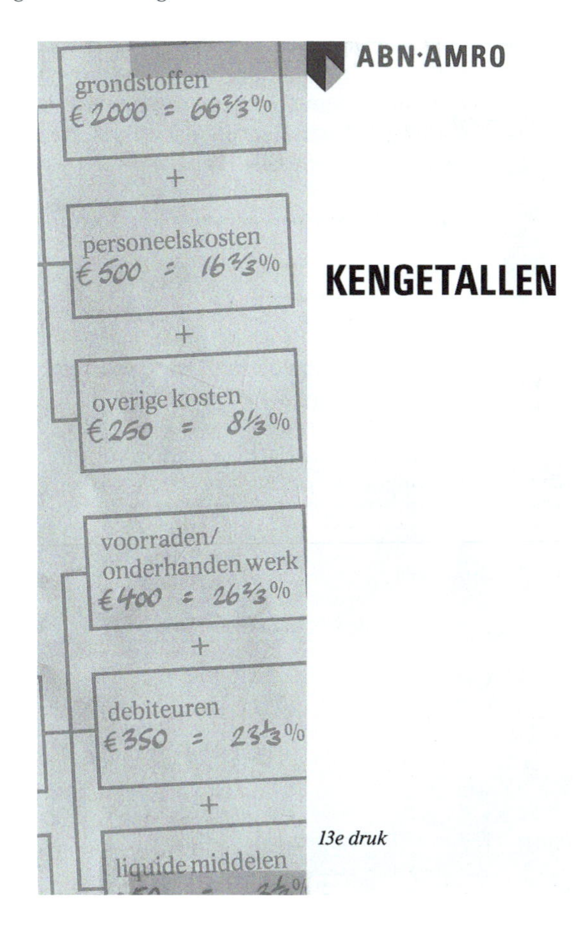

Niet alleen organisaties maar ook bedrijfstakken kunnen op basis van kengetallen onderling met elkaar worden vergeleken. Aan groeiende bedrijfstakken met relatief weinig wisselvalligheid in opbrengsten zullen gemakkelijker gelden voor investeringen worden verstrekt.

Rentabiliteit

Met rentabiliteitskengetallen wordt de verhouding tussen de opbrengst en het vermogen bedoeld, waarmee deze opbrengst wordt verdiend.

Rentabiliteitskengetallen

Er zijn drie *rentabiliteitskengetallen*, die alle in een percentage worden uitgedrukt:
1 Rentabiliteit van het totale vermogen (RTV)
2 Rentabiliteit van het eigen vermogen (REV)
3 Rentabiliteit van het vreemd vermogen (RVV).

Rentabiliteit van het totale vermogen (RTV)

Economische rentabiliteit

De RTV noemt men ook wel de *economische rentabiliteit*. Men maakt namelijk bij de berekening van de RTV geen onderscheid tussen de subjecten waar het inkomen, vergaard door de onderneming, terechtkomt. Dit kunnen zijn: verschaffers van vreemd vermogen, verschaffers van eigen vermogen (in de vorm van dividend of dotatie aan de reserves, waardoor de intrinsieke waarde van aandelen stijgt), de overheid (fiscus) en tantièmisten.

Economische winst

Dit totale inkomen (onverdeelde winst voor belastingen + rente betaald over het vreemd vermogen) noemt men de *economische winst* (EW). Het is dus gelijk aan het totaalresultaat, want – zoals eerder gezegd – het totaal resultaat = winst na belastingen + belastingen + rentelasten.

De RTV wordt berekend met de formule:

$$RTV = \frac{\text{totaalresultaat}}{\text{gemiddeld TV}} \times 100\% \qquad [8.3]$$

Opmerking Het 'gemiddeld totale vermogen' (TV) is in feite het rekenkundig gemiddelde van het TV aan het begin en aan het einde van het desbetreffende jaar. Omdat we bij De Vleeshouwerij het beginvermogen niet kennen, volstaan we in dit geval met de waarde aan het einde van het boekjaar. Dit geldt ook voor het eigen vermogen en het vreemd vermogen.

De RTV van De Vleeshouwerij

In het geval van De Vleeshouwerij is de RTV in het jaar 1999:

$$\frac{11+2}{38{,}5} \times 100\% = 33{,}766\%$$

in het jaar 2002:

$$\frac{2+5}{75} \times 100\% = 9{,}333\%$$

De RTV is dus tussen 1999 en 2002 sterk gedaald.

De RTV kan ook op een andere manier berekend worden, namelijk met de Du Pont-formule. Daartoe moet men eerst de economische winstmarge en de omloopsnelheid van het totaalvermogen kennen.

Omloopsnelheid van het TV

De omloopsnelheid van het (gemiddeld) totale vermogen wordt berekend met de formule:

$$OS = \frac{\text{totale omzet}}{\text{gemiddeld TV}} \qquad [8.4]$$

Economische winstmarge

De *economische winstmarge* (EWM) is het totaalresultaat, uitgedrukt in een percentage van de totale omzet. In jaarverslagen van internationale bedrijven wordt het totaalresultaat ook met EBIT aangegeven, wat betekent: earnings before interest and taxes.

$$EWM = \frac{\text{totaalresultaat}}{\text{totale omzet}} \times 100\% \qquad [8.5]$$

Du Pont-formule

De Du Pont-formule is:

$$RTV = EWM \times \text{omloopsnelheid van het vermogen} \qquad [8.6]$$

Dat de uitkomsten van de berekeningen volgens de formules 8.3 en 8.6 nagenoeg aan elkaar gelijk zijn, is niet zo verwonderlijk als men de beide factoren van de Du Pont-formule nader beschouwt.

$$RTV = \frac{\text{totaalresultaat}}{\text{totale omzet}} \times \frac{\text{totale omzet}}{\text{gemiddeld TV}}$$

Als men in deze formule de noemer uit de eerste factor 'wegstreept' tegen de teller in de tweede factor, houdt men de op de eerste manier berekende RTV-formule over.

Voordeel Du Pont-formule

Het voordeel van deze berekening van de RTV in twee factoren blijkt uit het volgende. Men kan een hoge rentabiliteit van het totale vermogen bereiken op twee manieren:

1 Een lage omloopsnelheid van het totale vermogen, maar dan wel een hoge economische winstmarge (kenmerk van speciaalzaken).
2 Een lage economische winstmarge, maar dan wel een hoge omloopsnelheid van het totale vermogen (kenmerk van supermarkten).

De Du Pont-formule en De Vleeshouwerij

Voor De Vleeshouwerij is de $\frac{OS}{TV}$:

in 1999: $\frac{73}{38{,}5} = 1{,}896$

in 2002: $\frac{80}{75} = 1{,}067$.

Voor De Vleeshouwerij is de EWM:

in 1999: $\frac{13}{73} \times 100\% = 17{,}808\%$

in 2002: $\frac{7}{80} \times 100\% = 8{,}75\%$

Aldus berekend is de RTV van De Vleeshouwerij:
in 1999: 17,808% x 1,896 = 33,764%
in 2002: 8,75% x 1,067 = 9,334%.
De kleine verschillen met de uitkomsten berekend met formule 8.3 zijn een gevolg van afrondingen.

Een hoge omloopsnelheid van het vermogen wil zeggen dat het vermogen relatief efficiënt in de organisatie wordt gebruikt.
Een lage economische winstmarge, gecombineerd met een hoge omloopsnelheid kan toch een alleszins bevredigende RTV opleveren. Voorbeelden hiervan kunnen de producten zijn die behoren tot de zogenaamde 'convenience goods'. Bij 'specialty goods' is veelal het omgekeerde het geval.

Omloopsnelheid De Vleeshouwerij

Door de sterk gestegen kosten van de omzet en de rentelasten is de RTV van De Vleeshouwerij in het jaar 2002 dramatisch gezakt. De omloopsnelheid van het totale vermogen was in 1999 nog bijna 1,9 en was in 2002 gedaald naar ongeveer 1,0.
De oorzaak hiervan moet gezocht worden in de zeer sterke stijging van met name de vaste activa (investeringen) en de voorraden.

Du Pont-chart

De twee elementen van de Du Pont-formule, namelijk de economische winstmarge en de omloopsnelheid van het (gemiddeld) totale vermogen, kunnen uitgesplitst worden in de samenstellende deelfactoren. Dit wordt geïllustreerd in de zogenaamde *Du Pont-chart* (zie figuur 8.3).

Figuur 8.3 **Du Pont-chart**

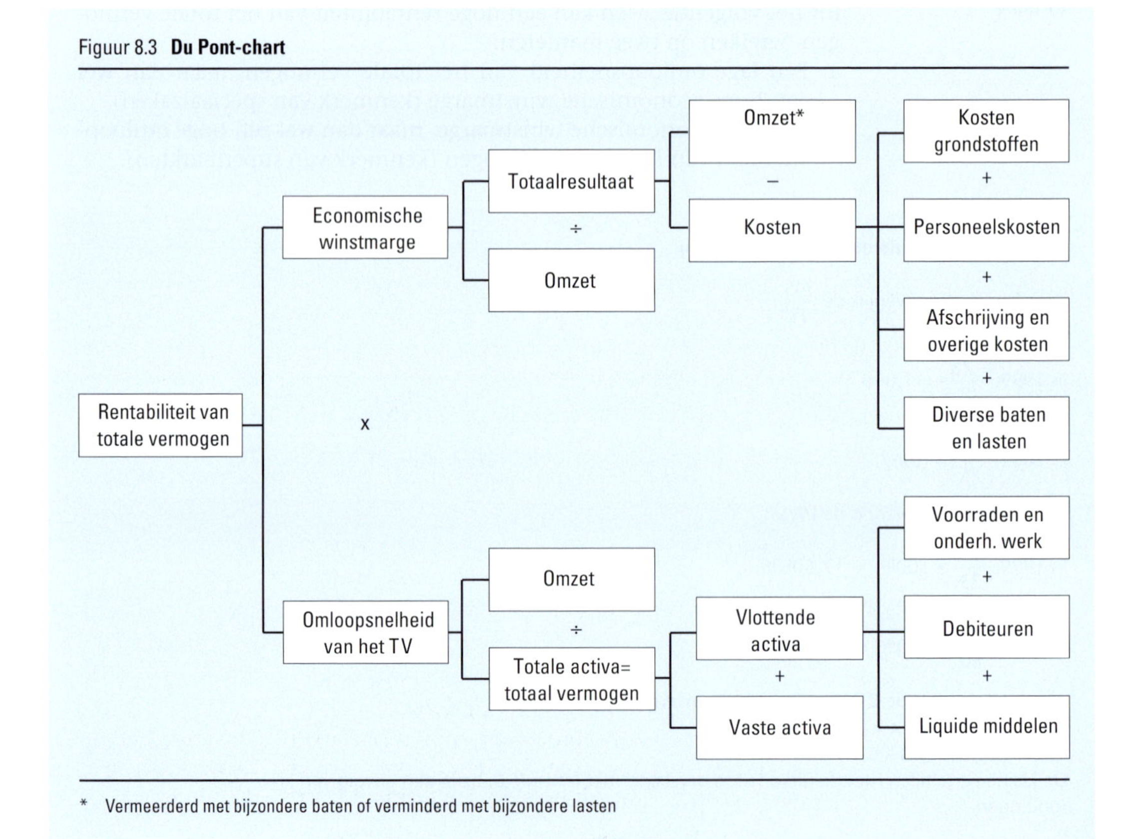

* Vermeerderd met bijzondere baten of verminderd met bijzondere lasten

Door middel van 'what if'-berekeningen kunnen we nagaan op welke wijze de RTV kan worden vergroot. Doorgaans is het gemakkelijker de economische winstmarge (= marktzijde) te verhogen dan de 'financiële zijde'.

Rentabiliteit van het eigen vermogen (REV)

Het kengetal Rentabiliteit eigen vermogen (REV) is van belang voor de verstrekkers van het eigen vermogen, bijvoorbeeld de eigenaar van een

organisatie of de aandeelhouders. Zij kunnen dan beoordelen of de organisatie een voldoende resultaat heeft behaald met het door hen aan de organisatie toevertrouwde vermogen.
De REV kent twee vormen, namelijk:
1 rev_{nb} (ná betaling van belasting op de winst)
2 rev_{vb} (vóór betaling van belasting op de winst).

Met het risicodragend eigen vermogen dient na aftrek van de belasting op de winst wel een hoger resultaat te worden behaald dan de rente die men met zijn vermogen kan behalen op bijvoorbeeld staatsobligaties.

Naarmate het ondernemersrisico hoger is moet ook de REV hoger zijn. In formulevorm luidt de REV:

$$REV_{vb} = \frac{\text{winst vóór belasting}}{\text{(gemiddeld) EV}} \times 100\% \qquad [8.7]$$

$$REV_{nb} = \frac{\text{winst ná belasting}}{\text{(gemiddeld) EV}} \times 100\% \qquad [8.8]$$

De REV_{vb} dient hoger te zijn dan de RTV; dan wordt er geld verdiend op het geleende vreemde vermogen.

De REV van De Vleeshouwerij

Voor De Vleeshouwerij is de REV_{vb}:

in 1999: $\frac{11}{20} \times 100\% = 55\%$

in 2002: $\frac{2}{21} \times 100\% = 9{,}52\%$

en de REV_{nb}:

in 1999: $\frac{6{,}6}{20} \times 100\% = 33\%$

in 2002: $\frac{1{,}2}{21} \times 100\% = 5{,}71\%$

Tussen 1999 en 2002 is de rentabiliteit van het eigen vermogen dus sterk gedaald.

Rentabiliteit van het vreemd vermogen (RVV)

Met het kengetal Rentabiliteit vreemd vermogen (RVV) wordt het gemiddelde rentepercentage berekend dat aan de verschaffers van vreemd vermogen wordt betaald. De formule voor de RVV luidt:

$$RVV = \frac{\text{rentesaldo}}{\text{(gemiddeld) VV}} \times 100\% \qquad [8.9]$$

De RVV is in het algemeen lager dan de rente die betaald moet worden aan de bank. De oorzaak hiervan is dat de post crediteuren en eventueel voorzieningen ook tot het vreemd vermogen worden gerekend. Over deze bedragen wordt doorgaans geen rente in rekening gebracht, omdat bij de koop een betalingstermijn, bijvoorbeeld van 30 of 60 dagen, is afgesproken. De organisatie krijgt leverancierskrediet. De RVV is negatief, indien de rentebaten hoger zijn dan de rentelasten. Dit was het geval bij Peugeot Nederland.

De RVV van De Vleeshouwerij

Voor De Vleeshouwerij bedraagt de RVV:

in 1999: $\frac{2}{18,5} \times 100\% = 10,81\%$

in 2002: $\frac{5}{54} \times 100\% = 9,26\%$

Het gemiddeld percentage van de rentekosten over het vreemd vermogen is tussen 1999 en 2002 iets gedaald, dus gunstiger geworden.

Financieel hefboomeffect

Een financieel gezonde organisatie verdient in het algemeen veel meer aan het vreemd vermogen dan dit vermogen haar kost. Bovendien zijn de rentekosten van vreemd vermogen fiscaal aftrekbaar en de REV_{nb} wordt hierdoor gunstig beïnvloed. De winst op het vreemd vermogen valt toe aan de verstrekkers van het eigen vermogen. Dit verschijnsel wordt het *financiële hefboomeffect* genoemd. Dit effect wordt beïnvloed enerzijds door het verschil tussen de RTV en de RVV en anderzijds door de verhouding tussen VV en EV. Deze laatste verhouding ($\frac{VV}{EV}$) noemt men de hefboomfactor.
Het financiële hefboomeffect kan met de volgende formule worden gedemonstreerd:

$$REV_{vb} = RTV + (RTV - RVV) \times \frac{VV}{EV} \qquad [8.10]$$

Let wel dat in deze formule voor de berekening van de REV uitgegaan wordt van de winst vóór afdracht van winstbelasting.
Hoe groter de hefboomfactor is, des te groter is de uitkomst. Het vreemd vermogen kan uiteraard niet ongelimiteerd worden verhoogd, omdat dit ten koste gaat van de solvabiliteit en dus de risico's voor geldverstrekkers vergroot. De factor ($\frac{VV}{EV}$) is maximaal 2, indien we een solvabiliteit ($\frac{EV}{TV}$) van minimaal 33,3% aanhouden. De REV_{vb} profiteert ook van een positief verschil tussen de RTV en de RVV. Het hefboomeffect wordt dus verkregen door ($RTV - RVV \times \frac{VV}{EV}$) oftewel door $REV_{vb} - RTV$.

Als de winstperspectieven zodanig zijn dat men in de toekomst hoge winstcijfers mag verwachten, waarbij de RTV belangrijk hoger zal zijn dan de RVV, is een grote hefboomfactor $\frac{VV}{EV}$ geen bezwaar. Men kan dan uit een oogpunt van *rentabiliteit* gebruikmaken van vreemd vermogen. De REV zal daardoor vergroot worden.
Als de winstkansen 'omslaan' waarbij de RTV kleiner wordt dan de RVV, betekent dit een extra druk op de REV en dus op de inkomsten van de verschaffers van het eigen vermogen. Een grote hefboomfactor zal die nadelige druk nog versterken.
Uiteraard zal de wens een voldoende *solvabiliteit* te handhaven, grenzen stellen aan het financieren met vreemd vermogen.

De formule voor de berekening van het financiële hefboomeffect kan ook dienst doen als controlemiddel na berekening van de verschillende rentabiliteitswaarden.

Financieel hefboomeffect De Vleeshouwerij

In 1999: $33{,}764\% + (33{,}764\% - 10{,}810\%) \times \frac{18{,}5}{20} =$

33,764% + 22,954% x 0,925 = 33,764% + 2 1,232% = 54,996%
Dus nagenoeg de met formule 8.7 berekende 55%.

In 2002: $9{,}333\% + (9{,}333\% - 9{,}260\%) \times \frac{54}{21} =$

9,333% + 0,073% x 2,571 = 9,333% + 0,188% = 9,521%
Dus nagenoeg de met formule 9.7 berekende 9,52%
De kleine verschillen zijn een gevolg van eerdere afrondingen.

Return on Sales (ROS)

Een ander kengetal waarnaar in de marketing- en salesliteratuur veelvuldig wordt verwezen (maar niet aangegeven wordt hoe deze moet worden berekend) is de *Return on Sales (ROS)*. Dit kengetal – niet te verwarren met de economische winstmarge uit de Du Pont-formule – wordt als volgt berekend:

$$\text{ROS} = \frac{\text{bedrijfsresultaat}}{\text{verkoopomzet}} \times 100\% \qquad [8.11]$$

Return on Sales De Vleeshouwerij

In 1999: 13/73 x 100% = 17,8%
en
in 2002: 7/80 x 100% = 8,8%.

Solvabiliteit

De solvabiliteit van een organisatie geeft aan in welke mate de activa zijn gefinancierd met eigen of met vreemd vermogen.
Een organisatie is solvabel, als op langere termijn de schulden kunnen worden voldaan. Bij een eventuele liquidatie moeten uit de verkoopopbrengst van de activa de leningen afgelost, de belastingen en de crediteuren betaald kunnen worden.

Solvabiliteitspercentage

Het *solvabiliteitspercentage* wordt volgens het *NIMA Marketing Lexicon* berekend met de formule:

$$\text{Solvabiliteit} = \frac{\text{EV}}{\text{TV}} \times 100\% \qquad [8.12]$$

Let wel dat het hier niet gaat om het gemiddeld eigen vermogen en het gemiddeld totaal vermogen, maar de grootte van EV en TV op het moment (de datum) waarop de balans betrekking heeft.

Tegenwoordig wordt een solvabiliteitspercentage van 33,3% als heel redelijk beschouwd. Voor kapitaalintensieve en conjunctuurgevoelige bedrijven moet dit percentage duidelijk hoger zijn, terwijl het bij handelsbedrijven lager kan liggen. De solvabiliteit kan ook berekend worden met VV/TV (norm 67%) of EV/VV (norm 50%).

Solvabiliteit van De Vleeshouwerij

Voor De Vleeshouwerij is het solvabiliteitspercentage:

per 31 december 1999: $\frac{20}{38,5} \times 100\% = 52\%$

per 31 december 2002: $\frac{21}{75} \times 100\% = 28\%$.

De solvabiliteit is aanmerkelijk verslechterd.

Zoals reeds bij de rentabiliteit opgemerkt is, gaat een te hoge solvabiliteit (relatief veel eigen vermogen) ten koste van het financiële hefboomeffect. Men zal altijd een goede balans tussen de solvabiliteit en de REV_{vb} moeten vinden.

Solvabiliteitsrisico's

Aan een onevenwichtige (te lage of te hoge) solvabiliteit kleven aanzienlijke risico's. De risico's (problemen) van een lage solvabiliteit zijn te verdelen in drie groepen:

1 Financieringsgerelateerde risico's kunnen zich op korte termijn openbaren in betalingsproblemen, beperking van kredietfaciliteiten of hoge(re) rentelasten en op langere termijn in aantasting van de financiële buffer en mogelijkerwijze faillissement.
2 Strategiegerelateerde problemen: de groei-, investerings- en acquisitiemogelijkheden zijn beperkt.
3 Identiteitsgerelateerde problemen: aantasting van het imago en een te grote mate van afhankelijkheid van derden.

'Kopersstaking' dwingt Spaar Select te saneren

Spaar Select heeft 12 van haar 32 vestigingen in ons land gesloten en 60 van de 600 werknemers ontslagen. Aanleiding voor deze sanering is een combinatie van teruglopende omzetten en stijgende kosten. Nu blijkt een nieuwe ingreep noodzakelijk. Alles wat aan externe factoren tegen kon zitten, heeft de afgelopen maanden tegengezeten: de beurs, de economie, de negatieve sentimenten met betrekking tot effectenlease en beleggen en het afschaffen van zowel de spaarloonregeling als de basisaftreklijfrente. Het vertrouwen van de consument is naar een dieptepunt gezakt. Er is sprake van een kopersstaking. Over de laatste maanden hebben we verlies geleden; de kosten moeten met eenderde worden teruggebracht om nog break-even te kunnen draaien. Van de 600 werknemers moeten er 100 weg. Accountmanagers worden naar de overblijvende kantoren overgeheveld. Maar de afdeling Marketing wordt uitgebreid om nieuwe producten en strategieën te ontwikkelen, waarmee de omzet weer op peil moet worden gebracht.

De teruglopende verkoop gaat gepaard met een toenemend aantal klanten dat lijfrentepolissen afkoopt. Klanten hebben geen zin om 30 jaar te gaan zitten rekenen. En zo zijn wij de dupe, omdat wij provisie moeten terugstorten en de klant is de dupe omdat hij geld kwijt is als hij zijn polis afkoopt. Spaar Select wijst als oorzaak naar het beleid van de overheid. Sinds 1994 is de financiële branche alleen nog maar benadeeld. Zet het eens op een rijtje: het vervallen van de vrijstelling voor kapitaalverzekeringen, het vervallen van de aftrek van effectenleaserente, de maximering van de aftrek van de hypotheekrente, de basisrente van de lijfrenteaftrek die in een paar jaar verlaagd is van €5.600 voor gehuwden naar waarschijnlijk nihil volgend jaar, de afschaffing van de premiespaarregeling en de verdientijd van de provisie naar tien jaar, het is krankzinnig. De branche is de afgelopen jaren benadeeld en er is steeds meer geld nodig om het hoofd boven water te houden. Het ligt ook aan de slechte samenwerking tussen de financiële partners in de branche. Verzekeraars en banken trekken nooit samen op. Daarnaast hebben de belangenbehartigers zich de afgelopen jaren de kaas van het brood laten eten. De directie van Spaar Select erkent zelf ook fouten te hebben gemaakt: te veel beheerskosten, te lang teren op het succes van bestaande producten en de investeringen in het nieuwe hoofdkantoor in Etten-Leur. 'Maar wij hebben vooraf ook niet kunnen voorzien dat de markt zo extreem zou instorten.'

Bron: *Assurantie Magazine*, 6 september 2002

Ook aan een te hoge solvabiliteit (relatief een groot eigen vermogen ten opzichte van vreemd vermogen, dus een kleine hefboomfactor) kleven bezwaren. Immers in dat geval betekent dit een uitholling van de rentabiliteit op het eigen vermogen, omdat het financiële hefboomeffect onvoldoende wordt benut. Een hoge solvabiliteit kan ook een gevolg zijn van een verstard en zwak ondernemingsbeleid, wat een negatief gevolg heeft op de winstmarges.

Liquiditeit

Een organisatie is liquide als de schulden aan belastingen en crediteuren en de rente op leningen op korte termijn kunnen worden voldaan. De schulden die op de balans staan als vlottende passiva moeten worden betaald uit de verkoop van de vlottende activa, zoals de voorraden en de debiteuren. Als tegenover deze vlottende passiva op korte termijn voldoende vlottende activa aanwezig zijn, is de liquiditeit in orde.

Liquiditeitskengetallen

We onderscheiden de volgende vijf liquiditeitskengetallen:
1 de current ratio
2 de quick ratio
3 het werkkapitaal
4 de working capital ratio
5 de gouden balansregel.

De eerste vier kengetallen zijn onbenoemde ratio- of verhoudingsgetallen; de gouden balansregel heeft een percentage als uitkomst.

De current ratio

De formule voor de berekening van de current ratio is:

$$\text{Current ratio} = \frac{\text{vlottende activa}}{\text{vlottende passiva}} \qquad [8.13]$$

Als normale waarde van dit kengetal is ten minste 1,5. Dit getal moet worden aangehouden als er 'veel' dubieuze debiteuren zijn, de voorraden relatief groot of modegevoelig zijn en de afzet door bijvoorbeeld conjuncturele omstandigheden terugloopt. Een onderneming die zich voorspoedig ontwikkelt, een goede RTV heeft en structureel weinig voorraden in het magazijn opgeslagen heeft, kan wel met een lagere current ratio werken. Als de current ratio lager is dan 1, is het werkkapitaal negatief.

De quick ratio

Bij de berekening van de quick ratio wordt de post Voorraden genegeerd. Het gebruik van de quick ratio (ook wel de 'acid test ratio' genoemd) ligt voor de hand als er weinig of geen voorraden zijn, bijvoorbeeld bij dienstverlenende bedrijven of als de onzekerheid over de waarde van de voorraden (tijdschriften, bederfelijke producten) groot is. De quick ratio wordt berekend met de formule:

$$\text{Quick ratio} = \frac{\text{vlottende activa} - \text{voorraden}}{\text{vlottende passiva}} \qquad [8.14]$$

Als richtlijn voor de quick ratio wordt veelal 1 of hoger genomen. Een te lage liquiditeit kan, zonder tijdige maatregelen, zelfs tot een faillissement wegens illiquiditeit leiden. Een te hoge liquiditeit is echter nadelig

Bij het berekenen van de quick ratio wordt de waarde van de voorraden buiten beschouwing gelaten

voor de RTV, omdat er 'te veel' vermogen in de vlottende activa is opgeslagen. Dit vermogen kan nu niet voor andere doeleinden worden gebruikt en/of verhoogt de rentekosten.

De current ratio en de quick ratio kunnen verbeterd worden door het kort vreemd vermogen, bijvoorbeeld crediteuren, te verlagen. Zo nodig kunt u hiervoor lang vreemd vermogen aanwenden.

Het werkkapitaal

In paragraaf 8.2 werden bij de bespreking van de passiva op de balans de passiva verdeeld in:

- vaste passiva (eigen vermogen + lang vreemd vermogen);
- vlottende passiva (kort vreemd vermogen).

Werkkapitaal

Het werkkapitaal wordt gevormd door het verschil tussen enerzijds de vlottende activa en anderzijds de vlottende passiva. Het werkkapitaal kan ook worden berekend als: totaal lang vermogen – totaal vaste activa. Het werkkapitaal geeft dat deel van de vlottende activa aan, waartegenover geen vlottende passiva (direct of snel opeisbare verplichtingen) staan. Een positief werkkapitaal geeft aan dat er ruimte bestaat om liquiditeitsspanningen het hoofd te kunnen bieden. Een positief werkkapitaal betekent in feite een liquiditeitsoverschot.
Als het werkkapitaal negatief is, houdt dit in dat kort vreemd vermogen aangewend is voor de financiering van vaste activa. Als deze situatie structureel is, kan dit leiden tot liquiditeitsmoeilijkheden. Immers, het kort vreemd vermogen moet snel afgelost worden, terwijl de vaste activa die daarmee gefinancierd zijn een veel langere tijd nodig hebben om in geld omgezet te kunnen worden. Het werkkapitaal mag ook niet te hoog zijn, omdat dit kan duiden op hoge voorraden en debiteuren, wat kostenverhogend is.
In figuur 8.4 is het verband tussen werkkapitaal en de activa/passiva weergegeven.

Figuur 8.4 **Verband tussen werkkapitaal en activa/passiva**

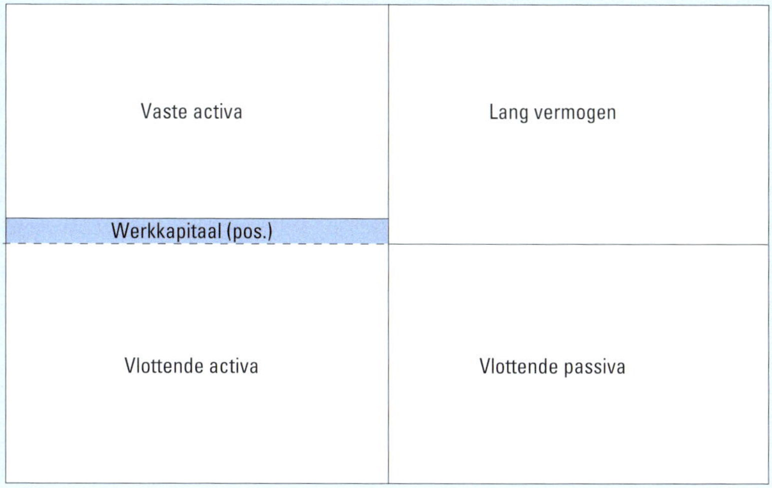

De working capital ratio

De formule waarmee de working capital ratio berekend wordt is:

$$\text{Working capital ratio} = \frac{\text{werkkapitaal}}{\text{vlottende passiva}} \qquad [8.15]$$

De working capital ratio = de current ratio – 1. Uit de berekeningen betreffende De Vleeshouwerij zal dit nog blijken.

De gouden balansregel

De gouden balansregel wordt berekend met de formule:

$$\text{Gouden balansregel} = \frac{\text{vaste activa}}{\text{lang VV + EV}} \times 100\% \qquad [8.16]$$

Hoe lager dit getal is (< 100%), des te groter is het overschot aan lang vreemd en eigen vermogen dat voor de financiering van de vlottende middelen en voor nieuwe investeringen kan worden gebruikt.

De liquiditeitskengetallen voor De Vleeshouwerij

Vijf liquiditeitsformules, toegepast op De Vleeshouwerij, leveren het volgende overzicht op.

Balans per 31 december 1999:

Current ratio: $\frac{23,5}{11} = 2,14$

Quick ratio: $\frac{23,5 - 7,5}{11} = 1,45$

Werkkapitaal: $23,5 - 11 = 12,5$

Working capital ratio: $\frac{12,5}{11} = 1,14$

Gouden balansregel: $\frac{15}{7,5 + 20} \times 100\% = 54,55\%$

Balans per 31 december 2002:

Current ratio: $\frac{25}{31,5} = 0,79$

Quick ratio: $\frac{25 - 10}{31,5} = 0,48$

Werkkapitaal: $25 - 31,5 = -6,5$

Working capital ratio: $\frac{-6,5}{31,5} = -0,21$

Gouden balansregel: $\frac{50}{22,5 + 21} \times 100\% = 114,94\%$

De liquiditeitspositie van De Vleeshouwerij is per 31 december 2002 slecht te noemen. De oorzaak is dat veel vreemd vermogen voor de financiering van vaste activa is gebruikt en de winstgevendheid laag is.
In de figuur wordt aangetoond dat De Vleeshouwerij in 2002 een negatief werkkapitaal had van €6,5 mln.

Andere factoren die van invloed zijn op de liquiditeit

De liquiditeit wordt mede bepaald door de kwaliteit van de vlottende activa. De voorraden, zeker van kwaliteits- en prijsgevoelige (eind)producten, moeten zo klein mogelijk worden gehouden. De voorraden van grondstoffen, halffabrikaten en eindproducten kunnen kleiner worden door zowel naar de leverancierszijde als naar de afnemerszijde te kijken.

Just in time

Door afspraken te maken met de leveranciers van grondstoffen en halffabrikaten over 'just-in-time'-leveringen' (JIT) worden de benodigde artikelen van de vereiste kwaliteit, in de juiste hoeveelheden precies op het juiste tijdstip afgeleverd. Door een goede beheersing worden de doorlooptijden van de goederenstroom verkort en dus de voorraden gereduceerd of mogelijk zelfs geëlimineerd.

Het werkkapitaal van De Vleeshouwerij in 2002

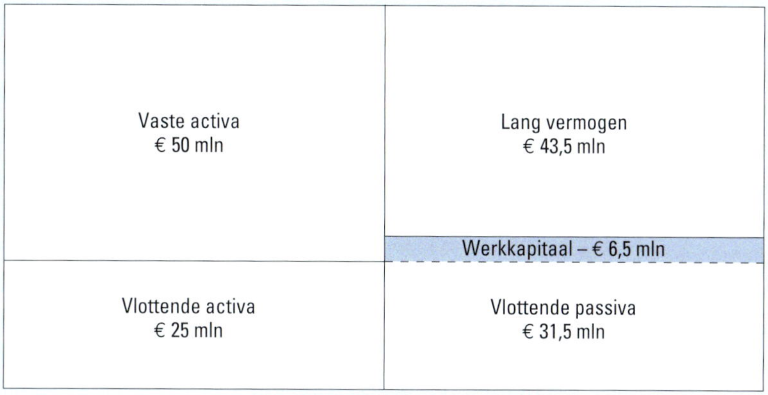

Vaste activa € 50 mln	Lang vermogen € 43,5 mln
	Werkkapitaal – € 6,5 mln
Vlottende activa € 25 mln	Vlottende passiva € 31,5 mln

Aan de afnemerszijde zijn ook goede afspraken mogelijk, zeker als de afspraken ook leiden tot 'benefits' voor de afnemers.

Distributie-management

Een actief fysiek distributiemanagement, waarin analyseren, plannen, uitvoeren en beheersen van de logistiek centraal staan, zal leiden tot een optimale voorraad, juist voldoende om de afnemers de bestelde producten in de juiste kwaliteit en hoeveelheid, op de juiste tijd en plaats te leveren.
Het actief beheersen van de in- en uitgaande goederenstromen heeft niet alleen een gunstige invloed op de voorraden, maar kan ook de (marketing)positie van de organisatie versterken.

Looptijd voorraden

De looptijd van de voorraden stelt het aantal dagen voor dat gemiddeld verloopt tussen de levering van de grondstof, het halffabrikaat of het eindproduct en het gebruik of de verkoop daarvan. De algemene formule is:

$$\text{Looptijd voorraden} = \frac{\text{gemiddelde waarde voorraden}}{\text{jaarverbruik (jaarverkoop)}} \times 365 \text{ dagen} \quad [8.17]$$

De waarden worden berekend op basis van inkoopprijzen als het gaat om grondstoffen. Voor eindproducten geschiedt de waardering op basis van fabricagekostprijzen.

Debiteurenbeheer

Een alert *debiteurenbeheer* is al gauw een winstgevende zaak en is de investering in arbeidstijd meer dan waard. Tussen de verkoop van de goederen en de betaling door de afnemer verloopt meestal enige tijd. Door duidelijke leveringsvoorwaarden, een eenduidig debiteurenbeheer, een kritische toetsing van nieuwe debiteuren en het de afnemer gemakkelijker te maken om te betalen (door een acceptgiro of automatische incasso) wordt de omvang van de post debiteuren kleiner.

Factoring

Het debiteurenbeheer kan ook worden uitbesteed bijvoorbeeld door *factoring*, waarbij de factoor niet alleen het beheer, de administratie en de debiteurenportefeuille overneemt, maar ook het volledige betalingsrisico. De factoor krijgt een vergoeding, afhankelijk van het risico, in de vorm van een bepaald percentage van de omzet (het facturentotaal), alsmede een rentevergoeding voor de eerdere uitbetaling dan de betalingsdatum genoemd in de leveringsvoorwaarden. Deze vorm wordt 'old-line factoring' genoemd. Een andere vorm is 'maturity factoring', waarbij de factoor op of vlak na de vervaldatum de vorderingen uitbetaalt. Het grote voordeel van factoring voor de organisatie is dat de factoor direct na overdracht van de factuur een voorschot uitbetaalt, dat dus als werkkapitaal in liquide middelen voor de organisatie ter beschikking komt. Door deze factoring verdwijnt de post Debiteuren deels van de balans, terwijl de liquide middelen, zoals de kas of de giro- en bankrekening, toenemen. Bovendien kan de organisatie zich geheel richten op haar kerntaken.

Looptijd debiteuren

De *looptijd debiteuren* geeft aan na gemiddeld hoeveel dagen de afnemers betalen. In de volgende formule betreft de jaaromzet uiteraard alleen de verkopen op rekening (dus zonder de contante verkopen):

$$\text{Looptijd debiteuren} = \frac{\text{gemiddelde saldo debiteuren}}{\text{jaaromzet}} \times 365 \text{ dagen} \quad [8.18]$$

Looptijd crediteuren

Met de *looptijd* van de (handels)*crediteuren* wordt de gemiddelde tijd in aantal dagen weergegeven, die de organisatie 'neemt' om de rekeningen van haar leveranciers te betalen. In formule:

$$\text{Looptijd crediteuren} = \frac{\text{gemiddelde saldo crediteuren}}{\text{inkopen in het jaar}} \times 365 \text{ dagen} \quad [8.19]$$

Opmerking Bij de berekening van looptijden worden de uitkomsten altijd naar boven op hele dagen afgerond.

Staat van Herkomst en Besteding van Middelen (SHBM)

Is een balans een *statisch* overzicht, een momentopname, de 'Staat van Herkomst en Besteding van Middelen' (SHBM) geeft een *dynamisch* overzicht van de bronnen, waaruit in een bepaald jaar geldmiddelen zijn ontvangen en voor welke soorten van bestedingen die gelden zijn gebruikt. De financieringsbronnen kunnen interne bronnen zijn, zoals de cashflow, maar ook externe bronnen, bijvoorbeeld vergroting van het aandelenkapitaal en nieuw vreemd vermogen.
Hierna volgt een overzicht van de posten die op een SHBM kunnen voorkomen.

Looptijden bij De Vleeshouwerij

Voor De Vleeshouwerij gelden in 1999 en 2002 de volgende waarden.
In 1999:

Looptijd voorraden: $\frac{7,5}{31} \times 365$ dagen $= 89$ dagen

Looptijd debiteuren: $\frac{15}{73} \times 365$ dagen $= 75$ dagen

Looptijd crediteuren: $\frac{6}{31} \times 365$ dagen $= 71$ dagen

In 2002:

Looptijd voorraden: $\frac{10}{35} \times 365$ dagen $= 105$ dagen

Looptijd debiteuren: $\frac{14}{80} \times 365$ dagen $= 64$ dagen

Looptijd crediteuren: $\frac{12,5}{35} \times 365$ dagen $= 131$ dagen

Het voorraadbeheer is duidelijk niet optimaal; de voorraden grondstoffen blijven langer in het magazijn liggen. De leveranciers van De Vleeshouwerij moeten ten gevolge van de verslechterde liquiditeit veel langer op hun geld wachten. Een lichtpuntje is dat de afnemers in 2002 sneller betaalden dan in 1999.

Herkomst van middelen:
- Nettowinst na belastingen
- Dotaties aan formele reserves
- Dotaties aan voorzieningen
- Vergroting aandelenvermogen
- Toename lang vreemd vermogen
- Toename kort vreemd vermogen (waaronder crediteuren en bankkrediet)
- Afstoten van deelnemingen
- Vermindering van voorraden
- Vermindering van de post Debiteuren
- Afschrijvingen op vaste activa
- Verkoop van vaste activa (bijvoorbeeld van machines)

- Totaal middelen.

Besteding van middelen:
- Winstuitkeringen (bijvoorbeeld dividend)
- Onttrekkingen aan voorzieningen
- Afname lang vreemd vermogen (bijvoorbeeld aflossingen op leningen)
- Afname kort vreemd vermogen (lager crediteurensaldo, minder bankkrediet)
- Toename deelnemingen
- Toename voorraden
- Groter saldo debiteuren
- Investeringen in vaste activa

- Totaal bestedingen.

Het verschil tussen het totaal van middelen en het totaal van bestedingen is gelijk aan het verschil tussen het werkkapitaal aan het begin van het jaar en dat aan het einde van het jaar.

Risico's en risicodekking in het internationaal zakendoen

Ondernemen op de internationale markt brengt een aantal extra risico's mee, die men niet kent op de nationale markt of, indien men daarvan deel uitmaakt, binnen de Europese Unie. Daarbij gaat het om de volgende risico's:

- *Productaansprakelijkheid.* In bepaalde landen wijkt deze af van die binnen de Europese Unie. Zo zijn de schadeclaims in de Verenigde Staten doorgaans veel hoger dan die in de EU.
- *Valutarisico's.* De koersen van de valuta's kunnen stijgen en dalen, met alle gevolgen vandien. Men kan zich hiertegen onder meer indekken door verkoop van de valuta op de termijnmarkt per de datum waarop betaling zou moeten plaatsvinden. Hiermee kan men het valutarisico nagenoeg elimineren (dit noemt men hedging). Een andere oplossing is om te factureren in de eigen valuta, dus in die valuta waarin de inkoop van materialen en de productie ook hebben plaatsgevonden. De debiteur moet overigens ook de valuta of deviezen het land uit kunnen brengen (men noemt dit het landenrisico). In sommige landen is de uitvoer van valuta aan strenge regels gebonden.
- *Afnemersrisico's.* Bij aflevering weigert de buitenlandse klant de producten af te nemen. Hiertegen kan de leverancier effectief optreden door een waarborgsom te vragen als vooruitbetaling. De waarborgsom moet ook voldoende zijn om de eventuele kosten van opslag, verzekering en retourzending te kunnen bekostigen.
- *Debiteurenrisico's.* Gedacht kan worden aan de kredetwaardigheid van een nieuwe (buitenlandse) klant. Kredietinformaties zijn niet altijd betrouwbaar of actueel.
- *Bankenrisico's.* Buitenlandse handelsbanken – zelfs in Japan staan niet onder zulke scherpe controle van de centrale bank als in Nederland het geval is.
- *Politieke risico's.* Dit heeft te maken met de instabiliteit van bepaalde regimes in bepaalde landen.

Vaak is het mogelijk deze risico's te verzekeren bij de Nederlandsche Credietverzekerings Maatschappij (NCM). Nogal wat landen zijn echter niet bij de NCM verzekerbaar. In sommige gevallen neemt de Nederlandse overheid dit risico over.

Liquiditeitsbegroting

Het is van groot belang voor een organisatie dat er regelmatig, bijvoorbeeld maandelijks, een liquiditeitsbegroting wordt gemaakt. In zo'n begroting worden de ontvangsten en uitgaven in de komende periode geschat en daarbij verdeeld naar tijdstip van ontvangst, respectievelijk betaling. De tijdstippen mogen niet te ver uit elkaar liggen, omdat anders tekorten over het hoofd worden gezien.

Een dergelijke raming maakt het mogelijk vroegtijdig eventuele tekorten in de liquide middelen te signaleren en adequaat maatregelen te nemen. In feite schat men in een liquiditeitsbegroting de ontwikkeling van de cashflow.

Bij het voorspellen van de cashflow binnen de planningshorizon is het aan te bevelen van zowel een 'conservatief' als een 'optimistisch' scenario uit te gaan.

Marketingorganisatie en marketingaudit

9

Marketing vervult een brugfunctie tussen de markt en de organisatie. Een goede relatie met de afnemers is vaak gebaseerd op het leveren van de juiste producten of diensten die optimaal voldoen aan de wensen van de afnemers. Als de marketingfunctie in een organisatie onvoldoende is ontwikkeld, is het contact met de afnemers veelal weinig stabiel en niet systematisch opgebouwd (paragraaf 9.1).
Het succes van de marketing is nu meer dan ooit afhankelijk van een goede marketingorganisatie en het beschikbaar hebben van relevante informatie, waarop juiste beslissingen kunnen worden genomen (paragraaf 9.2). In paragraaf 9.3 wordt per fase van het beslissingsproces aangegeven welke vragen van de marketeer met marketingondersteunende systemen kunnen worden beantwoord.
Met krachtige marketingmanagementondersteunende systemen wordt kennis geëxploiteerd, wat kan leiden tot duurzame concurrentievoordelen. Marktgerichte organisaties besteden veel aandacht aan het opzetten van goed te hanteren, flexibele databestanden over leveranciers, afnemers en concurrenten. De organisatie is natuurlijk gebaat bij de toepassing van informatietechnologie in marketingbeslissingsprocessen. Paragraaf 9.4 gaat in op het toenemende belang van accountmanagement, klantenmanagement en CRM. In paragraaf 9.5 wordt de noodzaak van een marketingaudit beschreven. De kwaliteit van de marketingfunctie moet periodiek worden doorgelicht en geëvalueerd. Bij het meten van de marketingperformance moet rekening worden gehouden met de omgeving van de organisatie.

9.1 Marketingfuncties

Brugfunctie marketing

Marketing houdt in: het brengen van het juiste product, van de juiste kwaliteit, op het juiste tijdstip, in de juiste hoeveelheid, tegen de juiste prijs, bij de juiste afnemers. Marketing is dus de brug tussen de afnemersgroepen en de leverancier van producten of diensten.
Een organisatie moet voortdurend haar activiteiten afstemmen op een veranderende vraag. In deze dynamische omgeving moet de organisatie frequent keuzes maken, die pas in het marketingplanningsproces na een ordentelijke analyse kunnen worden gemaakt.

Kernfuncties

Men kan de volgende drie kernfuncties van marketing onderscheiden:
1 kennisexploitatiefunctie
2 intermediairfunctie
3 coördinatiefunctie.

Om deze kernfuncties van marketing optimaal uit te kunnen oefenen moet de marketingfunctie verankerd zijn in de organisatiestructuur met duidelijke verantwoordelijkheden en bevoegdheden en voorzien van ondersteunende marketingsystemen. In deze paragraaf worden deze kernfuncties nader toegelicht. Bovendien wordt aandacht besteed aan ontwikkelingen in de marketing.

Kennisexploitatiefunctie

Het verzamelen, opslaan, manipuleren of verklaren en verbeteren van gegevens is de basis voor de exploitatie van kennis, met als doel de prestaties van de marketingfunctie te verbeteren. Deze kennisexploitatie is gebaseerd op 'data' van de externe omgeving en de micro-omgeving van de organisatie.

Corus zet alles op staalmarkt

AMSTERDAM – Drie maanden nadat het Brits-Nederlandse staalconcern Corus bekendmaakte de aluminiumdivisie te gaan verkopen, meldde het concern gisteren zich nu ook terug te trekken uit de productie van roestvrijstaal. Corus' zogenoemde meermetalenstrategie wordt daarmee voltooid verleden tijd. De verkoop van zijn belang in de roestvrijstaalproducent Avesta Polarit aan het Finse concern Outokumpu levert het al jaren moeizaam opererende Corus een welkome €555 mln op. Maar de stap van Corus markeert ook het definitieve einde van de meermetalenstrategie, ooit bedoeld om aan de grillen van de zo conjunctuurgevoelige markt voor gewoon staal te ontsnappen. Die staat onder grote druk door overcapaciteit op de wereldmarkt en het dure pond sterling.
Onlangs kreeg Corus wel bericht dat de Verenigde Staten het concern een aantal ontheffingen verlenen op de sterk gestegen importtarieven waarmee het land de eigen staalindustrie tegen buitenlandse concurrentie probeert te beschermen. Maar deze ontheffingen betreffen voornamelijk specialistische producten die de Amerikaanse industrie niet zelf maakt, maar wel nodig heeft.
Met de verkoop van Avesta Polarit verliest Corus een winstgevend onderdeel, maar spekt het concern de kas. Avesta Polarit is de derde producent van roestvrijstaal in Europa en de vierde in de wereld. Het onderdeel ontstond toen British Steel – dat in 1999 met Hoogovens fuseerde tot Corus – de roestvrijstaalfabriek Avesta Sheffield samenvoegde met de staaldivisie van de Finnen. Avesta Polarit maakte vorig jaar €129 mln winst voor belasting – gerekend volgens de Finse boekhoudregels – waarvan €6,8 mln in de beurs van Corus terechtkwam. Het belang van Corus van 23,2% gaat nu voor zo'n €530 mln over naar Outokumpu, die daarmee volledig eigenaar wordt. Corus ontvangt ook nog €25 mln voor het overdragen van een aantal rechten, zoals inspraak in overnames en investeringen. Voor de aluminiumdivisie hebben zich officieel nog geen belangstellenden gemeld, maar de aluminiumgigant Pechiney zou interesse hebben. Het onderdeel zal naar verwachting €1,4 mld opleveren. Corustopman Tony Pedder toonde zich gisteren ingenomen met de verkoop van Avesta Polarit. 'Het is voor een goede prijs en geeft ons de financiële flexibiliteit om onze kernactiviteit in staalproducten te versterken', zei hij. Voor de Corusvestiging in IJmuiden heeft de overname vooralsnog geen consequenties, omdat daar geen roestvrijstaal wordt gemaakt. De overeenkomst moet nog door de Europese Commissie worden goedgekeurd. Als die geen bezwaren heeft tegen de overname, krijgt de verkoop in augustus zijn beslag. ■

Bron: *Trouw*, 2 juli 2002

Zicht op ontwikkelingen

Het vraagt van de marketeer inzicht, ervaring en creativiteit om de geregistreerde informatie te analyseren en 'hapklaar' te maken voor de organisatie. De organisatie moet goed zicht hebben op de ontwikkelingen die van belang zijn voor de marketing. We moeten ons steeds afvragen, welke invloed bepaalde ontwikkelingen hebben op de toekomst van de organisatie. Ontwikkelingen zoals toenemende vergrijzing, de verdere ontwikkeling van Oost-Europa, de toenemende assertiviteit van de afnemers, het groeiend aantal nieuwe producten, de toenemende of afnemende invloed van Japan en landen in Zuidoost–Azië, en het toenemende milieubewustzijn bij afnemers en overheid.

Cultuurverschillen

Wanneer een onderneming in meerdere landen c.q. markten werkzaam is, dienen gegevens over al deze markten verzameld te worden. Belangrijk voor het marketing- en salesbeleid zijn niet alleen de overeenkomsten, maar ook de verschillen tussen diverse landen. In de discussie over globalisering wordt veelal aangenomen dat door 'veramerikanisering' en verkleining van inkomensverschillen, ook de cultuurverschillen kleiner worden. Dit is een vaak gehanteerd argument voor het standaardiseren van internationale marketing en communicatie. Hierbij wordt ervan uitgegaan dat er wereldwijd homogene doelgroepen bestaan, zoals zakenlieden en jongeren. Maar is dat wel zo?
Consumptie en communicatie blijken in de praktijk sterk cultuurbepalend te zijn en daar verandert de tijd nauwelijks iets aan. Sterker nog: de invloed van de cultuur op consumptie en communicatie wordt sterker naar gelang inkomensverschillen verdwijnen. Kortom: grenzen verdwijnen, communicatie wordt wereldwijd en mensen zoeken hun behoeftebevrediging steeds dichter bij huis. In de economisch ontwikkelde wereldmarkten zijn cultuurverschillen dus betere segmentatievariabelen dan inkomensverschillen.
De overal aanwezige MBA-opleidingen hebben over de hele wereld slechts de rituelen van het management veranderd. Overal worden spijkerbroeken gedragen, maar het type spijkerbroek en de verzorging zijn zeer verschillend. De onderliggende waarden, zoals 'onzekerheidsvermijding', blijven in de verschillende culturen behouden. Culturen waarin personen onzekerheden zoveel mogelijk wensen te vermijden, drinken meer mineraalwater en gebruiken per hoofd van de bevolking meer genees- en wasmiddelen. Volgens Hofstede zijn Belgen, Portugezen, Fransen en Italianen meer onzekerheidsvermijdend dan mensen uit Nederland, Engeland en Denemarken.

Bron: *Tijdschrift voor Marketing*, januari 1998

Meten en beoordelen

Het meten, beoordelen en controleren is een essentiële taak van het marketingmanagement. De vraag is steeds: Zijn de doelstellingen gehaald? Zo niet, wat heeft de realisering ervan in de weg gestaan? Zijn er ontwikkelingen in de externe omgeving over het hoofd gezien of verkeerd ingeschat?
De oorzaak kan ook binnen de organisatie zelf liggen, bijvoorbeeld onvoldoende interne acceptatie (implementatie) van de te volgen strategie of een verkeerde inzet van de marketinginstrumenten.

Interpreteren

Voor het optimaal interpreteren van de gegevens moet de marketeer over aantoonbare expertise van en 'Fingerspitzengefühl' met betrekking tot de bedrijfstak en de eigen organisatie beschikken.
Het gaat er tenslotte om de kansen en de bedreigingen voor de organisatie op te sporen, en daarop te anticiperen met de middelen die de organisatie ter beschikking staan.

Intermediairfunctie

Een andere functie van marketing is die van intermediair: marketing vervult een brugfunctie tussen de organisatie en haar afnemersgroepen. De afstand wordt letterlijk overbrugd door de fysieke distributie en subjectief door met het juiste product, in de juiste gepercipieerde prijs/kwaliteitverhouding, de problemen van de afnemers op te lossen of in hun wensen te voorzien. De intermediairfunctie is niet alleen extern gericht, maar ook intern. De accountmanager kan hier als lichtend voorbeeld worden genoemd. Hij is de brug tussen de klanten en de organisatie.

Interne marketing: de marketingmix vertaald naar de situatie binnen de eigen organisatie

S.Boomsma heeft in zijn artikel: 'Intern fundament voor extern succes' de 'normale' marketingmix vertaald naar de situatie binnen de eigen organisatie. Het product wordt dan vertaald als *het werk*. De aard en de kwaliteit van het werk vormen immers het product dat de werkgever aanbiedt. De prijs wordt dan vertaald in *het salaris*. Immers, het loon inclusief de secundaire arbeidsvoorwaarden, is de prijs voor de inspanningen van de werknemer. De plaats is dan de *werkomgeving*, waarbij het gaat om de werkplek, de bereikbaarheid, de ligging van het bedrijf en de inrichting. Promotie ten slotte vertaalt Boomsma in *de interne communicatie*, op dit moment een van de meest gebruikte hulpmiddelen in de interne marketing.
Hoewel persoonlijke verkoop een subinstrument is van promotie, behandelt Boomsma dit als een afzonderlijk marketinginstrument. Daarbij stelt hij dat het in eerste instantie gevaarlijk is het begrip 'persoonlijke verkoop' wat al te letterlijk te nemen, maar in sollicitatie- en beoordelingsgesprekken zal men toch enige overredingskracht aanwenden om het (bedrijfs)beleid te kunnen 'verkopen'. Ook in functioneringsgesprekken, afdelingsoverleg enzovoort kan er sprake zijn van overreding.

Bron: *Tijdschrift voor Marketing*

Marketing vervult ook een brugfunctie tussen de andere functionele disciplines binnen een organisatie, zoals het contact en het overleg met Productie, Financiën en Controlling, pr, Productontwikkeling, Logistiek en dergelijke. Tussen de disciplines onderling vinden ook ruiltransacties plaats, bijvoorbeeld marketingactiviteiten door onderdelen van een organisatie ten behoeve van andere onderdelen van die organisatie.

Interne marketing

Deze vorm van marketing wordt *interne marketing* genoemd.
Denk aan de dienstverlening van de centrale Marktonderzoeksafdeling voor SBU's.
Bij interne ruiltransacties spelen de marketinginstrumenten eveneens een centrale rol. De marktonderzoekers moeten tenslotte ook hun onderzoeksresultaten met een goede kwaliteit, tegen een redelijke prijs en binnen een bepaalde tijd afleveren. Vóór, tijdens en ná het marktonderzoek wordt ook met de opdrachtgever gecommuniceerd. Aan deze interne ruiltransacties zijn ook prijzen verbonden, de zogenaamde interne verrekenprijzen, ook wel *transferprijzen* genoemd.

Transferprijzen

Hierna bespreken we vijf voorbeelden van interdisciplinaire afhankelijkheid en samenwerking binnen een organisatie.

Marketing versus logistiek

Fysieke distributie

Fysieke distributie (waaronder voorraadbeheer, handling en transport) voert haar taak uit in samenwerking met en voor andere disciplines, zoals Productie, Marketing & Sales. De kosten van de fysieke distributie vormen voor alle schakels in de bedrijfskolom een wezenlijk bestanddeel van de totale kosten. Ze kunnen variëren van enkele tot tientallen procenten van de verkoopprijs. Alleen al de hoogte van de fysieke distributiekosten is voor de marketeer reden genoeg om aan de fysieke distributie grote aandacht te besteden. In figuur 9.1 wordt het logistieke proces weergegeven van (oer)producent tot afnemer.

Figuur 9.1 **Materials management en fysieke distributie**

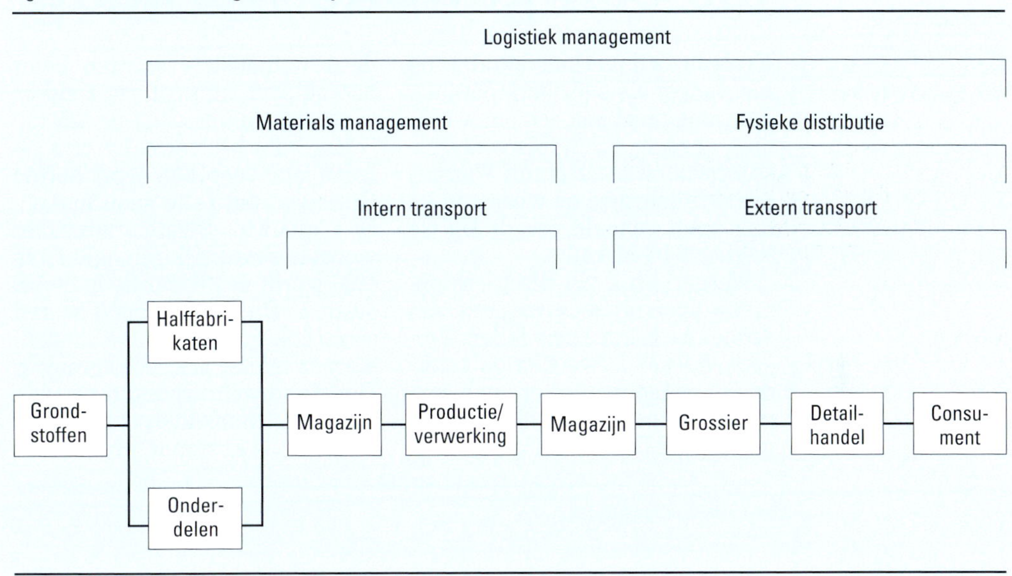

Bron: Ing. W. Both en ing. H. J. Krikki, *Logistiek: een introductie*, Culemborg, 1989 (aangepast)

De fysieke distributie biedt de marketeer echter ook veel marketingtools. Denk aan de 'just-in-time'-leveringen van allerlei grond- en hulpstoffen in de industrie. Een ander voorbeeld is de displaycontainer voor melkproducten, die direct en dagelijks uit de vrachtauto in het winkelschap kan worden gereden. De benefits voor de retailer zijn dan gelegen in een daling van de fysieke–distributiekosten en op het gebied van de inzet van de factorarbeid (tijdbesparing, vermindering lichamelijke belasting).

Customer service
Fysiek distributiemanagement

De aan het fysieke product toegevoegde waarde als gevolg van distributieactiviteiten zoals het gemakkelijk afsluiten van orders, het nakomen van leveringscondities en het plegen van onderhoud, noemen we *customer service*. Samenvattend kan worden gesteld dat 'fysiek distributiemanagement' leidt tot kleinere voorraden en kostenreductie, en tot een krachtig verkoopwapen als de customer benefits worden geëtaleerd.

Marketing versus techniek

Tussen marketeers en researchers bestaan perceptieverschillen, zeker in een industriële markt met technisch complexe producten en diensten. De markt kent onzekerheden en spoort de marketeer tot haast aan, omdat de levenscycli van producten steeds korter worden, de R&D-kosten stijgen en concurrenten snelle acties kunnen ondernemen. De onderzoeker heeft daarentegen tijd nodig om technisch betere producten te maken dan de concurrentie of om nieuwe technologieën te leren toepassen.

De toenemende wens naar flexibilisering van de arbeid zal een positieve invloed hebben op de kwaliteit van de customer service

Mercedes wil zaterdag als een gewone werkdag

Mercedes wil werken op zaterdag niet langer als overwerk betalen. Zaterdag moet een gewone werkdag worden, vindt Mercedes-bestuursvoorzitter Helmut Werner, die zich daarmee de woede op de hals heeft gehaald van de Duitse vakbond IG Metall.

Werner brak de discussie opnieuw open bij de introductie van de nieuwe E-klassemodellen. Volgens Werner is werken op zaterdag de enige manier om nog concurrerend in Duitsland auto's te maken. De Duitse werknemers in de auto-industrie worden beter betaald dan hun collega's elders in de wereld, inclusief de VS.

Mercedes besloot enige tijd geleden om voor het eerst buiten Duitsland auto's te gaan maken. De nieuwe Swatch-tweezitter wordt in Frankrijk gemaakt en in 1996 wordt de produktie in de VS gestart. Die beslissingen waren een schok voor de Duitse bonden. Werner zei dat Mercedes graag in Duitsland wil blijven, maar dan is het 'legitiem om over stabilisering van de kosten te praten'.

Bron: *Het Financieele Dagblad*

Fundamenteel en toegepast R&D-onderzoek

Het vorenstaande leidt ertoe dat in de vakliteratuur geopperd wordt de activiteiten op het gebied van R&D te scheiden in *fundamenteel en toegepast onderzoek*. Daarbij dient het fundamenteel onderzoek direct onder het topmanagement geplaatst te blijven en het daaruit voortvloeiende toegepast onderzoek onder de marketingdirecteur. Door deze interdisciplinaire benadering kunnen door de markt gevraagde producten en diensten sneller worden geïntroduceerd.

Kloof markt en technologie

Het is de taak van de marketing om de kloof tussen de markt en de technologie te dichten. Welke wegen staan de marketeer ter beschikking om hiertussen bruggen te slaan? We noemen in dit verband:

- meer afstemming en samenwerking met de afnemer;
- de inzet van commercieel-technische medewerkers;
- toenemende aandacht voor een passend serviceaanbod, gebaseerd op tailor made (maatwerk) en differentiatie;
- integratie van het marketingconcept in alle organisatiedisciplines met de daaraan verbonden verbeteringen van de interne communicatie;
- benutten van de informatietechnologie om zowel intern als extern effectief te communiceren.

Innovatiegericht

Een innovatiegerichte organisatie moet het inzicht hebben dat een interne marketing-technische samenwerking een uitdaging is. Andere storende elementen voor een samenwerking liggen op het vlak van communicatie, capaciteit en waardering. Tijdsdruk, elkaar niet begrijpen, het ontbreken van overleg en planning liggen hieraan ten grondslag en hebben een negatief effect op het innovatieresultaat. Ze werken grote inefficiency in de hand.

De Vleeshouwerij; is er een markt voor nieuwe producten?

De eigen productontwikkelingsafdeling, opgericht in 1999, is een succes gebleken. Dit blijkt uit het feit dat de ontwikkelde nieuwe producten, waaronder de Tartino (Italiaanse salami), de Linea (een vet- en zoutarme salami) en de Grand Cru (een natuurham met fijne kruiden) al 25% van de omzet uitmaken. De keerzijde van de medaille is dat 50% van alle producten slechts 7% van de omzet vertegenwoordigt en dat de productiekosten van de vele verschillende vleeswaren zijn gestegen, wegens omschakelingskosten tijdens de productie.

De belangrijkste basis voor een goede samenwerking is de wederzijdse waardering tussen marketing en R&D. Deze laatste opmerking geldt vanzelfsprekend ook voor andere relaties. De essentie van een betere samenwerking ligt in het zorgdragen voor wederzijdse waardering, door de betrokkenen met elkaar in contact te brengen en elkaar wat van het eigen werk- en vakdomein bij te brengen.

Marketing versus marktonderzoek

Een marktgerichte organisatie heeft kennis van en inzicht in de afnemers nodig. Marketing is niet mogelijk zonder marktonderzoekgegevens over de afnemers, de markt, het verleden en de toekomst. De toegevoegde waarde van structureel marktonderzoek ligt in het leveren van bouwstenen voor het marketingplanningsproces. Heldere strategieën kunnen alleen worden vastgesteld als de externe en de interne omgeving op korte en langere termijn in kaart zijn gebracht.
Voor relevant marktonderzoek moet een budget beschikbaar zijn. Van de marktonderzoeker mag een grondige kennis van de markt worden verondersteld; hij moet een gesprekspartner en 'probleemoplosser' op strategisch niveau zijn.

Marketing versus automatisering

De marketeer moet op basis van een veelheid aan al dan niet geordende gegevens, beslissingen nemen. Het is daarom logisch dat automatisering binnen marketing sterk in de belangstelling staat. Het integratieproces verloopt echter traag, omdat beide vakgebieden – marketing en automatisering – nog betrekkelijk jong zijn en gecombineerde kennis nog weinig voorkomt. Samenwerking is echter belangrijk om alle fasen succesvol te doorlopen teneinde krachtige en efficiënte marketing ondersteunende systemen te ontwikkelen.

Marketing versus verkoop

Wanneer een ondernemer zegt 'afnemersgeoriënteerd' te zijn, zullen alle medewerkers, met het (sales)management voorop, de (potentiële) afnemer centraal moeten stellen om de vooraf vastgestelde doelstellingen met behulp van een uitgebalanceerde marketingmix te realiseren. In dit boek wordt ervan uitgegaan dat een organisatie het marketingconcept als uitgangspunt neemt. In deze visie is het dus niet per se noodzakelijk dat er een aparte marketingafdeling in een organisatie aanwezig is. In werkelijkheid is een groot aantal organisaties, met name in het midden- en kleinbedrijf, nog niet zo ver. Een wezenlijke taak van de marketeers is het maken van marktanalyses die de verkoopafdeling ondersteunen bij het bewerken van de verschillende

E-business maakt interne en externe lijnen korter

markten. Op basis van die analyses blijkt welke markten zich goed ontwikkelen en waar kansen liggen. Marketing signaleert en stuurt in zekere zin de verkoop aan, wat niet betekent dat marketing belangrijker is dan sales. Beide disciplines liggen in elkaars verlengde.

Verkoop is dus een essentiële bedrijfsfunctie en gelijkwaardig aan de functies van andere bedrijfsdisciplines, zoals productie en R&D. Voor de verkoop is een belangrijke taak weggelegd die, en daarvan moeten we ons bewust zijn, voortdurend verandert. De salesmanager, zijn verkopers en zijn accountmanagers opereren dagelijks in de markt. Zij zijn de 'ambassadeurs', de intermediairs tussen de organisatie en haar afnemers en hebben een directe band met hen. Het is dan ook niet verwonderlijk dat in organisaties verschillend over de marketingfunctie wordt gedacht. In de ene organisatie valt Marketing onder Verkoop of vallen beiden onder de commerciële discipline. In andere organisaties is Verkoop duidelijk een aparte discipline en Marketing een stafafdeling, verantwoordelijk voor marktonderzoek, communicatie, marketing services et cetera. De functie van Marketing heeft overigens geen sterke relatie met de ontwikkeling van de organisatie zelf.

De plaats van de marketingfunctie in Nederlandse organisaties

Recent zijn in het vakblad *Sales Management* de resultaten gepubliceerd van een onderzoek onder Nederlandse bedrijven over onder meer het relatieve belang van de verkoop- en marketingfunctie in het bedrijfsleven. In navolging van in andere landen uitgevoerde onderzoeken is gekozen voor een grootschalige enquête onder een representatieve steekproef van 3 000 Nederlandse bedrijven. De respondenten dichten een redelijk belangrijke rol toe aan marketing. Een ruime meerderheid van de totale steekproef ziet marketing als een visie die alle activiteiten in de onderneming zou moeten steunen (68%) en als een belangrijke filosofie voor de hele organisatie (57%).
Marketing, zo vindt men, is niet alleen de afgelopen vijf jaar belangrijker geworden (63%), maar zal nog sterker aan betekenis toenemen (75%). Bij tweederde van de ondervraagden is marketing als functie vertegenwoordigd op bestuursniveau en in zeven van de tien gevallen geïntegreerd in het strategisch management. De positieve grondhouding ten aanzien van marketing betekent niet dat marketing in een aparte afdeling is ondergebracht. Bijna de helft van de onderzochte organisaties heeft er geen (47%). Het zijn met name de kleine bedrijven die niet over een marketingafdeling beschikken. Van de bedrijven die zo'n afdeling wel hebben, vindt één op de twee dat de marketingafdeling gelijk staat met andere afdelingen. Het percentage bedrijven dat de status van marketing hoger acht, is even groot als het percentage ondernemingen dat marketing juist lager inschat dan andere activiteiten. Slechts 20% van de ondernemingen vindt de status van marketing ten opzichte van de verkoop hoger.

Met de verkoopafdeling werkt de marketingafdeling nog het meest intensief samen. In 94% van de gevallen geven de bedrijven aan dat de samenwerking tussen beide afdelingen redelijk tot zeer nauw is.

Non personal selling-methoden

Niet vergeten mag worden dat de inhoud van de verkoopfunctie ook door de veranderingen in de externe omgeving in de loop der tijd is gewijzigd. De verkoper met de 'vlotte babbel' heeft meer en meer plaatsgemaakt voor de professionele relatiebeheerder die zijn producten of diensten goed kent, evenals zijn markt en de geselecteerde klant 'op maat gesneden oplossingen' aanbiedt. Bovendien zijn zogenaamde *non personal selling-methoden* sterk in opkomst, zoals direct writing.

Amerikaanse auteurs beklemtonen in hun definities van salesmanagement het element 'personal selling', ofwel de persoonlijke verkoop. Uit dergelijke definities zou afgeleid kunnen worden dat niet-persoonlijke verkoop niet onder de verkoopfunctie zou vallen. Het *NIMA Marketing Lexicon* definieert personal selling als volgt:

Definitie persoonlijke verkoop

Persoonlijke verkoop of personal selling is een van de marketingcommunicatie-instrumenten. Hierbij gaat het om de persoonlijke contacten, zonder tussenkomst van media, tussen de onderneming en haar afnemers met als uiteindelijk doel het afsluiten van een (verkoop)transactie.

Deze definitie gaat ervan uit dat persoonlijke verkoop een onderdeel is van de marketingmix en wel van het instrument Promotie, een operationeel element. Dit gaat alleen op als we de verkoper zien als een van de media die informatie verstrekken aan de afnemer; dus naast media als direct mail, vakbladen, radio, televisie et cetera. De beslissing om al dan geen verkoopbuitendienst in te zetten is echter geen operationele, maar een strategische beslissing van het management. Bij diensten-, maar ook bij retailmarketing, wordt Personeel dan ook nadrukkelijk gezien als een afzonderlijk marketinginstrument.

Hoofdtaken verkoop

Verkoop omvat, ruim gedefinieerd, alle activiteiten (zowel persoonlijke als niet-persoonlijke) om de geplande verkoopdoelstellingen van organisaties in een bepaalde periode te realiseren. Zonder naar volledigheid te streven, kunnen we de hoofdtaken van de verkoop als volgt formuleren:

Informatiemanagement van het verkoopgebied:
- het maken van gedetailleerde analyses met betrekking tot vooral bestaande distributeurs, afnemers en concurrenten;
- verzamelen van informatie over de klanten van de klant;
- het opzetten van een verkoopinformatiesysteem (VIS).

Planning:
- plannen van verkoopdoelstellingen;
- plannen van verkoopactiviteiten, zoals klantenbezoeken.

Genereren van verkopen:
- het houden van verkooppresentaties;
- deelnemen aan beurzen en tentoonstellingen;
- coördineren van orders;
- klachtenafhandeling;
- controle op leverings- en betalingscondities;
- het werken binnen de waarden en normen van het bedrijf en de cultuur van het land.

Serviceverlening aan de klant:
- managementondersteuning;
- technische ondersteuning en installatie;
- training van verkopers;
- merchandising;
- het bespreken van coöperatieve promotionele activiteiten;
- aftersalesservices.

Professionalisering c.q. educatie:
- het leiden of bijwonen van verkoopvergaderingen;
- deelnemen aan bijeenkomsten van brancheorganisaties;
- deelnemen aan of geven van verkooptrainingen;
- participeren in interdisciplinaire teams.

Verschillen verkoper en accountmanager

Zoals hiervoor reeds is aangegeven, is de verkoopfunctie dynamisch en dus aan verandering onderhevig. De professionele verkoper moet over voldoende markt- en productkennis beschikken, zich in de klant kunnen inleven, tailor made-oplossingen aandragen en zich op diverse (management)niveaus zowel bij de klant als in de eigen organisatie kunnen bewegen. Dit is zeker het geval voor een accountmanager, wiens klantgerichte functie steeds meer marketingactiviteiten is gaan omvatten. In tabel 9.1 wordt een overzicht gegeven van de verschillen tussen een verkoper en een accountmanager.

Tabel 9.1 **Functieverschillen tussen verkoper en accountmanager**

Functie	Verkoper	Accountmanager
Prospecteren	• streven naar maximale dekking • opsporing van vermoedelijke klanten • in kaart brengen van prospects	• vaststellen van ideale klantenprofielen • analyseren van bepaalde actuele klanten • analyseren van bepaalde potentiële klanten • ontwikkelen van penetratiestrategieën • ontwikkeling van plannen samen met klant
Kennis	• product- en applicatiekennis	• volledig inzicht in klant en eigen organisatie
Product	• accent op standaardproduct	• onderhandeling over maatwerkmogelijkheden
Gerichtheid/instelling	• primair gericht op externe verkoop • redactief in klantenrelaties	• vooral ook intern onderhandelaar/ motivator • pro-actief in klantenrelaties
Profiel	• vooral individualist	• meer teamleider
Verantwoordelijkheden	• voornamelijk voor implementatie	• levert creatieve bijdrage aan ondernemingsplan
Bevoegdheden	• veelal begrensde formele bevoegdheden • doorgaans weinig of geen financiële informatie	• brede en vooral informele bevoegdheden • beschikt over financiële informatie
Concurrentie	• concurrentie als maatstaf	• het creëren van concurrentiële voordelen
Doelen	• kortetermijnresultaten, volumetargets	• gericht op korte- en langetermijnwinstgevendheid

Bron: NIMA-B-examen

Coördinatiefunctie

De laatste primaire functie van marketing is haar coördinator- of integratorrol. De marketingdiscipline is tenslotte de enige discipline die zich zowel intensief bezighoudt met de markt en haar afnemers, als intern met disciplines als Productontwikkeling, Administratie, Personeelszaken, Verkoop en dergelijke. Het samenspel tussen marketing en de andere organisatiedisciplines wordt steeds belangrijker en is van grote betekenis voor de concurrentiekracht van de organisatie. De interne marketingrol zal blijvend die van de missionaris, initiator en bewaker van de marktgerichtheid van de organisatie en de daarbijbehorende noodzakelijke veranderingen zijn.

9.2 Marketingorganisatie

Om de marketingfuncties goed uit te kunnen voeren, moet de plaats van de marketing in de organisatie duidelijk zijn. Voor de directie of de Raad van Bestuur is een belangrijke taak weggelegd om ernst te maken met hun marketingintenties. Wanneer men het marketingconcept succesvol wil doorvoeren, zal er rekening gehouden moeten worden met strubbelingen rond organisatie- en mentaliteitsveranderingen.

Voorwaarden voor succes

Voorwaarden voor succes zijn daarbij dat:
- het management de marketinggedachte volledig moet onderschrijven;
- niet geschroomd moet worden begeleiding van externe expertise in te roepen;
- met tact, maar met vaste hand de 'weerstand tegen veranderingen' wordt omgebogen in 'vertrouwdheid met';
- er voldoende tijd voor het veranderingsproces wordt uitgetrokken;
- er voldoende relevante trainingsmogelijkheden aanwezig zijn.

Eisen inzake marktgerichtheid

Aan de marktgerichtheid van een marketingorganisatie worden hoge eisen gesteld. De marktgerichtheid moet periodiek onder de loep worden genomen. Aan de organisatie mogen op microniveau de volgende vragen worden gesteld.

Inzake het organisatieprofiel:
- Is de visie aan iedereen bekend en voor iedereen duidelijk en werkbaar?
- Zijn de doelstellingen (organisatie, marketing) duidelijk, realistisch, haalbaar en hiërarchisch eenduidig?
- Is de business definition (de gekozen probleemoplossing bij bepaalde afnemersgroepen met bepaalde technologieën, dus PMT–combinaties) nog juist of zijn er winstgevender combinaties?

Inzake de strategieën:
- Zijn de marketing- en productontwikkelingsstrategieën duidelijk en geschikt om de doelstellingen te realiseren?
- Zijn de budgetten aangepast aan de te bereiken doelstellingen per markt of productgroep, en verdeeld over de marketinginstrumenten?

Inzake marketinginstrumenten per product/markt (PM-)combinatie, dus vragen ten aanzien van:
- productbeleid
- prijsbeleid
- distributiebeleid
- communicatiebeleid
- persoonlijke verkoop.

Inzake de marketingorganisatie:
- In welke mate heeft marketing invloed op de organisatieactiviteiten die medebepalend zijn voor de 'customer satisfaction'?
- Is de marketing optimaal georganiseerd?

Inzake het functioneren van marketing:
- Is er een goede communicatie tussen marketing en verkoop?
- Zijn de productmanagers en accountmanagers betrokken geweest bij de product-, klant-, winst- en omzetplanning?
- Zijn de marketeers gemotiveerd en kunnen zij zich identificeren met het strategisch profiel van de organisatie?

Inzake de marketingresultaten:
- Welke winstbijdrage leveren de producten, de segmenten en de regio's?

- Moet de mix van markten en producten worden aangepast?
- Hoe effectief en efficiënt zijn de marketingactiviteiten?

Marketingmiddelen en -systemen
Om de marketingfunctie goed, snel en flexibel op macro-, meso- en microniveau uit te kunnen voeren, moet marketing beschikken over adequate middelen en systemen. Onder middelen en systemen kunnen we verstaan: ervaren en creatieve marketeers (human resources), taakstellende budgetten, (geautomatiseerde) marketingondersteunende systemen enzovoort.

Ontwikkelingen in de marketing
Als we het vakgebied van de marketing over een aantal jaren overzien, nemen we een aantal ontwikkelingen waar. Deze trends zijn natuurlijk ten dele een gevolg van en een antwoord op de veranderingen, die in de externe omgeving hebben plaatsgevonden.

Marktgerichter

Een toenemend aantal organisaties, zowel aan de vraag- als aan de aanbodzijde, zijn marktgerichter geworden, wat resulteert in nieuwe machtsposities, het smeden van relaties en samenwerkingsvormen met afnemers, opinion leaders, productdifferentiatie en segmentatie.

Samenwerking ondernemingen

Door overnames, fusies en joint ventures zijn marktpartijen grootschaliger geworden, evenals hun business definition. Denk aan de internationalisering van organisaties, om schaalvoordelen te optimaliseren.

Concurrentieverhoudingen

De *concurrentieverhoudingen* zijn door de schaalvergroting, dat wil zeggen door de concentratie van het aanbod, drastisch gewijzigd. Versterkt door de fluctuerende economische groei en toepassing van nieuwe technologieën, moet marketing vooral op korte termijn snel en flexibel handelen om haar concurrentiepositie te handhaven of uit te breiden door een keiharde verdringing.

Professionele marketing

Het verwerven van een sterke concurrentiepositie kan alleen bereikt worden door een professionele invulling van de marketingfunctie. Dat houdt in: gecoördineerd en gestructureerd werken met kennis en informatie, niet alleen voor eigen parochie, maar zeker ook interdisciplinair.

Veranderingsprogramma's
Uit een vier jaar durend onderzoek naar organisatorische veranderingen bij een zestal ondernemingen in de Verenigde Staten bleek, dat het grootste obstakel voor het invoeren van veranderingsprogramma's is, dat deze totstandkomen op ondernemingsniveau. Omdat deze programma's alles en iedereen moeten bestrijken, hebben ze uiteindelijk op niets en niemand veel uitwerking. Ze zijn te globaal en gestandaardiseerd, zodat ze niet aansluiten op de dagelijkse praktijk van de diverse organisatie-eenheden. Succesvolle *transformaties* vonden volgens de uitkomsten van het onderzoek plaats in de periferie van de onderneming, in een paar fabrieken of divisies ver van het centrale hoofdkantoor. De macht van een manager om vernieuwingen van bovenaf op te leggen, bleek beperkt te zijn. Hun rol was het scheppen van een gunstig veranderingsklimaat en het verspreiden van opgedane kennis. Ze geven de globale richting aan zonder specifieke oplossingen voor te schrijven.

Transformatie

Vendex-KBB domineert belangrijkste winkelstraten

VAN ONZE REDACTEUR

AMSTERDAM — De combinatie Vendex-KBB heeft in sommige binnensteden de helft van de A-1 winkellocaties in gebruik. In Arnhem gaat het om 50% tot 60% van de beste winkelruimte.

Dit blijkt uit de woensdag vrijgegeven versie van het besluit van de Nederlandse Mededingingsautoriteit inzake de voorgestelde overname van KBB door Vendex. De NMa gaf eerder al het groene licht voor de overname.

'Het is onbegrijpelijk dat de NMa hieraan voorbij is gegaan', zegt P. Verveen, directeur van Macintosh-dochter Halfords, over de machtspositie op het gebied van vastgoed. 'Geen enkele projectontwikkelaar kan om deze combinatie heen'.

De twee detailhandelsbedrijven hebben in drie van de vier grote steden tezamen ruim een derde van de winkelruimte op A1 locaties in gebruik. In Utrecht en Rotterdam gaat het om 30% tot 40% van de winkelruimte. In Den Haag om 40% tot 50%. In Utrecht huurt Vendex/KBB alle winkelruimte, in Rotterdam en Den Haag heeft de combinatie het merendeel van zijn winkels in eigendom.

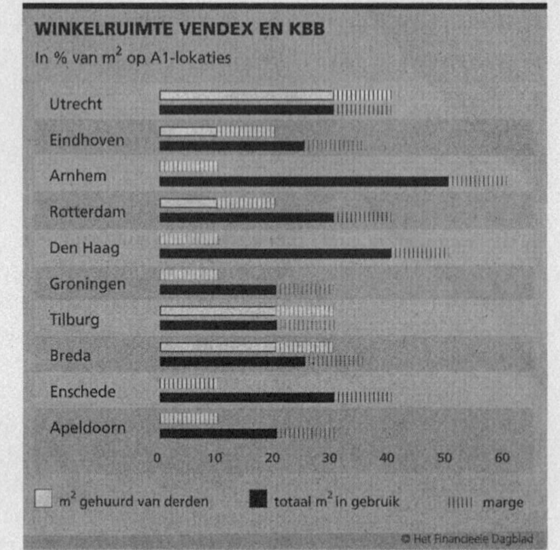

Bron: *Het Financieele Dagblad*, 15 oktober 1998

Als gevolg van fusies en andere samenwerkingsverbanden is sprake van een steeds groter wordende concentratie bij marktpartijen

De slag om baby's droge billetjes is in volle gang

Ook al lijkt Nederland momenteel een oase van rust, er woedt hier op dit ogenblik wel degelijk een oorlog. De producenten van babyluiers zijn reeds enige tijd met elkaar in een bitter gevecht gewikkeld. Procter & Gamble is in Nederland de absolute marktleider met de 'Pampers'-luiers. Net als andere producenten, zoals Mölnlycke met de 'Libero'-luier, denkt P&G dat de marktintroductie van de nieuwe 'trainingsluier' door Kimberly-Clark zal worden gevolgd door de introductie van een normale luier. P&G en Mölnlycke hebben alle registers opengetrokken om de marktintroductie van de trainingsluier door Kimberly-Clark zo moeilijk mogelijk te laten verlopen.

Een in de periferie beginnend veranderingsproces moet evolueren naar de kern van de onderneming. Het is een leerproces. De meest doeltreffende manier om gedrag te veranderen is om mensen in een nieuwe organisatorische setting te plaatsen, die nieuwe rollen, verantwoordelijkheden en relaties met zich meebrengt. Hierdoor ontstaat een situatie die mensen in zekere zin 'dwingt' tot nieuwe attitudes en gedragspatronen. Dit resulteert in teamwerk en leereffecten. Hetzelfde effect wordt bereikt bij regelmatige jobrotatie.

De uitkomsten van het onderzoek zoals deze hiervoor kort zijn samengevat, zijn in tegenspraak met de (gangbare) theorie: veranderingen in de attitude leiden tot veranderingen in individueel gedrag. De praktijk is echter dat er dan geen team met een eenduidige richting ontstaat.

De taak van het topmanagement is het scheppen van een 'markt voor verandering'. Geen top down-ingrijpen of dicteren van eisen. Innoverende organisatie-eenheden moeten daadwerke-lijk met adequate middelen en capabele human resource-functionarissen carrièrepaden ontwikkelen, die bevorderlijk zijn voor de ontwikkeling van leiderschap.

Stappen in een veranderingsproces

1 Mobiliseer de betrokkenheid bij het veranderingsproces door middel van een gezamenlijke diagnose van de organisatieproblemen.
2 Ontwikkel een gemeenschappelijke visie op de organisatorische en bestuurlijke vereisten voor een sterke concurrentiepositie. Dit leidt tot nieuwe rollen en verantwoordelijkheden en coördinatie bij een interdisciplinair functioneren.
3 Zorg voor consensus met betrekking tot de nieuwe visie, voor competentie bij de uitvoering en voor cohesie om de continuïteit te waarborgen. Weerstanden moeten worden overwonnen, wat sterk leiderschap vereist.
4 Breid de reorganisatie uit naar andere afdelingen, zonder van bovenaf druk uit te oefenen. Vooral beginnen met die eenheden die met de 'koploper' contact hebben.
5 Institutionaliseer de reorganisatie door middel van formele beleidsprincipes, systemen en structuren. Het proces mag niet verwateren.
6 Evalueer strategieën en stel ze bij om problemen in het reorganisatieproces op te lossen.

9.3 Marketingondersteunende systemen, direct marketing en e-commerce

De toenemende concurrentiedruk, de korter wordende levenscycli van producten, de verzadigende 'home markets', de verschuiving van price- naar non-price competition en de steeds hogere bedragen voor de gewenste investeringen leggen een constante druk op organisaties om tijdig en adequaat te kunnen reageren. Het succes van een organisatie wordt bepaald door het vermogen en inzicht van het management om op het goede tijdstip de juiste beslissingen te nemen.

Informatie noodzakelijk

Daartoe moet de organisatie doorlopend over gegevens beschikken, deze ordenen tot hanteerbare informatie, met als doel de mogelijkheden van de externe omgeving op macro- en mesoniveau te doorgronden en een aansluiting te vinden bij de mogelijkheden van de eigen organisatie. Voor het verzamelen van gegevens, het ordenen en het verklaren daarvan kan de moderne *informatie- en communicatietechnologie* (ICT), goede diensten bewijzen.

Informatie- en communicatie-technologie (IT)

Organisaties die de mogelijkheden van IT tijdig onderkennen en deze ook benutten, kunnen door superioriteit op het gebied van kennis en communicatie duurzame concurrentievoordelen verwerven, vooral op concurrenten die alleen op hun 'Fingerspitzengefühl' vertrouwen.
Door de ICT te benutten, niet alleen in de marketing, maar in de gehele organisatie, kunnen kwalitatief betere beslissingen worden voorbereid en genomen, die effectieve en efficiënte resultaten opleveren.
Dit kan resulteren in een betere marktpositie door een slagvaardig marketingbeleid, het behalen van omzet- en winstdoelstellingen, het niet overschrijden van kostenbudgetten en het verlagen van de 'stress' van de betrokken teamleden door het wegvallen van 'hap–snap'- of 'ad hoc'-beslissingen.

Het goed implementeren van ICT in de organisatie, gecombineerd met adequaat opgeleide functionarissen, resulteert in een hogere Return on Investment (ROI) en Return on Sales (ROS).

Geautomatiseerde informatiesystemen die gegevens verzamelen, classificeren, ordenen, opslaan, comprimeren, selecteren, sorteren en 'upgraden' tot relevante informatie, hebben verbindingen met alle in een organisatie aanwezige bedrijfsdisciplines en dat op verschillende organisatieniveaus. Binnen de doelstelling van dit hoofdstuk beperken we ons met name tot de marketingfunctie, die uiteraard een innige relatie heeft met andere disciplines (zoals verkoop, administratie, inkoop, productie, voorraadbeheer en expeditie). De management-, marketing- en verkoopinformatiesystemen hebben als gemeenschappelijk kenmerk dat de database is gebaseerd op bruikbare gegevens uit de eigen organisatie, gegevens vanuit de markt en gegevens die betrekkinghebben op de macro-omgeving. Met behulp van een computer worden deze gegevens zodanig opgeslagen, dat de informatie weer gemakkelijk toegankelijk is.

Verhoging van de efficiency

Bij de verhoging van de efficiency gaat het met name om het sneller laten verlopen van *routinematige* operationele marketingactiviteiten, zoals direct mail, telemarketing, relatiebeheer, scanning, customer marketing.
Hierbij worden gegevens opgeslagen in een database, dit is een elektronische kaartenbak, met verschillende gegevens, zoals NAW-(naam, adres, woonplaats)-gegevens van bestaande en potentiële klanten, hun afnemersprofiel, koop- of bestelgedrag.
Marketing, waarbij het gebruik van een database een centrale rol speelt, wordt ten onrechte wel database-marketing genoemd. Deze term komt echter niet overeen met de definitie voor marketing.
Omdat het hier gaat om een nieuw instrument, dat kan worden toegevoegd aan de andere bekende marketingmixinstrumenten, is het beter om te spreken van *database-management*. Het succes van klantenmanagement en direct marketing staat of valt met het gebruik van databases.

Database-management

Wel dient er rekening mee te worden gehouden dat bepaalde informatie, bijvoorbeeld over het koopgedrag van afnemers, privacygevoelig kan zijn. De wettelijke bescherming van persoonsgegevens is geregeld in de Wet Persoonsregistratie. Zo is het ook niet toegestaan zonder toestemming van de afnemer gegevens van verschillende databestanden uit te wisselen of te koppelen. De Registratiekamer houdt toezicht op de naleving van de Wet Persoonsregistratie.

Verhoging van de effectiviteit

Onder effectiviteit verstaan we in dit verband vooral de toepassing, die leidt tot kwalitatief betere beslissingen. Het ICT is een managementtool ter ondersteuning van marketing bij het initiëren, plannen, nalopen van en beslissen over marketingstrategieën en operationele activiteiten, die uniek en dus veelal een eenmalig karakter hebben.

Integratie van informatiesystemen

De verschillende disciplines in een organisatie hebben informatie van elkaar nodig. Zo heeft de marketingafdeling regelmatig informatie

ICT geeft Corus sleutel tot samenwerking

De vestiging van Corus in IJmuiden is sinds kort begonnen met het opzetten van een database voor de interne procesvoering. Zo worden storingen in de fabriek uitgebreid beschreven evenals de oplossing van het probleem. Het gaat niet alleen om technische storingen, maar het kunnen ook problemen in de markt zijn. Het wiel hoeft niet meer steeds opnieuw te worden uitgevonden. Ervaringen kunnen op deze manier gemakkelijker worden uitgewisseld. Problemen kunnen op deze manier sneller en goedkoper worden opgelost. Niet alleen Corus profiteert daarvan, maar ook klanten.

nodig van bijvoorbeeld de administratie, de verkoopafdeling, de productie, de logistiek en uiteraard vice versa. Om de toegang tot de informatie binnen een organisatie te bevorderen moeten de systemen van de verschillende disciplines op elkaar zijn afgestemd, wat in de praktijk vaak een moeizaam proces is. Naast de eigen programma's bestaan er dus ook gemeenschappelijke programma's die gevoed worden door een database, waartoe elke discipline toegang moet hebben. De afdelingen marketing en verkoop werken daartoe logischerwijze al nauw samen. Zo levert de marketingafdeling, veelal op basis van marktonderzoek, informatie over marktdoelgroepen, terwijl de verkopers informatieverstrekken over individuele klanten en verkoopacties van de concurrenten, door middel van dagelijkse rapportages. Een aantal activiteiten, zoals productontwikkeling, orderportefeuille en internationalisatie is voor alle disciplines in een organisatie van belang.
Om het verkoop- en marketingproces efficiënter, effectiever en flexibeler te laten verlopen, is het noodzakelijk deze processen helder te beschrijven en vervolgens in een model onder te brengen, dat een logische opbouw kent. Hiertoe dient eerst het bestaande verkoop- en marketingproces goed geanalyseerd te worden.

Tot nu toe hebben we gesproken over een informatiesysteem voor uitsluitend de eigen organisatie. Een stap verder is het beschikken over een informatiesysteem dat gekoppeld is aan die van andere organisaties, bijvoorbeeld tussen een leverancier en haar klanten (supermarktketens). Zo heeft een Duitse autofabrikant een on line–verbinding met haar belangrijkste toeleveranciers van auto–onderdelen, maar ook met haar verschillende landenorganisaties en de autodealers. Op deze wijze kan efficiënt informatie over orders, levertijden, voorraden, training, onderhoud et cetera worden verstrekt. Deze uitwisseling van informatie stond bekend als *Electronic Data Interchange (EDI)*, maar is nu veelal vervangen door internet.

Electronic Data Interchange (EDI)

Marketinginformatiesysteem selecteert juiste accounts

Het invoeren van accountmanagement in een organisatie begint met het selecteren en groeperen van klanten c.q. accounts. Een zorgvuldige accountselectie is een kritische succesfactor bij de implementatie van accountmanagement. De vraag is: Welke klanten krijgen een specifieke klantbenadering? Het gaat hierbij om het identificeren van (potentieel) grote klanten die een aanzienlijke winstbijdrage leveren of zouden kunnen leveren.

Bij de selectie kunnen we het accent leggen op de marktpositie, de duur van de relatie (mate van loyaliteit) en de potentiële afzet, omzet of winstbijdrage van de (potentiële) klant. De aantrekkelijkheid van een account wordt bepaald door:

- het samenstellen van een aantal relevante selectiecriteria waaraan een bepaald gewicht wordt toegekend;
- het vaststellen van de feitelijke situatie door middel van 'ratings', die vooraf zijn vastgesteld;
- het bepalen van de score (gewicht x rating).

In de volgende tabel is hiervan een voorbeeld uitgewerkt.

Criteria	Gewicht (1 – 5)	Ratingmogelijkheden			Klanten					
		1	2	3	Rating			Score		
					A	*B*	*C*	*A*	*B*	*C*
Huidige omzet (x €1 mln)	3	<1	1 – 3	>3	1	3	3	3	9	9
Potentiële omzet (x €1 mln)	5	<1	1 – 3	>3	2	2	3	10	10	15
Omzetaandeel (%)	3	<0,5	0,5 – 2	>2	1	3	2	3	9	6
Brutowinstmarge (%)	5	<5	5 – 15	>15	2	2	1	10	10	5
Besluitvorming	2	laag	middle	topman.	2	3	1	4	6	2
Duur relatie (jaar)	4	<1	1 – 5	>5	1	2	3	4	8	12
Loyaliteit	3	laag	gemiddeld	hoog	1	3	2	3	9	6
Tevredenheid	3	matig	gemiddeld	groot	2	2	1	6	6	3
Totalen	28							43	67	58

De maximumscore is 28 × 3 = 84. We kunnen besluiten dat de accounts met een score van 60 of hoger een accountmanager als relatiemanager toegewezen krijgen. Het zal duidelijk zijn dat het informatiesysteem deze exercitie kan uitvoeren.

Bron: Bakkenist Management Consultants

Ontwikkeling van de informatietechnologie

Het vakgebied van de ICT is vrij jong. De beschikbare toepassingen zijn afhankelijk van de stand van de huidige techniek. Nieuwe ontwikkelingen en verbeteringen van bestaande systemen zijn in volle gang en komen ter beschikking van de marketeer. Het bijhouden van deze ontwikkelingen is zinvol, om tijdig praktische en nuttige hulpmiddelen op de juiste plaats te kunnen implementeren.

Het succes van de implementatie van marketingondersteunende systemen hangt voor een groot deel af van de zorgvuldigheid waarmee de voorbereiding heeft plaatsgevonden en of er al ervaring met ICT is opgebouwd.

De volgende aanbevelingen kunnen worden gedaan:

- Volledig 'commitment' van de directie.
- Het systeem moet toegankelijk of gebruikersvriendelijk, flexibel en integraal te gebruiken zijn.
- Goede communicatie over procedures, functies en taken.
- Het tijdig opleiden van gebruikers, het doen van 'pilot tests' en dergelijke.
- De noodzaak van marketing- en ICT-deskundigheid, alsmede een analytische houding in de organisatie.
- Stimulering van de betrokkenheid van de marketeers en ondersteuning van de voorlopers.
- Het belang aantonen van de beschikbaarheid van zoveel mogelijk soorten gegevens en van informatiesystemen.
- Het opstellen van een niet te strakke tijdsplanning: er moet rek inzitten, maar het mag niet uitgerekt worden.

Marketinginformatiesysteem en direct marketing

Direct marketing (DM) wint sterk terrein en de kennis daarover neemt eveneens gestaag toe. Dit komt vooral door de grotere effectiviteit (minder waste), differentiatiemogelijkheden, informatietechnologie, kostenvoordelen (personeelskosten, reiskosten, ruimtekosten) en automatiseringsmogelijkheden (in vergelijking tot het inschakelen van detaillisten en verkopers die orders binnenhalen). Krachtiger computers en nieuwe *data mining*-systemen maken een veel beter gebruik van de beschikbare klanten-databases mogelijk. Deze technologische vernieuwing, gecombineerd met de groei in interactieve communicatiemogelijkheden (telefoon, fax, internet, interactieve televisie), maakt het mogelijk naast bestaande ook alternatieve distributiekanalen in te schakelen. Een voorbeeld hiervan is het bancaire bedrijf dat gebruik kan maken van electronic banking (pinnen), geld- en betaalautomaten, Chipknip, telebanking (Girotel) en bankieren via 'open' of 'gesloten' internet. Het bankkantoor, de persoonlijke adviseur of tussenpersoon blijven evenwel beschikbaar voor de klanten. Het is aan de marketing- of salesmanager een keuze uit of compositie van de aangeboden mogelijkheden te maken op basis van klanttevredenheid, kosten en omzet per klant of clusters klanten et cetera.

Data mining

Tweedeling inkomen van internetgebruikers

De groei van het internetgebruik onder Nederlanders met een hoger inkomen is aanmerkelijk sterker dan bij de laagste inkomens. Daarmee tekent zich een tweedeling af. Dit komt naar voren uit telefonisch onderzoek door Inter/View onder bijna 3 000 Nederlanders van 15 jaar en ouder. Van de groep 'beneden modaal' heeft 14% in principe toegang tot internet. Bij inkomens van meer dan tweemaal modaal is dat 62%. Ruim 40% van deze inkomensgroep heeft in de onderzoeksperiode van twee weken daadwerkelijk een of meer keren internet bezocht. Bij mensen met een beneden modaal inkomen is dat 9%.

Zo'n 27% van de Nederlanders zegt in principe toegang te hebben tot internet. Dit komt neer op 3,3 mln mensen. In de onderzoeksperiode van veertien dagen zegt 12% (1,5 mln Nederlanders) on line te zijn geweest: 22% van de mannen en 8% van de vrouwen. Zo'n 850 000 mensen brengen dagelijks een bezoek op internet.

Bron: *Adformatie*, 5 november 1998

Het succes van direct marketing staat of valt met het gebruik van een geïntegreerd informatiesysteem, waarbij het MIS en het VIS een grote rol spelen. Door analyses van de database kan worden vastgesteld welke de specifieke wensen van de klant zijn. Op grond daarvan kunnen klanten met specifieke, zogenaamde tailor made–aanbiedingen benaderd worden.

Klanten of consumenten zijn niet meer statisch of passief. Steeds belangrijker worden de dimensies prijs, service en het zelfstandig doen van aankopen op het moment dat men dat verkiest. Deze dimensies variëren per product of dienst, per moment en in de loop van de tijd. Zo heeft reisorganisatie Belvilla de strategische keuze gemaakt haar diensten direct, dus zonder tussenpersonen, aan haar veelal particuliere afnemers af te zetten. Belvilla communiceert direct met haar klanten door middel van couponadvertenties, catalogi en telefoon. Men verkoopt dus direct aan de klant, ongeacht of het om kleine of grote reizen gaat. Roomers geeft de volgende definitie van direct marketing:

Definitie direct marketing

Direct marketing is een vorm van gespecialiseerde marketing, die door middel van alle directe communicatiemedia een structurele, duurzame relatie organiseert en onderhoudt tussen aanbieders en gesegmenteerde afnemers. Essentieel daarbij is het opwekken van een meetbare respons en een meetbare verkoopomzet tegen meetbare kosten.

Het niet inschakelen van tussenpersonen houdt voor Belvilla in dat met veel meer (potentiële) klanten contact wordt opgenomen en dat op regelmatige basis. Het is daarom logisch, maar ook uit bedrijfseconomisch oogpunt noodzakelijk, dat met een geautomatiseerd informatiesysteem gewerkt wordt.

Ook de overheid maakt gebruik van direct marketing-technieken

Kenmerken direct marketing

Hierna wordt een aantal kenmerken van direct marketing genoemd, die ook van invloed zijn op het MIS c.q. VIS, te weten:

- In een database worden relevante gegevens van klanten opgenomen, alsmede gegevens over acties, reacties en vervolgacties.
- Uit het voorgaande vloeit voort dat er geen ad hoc-relatie bestaat, maar een duurzame en structurele relatie. Een langere relatie levert vaak pas op langere termijn winst op, zeker als het gaat om kleine orders (denk bijvoorbeeld aan boeken- en platenclubs).
- Er worden doelbewust directe relaties opgebouwd, dus: suspects → prospects → leads → klant.
- Producten of diensten worden direct aan afnemers verkocht, zonder tussenkomst van distributeurs, zoals grossiers.
- Direct marketing levert een meetbare respons per (potentiële) klant: afzet, omzet, kosten, herhalingsaankopen, effecten van cross-selling et cetera.
- Direct marketing maakt gebruik van specifieke media: direct mail, telefoon, internet, extranet, couponadvertenties, catalogi, radio en televisie met directe responsmogelijkheden.
- Op basis van de registratie van acties en reacties wordt het direct marketingprogramma flexibel en adequaat aangepast.

Voor het in contact komen met suspects, prospects en klanten maakt direct marketing vaak gebruik van meerdere media, die gekoppeld zijn aan bepaalde doelstellingen en toegespitst zijn op het behalen van synergetische effecten. Dit leidt tot een zo gunstig mogelijke verhouding tussen kosten en opbrengsten, zoals weergegeven is in figuur 9.2.

Figuur 9.2 **Voorbeelden van directmarketingcomposities**

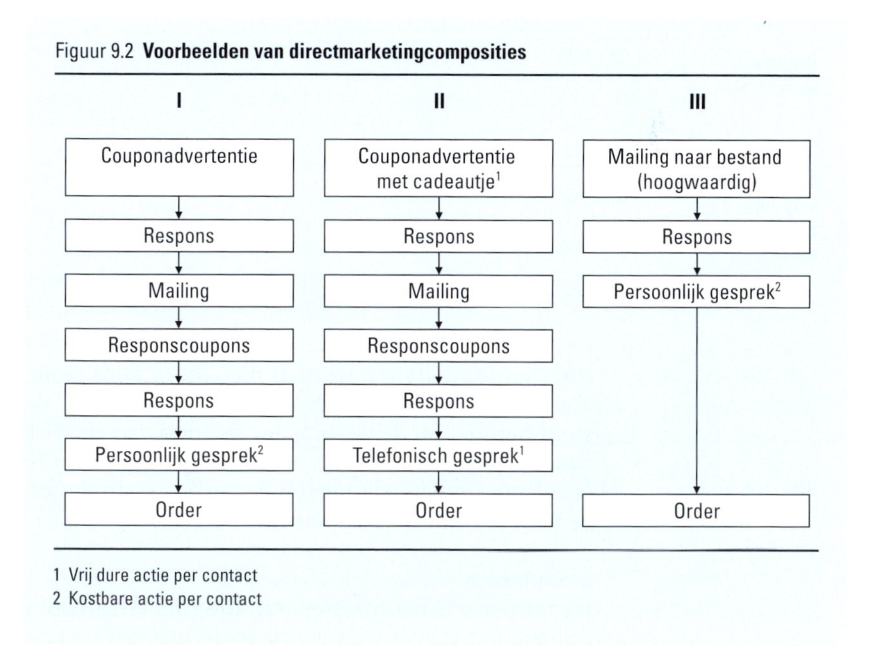

1 Vrij dure actie per contact
2 Kostbare actie per contact

Bij direct marketing is de inzet van informatiesystemen onontbeerlijk en wel in verschillende fasen:

- de selectie van klantengroepen waarop de actie gericht is;

- het kiezen van media of informatiedrager(s). De informatiedrager kan een combinatie zijn van persoonlijk/gestandaardiseerd, visueel/auditief en interactief/statisch. Met het medium 'voice response' worden opbellers generiek benaderd met een interactieve boodschap (en dat auditief). Direct mail daarentegen is niet interactief, omdat vraag en antwoord tussen aanbieder en (potentiële) klant niet rechtstreeks plaatsvindt. Dit is een groot voordeel van teleselling en e-commerce;
- het opstellen, adresseren en versturen van boodschappen;
- het registreren van de respons;
- de uitvoering van opdrachten, informatieaanvragen en orders;
- de evaluatie, terugkoppeling en prognose.

Hiervoor hebben we opgemerkt dat informatietechnologie kan leiden tot alternatieve distributiekanalen, waarin het marketinginformatiesysteem (MIS) een belangrijke rol speelt. Het MIS kan vrijwel in elke fase van het afnemerskoopproces worden toegepast, wat grafisch in figuur 9.3 wordt weergegeven.

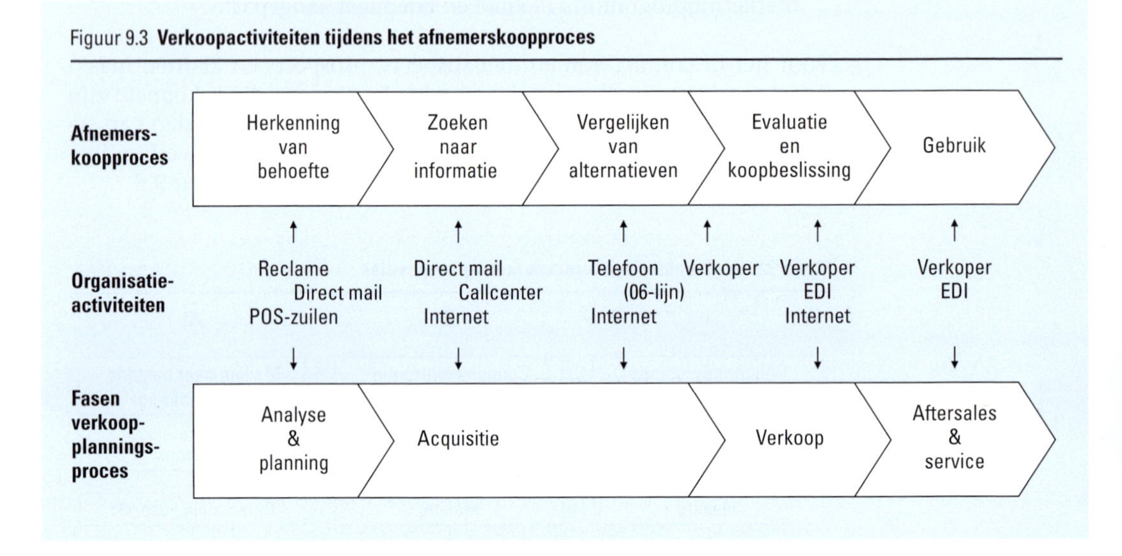

Figuur 9.3 **Verkoopactiviteiten tijdens het afnemerskoopproces**

Aftersales-activiteiten worden niet alleen door grote organisaties uitgevoerd, maar ook door 'gewone' middenstanders. Voor een fietsenzaak stopt het niet bij de verkoop en levering van een fiets. Het is belangrijk daarna contact te houden met de koper, dit in verband met het onderhoud van de fiets, de mogelijke verkoop van fietsen aan familieleden, de verkoop van fietsaccessoires et cetera.

E-commerce

E-commerce is het inzetten van internet en andere verwante ICT-technologie ten gunste van een verbetering van de effectiviteit (pre-sales, sales en post-sales) en efficiency in de relatie van de afnemers en verkopende partij. Met onze kennis en creativiteit verbeteren we de relatie met onze partners, wat we met het volgende voorbeeld toelichten.

■ **Voorbeeld 9.1**

Een marktonderzoekbureau is in staat ons digitale marktonderzoekgegevens te leveren, waarmee wij als opdrachtgever keuzes kunnen maken. Door deze keuzes worden onze klanten beter geholpen, wat ten goede komt aan de zogenaamde 3 R's: reputatie, ruil en uiteindelijk een goede relatie. Doordat het marktonderzoekbureau gebruikmaakt van internet, dataverwerkingstechnologie et cetera, kunnen we voordelen behalen in de tijd, omdat de marktonderzoekgegevens sneller beschikbaar zijn, het onderzoek over een grotere afstand kan worden uitgevoerd, bijvoorbeeld in meer landen, en over complexere vraagstukken. Het bovenstaande kan ook in een TAC-matrix geplaatst worden (zie tabel 9.2).

Tabel 9.2 **De voordelen van e-commerce voor het marktonderzoek**

	Tijd	Afstand	Complexiteit
Kennis	marktdata sneller verwerken	marktdata over meer landen	verbanden leggen tussen landen
Creativiteit	marktdata omzetten in marktinformatie, om keuzes te maken	idem voor meer landen; global benadering	think globally, act locally
Relaties	snellere levering van marktanalyses	levering van marktdata over meer landen	management kan betere beslissingen op Europees niveau nemen

Internetniveaus

Internet en daarmee e-commerce is niet meer weg te denken uit de strategische (marketing)planning van organisaties. De inzet van internet kan op verschillende niveaus plaatsvinden; als hulpmiddel of op het niveau waarop het voortbestaan van de organisatie is gebaseerd. Tiggelaar, de auteur van *'Internet Strategie 2.0'*, onderscheidt vier niveaus:

1 Internet als procesondersteuning in de organisatie; dataverzameling, eventueel intranet.
2 Internet als strategisch hulpmiddel binnen de organisatie; intranet, een overlegmedium om kosten te besparen, het overleg tussen productie, productontwikkeling, marketing en sales te verbeteren, waardoor de ontwikkelingstijd wordt versneld en de introductie succesvoller verloopt.
3 Internet als een kritische succesfactor, waarbij internet een integraal onderdeel is van de ondernemingsstrategie. De verkoop vindt deels plaats via e-commerce. Denk aan www.wehkamp.nl en www.albert.nl.
4 Internet als een belangrijke bestaansreden voor de organisatie; de verkoop vindt plaats door middel van e-commerce. Denk aan een organisatie als Amazone.

Kortom: e-commerce speelt een essentiële rol bij de niveaus 3 en 4, waarvoor op grond van een minimum verwachte ROI, commitment van het management is verkregen.

Voordelen van e-commerce

Er zijn goede redenen om te kiezen voor e–commerce:

- In het algemeen zijn de kosten om doelgroepen in de oriëntatie-, contact-, koop- en nakoopfase te bereiken en hun gedragingen te volgen lager. Ook zijn de kosten van respons lager.

- E-commerce is grensoverschrijdend, wat handig is voor internationale merken.
- De koper zoekt zelf contact en kan zijn wensen en keuzes bekendmaken.
- E-commerce is een groeiend en steeds meer geaccepteerd verkoopkanaal.

Vooralsnog zijn vooral producten met een lage betrokkenkeid bij aankoop, zoals cd's, boeken, voorgeschreven medicijnen, merkbiertjes, merkcosmetica en andere verbruiksproducten, geschikt voor aankoop via e-commerce. Zo lenen zich producten en diensten met een hoge betrokkenheid bij de afnemer, zoals software, complexe financiële diensten, verzekeringen, verre vakantiereizen, onroerende goederen, auto's en sieraden zich in eerste instantie beter voor informatie- en contactdiensten.
We moeten natuurlijk goed het consumentengedrag bestuderen. De zogenaamde transformationele producten, de producten waaraan afnemers plezier beleven, zijn in het algemeen geschikt voor informatie- en contactdiensten. Dit geldt ook voor nieuwe en complexere producten en vooral voor diensten, die als zodanig 'intangible' zijn. Daarentegen zijn informationele producten in het algemeen geschikt voor koop via internet. Denk aan producten die een probleem moeten oplossen, zoals pijnstillers, Viagra, reis- en annuleringsverzekeringen of afslankmiddelen. Afnemers willen snel het probleem oplossen.

Voordat afnemers een product kopen oriënteren zij zich, vooral bij 'perceived risk'-producten. Bij producten die de afnemers kennen en frequent afnemen vindt de cognitieve oriëntatie achteraf plaats.

9.4 Accountmanagement, klantenmanagement en CRM

Afnemers zijn niet gelijk. Er zijn grote en kleine klanten, regelmatige en incidentele klanten, organisaties en particulieren. Uit het oogpunt van winstgevendheid moet een organisatie kiezen uit de klanten waarmee hij zijn doelstellingen wil bereiken. Met behulp van ICT-systemen kan een onderneming nu meer en meer kleine(re) klanten efficiënt bewerken, maar met een gedifferentieerde benadering. In deze paragraaf laten we achtereenvolgens accountmanagement, klantenmanagement en CRM de revue passeren.

9.4.1 Accountmanagement

Accountmanagement is inmiddels op grote schaal in de business-tobusinessmarkt ingevoerd om vooral grote klanten optimaal te kunnen bedienen. Accountmanagement heeft haar bestaan vooral te danken aan ontwikkelingen aan de afnemerszijde, zoals:
- ketenoptimalisatie: het verlagen van kosten en het verbeteren van prestaties, het afstemmen van de waardeketens in de bedrijfskolom;
- schaalvergroting: zowel aan inkoop- als verkoopkant werken klanten en aanbieders voor elkaar;
- toenemende concurrentie, minder onderscheidend vermogen en het denken in termen van macht;

- toenemende complexiteit aan de inkoop- en verkoopzijde, voor wat betreft producten, projecten, logistiek en ICT;
- de behoefte aan professionele verkopers, die op verschillende organisatieniveaus van klanten kunnen werken;
- de gedachte dat klanten van elkaar verschillen en dus anders moeten worden benaderd.

Vera (1998) definieert accountmanagement als volgt:

Definitie van accountmanagement

Accountmanagement is de filosofie en de set van instrumenten en technieken die dienen om de relatie met (potentieel) grote klanten te bewaken en door gerichte beïnvloeding te verbeteren en daarmee de omzet en winst te vergroten.

Met accountmanagement hangen we de filosofie aan om een langetermijnrelatie met klanten aan te gaan, om bij voorkeur 'sole or preferred supplier' van klanten te worden om uiteindelijk een uitgebalanceerde win/win-situatie met klanten te realiseren.

Functies van accountmanagement

Laten we nader ingaan op enkele functies van accountmanagement.

1 Accountmanagement is gericht op een langetermijnrelatie en stelt dus niet meer de transactie centraal. Het gaat om de persoonlijke relatie van de accountmanager met de DMU van de klant. De basis hiervoor is betrouwbaarheid, vakkundigheid, inlevingsvermogen en bereid zijn om 'vuil' werk op te knappen.
2 Accountmanagement is ook 'verkoop', wat erop neerkomt dat de accountmanager de klant begeleidt c.q. inspeelt op het communicatiegedrag, koopgedrag, gebruiksgedrag en afdankgedrag van de klant. Als de accountmanager indicaties krijgt of 'seintjes' ontvangt dat een klant zijn machines wil vervangen, moet hij met een maatwerkaanbod bij de klant komen. Bovendien moet de accountmanager kleine klanten met potentie naar een hoger niveau brengen. Met andere woorden: hij moet de relatie en vertrouwenspositie uitbouwen.
3 Accountmanagement is 'projectmanagement', wat betekent dat de accountmanager bij complexe producten c.q. projecten een team van specialisten moet samenbrengen om de offerte te begeleiden en maatwerk bij de klant te leveren. De *Decision Making Unit (DMU)* bij de kopende organisatie zoekt naar de beste oplossing wat kwaliteit, timing en levering betreft, tegen zo laag mogelijke kosten. De *Problem Solving Unit (PSU)* van de verkopende organisatie daarentegen streeft ernaar om zo veel mogelijk toegevoegde waarde te leveren tegen een zo hoog mogelijke prijs/kwaliteitsverhouding. Accountmanagement is het bindmiddel om een optimum te bereiken tussen de DMU en de PSU.
4 Accountmanagement is matrixmanagement. De accountmanager draagt omzet- en winstverantwoordelijkheid van één of enkele klanten. Een productmanager is doorgaans verantwoordelijk voor één of enkele producten, voor wat betreft omzet, winst en marktaandeel. Kortom: er moet een samenwerking ontstaan tussen de accountmanager en vaak meerdere productmanagers. Door bekwaam optreden van de accountmanager kan er een (gezamenlijk) resultaat worden bereikt, maar dat vraagt tact.

5 Accountmanagement is 'interne marketing'. De accountmanager heeft niet alleen te maken met productmanagers, maar vaak ook met andere afdelingen in de organisaties. Grote klanten hebben specifieke wensen op het gebied van logistiek, leveringscondities en kwaliteit. Dit vraagt overleg met functies, zoals Logistiek, Productie, R&D, Juridische afdeling en van het organisatiemanagement. Ziet hij kans zijn account goed voor het voetlicht van het management te brengen, dan heeft hij het pleit al bijna gewonnen.
6 Accountmanagement is 'ondernemerschap'. Dat wil zeggen dat de leverancier in hoge mate en op een flexibele manier problemen van klanten kan oplossen. De klant werkt samen met de leverancier. De klant dicteert dan niet de prijs en de leverancier maakt geen misbruik van zijn macht. De accountmanager speelt daarbij een spilfunctie.
7 Accountmanagement is een 'leerproces'. Niet alleen verandert de omgeving van organisaties voortdurend, maar ook elke klant is anders. Bovendien is de DMU van klanten geen star gegeven, maar een wisselend team.

Als de voorgaande functies goed worden vervuld, dan is de basis gelegd voor een goede reputatie van de organisatie. Deze schept de basis voor een goede relatie met de klant. Beiden zijn nodig voor de ruiltransacties waar het uiteindelijk om gaat. Reputatie, relatie en ruil staan bekend als de *3 R's*.

Niveaus van accountmanagement

In de praktijk kunnen we een aantal niveaus van accountmanagement onderscheiden. Deze zijn:
1 regionaal accountmanagement
2 nationaal accountmanagement
3 internationaal accountmanagement.

Ad 1 Regionaal accountmanagement

Regionaal accountmanagement

Regionaal accountmanagement ontstaat als regionale grote en middengrote (A- en B) klanten geen vertakkingen naar andere regio's in het land hebben, waar andere accountmanagers van hetzelfde bedrijf zitten. Er bestaan dus geen coördinatieproblemen tussen die accountmanagers met betrekking tot de bevoegdheden, verantwoordelijkheden bij de klant en hun beloning.

Ad 2 Nationaal accountmanagement

Nationaal accountmanagement

Wanneer een nationale account, met meerdere vestigingen in het land, het inkoopproces verdergaand wil centraliseren, ontstaat *nationaal accountmanagement*. Centrale afspraken over prijzen, leveringscondities, toegestane leveranciers, contracten, bestelmethodiek, communicatie en dergelijke worden dan gemaakt. De accountmanager is bij nationale accounts nog meer een strateeg, planner, onderhandelaar, businesspartner en teamspeler. Als meerdere accountmanagers bij een account actief zijn is een goede coördinatie nodig. Eén accountmanager zal als coördinator 'leading of key- accountmanager' moeten zijn.

Ad 3 Internationaal accountmanagement

Internationaal accountmanagement

Bij *internationaal accountmanagement* gaat het om internationaal verspreide accounts met vestigingen in meerdere landen, waarbij inkoopcoördinatie wordt nagestreefd. Door de vorming van de EU, de globali-

Accountmanagement komt in vele branches voor, zoals in opleidingsorganisaties

OPLEIDINGEN

Account Manager Retail

OVD is een in 1974 opgerichte opleidingsorganisatie die zich specifiek richt op de detail- en groothandelsbranch. OVD (79 werknemers) biedt een breed scala aan opleidingsproducten en -diensten, variërend van standaard gecertificeerde opleidingen tot op maat gesneden specialistische trainingen en cursussen. Het opleidingsaanbod van OVD wordt afgestemd op alle mogelijke niveaus binnen cliëntorganisaties, van uitvoerend tot topkader niveau. OVD is een op groei gerichte organisatie die met jonge en enthousiaste mensen haar doelstellingen wil behalen. Voor de afdeling Verkoop & Marketing zijn wij op zoek naar een gedreven Account Manager Retail die een belangrijke bijdrage gaat leveren aan de verdere ontwikkeling van het OVD-opleidingspakket binnen het food-retail kanaal.

Taken en verantwoordelijkheden:
- omzet- en winstverantwoordelijk voor toegewezen accounts
- opstellen van verkoopjaar- en accountplannen
- acquireren en bezoeken van accounts
- opstellen van offertes, projectplannen en contracten
- samenwerken met overige business units
- signaleren en analyseren van marktontwikkelingen en -bewegingen
- rapporteren aan de directeur

Profiel van de geschikte kandidaat:
- leeftijdsindicatie 25 - 35 jaar
- marketing opleiding op HBO/Academisch niveau
- enkele jaren accountantmanagement ervaring, bij voorkeur in de retail- en/of food branche
- relatiemanager pur sang
- zowel zelfstandig als in teamverband kunnen werken
- initiatief, gedreven en resultaatgericht
- diplomatieke, klantgerichte persoonlijkheid
- uitstekende communicatieve, sociale en commerciële vaardigheden

Geïnteresseerde kandidaten kunnen hun curriculum vitae met begeleidend schrijven, onder vermelding van referentienummer CB/57950 sturen naar Michael Page Marketing & Sales, World Trade Center, Strawinskylaan 1057, 1077 XX Amsterdam, t.a.v. Constance Buyne. voor nadere informatie kunt u met haar contact opnemen, telefoon 020-5789444. E-mail: constancebuyne@michaelpage.com

Michael Page

MARKETING & SALES

Australië • China • Duitsland • Frankrijk • Groot-Brittannië • Hong Kong • Italië • Nederland • Nieuw-Zeeland • Singapore • Spanje • VS

sering van producten en diensten, door de toenemende concentratie van mondiale organisaties en de groeiende mogelijkheden van international advertising, wordt internationaal accountmanagement steeds belangrijker. Adequaat internationaal accountmanagement vraagt om een internationaal accountteam, een internationaal accountplan en een internationaal accountinformatiesysteem.

INHOUD ACCOUNTPLAN

1. Samenvatting accountplan

SITUATIEANALYSE

2. Basisinformatie account
3. Inkoopstrategie, inkoopproces en besluitvormingseenheid
4. Sterkte/zwakte-analyse
5. Concurrentiesituatie en klanttevredenheid
6. Omzet- en offerteresultaten bij de account
7. Samenvattende conclusies

PLANNING: DOELSTELLINGEN EN STRATEGIEËN

8. Gewenste productposities bij de account
9. Doelstellingen en strategieën

ACTIEPLANNEN EN IMPLEMENTATIE

10. Actieplan
11. Actieprogramma

EVALUATIE

12. Evaluatie resultaten en terugkoppeling

9.4.2 **Klantenmanagement**

Customer focus

Klantenmanagement is een planmatige (analyse, planning, implementatie en evaluatie) aanpak van activiteiten gericht op het zoeken, selecteren, groeien en onderhouden van relaties tussen een organisatie en haar klanten, om efficiënt en effectief de klanten, ook potentiële klanten, te bedienen. Klantenmanagement moet er voor zorgen dat elke individuele afnemer op korte en lange termijn een maximale bijdrage levert aan de omzet en winstgevendheid van de onderneming. Deze *customer focus* is er op gericht om klanten te behouden en te laten groeien. Hierbij is ICT-software een goed ondersteuningsmiddel, zeker als we over veel klanteninformatie beschikken. Klantenmanagement is natuurlijk ook relatiemanagement, want om de financiële doelstellingen te behalen zullen we duurzame relaties moeten vestigen, onderhouden en verbeteren tussen onze organisatie en de verschillende marktpartijen en andere belangengroepen.

Autofabrikanten willen eeuwige trouw

Klantentrouw is in de automobielbranche een schaars goed. Twintig jaar geleden bleef nog gemiddeld driekwart van de kopers trouw aan het merk. Per merk had men wel grote onderlinge verschillen in loyalty. Tegenwoordig zal de helft van de zes miljoen automobilisten die Nederland rijk is, niet opnieuw het merk kopen waarin zij nu rijden. De ontrouw begint al na de garantieperiode. Slechts vijftig procent van de autobezitters met een auto van vijf jaar en ouder kiest voor onderhoud nog voor zijn eigen dealer, de rest gaat vreemd, bijvoorbeeld bij Kwik-Fit of een zelfstandige onafhankelijke garage.

Succesfactoren van klantenmanagement

We moeten een win/win-relatie creëren en daarbij geldt dat we moeten inspelen op de volgende *succesfactoren*:

- beloon trouwe klanten vooral met toegevoegde waarde, zoals met dienstverlening;
- klantenkennis, onder meer met een geïntegreerd marketing- en verkoopinformatiesysteem;
- anders en beter zijn dan de concurrent en dat met andere middelen dan de prijs;
- een hecht en geïntegreerd team vormen van medewerkers;
- training en motivering van eigen medewerkers.

Doel van klantenmanagement

Het doel bij klantenmanagement is gericht op het behouden en uitbouwen van huidige interessante klanten. *Klantenmanagement* is kiezen voor een gedegen strategie, die grote invloed heeft op en een integrale aanpak vraagt van de organisatie en haar omgang met haar klanten. Het doel van de klantenkeuze, de aanpak en waardering voor de klant, is het verwerven van superieure klanttevredenheid en het winnen van het vertrouwen van afnemers. Dit moet uiteindelijk resulteren in een structurele vraag naar producten. Laten we aan de hand van de voornaamste planningsfasen (analyse, planning, uitvoeringselementen, evaluatie en feedback) het vraagstuk van klantenmanagement nader toelichten.

Analyse

De onderneming moet vaststellen welke klanten zij wil bedienen en de mate van aandacht die zij aan deze klanten wil besteden. Per klantengroep of liefst per zakelijke klant moet de onderneming inzicht hebben in wat de wensen van de klant zijn, wat de prestaties van de onderneming richting deze klant zijn, wat zijn tevredenheid is, in welke mate hij vertrouwen in de onderneming heeft en wat zijn gedrag is ten aanzien van klantentrouw. Deze punten gekoppeld aan financiële cijfers, maken het mogelijk per klant pro-actief te sturen. Een belangrijk hulpmiddel is de *klantenpiramide*.

Klantenpiramide

We krijgen een piramide, omdat er doorgaans meer D-klanten zijn dan C-klanten en meer C-klanten dan B- of A-klanten. A- en B-klanten zijn zogenaamde *strategische klanten*; in aantal gering, maar in omzet en winst relatief groot. In veel gevallen zijn C- en D-klanten zelfs verliesgevend. Daarom is het van belang dat we onze huidige klanten selecteren, ontwikkelen, behouden en uitbouwen of zelfs afstoten, alsmede interessante potentiële klanten identificeren. Deze dynamiek wordt weergegeven in figuur 9.4.

Figuur 9.4 **Klantengroepen gericht en pro-actief bewerken**

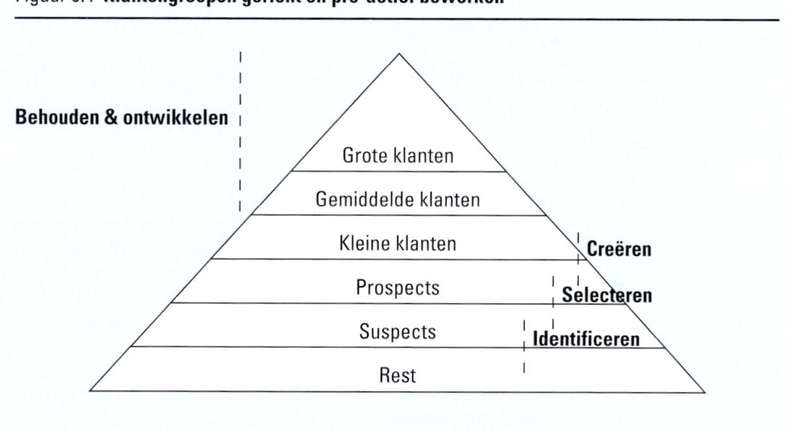

Door bestudering van diverse klantenpiramides, kunnen de onderstaande *ervaringsregels* worden vastgesteld, zoals:

- De 20/80-regel is ook hier vaak van toepassing; 20% van het aantal afnemers genereert 80% van de winst.
- Bestaande (loyale) klanten genereren wel 90% van de omzet.
- Een zeer groot deel van het marketing- en verkoopbudget wordt besteed aan niet-klanten en slechts een klein deel aan het behoud van bestaande (winstgevende) klanten.
- Vaak weten we niet eens hoe tevreden of ontevreden klanten zijn over onze organisatie, dit bijvoorbeeld in vergelijking met onze belangrijkste concurrenten.
- Het budget voor professionalisering (klantgericht gedrag) van de eigen organisatie is doorgaans een druppel op een gloeiende plaat, althans in vergelijking met het geld dat besteed wordt voor de beïnvloeding van het afnemersgedrag.

Autofabrikanten willen meer greep op afnemers

Hoe willen de autofabrikanten meer grip op de afnemersmarkt krijgen? Ford en Volkswagen weten het: door dichter tegen de automobilist aan te kruipen en hem beter te leren kennen. Door niet alleen een nieuwe auto te verkopen, maar ook te zorgen dat de klant terug blijft komen. Voor financiering, onderhoud, een verzekering, huurauto en pechhulp onderweg. Want een trouwe klant brengt veel meer geld op dan iemand die één keer een auto koopt. Aan de verkoop van een nieuwe auto verdient de dealer zo'n €2.250. Aan een klant die ook voor onderhoud, reparaties en accessoires terugkomt, verdient hij in de daarop volgende vijftien jaar acht keer zoveel. De 'life time value' neemt enorm toe, naarmate de klant langer trouw blijft.

Selectiemethoden voor potentiële klanten

Er zijn drie methoden om potentiële klanten te selecteren en huidige klanten te beoordelen, die in de praktijk vaak in combinatie worden gebruikt. Deze methoden zijn:

- de *accountgeoriënteerde selectiemethode*; hierbij wordt de positie van de potentiële klant in haar marktomgeving beoordeeld;
- de *relatiegeoriënteerde selectiemethode*; hierbij wordt de huidige relatie met de klant bestudeerd;
- de *product- en dienstgeoriënteerde selectiemethode*; hierbij wordt gekeken naar specifieke product- en dienstaspecten.

In tabel 9.3 worden per methode een aantal punten ter evaluatie genoemd.

Tabel 9.3 **Klantenevaluatiemethoden**

Accountoriëntatie	Relatie-oriëntatie	Product- en dienstoriëntatie
Missie	huidige omzet	product-/dienstgroepen
Strategie	omzetaandeel	orderomvang en -verdeling
Doelgroepen	omzet-, afzetgroei	dienstverleningsbehoefte
Positionering	winstbijdrage	marketingmix(en)
Marketingmix	inkoopassortiment	inkooprisico
Aantal werknemers	RFM-informatie	planning
Omzetklasse	klantlevenscyclus	
Omzetontwikkeling	klanttevredenheid	
Marktaandeel	marketingmix-input	
Imago	loyaliteit	
Financiële positie	type klant	
Geografische spreiding		
Inkoopbeleid, DMU		
Innovatievermogen		

Accountprofiel

Met de klanteninformatie wordt een *accountprofiel* opgesteld. Hierbij kan de binnen- en buitendienst een belangrijke rol spelen. Op grond van de verschillende profielen kan een accountplan worden gemaakt. Natuurlijk moet de accountmanager een goed beeld hebben van de totale markt, de segmenten en de andere aanbieders in de verschillende segmenten. Bij de analyse van klanten kan het (verkoop-) informatiesysteem een goede dienst bewijzen.

Een geïntegreerd informatiesysteem verlaagt de kosten van de binnendienst en verhoogt de effectiviteit van de buitendienst. Het *marketing- en verkoopinformatiesysteem* heeft als doel een ondersteunend instrument te zijn voor de commerciële activiteiten van een organisatie, waardoor de prestaties van de individuen, de marketing- en verkoopteams, alsmede van de gehele organisatie worden verbeterd.

Voor de volgende fase, de planningsfase, moeten we antwoorden hebben op vragen, zoals:
1 Wat is onze markt en wat zijn de ontwikkelingen?
2 Wie zijn onze huidige klanten?

Strategische klantengroep

In het algemeen kunnen we strategische klantengroepen onderscheiden. Een strategische klantengroep is een groep klanten die min of meer vergelijkbaar zijn, bijvoorbeeld op basis van de DMU. Strategische groepen in de 'foodsector' zijn bijvoorbeeld supermarktketens, inkoopcombinaties, cateringbedrijven en groothandel. In tabel 9.4 wordt een voorbeeld gegeven van de verschillen tussen twee strategische klantengroepen.

Tabel 9.4 **Verschillen tussen twee strategische klantengroepen**

Profit organisaties	Non-profit organisaties
kleine DMU	grote DMU
snelle rationele beslissers	trage, minder beslissers
interesse in prijs van drukken	prijs veelal inelastisch
doorzichtige klanten	ondoorzichtige klanten
minder leverancierstrouw	meer leverancierstrouw
service bindt nauwelijks	service bindt
korte contracten	in het algemeen langere contracten
gevoelig voor innovatie	minder gevoelig voor innovatie
weinig begeleiding nodig	vaak meer begeleiding nodig

3 Wat is onze huidige prestatie (omzet, afzet, brutowinst bij onze klanten), eventueel per regio?
4 Wat is de geschiedenis van onze klanten: aantal jaren, afzetaandeel, afname van het gehele assortiment of een deel daarvan, trend?
5 Hoe wordt de klant getypeerd: core behoeften, kwaliteit-/prijskoper, (ir-)rationeel, loyaal, DMU?
6 Wie zijn onze (hot/warm/cold) prospects/leads/suspects (zie ook vraag 5, als dat van toepassing is)?
7 Plaats de (non-)klantenklusters in de klantenpiramiden: omzet, winst, tijd, kosten en beschrijf per klantenkluster de tot nu toe gebruikte marketingmix, zoals bezoekfrequentie en ander mediagebruik?
8 Is 'alle' informatie voorhanden of moet er nog informatie worden verzameld (externe en interne bronnen) en hoe gaan we deze informatie verzamelen?
9 Hoe staat het met de klanttevredenheid en het gemiddelde switchingpercentage?

Planning van activiteiten

Bij planning gaan we op basis van informatie uit de analysefase bepalen welke doelstellingen kunnen worden gesteld en vervolgens met welke activiteiten we die doelen willen bereiken. Hierbij moeten we wel rekening houden met hiërarchisch hogere doelstellingen op ondernemingsniveau, het niveau van product/marktcombinaties en dergelijke. Voor klantenmanagement betekent dit dat:

- per klantengroep specifieke doelstellingen moeten worden geformuleerd;
- elke te onderscheiden strategische klantengroep op een andere wijze moet worden benaderd om tot een optimaal efficiënt en effectief resultaat te komen;
- per klantengroep een geïntegreerde communicatiemix moet worden uitgewerkt;
- rationele activiteiten (marketingsubmixen) per klantengroep moeten worden ontwikkeld.

De strategie bij klantenmanagement gaat dan uit van het 'ontwikkelen, behouden, creëren, selecteren en identificeren' van klanten, waarbij het draait om het aanbieden van afnemerspremiums, die zowel kwalitatief als kwantitatief van aard zijn, dus:

'ontwikkelen' van afnemers; groot → zeer groot

↑

'behouden' van afnemers; klein → klein, groot → groot

↑

'creëren' van afnemers; prospects → nieuwe klanten

↑

'selecteren'; suspects → prospects

↑

'identificeren' van suspects.

Per klant of klantengroep wordt met een andere strategie bepaalde doelen bereikt. We geven een voorbeeld. De marketingmanager van Interpol BV besluit op grond van het grote aantal klanten over te gaan tot het formuleren van de volgende klantengroepen:

- groot: een jaaromzet van meer dan €100.000;
- middelgroot: een jaaromzet van €50.000-€100.000;
- klein: een jaaromzet tot €50.000;
- potentiële klanten, die bewerkt worden.

Gemakshalve gaat hij ervan uit dat de productiekosten een proportioneel verloop laten zien, terwijl de marketing- en saleskosten gerelateerd zijn aan de omzet. In tabel 9.5 wordt daarvan een overzicht gegeven.

De verzamelde gegevens blijken een goede basis te zijn voor het berekenen van een aantal ratio's (zie tabel 9.6). De grote klanten genereren meer winst dan de kleine klanten die nota bene verlies lijden. Wellicht is het nog zinvol de grote klanten nader onder te verdelen, bijvoorbeeld in een groep afnemers met een jaaromzet van €100.000-€250.000 en een groep afnemers met een jaaromzet van €250.000 en meer.

Evenals Jay Curry komt de marketingmanager tot een vergelijkbare conclusie, namelijk dat grote klanten veel meer winst opleveren dan kleine klanten. Dit wordt gevisualiseerd in figuur 9.5.

Tabel 9.5 **Analyse van klantengroepen**

Aspecten	Totalen	Klanten			Prospects
		Groot > €100.000	Gemiddeld > €50.000- €100.000	Klein < €50.000	
Klanten:					
• werkelijk aantal	4 900	750	1 500	2 650	
• potentieel	600				600
Omzet (mln)	€ 312	€ 110	€ 130	€ 72	€ 0
Productiekosten (mln)	€ 206	€ 72,6	€ 85,8	€ 47,6	€ 0 af
Brutowinst – 34% (mln)	€ 106	€ 37,4	€ 44,2	€ 24,4	€ 0
Marketing & saleskosten (mln)	€ 35	€ 5	€ 10	€ 15	€ 5 af
Overheads (mln)	€ 42	€ 14	€ 14	€ 14	€ 0 af
Winst voor belasting (mln)	€ 29	€ 18,4	€ 20,2	€ –4,6 (verlies)	€ –5 (verlies)

Tabel 9.6 **Ratio's per klantengroep**

Aspecten	Totaal	Klanten			Prospects
		groot > €100.000	gemiddeld > €50.000- €100.000	klein < €50.000	
Klantenaandeel %	100	15,3	30,6	54,1	0
Omzetaandeel %	100	35,3	41,7	23,0	0
Kostenaandeel (vaste kosten) %	100	24,6	31,5	37,7	6,5
Winstaandeel %	100	63,4	69,7	–15,9	–17,2
Winst in % van de omzet	9,3	16,7	15,5	–6,4	neg.
Winst per klant	€ 5.918	€ 24.533	€ 13.467	€ –1.736	neg.

Figuur 9.5 **Piramideopbouw van klanten bij Interpol**

Winstaandeel	Winst/klant		Klantenaandeel
63,4%	€ 24.533	Groot > € 100.000	15,3%
69,7%	€ 13.467	Gemiddeld > € 50.000 - < € 100.000	30,6%
– 15,9%	– € 1.736	Klein < € 50.000	54,1%
– 17,2%	neg.	Potentiële klanten	0,0%

De marketingmanager uit ons voorbeeld zou tot de volgende aanbevelingen kunnen komen:

- De buitendienstverkopers moeten gegevens produceren over de potentie van de verschillende klantengroepen, teneinde per klant na te kunnen gaan of er nog groeimogelijkheden zijn.
- De kosten van de kleine klanten moeten geminimaliseerd worden. Gedacht kan worden aan handhaving van het aantal contacten per klant, maar daarbinnen een verschuiving van persoonlijke contacten naar telefonische contacten (bijvoorbeeld via e-mail en internet). Een persoonlijk contact kost tenslotte al gauw €150 en een telefonisch contact zo'n €12,50.
- Het ontwikkelen van een set van samenhangende verkoopactiviteiten om een voortstuwende groei te creëren van kleine naar grote klanten. Deze activiteiten kunnen variëren van dure persoonlijke bezoeken tot goedkope contacten (zoals telefonisch, via direct mail, internet et cetera).
- Alles in het werk stellen om de huidige klanten (en zeker de grote klanten) te behouden. Zo zou een businessunitmanager alle grote klanten persoonlijk moeten kennen en van tijd tot tijd die klanten zelf moeten bezoeken of uitnodigen. Trouwe klanten moeten worden beloond. Het is daarbij belangrijk dat het koopgedrag in de loop van de tijd in kaart wordt gebracht. Dit kan nauwkeurig worden gedaan door het nalopen van de zogenaamde RFM.
- De verkopers op de hoogte brengen van eerdergenoemde analyse en hen motiveren en trainen om efficiënt en effectief met klanten om te gaan.
- Het evalueren of de investering (€5 mln) in nieuwe klanten voldoende succesvol geweest is. Hoeveel nieuwe klanten zijn de afgelopen drie jaar binnengehaald en welke status hebben deze nu (groot, gemiddeld of klein)?

In de hoofdstukken over de marketingmix worden de mogelijke activiteiten per klantengroep verder uitgewerkt.

Implementatie, evaluatie en feedback

Uit oogpunt van het leerproces en de wil om het beter te doen, zijn wij ervan overtuigd dat implementatie, evaluatie en feedback van groot belang zijn en dus zorgvuldig moeten worden uitgevoerd. Het gaat om de volgende aspecten:

- de implementatie: het hoe, wat, wie, waar en wanneer zijn van cruciaal belang
- het klantengedrag moet doorlopend worden geregistreerd waaronder het daadwerkelijke koopgedrag.

De evaluatie moet op gezette tijdstippen worden uitgevoerd, bijvoorbeeld na één of drie maanden.

9.4.3 Customer relationship management

Customer relationship management (CRM) is een strategie voor het opbouwen van uitstekende relaties met afnemers, wat profijtelijk is voor de klant, maar ook voor de organisatie zelf. Want de klant stapt dan minder snel over naar de concurrent, plaatst eerder nieuwe orders voor bestaande en nieuwe producten of diensten en de leverancier wordt 'hofleverancier' of *preferred supplier*.

Van Ladesteijn (2000) omschrijft CRM als volgt:

Definitie van CRM

CRM is een ondernemingsbrede aanpak voor een totale representatie, verwerking en sturing van alle klantenprocessen en -data gedurende de gehele levenscyclus van een klantenrelatie, om een één-op-één relatie te realiseren.

CRM kan dus niet van de ene op de andere dag worden gerealiseerd. Alle disciplines in een organisatie moeten systematisch relaties ontwikkelen met klanten. Met de technische ontwikkeling van de ICT-software bewerken we niet alleen grote zakelijke klanten, maar nu ook kleinere zakelijke klanten en particulieren. Een CRM-organisatie moet de klant pro-actief toegevoegde waarden leveren en inspelen op de veranderende behoeften van de klant. De prijs is dan niet meer het belangrijkste gesprekspunt in een overleg met klanten. Voor bepaalde klanten is de snelle levertijd belangrijk, bij anderen het verhelpen van storingen of het versnellen van het productieproces door modificaties van de machines. De klant mag zich niet ergeren of irriteren aan de leverancier.

Relatiemarketingprogramma

Het stappenplan voor het opzetten van een relatiemarketingprogramma voor een autodealer met meerdere vestigingen kan er als volgt uitzien.

1 Uit de analyse blijkt dat relatiemanagement een goede strategie zal zijn om de financiële doelstellingen te realiseren.
2 Omschrijving maken van taken en verantwoordelijkheden van een relatiemanager en zijn team.
3 Aanstellen van een relatiemanager, omscholen en trainen van verkopers. De organisatie op orde brengen.
4 Onderscheiden van interessante klantengroepen (verhuur-, taxi- en grotere bedrijven); elke groep krijgt een ander, breder of smaller programma.
5 Jaar- en langere termijndoelstellingen voor klantenrelaties formuleren.
6 Activiteitenplan op basis van marketingmix (P's) en 3 R's formuleren.
7 Uitvoering (wie, wat, wanneer, hoe, waar).
8 Evaluatie, controle en terugkoppeling.

Alle disciplines, niet alleen Verkoop, maar ook Logistiek, Service en Administratie moeten relevante klanteninformatie inbrengen, maar ook daarover kunnen beschikken. CRM houdt dus in dat elke persoon die contact met een klant heeft gehad, de anderen die ook met deze klant contact onderhouden op de hoogte brengt. De verkoopprocessen moeten helder zijn. Eigenlijk moet de verkoop het vooral hebben van haar goede klanten, ook op de kortere en langere termijn. Een goede relatie opbouwen en onderhouden is daarbij onontbeerlijk.

Niet elke klant is gelijk en wil hetzelfde; maatwerk moet er geleverd worden. Door ontwikkelingen in de ICT is het mogelijk aan de wensen van individuele klanten gehoor te geven, maatwerk te leveren en zodoende klanten aan zich te binden. Loyale of trouwe klanten zorgen voor betere financiële resultaten, hogere productiviteit, lagere kosten en betere onderlinge verhoudingen. Als de organisatie de *retentiegraad* – het percentage klanten die trouw zijn gebleven in een jaar – weet te verhogen, wordt de gemiddelde klantenwaarde tijdens de klantenlevensloop ook aanzienlijk verhoogd.

Retentiegraad

Voordelen van loyale klanten

De volgende voordelen van loyale klanten kunnen worden genoemd:
- de hogere omzet en afzet;
- de lagere kosten, onder meer door schaalvoordelen;
- een snellere penetratie in de markt, herhalingsaankopen en omzetaandelen van nieuwe producten;
- optreden als 'denktankpartner' voor productinnovaties en logistiek;
- referenties voor potentiële klanten; onder meer door mond tot mondreclame;
- de verdedigers van de leverancier;
- lager aantal klachten. En als er al klachten zijn, worden deze eerder bij de leverancier gemeld.

Dat klanten tevreden zijn, wil nog niet zeggen dat zij de leverancier ook inderdaad trouw blijven. De praktijk is dat de kopende partij tevreden is over meerdere leveranciers en kan in geval van een gunstiger aanbod gemakkelijk van leverancier switchen. De klant moet op alle kritische punten superieur tevreden zijn, wil de loyaliteit in de vorm van herhalingsaankopen aanzienlijk stijgen. De leverancier moet een 'uniek' aanbod doen (product, service, prijs, logistiek, klantvriendelijk et cetera) om een hoge loyaliteit te bereiken. Het is duidelijk dat naarmate de concurrentie toeneemt, de loyaliteit van klanten afneemt; er zijn waarschijnlijk meer voortreffelijke aanbieders. Kennis van (potentiële) klanten is nodig, omdat de winstgevendheid en trouwheid van de ene tot de andere klant verschilt en de producten niet voor elke klant dezelfde waarde toevoegen. Ook is het voor de organisatie mogelijk, om via grondige analyse van de klantenprofielen pro-actief aanbiedingen te doen waar de klant vrijwel zeker in geïnteresseerd zal zijn en door de actie aangenaam verrast is. In figuur 9.6 zijn de belangrijkste aspecten van CRM in het zogenaamde *CRM Cyclus Model* opgenomen.

CRM Cyclus Model

Het management moet tenslotte inzicht in zijn klanten hebben: Wat is nu onze relatie en hoe kunnen we daarop inspelen en waar mogelijk versterken? De aanbieder/klantverhouding bestaat, aldus Schijns (2000), uit een tweetal hoofdcomponenten, namelijk:
1. het actieve koopgedrag
2. het relatiegedrag.

Het actieve koopgedrag

RFM-cijfers

In de praktijk kent de aanbieder vooral het koopgedrag van de klant, wat bepaald kan worden aan de hand van de *RFM-cijfers*, die staan voor:
- *Recency*: wanneer (dagen, weken of maanden) kocht de klant voor het laatst.
- *Frequency*: hoe vaak kocht de klant in de planningsperiode.
- *Monetary value*: wat was de klantenomzet in de planningsperiode.

Deze cijfers worden verzameld in databases, geanalyseerd en tot bruikbare informatie getransformeerd. Uit de RFM-cijfers wordt naast het koopgedragseffect ook de mate van binding of loyalty op basis van recency/frequency afgeleid.

Het relatiegedrag

Relatiegedrag

Als een onderneming effectief relatiemanagement of relatiemarketing wil bedrijven, dan moet er ook kennis over het relatiegedrag van de klant worden opgebouwd. Scoort de organisatie wel hoog op de belevingsdimensie van de klant? De beleving of de relatie van een klant

Figuur 9.6 **CRM Cyclus model**

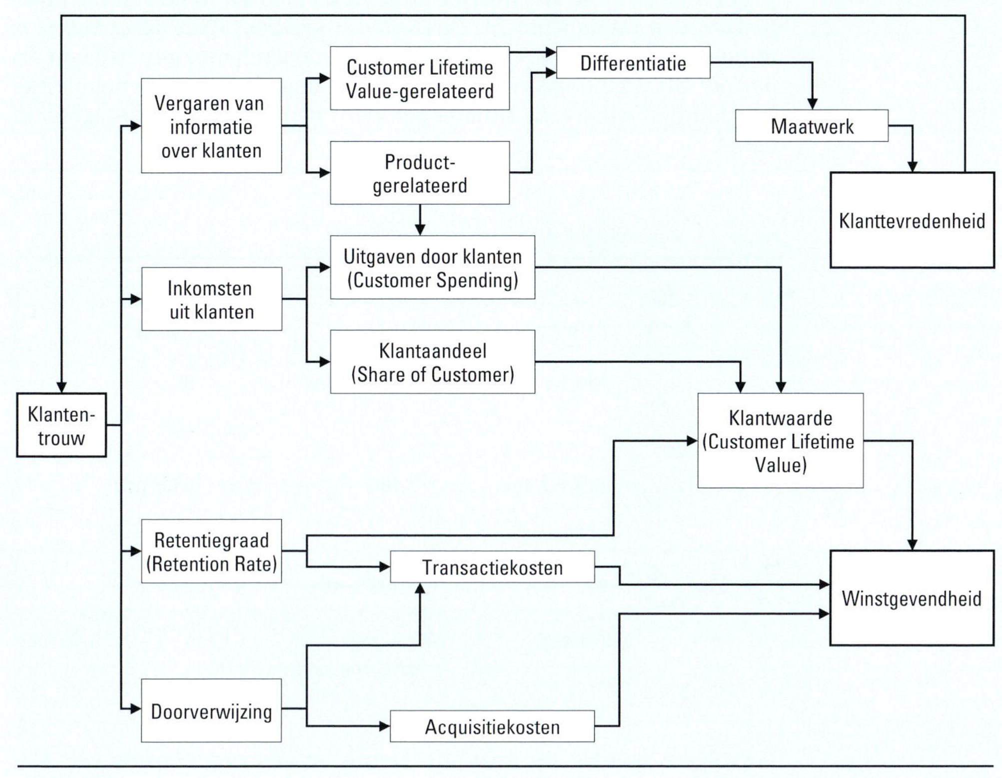

Bron: ICSB 2000

geeft aan of de klant er prijs op stelt klant te zijn, ook al is de leverancier wat duurder. De klant rekent op en vertrouwt de aanbieder. Als de relatie sterk is, vertrouwt de klant de leverancier 'blindelings', hij beveelt zijn leverancier aan bij zijn 'netwerk'. De klant geeft klachten door en suggereert ideeën ter verbetering. De klant hecht aan waarden en normen die ook voor zijn leverancier belangrijk zijn om nagestreefd te worden. Denk aan normen zoals kwaliteit, partnership, expertise, integriteit, die niet alleen door de organisatie worden 'geclaimd', maar ook door de verkopers en/of accountmanagers worden uitgedragen.
De loyaliteit geeft de wederzijdse relatie, de partnership en de emotionele betrokkenheid aan, die vooral bij persoonlijke verkoop sterk tot uiting komt. Bij persoonlijke verkoop spelen factoren zoals vertrouwen, vriendelijkheid, responsiviteit en empathie een wezenlijke rol. Voor een goede relatie met de klant moet de verkoopstaf gemotiveerd zijn. Door goede arbeidsvoorwaarden en participerend leiderschap wordt de basis gelegd voor arbeidsvreugde en motivatie van medewerkers. Door een goede dienstverlening worden de verwachtingen van de afnemers waargemaakt en overtroffen, wat vervolgens de afnemerstevredenheid vergroot en dus de relatiesterkte verbetert. Wordt bovendien een uitstekend product geleverd, waarmee de klant een prijsvoordeel of tijdsbesparing kan behalen, dan komt dat ook ten goede aan de wederzijdse win/win-relatie.

Customer Relations Assessment Matrix

Door de factoren die het actieve koopgedrag en het relatiegedrag bepalen te wegen en te meten kan de *Customer Relations Assessment Matrix* worden samengesteld. Grofweg kunnen de klanten in een viertal groepen worden ondergebracht. De *Customer Relations Assessment Matrix* is in figuur 9.7 weergegeven en de klantengroepen benoemd; de klant als partner, als vriend, als economicus en als dog. Door de weging en meting kunnen we ook de situatie per klant bepalen. De percentages zijn fictief.

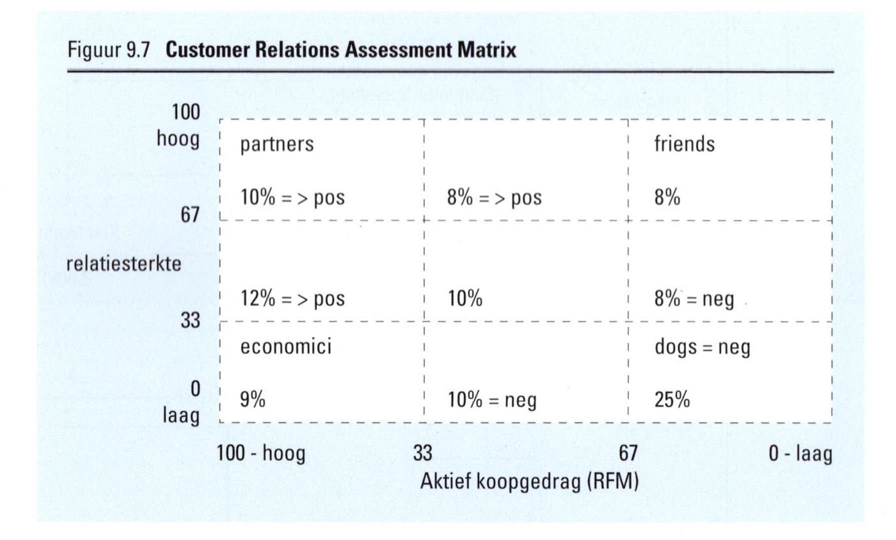

Figuur 9.7 **Customer Relations Assessment Matrix**

Vervolgens worden op basis van kennis en ervaring voor de verschillende klanten of klantengroepen passende strategieën geformuleerd en geïmplementeerd. Per groep van klanten moet een andere klantbenadering c.q. marketingmix worden gekozen.

De klant als 'partner' beleeft zijn relatie met u als leverancier sterk. Voor u als ondernemer is het gewenst zo veel mogelijk van deze partners als klant te hebben. De leverancier moet door een persoonlijke one-to-onebenadering, erkenning, aandacht en loyalty-programma's gericht daaraan werken.

Een 'economicus' als klant is vanwege zijn omvang belangrijk voor de organisatie, zij zijn prijskopers, gevoelig voor hard benefits; lagere premies, pakketkortingen, suggesties om bijvoorbeeld oververzekering te voorkomen, financiële tips et cetera. Deze klanten zijn 'economy shoppers'. Met andere woorden: zij lopen weg als het elders goedkoper is. Zij hebben geen klantenbinding met de leverancier en lijken daar ook geen behoefte aan te hebben. Heel serieus moet worden gekeken, op welke wijze de relatiesterkte kan worden verbeterd.

De 'vrienden' mogen de leverancier natuurlijk wel, maar zij kopen bij de concurrent. De klanten wachten op een beter bod, zij vinden de aanbieder te duur. Cross-selling, deepselling en up-selling zijn mogelijkheden om dit type klanten aantrekkelijker te maken, als dat gepaard gaat met een pakketkorting of een ander efficiencyvoordeel.

Boekenclubs ECI en NBC verdwijnen

Boekenclub ECI, bekend van de acties van drie boeken of cd's voor een tientje, verdwijnt van het toneel. De Duitse eigenaar, mediaconcern Bertelsmann, gaat zijn boekenclubformules volgend jaar drastisch wijzigen. Voor bekende namen als ECI en NBC, komen vier nieuwe clubs in de plaats.

Bertelsmann wil zich met een gezinnenclub, een kinderclub, een lezersclub en mogelijk een erotiekclub ('lovestyle club') meer gaan specialiseren. 'Dat is de afgelopen jaren vergeten', zei ECI-directeur Y. van Oort gisteren. ECI en NBC kregen daardoor te maken met een teruglopend ledenaantal en doken vorig jaar zelfs in de verliezen.

Bertelsmann maakte eerder deze week al bekend alle aandacht te willen richten op zijn in de versukkeling geraakte boekenclubs. Het concern stapt uit internetboekhandel BOL.com en zet zijn overige internetactiviteiten op een lager pitje.

Wereldwijd hebben de Bertelsmann-boekenclubs 28 miljoen leden en zijn er zeshonderd clubwinkels. In Nederland hebben ECI en NBC in totaal 1,5 miljoen leden die goed zijn voor een jaaromzet van 180 miljoen euro. Een aantal jaren geleden hadden beiden clubs nog twee miljoen leden. 'Daar moeten we naar terug', zo verduidelijkt Van Oort.

Volgend jaar starten de nieuwe clubs een grootscheepse reclamecampagne. Leden krijgen het aanbod om hun abonnement in te ruilen voor een of meerdere clubs. ECI verwacht geen problemen. 'Testgroepen hebben uitgewezen dat de clubs heel positief worden ontvangen.'

Onduidelijk is nog wanneer de nieuwe formules precies gaan beginnen. Van Oort: 'We zijn klaar om alles om te gooien, maar er is onduidelijkheid of het distributiecentrum in Vianen wordt verplaatst naar het centrale distributiecentrum in Güterloh (Duitsland). Met deze onzekerheid durven we de veranderingen nog niet aan.'

Het besluit om het distributiecentrum te verplaatsen, waardoor honderd van de circa 1 000 banen bij ECI-Nederland zullen verdwijnen, viel in juli nog onder het bewind van Bertelsmann-bestuursvoorzitter Thomas Middelhoff. Onder de nieuwe leiding kan dat besluit nog worden teruggedraaid. De veranderingen gaan dan op zijn vroegst begin 2003 in.

Bron: *Trouw*, 6 september 2002

Is de klant een 'dog', dan is het advies afscheid van hem te nemen. De kans is klein dat deze klanten winstgevend of voldoende aantrekkelijk kunnen worden.

9.5 **Marketingaudit**

De marketingaudit wordt omschreven als een diepgaande periodiek terugkerende systematische interne analyse, evaluatie en beoordeling van alle strategische en operationele facetten van een marketingplan voor een bepaalde strategische planningseenheid. De marketingfuncties en -activiteiten worden geëvalueerd.

Bij een marketingaudit gaat het om de doorlichting van de verschillende marktsegmenten, de huidige marktpositie, de externe factoren en het definiëren van de voornaamste kansen en bedreigingen per segment. Ze moet gericht zijn op verbetering van het beleid en het functioneren van de organisatie, dus de organisatieperformance.

Hierbij gaat het vooral om:
- effectiviteit (worden de doelstellingen gehaald?);
- efficiency (worden de middelen, zoals management, personeel, systemen, instrumenten, met de juiste kwaliteit en omvang ingezet?);
- adaptiviteit (snelheid en flexibiliteit), op zowel strategisch als operationeel niveau.

'Omo power', de strijd om de wasmiddelenmarkt

De marketingdoelstelling van Unilever: stijging van marktaandeel in Nederland van 7% naar 15% is niet gehaald, integendeel. Het marktaandeel is teruggevallen naar 6%. 'Er is iets misgegaan tussen R&D en Marketing', relativeert Unilever.
Er blijkt veel meer mis te zijn gegaan en de schade is tientallen miljoenen guldens groot. Het meer dan 40 jaar oude A-merk Omo heeft een fikse knauw gekregen.
Een marketing audit ligt voor de hand en wel om de volgende drie redenen:

1 De organisatie heeft blijkbaar gedisfunctioneerd, langs elkaar gewerkt, waardoor ernstige fouten zijn gemaakt, zoals door:

- R&D: verkeerde katalysator en/of verkeerde samenstelling genomen. De risico's daarvan, die bekend waren, zijn in onvoldoende mate met andere disciplines doorgesproken.

Bovendien is verzuimd de gebruiksinstructies voldoende duidelijk (type was, temperatuur) op te stellen.

- Marketing: heeft zij wel of niet instructies van R&D naast zich neergelegd en is ze daardoor met superlatieven, voor wat betreft het product en marktintenties, naar 'buiten' gekomen? Waarom heeft men voor 'ongedifferentieerde' (één wasmiddel voor alle was) marketing gekozen? De reactie van de concurrentie is in ieder geval onderschat bij de opstelling van het marketingplan. Dit is een ernstige beoordelingsfout.
- PR: zij hebben niet adequaat gereageerd, geen 'openheid' betracht; te lang getalmd met het 'terugslaan' van Procter & Gamble. Unilever heeft een desolate indruk achtergelaten: intrekking van juridische procedure, wijziging van de samenstelling van het product, geen regie over de TNO-resultaten, publieksgroepen en dergelijke.

2 Een dergelijke audit moet objectief en onafhankelijk (door experts van andere SBU's of door derden) worden uitgevoerd, om zowel de strategische als operationele aspecten van het marketingplan te beoordelen.

3 Er moet een plan van aanpak worden vastgesteld, zowel operationeel als strategisch, om de schade te beperken, intern orde op zaken te stellen, en de ontstane planningsgap te dichten. Daartoe kan de aanzet tot de ontwikkeling van een 'nieuwe generatie Omo' behoren.

Audit versus marketingplan

Kenmerkende verschillen tussen de marketingaudit en het 'gewone' strategische marketingplan zijn dat de marketing audit:

- objectief en onafhankelijk wordt uitgevoerd; de 'onderzoekers' mogen zelf geen belang hebben bij de uitkomst van de audit;
- een diepgaander en grootschaliger karakter heeft; de audit heeft betrekking op de gehele planningsunit, zoals een SBU met meerdere PM-combinaties;
- ook aspecten buiten de planningseenheid op organisatieniveau meeneemt, zoals het strategisch profiel van de onderneming;
- veelal in hiërarchie strategischer van aard is.

De voornaamste overeenkomst van een marketingaudit met een marketingplan is, dat ook de audit regelmatig gehouden moet worden en eveneens toekomstgericht moet zijn.

Audits in de praktijk

Marketingaudits worden in de praktijk vaak pas uitgevoerd als de resultaten onder druk staan, bijvoorbeeld bij reorganisaties, bij een of andere vorm van samenwerking met andere planningunits of organisaties en ook vóór of bij het aantreden van een nieuw management. Om kritisch te blijven en 'indutten' te voorkomen zou een marketingaudit als een vast fenomeen periodiek moeten plaatsvinden, dus ook in perioden van succes.

Een marketingaudit moet zorgvuldig worden voorbereid, waarbij een volledig commitment van de directie nodig is over het kader van de audit, zodat op een optimale samenwerking (toegang tot mensen en informatie) binnen de organisatie kan worden gerekend.

De onderdelen voor een marketingaudit zijn, verspreid in dit hoofdstuk, al aan de orde geweest. Hierna volgt een samenvatting van de hoofdpunten van een marketingaudit en de vragen die daarbij beantwoord moeten worden.

De externe omgeving

- De *macro-omgeving*, zoals ontwikkelingen en trends over:
  - demografische veranderingen
  - economische factoren
  - politieke en juridische factoren
  - ecologische en volksgezondheidsfactoren
  - sociaal-culturele en ethische factoren
  - technologische factoren.

- De *meso-omgeving*, zoals ontwikkelingen en trends in:
  - de markt op bedrijfstakniveau
  - de vraagzijde: afnemers
  - de aanbodzijde: de aanbieders, concurrentie
  - de distributie: grossier, retailer
  - de dienstverleners: bank, expeditie
  - andere stakeholders: milieu- en consumentengroepen.

NS Cargo samen met Deutsche Bahn

DOOR ONZE REDACTIE ECONOMIE

Utrecht – Het noodlijdende goederenbedrijf van de Nederlandse Spoorwegen, NS Cargo, gaat samenwerken met het goederenbedrijf van Deutsche Bahn, DB Cargo. Dit gebeurt in een nieuw Europees spoorbedrijf.

Het gaat om een Duits bedrijf dat in de tweede helft van volgend jaar van start gaat. De samenwerking heeft beperkte gevolgen voor het personeel van NS Cargo. Dit hebben de vakbonden vanmorgen van de directie van NS Cargo te horen gekregen. Het nieuwe spoorbedrijf krijgt voorlopig de naam Rail Cargo Europe. Het hoofdkantoor wordt gevestigd in Mainz.

De werkmaatschappijen NS Cargo en DB Cargo blijven bestaan. Beide bedrijven stoppen al hun aandelen in het nieuwe bedrijf.

Belang

Welk belang ieder krijgt is nog niet duidelijk. Volgens bestuurder L. Vlek van FNV Bondgenoten moet onderzoek dit uitwijzen. Daarbij wordt gekeken naar de inbreng van aandelen, maar ook naar het rendement van de bedrijven.

Vanmiddag zouden de plannen officieel worden bekendgemaakt op het hoofdkantoor van DB Cargo in Mainz.

NS Cargo en DB Cargo vormen samen het eerste grensoverschrijdende goederenspoorbedrijf in Europa. Het Nederlandse bedrijf, dat is voortgekomen uit het oude staatsbedrijf Nederlandse Spoorwegen maar al geruime tijd zelfstandig opereert, is al lang op zoek naar een partner voor een strategische samenwerking. De NS-top vindt het bedrijf, met een omzet in 1997 van 310 miljoen gulden, te klein om internationaal echt een rol van betekenis te kunnen spelen. Bovendien vallen de resultaten van het bedrijf erg tegen. Vorig jaar werd zes miljoen gulden verlies geleden. Het was de bedoeling dat NS Cargo dit jaar uit de rode cijfers zou komen. Inmiddels is echter bekend dat het eerste kwartaal van 1998 zo slecht is verlopen dat het bedrijf zonder ingrepen aankoerst op een verlies van 25 miljoen gulden.

Kosten

Samenwerking met de Duitsers kan een grote stap betekenen in het terugdringen van de kosten voor de NS. Het goederenvervoer is sterk internationaal gericht en voor veel landen moet men vanuit Nederland door Duitsland rijden.

In Duitsland moeten spoorwegmaatschappijen een soort tol betalen voor het gebruik van het spoor. De tol is lager naarmate het bedrijf meer kilometers maakt. De DB is als grootverbruiker daardoor goedkoop uit. Overigens werkt NS Cargo ook nu al binnen NDX samen met Deutsche Bahn en de Amerikaanse transportondernemer CSX.

Bron: *Haagsche Courant*, 23 juni 1998

Belangrijke veranderingen in de meso-omgeving, zoals concurrentieontwikkelingen, kunnen van grote invloed zijn op de kansen van de eigen organisatie, zowel nationaal als internationaal

De eigen organisatie

Daarbij komen aan de orde:

- het strategisch profiel
- de strategieën
- de marketinginstrumenten

- de marketingorganisatie
- het functioneren van marketing
- de marketingresultaten
- de marketingmiddelen en -systemen.

Het strategisch profiel
- Is de missie duidelijk en werkbaar?
- Zijn de doelstellingen (organisatie, marketing) duidelijk, realistisch, haalbaar en hiërarchisch eenduidig?
- Is de business definition nog de juiste of zijn er winstgevender combinaties?

De strategieën
- Zijn de marketing- en productontwikkelingsstrategieën duidelijk en geschikt om de doelstellingen te realiseren?
- Zijn de budgetten aangepast aan de te bereiken doelstellingen per markt of productgroep en verdeeld over de marketinginstrumenten?

De Vleeshouwerij: een marketingaudit is gewenst

Een door 'derden' uitgevoerde marketingaudit is inderdaad noodzakelijk, omdat:
- de omzetgroei bij de sterk gestegen kosten (rente, overhead, afschrijvingen) achterblijft;
- de internationale activiteiten in Engeland en Frankrijk na zeven jaar, nog steeds zwaar verliesgevend zijn;
- de organisatie nog onvoldoende op de veranderende omgeving is ingespeeld;
- de deelneming in NV Heinen te Malmédy wellicht overbodig is geworden door de eigen afdeling Productontwikkeling;
- de overcapaciteit in productie op korte termijn verkleind moet worden.

De marketinginstrumenten
De marketinginstrumenten per product/markt (PM-combinatie), dus:
- productbeleid
- prijsbeleid
- distributiebeleid
- communicatiebeleid
- persoonlijke verkoop.

De marketingorganisatie
- In welke mate heeft marketing invloed op de organisatieactiviteiten die medebepalend zijn voor de 'customer satisfaction'?
- Is de marketing optimaal georganiseerd?

Het functioneren van marketing
- Is er een goede communicatie tussen marketing en verkoop?
- Zijn de productmanagers en accountmanagers betrokken geweest bij de product-, klant-, winst- en omzetplanning?
- Zijn de marketeers gemotiveerd en kunnen zij zich identificeren met het strategisch profiel van de organisatie?

De marketingresultaten

- Welke omzet- en winstbijdrage leveren de producten, de segmenten en de regio's?
- Moet de mix van markten en producten worden aangepast?
- Hoe effectief en efficiënt zijn de marketingactiviteiten?

De marketingmiddelen en -systemen

Te denken valt hierbij aan:

- marketingondersteuningssystemen
- marketingplanningssystemen
- marketingcontrolesystemen.

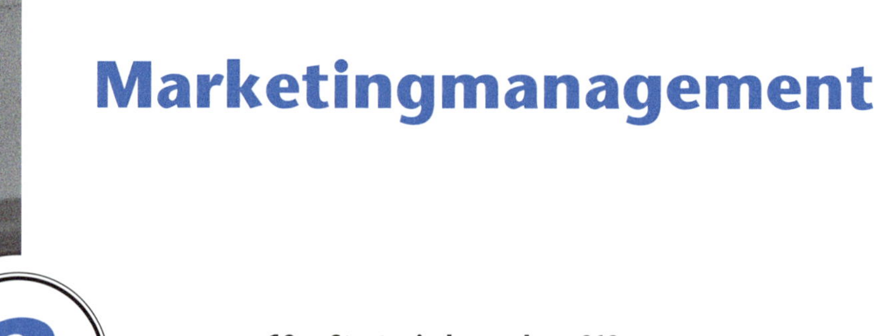

Marketingmanagement

2

In deel 2 gaan we in op de vraag hoe mensen en middelen kunnen worden ingezet, teneinde de nu en in de toekomst gewenste ruiltransacties gedefinieerd binnen een bepaalde product/marktcombinatie, tot stand te brengen. Hierbij dienen we rekening te houden met het in de situatieanalyse geconstateerde centrale probleem. Belangrijke hulpmiddelen daarbij zijn de portfolioanalyses, die ruimschoots in hoofdstuk 10 aan bod komen.

In hoofdstuk 11 laten we echter zien hoe deze beslissingen, als uitgangspunt voor de concrete implementatie, in een marketingplan kunnen worden vastgelegd. Vervolgens gaan we uitvoerig in op de plaats en de inhoud van het marketingplan en de stappen die daarbij moeten worden doorlopen: de situatieanalyse, de externe en de interne analyse, de SWOT-analyse en het formuleren van doelstellingen, de opties en de keuze daaruit, de marketingstrategie, de im-

plementatie en de controle. De concrete uitvoering van de in de analysefase ontwikkelde en in het marketingplan vastgelegde beslissingen worden nader uitgewerkt in de hoofdstukken 12 tot en met 14.

In hoofdstuk 12 staat de marketingstrategie, dat wil zeggen de segmentatie en de positionering centraal, waarbij naast de plaats en de functie van marktsegmentatie, ook het segmentatieproces aan de orde komt. Bovendien wordt ingegaan op het beoordelen en uiteindelijk kiezen voor bepaalde segmenten. Dit resulteert in de keuze voor een bepaalde positionering in de markt. De instrumenten die daarvoor gehanteerd kunnen worden, zijn de bekende marketingelementen, ofwel de marketingmix. In hoofdstuk 13 wordt, naast een algemene inleiding, aandacht geschonken aan de productmix en de prijsmix. In hoofdstuk 14 komen onder meer de beide andere marketingmixinstrumenten aan de orde, namelijk de distributie- en de communicatiemix. Daarin wordt ook aandacht geschonken aan het instrument 'personeel', dat met name in dienstverlenende organisaties van belang is.

Strategische analyse

10

Om zich te kunnen bezinnen op de activiteiten die een onderneming in de toekomst dient te ontplooien moeten managers in eerste instantie hun huidige positie bepalen. Deze analyse resulteert in het vaststellen van het centrale probleem. Dit is het vertrekpunt voor het management voor het ontwikkelen van een alternatief beleid, waardoor het centrale probleem kan worden opgelost.
Een belangrijke langetermijndoelstelling is een goede balans binnen een onderneming te vinden tussen de verschillende producten, productgroepen en SBU's. Hiervoor staat het management een aantal zogenaamde portfolio(analyse)technieken ter beschikking. Een inleiding op deze technieken wordt behandeld in paragraaf 10.1. In paragraaf 10.2 komt eerst het PIMS-project aan de orde en worden vervolgens enkele specifieke portfoliotechnieken behandeld die zowel op concern-, SBU- als PMT-niveau kunnen worden toegepast.
Aan de hand van de situatieanalyse die in paragraaf 10.3 wordt behandeld, wordt van een PMT-combinatie met behulp van de externe, interne en SWOT-analyse een diagnose gesteld. Deze methodieken komen aan de orde in de paragrafen 10.4 tot en met 10.6. Daarbij wordt het centrale probleem gedefinieerd.

10.1 Portfolioanalyse

De portfolio is te vergelijken met een portefeuille met een aantal verschillende vakken waarin zich verschillende zaken bevinden.
Een belangrijke langetermijndoelstelling is een goede balans te vinden tussen de verschillende producten, productgroepen en SBU's binnen een onderneming. Hiervoor staat het management een aantal zogenaamde portfolioanalysetechnieken ter beschikking. De portfoliobenadering is gebaseerd op een aantal uitgangspunten: de levenscyclus, de daaraan verbonden verschillen in cashflow en het leercurve-effect.

Ondernemingen kennen meestal een groot aantal verschillende producten die zich in verschillende fasen van hun levenscyclus bevinden en daarom om verschillende strategieën vragen, aangezien er grote verschillen zijn in winstgevendheid en financieringsbehoefte; sommige onderdelen leveren een positieve cashflow op, terwijl andere onderdelen grote investeringen vragen. Samen vormen ze de portfolio van bedrijfsactiviteiten. Het zal duidelijk zijn dat het in evenwicht houden van deze verschillende cashflows een zorgvuldige planning vereist.

Uitgaande van de veronderstelling dat producten ontstaan, groeien en daarna wegkwijnen – kortom, een levenscyclus hebben – is een portfolio van producten nodig, waarbij met de cashflow van bestaande producten de nieuwe producten worden gefinancierd (zie figuur 10.1).

Figuur 10.1 **Productlevenscyclus: groei, winst en investeringen**

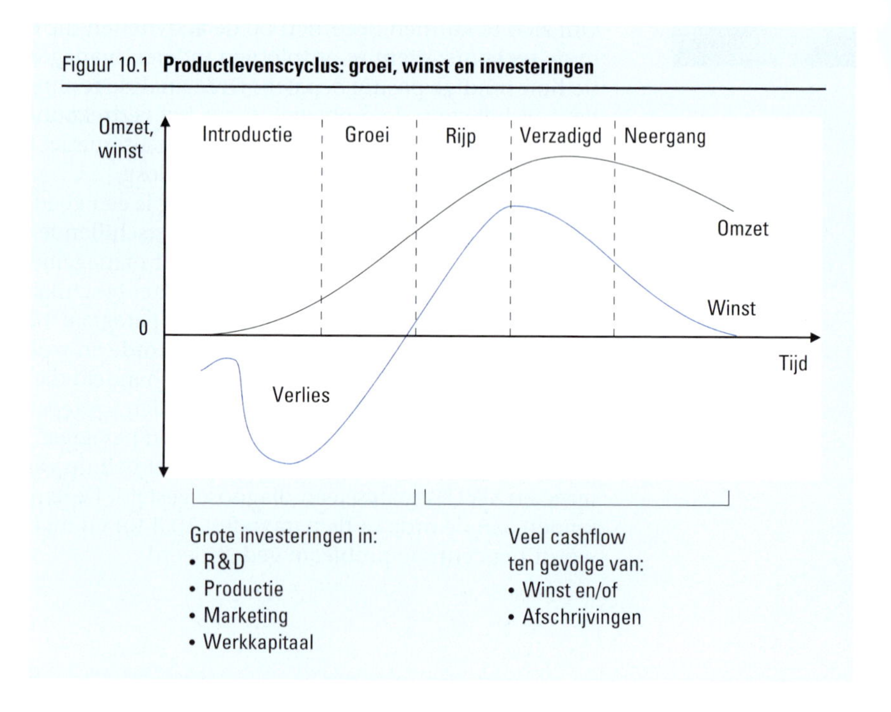

Portfoliobenadering voor verschillende doeleinden

De *portfoliobenadering* kan overigens voor verschillende doeleinden goede diensten bewijzen:

- De concernleiding kan de portfoliotechniek toepassen op de verschillende SBU's, waarbij met de cashflow van één SBU de groei van

een andere SBU wordt gefinancierd, als dit past in de door het concern ontwikkelde strategie.
- Binnen een SBU kan de techniek worden toegepast voor de PMT's en binnen de PMT's weer voor verschillende producten.
- Voor prioriteitstelling van landen in een multinational.

Een voorbeeld van deze opeenvolgende cycli van investeringen en rendementen is weergegeven in figuur 10.2.

Figuur 10.2 **De investerings-/inkomenscyclus**

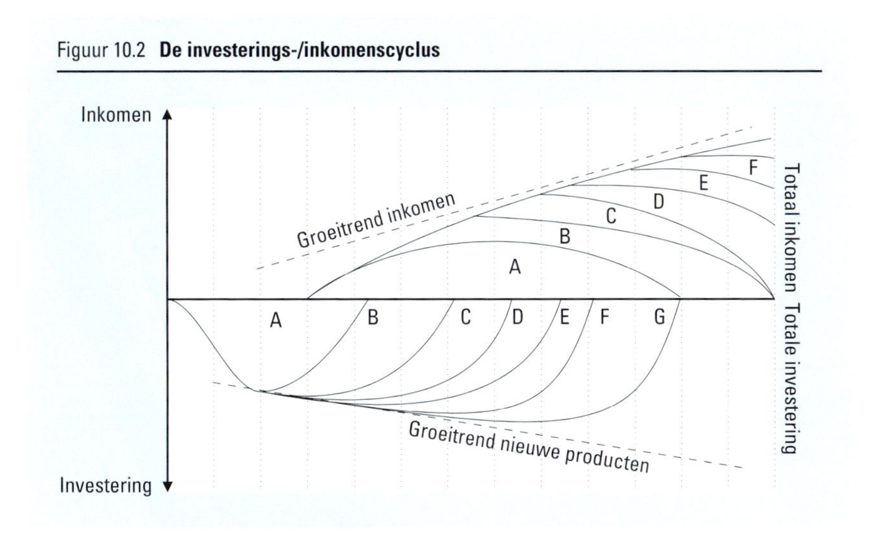

De aanvankelijke investering voor product A leidt tot een inkomen dat weer zal dienen om de investeringen voor de producten B en C te financieren. Kortom: de voorgangers financieren de opvolgers in de portfolio.

Strategische en marketingimplicaties

Het portfolioconcept heeft een aantal algemene *strategische en marketingimplicaties*. Het beheren en sturen van de cashflow is vooral van strategisch belang; het doorlopen van producten van een levenscyclus met een daarbij noodzakelijk voortdurend veranderend beleid heeft consequenties voor het marketingbeleid. De meeste ondernemingen bewerken een verscheidenheid aan markten met een groot aantal producten, merken en productvariëteiten. Voortdurend worden nieuwe producten ontwikkeld; de bestaande producten bevinden zich in verschillende fasen van hun product-levenscyclus; er zijn complementaire producten, meelopers en contributiebrengers.

Het teruglopen van de beschikbare kasmiddelen door een vertraagde marktgroei, inflatie, afbrokkelende marges en hoge rente op geleend kapitaal, dwingt ondernemingen hun productportfolio op de voet te volgen, te analyseren en kritisch te evalueren. Het moet hen in staat stellen te bepalen welke producten behoefte hebben aan kasmiddelen om hun groeipotentieel te realiseren en welke producten een kasstroom kunnen genereren. De portfoliobenaderingen gebruiken een groot aantal criteria, zoals relatief marktaandeel, marktgroei, winstgevendheid, contributiemarge en omzet. De producten worden, teneinde het cijfermateriaal te groeperen, meestal in een matrix geplaatst met deze variabelen als assen.

Mona is een onderneming die voortdurend met nieuwe producten op de markt komt

Voor het uitvoeren van portfolioanalyses staat de marketeer een aantal technieken ter beschikking. De belangrijkste (PIMS, BCG en MABA) worden hierna behandeld.

10.2 PIMS en de portfoliotechnieken

Alvorens dieper in te gaan op enkele specifieke portfoliotechnieken is het van belang eerst enige aandacht te besteden aan het zogenaamde PIMS-project (Profit Impact of Market Strategy). Dit is een empirische database die een groot aantal variabelen bevat omtrent uiteenlopende aspecten van een groot aantal business units.

Het PIMS-project

Om de verschillende activiteiten kritisch te kunnen beoordelen bestaat bij het management een grote behoefte aan inzicht in de kritische succesfactoren. In de jaren zestig is het management van General Electric daarom begonnen met het systematisch verzamelen van een groot aantal gegevens over de verschillende PMT-combinaties, waarin dit concern zich beweegt (General Electric maakt keukenwekkers maar ook kernenergiecentrales). Later zocht General Electric samenwerking met de Harvard Business School en werd het Strategic Planning Institute opgericht dat het beheer van de *PIMS-database* overnam. Op dit ogenblik nemen ruim 250 ondernemingen met ruim 3000 business units deel aan het PIMS-project.

PIMS-database

Werkwijze van PIMS

Een deelnemende business unit of onderneming beantwoordt ruim 100 vragen over de branche, klanten, financiële gegevens, concurrenten enzovoort. Deze gegevens worden in de PIMS-database ingevoerd en vergeleken met andere bedrijven uit dezelfde branche.
Op deze manier ontstaat het zogenaamde *PAR-rapport* (parity).
Dit rapport verstrekt vergelijkende gegevens over de businesspositie, marktaantrekkelijkheid, concurrentiepositie, cashflow en Return On Investment (ROI) van de branchegenoten. De onderneming kan zich hieraan vervolgens spiegelen en zien of men het 'goed doet' of niet.

PAR-rapport

PIMS geeft ook een prognose over de uitgezette strategie. Bijgestelde strategieën kunnen steeds weer door PIMS worden doorgerekend. De empirische uitkomsten van PIMS zijn op zichzelf niet schokkend,maar kunnen in totaliteit (strategie) als een 'eye-opener' fungeren (zie tabel 10.1)

Tabel 10.1 **Factoren die de winstgevendheid beïnvloeden**

Factoren	**Invloed op de ROI**
Factoren met betrekking tot de concurrentiepositie:	
• Hoog relatief marktaandeel (ten opzichte van de voornaamste concurrent)	+
• Hoge productkwaliteit	+
Factoren met betrekking tot de productiestructuur:	
• Hoog geïnvesteerd vermogen ten opzichte van omzet	–
Capaciteitsbenutting	+
• Productie-efficiëntie	+
Marktattractiviteit:	
• Marktgroei	+
• Marketingkosten ten opzichte van omzet	–
• Hoge toegevoegde waarde ten opzichte van de omzet (laag aandeel van de ingekochte goederen)	+

Resultaten van PIMS

In het algemeen heeft PIMS voor alle branches tot de volgende resultaten geleid:
- Hoge investeringen en een intensieve marktbewerking leiden tot een kleine ROI.

- De ROI is het hoogste bij een relatief groot marktaandeel.
- Bij kapitaalintensieve ondernemingen leidt een zo hoog mogelijke capaciteitsbenutting tot een hoge ROI.
- Een intensieve marktbewerking door ondernemingen met een klein marktaandeel leidt tot een lage ROI.
- Snel opeenvolgende introducties van een nieuw product leiden tot een lage ROI.
- Investeringen in R&D zijn het meest profijtelijk in een volwassen, langzaam groeiende markt.
- Een smal productassortiment is profijtelijker aan het eind van een productlevenscyclus.
- Een groot relatief marktaandeel geeft een betere cashflow.
- Een groot marktaandeel, gekoppeld aan relatief lage investeringen, genereert veel kasmiddelen. Daarentegen ontstaat een negatieve cashflow bij een klein marktaandeel en hoge investeringen.
- Bij een dalend marktaandeel en lage investeringen ontstaat een overschot aan liquide middelen (harvesting strategy).
- Hoge investeringen, gecombineerd met hoge marketinginspanningen, leiden tot een negatieve cashflow.

Uit het PIMS-onderzoek blijkt, dat het marktaandeel een van de belangrijkste factoren voor de winstgevendheid (de ROI) is (zie figuur 10.3).

Figuur 10.3 **Invloed van het marktaandeel op de ROI**

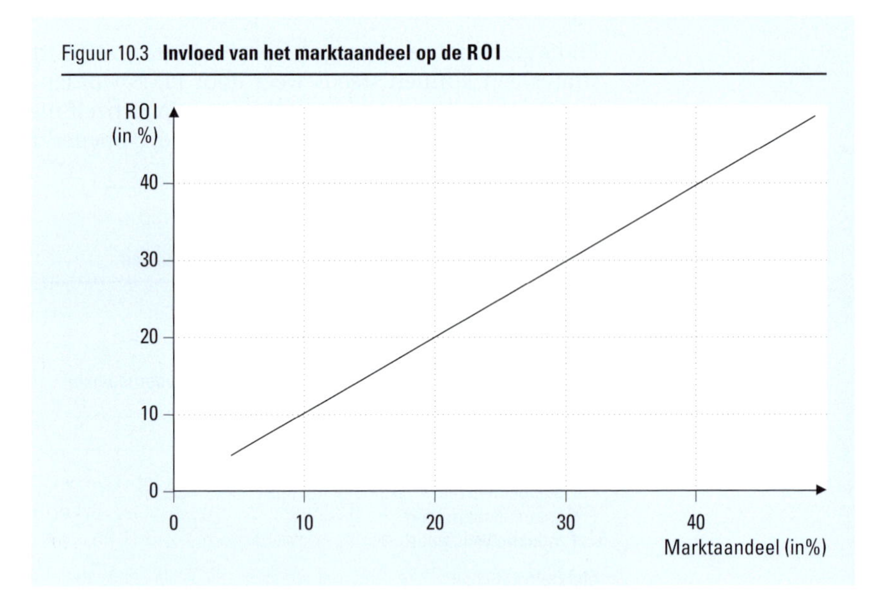

Schaal- en leercurve-effect

De belangrijkste oorzaak hiervan is dat bij een stijgend marktaandeel, dus hogere afzet, de kosten per eenheid product dalen (zie figuur 10.4). Dit noemt men wel het *schaal- en leercurve-effect*.

In het algemeen blijkt dat bij een verdubbeling van de productie de kosten per eenheid product met ongeveer 20 tot 30% dalen. Dit komt door een aantal voordelen, namelijk:
- goedkopere grondstoffen (schaaleffect);
- effectievere advertising (schaaleffect);

Figuur 10.4 **Schaal- en leercurve-effect**

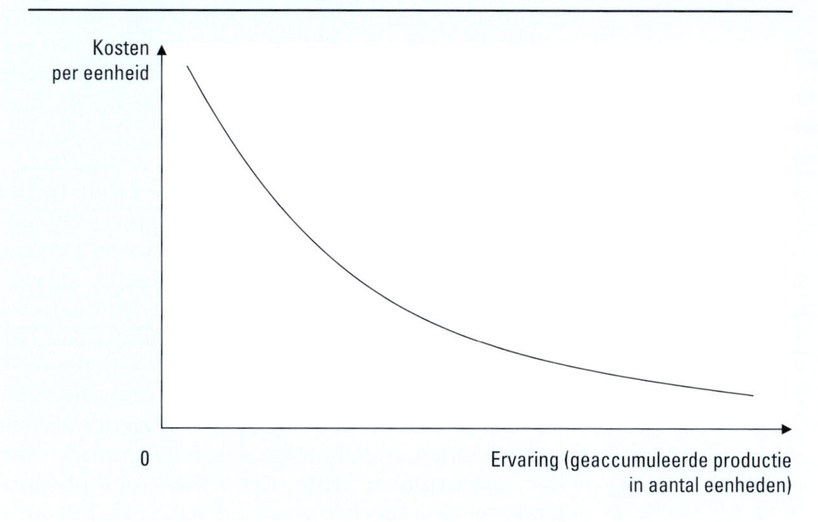

- in de procesindustrie stijgt bij een capaciteitsverdubbeling (stijging met 100%) de investering met 60% (schaaleffect);
- efficiëntere productie (leercurve-effect);
- standaardisatie (leercurve-effect).

Schaaleffecten zijn verbonden met schaalgrootte (marktaandeel), terwijl leercurve-effecten verband houden met 'hetzelfde vaker gedaan hebben' en dus 'beter weten hoe het moet'. Leercurve-effecten zullen ook bij een klein marktaandeel optreden, maar dan langzamer verlopen dan bij een groot marktaandeel.

Een bedrijf dat meer produceert dan zijn concurrenten, heeft blijvend lagere kosten en daardoor een hogere winst. Wanneer deze winst wordt geïnvesteerd in bijvoorbeeld productie-efficiency, productontwikkeling en standaardisatie, kan dit effect nog worden versterkt.

BCG-portfolioanalyse

De Boston Consulting Group (BCG) ontwikkelde aan het einde van de jaren zestig een portfoliomatrix met 'marktaandeel' en 'marktgroei' als dimensies. De redenering van de consultants is gebaseerd op de hypothese dat de cashflow (kasstroom) een functie is van deze beide dimensies:

- Hoe sterker de *marktgroei*, des te groter is het kasverbruik. De onderneming moet immers hoge bedragen investeren om de marktpositie te behouden en te vergroten.
- Het genereren van een kasstroom staat in een positieve relatie tot de *marktaandeelpositie*. Een en ander is het gevolg van het schaaleffect (zie PIMS, figuren 10.3 en 10.4).

De twee genoemde dimensies, marktaandeel en marktgroei, vormen de sleutelelementen bij het in kaart brengen van de ondernemingsactiviteiten. Alhoewel het model zijn beperkingen kent (marktaandeel en

BCG-matrix

marktgroei zijn niet de enige factoren die de cashflow bepalen), wordt de *BCG-matrix* (in Amerikaans jargon: growth-share-matrix) nog steeds gebruikt om zijn eenvoud en objectiviteit, als raamwerk voor de strategische planning, vooral op het niveau van een product of merk, bijvoorbeeld om het assortiment kritisch te beoordelen. De BCG-matrix wordt echter ook voor SBU's gebruikt bij de planning op concernniveau.

Marktgroei

Zoals figuur 10.5 illustreert, zetten we op de verticale as van de BCG-matrix de *marktgroei* af. Onder marktgroei verstaan we het percentage waarmee de markt waarop het product wordt verkocht, jaarlijks groeit. Dit laat dus zien hoe aantrekkelijk de markt op langere termijn is. In de BCG-matrix wordt het onderscheid tussen hoge en lage marktgroei bepaald door de vraag of deze meer of minder dan 10% per jaar bedraagt. Deze 10% blijft u hanteren, terwijl de ondergrens (0%) lager en de bovengrens (20%) hoger kan zijn. Een voorbeeld van een productportfolio waarbij zich producten zowel in stijgende als dalende markten kunnen bevinden, is de huidige wasmiddelenmarkt. Hierbij is de groei van het hoofdsegment 'witte was' vrijwel nihil of van waspoeder zelfs dalend met 8%. Speciale wasmiddelen, zoals bijvoorbeeld color-wasmiddelen, vloeibare wasmiddelen voor zwart wasgoed en tabletten, groeien daarentegen met wel 15 tot 28%.
Bedenk bij de BCG-matrix dat bij een dalende markt wel degelijk winst behaald kan worden. Juist dan zal een hoog relatief marktaandeel vruchten afwerpen. Bovendien treedt in dalende markten vaak een shake-out van producenten op, waardoor het RMA (relatief marktaandeel), en daardoor de concurrentiepositie, nog verder toenemen.

Figuur 10.5 **Boston-matrix, de cyclus van 'wild cat' tot 'dog'**

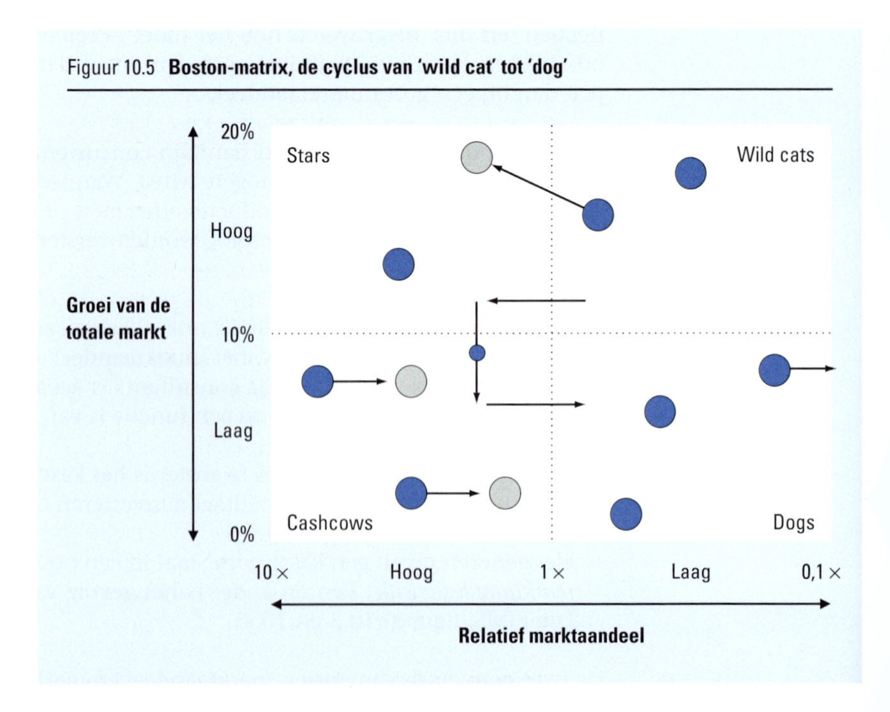

De Boston-matrix bevat op één tijdstip:
- de verkopen in geld (weergegeven door het oppervlak van de cirkel);
- het relatieve marktaandeel: dat is het marktaandeel in relatie tot dat van de belangrijkste concurrent;
- de groeivoet van de totale vraag.

Relatief marktaandeel

Op de horizontale as zetten we het *relatieve marktaandeel* af. Dit berekenen we door het marktaandeel van ons eigen merk te delen door dat van de grootste concurrent. Hier loopt de as van 0,1 tot 10 (logaritmische schaal), met een scheiding tussen een hoog en laag marktaandeel bij een waarde van 1. Een relatief marktaandeel van 0,4 betekent bijvoorbeeld dat het bedrijf een marktaandeel heeft dat 40% is van het marktaandeel van zijn grootste concurrent. Aan de andere kant houdt een relatief marktaandeel van 1,8 in dat het bedrijf marktleider is, en een bijna tweemaal zo groot marktaandeel heeft als zijn grootste concurrent (zie tabel 10.2). Zo kunnen we elke product/marktcombinatie (weergegeven door een cirkel waarvan de diameter proportioneel is aan de omzetgrootte in guldens) op de juiste plaats in de matrix tekenen, afhankelijk van haar relatief marktaandeel en de groeivoet van de totale markt. Bovendien kan met een pijl de beweging in de markt worden aangegeven.
Zo worden hoofd- van bijzaken onderscheiden: een relatief marktaandeel van 1,5 in een minuscule markt die bovendien daalt, is minder interessant dan een relatief marktaandeel van 1,0 in een zeer grote markt, die stijgend is.

Tabel 10.2 **Relatieve marktaandelen Nederlandse yoghurtmarkt, 1995** (in %)

Merk/aanbieders	Marktaandeel	Relatief marktaandeel
Mona	23,2	1,1
Melkunie	20,9	0,9
Private labels	18,8	
Almhof	2,1	0,1
Südmilch	2,0	0,1
Overige coöperaties	27,2	
Overige merken	5,8	

Bron: *NieuwsTribune*, 22 juni 1995

Opmerking De relatieve marktaandelen worden alleen berekend voor de individuele merken en niet voor groepen van merken of aanbieders.

Cellen in de Boston-matrix

We onderscheiden vier cellen in de Boston-matrix, op basis van de hoeveelheid kasmiddelen die de producten daarin opleveren of van het bedrijf nodig hebben. We noemen ze in termen van de Boston Consulting Group (zie figuur 10.5):
1. stars
2. cashcows
3. wild cats
4. dogs.

Stars

Stars zijn producten met een hoog marktaandeel en een grote groei. Ze zijn in de regel zelffinancierend. Toch is de netto cashflow (= bruto cashflow – herinvesteringen) meestal klein. De leiding zal in deze producten investeren om het marktaandeel te behouden. Als ze hierin slaagt, dan worden zulke producten voortbrengers van de kasstroom. Wanneer de marktgroei afneemt, krijgt de onderneming melkkoeien. Als de onderneming er niet in slaagt bij een afnemende marktgroei het marktaandeel te behouden, krijgt men honden. Sterproducten zijn de toekomst van de onderneming. Managers moeten de marktpositie van sterren behouden of verstevigen.

Cashcows

Cashcows brengen een sterke positieve cashflow voort dankzij hun hoog relatief marktaandeel, dat wil zeggen: de ratio van het eigen marktaandeel ten opzichte van de belangrijkste concurrent is minstens 1,5. Zij genereren doorgaans veel meer kasmiddelen dan nodig is voor herinvestering. De vrijkomende fondsen kunnen dienen om de wilde katten en de productontwikkelingsactiviteiten te financieren. Sporadisch zullen ze ook geld vrijmaken om sterren te steunen.

Wild cats

Wild cats zijn probleemkinderen; ze vereisen zeer hoge investeringen in verband met hun grote groei. Gezien de zwakke concurrentiepositie is hun spoeling echter zeer dun. De term 'wild cat' is heel sprekend. Hij is afkomstig uit het jargon van de oliemaatschappijen die met een 'wild cat' doelen op een nieuwe proefboring. Deze proefboringen zijn duur en de opbrengst is onzeker. De strategische opties voor zulke producten zijn ofwel het marktaandeel opvoeren ofwel de hele opzet liquideren. Een tussenpositie bestaat niet.
Het vergroten van het marktaandeel is mogelijk ten koste van zeer grote inspanningen. In snelgroeiende markten zijn marktaandelen nog niet gestabiliseerd; daardoor kan de marketeer zijn positie verstevigen door een groter deel van de nieuwe afnemers aan zich te binden. Dit gaat niet zo drastisch ten koste van de concurrentie als in een stabiele markt, waar winst voor de ene concurrent onmiddellijk vertaald wordt in verlies voor de andere. Duidelijk is dat het hier gaat om een dure risicostrategie, omdat deze een hogere groei inhoudt dan het reeds hoge groeipercentage van de markt. De leiding moet het aantal producten in deze categorie dan ook sterk beperken. Alleen de winnaars moeten worden ondersteund. De andere probleemkinderen zal men verkopen of 'bevriezen'. In plaats van wild cats of problem children spreekt men ook wel over question marks.

Dogs

Dogs (laag marktaandeel en lage groei) genereren weinig of geen kasmiddelen. Ze hebben geen toekomst meer. De suggestie kan zijn: 'uitmelken'. Dat wil zeggen – zonder er nog middelen in te investeren – hun cashflow maximaliseren. Toch blijken – zeker in tijden van recessie – zeer veel ondernemingen een groot deel van hun omzet te realiseren op stagnerende of inkrimpende markten.
Desinvestering van al hun honden is dan uiteraard ondenkbaar. In zulke situaties lijkt het dan ook beter door intensieve kostenbeheersing de kosten te minimaliseren of de zaken in te krimpen, om op een gespecialiseerd terrein marktleider te worden. Een 'dogs'-product kan overigens ook nut hebben in de vorm van complementariteit met winstgevende producten, of omdat het onmisbaar is voor een trouwe klant. Verliesgevende dogs worden gesaneerd.

Elk kwadrant in de portfolio vertegenwoordigt in feite een ander type 'business', waarvoor telkens andere strategische marsroutes dienen te worden gekozen. Elk type binnen de portfolio vereist een verschillende combinatie van marketingacties.
Hoe kunnen we de portfolioanalyse nu het beste gebruiken bij het ontwikkelen of bijstellen van de marketingstrategie? Van de twee dimensies uit de Boston-matrix (marktgroei en marktaandeel) is de eerste niet te beïnvloeden door de marketeer. Resteert dus het gewenste marktaandeel, als uitkomst van een strategische optie.

BCG-strategieën

Marktaandeel-strategieën

Vanuit een bepaalde portfoliopositie zijn vier *marktaandeelstrategieën* denkbaar, namelijk:
1 building strategy (wild cats en stars)
2 holding strategy (stars)
3 harvesting strategy (cashcows)
4 withdrawal strategy (dogs).

Building strategy

Een *building strategy* kan offensief of defensief worden uitgevoerd. Het doel ervan is een minimum gewenst marktaandeel te realiseren. Men heeft dus de keuze uit fors investeren of stoppen. Deze strategie is vooral geschikt in groeimarkten, omdat een groot aantal zaken dan nog in beweging is en de groei niet primair van de concurrenten hoeft te komen. De groei van het marktaandeel verkrijgt men daarentegen vooral uit een relatief groot deel van de markttoename of door het aantrekken van nieuwe kopers.

Holding strategy

De *holding strategy* is gericht op het vasthouden van het huidige marktaandeel. Deze strategie wordt toegepast voor producten die op een markt domineren, zich in het star-kwadrant bevinden waarvan de groei weliswaar groot is, maar wel stabiliseert. In een dergelijke situatie is het van belang het marktaandeel vast te houden. Het vergroten van het marktaandeel zal in zo'n situatie leiden tot een meer dan proportionele kostenverhoging, omdat de concurrentieverhoudingen al vastliggen.

Harvesting strategy

Bij de *harvesting strategy* is het doel het maximaliseren van de opbrengst (het uitmelken, oogsten, van het marktaandeel). Harvesting is bij uitstek geschikt voor producten in het cashcow-kwadrant. Deze producten worden vaak afgezet in een markt met een matige groei. Bovendien is de strategie vooral geschikt voor 'rijpe' ondernemingen c.q. markten met leidende merken. In dit geval is het zaak deze producten tegen zo laag mogelijke kosten te produceren en met minimale marketinginspanningen af te zetten. Daardoor ontstaat een overschot aan liquide middelen. De vrijgekomen kasmiddelen vormen de winst, verzekeren de continuïteit van de onderneming en worden gebruikt om producten uit het wild cat- of star-kwadrant te ondersteunen.

Withdrawal strategy

De *withdrawal strategy* (terugtrekken uit de markt) is geschikt als er geen kritisch marktaandeel is met overlevingskansen. Mits zorgvuldig opgezet, kan een dergelijke strategie vaak nog leiden tot winstgevendheid. Er zijn omstandigheden denkbaar waarin voor producten in een dogpositie toch niet voor afbouwstrategie gekozen wordt. Dit kan het geval zijn om redenen van politieke of sociale aard, vanwege productondersteunende activiteiten naar winstgevende business units of omdat het imago van de onderneming in het gedrang zou komen.

De marketingimpact van de verschillende strategieën wordt ter illustratie summier weergegeven in tabel 10.3.

Een onderneming moet zorgen voor een uitgebalanceerde portfolio.

Tabel 10.3 **Marketingimpact Boston-matrix**

Marktgroei	**Marktaandeel**	
	Hoog	Laag
Hoog	Stars: • Agressieve marketing • Distributie opbouwen • Productlijn uitbreiden/vernieuwen	Wild cats: • Verhoogde inspanning qua communicatie en verkoop: image opvoeren • Penetratieprijzen • Selectieve distributie
Laag	Cashcows: • Onderhoudende marketing • Massacommunicatie • Intensieve distributie	Dogs: • 'No frills'-marketing • Creatief omspringen met een klein budget • Focus of afbraak

MABA-analyse

De Boston-matrix heeft anderen geïnspireerd alternatieve portfoliobenaderingen te ontwerpen. Deze vertonen dan een *verfijning* of een meer gerichte strategische inbreng. Zij behoren tot de zogenaamde gestandaardiseerde modellen.

Gestandaardiseerde modellen

Bij de BCG-matrix wordt de positie van producten (in het geval van een PMT-analyse) of SBU's (in het geval van een concernanalyse) bepaald door de marktgroei en hun relatieve marktaandeel. Alhoewel het belang van deze twee factoren door het PIMS-onderzoek wordt bevestigd, is het model toch in de eerste plaats bedoeld om inzicht te geven in de cashflow tussen onderlinge activiteiten. Een onderneming is echter vaak meer geïnteresseerd in het rendement (ROI) van bepaalde activiteiten, omdat hiermee de aantrekkelijkheid van verschillende producten of SBU's kan worden vergeleken. Bovendien wil men graag zoveel mogelijk factoren in de analyse betrekken die invloed op de ROI uitoefenen. Hiervoor is de *negencellenmatrix* van General Electric/McKinsey een goed hulpmiddel. De methode staat ook bekend als de MABA-analyse, een afkorting van Market Attractivity Business Assessment-analyse.

Negencellenmatrix

In dit portfoliomodel worden de aantrekkelijkheid van de bedrijfstak en de concurrentiepositie (= Business Assessment) van de onderneming gepositioneerd in drie niveaus (zie figuur 10.6).

Figuur 10.6 **De negencellen-GE-matrix/MABA-analysemodel**

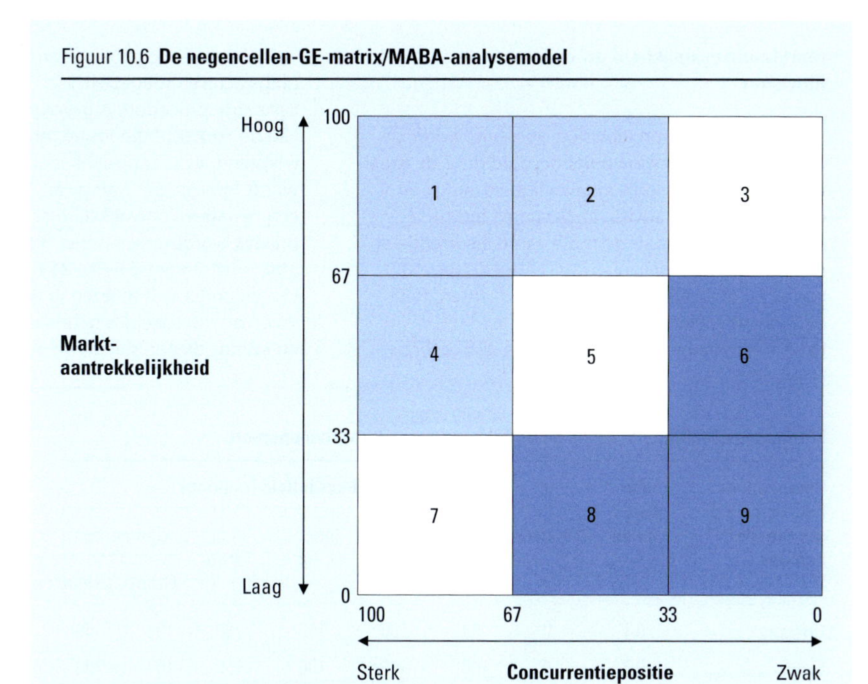

Op de verticale as van de matrix wordt de aantrekkelijkheid van de markt aangegeven en op de horizontale as de concurrentiepositie (Business Assessment) van het product en/of de SBU. Analoog aan de BCG-matrix zijn in dit model de SBU's of producten die een positie hebben in de vakken 1, 2 en 4 het meest aantrekkelijk. Een positie in de vakken 6, 8 of 9 geeft zwakke SBU's of producten aan.

Marktaantrekkelijkheid

Voor de positiebepaling van de producten of SBU's worden, met betrekking tot de *marktaantrekkelijkheid*, externe factoren in de beoordeling betrokken en, met betrekking tot het bepalen van de concurrentiepositie, interne factoren. Als voorbeeld is in tabel 10.4 een aantal van deze factoren genoemd.

Tabel 10.4 **Factoren met invloed op de aantrekkelijkheid van een bedrijfstak en de concurrentiepositie van een product of SBU**

Externe factoren	Interne factoren
Marktomvang	Marktaandeel
Marktgroei	Relatief marktaandeel
De 5 Porter-krachten en -partners	Productpositie
Schaalvoordelen	Prijspositie
Distributiekanalen	Kwaliteit
Koopkracht afnemers	Kostprijspositie
Levenscyclus	Distributiepositie
PIMS-criteria	Knowhow
Milieufactoren	Imago
Winstgevendheid	Personeel

Marktaantrekkelijkheid en concurrentiepositie Riovision

In de markten waarin Riovision opereert, wordt de marktaantrekkelijkheid vooral bepaald door de groei en de betrekkelijke prijsongevoeligheid van sommige sectoren, zoals advies, inspectie en industrie. Andere factoren, zoals de mate van concurrentie en de aanwezige barriers of entry (entreedrempels), vooral bij renovatieprojecten en gemeenten, hebben een negatieve invloed.
Door het management van Riovision zijn op basis van deze overwegingen daarom de aangegeven wegingsfactoren toegepast.
Eenzelfde procedure is gevolgd voor het bepalen van de concurrentiepositie. Als men een marktontwikkeling als zeer positief voor Riovision beoordeelt, wordt hieraan een rating van 100 toegekend; bij een negatieve ontwikkeling een 0 enzovoort. In de praktijk wordt gewerkt met nuanceringen, zoals: 100 (+ +), 75 (+), 50 (0), 25 (–) en 0 (– –).
Een en ander valt te lezen in de tabellen waarbij Riovision als voorbeeld is gebruikt; de wegingsfactoren en ratings dienen slechts als voorbeeld.

Marktaantrekkelijkheid van de deelmarkten waarop Riovision opereert

Voornaamste factoren die de attractiviteit bepalen	Wegingsfactor	Marktaantrekkelijkheid (ranking)						
		Advies	Onderhoud	Renovatie	Inspectie	Industrie	Gemeenten	
							Groot	Klein
Omvang	0,1	0	50	100	100	100	100	50
Groei	0,3	0	100	100	100	100	100	100
Concurrentie	0,2	0	50	0	100	50	50	0
Prijsgevoeligheid	0,3	100	50	0	100	100	50	0
Barriers of entry	0,1	100	50	0	50	50	0	0
Totaalscore	1,0	40,0	65,0*	40,0	95,0	85,0	65,0	35,0

* score = 0,1 × 50 + 0,3 × 100 + 0,2 × 50 + 0,3 × 50 + 0,1 × 50 = 65

Concurrentiepositie van Riovision op de verschillende deelmarkten

Criteria	Wegingsfactor	Concurrentiepositie (ranking)						
		Advies	Onderhoud	Renovatie	Inspectie	Industrie	Gemeenten	
							Groot	Klein
Relatief marktaandeel	0,15	0	100	100	100	100	50	50
Marges	0,25	50	100	0	100	100	0	0
Imago/reputatie	0,20	100	100	100	100	100	100	100
Knowhow	0,30	50	50	50	100	100	50	50
Communicatie	0,10	0	0	0	0	0	0	0
Totaalscore	1,0	47,5	75,0	50,0	90,0	90,0	42,5	42,5

Niet alle factoren zijn even belangrijk. De belangrijkheid verschilt per bedrijfstak. Daarom wordt voor elke factor een weging toegepast. De belangrijkste factoren krijgen daarbij een hoge wegingscoëfficiënt. Deze *wegingsfactoren* kunnen alleen door deskundigen in de betreffende markt worden vastgesteld, meestal het (marketing)management. De som van de wegingsfactoren is 100. (Natuurlijk kunnen in plaats van wegingsfactoren tussen 0 en 100 ook wegingsfactoren tussen 0 en 1 gebruikt worden; dit verandert niets aan de essentie van het model.)

Wegingsfactoren

Positie van Riovision in de deelmarkten

Positie van Riovision in de verschillende deelgebieden

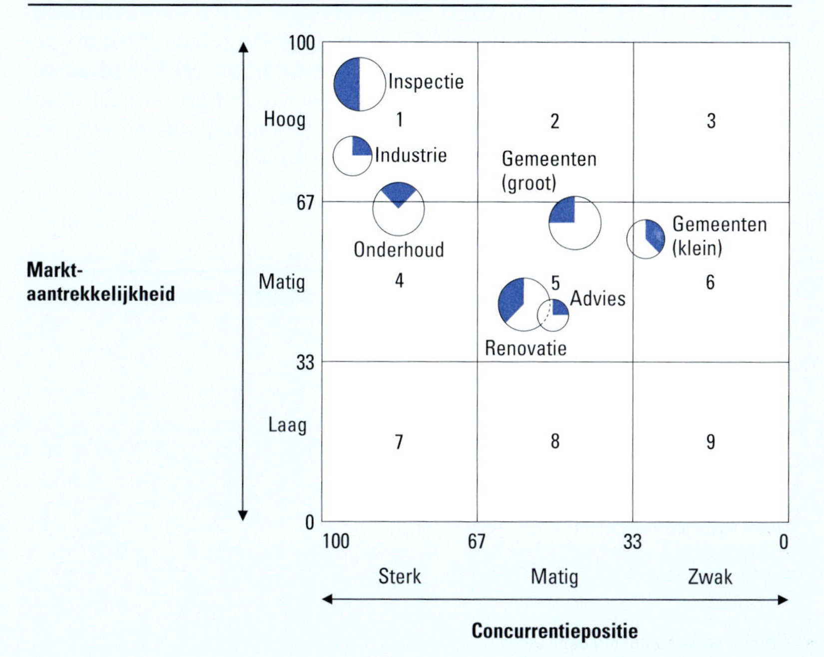

Alhoewel de criteria en de wegingsfactoren vanuit de ondernemingsdoelstelling zijn geformuleerd, zijn ze subjectief. Uit de analyse lijkt echter de inspectie- en industriële markt als de meest aantrekkelijke voor strategisch beleid naar voren te komen.
In het algemeen kan gesteld worden dat in cel 1 met grote globale aantrekkelijkheid, de investeringsinspanning om de groei te bevorderen, moet worden voortgezet. In de cellen 2 en 4 moet groei selectief worden nagestreefd. In de cellen 3, 5 en 7 met middelmatige aantrekkelijkheid, moet zeer selectief het behoud van marktaandeel worden gehandhaafd op basis van 'onderhoudsmarketing' ('maintenance marketing'). Voor de cellen 6, 8 en 9 zal de beslissing worden genomen om er het beste van te maken, voorzichtig uit te melken en tot desinvesteren over te gaan.

Vervolgens worden deze wegingsfactoren vermenigvuldigd met de score, een cijfer tussen 0 en 1. Hiermee wordt aangegeven hoe de onderneming het er, ten opzichte van de concurrentie, vanaf brengt.
De maximaal mogelijke score is dus $100 \times 1 = 100$ voor zowel de marktaantrekkelijkheid als de concurrentiepositie. Nadat de marktaantrekke-

lijkheid en de concurrentiepositie zijn vastgesteld, kunnen deze in de negen-cellen/MABA-matrix worden ingetekend. Elke cirkel in de matrix stelt een afzonderlijke activiteit voor. De grootte van de cirkel geeft de totale omvang van iedere deelmarkt aan. Het donkere deel binnen de cirkel geeft het marktaandeel van de deelactiviteit weer.

PMT-portefeuillebeheer

PMT-portefeuillebeheer (portfolioanalyse) is een strategisch denkmodel, dat op analytische wijze aan het beleid van de onderneming richting kan geven. Het concept verhoogt het inzicht in de huidige en toekomstige toestand van het product of de SBU. De samenhang van de strategieën wordt duidelijk voorgesteld. De verhoogde coherentie die via portefeuillebeheer bereikt wordt, zal resulteren in een stijgende ondernemingswinst. De benadering moet zo dicht mogelijk bij de werkelijkheid blijven. Strategisch denken impliceert voor elke ondernemer echter in de eerste plaats kennis van de eigen omgeving: haar business definition, segmenten, organisatie, productiemethode en beleidsaspecten. De toepasbaarheid van portefeuillebeheer wordt grotendeels door deze factoren bepaald. In tabel 10.5 wordt een samenvatting gegeven van de BCG-, MABA- en PIMS-planningsmethoden.

Tabel 10.5 **Samenvatting planningsmethoden**

	BCG	MABA	PIMS
Verband is			
• Kwantitatief	x		x
• Kwalitatief		x	
Maatstaf/afhankelijke variabele			
• Cashflow	x		x
• ROI		x	x
Onafhankelijke variabelen			
• Marktgroei	x	x	x
• Marktaandeel	x	x	x
• Andere		x	x
Gericht op strategie ten aanzien van			
• Interrelatie van activiteiten	x	x	
• Afzonderlijke activiteiten/business units		x	
Gericht op			
• Lange termijn		x	
• Korte termijn	x		
• Het heden	x	x	

Kanttekeningen bij portfolioanalyse

In het algemeen wordt als bezwaar tegen de BCG-analyse aangevoerd, dat de opzet te simpel is waardoor de complexiteit van een markt niet afdoende wordt benaderd. Dit is op zich juist, alhoewel uit de PIMS-analyse blijkt, dat het relatief marktaandeel en de marktgroei meestal Key Success Factors zijn. Pepsi Cola is in veel markten ten opzichte van Coca-Cola een dog, maar wel zeer winstgevend.

Met betrekking tot de MABA-analyse wordt gesteld, dat het opvoeren van andere elementen en weegfactoren per as (alsook verschillende scores per activiteit), tot andere uitkomsten kan leiden. Hierdoor blijft de analyse subjectief. Ook producten die zich nog maar in een ontwikkelingsstadium bevinden, kunnen niet in de beoordeling worden opgenomen.

Naast kanttekeningen omtrent aannames en scores speelt ook de wijze van afbakenen van de markt een belangrijke rol bij het op de juiste wijze omgaan met portfolioanalyses (bijvoorbeeld de markt van personal computers versus de markt voor notebooks). Bovendien veronderstelt een portfoliomodel dat de erin opgevoerde activiteiten onafhankelijk van elkaar zijn, wat niet altijd het geval is. Het desinvesteren in een bepaalde activiteit kan repercussies hebben voor de opbrengst van een andere activiteit.
Ten slotte geeft een portfolioanalyse slechts een globale strategie aan.

10.3 Situatieanalyse

De situatieanalyse waarin de huidige positie van een onderneming wordt beschreven, bestaat uit een externe analyse en een interne analyse. Deze worden apart behandeld in de paragrafen 10.4 en 10.5.
Een situatieanalyse is een uitgebreid verslag van de marktpositie en de omstandigheden waarin elk van de producten van de onderneming verkeert. Hoewel de gegevens zijn gebaseerd op zowel een externe als een interne analyse, is de meeste informatie te halen uit interne bedrijfsgegevens of de informatie die door collega's kan worden verstrekt.

De situatieanalyse omvat onder meer gegevens over de markt (aard, omvang, de eigen positie daarin, trends), de positie van de concurrentie, de voornaamste omgevingsfactoren, een omschrijving van de doelgroep en het koopgedrag van die doelgroep, de bedrijfsresultaten van de afgelopen jaren, de distributiestructuur en de eigen activiteiten (productie, onderzoek, promotiestrategie enzovoort). Een goede situatieanalyse resulteert in een overzicht van de voornaamste problemen en verwachte kansen voor het product.

SWOT-tabel

De belangrijkste aspecten uit de externe en interne analyse worden samengevat in een overzicht van sterke en zwakke punten van de onderneming (interne analyse) en kansen en bedreigingen voor de onderneming (externe analyse). Zoals bekend is, wordt dit overzicht de *SWOT-tabel* genoemd.
In de SWOT-analyse wordt als het ware een diagnose gesteld van de PMT-combinatie en wordt het centrale probleem van de onderneming geformuleerd door de huidige positie te toetsen aan de gestelde doelen (paragraaf 10.5).
Uit de SWOT-analyse en de geformuleerde doelstellingen komt naar voren welke opties voor de onderneming openstaan. Deze opties worden vervolgens beoordeeld en de meest geschikte wordt geselecteerd. Voor deze optie wordt hierna een operationeel plan gemaakt (zie hoofdstuk 11).

Doel van de analysefase
Het doel van de analysefase is een compleet beeld te krijgen van externe en interne factoren die medebepalend zijn voor de langetermijnrichting (strategie) die men voor de deelmarkt wil volgen. De externe analyse van de markt en de concurrentie (en andere belangrijke omgevingsvariabelen, bijvoorbeeld wettelijke bepalingen) moeten leiden tot een inschatting van kansen en bedreigingen in de deelmarkt. De interne analyse van de positie van de eigen onderneming ten opzichte van de concurrentie moet leiden tot een inschatting van eigen sterktes en zwaktes in de betreffende deelmarkt.
De confrontatie tussen de externe en interne analyse brengt eventuele knelpunten aan het licht; ze kan tevens aanknopingspunten bieden voor nieuw beleid (opties).

10.4 Externe analyse

In de externe analyse wordt een aantal relevante marktfactoren die van belang zijn voor de PMT-combinatie geanalyseerd. Deze (externe) factoren zijn niet door de onderneming beheersbaar. Voorbeelden zijn:
- marktanalyse
- bedrijfstakanalyse
- afnemersanalyse
- concurrentieanalyse
- distributieanalyse
- macro-omgevingsanalyse.

Marktanalyse
We geven allereerst een definitie van de markt.

Definitie markt

De markt is het geheel van vragende partijen naar bepaalde producten of een bepaald product ('markets are people').

Dimensies van Abell

De marktgrenzen kunnen gedefinieerd worden in de bekende drie dimensies voor de business definition van Abell: afnemersgroepen, afnemersbehoeften en technologie. Hiernaast moet de geografische begrenzing worden aangegeven, dat wil zeggen op welke geografische markt (Nederland, EU, wereld) het plan betrekking heeft.
Hierna volgt een kwantitatief overzicht van de belangrijkste kenmerken van de markt in verleden, heden en toekomst. De systematiek van tabel 10.6 kan hierbij als voorbeeld worden gebruikt in zowel de interne als de externe analyse.

Bedrijfstakanalyse
Voor de bedrijfstakanalyse kan het vijfkrachtenmodel van Porter worden gebruikt (zie hoofdstuk 6).

Afnemersanalyse
Het product vormt de relatie tussen de onderneming en de afnemer. Het is daarom belangrijk 'het product' te definiëren; zo is tevens de afnemer zo goed mogelijk in kaart gebracht.
Hierbij kunnen de volgende vragen worden gesteld:
- Welke eigenschappen zoekt de afnemer in het product?

Tabel 10.6 **Belangrijke marktkenmerken voor de externe analyse**

Marktfactor	Twee jaar geleden	Vorig jaar	Dit jaar	Volgend jaar	Over twee jaar
Totale markt in volume (afzet)	....	....	....	....	....
Totale markt in geld (omzet)	....	....	....	....	....
Marktaandelen:					
• Eigen product	....	....	....	....	....
• Concurrent I	....	....	....	....	....
• Concurrent II	....	....	....	....	....
Aantal afnemers:					
• Eigen product	....	....	....	....	....
• Concurrent I	....	....	....	....	....
• Concurrent II	....	....	....	....	....
Penetratiegraad:					
• Eigen product	....	....	....	....	....
• Concurrent I	....	....	....	....	....
• Concurrent II	....	....	....	....	....
Herhalingsaankopen:					
• Eigen product	....	....	....	....	....
• Concurrent I	....	....	....	....	....
• Concurrent II	....	....	....	....	....
Verbruiksintensiteit:					
• Eigen product	....	....	....	....	....
• Concurrent I	....	....	....	....	....
• Concurrent II	....	....	....	....	....
Distributiedekking (numeriek en gewogen):					
• Eigen product	....	....	....	....	....
• Concurrent I	....	....	....	....	....
• Concurrent II	....	....	....	....	....

- Welke functie vervult mijn product bij de klant ('de afnemersfunctie')?
- Hoe en met welke middelen vervul ik als leverancier die functie?

Het spreekt vanzelf dat hierbij 'het product' afhankelijk van de specifieke situatie, bijvoorbeeld op de eerste plaats 'het merk' kan zijn, met zijn functionele en expressieve eigenschappen.

Het valt op dat in deze opsomming het 'harde' product steeds verder aangekleed wordt met 'zachte' dienstverlening. Tabel 10.7 geeft een indeling van industriële producten met hardware- en software-elementen.

Een voor industriële markten bruikbaar hulpmiddel om het product in klantentermen te omschrijven, is het product in twee elementen uiteen te laten vallen:

1 Afnemersfuncties: welke klantenproblemen kan het product eventueel oplossen?
2 Taken/alternatieve technologieën: welke hulpmiddelen staan de leverancier ter beschikking om de problemen van de afnemer op te lossen?

Tabel 10.7 **Indeling van industriële producten naar aanwezigheid van hardware en software**

Hardware	Software	
	Gedifferentieerd	Ongedifferentieerd
Gedifferentieerd	Systeem	Product
Ongedifferentieerd	Dienst	'Commodity'

Een uitgebreid of 'augmented product'

Hard- en software bij Riovision

Riovision zou 'het inspectierapport' bijvoorbeeld als 'hardware' kunnen zien. Deze hardware van het inspectierapport kan vervolgens worden gedifferentieerd via toevoeging van een videoband, een sonar, scan enzovoort.
Dit kan worden uitgebreid met de software-elementen: toelichting, advies en kostenschatting.
Zo is een van de mogelijke benaderingen in industriële markten het aanbieden van 'systemen' als vaste combinaties van product en dienst.

PMT-marktbenadering

Dit is de PMT-benadering van de markt. Deze komt bijvoorbeeld duidelijk terug in het beleid van Riovision in de inspectiemarkt.

Afnemersanalyse in segmentatiecriteria
De afnemersanalyse kan verder verlopen in segmentatievariabelen, zoals:
- geografisch
- socio-economisch/demografisch
- aankoopgedrag, communicatiegedrag, beslissingsgedrag, gebruiksintensiteit, merktrouw.

Segmentatie

Ten behoeve van de segmentatie is antwoord op de volgende vragen gewenst:
- Wie koopt en beslist?
- Waar worden de beslissingen genomen en welke criteria worden daarbij gehanteerd?
- Waarom wordt ons product of juist dat van de concurrent gekocht?
- Welke aanbodeigenschappen zijn voor de afnemer belangrijk?

Concurrentieanalyse
Vragen hierbij zijn:
- Wat is de business definition en de mission van de belangrijkste concurrenten? Noem hun resultaten met betrekking tot ROI, omzet, capaciteit en dergelijke.
- Wat zijn de sterke en zwakke punten van de concurrent ten aanzien van:
  - product, productie, technologie, kwaliteit, inkoop;
  - distributie, logistiek, organisatie?
- Hoe reageert de concurrent op veranderingen in de markt?
- Wat zijn de concurrentiestrategieën (kostenleider, marktleider enzovoort)?

Distributieanalyse
Gegeven het belang van de distributie moet aan de analyse hiervan veel aandacht worden besteed. Distributievormen en -kanalen kunnen per PMT-combinatie binnen een SBU verschillen. Vragen zijn:
- Wat is de functie van de distributie, in het verleden, nu en in de toekomst? Betreft: contact leggen, doorgeefluik, adviseren, voorraad houden, marktinformatie, financiering, partnership enzovoort.
- Welke distributieschakels worden nu ingeschakeld en waarom?
- Welke distributiekanalen groeien/krimpen? Betreft: logistiek, bereikbaarheid, JIT.

Afnemersanalyse bij Riovision

Een onderneming die zich wil bewegen op de markt van rioolinspectie, staat een aantal systemen ter beschikking, afhankelijk van de afnemersfunctie (klantenproblemen en klantenbehoeften). Hierbij valt bij de afnemersfunctie te denken aan bijvoorbeeld:

- eenvoudige inspectie op zichtbare vervuiling en beschadiging;
- niet-zichtbare beschadiging.

Riovision biedt beide afnemersfuncties aan. In de figuur wordt dit met behulp van de drie assen van de PMT-business definition duidelijk gemaakt.

Afnemersfunctie bij rioolinspectie

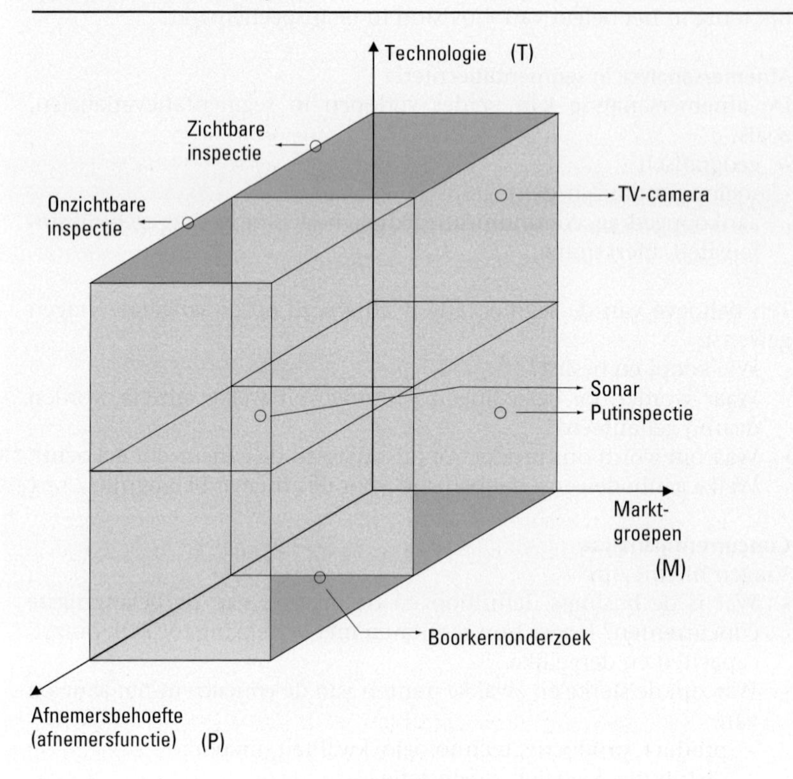

Macro-omgevingsanalyse

Onder de macro-omgevingsanalyse of DEPEST-analyse valt een groot aantal factoren die invloed kunnen hebben op het marketingbeleid. Uitgangspunten voor het kritisch volgen van deze factoren zijn: welke factoren kunnen debusiness positief of negatief beïnvloeden? Zie verder in hoofdstuk 2.

Analyse van de belangrijkste kansen en bedreigingen

Kansen en bedreigingen voor een onderneming ontstaan door veranderingen in de externe (meso- en macro) omgeving. Uit het voorgaande betreffende de externe analyse is een zo compleet mogelijke lijst naar voren gekomen. Ze kunnen in volgorde van belangrijkheid worden gerangschikt op een wijze, zoals weergegeven is in tabel 10.8.

Tabel 10.8 **Kansen en bedreigingen door externe veranderingen**

Kansen (opportunities)	Bedreigingen (threats)
1	1 ....
2	2 ....
3	3 ....
4	4 ....
5	5 ....

10.5 Interne analyse

In de interne analyse worden de marketingmix en het gevoerde beleid onderzocht. Ook moet de financiële positie worden geanalyseerd aan de hand van kengetallen. De interne analyse houdt zich bezig met de volgende aspecten:

- productbeleid (waaronder assortiment, positionering, innovatie en productontwikkeling)
- prijsbeleid
- promotiebeleid en reclame
- distributiebeleid
- marktpositie en financiële situatie
- andere interne bedrijfsaspecten.

Productbeleid
Het product is een zeer belangrijk element uit de marketingmix. Een product is altijd in concurrentie met meerdere producten, waaruit de afnemer zijn keuze kan maken. Het is daarom belangrijk te weten hoe aan de afnemer een koopmotief kan worden verschaft. Er moet dus inzicht zijn in de koopmotieven. Pas dan kunnen differentiële voordelen worden geboden. Die voordelen moeten natuurlijk relevant zijn voor de afnemer om een voorkeurspositie te verwerven. Deze voordelen kunnen zowel van functionele als symbolische aard zijn. Een voorbeeld van een symbolisch voordeel is een innovatief imago waardoor een afnemer het gevoel heeft met deze toeleverancier steeds vooraan te lopen. Op de aspecten assortiment, positionering, innovatie en productontwikkeling wordt nader ingegaan.

Assortiment
Zoals eerder opgemerkt is, zet een onderneming vaak een groot aantal producten af in een groot aantal deelmarkten. Sommige producten zijn speciaal voor één grote klant ontwikkeld (bijvoorbeeld een enzym dat voor één producent van wasmiddelen is ontwikkeld). Verschillende soorten vragen doen zich voor bij het productbeleid:

- Hoe moet het assortiment zijn samengesteld?
- Hoe dienen de producten gepositioneerd te zijn?

Afhankelijk van het type probleem van de afnemer kan men streven naar een breed, een diep of een lang assortiment, zie figuur 10.7.

Figuur 10.7 **Opbouw van een assortiment**

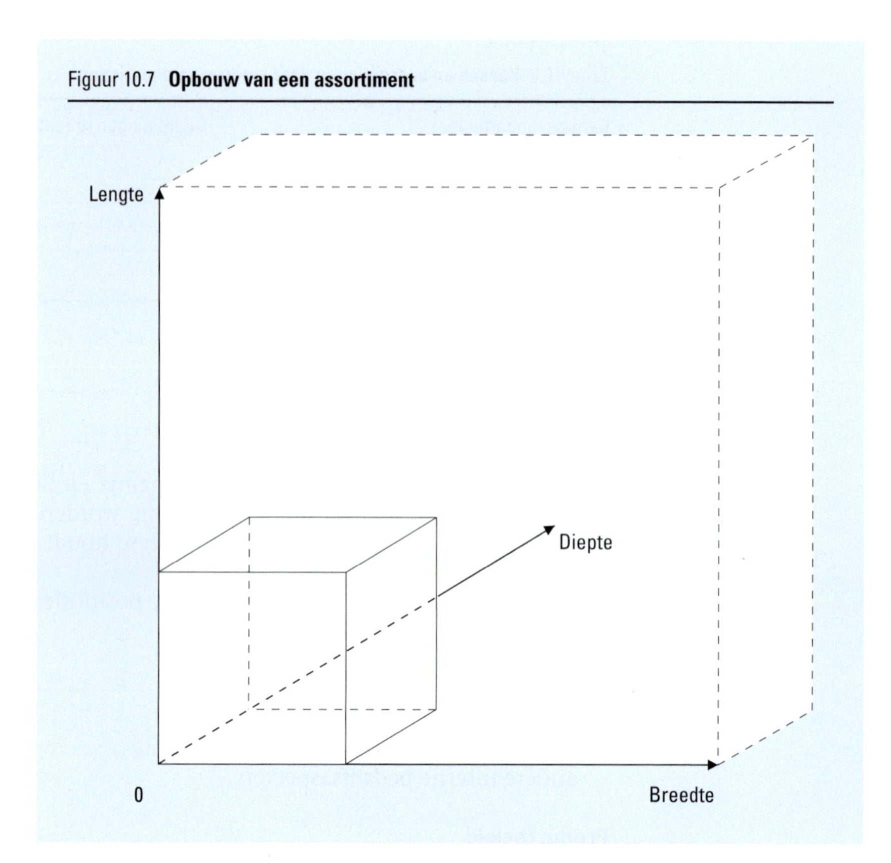

Breed assortiment

Bij een *breed assortiment* kan de afnemer voor veel problemen bij de leverancier terecht. Van specialisatie en diepgaande productkennis zal geen sprake zijn. Breedtedimensies betreffen het aantal verschillende afnemersbehoeften waarin voorzien kan worden; dit betekent meestal het aantal productgroepen. Riovision bijvoorbeeld voert een breed assortiment: inspectie, reparatie, renovatie enzovoort.

Diep assortiment

Bij een *diep assortiment* heeft een leverancier vele oplossingen in huis voor één specifiek probleem van de afnemer. Dieptedimensies kunnen zijn:

- technologieën
- kwaliteitsniveaus
- aantal producten en productvariabelen. Bijvoorbeeld Riovision voor de productgroep Inspectie: visueel, tv en sonar.

Lang assortiment

Bij een *lang assortiment* biedt de leverancier zekerheid met betrekking tot de levering door het in voorraad houden van het gehele assortiment. JIT-management is overigens een afgeleide van deze assortimentsdimensie.

Consistent assortiment

Bovendien moet er *consistentie* (een logische samenhang) bestaan tussen de in het assortiment gevoerde productgroepen (de klant verwacht bepaalde producten in het assortiment).

Positionering

Bij productpositionering wordt nagegaan welke productkenmerken belangrijk zijn voor de afnemer en wordt bekeken wat de huidige (en gewenste) plaats is van de bestaande producten van de eigen onderneming en die van de concurrenten. Als er sprake is van een 'gat in de markt', dus een bepaalde combinatie van belangrijke eigenschappen die niet in de markt vervuld wordt, kan de leverancier trachten een of enkele van zijn bestaande producten te herpositioneren.

Positionering 'inspectie' bij Riovision

Uit marktonderzoek blijkt dat de opdrachtgevers in de markt het product 'inspectie' verschillend beoordelen. Bij algemene inspectie wordt gekeken naar het totaalpakket (de inspectie, het rapport, het advies et cetera). Bij inspectie in het kader van onderhoudscontracten wordt vooral gelet op prijs en kwaliteit en in sommige gevallen (vooral bij industriële opdrachtgevers) wordt een grote waarde gehecht aan het beschadigen van en inspectie vanuit de put. In de figuur is dit uitgewerkt met als concurrerende aanbieders firma's van het type I, II, III en IV.

Positionering van een aantal aanbieders van inspectiesystemen bij Riovision

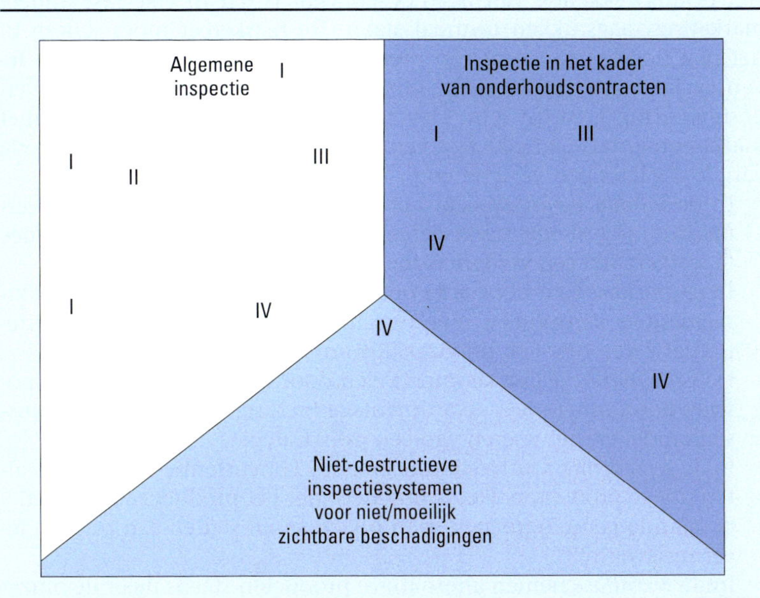

In de productruimte is te zien dat er een 'gat in de markt' lijkt te zijn voor niet-destructieve inspectiesystemen. Het zal duidelijk zijn dat Riovision met het sonarsysteem hierin kan scoren, omdat er nu nog slechts één aanbieder is.

Innovatie

Voor de analyse en vervolgens de planning van de productmix en de noodzaak voor productvernieuwing kan het PLC (product life-cycle)-model als hulpmiddel worden gebruikt.

Fasen van de PLC

Bij het concept van de productlevenscyclus wordt ervan uitgegaan dat elk product een aantal fasen doorloopt: de fasen van introductie, groei, verzadiging en neergang. Zie figuur 10.8.

Figuur 10.8 **Productlevenscyclus**

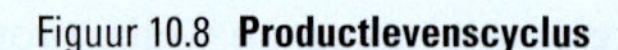

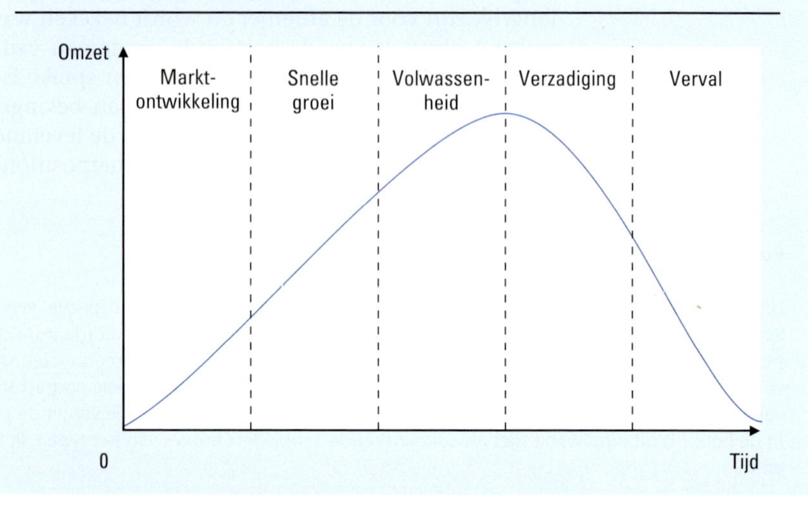

Het belangwekkende van het PLC-concept is dat in elke fase andere marketingvraagstukken centraal staan. De marketeer moet scherp in het oog houden wanneer een product in een nieuwe fase van de levenscyclus komt, omdat dan aanpassing van de marketingstrategie en de uitvoering gewenst zijn. Het begrip PLC hangt nauw samen met marktsegmentatie. In elke fase van de levenscyclus zijn de koopcriteria van de doelgroepen verschillend:

Koopcriteria verschillen per PLC-fase

- In de *introductiefase* spreekt het nieuwe product vooral het op vernieuwen ingestelde marktsegment aan. Daar is men ook bereid mee te werken aan een verdere verbetering van het product.
- In de *groeifase* gaat het verder ontwikkelde product een aantal marktsegmenten aanspreken met verschillende motieven: productdifferentiatie kan hier een noodzakelijk antwoord zijn.
- De *volwassenheidsfase* kenmerkt zich door het consolideren van posities door onder meer assortimentsverbreding, allianties met de tussenhandel en het voeren van een prijsstrategie.
- In de *verzadigingsfase* treedt toenemende concurrentie op, ook van alternatieve producten. De – inmiddels met het product zeer ervaren – bestaande klantengroepen gaan hogere eisen stellen aan prijs en leveringskwaliteit.
- In de *vervalfase* nemen alternatieve producten steeds meer de omzet van het product over. Mogelijke antwoorden kunnen zijn: terugtrekken uit de markt, assortimentssanering en toeleggen op specifieke toepassingen ('niches').

Tabel 10.9 vat een aantal beleidsaspecten samen die een rol spelen in de verschillende fasen van de productlevenscyclus.

Tabel 10.9 **Marketingstrategie in de verschillende fasen van de PLC**

	Markt-ontwikkeling	Snelle groei	Volwassenheid	Verzadiging	Verval
Strategische doelstelling	Leereffecten en merkbekendheid	Sterke marktpositie creëren	Behouden en versterken van de marktnis	Positie tegen concurrentie verdedigen	Benutten van alle winstmogelijkheden
Kansen op concurrentie	Onwaarschijnlijk in vroegtijdig niet-winstgevend stadium	Vroege toetreding van nabootsers	Verkopen op prijs, gericht op uitschakelen van concurrenten	Geen nieuwe concurrentie	Concurrenten vallen weg
Product-ontwerp-doelstelling	Beperkt aantal modellen met de nadruk op zo laag mogelijke leerkosten	Ontwerp gericht op nieuwe marktsegmenten en nieuwe gebruikers	Opvoeren van producten, verbeteringen	Gericht op kostenverlaging en penetratieprijsbeleid	Wieden in niet winstgevende onderdelen van het assortiment
Prijs-doelstelling	Hoge kortingen	Agressieve op promotie gerichte prijsstrategie	Verbreding van de op promotie gerichte prijsstrategie	Defensief prijsbeleid	Prijsstrategie gericht op behoud
Promotie-doelstelling	'Awareness' en kansen op proefopdrachten creëren	Versterken van merkvoorkeur	Versterken van banden met de tussenhandel	Gericht op loyaliteit	Af laten lopen
Distributie-doelstelling	Hoge marges voor de tussenhandel	Levertijden verkorten	Kosten van voorraadhouding minimaliseren	Tussenhandel leveren tegen minimale voorraadkosten	Af laten lopen

Productontwikkeling

Redenen productontwikkeling

De PLC van producten maakt duidelijk dat het ontwikkelen van nieuwe producten een levensvoorwaarde voor iedere onderneming is. De mate waarin ondernemingen zich innovatief opstellen verschilt echter sterk. Redenen voor productontwikkeling door een onderneming kunnen zijn:
- omzetdoelstellingen realiseren
- overcapaciteit wegwerken
- concurrentiepositie verbeteren
- assortimentsaanpassing doorvoeren
- op overheidsmaatregelen reageren
- winstmaximalisatie doorvoeren.

Ondernemingen die er in slagen regelmatig succesvol nieuwe producten te introduceren, creëren daarmee een belangrijk differentieel voordeel en zijn ook winstgevender, zoals ook duidelijk uit PIMS blijkt. Verantwoorde productontwikkeling is geen sinecure, maar een proces dat in zorgvuldig gedefinieerde fasen moet worden uitgevoerd. In tabel 10.10 is een globale samenvatting gegeven van een aantal aspecten van 'het product', die in de koopmotieven van afnemers voor producten een belangrijke rol spelen. Zie verder ook paragraaf 13.2.

Productinnovatie heeft bij productontwikkeling een steeds grotere betekenis gekregen

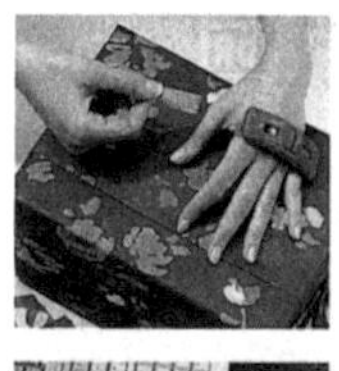
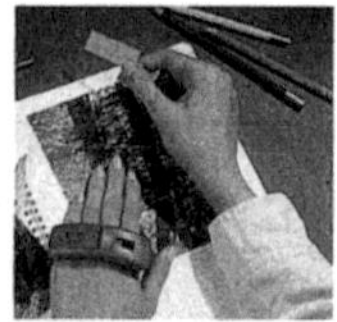
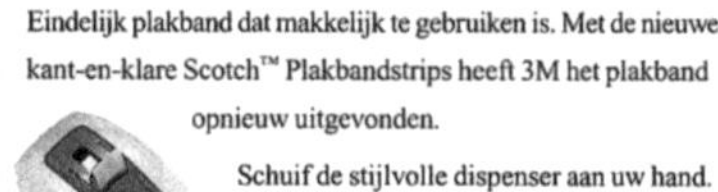

Prijsbeleid

Bij het prijsbeleid (zie ook paragraaf 13.3) in de interne analyse komen onderwerpen aan de orde als:

- prijs/kwaliteitsperceptie, prijselasticiteit ten opzichte van concurrerende producten en substituutproducten;
- switching-costs van afnemers;
- marges, discounts, acties, commissie.

Promotiebeleid en reclame

Het belang van reclame varieert sterk per PMT-combinatie. Bij fast moving consumer goods, waar de andere marketingmixfactoren vaak vergelijkbaar zijn, komt het differentiële voordeel niet zelden uit de reclame.

Tabel 10.10 **Koopmotieven van afnemers voor producten**

Koopmotieven van afnemers	Positie van eigen product	Positie van belangrijkste concurrenten:		
		I	II	III
Functionele eigenschappen:				
• Kwaliteit, service	....	....	....	....
• Assortiment	....	....	....	....
• Technologie	....	....	....	....
• Verpakking	....	....	....	....
Marktpositie:				
• Imago	....	....	....	....
• Bekendheid	....	....	....	....
• Breinpositie	....	....	....	....
• Concurrentiepositie (marktaandeel)	....	....	....	....
Distributie:				
• Distributiegraad	....	....	....	....
• Omzetaandeel	....	....	....	....
• Aanwezigheid in belangrijke kanalen (geen omzetontwikkeling)	....	....	....	....
• 'Out-of-stock'-positie	....	....	....	....

In industriële markten zijn de functionele eigenschappen van het product en de prijs vaak van doorslaggevende betekenis. Dat wil niet zeggen dat reclame hier niet noodzakelijk is: de prospect moet wel weten dat het product bestaat en welke benefits het kan bieden. In tabel 10.11 is een aantal relevante aspecten van het promotiebeleid opnomen. Hierdoor kan de eigen positie met die van concurrenten worden vergeleken. Zie ook paragraaf 14.2.

Tabel 10.11 **Reclameanalyse**

	Eigen product	Concurrenten:		
		I	II	III
Reclamebestedingen	....	....	....	....
Doelgroepen	....	....	....	....
Doelstellingen	....	....	....	....
Thema's	....	....	....	....
Media-impact				
• Merkbekendheid	....	....	....	....
• Productbekendheid	....	....	....	....

Distributiebeleid

Belangrijke onderwerpen bij het distributiebeleid zijn:

- aanwezigheid in de belangrijke kanalen (waarmee huidige en toekomstige doelgroepen bereikt kunnen worden);

- image bij de handel;
- functie van de handel bij het product;
- mogelijkheid van push/pull-strategieën;
- accountbenadering (accountplannen).

Zie verder in paragraaf 14.1.

Marktpositie en financiële situatie

Evenals bij de externe analyse wordt wat betreft de marktpositie en de financiële situatie begonnen met een blok 'feiten': omzet, afzet, marktaandeel, winst en dergelijke in het verleden, nu en in de toekomst (zie tabel 10.12).

Tabel 10.12 **Financiële gegevens per PMT-combinatie**

Factoren	**Twee jaar geleden**	**Vorig jaar**	**Dit jaar**	**Volgend jaar**	**Over twee jaar**
Afzet, omzet	....	....	....	....	....
Marktaandeel	....	....	....	....	....
Winst	....	....	....	....	....
Marge, vastekostenaandeel, variabele-kostenaandeel	....	....	....	....	....
Cashflow	....	....	....	....	....
Rendement	....	....	....	....	....
Werkkapitaal, voorraden, debiteuren	....	....	....	....	....

In geen enkele interne analyse mag de financiële performance van de betreffende producten ontbreken. Een aspect zoals solvabiliteit zal op SBU-niveau al aan de orde zijn gekomen. Zo niet, dan moet dit hier gebeuren. In ieder geval dienen aspecten die de winstgevendheid beïnvloeden en die in de invloedssfeer liggen van het marketingplan aan de orde te komen.
Liquiditeitskengetallen, zoals current ratio, quick ratio, working capital ratio, werkkapitaal en omlooptijden van voorraden en debiteuren zijn belangrijk. Een Du Pont-chart kan hier een krachtig hulpmiddel zijn voor aangepast beleid. Zie hoofdstuk 8.

Andere interne bedrijfsaspecten

Andere bedrijfsaspecten die van invloed kunnen zijn op het marketingbeleid, dienen hier aan de orde te komen. Te denken valt aan:
- personeel, organisatie, knowhow;
- R&D, productontwikkeling;
- gewenste marketinginformatie, marktonderzoek.

De uit de interne analyse naar voren gekomen complete lijst van *sterke en zwakke punten van een ondernemingsplanningseenheid* worden ten slotte in mate van belangrijkheid gerangschikt op een wijze zoals aangegeven in tabel 10.13.

Tabel 10.13 **Overzicht van sterke en zwakke punten van de PMT-combinatie**

(Strengths) Sterktes	(Weaknesses) Zwaktes
1	1 ....
2	2 ....
3	3 ....
4	4 ....
5	5 ....

10.6 SWOT-analyse

Na het uitvoeren van de externe en de interne analyse worden de resultaten samengevat. Via de externe analyse zijn de sleutelfactoren voor succes in de bedrijfstak vastgesteld en zijn voor het eigen bedrijf positieve en negatieve ontwikkelingen gesignaleerd.

Externe analyse bij Riovision

Kansen

- Verplichte beheersplannen
- 40 – 45% van renovatie kan via lining
- Industrie (levensader)
- Licentie voor sonar
- Normering/classificatie van renovatiesystemen
- Vergelijking integrale kostprijs bij digging nodig.

Bedreigingen

- Standaardinspectierapport
- Concurrenten komen met lining
- Concurrentie met goedkope lining
- MK GmbH
- Grote aannemers (digging) die nu ook met lining komen.

Kansen en bedreigingen

Een dergelijke externe analyse toont de kansen en bedreigingen. Kort samengevat kan het schema van een externe analyse er uitzien, zoals in tabel 10.14 is weergegeven.

Tabel 10.14 **Voorbeeld van een externe analyse**

	Kansen	Bedreigingen
Marktanalyse: Aard, omvang, groei, segmenten	....	....
Afnemersanalyse:		
• Afnemersgedrag	....	....
• Doelgroepen, segmentatie	....	....
Distributieanalyse:		
• Structuur: kanalen en functie	....	....
• Formules	....	....
Concurrentieanalyse: Porterplaatjes (bedrijfstak, concurrentieanalyse)	....	....
Macro-omgeving, demografische, sociaal-culturele ontwikkelingen, wetgeving, enzovoort	....	....

Sterkten en zwakten

Uit de interne analyse is de positie van het eigen bedrijf naar voren gekomen met daarbij de factoren waarin men zich positief en negatief ten opzichte van de markt onderscheidt. De interne analyse vertoont de sterke en zwakke punten van de onderneming. Een voorbeeld van het schema van een interne analyse vindt u in tabel 10.15.

Tabel 10.15 **Voorbeeld van een interne analyse**

Marketinganalyse	**Sterkten**	**Zwakten**
Marketingstrategie:		
• 5 p's	....	....
• Beleid	....	....
• Historische gegevens omzet, afzet, marktaandeel	....	....
• Prijsbeleid	....	....
Afnemers:		
• Doelgroepkeuze en resultaat	....	....
• Segmentatiefilosofie	....	....
Distributie:		
• Kanaalkeuze	....	....
• Samenwerkingsvormen	....	....
• Marges, middelen	....	....
Productiebeleid:		
Product, kwaliteit, assortiment,		
Research & Development,		
productie (kosten, technologie)	....	....
Overige functies:		
• Financiële positie	....	....
• Personeel	....	....
• Inkoop, enzovoort	....	....

Interne analyse bij Riovision

Sterkten	*Zwakten*
• Minicamera en sonar	• Dalend marktaandeel in inspectie en renovatie
• Toppositie in inspectie	• Zeer snel dalende marge in reparatie en renovatie
• Marktleider	• Reparatie- en lininglicenties lopen af
• Klantgerichte cultuur	• Lage bezettingsgraad in renovatie
• Gemotiveerd personeel	• Geen strategie (tijd voor beleid)
• Goede positie bij de industrie.	• Onvoldoende communicatie.

De externe analyse moet ook antwoord geven op de vraag: Wat zijn de kritische succesfactoren in deze markt? Welke factoren hebben de grootste impact op onze business? De interne analyse moet inzicht geven in de vraag of de onderneming beschikt over core competences en een visie heeft om core competences te verwerven.

Rangordematrix

Een hulpmiddel om snel inzicht te krijgen in de marktpositie van een onderneming is het naast elkaar plaatsen van de resultaten van de externe en interne audit in een matrix, waarbij een rangorde (ranking) in sterke en zwakke punten, respectievelijk in kansen en bedreigingen wordt aangebracht op een vijfpuntsschaal (zie tabel 10.16).

Tabel 10.16 **Rangordematrix**

Externe analyse	++	+	0	–	––	Interne analyse	++	+	0	–	––
Marktanalyse • Aard van de markt • Omvang van de markt • Verwachte groei • Onderscheidende marktsegmenten						**Marketingstrategie** • Inzet van de marketingmix • Marketingbeleid • Gegevens uit het verleden over omzet, afzet en dergelijke • Prijsbeleid					
Afnemersanalyse • Gedrag van de afnemers • Gedrag van de eindafnemers • Verschillende doelgroepen • Mogelijkheden van marktsegmentatie						**Afnemers** • Welke klantengroepen bedienen we? • Welk resultaat boeken we daarbij? • In welke segmenten opereren we?					
Analyse van het distributiekanaal • Distributiestructuur • Ontwikkeling in de verschillende kanalen en hun importantie • Verschillende winkelformules						**Distributie** • Welke kanaalstrategie volgen we? • Welke samenwerkingsvormen kennen we? • Welke marges moeten we geven? • Welke andere middelen moeten we inzetten om onze partners tevreden te houden?					
Analyse van de concurrentie • Ontwikkeling van de interne concurrentie • Gevaar van nieuwe binnendringers • Gevaar van substituten • Concurrentie binnen de bedrijfskolom						**Productie** • Kwaliteit R&D • Kwaliteit producten • Assortiment • Productiekosten					
Analyse van de macro-omgeving • Demografie • Economie • Wetgeving • Sociaal culturele ontwikkelingen • Technische ontwikkelingen						**Financiën, personeel en management** • Solvabiliteit, liquiditeit, rentabiliteit • Motivatie personeel • Kwaliteit en visie management • Inkoop					

++ = zeer sterk
–– = zeer zwak

SWOT-tabel

Uiteindelijk resulteert de situatieanalyse in het opstellen van een *SWOT-tabel* waarin de belangrijkste sterke en zwakke punten en de belangrijkste kansen en bedreigingen zijn gerangschikt (zie het schema van tabel 10.17). Doel van de SWOT-analyse is de positie van een onderneming in een markt duidelijk te maken. Riovision opereert bijvoorbeeld in feite op meerdere markten en neemt daar verschillende posities in.

Tabel 10.17 **SWOT-tabel**

Intern		**Extern**	
Sterkten	Zwakten	Kansen	Bedreigingen
1	1	1	1 ....
2	2	2	2 ....
3	3	3	3 ....
4	4	4	4 ....

Cross impact-analyse

Uit de externe analyse zal doorgaans een groot aantal ontwikkelingen naar voren komen (enkele tientallen is geen zeldzaamheid). Al snel zal men door de bomen het bos niet meer kunnen zien, want wat moet je met tientallen kansen en bedreigingen of sterkten en zwakten? Niet alle omgevingsontwikkelingen zullen echter een even belangrijke invloed op de eigen ondernemingsactiviteiten uitoefenen. De vraag dringt zich dus op hoe met betrekking tot de geïdentificeerde externe ontwikkelingen het kaf van het koren gescheiden kan worden. Cross impact-analyse kan hierbij behulpzaam zijn. De cross impact-analyse bestudeert de invloed van een ontwikkeling op andere ontwikkelingen. Met name als omgevingsontwikkelingen lijken samen te hangen en elkaar mogelijk zelfs kunnen versterken, is een dergelijke analyse zinvol. De procedure ziet er als volgt uit.

Uitgaande van gesignaleerde omgevingsontwikkelingen, bijvoorbeeld via desk research, wordt bepaald wat de kans is dat een dergelijke ontwikkeling zich voordoet. Vervolgens moet de invloed van die ontwikkeling op de overige ontwikkelingen worden ingeschat. Hierbij wordt gebruikgemaakt van een tweedimensionale matrix. Daarin wordt een aantal ontwikkelingen in een kolom geplaatst (verticaal) en de invloed op andere mogelijke ontwikkelingen in een rij (horizontaal) (zie tabel in de box die volgt). De invloed van een ontwikkeling op een andere ontwikkeling kan zowel in kwalitatieve termen worden beschreven (zoals: versterkt het effect, geen invloed, zwakt het effect af) als in kwantitatieve termen in de vorm van kansen.

Uit de cross impact-analyse worden op deze manier clusters van ontwikkelingen zichtbaar; ontwikkelingen die op elkaar inwerken. In verdere analyses kunnen deze clusters als een 'blok' worden gezien. Er hoeven dan slechts enkele clusters met elkaar te worden vergeleken, wat bevorderlijk is voor het overzicht.

Cross impact-analyse voor Riovision

In onderstaande matrix worden de resultaten weergegeven van een cross impact-analyse voor Riovision.

Wanneer deze ontwikkelingen zich voordoen	Dan zal het effect op deze ontwikkeling worden:							
	a	b	c	d	e	f	g	h
a Verplichte beheersplannen	X	–	–	–	–	↑	↑	↑
b Vergelijking integrale kostprijs bij digging nodig	–	X	↑	–	↑	↑	↑	↑
c 40 – 45% renovatie kan via digging	↑	↑	X	↑	↑	↑	↑	–
d In licentie geven van sonar	↑	↑	↑	X	–	–	–	–
e Normering van renovatiesysteem	–	↑	↑	–	X	↑	↑	↑
f Concurrenten komen met lining	↑	↑	↑	↑	↑	X	–	↑
g Grote aannemers komen nu ook met lining	↑	↑	↑	–	↑	–	X	↑
h Standaard-inspectierapport	↑	↑	↑	–	↑	–	–	X

Verklaring: ↑ = effect wordt versterkt
↓ = effect wordt verminderd
– = geen/weinig effect

Het plaatsen van de pijltjes in de matrix dient slechts ter illustratie. Indien bijvoorbeeld een vergelijking van de integrale kostprijs van digging met lining verplicht zou worden, heeft dit een grote invloed op de business. Dan zal namelijk blijken dat lining in 40 – 45% van de gevallen toegepast kan worden. De concurrenten en aannemers zullen zich dan ook op lining storten, vooral wanneer het standaard inspectierapport de zaak transparant maakt.

Confrontatiematrix

Een manier om de positie op een bepaalde markt duidelijk te maken is de zogenaamde confrontatiematrix. Hierbij worden per markt de kansen en bedreigingen respectievelijk de sterke en zwakke punten tegenover elkaar geplaatst. De confrontatiematrix is bedoeld om de SWOT-analyse 'grafisch' op een zodanige manier weer te geven, dat de interacties tussen sterkten/zwakten en kansen/bedreigingen visueel duidelijk worden.

In de confrontatiematrix worden de sterke en zwakke punten met de kansen en bedreigingen gecrosst. Er zijn nu vier kwadranten ontstaan (elk weer onder te verdelen in kleinere cellen). Kwadrant 1 kan bijvoorbeeld bestaan uit drie kansen en drie sterktes; samen negen cellen. Uit het aantal plussen en minnen per kwadrant komen nu vier vragen naar voren. Zie tabel 10.18.

Voorbeelden van confrontaties zijn:

- S/O marktleider versus groeimarkt
- S/T marktleider of innovatief versus toenemende concurrentie of toenemende macht van de afnemers
- W/O lagere marges of verlies van marktaandeel versus groeimarkt of grote marktomvang
- W/T lagere marges of verlies van marktaandeel versus toenemende concurrentie of toenemende machtspositie van de afnemers.

Tabel 10.18 **Confrontatiematrix**

	Kansen(O)	**Bedreigingen (T)**
Sterkten (S)	Kwadrant 1 Kan deze sterkte deze kans benutten? In dat geval: aanvallen.	Kwadrant 2 Kan deze sterkte deze bedreiging afweren? In dat geval: verdedigen.
Zwakten (W)	Kwadrant 3 Verhindert deze zwakte het benutten van deze kans? In dat geval: versterken.	Kwadrant 4 Verhindert deze zwakte het afweren van deze bedreiging? In dat geval: terugtrekken.

Strategisch aandachtsveld

Uit de vier kwadranten kunnen vervolgens strategische aandachtsvelden (issues) worden geformuleerd. Met deze strategische aandachtsvelden, die vaak in vraagvorm worden beschreven, moet het management zich de komende tijd, wellicht jaren, bezighouden. Uit de hierboven genoemde confrontatie kunnen we enkele strategische aandachtsvelden formuleren:

1 Op welke wijze moeten we ons productassortiment inrichten om onze positie van marktleider te consolideren en uit te bouwen?
2 Op welke wijze kunnen we het logistieke proces structureel verbeteren, waardoor margevoordelen voor de afnemers en voor ons ontstaan, en de afnemers minder misbruik van hun macht kunnen maken?

De positie van Riovision in de inspectie- en de renovatiemarkt

De inspectie is een attractieve business (brutomarge 64%) en zal dit voor Riovision door de sterke positie ook bij prijsverlagingen blijven. Het is dus een combinatie van een goede markt waarvan Riovision kan profiteren (++/++-combinatie).
Enerzijds groeit de renovatiemarkt snel, maar de marge hierop daalt in hetzelfde tempo. Dit komt door de sterke prijsdruk van goedkope concurrenten waar tegenover Riovision geen differentieel voordeel lijkt te bieden. De marktkans (groei) heeft voor Riovision dus geen reële betekenis (–/+-combinatie).
In het algemeen moet een onderneming zich concentreren op markten met kansen waarin men sterk is en zich terugtrekken uit markten met een bedreiging waarin men zwak is. Een confrontatiematrix kan dit aanschouwelijk maken. Zie de volgende tabel.

Confrontatiematrix Riovision

	Inspectiemarkt		**Renovatiemarkt**	
	Kansen	Bedreigingen	Kansen	Bedreigingen
Inspectiemarkt				
Sterk	++/++	....	....	....
Zwak	....	....	....	....
Renovatiemarkt				
Sterk	....	....	....	....
Zwak	....	....	–/+	....

Een strategisch aandachtsveld bevat een element uit zowel de interne als externe analyse.

Strategische-kloofanalyse

Gap-analyse

De SWOT-confrontatiematrix geeft indicaties over de huidige en de toekomstige positie van een onderneming. Een meer kwantitatieve benadering biedt de strategische kloofanalyse (*gap-analyse*). Dit type analyse heeft tot doel de ontwikkelingen *bij ongewijzigd beleid* te vergelijken met de doelstelling.

Winst en omzet bij Riovision

De winst bij Riovision is ondanks een daling met 25% bij een omzetstijging van 70% nog steeds heel goed, maar deze ontwikkeling gaat, gezien de komende concurrentie in lining, dit kleine bedrijf binnen enkele jaren vernietigen. Zie de volgende figuur.

Gap-analyse voor Riovision

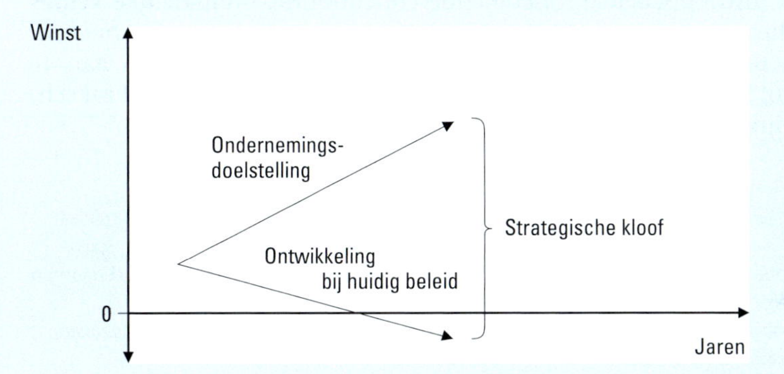

Met een dergelijke kloof tussen doelstelling en verwachting bij ongewijzigd beleid ligt het voor de hand dat het strategisch beleid bij Riovision gewijzigd moet worden.

Kloofanalyse

Een *kloofanalyse* (gap-analyse) kan worden uitgevoerd voor ieder aspect van het beleid, zoals marktaandeel, merkbekendheid, distributiedekking et cetera. De kloofanalyse toont het 'gevolg' van een bepaald gevoerd beleid, maar niet de 'oorzaken' van de kloof. De kloof kan bijvoorbeeld met de groeistrategieën van Ansoff worden gedicht.

Definiëren van het centrale probleem

Met het definiëren van het centrale probleem van een belangrijke probleemonderneming wordt de analysefase afgesloten. Een nauwkeurige definitie van het centrale probleem is het startpunt voor het ontwikkelen van een aangepast strategisch beleid.

Het centrale probleem bij Riovision

Voor wat betreft Riovision is het duidelijk dat men keuzes moet maken. De renovatiemarkt is minder aantrekkelijk, dan dat ze op het eerste gezicht lijkt te zijn. Toch zal men niet 'zomaar' uit de renovatiemarkt kunnen stappen, want de klant verwacht het hele pakket (Is dat wel zo?) en wie zou dan de onderhoudscontracten moeten uitvoeren? Bovendien leert 'Inspectie' van de ervaringen bij 'Renovatie'. In feite is hiermee het centrale probleem voor Riovision adequaat gedefinieerd.

Een probleem voor Riovision is dus, dat men wel in een sterke groeimarkt zit maar dat de attractiviteit van deze markt voor Riovision tevens sterk daalt door grotere concurrentie en lagere marges. Dit bedrijf zal aan deze ontwikkeling (gezien ook de omvang) niets kunnen doen. Een conclusie moet zijn dat dit voor het bedrijf op dit moment het grootste probleem vormt: hiervoor moet een oplossing gevonden worden. Bij ongewijzigd beleid wordt het voortbestaan bedreigd.

In het algemeen is het definiëren van 'het centrale probleem' van een onderneming geen eenvoudige zaak. Weliswaar zullen de confrontatiematrix en de strategische kloofanalyse belangrijke indicatoren zijn, maar de kloof is altijd een gevolg van meerdere oorzaken. Een verwachte winstdaling kan het gevolg zijn van een slecht product, een zwak distributiebeleid, opkomende concurrentie, onduidelijke keuzes van het management et cetera. Zelden zal in een onderneming het centrale probleem met een simpele oorzaak/gevolgrelatie zijn aan te geven; het projecteren van de gevolgen van ongewijzigd beleid zal echter bijna altijd als een eye-opener fungeren.

Het centrale probleem op het examen

In examenuitwerkingen en scripties komt de definiëring van het centrale probleem (ook wel 'kernprobleem' genoemd), zoals die door de kandidaten is geformuleerd, soms als een verrassing uit de lucht vallen. Houd daarom de volgende leidraad in gedachten:

1 Het centrale probleem moet logisch volgen uit de analyses (SWOT, confrontatiematrix, gap-analyse et cetera) en wordt aan de hand daarvan onderbouwd.
2 De centraleprobleemdefinitie noemt oorzaken en gevolgen.
3 De centraleprobleemdefinitie noemt de toekomstige effecten bij ongewijzigd beleid.

Strategische planning

11

Ten opzichte van de strategische analyse zoals die in hoofdstuk 10 aan de orde kwam, is het doel van een marketingplan het ondernemings-/SBU-plan te vertalen naar een specifieke marktsituatie voor een bepaald product of een bepaalde dienst. Het marketingplan moet duidelijk maken hoe een onderneming de marketingmixelementen gaat gebruiken in een specifieke product/marktcombinatie voor de komende twaalf maanden. In dit hoofdstuk zal de systematiek voor het opstellen van een marketingplan worden uiteengezet. In grote lijnen vertoont het marketingplan overeenkomsten met het strategische planningsproces (paragraaf 11.1).
In paragraaf 11.2 worden het formuleren en de keuze van opties voor een aangepast beleid besproken. Bij het vaststellen van de toekomstige businessactiviteiten kan gebruikgemaakt worden van de klassieke groeimatrix van Ansoff. Dit model komt in paragraaf 11.3 aan de orde. Hierop sluit de selectie van buitenlandse markten aan (paragraaf 11.4). Na het vaststellen van de groeirichting(en) moet het duurzaam concurrentievoordeel vastgesteld worden. In paragraaf 11.5 wordt beschreven hoe een concurrentievoordeel het beste kan worden opgebouwd en uitgebreid.
Om de geformuleerde opties op hun waarde te kunnen beoordelen moeten deze aan de te volgen c.q. gewenste marketingstrategie worden getoetst (paragraaf 11.6). Voor het uitvoeren van de gekozen optie (de implementatie van het marketingplan) wordt vervolgens een operationeel plan opgesteld. Hierin moeten controlepunten worden ingebouwd om eventueel te kunnen bijsturen (paragraaf 11.7).

11.1 Plaats en inhoud van het marketingplan

Zoals eerder werd betoogd, komt bij grotere concerns planning voor op drie niveaus (zie figuur 11.1).

Figuur 11.1 **Planningsniveaus**

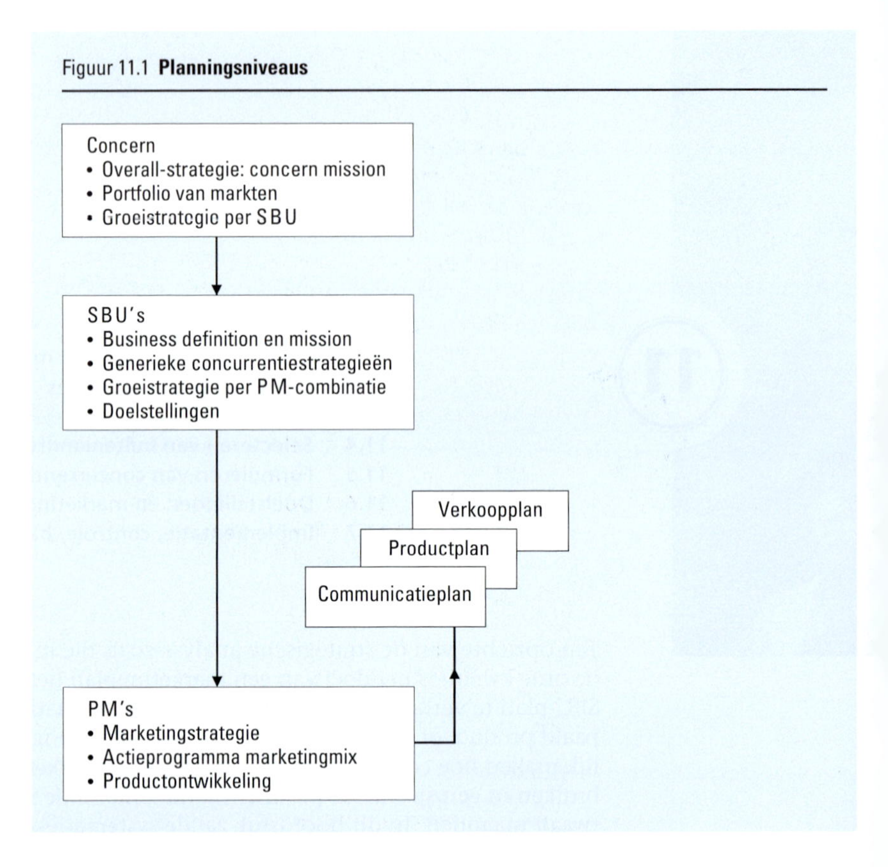

Planning op concernniveau

1 Op *concernniveau*: ondernemingsplanning.
Doelstelling: Veiligstellen van de continuïteit van het bedrijf door een portfolio van markten en productgroepen. Vaststellen van de beleidslijnen per SBU. Uitspraken onder meer inzake: groei, fusiepartners, reallocatie van fabrieken, aanpassingen in de organisatiestructuren.

Planning op SBU-niveau

2 Op *SBU-niveau*.
Doelstelling: Reallocatie van de cashflow uit verschillende PM- combinaties. Bepalen van generieke concurrentiestrategieën. Portfoliomanagement. Uitspraken onder meer inzake: langetermijnbeleid, doelstellingen per PM-combinatie, capaciteit.

Planning op PM-niveau

3 Op *PM-niveau*.
Doelstelling: Analyseren van het gevoerde marketingmixbeleid aan de hand van de positie in de markt met betrekking tot marktaandeelontwikkeling, distributie, concurrentie, enzovoort.
Uit het marketingplan worden bijvoorbeeld het productieplan, het verkoopplan, het accountplan en het communicatieplan afgeleid.

Uitspraken op concernniveau vormen hierbij de uitgangspunten/randvoorwaarden/doelstellingen voor het SBU-niveau. Uitspraken op SBU-niveau hebben weer invloed op de planning op PM-niveau.

Marketingplanningsproces

Een belangrijke vraag die zich aan het begin van het marketingplanningsproces voordoet, is voor welke *eenheid* binnen de onderneming het marketingplan opgesteld dient te worden. Enerzijds dient de planningseenheid zo groot mogelijk te zijn om niet in een groot aantal aparte marketingplannen te vervallen, anderzijds moet er binnen de besproken deelmarkten c.q. productgroepen voldoende homogeniteit aanwezig zijn, zodat een gezamenlijke planning mogelijk is.

Deelmarkt

Voor marketingdoeleinden wordt een *deelmarkt* of segment gedefinieerd als een min of meer homogeen deel van een marketing-totaalmarkt. Voor een gekozen deelmarkt ontwikkelt de marketeer een product-, c.q. productenpakket dat aansluit bij de behoeften van de deelmarkt.

Op basis van vastgestelde doelstellingen en een reeds uitgezet langetermijnbeleid, vertaalt de marketingmanager het beleid in concrete activiteiten: hij plant activiteiten, stelt in overleg de tijdslimiet vast, zorgt voor de uitvoering en stelt zo nodig de planning bij.

Management en beleid

De marketingmanager zal veelal ook betrokken worden bij het formuleren van het langetermijnbeleid. Alleen dan kan hij zich verantwoordelijk voelen voor de uitvoering en is hij in staat de vertaalslag naar concrete activiteiten te maken. Bovendien moet hij, om zich creatief te kunnen opstellen, de uitgangspunten van het beleid kennen en moeten de ontwikkelingen van de technologie bij de afnemer aansluiten op de eigen plannen en ontwikkelingen. Beleid en management zijn dus te *onderscheiden*, maar in de praktijk vaak niet te *scheiden*.

Top-down/bottom-up-benadering

Ook in omgekeerde richting is een scheiding tussen beleid en management in de praktijk niet scherp te maken: de op lagere niveaus ontwikkelde doelgerichte plannen worden weer gebruikt als randvoorwaarden voor het ontwikkelen van beleidsdoelstellingen. Deze planningsmethode is bekend als de *top-down/bottom-up-benadering*.

Doel van het marketingplan

Het doel van het marketingplan is het ondernemingsbeleid vertalen in deelplannen. Een *marsroute* moet worden aangegeven om concrete doeleinden te bereiken. Deze doeleinden zullen praktisch altijd direct of indirect te maken hebben met het verwerven en/of behouden van afnemers, en met het realiseren van ruiltransacties.
Deelmarkten moeten worden vastgesteld, productspecificaties moeten worden vastgelegd, voor afzonderlijke producten moet een prijsstrategie worden opgesteld, en het marketingplan moet worden vertaald in een aantal deelplannen voor Inkoop, Productie, Personeel, Verkoop enzovoort.

King richt zijn chewmints kennelijk op slechts een deel van de totale markt

Industrieel marketingplan

Industriële marketingplannen zijn in een aantal opzichten verschillend van marketingplannen van bijvoorbeeld fast moving consumer goods (FMCG's). Enkele verschillen zijn:

- De eigen plannen zijn deels een afgeleide van de plannen van de afnemer.
- De *tijdsdimensie*: doordat een groot aantal aankopen en gezamenlijke ontwikkelingen een voorbereidingstijd van maanden of zelfs jaren vergen krijgt industriële marketingplanning een relatief lange tijdshorizon. In de componentenindustrie worden 'lead times' van twee tot drie maanden genoemd; bij de ontwikkeling van vliegtuigen gaat het om jaren.
- Het belang van technologie: door de vaak grote productcomplexiteit en de snelle technologische veranderingen nemen analyses van de factor technologie vaak een belangrijke plaats in het strategisch en marketingdenken in.
- Wederzijdse afhankelijkheid van leverancier en afnemer: in vele industriële markten is het aantal aanbieders en/of grote afnemers beperkt. Door het langetermijneffect van industriële marketingplan-

nen is de scheidslijn tussen 'business'-plannen en strategische plannen vaag. In veel kleinere ondernemingen wordt onder meer om die reden met één plan gewerkt.

Opzet van een marketingplan

In grote lijnen is de opzet en methodologie van een marketingplan vergelijkbaar met die van een strategisch plan. De strategische componenten (portfolioanalyse enzovoort) zijn niet altijd noodzakelijk. Ze kunnen echter wel degelijk een belangrijke rol spelen, bijvoorbeeld om inzicht te krijgen in langetermijnontwikkelingen op onder meer het gebied van distributie, afnemersgedrag en technologische ontwikkelingen. Indien relevant, dienen dit soort strategische aspecten zeker in een marketingplan aan de orde te komen.

Fasen van een marketingplan

In een marketingplan kunnen we de volgende fasen onderscheiden:

1 Voer een situatieanalyse uit.
2 Maak nauwkeurige prognoses op basis van de nul-optie: doorgaan met ongewijzigd beleid.
3 Beoordeel de nul-optie ten opzichte van de doelstellingen met behulp van een SWOT-analyse.
4 Formuleer opties voor een aangepast beleid.
5 Toets deze opties aan doelstellingen en strategie.
6 Selecteer de meest geschikte optie en formuleer een operationeel plan voor de marketingmixinstrumenten.
7 Controleer het resultaat van het geïmplementeerde beleid en stel het eventueel bij.

De stappen 1 t/m 3 zijn reeds in hoofdstuk 10 aan de orde gekomen.

11.2 Opties en keuze uit opties

Uit de externe en de interne analyse komt naar voren welke langetermijnmogelijkheden, 'strategische opties', openstaan voor de onderneming in de betreffende deelmarkt. Vooral de confrontatiematrix is hierbij een effectief hulpmiddel. Ook de portfolio- en MABA-analyse kunnen opties genereren. Daarnaast is de bekende Ansoff-groeimatrix steeds weer een bron voor mogelijke alternatieve strategieën. Zie tabel 11.1.

Tabel 11.1 **Ansoff-groeimatrix**

Product c.q. technologie	**Markt**	
	Bestaand	Nieuw
Bestaand	• Verhogen penetratiegraad • Verhogen marktaandeel • Distributiedekking • Gebruiksintensiviteit	• Consumentenmarkt versus industriële markt (andere doelgroep) • Export/internationaal (geografisch)
Nieuw	• Nieuw product • Line extension • Verpakking	• Diversificatie

Opties voor winstverbetering

Opties voor winstverbetering kunnen soms gevonden worden door het vergroten van de opbrengsten (grotere afzet/hogere prijs) en/of verlagen van de kosten. Hieronder zijn twee schema's opgenomen die het vinden van opties voor winstverbetering vergemakkelijken en die in bijna alle situaties kunnen worden toegepast.

Opties voor winstverbetering

1 Winstverbetering door meer opbrengsten en/of minder kosten

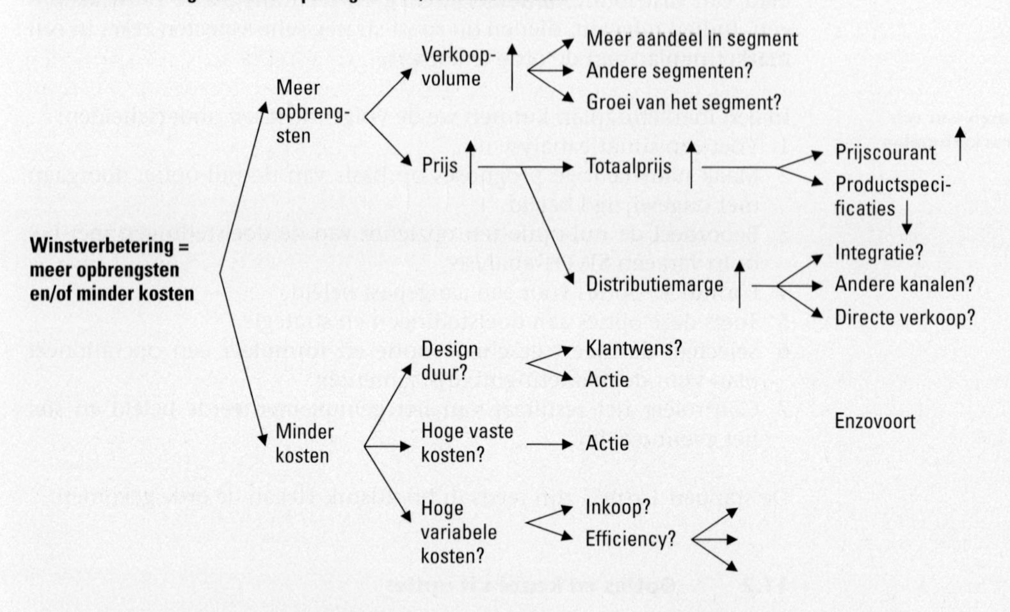

2 Meer winst = meer afzet x meer marge

Bedenk hierbij dat de grootste kans op succes bij een groeistrategie ligt in de penetratie: 'meer van hetzelfde'. Empirisch blijkt dat de kans op succes bij een marktpenetratiestrategie circa 70% is ten opzichte van 15% bij marktontwikkeling en circa 10% bij productontwikkeling. Ruim 90% van de 'nieuwe producten' bereikt het schap niet eens! De kans op succes bij diversificatie is klein.

Efficiency-maatregelen

Efficiencymaatregelen kunnen leiden tot assortimentssanering, kostprijsverlaging (voorraadverlaging, bundelen van inkopen), lagere kostprijs door een andere verpakking (compactwasmiddelen), uitgekiende logistiek e.d., wat leidt tot lagere kosten.

Effectiviteits-maatregelen

Effectiviteit betekent in feite: 'meer voor hetzelfde geld'. Voorbeelden van effectiviteitsmaatregelen zijn: een groter mediabereik met hetzelfde budget, meer klanten bezoeken per verkoper in dezelfde tijd e.d., wat leidt tot omzet- of marktaandeelvergroting.

Opties moeten het gesignaleerde centrale probleem oplossen en voldoen aan (organisatie)doelstellingen. De opties die daarna overblijven worden beoordeeld op de hardheid van de beschikbare informatie en eventueel in de 'wachtkamer' gezet voor verder onderzoek.

Waaraan moeten opties voldoen?

Suitability

1 Opties moeten voldoen aan de doelstellingen.
2 Opties moeten het centrale probleem oplossen en beter zijn dan de nul-optie.
3 Opties moeten passen in de SWOT-analyse en aansluiten op de bestaande business (dat wil zeggen: inspelen op sterktes en kansen en minimaliseren van zwaktes en bedreigingen).
4 De gebruikte informatie (data) moet betrouwbaar zijn.

Feasibility

5 De opties moeten haalbaar en uitvoerbaar zijn (checks via onder meer de FOETSIE-analyse en het maken van een globaal operationeel plan met financiële gegevens). Wordt voldaan aan de KSF's, strategieën van Porter, Treacy en Wiersema?

Acceptability

6 De opties moeten voordeel opleveren voor de stakeholders (waaronder de aandeelhouders).

Alle mogelijke opties moeten haalbaar zijn, dat wil zeggen dat het bedrijf met de optie uit de voeten kan als daarvoor wordt gekozen. Vaak zal het nodig zijn aanvullende gegevens te verzamelen om opties voldoende te kunnen beoordelen. De aanvullende gegevens kunnen betrekking hebben op marktonderzoek (en het uittesten van een veelbelovend product), investeringsanalyse enzovoort. Met het toetsen van opties kan worden gewacht tot deze aanvullende gegevens aanwezig zijn of er kan rekening worden gehouden met de nog aanwezige onzekerheden.
Ook wanneer alle gewenste feiten ter beschikking staan, is het niet eenvoudig een betrouwbare prognose per optie te maken. Het is bijvoorbeeld niet bekend of de concurrent misschien van plan is hetzelfde product te lanceren. Een oplossing voor dit dilemma kan zijn: meerdere prognoses maken, gebaseerd op verschillende scenario's. De beslissingsboomtechniek kan hier goede diensten bewijzen.

Behalve dat opties reëel (haalbaar, uitvoerbaar) moeten zijn, moeten de opties ook werkelijk van elkaar verschillen.

Keuze uit opties

Uit de situatieanalyse en bij het formuleren van doelstellingen is een aantal alternatieven voor een aangepast strategisch beleid naar voren gekomen. De volgende opties zouden zich bijvoorbeeld voor kunnen doen:

Optie 1 Introductie van een nieuw product.
Optie 2 Efficiencymaatregelen: door een structurele investering wordt de kostprijs verlaagd.
Optie 3 Marktontwikkeling: door export wordt de kwetsbaarheid verminderd.
Optie 4 Overname van een ander bedrijf: betere marketingmix.
Optie 5 Penetratie door een agressieve pull-promotiecampagne.
Optie 6 Bedrijfssluiting.

De opties dienen altijd te worden beoordeeld ten opzichte van de uitgangssituatie: 'doorgaan met ongewijzigd beleid'. Zoals bekend is, noemt men dit de *nul-optie*. Uit de opties wordt de meest geschikte gekozen. In dit keuzeproces worden de opties aan een aantal criteria getoetst. De opties en criteria worden hiertoe in een matrix geplaatst (tabel 11.2) en voor een eerste globale screening met een ratingmethode beoordeeld (+, 0, –, enzovoort).

Tabel 11.2 **Toetsen van opties**

Toetsingscriteria	Nul-Optie	Optie 1	Optie 2	Optie 3	Optie 4	Optie 5	Optie 6
Lost het centrale probleem op	....	....	....	....	....	....	....
Voldoet aan de organisatiedoelstellingen	....	....	....	....	....	....	....
Past bij huidig strategiebeleid	....	....	....	....	....	....	....
SWOT-analyse: past bij sterke punten	....	....	....	....	....	....	....
SWOT-analyse: sluit aan bij marktkansen	....	....	....	....	....	....	....
FOETSIE (Haalbaar, uitvoerbaar, verdedigbaar)	....	....	....	....	....	....	....
Acceptabel voor stakeholders	....	....	....	....	....	....	....

+ past goed, 0 neutraal, – past niet

Door het plaatsen van plussen en minnen wordt zeer snel 'rijp' van 'groen' onderscheiden. Ook kan hieruit naar voren komen dat een combinatie van opties tot synergie kan leiden, ook al voldoen individuele opties niet aan alle criteria. Als meerdere opties geschikt zijn, kan een keuze worden gemaakt op grond van de mate van winstgevendheid, cashflow, life cycle enzovoort.

De keuze en de wijze van uitwerking van de strategische opties wordt bepaald door de beantwoording van de volgende drie vragen:

1 Welke strategie hebben we volgens Porter of Treacy & Wiersema?
2 Welke strategische richting kiezen we: stoppen, turnaround, consolidatie of groei?
3 Wie voert de strategie uit: zelf doen, via acquisitie of via samenwerking?

Opties voor een sportcentrum (voorbeeld)

Rosenbrand en Van Duinen hebben bij de beoordeling van opties voor het oplossen van het kernprobleem bij een sportcentrum, gekozen voor een cijfermatige (objectieve) benadering. De ranking van de factoren loopt van 1 (weinig) tot 5 (hoog). Het sportcentrum is tien jaar geleden begonnen met enkele fitness- en aerobicsactiviteiten

Suitability

	Wegingsfactor	Back to core business	Uitbreiden activiteiten	Segmenteren
Oplossen key problem	3	3	4	5
Benutten strengths & opportunities	2	2	5	4
Minimaliseren weaknesses & threats	2	2	3	4
Score		**17**	**28**	**31**

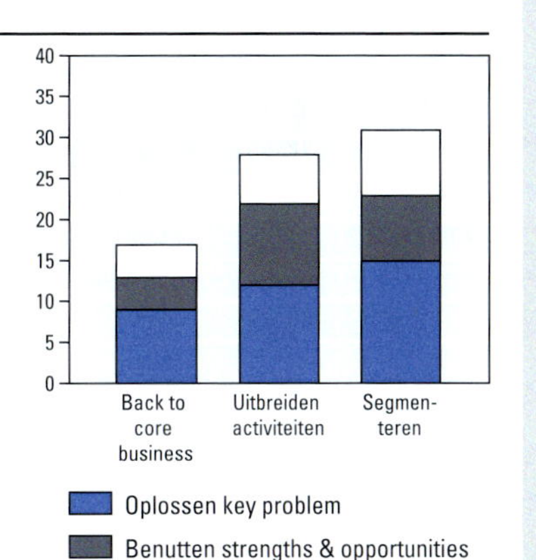

↓

Feasibility

	Wegingsfactor	Back to core business	Uitbreiden activiteiten	Segmenteren
Financieel	3	5	3	4
Organisatorisch	2	3	3	3
Economisch	3	2	3	5
Technisch	1	5	4	3
Sociaal/strategisch	2	1	4	5
Juridisch	1	3	5	5
Ecologisch	1	5	5	5
Score		**42**	**46**	**56**

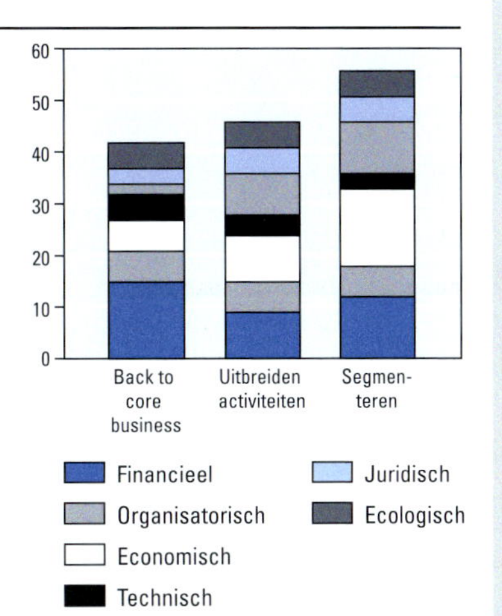

↓

Acceptability

	Wegings-factor	Back to core business	Uitbreiden activiteiten	Segmen-teren
Aandeelhouders	3	2	5	5
Klanten	3	1	5	4
Potentiële klanten	2	3	4	5
Score		**15**	**38**	**37**

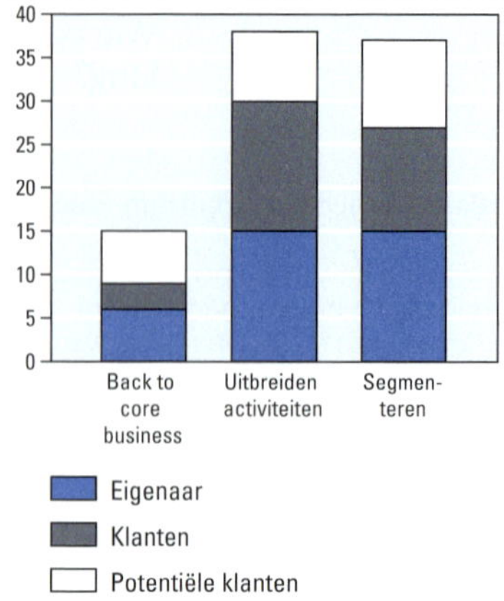

Totaalscore

	Back to core business	Uitbreiden activiteiten	Segmen-teren
Suitability	17	28	31
Feasibility	42	46	56
Acceptability	15	38	37
Score	**74**	**112**	**124**

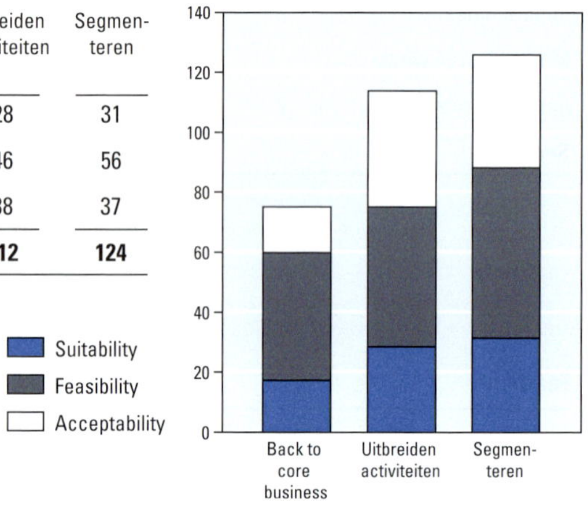

Succesvolle (product)strategieën

Allan Magrath, marketingdirecteur van 3M Canada, zet in *Across the Board* van maart 1995, een aantal met succes gehanteerde voorbeelden van (product-) strategieën op een rij:

- *Producten die het leven gemakkelijker maken.* Vier recente succesproducten zijn: Haggar kreukvrije sportbroeken, Crayola afwasbaar kleurkrijt, Timex Indigo horloges met verlichting en de toileteend van Johnson & Son.
- *Merkvermeerdering.* Dit kan op tal van manieren, zoals merkuitbreiding (Nikon zonnebrillen), licentieverstrekking (uitgever Hearst verstrekte detaillist Walt-Mart licenties op zijn tijdschriften die voor tal van producten worden gebruikt) en co-branding (Master-Card werkt samen met Shell, AT&T, GM enzovoort).
- *Nieuwe wegen vinden naar de markt.* Starbrucks Coffee creëerde mini-franchises in niet-traditionele verkooppunten zoals boekhandels.
- *Nieuwe afzet creëren op basis van oude ideeën.* De filmindustrie doet dat de laatste jaren volop (Adams Family, Flintstones). De Ford Mustang en de Dodge Viper worden goed verkocht.

- *Productvariëteiten creëren tot in het extreme.* Groothandelaar Frieda's levert 300 soorten groente en fruit. Logitech maakt computermuizen in alle soorten en maten, waaronder één in de vorm van een echte muis voor kinderen. 3M maakt diskettes met anti-schimmeleigenschappen voor seismologen en antistatische, minder energie verbruikende diskettes (Go Anyway) voor laptop-gebruikers.
- *High-tech toevoegen aan low-tech, of low-tech aan design.* Van low naar high: buitenlampen worden aangekleed met sensors om te waarschuwen tegen gespuis. Van high naar low: ouderwetse natuurlijke stoffen als hout en katoen verdringen synthetische materialen als plastic. Design is uit, informaliteit is in.
- *Minder is soms meer.* De minimalistische modeontwerper Jill Sander is succesvol met kleding die eenvoud paart aan elegantie. Miraflex, een vezel voor huisisolatie, is veel compacter en lichter dan bestaand materiaal, maar heeft dezelfde isolatiewaarde. Ikea: eenvoudige meubelen die men zelf mee naar huis neemt.

Bron: *Marketing Mix Digest*

Belangrijk is ook dat de onderneming aan de KSF's kan voldoen. Een interessante marktmogelijkheid is immers alleen interessant voor een onderneming wanneer de tools beschikbaar zijn om daarvan gebruik te maken. Een optimaal resultaat is te verwachten wanneer de onderneming niet alleen aan de KSF's kan voldoen, maar wanneer deze zelfs de core competence van de onderneming versterken. Veelal kunnen met behulp van de Ansoff-matrix opties ontwikkeld worden (zie paragraaf 11.3).

11.3 Groeistrategieën

Groeimatrix van Ansoff

De marketeer kan met behulp van de strategische *groeimatrix van Ansoff* de toekomstige business-activiteiten vaststellen. In zijn in 1965 gepubliceerde boek *Corporate Strategy* ontstaat het beroemde magische vierkant (zie tabel 11.3).

Tabel 11.3 **Product/markt-expansiematrix van Ansoff**

Markt	**Product (technologie)**	
	Bestaande producten	Nieuwe producten
Bestaande markten	Marktpenetratie	Productontwikkeling
Nieuwe markten	Marktontwikkeling	Diversificatie

De neiging om voor groei buiten de bestaande PMT-combinatie te treden, bestaat bij zowel kleine als grote ondernemingen. Er bestaan echter voldoende mogelijkheden om binnen de bestaande PMT-combinatie een groeiproces op gang te brengen dat niet direct als *expansie*, maar wel als *marktpenetratie* kan worden aangemerkt. De veiligste hoek blijft de bestaande markt met het huidige productenpakket.
Het verdient aanbeveling het potentieel van deze strategie in combinatie met de huidige technologie optimaal te benutten alvorens andere wegen in te slaan. Het is echter ook duidelijk dat de ondernemer niet moet wachten tot zijn producten aan het einde van hun levenscyclus

zijn, zijn markten hun verzadigingspunt hebben bereikt en zijn technologische productiemethoden achterhaald zijn. Uit systematisch en voortdurend onderzoek over de huidige stand van zaken en de toekomstige evolutie van deze drie strategische componenten, kan zelfs de conclusie worden getrokken dat tot marktspecialisatie of productspecialisatie moet worden overgegaan.
In tijden van recessie is een dergelijke afslankingsstrategie soms vanzelfsprekend. Deze inkrimpingsbeweging kan echter ook nodig zijn om verliesgevende producten uit het assortiment te verwijderen en niet-rendabele marktsegmenten af te stoten.

We behandelen in deze paragraaf de groeistrategieën van Ansoff:
- marktpenetratie
- productontwikkeling
- marktontwikkeling
- diversificatie.

Door het tijdelijk verlagen van de prijs kan de afzet worden vergroot en het marktaandeel worden uitgebouwd

Marktpenetratie
Binnen de bestaande PMT-combinatie (marktbegrenzing) kan winstvergroting tot stand worden gebracht door verschillende vormen van marktpenetratie, zoals:
- Marktverbreding. De onderneming gaat zich richten op nieuwe klanten binnen de doelgroep.
- Marktverdieping. De verkochte hoeveelheid en omzet per afnemer worden opgevoerd (light, medium en heavy users).
- Marktvernieuwing. Het bewerkstelligen van een snellere roulatie van duurzame goederen met beperkte levensduur.
- Marktverfijning. Het opvoeren van prijzen en winstmarges zonder het omzetvolume te veranderen

Marktpenetratie heeft de meeste kans van slagen als de vraag op de (bestaande) markt nog groeit. Potentiële nieuwe afnemers zijn zowel consumenten die de producten nog niet gebruiken als degenen die doorgaans concurrerende merken kopen. Om via een penetratiestrategie het marktaandeel te vergroten moeten we meestal het promotie-, distributie- en prijsbeleid wijzigen of minstens aanpassen. Zo kunnen we bijvoorbeeld een reclamecampagne ontwikkelen, vaker adverteren, betere schapposities in de winkels proberen te verkrijgen, acties bij de detailhandel voeren of de prijs – al dan niet tijdelijk – verlagen.

Productontwikkeling

Product- en technologie-verbeteringen

Product- en technologieverbetering zijn voortdurende doelstellingen voor het productbeleid. Productverbeteringen kunnen een verbeterde functionaliteit inhouden (bijvoorbeeld handling) en een verbeterd product door toepassing van een nieuwe technologie of het herformuleren van bestaande concepten. Sommige ondernemingen, zoals Procter & Gamble (Ariel, Pampers), houden de groei erin door een niet-aflatende stroom nieuwe producten voor hun doelgroep te lanceren.

Milieugerichte productontwikkeling

Het integreren van milieudoelstellingen in het productontwikkelingsproces is bedrijfseconomisch haalbaar. Dat blijkt uit een kosten-batenanalyse die binnen de vakgroep milieugerichte productontwikkeling van de faculteit Industrieel Ontwerpen aan de TU-Delft is uitgevoerd. De Delftse onderzoekers becijferen dat zeker 10% op de productiekosten kan worden bespaard. Dit voordeel ontstaat onder meer door minder materialen in te zetten en bij de fabricage minder energie te verbruiken.
De onderzoeks- en ontwikkelingskosten zijn als gevolg van het integreren van milieudoelstellingen bij productontwikkeling weliswaar wat hoger, maar in het rapport wordt gewezen op het spin off-effect op andere productielijnen. De operationele kosten zijn, in de gevallen waarbij een goede vergelijking mogelijk is met het product zonder milieugerichte productontwikkeling, gelijk of lager (tot ruim 10%).

Bron: *Het Financieele Dagblad*

Men denkt bij industriële producten niet zo snel aan vernieuwing via marketingtechnieken; een uitgangspunt dat voor consumentengoederen heel normaal is. Toch blijkt het mogelijk met kleine aanpassingen deze aanpak ook voor industriële goederen toe te passen. Het betekent het bewust aanpassen van uiterlijke aspecten zoals vorm, verpakking, lengte, bundeling, transport en conditionering, met als doel de marktpositie van het product te versterken. Hieronder vallen dus ook de in dit verband haast onuitputtelijke mogelijkheden van de industriële vormgeving.
Productiegerichte functionarissen onderschatten vaak de innoverende waarden van deze productverbetering.

Marktontwikkeling

Marktontwikkeling is het buiten de grenzen treden van de huidige bewerkte markten. Onder 'markten' moet hier worden verstaan: 'afnemerscategorieën'. Het ontdekken en aanboren van nieuwe toepassingen voor bestaande producten kan tot het betreden van nieuwe markten leiden. Evenzeer kunnen verbeterde producten een marktuitbreiding tot gevolg hebben.

Een van de meest voorkomende groeirichtingen binnen de marktontwikkeling is het binnentreden in nieuwe geografische markten. Dit is echter zeker niet per se noodzakelijk; als een product eerst door industriële afnemers wordt afgenomen en nu ook door consumenten (die een andere marktbewerking vragen), is dit ook een vorm van marktontwikkeling.

Binnenlandse marktomstandigheden en product- en bedrijfskenmerken kunnen een onderneming dwingen haar markt te internationaliseren. Enkele van de voornaamste redenen kunnen zijn:

- *Zeer gespecialiseerd product.* In dit geval kan de binnenlandse markt reeds bij de aanvang veel te beperkt blijken.

Oorspronkelijk richtten de computerleveranciers zich uitsluitend op de industriële markt, daarna ook op de consumentenmarkt: een vorm van marktontwikkeling

- *Een voortdurende overcapaciteit.* Deze kan in veel gevallen weggewerkt worden door een buitenlandse markt te bewerken.
- *Het stabiliseren van de verkopen.* Seizoenschommelingen kunnen in sommige gevallen op de internationale markt afgevlakt worden.
- *Buitenlandse concurrentie op de binnenlandse markt.* Deze kan vaak het beste tegengegaan worden door zelf op die bepaalde buitenlandse markt te gaan opereren.
- *Internationale marktmogelijkheden van het product.* Een bepaald product kan zo interessant zijn dat het internationaal kan worden afgezet.

De aard van de activiteit brengt het internationaal opereren met zich mee. Dit vindt men met name bij internationale vervoerders en dienstverleners, zoals de KLM, Nedlloyd en Frans Maas. Voor marktontwikkeling is het vaak noodzakelijk de expertise van tussenpersonen/distributiekanalen in te schakelen (distributeurs, agenten). Gezien de toenemende betekenis van internationale marketing in een wereld waarin 'barriers' steeds meer verdwijnen, wordt hierop in paragraaf 11.4 specifiek ingegaan.

Diversificatie

Diversificatie is een verzamelnaam voor strategieën waarbij een onderneming zich met nieuwe producten op nieuwe markten begeeft. Een strategie van diversificatie behelst de verkoop van nieuwe producten in geheel nieuwe markten of aan geheel nieuwe doelgroepen. Beweegredenen voor diversificatie kunnen onder meer zijn:

Beweegredenen diversificatie

- De doelstellingen van de onderneming kunnen niet meer verwezenlijkt worden binnen het kader van de actuele PMT-combinatie, zoals vastgelegd is in de expansiestrategie. Het constateren van deze niethaalbaarheid of niet-meer-haalbaarheid op middellange of lange termijn kan meerdere oorzaken hebben. Enkele daarvan komen direct vanuit de marketinghoek:
  - marktverzadiging
  - wegvallen van de vraag
  - concurrentieovermacht
  - productlijnaftakeling.

  Een van de duidelijke signalen is een fikse daling van de rendementen van de huidige activiteiten, of het droogvallen van de stroom van nieuwe kansen in het huidige activiteitengebied.
- Er doen zich voortdurend nieuwe kansen voor, waarbij de vroeger gestelde doelen naar behoren worden verwezenlijkt met een kasstroom die ruimschoots groter is dan de geplande behoeften.
- De diversificatiekansen laten hogere rendementen verwachten dan de traditionele activiteiten, maar de risico's zijn ook zeer groot (denk aan de UMTS-technologie).

In een later model van de Ansoff-matrix is de diversificatie-cel verder onderverdeeld (zie tabel 11.4). In deze nieuwe diversificatiematrix komt een aantal nieuwe factoren naar voren: de component technologie, het onderscheid tussen horizontale en verticale diversificatie, het synergie-element en de conglomeraatvorming. Bovendien wordt een onderscheid gemaakt tussen dezelfde afnemers, 'ongeveer dezelfde' (overeenkomstige) nieuwe afnemers en het bedrijf als eigen afnemer ('captive-user').

Tabel 11.4 **Diversificatiematrix**

Afnemers c.q. markten	Nieuwe producten c.q. technologieën	
	Verwante technologie	Niet-verwante technologie
Zelfde afnemers	Horizontale diversificatie (parallellisatie)	
Onderneming wordt eigen afnemer of leverancier	Verticale diversificatie (integratie)	
Verwante afnemers	I	II
Nieuwe afnemers	III	Conglomerate diversificatie

I, II en III: concentrische diversificatie

De nieuwe producten kunnen worden ingedeeld in producten, gefabriceerd op basis van de huidige bekende technologie, en producten gebaseerd op een technologie die nieuw is voor de onderneming.

Diversificatievormen

De ondernemingsopdracht wordt verbijzonderd in diversificatievormen, aangepast aan diverse afnemersgroepen. Deze elementen worden hierna toegelicht. Het gaat om:

- horizontale diversificatie
- verticale diversificatie
- conglomerate diversificatie
- concentrische diversificatie.

Horizontale diversificatie

Horizontale diversificatie is in feite *parallellisatie*. Het verschijnsel treedt op als de onderneming activiteiten gaat ontplooien die tot gevolg hebben dat eenzelfde fase uit het proces van een product uit een andere bedrijfskolom wordt aangetrokken.
De onderneming kan deze nieuwe producten of diensten leveren aan dezelfde groep afnemers die zij nu al tot klant heeft. Een voorbeeld is een reisorganisatie die haar eigen hotelketen opzet. Door horizontale diversificatie vergroot een bedrijf haar afhankelijkheid van een bepaalde markt en wordt daardoor kwetsbaarder.

Verticale diversificatie

Verticale diversificatie (*integratie*) is de tegenovergestelde groeirichting van differentiatie. Bij integratie worden opeenvolgende fasen van hetzelfde productieproces samengevoegd. De onderneming wordt haar eigen afnemer of leverancier.

Achterwaartse integratie

Als een voorgaande fase wordt aangetrokken, spreekt men van *achterwaartse integratie*. Voorbeelden: een papierfabriek gaat zelf de tot dusver op de inkoopmarkt aangekochte cellulose vervaardigen; een cellulosefabriek gaat zelf boomaanplantingen opzetten; een confectiefabriek koopt zelf een weverij.

Voorwaartse integratie

Voorwaartse integratie komt neer op het aantrekken van de volgende fase in de bedrijfskolom. Voorbeelden: een confectiefabriek richt een groot- en detailhandel op om de artikelen af te zetten; een papierfabriek neemt de verwerking van papier tot blocnotes en schriften ter hand; een kartonfabriek gaat een kartonnagefabriek oprichten.

Conglomerate diversificatie

We spreken van *conglomerate diversificatie* als een bedrijf nieuwe producten, die geen enkele relatie vertonen met zijn huidige technologie of producten, lanceert op markten die eveneens nieuw voor het bedrijf zijn. Voor de groeirichting van de conglomerate diversificatie is het niet mogelijk een beslissingsregel op te stellen die het zoekproces naar nieuwe product/marktcombinaties begrenst: alle aantrekkelijke mogelijkheden moeten worden onderzocht.

Concentrische diversificatie

Bij een strategie van *concentrische diversificatie* wordt een nieuw product op de markt geïntroduceerd, dat qua marketing en/of technologie duidelijk verband houdt met de huidige producten van de onderneming. Daarbij onderscheiden we:

- verwante markt en verwante technologie (I in tabel 11.4)
- verwante markt en nieuwe technologie (II in tabel 11.4)
- verwante technologie en nieuwe markt (III in tabel 11.4).

Synergie

In alle gevallen is sprake van *synergie* in de marketing van de producten. Illustratief voor concentrische diversificatie, waarbij het nieuwe product een synergetische relatie heeft met de huidige marketingervaring van het bedrijf, is de aankoop van de Pizza Hut-keten door frisdrankfabrikant PepsiCo. Gebruikmakend van zijn ervaring in de horecabranche hoopt dit bedrijf jaarlijks wereldwijd 250 nieuwe Pizza Huts te openen.

Voorbeelden van strategische opties en hun industriële marketingimpact

Groeistrategie

Teneinde het marktaandeel op te voeren, kan men hanteren:

- Intensivering van de marketinginzet.
- Verbijzondering en diepgang van de segmentatie ('focussing').
- Verbetering van de productkwaliteit.
- Systeemaanpak.
- Geplande, gecoördineerde marketingagressie (promotie).
- Opvoeren van technische dienstverlening.

Expansiestrategie

- Nieuwe producten.
- Extra features (USP's).
- Internationaliseren.
- Prijsaanpassing bij intrede.

Stabiliteitsstrategie

- Probleemoplossende dienstverlening.
- Klanten 'tevreden' houden.
- Continuïteit bevorderen van producten, communicatie, relaties.
- Geen bokkensprongen in de reclameboodschappen.
- Productiviteitsverhoging van de marketinginspanning.
- Constante prijspolitiek.

Uitmelkstrategie:

- Cashflow maximaliseren door afslanking van alle investeringen.
- Alle marketinginspanningen tot een minimum, zo mogelijk tot nul beperken.
- Marketing 'zonder franje'.
- Voorraden wegwerken en afbreken.

Verticale integratie

- Achterwaartse integratie: meer concurrerende prijzen en/of technologische differentiatie.
- Voorwaartse integratie: concurreren tegen vroegere en huidige afnemers; een nieuwe marketingfilosofie inenten; als gevolg daarvan nieuwe marketingmixcomponenten leren inzetten, bijvoorbeeld deelnemen aan beurzen en tentoonstellingen.

Diversificatie

- Totale aanpassing van het marketingmixarsenaal.
- Zie bij voorwaartse verticale integratie.

Terugtochtstrategie

- Klanten opvangen die in problemen raken door het stopzetten van een deel van de activiteiten.
- Goodwill kweken door introductie bij andere leveranciers.
- Motivatie van het verkoopteam in stand houden, ondanks assortimentsbeperking.

Uitstapstrategie

- Een goed PR (public relations)-verhaal.

Diversificatierisico

Tijdens de jaren zestig en zeventig ging men er haast vanzelfsprekend van uit dat groei moest plaatsvinden door – naast expansie – aan diversificatie te doen. Bij expansie blijft de ondernemer strategisch op vertrouwd terrein. Diversificatie is een riskante zaak. Het is een sprong in het duister. De kans van slagen in deze 'high risk business' is gering. Er zijn heel wat gevallen bekend die dramatische gevolgen hadden voor de hele onderneming, dus niet alleen voor het diversificatieproject, maar ook voor de andere, traditionele activiteiten. Diversificatie betekent een essentiële verandering van de traditionele activiteiten. Bijvoorbeeld door het overstappen van de ene branche naar een andere: van de voedingsnijverheid naar de metaalverwerking of van de textiel naar de elektronica. Gebleken is dat het jaren duurt voordat de nieuwe activiteiten een rendement opleveren dat gelijkwaardig is aan het rendement van een volwassen activiteit.
Voorbeelden: In 1986 heeft AT&T een verlies van $200 mln opgevoerd als gevolg van een poging om in de computerbranche te penetreren.

Keuze groeistrategie

Welke groeistrategie een onderneming bij voorkeur moet nemen is van een groot aantal factoren afhankelijk. Hierbij spelen natuurlijk de marktaantrekkelijkheid en de ondernemingspositie een grote rol. Hiermee samenhangend zijn de marktgroei en de mate van concurrentie goede uitgangspunten bij de keuze van een groeistrategie. Figuur 11.2 biedt hierbij aanknopingspunten.

Figuur 11.2 **Keuze van strategieën op basis van markt- en concurrentiesituatie**

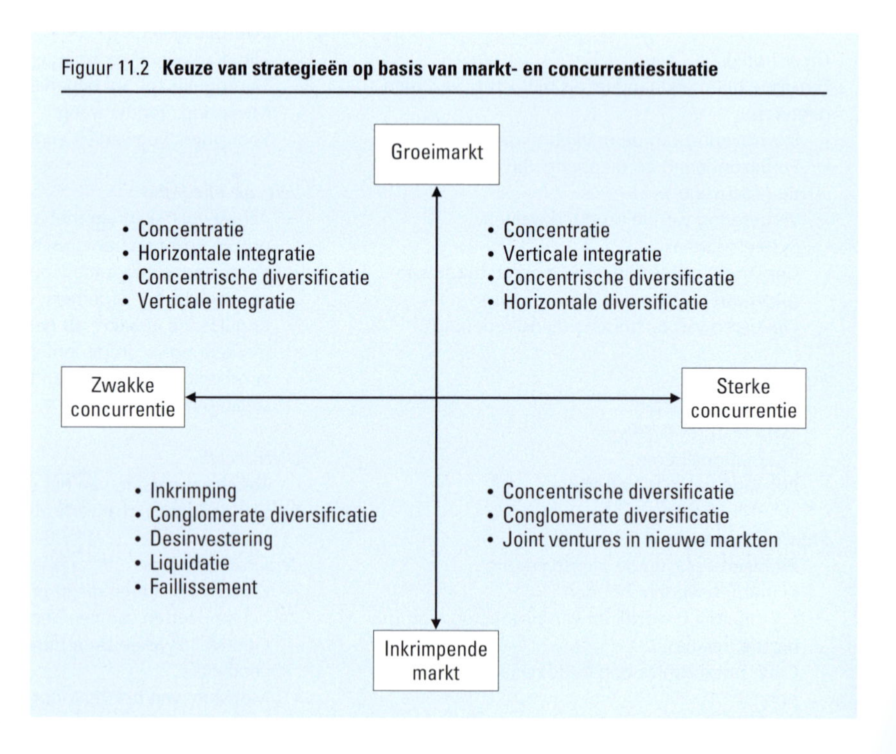

11.4 Selecteren van buitenlandse markten

Internationale marketing is een bijzondere vorm van marketing, waarbij bedrijven naast de thuismarkt, opereren op een of meer geografische markten. De argumenten om internationale marketing te gaan bedrijven zijn reeds in paragraaf 11.3 genoemd.

Marktconcentratie

De selectie van buitenlandse markten is een systematische verkenning van marktkansen voor een onderneming. Primair moet een uitspraak worden gedaan ten aanzien van het aantal en het soort buitenlandse markten dat men wil bewerken. Het aantal markten noemt men ook wel de *marktconcentratie*. Het soort markten ziet men als gelijkvormig met of gedifferentieerd van de thuismarkt.

Alleen een selectie van het aantal landen dat men wil bewerken is zeer ruw. Men werkt in dat geval met gemiddelden per land, bijvoorbeeld het gemiddelde gezinsinkomen in Duitsland, terwijl er binnen een land sprake kan zijn van meer homogene marktsegmenten. Het marktsegment tweeverdieners zonder kinderen rond Frankfurt zal een grotere mate van overeenstemming vertonen met dat van andere financiële centra (bijvoorbeeld Zürich, Amsterdam en Londen), dan met een gemiddeld gezin in Duitsland. Daarom dient selectie niet alleen op landniveau, maar bovendien op marktsegmentniveau plaats te vinden.

Definitie internationale marktsegmentatie

Internationale marktsegmentatie is het indelen van een internationale markt bestaande uit een aantal geselecteerde landen, in homogene afnemersgroepen met behulp van segmentatievariabelen. Voor een gekozen markt kan vervolgens een marketingplan worden ontwikkeld.

Voorbeelden van een dergelijke segmentatie zijn:
- de markt voor industriële reinigingsmiddelen;
- de markt voor (geluidsarme) vliegtuigen en vrachtwagens;
- de markt voor hoogwaardige afvalwaterreinigingsinstallaties.

Selectie van markten kan plaatsvinden volgens de gewogen factorscoremethode en volgens de portfolioanalyse. De Household and Personal Care Division (HPCS) van een Amerikaanse onderneming maakte een portfolio volgens het model van de Boston Consulting Group (zie figuur 11.3).

Initiatief TPG Post voor verdere opening Nederlandse postmarkt

TPG Post presenteerde op 21 augustus 2002 haar visie op de toekomst van de postmarkt in Nederland. Deze visie is neergelegd in een brochure waarin TPG Post de overheid een voorstel doet voor een verantwoorde verdere opening van de Nederlandse postmarkt met garanties voor de dienstverlening aan de consument. TPG Post komt nu met dit initiatief tegen de achtergrond van de snelle en complexe ontwikkelingen in de postsector. Terwijl de concurrentie in de Nederlandse postmarkt al ver voor loopt op die in andere landen, vraagt de markt om nog meer concurrentie. De postvolumes staan onder druk door onder meer elektronische communicatiemiddelen. Duidelijkheid in de regelgeving is in deze situatie van groot belang. TPG Post stelt daarom voor om met de overheid een samenhangend totaalpakket van maatregelen af te spreken voor de komende jaren, opdat alle belanghebbenden in de postmarkt duidelijkheid krijgen over de regelgeving. Deze afspraken moeten het geheel aan postale regelgeving afdekken. Alleen dan ontstaat de zekerheid die men als bedrijf nodig heeft om een stabiel langetermijnbeleid te kunnen voeren.

Figuur 11.3 **Landenselectie op basis van de BCG-analyse**

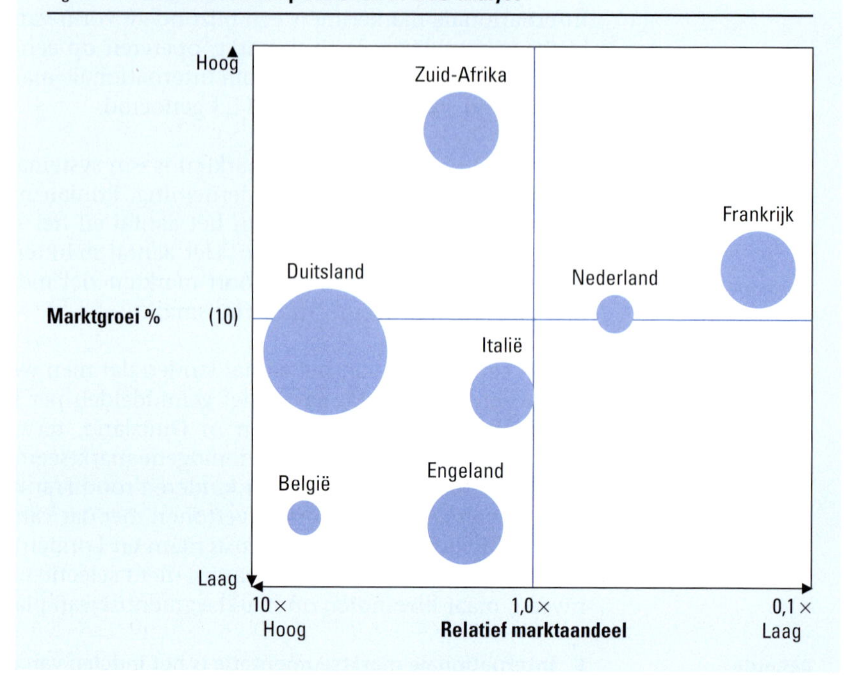

De hoofdpunten van het voorstel van TPG Post zijn:

- verkleining van het monopolie van 100 naar 50 gram in 2004 in plaats van in 2006;
- volledige opening van de markt in 2007, mits het Verenigd Koninkrijk en Duitsland hetzelfde doen;
- concurrenten kunnen zich zelfstandig verder ontwikkelen; eigen brievenbussen langs de weg, op commerciële wijze gebruikmaken van postkantoren;
- continuering van het huidige tariefbeheerssysteem; de consument gaat in reële termen niet méér betalen tot 2007;
- de kwaliteit van de dienstverlening blijft hoog;
- het aantal postvestigingen (3 100) blijft de komende jaren zoals is afgesproken;
- de toegankelijkheid van de dienstverlening wordt vergroot;
- het toezichtregime loopt in de pas met de verdere liberalisering.

Bron: TPG Post, 21 augustus 2002

11.5 Formuleren van concurrentiestrategieën

In de vorige paragrafen zijn de verschillende aspecten van strategische planning aan de orde geweest. Grofweg zijn deze in de volgende twee stappen te onderscheiden:

1 Hoe goed doet onze business het vandaag? Na het definiren van de business is via een diepgaande analyse van de bedrijfstak de omgeving van de onderneming geanalyseerd. Hiertoe behoorde ook een diepgaande concurrentieanalyse. Via een SWOT-analyse zijn de kernfactoren van het concurrentiesucces van de onderneming naar boven gekomen, uitmondend in de vraag of de onderneming voldoet aan de gestelde doelen geplaatst tegenover de vraag wat de onderneming in haar activiteitengebied zou moeten doen. In deze fase zijn ook al werkhypothesen en mogelijke strategische opties geformuleerd.

2 Daarna zijn zowel de huidige strategie als de alternatieve strategieën beoordeeld op haalbaarheid in een zich wijzigende omgeving. Het aspect van beschikbare en toekomstig beschikbare financiële middelen is vervolgens geanalyseerd via de BCG-matrix.

Op basis van de verwachte omgevingsontwikkeling en de toekomstige interne consistentie is hierna de positie in verschillende markten geanalyseerd met behulp van de MABA-matrix.

Strategische opties

Er bestaat meestal een groot aantal mogelijke strategische opties en combinaties daarvan voor aangepast beleid. Elk van deze opties heeft een eigen marketingimpact. Een groeistrategie omvat een andere combinatie van marketingingredinten dan bijvoorbeeld een uitstapstrategie (exit strategy).

Strategische keuze

Door de onderneming moet nu een strategische keuze worden gemaakt:
- Welke generieke concurrentiestrategie of leiderschapsstrategie past het beste bij de beoogde kansen en geeft het beste antwoord op de vastgestelde bedreigingen?
- Hoe kan het concurrentievoordeel nu strategisch worden opgebouwd en uitgebreid?

De vele strategische opties tonen aan hoe talrijk en verschillend de mogelijkheden voor ondernemingen zijn om met succes de rivaliteit binnen de bedrijfstak en de bedreigingen van nieuwe vormen van mededinging het hoofd te bieden, of zelfs naar een hoger rendement te streven.
De best passende generieke concurrentie- of leiderschapsstrategie zal voor iedere onderneming anders zijn, in verband met haar unieke eigenschappen, haar eigen omgeving en haar eigen strategieën. Zie voor strategieën ook hoofdstuk 6.

De value chain is een eveneens door Porter ontwikkeld analysemodel, waarbij de strategieën worden geïmplementeerd in allerlei onderdelen van de bedrijfsvoering. Evenals de andere in dit hoofdstuk behandelde modellen is de value chain (zie hoofdstuk 7) een hulpmiddel om diagnoses te stellen en niet een doel op zich.
Van de value chain (waardeketen) en de daarin werkende activiteiten vindt u een nadere beschrijving in hoofdstuk 7 van dit boek.

Algemene marketingstrategieën

De klassieke indeling van marketingstrategieën kent volgens Kotler vier typen van strategische gedragspatronen die vanuit de marketinggedachte te herkennen zijn, namelijk marktleiderschap, uitdagers, volgers en marktnissers. De structuur van de markt, verdeeld naar marketingstrategie, ziet er hypothetisch als volgt uit:
1 Marktleider 40%
2 Marktuitdager 30%
3 Marktvolger 20%
4 Marktnisser 10%.

In theorie wordt gesteld dat een onderneming over de mogelijkheid beschikt een keuze te maken uit deze vier strategische opties. In de praktijk zal de vrijheid in keuze vaak zeer beperkt zijn en worden ondernemingen gedwongen bijvoorbeeld tot volgerschap of tot het zich beperken tot een hoekje van de markt. Tussen marktleiders en marktuitdagers zal door voortdurende confrontatie de strijd om de dominantie op de markt aanscherpen, tenzij men er zich bij neerlegt 'de betere nummer twee' te zijn. Deze strategieën zijn in paragraaf 6.4 uitvoerig toegelicht.

11.6 Doelstellingen en marketingstrategie

Doelstelling en strategie zijn wezenlijke onderdelen van het marketingplan.

Formuleren van doelstellingen

Nadat in een onderneming de business definition is vastgesteld en met behulp van de SWOT-analyse inzicht is verkregen in de marktkansen en de mogelijkheden van de onderneming om het probleem op te lossen, moeten de doelstellingen eventueel opnieuw worden geformuleerd.

Realistische doelstellingen

De doelstellingen moeten realistisch zijn, dat wil zeggen: haalbaar, uitvoerbaar en verdedigbaar. Het definiëren van onrealistische doelstellingen, bijvoorbeeld een eis van het management om de kosten met 20% te verlagen in een onderneming waar al diverse drastische bezuinigingsrondes zijn uitgevoerd, werkt alleen maar demotiverend en dus contraproductief. Bij 'uitvoerbaar' moet vooral worden gedacht aan de interne factoren: personeel en capaciteit. Ook moeten ze verdedigbaar zijn ten opzichte van concurrentie en distributie. Ook moeten ze meetbaar en dus controleerbaar en eventueel aanpasbaar zijn bij zich wijzigende omstandigheden in de omgevingsfactoren.
Een voorbeeld van een foutieve doelstelling is: 'We willen de logobekendheid van de onderneming vergroten.' Als niet wordt aangegeven in welke mate dat moet gebeuren en hoe dat zal worden gemeten, is de doelstelling fout.

Lange- en kortetermijndoelstellingen

Bij het formuleren van doelstellingen moet men zich realiseren dat zowel langetermijndoelstellingen (gewenste positie over tien jaar) als kortetermijndoelstellingen (verkleining van het werkkapitaal) heel goed gelijktijdig kunnen worden geformuleerd. Een fraai geformuleerde langetermijndoelstelling heeft geen enkele betekenis wanneer de kortetermijndoelstellingen niet worden gehaald.

Doelstellingen van Riovision

Riovision zou als doelstelling kunnen formuleren: Europees marktleider worden in inspectietechnieken binnen vijf tot tien jaar. Als men niet als kortetermijndoelstelling daarnaast tevens formuleert: 'Een oplossing vinden voor de lage rentabiliteit in de renovatietak', zal het bedrijf over tien jaar niet meer bestaan.

Voorbeelden van langetermijndoelstellingen zijn: structurele rendementsverbetering, veranderen van generieke concurrentiestrategie, verbeteren van het imago en dergelijke. Kortetermijndoelstellingen liggen meestal op het tactische vlak: efficiencymaatregelen, assortimentsverbetering.

Zoals opgemerkt, moeten doelstellingen haalbaar, uitvoerbaar en verdedigbaar zijn; kortom realistisch. Het is daarom irreëel doelstellingen te definiëren die losstaan van de conclusies uit de SWOT-analyse, de daar al gesignaleerde opties voor aangepast beleid en de te volgen marketingstrategie. De marketingdoelstellingen die men kiest, moeten daarnaast een logisch samenhangend geheel vormen. Wanneer men voor een nieuw product een snelle penetratie met een marktaandeel binnen één jaar van 30% nastreeft, is het weinig realistisch daarnaast te eisen dat het product ook direct een flinke bijdrage aan de winst moet leveren.

Doelstellingen moeten ook worden geformuleerd in concrete, meetbare termen. Ook in een PMT-plan kunnen langetermijndoelstellingen worden geformuleerd, bijvoorbeeld: 'binnen vijf jaar marktleider in segment X'.
Gelijktijdige formulering van korte- en langetermijndoelstellingen zijn eerder regel dan uitzondering. Als men de hiervoor genoemde langetermijndoelstelling bijvoorbeeld combineert met de kortetermijndoelstelling, wordt dat: 'het verminderen van het werkkapitaal met 30% binnen twaalf maanden.'

Marketingdoelstellingen voor een PMT-combinatie moeten overeenstemmen met de algemene doelstellingen van de SBU en de portfolio- en MABA-analyses. Doelgroep, positionering en financiële doelstellingen mogen in geen enkel marketingplan ontbreken.

Strategische en operationele doelstellingen

Doelstellingen kunnen strategisch en operationeel van aard zijn. Enkele voorbeelden van marketingdoelstellingen zijn:
- verbeteren van marge, distributiedekking, marktaandeel, merkbekendheid, omzetaandeel, omzet, rendement;
- verlaging van de kostprijs;
- voorkomen en verminderen van klachten;
- introductie van nieuw(e) product(en).

Marketingstrategie

Bij het bepalen van de marketingstrategie moeten de volgende aspecten aan de orde komen:
- marketingformule
- doelgroepkeuze
- productdifferentiatie
- distributiekanalen
- tijdsfactor
- concurrentie.

Marketingformule

De *marketingformule* wordt hier gesymboliseerd als de 'A-, B- of C-formule' (zie figuur 11.4). De marketingformule heeft invloed op een groot aantal facetten van het marketingbeleid. De optie 'productie van private labels' zal niet aansluiten bij het strategisch beleid van een 'A-formule'.

Doelgroepkeuze

Bij de *doelgroepkeuze* moet antwoord worden gegeven op de vragen:

- Zijn er aparte doelgroepen? (Is segmentatie wenselijk/mogelijk, en zo ja, hoe?)
- Ken ik mijn huidige afnemers? Hoe zullen ze op een wijziging van het huidige strategische beleid reageren (aankoopgedrag, beslissingsgedrag, psychographics)?

Product-differentiatie

Is *productdifferentiatie* nodig/mogelijk/wenselijk?
Respectievelijke keuze voor een ongedifferentieerde (prijsleiderschap), gedifferentieerde, of focusstrategie.

Distributiekanalen

De houding ten opzichte van de *distributiekanalen*. Past de huidige functie van de distributiekanalen bij de nieuwe functie?
Is in de nieuwe situatie push/pull mogelijk?

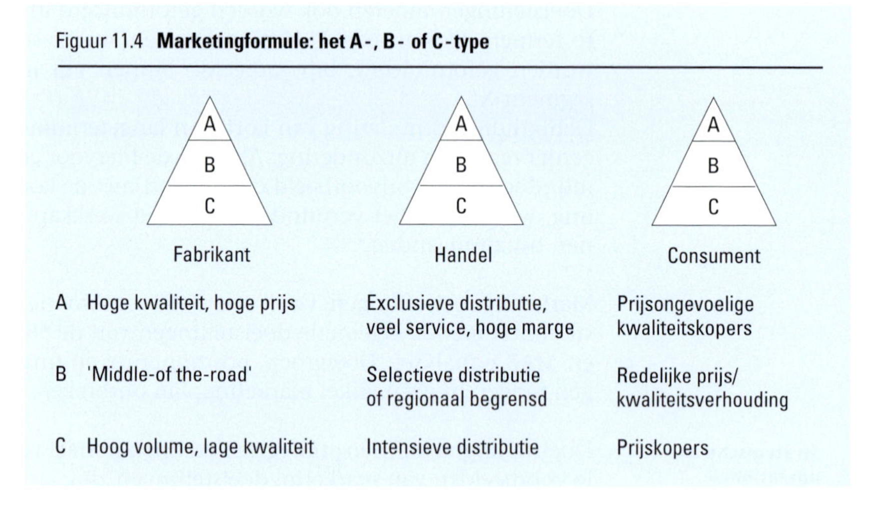

Figuur 11.4 **Marketingformule: het A-, B- of C-type**

	Fabrikant	Handel	Consument
A	Hoge kwaliteit, hoge prijs	Exclusieve distributie, veel service, hoge marge	Prijsongevoelige kwaliteitskopers
B	'Middle-of the-road'	Selectieve distributie of regionaal begrensd	Redelijke prijs/ kwaliteitsverhouding
C	Hoog volume, lage kwaliteit	Intensieve distributie	Prijskopers

Voorbeelden van push zijn:

- package deal van nieuw product en private label;
- marge, bonus;
- instore-activiteiten, joint promotions, acties, accountbenadering.

Voorbeelden van pull zijn:

- houding van de distributiekanalen ten opzichte van coupons, acties;
- reclame;
- beurs/vakblad.

Tijdsfactor

Bij de *tijdsfactor* gaat het om:

- fase in een productlevenscyclus;
- payback-periode;
- prijselasticiteitsverloop;
- voorsprong op de concurrentie (technologie, patent, distributie). Deze bepaalt in belangrijke mate of een afroomstrategie of een expansiestrategie moet worden geïntroduceerd. De ervaringscurve is hiermee nauw verbonden.

Concurrentie

Bij de houding ten opzichte van de *concurrentie* gaat het om:
- marktverhoudingen (monopolie, oligopolie, homogeen/heterogeen);
- 'vijfkrachtenmodel' van Porter;
- soort concurrentie: het gedrag wordt voornamelijk bepaald door de huidige positie en de bedrijfsfilosofie.

Tabel 11.5 geeft de algemene concurrentiële marketingstrategieën weer, die in hoofdstuk 6 aan de orde zijn gekomen.

Tabel 11.5 **Algemene concurrentiële marketingstrategieën**

Positie	Kenmerk	Gedrag
Marktleider	Dominant marktaandeel	• Streeft naar marktgroei • Streeft naar marktaandeelgroei • Innoveert offensief • Attaqueert offensief
Runner-up (marktuitdager, marktvechter)	Gemiddeld marktaandeel	• Streeft naar marktaandeelgroei • Attaqueert op: – productvarianten – kwaliteit – prijs – distributie – verkoop (service) – reclame (vergelijking)
Marktvolger	Gemiddeld marktaandeel	• Vermijdt confrontatie • Volgt beleid van marktleider • Doet aan segmentselectie • Doet aan deelmarktselectie • Beheerst kosten en zoekt winst
Markt 'wirwar'	Gemiddeld marktaandeel	• Is te klein voor tafellaken • Is te groot voor servet • Is warrig in beleid • Attaqueert op prijs of aandacht
Marktniszoeker (nicher)	Klein marktaandeel	• Zoekt segment • Beperkt zich • Specialiseert zich

11.7 Implementatie, controle, balanced scorecard

Voor het operationeel maken van de gekozen optie is het van groot belang dat de markt en de functie die het product daarin zal vervullen, eerst nauwkeurig worden gedefinieerd: segmentatie en positionering. De hierbij toe te passen strategieën komen in hoofdstuk 12 aan de orde. Na segmentatie en positionering moet in een gedetailleerd plan worden vastgelegd wat de consequenties (korte- en langetermijneffecten) van het aangepaste beleid zullen zijn. Voor het grootste deel heeft dit betrekking op de marketingmixinstrumenten, maar ook de effecten voor de organisatie, het marketingbeleid, en de financiële consequenties (bijvoorbeeld de invloed op het werkkapitaal) moeten hierin aan de orde komen. De Du Pont-analyse (zie hoofdstuk 8) kan hierbij goede diensten bewijzen.

Algemeen raamwerk voor een operationeel marketingplan

Een operationeel marketingplan heeft een planningshorizon van circa een jaar. In zo'n plan worden alle activiteiten vastgelegd die in die periode ontwikkeld zullen c.q. moeten worden en wel *per onderdeel*:

- marketingdoelstellingen (gekwantificeerd per maand, kwartaal en jaar) per product/marktcombinatie;
- marketingstrategie; marktsegmenten en positionering en daarvan afgeleid de propositie;
- marketingmix; doelstellingen en activiteiten per marketinginstrument (product, prijs, plaats, promotie, personeel; bij de retailmix ook presentatie en fysieke distributie);
- budgetten en timing van de implementatie (wie, wat, waar, wanneer et cetera);
- controle, feedback en bijsturing.

Bovenstaande planonderdelen moeten niet alleen ingevuld worden voor de eindafnemers, maar ook voor de tussenschakels, voorzover van toepassing. Een marketingplan heeft doorgaans ook budgettaire gevolgen voor de eigen organisatie, bijvoorbeeld trainen van bestaand en nieuw personeel, herschikken van personeel, honorering et cetera.

De activiteiten hebben betrekking op de verschillende marketinginstrumenten (zie uitgebreid in de hoofdstukken 14 en 15):

- *Product*: veranderingen in functie, assortiment, verpakking, productie, geur, performance en/of ontwerp, het al of niet uitvoeren van een testmarkt.
- *Prijs*: absolute prijs, prijsperceptie, prijselasticiteit, marges voor de tussenhandel, winst en bonus.
- *Distributie*: afspraken met betrekking tot acties, schappenplan, marges, instore-activiteiten en out-of-stock-situaties; distributiedekking (numeriek en gewogen) en accountplannen en de omzetdoelstellingen per winkeltype.
- *Promotie*: communicatiedoelstellingen, communicatiebudget, reclamedoelstellingen, -thema en -doelgroep, merkbekendheid, trial, coupons, acties, folders en de briefing van het reclamebureau.
- *Personeel*: opleiding, training en kennis.

Het raamwerk voor een verkoopplan

Na analyse van de externe salesomgeving en de salesorganisatie, alsmede het berekenen van prognosescenario's, moeten de volgende stappen gezet worden:

- verkoopdoelstellingen vaststellen: per product, segment, regio, klant, verkoper, accountmanager en het vaststellen van de marges, alsmede van de omzet en afzet per maand et cetera;
- verkoopstrategieën vaststellen met betrekking tot accountmanagement, gebiedsindeling, PSU, joint selling, (in-)directe verkoop, verkoopkanalen et cetera;
- verkoopactiviteiten vaststellen: bezoekfrequentie, routing, direct mails, presentaties, beurzen, selling in en selling out-activiteiten et cetera;
- budgetteren en timing van de implementatie (wie, wat, waar, wanneer et cetera);
- controle, feedback en bijsturing.

Controle

Nadat het marketing- en salesplan is geïmplementeerd, zal het nuttig en noodzakelijk zijn om van tijd tot tijd te controleren of de gestelde doelen daadwerkelijk worden gerealiseerd, zodat – waar nodig – een en

ander tijdig kan worden bijgesteld. Omdat dit een dynamisch proces is, zal dit uiteindelijk leiden tot een nieuwe planningsronde met een nieuw marketingplan.
Hiermee is de planningscyclus rond. De informatie die ten behoeve van de controle van het plan noodzakelijk is, betreft de volgende onderdelen en middelen:

- *Financiële gegevens*. Informatie over afzet, omzet, kosten per week, outlet. Met behulp van scanning is dit tegenwoordig geen probleem meer. De komst van de klantenkaart biedt hier ongekende mogelijkheden.
- *Concurrentie-informatie*. Hoe reageert de concurrent op de nieuwe strategie? Voert hij ook een nieuw product, prijsverlaging, acties?
- *Afnemersinformatie*:
  - informatie via distributie- en consumentenpanels, luister- en kijkonderzoek, meting van het reclame-effect;
  - productonderzoek, verpakkingsonderzoek.

Nieuwe marketinginstrumenten

Marketeers leren nog steeds te werken met de vier P's. Ze moeten echter leren ook met de volgende instrumenten om te gaan:

- *Kostenbeheersing*. De kostenbeheersing wordt meer en meer een vast onderdeel van de marketingmix. Hiermee bedoelen we niet alleen het kritisch analyseren van de absolute kosten; ook de marketingefficiency, de marketingeffectiviteit en het kwaliteitsbewustzijn vallen onder deze kritische analyse.
- *Logistiek*. Kennis over efficiënte responstechnieken, JIT-systemen, back-hauling, voorraadbeheer enzovoort wordt standaardbagage.
- *Financiering*. Bij het bepalen van de strategie is niet langer 'het grootste marktaandeel' de enige maatstaf voor succes. Ook de juiste afweging en prioriteitsstelling binnen de financiële mogelijkheden van het bedrijf spelen een essentiële rol bij de keuze van marketinginvesteringen.
- *Handelscondities en accountbeleid*. Het succes van een merkartikel hangt tegenwoordig sterk af van de juiste handelscondities en de juiste invulling van het accountbeleid. Deze moeten niet alleen juist zijn voor de handel, maar ook het productconcept goed ondersteunen.
- *Informatietechnologie*. De ontwikkelingen op dit gebied gaan razendsnel en kunnen zeer ingrijpend zijn. Het gaat om informatietechnologie die intern wordt gebruikt, maar ook om technologie bij de handel, de media, marktonderzoek enzovoort.
- *Customer relations*. Zaken als customer relations en customer service zijn niet langer zoethoudertjes maar absoluut noodzakelijk voor het overleven in de markt. Het wordt een vast onderdeel van brand management.
- *Milieu*. De marketeer moet op de hoogte zijn van de ontwikkelingen op het gebied van milieu, om te kunnen voldoen aan de product- en verpakkingseisen die het milieu stelt.

Bron: H.Damen en F.Koopmans, 'Nieuwe Taken voor de marketeer', in *Tijdschrift voor Marketing*, november 1994

De timing, kosten en omschrijving van dit soort controleonderzoeken kunnen het beste al als meetpunten in het operationeel plan worden opgenomen.
Uiteraard kan een groot aantal andere factoren een tussentijdse bijstelling van het marketingplan noodzakelijk maken.

De balanced scorecard

Om klantgerichtheid in een organisatie te institutionaliseren is visie en inzicht nodig. Het is te danken aan Kaplan & Norton dat de klantenperspectieven in de strategische organisatieplanning en -sturing hun vaste plaats hebben gekregen. Zij hebben de balanced scorecard ontwikkeld (zie figuur 11.5), met het doel het concreet maken van de visie

Figuur 11.5 **De balanced scorecard**

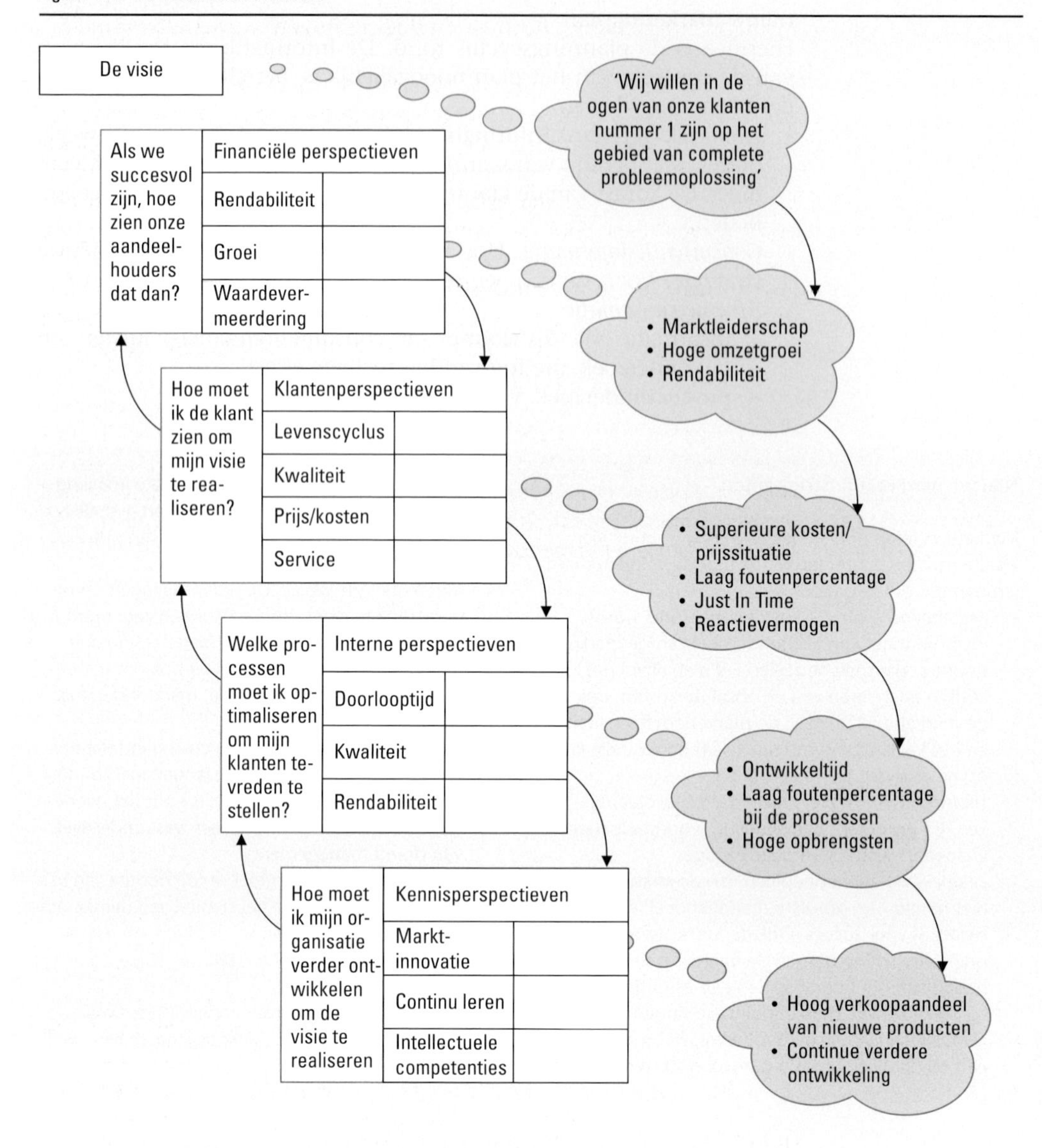

in de organisatie. Dit is een vierdimensionaal plannings- en aansturingssysteem, waarbij de klantenperspectieven direct gekoppeld zijn aan en in balans zijn met de bedrijfsperspectieven: financiën, interne bedrijfsprocessen en kennis c.q. lerendvermogenperspectieven.

Om als organisatie de geplande voorgestelde rol en doelstellingen te realiseren moet men de wensen van klanten analyseren en de organisatie zodanig aanpassen, dat ook aan deze wensen daadwerkelijk wordt tegemoet gekomen. Om klanttevredenheid te bevorderen moeten relevante kritische succesfactoren voor de vier perspectiefgebieden worden bepaald. Gebaseerd op het klantenperspectief moeten voor de bedrijfsperspectieven ook kritische succesfactoren en vervolgens prestatie- of performance-indicatoren, normen en doelstellingen worden vastgesteld.

Kritische succesfactoren

Kritische succesfactoren (zie ook paragraaf 1.4) zijn beïnvloedbare factoren (activiteiten of activiteitengebieden) die bepalend zijn voor het succes en de continuïteit van een onderneming. Kritische succesfactoren zijn verder toekomstgericht en uniek voor een organisatie. De identificatie van kritische succesfactoren vloeit voort uit een strategische analyse, zoals een SWOT-analyse. Daarnaast moet een onderneming zichzelf een aantal eenvoudige maar essentiële vragen stellen, zoals: 'Waar draait het in deze industrie om?' of 'Waarmee staat of valt mijn organisatie?'. In principe nemen we alleen die kritische succesfactoren in ogenschouw, die op de een of andere manier, hoe indirect ook, beïnvloed kunnen worden door het management.
Kritische succesfactoren kunnen meestal niet direct worden gemeten. Elke kritische succesfactor moet dan ook worden vertaald naar een of meerdere meetbare prestatie-indicatoren. Aangezien de prestatie-indicatoren in de verschillende perspectieven van de balanced scorecard worden ondergebracht, kan een kritische succesfactor betrekking hebben op meerdere perspectieven (zie figuur 11.6).

Figuur 11.6 **Kritische succesfactoren en prestatie-indicatoren**

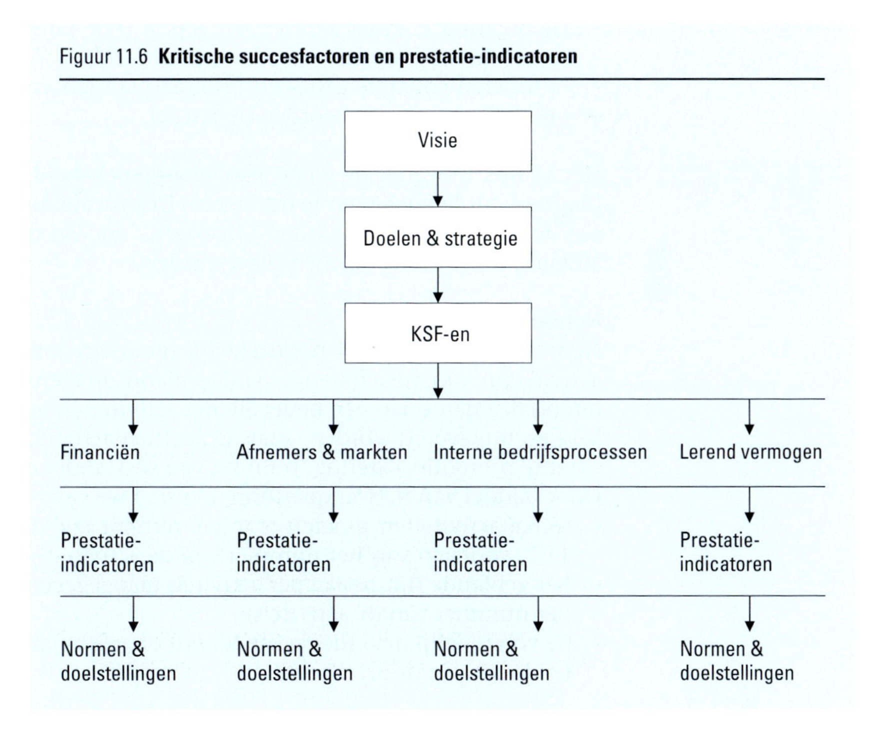

Prestatie-indicatoren

Prestatie-indicatoren zijn meetpunten, geen concrete meetgegevens, die een goede indicatie geven voor succes of falen op het gebied van de kritische succesfactor. Een goede prestatie-indicator moet:
- gebaseerd zijn op een kritische succesfactor;
- meetbaar zijn met verschillende schalen (nominaal, ordinaal, interval, ratio);

- aanvaardbaar zijn (in kwaliteit, kwantiteit, tijd, offers c.q. kosten) voor de vier perspectieven;
- in de organisatie te verankeren zijn (wie doet wat en is waarvoor verantwoordelijk);
- niet richtinggevend zijn (wat, maar niet hoe of hoeveel).

Doelstellingen en normen

Per prestatie-indicator moeten ook *normen* en tussenliggende doelstellingen worden geformuleerd. Een norm is een streefwaarde die binnen een bepaalde termijn, bijvoorbeeld binnen twee jaar, moet worden behaald. Per zes maanden kunnen doelstellingen worden geformuleerd. Bij het bepalen van normen kan worden gebruikgemaakt van ervaring (historische cijfers), industriegemiddelden en – door middel van benchmarkonderzoek verkregen – 'best practice scores'.

Wil een organisatie haar klantgerichtheid op bepaalde tijdstippen in de planningsperiode controleren, dan moet aan de volgende voorwaarden worden voldaan:
- Klantgerichtheid moet door het topmanagement van de organisatie als een strategisch doel gedefinieerd worden.
- In de zin van een 'balanced scorecard' moeten meetindicatoren c.q. kengetallen vastgesteld worden op de verschillende niveaus in de organisatie.
- De organisatie moet worden aangepast (het aanstellen van verantwoordelijke personen voor klantgerichtheid).
- Er moeten concrete actie- en resultaatplannen voor de korte en de middellange termijn worden opgesteld.

Het is dus mogelijk de mate van klantgerichtheid te analyseren, te plannen, uit te voeren en te evalueren. Deze evaluatie hoeft niet exclusief door marketeers te worden uitgevoerd, maar zou ook door de stafafdeling Controlling kunnen plaatsvinden.

Netwerkplanning

Netwerkplanning is een noodzakelijk (grafisch) hulpmiddel wanneer activiteiten van verschillende aard gepland moeten worden. Zo moeten bij deelname aan een beurs allerlei activiteiten voorbereid, ontwikkeld en uitgevoerd worden, zoals expositiemateriaal, standpresentatie, externe promotie, catering, training van de standbemanning et cetera. Door middel van netwerkplanning kunnen we vaststellen:
- welke activiteiten moeten worden verricht (zie de cirkels in figuur 11.7, voorzien van het nummer van de activiteit);
- het geplande tijdsbeslag per activiteit (aangegeven in figuur 11.7 na het nummer van de activiteit);
- de volgtijdelijkheid (de rechte lijnen) of gelijktijdigheid (de parallelle lijnen) van de activiteiten.

Kritieke pad

Met behulp van deze gegevens kunnen we het *kritieke pad* ofwel de minimum 'productietijd' berekenen na het begin van de activiteiten. Het kritieke pad heeft te maken met de volgtijdelijkheid van activiteiten die de meeste tijd (bijvoorbeeld weken) in beslag neemt. Willen we de totale productietijd inkorten, dan moet dat plaatsvinden op het kritieke pad. Deze methode wordt daarom ook wel de *critical path-methode* genoemd.

Figuur 11.7 **Voorbeeld van netwerkplanning**

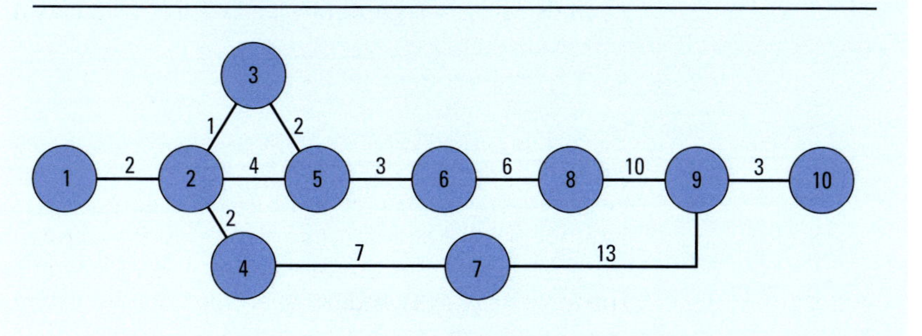

Als een bepaald onderdeel is afgerond, wordt in de betreffende cirkel een kruis aangebracht. Met één oogopslag zien we dan hoe ver we gevorderd zijn en welke mogelijke knelpunten er zijn of (nog) kunnen ontstaan. Uit figuur 11.7 blijkt onder meer dat:

- het kritieke pad 28 weken is (2 + 4 + 3 + 6 + 10 + 3);
- er tien activiteiten worden onderscheiden;
- er sprake is van twee volgtijdelijke paden;
- er drie parallelle of gelijktijdige activiteiten zijn.

Marketingstrategie: segmentatie en positionering

12

In dit hoofdstuk staat de marketingstrategie, bestaande uit de componenten segmentatie en positionering, centraal. Segmentatie is een methodiek of techniek die de marketeer in staat stelt de totale markt op te delen in min of meer homogene deelmarkten. Na deze verdeling volgt de beoordeling en analyse van de segmenten, de doelgroepkeuze en de positionering van het aanbod.
In paragraaf 12.1 worden de plaats en de functie van het marktsegmentatieproces nader uitgewerkt. Tevens wordt hierin de ontwikkeling van de marketinggedachte beschreven, zoals deze leidde tot de toepassing van marktsegmentatie. Het feitelijke marktsegmentatieproces vormt het onderwerp van paragraaf 12.2. In deze paragraaf worden ook de karakteristieken beschreven op grond waarvan de segmentatie plaatsvindt. Daarbij wordt een onderscheid gemaakt tussen de consumentenmarkt en de industriële markt.
Als de verdeling van de totale markt in relevante segmenten heeft plaatsgevonden, moeten deze segmenten worden geanalyseerd en beoordeeld. Daarop volgt de keuze van de doelgroep(en) waarop de onderneming haar marketinginspanningen richt (paragraaf 12.3). Ten slotte wordt in paragraaf 12.4 de uiteindelijke positionering behandeld.

12.1 Plaats en functie van marktsegmentatie

One-size

Soms duiken in de kledingbranche de 'one-size' kledingstukken op: T-shirts, sokken of sweaters die niet aan een maat gebonden zijn en die 'iedereen passen'. Het grote voordeel van deze kleding is vaak de prijs en het gemak.
Toch bereikt de aanbieder met deze kleren geen massaal publiek. De 'one-size' kleren voorzien met name in de behoefte van prijsbewuste consumenten die genoegen nemen met een universele pasvorm. Deze groep vormt slechts een klein segment binnen de grote kledingmarkt.

Bedrijven met een afdeling marktsegmentatie of een marktsegmentatiefunctionaris komen we eigenlijk nooit tegen. Ook bestaan er, zoals in het marktonderzoek, geen gespecialiseerde bureaus. Dit is eigenlijk vreemd. Marktsegmentatie is een essentieel en integraal element van het strategisch marketingbeleid. Door volgens het principe van de marktsegmentatie te werken, wordt de ondernemer gedwongen zich, alvorens de markt met een aanbod te benaderen, te buigen over de vraag in welk marktsegment hij in een behoefte wil voorzien.

Grip op totale markt

Marktsegmentatie geeft de ondernemer zicht en grip op de totale markt zoals deze gevormd wordt door mensen met verschillende behoeften. De ondernemer kan uit deze grote en heterogene groep zijn doelgroep(en) vinden door de markt te analyseren, in homogene segmenten te verdelen en deze segmenten te beoordelen. De volledige definitie van het begrip marktsegmentatie luidt als volgt:

Definitie marktsegmentatie

> **Marktsegmentatie is het opdelen van een markt in verschillende te onderscheiden homogene groepen afnemers, waarvoor het wenselijk kan zijn een specifieke marketingstrategie of marketingmix toe te passen.**

Homogene groepen

In de definitie wordt gesproken van homogene groepen. Homogeen wil in dit verband zeggen dat elk segment een eigen behoefte en wijze van behoeftebevrediging heeft. Door marktsegmentatie toe te passen verdeelt een ondernemer de markt niet op basis van zijn producten, maar op basis van de variabelen die de behoeften van de afnemers bepalen. Bij segmentatie zijn de klanten en potentiële afnemers dus het uitgangspunt. Zo dwingt marktsegmentatie een ondernemer tot het doorvoeren van het marketingconcept.

Totale proces

Marktsegmentatie is geen op zichzelf staand proces. Na de eigenlijke marktverdeling in segmenten analyseert de ondernemer de segmenten, kiest hij een doelgroep en geeft hij zijn aanbod een passende positie. Dit totale proces van segmentatie, analyse, doelgroepkeuze en positionering biedt de ondernemer vele mogelijkheden:

- Hij verkrijgt en ordent kennis van de totale markt en de achterliggende behoeften.
- Hij maakt een weloverwogen doelgroepkeuze.
- Hij stemt zijn positionering en marketingmix af op de wensen en behoeften van een geselecteerde groep afnemers.
- Hij realiseert voor zijn afnemers een relatieve meerwaarde.

Aan deze effecten voegt Verhage (1994) nog een aantal voordelen toe. Volgens hem helpen segmentatie, analyse, doelgroepkeuze en positionering de marketeer:

- producten te ontwikkelen die aansluiten bij de voorkeur van de consument;
- belangrijke trends in turbulente markten tijdig te ontdekken;
- de juiste argumenten en een goede timing in de communicatie te vinden;
- het reclamebudget en de media optimaal in te zetten.

Van Eldik en zijn problemen

Groentehandelaar Van Eldik zit in de problemen. Omzet en winkelbezoek lopen terug. Het is duidelijk dat het zo niet verder kan. Wat Van Eldik nog het meeste dwars zit, is dat veel vaste klanten overgestapt zijn naar de concurrent. Zijn grote concurrenten zijn de supermarkt, de exclusieve groentespeciaalzaak in een naburige wijk, de discount-groentehal in het centrum, de weekmarkt en de leverancier voor grootverbruikers die zich onlangs in de stad vestigde. In zijn doorsnee groentezaak kopen alleen nog de wijkbewoners die vooral de gezelligheid zoeken. De andere wijkbewoners kiezen voor zaken als gemak, lage prijzen, exclusiviteit, variëteit en service. De wijk is, dankzij de ligging en de sfeer, in korte tijd populair geworden bij jonge tweeverdieners. Van Eldik weet dat deze nieuwe groep wijkbewoners voor exclusiviteit kiest. Ook weet hij dat deze groep het gebrek aan parkeerruimte bij de exclusieve speciaalzaak in de naburige wijk als vervelend ervaart. Na een inschatting van de mogelijk te behalen omzet, kiest hij er dan ook voor om deze groep als doelgroep te kiezen en zijn marketingmix hierop af te stemmen. Zaken als assortiment, winkelinrichting, aanbiedingen, service en kwaliteitsbeleid worden op de nieuwe doelgroep aangepast. Zijn marktsegmentatie, doelgroepkeuze en positionering blijken een succes. Tegenover een kleine groep 'oude' klanten die de winkel de rug toekeert, staat een nieuwe en grote groep koopkrachtige afnemers.

Opkomst marktsegmentatie

Fasen marketinggedachte

Om de opkomst en het belang van marktsegmentatie te begrijpen, plaatsen we de marktsegmentatie in het brede verband van de ontwikkeling van de marketinggedachte, die onderscheiden kan worden in vier fasen:

1. Productiegerichte fase: gestandaardiseerde massaproductie.
2. Verkoopgerichte fase: productdifferentiatie.
3. Marketinggerichte fase: marktsegmentatie.
4. Societal-marketingfase: marktsegmentatie en engagement.

Productiegerichte fase

Productieconcept

Rond de eeuwwisseling werkten ondernemers volgens het *productieconcept*. De vraag was groter dan het aanbod. De meeste aandacht ging uit naar het opvoeren en efficiënt realiseren van de productie. Tegen minimale kosten probeerde de ondernemer een maximale productie en afzet te realiseren. De afnemer was tevreden als het product beschikbaar was. De ondernemers volgden de strategie van ongedifferentieerde massamarketing of marktaggregatie. Met de inzet van massaproductie, eenheidsprijzen, massale distributie en massacommunicatie voorzag de ondernemer in de behoefte.

Verkoopgerichte fase

Kopersmarkt

Door de technische vooruitgang en de economische recessie van de jaren dertig kwamen er zoveel producten op de markt dat er een *kopersmarkt* ontstond. Het aanbod overtrof de vraag.

In het verkoopgerichte tijdperk werden de levenscycli steeds korter en werd bijvoorbeeld het ene na het andere automodel op de markt gebracht

Verkoopoffensief

Bedrijven reageerden met een verkoopoffensief. Kosten noch moeite werden gespaard om de producten te verkopen. Door agressieve verkooptechnieken en het aanbrengen van talloze productvariaties probeerden ondernemers de verkoop op peil te houden. Uitgaande van het eigen product zochten ondernemers naar mogelijkheden om iets anders aan te bieden dan de concurrent. In veel gevallen betekende dit vooral groter, sneller, ruimer, zwaarder enzovoort. De hevige 'productconcurrentie' betekende dat de fabrikanten steeds weer probeerden elkaar te overtroeven. De productlevenscycli werden steeds korter. De Amerikaanse auto's uit de jaren vijftig (de zogenaamde slagschepen met grote staartvinnen en veel chroom) zijn duidelijke voorbeelden van excessen in productdifferentiatie. Ieder jaar ondergingen de modellen een rigoureuze opknapbeurt om weer beter (zwaarder, groter, ruimer) te zijn dan die van de concurrent.

Marketinggerichte fase

Door een stijging van de koopkracht en de toenemende concurrentie werd het voor ondernemers steeds moeilijker hun aanbod te verkopen. Markten raakten verzadigd en de afnemer werd kritisch. Het werd duidelijk dat de ondernemer niet door kon blijven gaan met productdifferentiatie. De ondernemer moest zijn aanbod afstemmen op de wensen en behoeften van de klant.

Afnemer staat centraal

In plaats van het product moest de afnemer centraal gesteld worden. Om zo goed mogelijk in de wensen van de onderscheiden afnemersgroepen te voorzien deelde de ondernemer de totale, heterogene markt op in verschillende segmenten.

Homogeen koopgedrag

Elk segment vormde een groep (potentiële) afnemers met min of meer homogene behoeften en met een min of meer homogeen koop- en gebruiksgedrag. Door het aanbod optimaal af te stemmen op de behoeften van het door de ondernemer gekozen marktsegment, realiseerde de ondernemer een duidelijke voorsprong op de concurrentie. Dit resulteerde niet alleen in een flink marktaandeel, maar ook in een relatief grote meeropbrengst.

Minder rimpels, meer stevigheid?

L'Oreal en andere grote namen ontwikkelen talloze cremes voor de 'oudere' huid. 'De anti-rimpeleffectiviteit is 80% en de verstevigende effectiviteit is 75%', aldus twee pagina's grote kleurrijke advertenties in vrouwenbladen. Indrukwekkende termen zoals 'Nanasomen, ParElastyl, Pro-Retinol A, UV en regenererende stoffen' brengen de advertentietekst op hoog onnavolgbaar niveau. De rimpels zijn na vier weken al zichtbaar minder en de huid is al na acht dagen steviger. Werken de speciaalproducten van Vichy, L'Oreal, Eucerin, Clarins, Diadermine, Olay, Nivea, Garnier, Revitalift Plénitude nu ook? Libelle liet in nummer 8, 2003 een aantal vrouwen aan het woord, die de producten vier weken lang elke dag hadden gebruikt. De mening van de vrouwen kwam steeds op hetzelfde neer: 'Jammer, ik zie geen veranderingen, de rimpeltjes zitten er nog.' Over de stevigheid van de huid werd nauwelijks melding gemaakt. Sommige middelen waren zelfs plakkerig, droog of trekkerig. De producten doen in het algemeen niet wat de fabrikanten beloven. De mondige consumenten laten zich merkwaardigerwijs veel welgevallen. De vraag is: hoe lang nog?

Societal marketingfase

Nadat het marketingconcept brede ingang had gevonden, doet het societal-marketingconcept zijn intrede. Het societal-marketingconcept is een aanvulling op het aanbod-gebonden marketingconcept. Naast het product zelf gaan ook de omstandigheden waaronder het aanbod totstandgekomen is, een rol spelen in het koopgedrag van de afnemer. De afnemer wil niet alleen een product dat aan zijn specifieke wensen voldoet, maar wil tevens dat de aanbieder rekening houdt met de ongewenste maatschappelijke effecten van productie en handel, zoals de milieubelasting en de armoede-problematiek.

Afnemers-preferenties

De ondernemer moet de markt niet alleen segmenteren met het oog op een profijtelijk en passend aanbod, maar ook in het licht van de afnemerspreferenties ten aanzien van productiemethoden, sociaal beleid en engagement. De markt wordt op deze manier meer dan een groep potentiële kopers. De markt wordt een groep mensen die op verantwoorde wijze hun geld wensen uit te geven. Naast hun wensen ten aanzien van het product of de dienst, hebben zij ook wensen ten aanzien van het algehele ondernemingsbeleid van de aanbieder.

Een marktsegment laat zich niet alleen omschrijven in aanbodgebonden variabelen, zoals koopkracht, koopgedrag en mediagedrag. In de societal marketingfase spelen ook zaken als de politieke kleur, levensvisie en spiritualiteit van de potentiële afnemer een rol in de segmentatie.

Consumentisme speelt een flinke rol in de maatschappij

Bouwbedrijven moeten juist vaker samen koffiedrinken!

Fair Trade: eerlijke koffie, ook op het werk. Goedgekeurd door Max Havelaar. Dat betekent faire prijsafspraken met de koffieboeren.

Voor meer informatie bel 0345 545100. of bezoek www. fairtrade.nl

Societal marketing-dimensie

Een voorbeeld van een bedrijf dat in zijn segmentatie en positionering duidelijk aangeeft de *societal-marketingdimensie* te erkennen, is The Body Shop. Deze detailhandelsketen benadert haar doelgroep niet alleen met producten maar met een 'totaalconcept' waarbinnen het engagement van de onderneming een belangrijke rol speelt. Andere voorbeelden van bedrijven die hun doelgroepen ook in hun maatschappelijke betrokkenheid herkennen en erkennen zijn Esprit, Cora Kemperman en De Groene Weg.

Overigens moeten we niet vergeten dat er nog steeds organisaties zijn die product-, productie- of verkoopgeoriënteerd zijn.

12.2 Het segmentatieproces

Het marktsegmentatieproces maakt onderdeel uit van het strategisch marketingproces. Marktsegmentatie volgt op de bepaling van de doelstelling van de onderneming. In de doelstelling heeft de ondernemer aangegeven met welke PMC hij het gewenste rendement/resultaat wil behalen. Vervolgens staat hij voor de taak om binnen de PMC de mogelijke doelgroep(en) in kaart te brengen en te kiezen. Pas als dit gebeurd is, kan hij een positie kiezen en de marketingmix nadere invulling geven.

Aanpak marktsegmentatie

De ondernemer kan de marktsegmentatie vanuit twee invalshoeken benaderen.

Bottom-up-segmentatie

In het eerste geval, de *bottom-up-segmentatie*, neemt hij de behoeften van de individuele afnemer als startpunt. In principe is ieder individu een marktsegment. Om tot een profijtelijke afbakening te komen is het echter vrijwel altijd zaak een doelgroep te hebben, die groter is dan één persoon of één bedrijf. De ondernemer gaat dan ook op zoek naar individuen die een gelijksoortig behoeftepatroon hebben. Als deze groep een bepaalde minimum omvang heeft, ontstaat een mogelijke doelgroep. Deze bottom-up-methode wordt ook wel de typologietechniek of *clusteranalyse* genoemd.

Clusteranalyse

Top-down-segmentatie

In het tweede geval neemt de ondernemer de totale markt als uitgangspunt (*top-down-segmentatie*) en zoekt hier naar groepen met gelijksoortige behoeften. De ondernemer probeert binnen de totale markt tot begrenzingen te komen die leiden tot herkenbare en benaderbare segmenten. Een voorbeeld van een dergelijke benadering is de aanbieder van cursussen die, te beginnen met de totale markt, komt tot een afbakening in verschillende interessegebieden die leidt tot profijtelijke segmenten.

Zowel bij de bottom-up- als bij de top-down-methode gaat de ondernemer op zoek naar een groep afnemers die als geheel homogeen en profijtelijk reageert op de manier waarop hij in behoeften kan voorzien.

De tijdschriftenmarkt

Een uitgever kan de tijdschriftenmarkt op twee manieren benaderen: bottom-up en top-down. In beide gevallen zoekt hij naar het 'gat in de markt' ofwel naar het 'segment waar wel behoefte maar geen aanbod is'.
In het eerste geval zoekt hij, te beginnen met één afnemer, naar groepen afnemers met gelijksoortige interesses, koopgedrag en leesgedrag en brengt hij een gespecialiseerd tijdschrift op de markt, zodra deze groep groot genoeg is om een dergelijk tijdschrift profijtelijk te laten zijn. Een voorbeeld is een blad voor modelbouwhobbyisten. Zodra er voldoende hobbyisten zijn om een dergelijk blad te 'dragen' zal de uitgever met het blad komen.
In het tweede geval is zijn startpunt de totale potentiële markt van tijdschriftkopers. Hij verdeelt deze markt in steeds kleinere segmenten en onderzoekt per segment of het uitgeven van een tijdschrift profijtelijk is. Een voorbeeld is de uitgever die bij lezers van familiebladen een grote interesse voor tuinieren waarneemt. De uitgever onderzoekt of er 'ruimte' is voor een special-interest blad over tuinieren. Bij een positieve uitslag van zijn onderzoek zal de uitgever met de 'tuintitel' op de markt komen.

Als er gekozen is voor een clusteranalyse of een top-down-analyse begint de ondernemer met de eigenlijke segmentatie. Hiertoe kiest hij de criteria op basis waarvan de segmentatie plaatsvindt.

Analyse en verdeling in relevante segmenten

De totale markt kan op talloze manieren beschreven en gesegmenteerd worden. Niet alle segmenteringen zijn effectief. Om te komen tot een effectieve verdeling van de markt, onderzoekt de aanbieder welke karakteristieken van invloed zijn op de behoeftebevrediging waarin hij met zijn PMC denkt te kunnen voorzien. Hiervoor is nauwelijks een vaste methodiek voor te schrijven.

Ordening

Wel is het aan te bevelen voor een systematische en hiërarchische ordening van karakteristieken te kiezen. Zo voorkomt een ondernemer dat bepaalde karakteristieken te veel aandacht krijgen of over het hoofd worden gezien.

Segmenten identificeren

De karakteristieken, op basis waarvan gesegmenteerd wordt, moeten gekozen worden op basis van hun vermogen segmenten te identificeren. Anders gezegd: een segmentatie is functioneel, als zij resulteert in segmenten die op onderscheiden wijze benaderd kunnen worden. Bij de kledingmarkt bijvoorbeeld is een segmentatie op basis van leeftijd en sekse functioneel. Deze karakteristieken spelen op de vakantiemarkt een veel bescheidener rol; hier staat met name het recreatiegedrag centraal.

Basiseisen segmentatie

Om in de praktijk hanteerbaar te zijn, moeten de karakteristieken leiden tot segmenten die aan een aantal basiseisen voldoen. We kennen de volgende segmentatiecriteria.

1 *Meetbaar*. Van het segment moeten omvang, koopkracht enzovoort meetbaar zijn (measureability).
2 *Juiste omvang*. Het segment moet de grootst mogelijke homogene groep zijn waarvoor een onderscheiden marketingbenadering profijtelijk is (substantiality).
3 *Bereikbaar*. Het segment moet met de beschikbare marketinginstrumenten bereikbaar zijn (accessibility).
4 *Homogeen*. Het segment moet homogeen reageren op het marketingprogramma (differentiality). Tussen de segmenten moet daarentegen heterogeniteit bestaan.
5 *Haalbaar*. De onderneming moet in staat zijn het segment winstgevend te bewerken (actionability).

De wijnconsumenten: 1985 versus 1999

Wijn heeft in de afgelopen jaren een prominentere rol ingenomen op de Nederlandse alcoholhoudende drankenmarkt. Van de consumenten, die op dagbasis alcohol drinken, heeft in 1985 16,3% van de mannen en 41,5% van de vrouwen op dagbasis wijn gedronken. In 1999 is dat toegenomen tot 23,2% van de mannen en 54,5% van de vrouwen.
Van de consumenten, die op dagbasis wijn drinken, heeft in 1986 63% van de mannen rode wijn en 36% witte wijn gedronken. Voor de vrouwen geldt dat 50% rode wijn en 48% witte wijn heeft gedronken. In 1999 zijn zowel mannen als vrouwen meer rode wijn gaan drinken. Bij de mannen dronk in 1999 71% rode en 31% witte wijn; bij de vrouwen dronk in 1999 58% rode en 44% witte wijn.
De leeftijd van de rodewijnconsument lag in 1988 gemiddeld iets lager dan in 1999. 28% was in 1988 tussen de 25 en 34 jaar en 38% tussen de 35 en 49 jaar. In 1999 is de gemiddelde leeftijd van de consument iets opgelopen; 33% was toen tussen de 35 en 49 jaar en 31% tussen de 50 en 64 jaar. De verhouding van de inkomensverdeling was in 1988 als volgt: 16% beneden modaal, 26% modaal en 54% boven modaal. In 1999 zien we dat het gemiddelde inkomen van de rodewijnconsument iets hoger ligt: 14% beneden modaal, 16% modaal en 65% boven modaal.
Ook voor de consumenten van witte wijn geldt dat de gemiddelde leeftijd in de afgelopen 15 jaar is gestegen. In 1988 was 29% van de wittewijnconsumenten tussen de 25 en 34 jaar, 34% tussen de 35 en 49 jaar en 17% tussen de 50 en 64 jaar. In 1999 was 16% tussen de 25 en 34 jaar, 35% tussen de 35 en 49 jaar en 26% tussen de 50 en 64 jaar. Evenals bij de consumenten van rode wijn is ook bij de consumenten van witte wijn het gemiddelde inkomen iets gestegen. In 1988 had de inkomensverdeling de verhouding 20% beneden modaal, 32% modaal en 42% boven modaal. Dit is in 1999 verschoven naar 17% beneden modaal, 21% modaal en 57% boven modaal.

Bron: Productschap Wijn, Wijninformatiecentrum, www.wijn.nl

In de praktijk worden hieraan nog wel de volgende eisen toegevoegd:
6 Is er nog ruimte op de markt (dit vanwege de aanwezige concurrentie)?
7 Past het nieuwe segment c.q. de nieuwe doelgroep bij de huidige doelgroepen?

Ook in de praktijk blijken de segmentatiekarakteristieken op de consumentenmarkt vaak anders te zijn dan die op de industriële markt. Ook in de bespreking van de marktanalyse voeren we dit onderscheid door.

Analyse consumentenmarkt
De consumentenmarkt kan op grond van twee hoofdgroepen van karakteristieken gesegmenteerd worden. De indirecte, interveniërende karakteristieken die het uiteindelijk gedrag (mede) bepalen, behoren tot groep 1. Groep 2 zijn de direct waarneembare gedragskarakteristieken.
1 Indirecte interveniërende karakteristieken:
- demografische karakteristieken
- geografische karakteristieken
- psychografische karakteristieken.
2 Direct waarneembare gedragskarakteristieken:
- gedragsbeschrijvende karakteristieken
- koopmotieven.

De gecompliceerde legpuzzel van de schoenenmarkt

Tien jaar geleden was het allemaal wat eenvoudiger. Er waren toen grofweg twee typen schoenconsumenten te onderscheiden: de grote massa die gewone maar goede schoenen voor een redelijke prijs wilde en de speciaalkopers die kwaliteitsschoenen verlangden, en daar ook meer geld voor over hadden. Voor de grote massa waren er de grootwinkelbedrijven en enkele speciaalzaken die opereerden in het huidige middensegment. Voor de speciaalkopers waren er de betere schoenenzaken in het hogere segment. De onderkant van de markt was niet afgedekt. Door de toenemende neiging van consumenten tot een individualistisch leef- en dus ook bestedings- en koopgedrag, raakte de markt meer en meer versnipperd. Het eenvoudige marktbeeld veranderde in een gecompliceerde legpuzzel die door uiteenlopende bedrijfstypen ingevuld wordt met segmentgerichte formules. De oorspronkelijke tweedeling grootwinkelbedrijf versus zelfstandige schoenenspeciaalzaak is achterhaald, want ook grootwinkelbedrijven richten zich met meerdere formules op verschillende segmenten in zowel de onder- als bovenkant van de markt.
Een actuele segmentatie van de schoenenmarkt leidt tot de volgende segmenten:
- functionele prijskopers
- emotionele prijskopers
- functionele kwaliteitskopers
- emotionele kwaliteitskopers.

Demografische karakteristieken

Persoonskenmerken

Demografische karakteristieken zijn exact vast te stellen persoonskenmerken die een onderscheiden marketingbenadering rechtvaardigen. Voorbeelden zijn leeftijd, geslacht, gezinssituatie, opleiding en woonplaats.

Objectieve karakteristieken

Demografische karakteristieken worden ook wel de objectieve karakteristieken genoemd. Ze zijn relatief gemakkelijk meetbaar en vormen, vaak gekoppeld aan andere relevante segmentatiecriteria, de basis voor een efficiënte marktbenadering.

Geografische karakteristieken

De geografische karakteristieken worden soms ingedeeld bij de demografische karakteristieken. Geografische karakteristieken die een afzonderlijke marktbenadering kunnen rechtvaardigen zijn bijvoorbeeld landen, regio's, wijken en straten. Een geografische segmentatie is relevant als een naar woonplaats gedifferentieerde marketingbenadering zinvol is.

Zo komt het in de Verenigde Staten voor dat de smaak van bijvoorbeeld fast food en koffie regionaal sterk verschilt. Het is in zo'n situatie zinvol te kiezen voor marktbenaderingen die op basis van geografische karakteristieken verschillen. Een Nederlands voorbeeld is de regionale segmentatie van de krantenbranche naar Cebuco-gebieden.

Postcode

Een ander voorbeeld van geografische segmentatie is de verdeling van Nederland in postcodegebieden. Deze segmentatie is vooral functioneel als de objectieve postcodesegmentatie gekoppeld wordt aan subjectieve karakteristieken. Op deze manier biedt de koppeling van socio-economische en gedragskenmerken aan de postcode met name de ondernemers die communiceren door middel van direct mail ongekende mogelijkheden. Een grote Nederlandse aanbieder van gekwalificeerde postcodesegmenten is Omnidata. Deze onderneming (eigendom van onder meer TPG Post) heeft een bestand van 1 mln adressen waaraan uiteenlopende gegevens zijn gekoppeld. Het gaat daarbij niet alleen om naam, adres en elementaire socio-demografische kenmerken, maar ook om gedetailleerde informatie over interesses, vrijetijdsbesteding, bezittingen, informatiebehoeften en aankoopplannen. Omnidata kan per postcodegebied de 'gemiddelde' behoeften, gedragingen enzovoort aangeven.

De Mosaic-verdeling

Binnen de Mosaic-database zijn de consumenten gegroepeerd op basis van postcode. Maar Mosaic weet meer dan de code. Het gaat hier niet alleen om de postcode maar ook om de informatie over de personen die 'achter de postcode schuilgaan' in termen van demografische, socio-economische en lifestyle-kenmerken. Als een aantal postcodegebieden gelijkenis vertoont op een groot aantal demografische en gedragsmaatstaven, is het aannemelijk dat ze ook een gelijksoortig potentieel bieden voor veel producten, diensten, merken en media.

In totaal zijn er 41 Mosaic-typen, verdeeld over tien groepen. Enkele voorbeelden, die we bewerkten en ontleenden aan *Documentatie van Mosaic*:

- Families Doorsnee: leeftijd 25-40 jaar, met kinderen van 0-12 jaar, modaal inkomen, koopwoning, nieuwbouw rijtjeshuis.
- Grijzende Gelovige Gezinnen: leeftijd 55+, kinderen thuiswonend, gelovig, laag inkomen, volksbuurten, rijtjeshuizen, huurwoning.
- Slimme Solisten: leeftijd 20-30 jaar, alleenstaand of samenwonend, hoog opgeleid, studenten, dichtbevolkte volksbuurten in grote steden.

Psychografische karakteristieken

De behoeften en het gedrag van afnemers zijn steeds minder gebonden aan de objectieve demografische criteria zoals leeftijd, inkomen en woonplaats. In veel gevallen is niet de leeftijd bepalend voor gedrag en behoefte maar 'de leeftijdsgroep waartoe men zich rekent'. Anders gezegd: de afnemer is geen 50 jaar maar is 'zo jong als hij zich voelt'. Niet het inkomen is belangrijk, het gaat erom 'hoe rijk de afnemer zich voelt'. Kortom, de zelfstandige afnemer laat zich niet meer vangen in demografische segmenten.

Subjectieve karakteristieken

Als antwoord op deze ontwikkeling zetten marketeers de subjectieve psychografische segmentatie in. Veel gebruikte psychografische segmentaties zijn de verdelingen op basis van persoonlijkheid en levensstijl. Belangrijke dimensies die een levensstijl typeren zijn de AIO-kenmerken: Activiteiten, Interesses en Opinies. Voorbeelden van deze drie dimensies zijn:

1 Activiteiten: werk, hobby, vakantie, amusement, winkelen.
2 Interesses: familie, gezondheid, voeding, mode.
3 Opinies: zelfbeeld, politiek, economie, cultuur.

Marktsegmentatie op de ijsmarkt

Elke markt valt te segmenteren. De afgelopen jaren segmenteerde Ola zijn 'ijsmarkt' op een succesvolle manier. In diezelfde periode is er nogal wat actie in de ijsmarkt geweest. Ola heeft daarin een omzet van €5 miljard per jaar in meer dan 50 landen. Productontwikkeling speelt hierbij een voorname rol. Daarbij maakt Ola gebruik van de segmentatietechniek, waarbij men gesegmenteerd heeft op twee criteria:

- gebruikssituatie (alleen of in een groep)
- gebruiksdoel (verwennen, genieten of verfrissen).

Op basis daarvan zijn vier segmenten te onderscheiden. Ola heeft ervoor gekozen voor elk segment een product (met een eigen merknaam) te ontwikkelen (zie de figuur hierna). De Calippo en de Raket zijn sociale ijsjes (groepsgebruik) die verfrissen. De Cornetto is een sociaal ijsje dat verwent en als zodanig in 2002 weer herpositioneert. De Magnum is het ijs voor alleen genieten (zelfverwenning) en de Soledo is geïntroduceerd voor het vierde segment: 'jezelf verwennen met een verfrissing'.

De ijsmarkt gesegmenteerd

Gebruikssituatie	Gebruiksdoel: Verwennen	Gebruiksdoel: Verfrissen
In de groep	Cornetto	Calippo/Raket
Alleen	Magnum	Soledo

VALS-typologie

Een andere bekende consumententypologie die gerangschikt kan worden onder de psychografische beschrijving is de *VALS-typologie* van Mitchell. Deze typologie onderscheidt drie verschillende groepen consumenten op basis van gedrag, activiteiten, belangen en opvattingen (zie hoofdstuk 4).

Gedragsbeschrijvende karakteristieken

Marketingconcept

De segmentatie op basis van gedragskarakteristieken sluit het beste aan bij het *marketingconcept*. Bij deze subjectieve segmentatie gaat het om de manier waarop de afnemer met het aanbod omgaat. Voorbeelden zijn de verdeling van de markt naar:

- de situatie waarin en waarvoor de afnemer het aanbod gebruikt;

- de ervaring die de afnemer met het aanbod heeft (verdeling in non-users, ex-users, potential users, first-time users en regular users);
- de gebruiksintensiteit (light users, medium users, heavy users);
- de merktrouw (hard core loyals, soft core loyals, shifting loyals en switchers).

Gedragskarakteristieken van de snoeper

De afnemers van suikerwerken zijn op verschillende gedragskenmerken te segmenteren. Hieronder volgen drie voorbeelden.

Segmentatie naar aankoopdoel:
- zelfconsumptie
- gezamenlijke consumptie
- uitdelen.

Segmentatie naar gebruiksplaats en gebruiksmoment (houdt direct verband met de gewenste verpakking):
- binnenshuis
- buitenshuis direct na aankoop
- buitenshuis in een langere periode na de aankoop.

Segmentatie naar gebruik:
- bijters (20%)
- kauwers (40%)
- zuigers (60%).

Koopmotieven

Benefitsegmentatie

Een bijzondere vorm van 'gedragssegmentatie' is de segmentatie op basis van koopmotieven. Deze wordt ook wel *benefitsegmentatie* genoemd. Hierbij segmenteert de ondernemer de markt op basis van de mogelijke voordelen die de afnemer bij de beoordeling van een aanbod ervaart. De groepen afnemers worden onderscheiden op grond van hun overeenkomst in termen van wat zij als voordeel, respectievelijk als belangrijkste functie zoeken. Deze vorm van segmentatie sluit nauw aan bij het marketingconcept, omdat het onderscheidend vermogen van het marktsegment een directe afgeleide is van de koopmotieven van de afnemer.

Alleen voor 40+ met tuinaffiniteit

De 65 hectare die de leukste tuin van de wereld, de Floriade, moeten vormen, zijn totstandgekomen door een 'nieuwe' manier van marketing.

'We hebben de markt gesegmenteerd naar landen en groepen. Op ieder segment hebben we vooraf onderzoek gepleegd en nog steeds monitoren we die segmenten. Dat blijven we gedurende de hele periode van het project tot in oktober doen. We zijn interessante zaken aan de weet gekomen, waarop het park vervolgens is ingericht. Op hoofdlijnen kun je stellen dat bijvoorbeeld Italianen en Spanjaarden grote interesse hebben in kunst, Japanners willen het liefst overal bloemen en Engelsen zien meer in de tuinarchitectuur. Daarnaast kom je natuurlijk allerlei andere zaken te weten die je verwerkt in je plannen. Het belangrijkste wat echter uit het onderzoek naar voren kwam, is dat de consument een kleurrijk schouwspel wil en ook verwacht.'

Alhoewel gezinnen van harte welkom zijn en er ook activiteiten gericht op kinderen op het Floriade-terrein bezocht kunnen worden, is dit toch niet de hoofddoelgroep. De communicatie via de betaalde media is namelijk gericht op veertigplussers met tuinaffiniteit, een groep met een bepaald bestedingspatroon dat voldoende inkomsten moet genereren. Dit verklaart waarschijnlijk ook de pittige toegangsprijs van € 17 voor iedereen boven de vier jaar en de hoge prijzen voor de activiteiten en horeca op het park. Reinhard: 'Uit onze onderzoeken bleek dat de veertigplussers de hoofddoelgroep moesten vormen. Toen we dat eenmaal bepaald hadden, hebben we gekeken naar de communicatiemogelijkheden. We kwamen daarbij in een medialandschap terecht dat de laatste jaren nogal versnipperd is geraakt. De vele televisiezenders maken het ons onmogelijk grootschalig te adverteren via televisie, en printreclame is voor de organisatie onbetaalbaar. Andere vormen van reclame moesten dus uitkomst brengen, zoals billboards, radiospots, free publicity en de reclame van onze sponsors.

Bron: *NieuwsTribune*, april 2002

Benefits sought

Zo kan de markt van kattenvoer gesegmenteerd worden in de volgende gezochte voordelen (*benefits sought*): gemak, gezondheid, goed voor de tanden, voordelig (lage prijs) en keuzemogelijkheden.

Een ander bekend voorbeeld is de tandpastamarkt die gesegmenteerd kan worden in groepen afnemers die respectievelijk schone tanden, witte tanden, frisse adem, een sterk gebit of geen tandsteen wensen.
Bij de benefitsegmentatie tekent zich de tendens af dat de relevante segmentatiekarakteristieken steeds vaker op het emotionele vlak liggen. Succesvolle voordelen op het functionele vlak (product features, zoals een airbag of linolzuur) blijken in de praktijk niet tot een profijtelijke afbakening en doelgroepbenadering te leiden. De functionele voordelen zijn namelijk relatief gemakkelijk te imiteren en geven het product derhalve geen houdbaar concurrentievoordeel.

Functionele meerkosten

Bovendien kunnen uiteindelijk alleen de 'functionele meerkosten' aan de afnemer doorberekend worden. Na een segmentatie op basis van relatief 'kostbare' emotionele zaken zoals gezondheid, jeugdigheid en status is een aanbieder vaak wel in staat tot een houdbaar onderscheidend voordeel te komen.

Koppeling van segmenten

Zoals we bij de postcodesegmentatie al zagen, is het in veel gevallen zinvol verschillende segmentatiemogelijkheden naast elkaar uit te voeren. Door bijvoorbeeld de koopmotieven, de psychografische karakteristieken en gedragskarakteristieken te koppelen aan de demografische en geografische karakteristieken, maakt een ondernemer de segmenten gemakkelijk herkenbaar en bereikbaar.

Waarden op de snoepmarkt

Bij de kopers van snoep spelen zowel functionele als emotionele waarden een rol. Op het functionele vlak zijn er voor de aanbieder talloze differentiatiemogelijkheden. Voorbeelden van functionele waarden zijn de verpakking, omvang, kleur en smaak. In de praktijk liggen deze waarden heel gevoelig. Een snoepje kan floppen omdat de kleur rood toch niet helemaal de goede is! Maar ook de emotionele insteek biedt kansen. Rondom suikerwerken kan de aanbieder een compleet verhaal optrekken dat appelleert aan waarden, zoals sportiviteit, gezelligheid en gezondheid.

Analyse industriële markt

Vooral de marktkarakteristieken maken marktsegmentatie op de industriële markt anders dan die op de consumentenmarkt. Het basisprincipe en de werkwijze zijn echter dezelfde.

Industriële kenmerken

De handelspartners op de industriële markt worden vaak gekarakteriseerd en gekozen op basis van traditionele industriële kenmerken, zoals locatie, branche en omvang. Deze segmentatie leidt tot doelmarkten verdeeld naar regio, branche en bedrijfsgrootte. Deze relatief gemakkelijk te bepalen objectieve karakteristieken bieden slechts een beperkt zicht op de marktmogelijkheden van de organisatie.

Macro- en microsegmentatie

Methode Wind & Cardozo

Een betere benadering is de tweefasemethode van Wind en Cardozo. Volgens deze methode is de segmentatie te verdelen in een macrosegmentatie en een microsegmentatie.

Deze advertentie van Elsevier is gericht op bedrijfsfunctionarissen die verantwoordelijk zijn voor de werving en selectie van (hoger) personeel

Contacten leggen in de arbeidsmarkt vereist een steeds zorgvuldiger keuze uit de middelen. Confrontatie en onderscheid spelen een belangrijke rol. Talenten zijn immers steeds lastiger te bereiken in de grote massa. Daarom vraagt arbeidsmarktcommunicatie om een andere manier van communiceren.
Elsevier een medium voor personeelsadvertenties?
Zeker is dat bijna de helft van de lezers een HBO- of wetenschappelijke opleiding heeft, 33% tot de categorie 'instromers' (18-34 jaar) behoort en 31% gerust carrièremaker (35-49) genoemd mag worden. De Elsevier-lezer is vooral actief in commerciële functies, vormt daar het hoger kader. Eén op de vier is van plan om binnen een jaar van baan te veranderen. Vrouwen zijn volop in de race (40% van de lezers).
Elsevier een medium voor uw personeelsadvertenties?
In het speciale katern 'Plus Personeel' kunt u gericht in contact komen met klasse.
Voor meer informatie kunt u bellen met Rolf Mul, telefoon (020) 515 96 40.

ELSEVIER de andere manier van arbeidsmarktcommunicatie

Elsevier bedrijfsinformatie bv, onderdeel van Reed Elsevier, geeft meer dan 140 bladen uit waaronder het weekblad Elsevier, AVANTA Magazine, FEM/De Week, NeXT!, Beleggers Belangen, Money, Account en Holland Management Review.

Macrosegmentatie

Macrosegmentatie vindt plaats op basis van de traditionele demografische karakteristieken van de organisatie zoals omvang, branche, locatie, producttoepassing en jaarlijks verkoopvolume.
Doel van de macrosegmentatie is te komen tot een identificatie van macrosegmenten die relevant zijn voor het product op basis van de organisatorische criteria. Hierbij worden criteria bedoeld die de markt verdelen op het niveau van een bedrijf of bedrijfstak.
Een voorbeeld van een eenvoudige industriële macrosegmentatie is de verdeling van de markt voor tractoren naar werkgebied. Bij werkgebieden kan gedacht worden aan bijvoorbeeld landbouw, bosbouw, wegenbouw en defensie. Achter ieder van de werkgebieden gaan afnemers-

groepen schuil. Ieder van deze afnemersgroepen stelt andere eisen aan de tractor zoals vermogen, aantal versnellingen, snelheid, bescherming, special features, duurzaamheid en servicegraad. Ook heeft ieder segment een ander inkoop- en afschrijvingssysteem. De aanbieder kan te maken krijgen met de overheid, coöperaties, particulieren, bedrijven enzovoort. Ieder van de afnemersgroepen kent eigen koopcentra en koopgewoonten. In de microsegmentatie kan men deze systemen nader in kaart brengen.

Microsegmentatie

Bij *microsegmentatie* worden de organisaties onderscheiden op basis van de karakteristieken van het koopcentrum of de DMU binnen het macrosegment. Voorbeelden hiervan zijn de omvang en samenstelling van de demografische gegevens van de DMU-leden of de betrokken individuen, de gevolgde procedures en de gehanteerde koopmotieven. De informatie die nodig is voor een relevante microsegmentatie zijn moeilijk boven tafel te krijgen. Mogelijke bronnen zijn vertegenwoordigers en verkooprapporten.

Nested approach

Bonoma & Shapiro

Naast de genoemde segmentatiemethoden kennen we ook de zogenaamde 'nested approach' van *Bonoma en Shapiro*. Zij beschrijven de segmenten op grond van vijf karakteristieken:
1 Demografische karakteristieken, zoals branche, omvang en locatie.
2 Proceskarakteristieken, zoals technologie en merkbeleid.
3 Inkoopkarakteristieken, zoals centralisatie en machtsstructuur.
4 Situationele karakteristieken op orderniveau, zoals orderomvang en leveringseisen.
5 Persoonlijke karakteristieken van de afnemer, zoals leveranciers-trouw en risicomijdend gedrag.

Segmentatie naar strategisch belang

Veel industriële aanbieders verdelen hun klanten op basis van het strategisch belang: (potentiële) omzet, betrouwbaarheid, zekerheid et cetera. Een veel gebruikte verdeling is die in A (belangrijke), B, C en D (kleine en onbelangrijke) klanten. Ieder segment kent een eigen benadering.

12.3 Beoordeling en keuze van segmenten

Na de verdeling van de totale markt in relevante segmenten moet de ondernemer marktsegmenten beoordelen en vervolgens een doelgroep kiezen. Hij kiest dan die segmenten die de beste garantie bieden voor het realiseren van zijn doelstelling.

Keuzes op de snoepmarkt

Van Ellem weet zeer veel van de snoepmarkt en kan talloze segmentaties maken op basis van karakteristieken van het product en van de consument. In de keuze voor Van Ellem Vital kiest het bedrijf voor het segment zuurtjes en voor het consumentensegment waar kwaliteit en gezondheid een rol spelen. Dit maakt dat de hoofddoelgroep gevormd wordt door moeders met kinderen.

Belangrijkste factor bij de beoordeling van de segmenten en de daaropvolgende doelgroepkeuze is de mogelijke winstgevendheid (profitability) van het segment. De uiteindelijke winstgevendheid van een segment is afhankelijk van de bereidheid van de afnemer om voor de onderscheiden benadering een meerprijs te betalen. Anders gezegd: voor de klant moet de meerwaarde hoger zijn dan de meerkosten. Dit is het geval bij een differentiatiestrategie. Als dit niet het geval is, moet de ondernemer overwegen af te zien van een gesegmenteerde benadering door bijvoorbeeld verschillende segmenten samen te voegen (contrasegmentatie), en de kostenleider – c.q. ongedifferentieerde marktbenadering toe te passen. In tabel 12.1 wordt het verband tussen meerwaarde en meerkosten van segmentatie nader aangegeven.

Meerwaarde en meerkosten van segmentatie

Tabel 12.1 **Verband meerwaarde en meerkosten van segmentatie**

Meerwaarde	**Meerkosten**	
	Hoog	Laag
Klein	Voer contrasegmentatie door	Probeer op andere manieren tot een onderscheidend voordeel te komen
Groot	Realiseer aanvullend onderscheidend voordeel	Voer (hyper)segmentatie door

Interne en externe analyse

De inschatting van de potentiële winstgevendheid/attractiviteit van een marktsegment vindt plaats door middel van een *interne en externe analyse*. Over deze analyses is in de eerste hoofdstukken van dit boek al veel gezegd. Kotler (1993) vat de voor segmentbeoordeling relevante factoren in drie punten samen: omvang/groeipotentieel, structurele attractiviteit en eigen competentie.
De door Porter aangegeven factoren hangen nauw met elkaar samen. Tussen de mogelijke omvang van de te kiezen segmenten en de omvang en mogelijkheden van de onderneming bestaat bijvoorbeeld een directe relatie. Een kleine autofabriek zal zich waarschijnlijk niet richten op de 'volumesegmenten' waar Astra's en Golfjes domineren maar veeleer een 'niche' zoeken in de markt voor sportwagens.

Doelgroepkeuze

Het segment dat een ondernemer als zijn markt kiest, noemen we zijn doelgroep. Met het kiezen van de doelgroep(en) geeft de ondernemer aan in hoeverre hij zijn marketingactiviteiten gaat differentiëren. Hierbij zijn drie hoofdpatronen te onderscheiden:
1 ongedifferentieerde marktbenadering
2 gedifferentieerde marktbenadering
3 geconcentreerde marktbenadering.

Ongedifferentieerde marktbenadering

Full coverage

De ondernemer die voor ongedifferentieerde marketing of *full coverage* kiest, maakt in zijn marketingbenadering geen onderscheid tussen eventuele marktsegmenten. In de meeste gevallen gaat aan een dergelijke benadering dan ook geen segmentatieproces vooraf. De ondernemer ziet de gehele markt als zijn doelgroep en probeert met een uniforme benadering zijn marketingdoelstelling te bereiken. Deze benadering brengt het risico met zich mee dat geen van de afnemers zich in de uniforme benadering herkent. Daartegenover staan voor de ondernemer enorme kostenvoordelen, die hij ook moet realiseren. Een kostenleider behaalt schaalvoordelen door bijvoorbeeld grote afnemers, waarbij de 20/80-regel van toepassing is.

Ongedifferentieerde benadering van de eiermarkt

De eiermarkt is lange tijd ongedifferentieerd benaderd. Met de komst van het scharrelei werd duidelijk dat er tot op dat moment latente segmentatiemogelijkheden waren. Parallel aan de ontwikkelingen in de eiermarkt zien we dat ook andere, traditioneel homogene markten, succesvol gedifferentieerd kunnen worden. Voorbeelden zijn de aardappelmarkt (steeds meer merken en rassen), de champignonmarkt (introductie grotchampignon en andere soorten), melk (naast vol, halfvol en mager nu ook 'boerenlandmelk' en 'calcium plus melk'). Deze voorbeelden zijn allemaal pogingen om – op basis van marktsegmentatie – een duurzaam concurrentievoordeel en/of een structurele meerprijs te realiseren.

Gedifferentieerde marktbenadering

Bij gedifferentieerde marketing poogt de ondernemer de gehele markt of een groot gedeelte van de markt te bestrijken door voor meerdere onderscheiden segmenten een eigen marketingbenadering te kiezen. Met deze strategie hoopt hij in totaal meer te verkopen of een grotere meerwaarde te realiseren dan door middel van ongedifferentieerde marketing mogelijk zou zijn geweest. Tegenover betere resultaten staan de hoge kosten van een gedifferentieerde aanpak. Immers, elk segment heeft een onderscheiden marketingbenadering nodig. Voorbeelden van de extra kosten van een gedifferentieerde marketingbenadering zijn:

- Product: ontwerpkosten, productiekosten (met name door het ontbreken van schaalvoordelen) enzovoort.
- Prijs: kosten van een gedifferentieerd prijsbeleid.
- Plaats: kosten voor inzet van verschillende distributiekanalen, voorraadkosten enzovoort.
- Promotie: kosten voor de verschillende doelgroepgebonden uitingen.
- Marktonderzoek: kosten van marktonderzoek van en binnen de verschillende segmenten.

Bekende voorbeelden van een historisch gegroeide gedifferentieerde marktbenadering zien we bij de grote autoconcerns, zoals Volkswagen (Volkswagen, Audi, Porsche, Seat, Skoda) en gm (Oldsmobile, Buick, Pontiac, Cadillac, Chevrolet), die door middel van verschillende merken (die elk een eigen marketingmix kennen) een groot deel van de markt bestrijken.

Hoogenbosch Beheer

Een voorbeeld van een grootwinkelbedrijf dat de markt sterk gedifferentieerd benadert, is Hoogenbosch Beheer. Deze marktleider op de schoenenmarkt (marktaandeel van 12% in 1993), werkt met de volgende vijf formules:
Manfield, Huf City, Dolcis, Invito en Schoen Expres.

Door met elke formule in onderscheiden behoeften van onderscheiden segmenten te voorzien, realiseert Hoogenbosch waarschijnlijk een groter marktaandeel dan met één winkelformule mogelijk is. Uiteraard dient hierbij aangetekend te worden dat de gedifferentieerde werkwijze, in vergelijking met de ongedifferentieerde werkwijze, hoge meerkosten met zich meebrengt.

Geconcentreerde marktbenadering

Focusstrategie

Bij geconcentreerde marketing of *focusstrategie* benadert de ondernemer met één marketingmix één marktsegment. De ondernemer kan zich op deze manier vergaand specialiseren. Vooral voor relatief kleine ondernemingen is dit een aantrekkelijke strategie.

Marktfragmentatie

De segmenten zijn soms zo klein dat men spreekt van hypersegmentatie of *marktfragmentatie*. In een uiterst geval bestaat het gekozen segment (de doelgroep) uit één afnemer. Hierbij moet wel aangetekend worden dat de doelgroep een bepaalde minimumgrootte moet hebben. Het voordeel voor de afnemer (exclusiviteit, volledig afgestemd op de eigen behoeften) moet in een juiste verhouding staan tot de meerprijs die hij hiervoor moet betalen.
Het is voor een ondernemer zaak de balans te vinden tussen de gewenste individuele behoeftebevrediging enerzijds en anderzijds de bereidheid van de klant hiervoor een meerprijs te betalen. Een voorbeeld van een kleine doelgroep doet zich voor bij een monopoliepositie waarbij slechts één vrager de marktvraag bepaalt. Voorbeelden zijn de nationale markten van legervoertuigen of kerncentrales. Eén vrager domineert hier over meerdere aanbieders.

Mass-customization

Een geconcentreerde marktbenadering is, op productniveau, de laatste jaren steeds eenvoudiger te realiseren. De oorzaak hiervan ligt in de succesvolle toepassing van *mass-customization*: op maat gesneden standaardproducten die in grote series geproduceerd kunnen worden. Via de informatietechnologie en flexibele werkprocessen kunnen goederen en diensten tegen relatief lage kosten klantspecifiek gemaakt en geleverd worden.

Mass-customization

Bij mass-customization is sprake van twee aspecten:
1 Het gaat om een product voor een grote markt; dus vele afnemers.
2 Het gaat om een groot aantal afnemers dat zijn eigen wensen 'tailor made' of 'op maat' ingevuld wil zien.

De vraag is: Hoe kan men als organisatie al deze verschillende wensen snel invullen en dat tegen een voor de afnemers nog acceptabele prijs? Het antwoord hierop is: stel de stap(pen) tot differentiatie zo lang mogelijk uit. Dat wil zeggen: tot in de laatste schakel(s) van het 'supply network'. Dit kan bereikt worden door:

1 *Het ontwerpen van producten die bestaan uit onafhankelijke (onder)delen, die gemakkelijk en goedkoop in verschillende productvarianten geassembleerd kunnen worden.*
In de praktijk komt het erop neer dat de organisatie de productie van de verschillende producten en/of productonderdelen zoveel mogelijk standaardiseert. De differentiatie wordt dan uitgesteld. Voordelen hiervan zijn:
- bepaalde productieonderdelen kunnen gemakkelijker worden uitbesteed;
- de totale productietijd kan worden bekort;
- de kwaliteitscontrole kan worden verbeterd.

Voorbeeld: dezelfde onderdelen voor verschillende autotypen.

2 *Het ontwerpen van productieprocessen (modular process design), die bestaan uit onafhankelijke subprocessen die gemakkelijk en goedkoop naar elders verplaatst kunnen worden (bijvoorbeeld naar regionale supplynetworks).*
Het modulair 'process design' is gebaseerd op:
- proces-standaardisatie;
- procesvolgorde;
- procesuitstelling (met name van de differentiatie-elementen).

Voorbeeld: de fabrikant produceert enkele basisverven; de menging van kleurpigmenten vindt in de desbetreffende regio, land of 'winkel' plaats. Hetzelfde geldt voor personal computers voor wat betreft het geheugen, de benodigde software, ISDN en internetaansluiting, afmetingen (beeldscherm) et cetera. Voordelen voor de fabrikant zijn:
- economies of scale
- planningsvoordelen

- minder voorraden en voorraadrisico's
- lagere productiekosten
- grotere flexibiliteit
- tevreden klanten.

3 *Het supply network (productielocaties en distributiecentra = logistiek) moet de 'standaardproducten' kosteneffectief kunnen ontvangen en deze snel als 'customized final products' kunnen afleveren.*
Dit is onder meer afhankelijk van:
- de gewenste levertijd;
- de lokale kostenstructuur (onder meer arbeid);
- de lokale regelgeving (invoerrechten voor grondstoffen versus eindproducten);
- de marktpositie;
- de transportkosten.

Het logistieke proces en de logistieke kosten spelen hierbij een voorname rol. Deze activiteit kan geheel worden uitbesteed (denk aan Fiat, die dit geheel aan TNT heeft overgedragen).

Bron: Feitzinger et al. in: *Harvard Business Review*, 1997

In figuur 12.1 worden de verschillende segmentatiestrategieën schematisch weergegeven.

Figuur 12.1 **De verschillende segmentatiestrategieën**

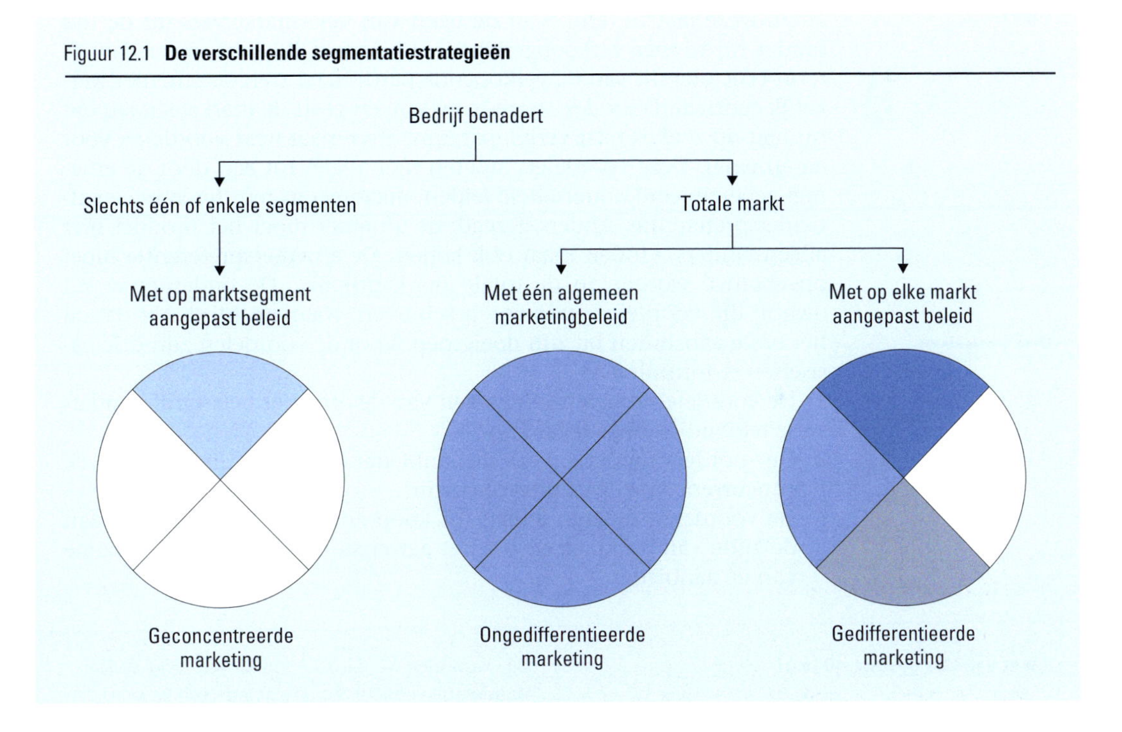

Aan de segmentatiestrategieën kunnen de generieke concurrentiestrategieën van Porter worden gekoppeld.

12.4 Positionering

Als een ondernemer weet in welke behoefte hij, met welk aanbod op welk marktsegment gaat voorzien, kan hij overgaan tot de positionering van zijn aanbod. Met het positioneren realiseert de organisatie bewust een bepaalde relatieve positie van de organisatie, een merk of een product in de perceptie van afnemers, ten opzichte van directe concurrenten. Uit deze omschrijving blijkt dat de positionering door drie kernelementen bepaald wordt:

1 het aanbod
2 de afnemer
3 de concurrent.

In de juiste positionering vindt de ondernemer het evenwicht tussen deze drie elementen. Het positioneren is een analytisch en creatief proces. Afhankelijk van de concurrentie in het segment, de mogelijkheden op het gebied van differentiatie en de kosten verbonden aan de positionering, kan hij het product bijvoorbeeld 'neerzetten' en vormgeven als gezond, voordelig, veilig of gezellig.

Unique Buying Reasons (UBR's)

Het belangrijkste attribuut in de positionering zijn de onderscheidende voordelen (Unique Buying Reasons, UBR's), die de aanbieder met zijn marketingmix denkt te kunnen bieden.

Unique Selling Point (USP)

De term UBR is voortgekomen uit de bekende term USP: *Unique Selling Point*. Deze laatste term is in de ogen van vele marketeers uit de tijd omdat hij te zeer verkoopgericht is. De term UBR gaat, meer dan de term USP, niet uit van de verkopende partij maar stelt de afnemer werkelijk centraal. Door deze term te gebruiken geeft de marketeer aan dat hij niet op zoek is naar verkoopargumenten maar naar voordelen voor de afnemer. Deze voordelen moeten niet alleen tot een door de afnemer gepercipieerd onderscheid leiden, maar tevens resulteren in een afnemerspreferentie. Anders gezegd: de afnemer moet het product niet alleen 'anders' vinden maar ook kopen. De afnemerspreferentie moet opgebouwd worden in de totale marketingmix. De ondernemer zal daarbij die voordelen naar voren schuiven, waarvan hij denkt dat zij het beste aansluiten bij zijn doelgroep. Voor de voordelen zijn drie basiseisen te formuleren:

Drie basiseisen

1 De voordelen moeten in de ogen van de afnemer belangrijk, onderscheidend en betaalbaar zijn.
2 De voordelen moeten voor de aanbieder communicabel en voor de concurrent moeilijk imiteerbaar zijn
3 De voordelen moeten leiden tot koop en behoeftebevrediging aan de zijde van de klant en tot het gewenste rendement aan de zijde van de aanbieder.

Raket van Ola bestaat 40 jaar!

Deze verjaardag is reden genoeg voor een feestje! Geen enkel ijsje in Nederland presteert het om al 40 jaar een absolute topper te zijn! Raket is als één van de weinige dingen altijd onveranderd gebleven. De markt veranderde, de consument veranderde, ijsjes kwamen en gingen, maar Raket bleef altijd bestaan. Raket is 'gewoon' zo sterk dat hij niet hoeft te veranderen. Dit maakt van Raket een 'original'. Raket is zo gewoon, dat je bijna vergeet hoe bijzonder hij is! Want het is eigenlijk een simpel en eenvoudig waterijsje met meerdere vruchtensmaken. Juist het feit dat Raket altijd hetzelfde is gebleven, heeft veel bijgedragen aan het succes van dit puur Hollandse ijsje. Bij Ola vinden we dat zo'n topper een mooi verjaardagsfeestje verdient. En omdat iedereen weleens een Raket eet, mag heel Nederland dit feestje meevieren. We verkopen jaarlijks in Nederland zo'n 30 mln raketten; dat is een afstand van Amsterdam naar Moskou en weer terug. Deze zomer (2002) trakteert Ola op fantastische prijzen, die net als Raket, nooit vervelen. Bijvoorbeeld 40 seconden gratis boodschappen doen, 40 uur rijden in een droomauto, een strandfeest met 40 vrienden. In de speciale actieverpakking in de supermarkt zit een kaart met een unieke code waarmee je kans maakt op fantastische prijzen. Raket: al 40 jaar het leukste ijsje van Ola.

Bron: *www.ola-ijs.nl*

Het positioneringsproces

Na analyse, segmentatie en doelgroepkeuze, heeft een ondernemer al veel gegevens die gebruikt kunnen worden om tot de positionering te komen. Daarbij staat de ondernemer voor de vraag naar de hoeveelheid en de aard van de voordelen die hij in wil zetten bij de positionering. De positionering moet zo eenvoudig en eenduidig mogelijk zijn. De *vuistregel* is: het effect van de positionering neemt af, naarmate de geclaimde voordelen in aantal of complexiteit toenemen.

Vuistregel

De belangrijkste valkuilen bij de bepaling van het aantal te claimen voordelen zijn:

Overpositionering

- *Overpositionering*, waarbij de voordelen te strak afgebakend worden waardoor een gedeelte van de doelgroep zich niet aangesproken voelt.

Onderpositionering

- *Onderpositionering*, waarbij de voordelen zich niet duidelijk genoeg manifesteren.

De ondernemer kan zijn aanbod op verschillende manieren positioneren. Voorbeelden zijn:

- Positionering op grond van *producteigenschappen*: door de nadruk te leggen op zaken als techniek, vormgeving of merk. Een voorbeeld is Audi die in zijn product en communicatie de nadruk legt op de geavanceerde techniek ('Voorsprong door techniek').
- Positionering op grond van *expressieve eigenschappen*: door aan het aanbod expressieve waarden te verbinden zoals status, geluk en gezelligheid. Een voorbeeld is Douwe Egberts die zijn koffie als bron van gezelligheid positioneert.
- Positionering op basis van *gebruik* of *toepassing*: door het aanbod te koppelen aan zaken als gebruiksgemak en inzetbaarheid. Een voorbeeld is de ns die in hun positionering de nadruk leggen op de gebruikersvoordelen van het spoorvervoer.
- Positionering op grond van de *gebruiker*: door het aanbod te koppelen aan kenmerken of karakteriseringen van de gebruiker zoals 'passend bij de succesvolle zakenman'. Een voorbeeld is Taksi dat zich duidelijk positioneert als kinderdrank.
- Positionering op grond van de *concurrent*: door het aanbod in de positionering te vergelijken met dat van de concurrent. Een voorbeeld is Seven Up dat zich als 'heldere en eerlijke' drank onderscheidt van 'gekleurde' dranken.

Positioneringsmatrix

Een bekend hulpmiddel om de positionering in kaart te brengen is de zogenaamde positioneringsmatrix, ook wel de perceptual mapping genoemd. Op deze meestal tweeassige matrix staan de posities van verschillende aanbieders ten opzichte van twee variabelen aangegeven. Zo kan de houding van afnemers ten aanzien van kledingmerken beschreven worden in termen van sportiviteit en 'modieusheid'. In een matrix kunnen de afnemers de relatieve positie van de merken aangeven. Op de verticale as moet de afnemer dan bijvoorbeeld per merk positie kiezen tussen 'onsportief' en 'zeer sportief' en op de horizontale as tussen 'tijdloos' en 'modieus'. Op deze manier geeft de matrix aan hoe de afnemer het merk percipieert, wie directe concurrenten zijn en in hoeverre de gerealiseerde positionering afwijkt van de door de aanbieder gewenste positionering. Uiteraard kan de matrix, behalve op merkenniveau, ook op productniveau ingevuld worden. Zie ook Case 2, onderdeel 2, waarin positioneringsmatrixen zijn opgenomen. In tabel 12.2 is dit voor pannen gedaan.

Tabel 12.2 **Positioneringsmatrixen van merken pannen en de winkels waarin zij verkocht worden**

	Lagere kwaliteit	Topkwaliteit
Hoge prijs	Tefal	Hackman, Demeyere, Scanpan, Le Creuset, Sigg, Sola, Le Club, BK
Lage prijs	BK Wehkamp Le Chef	Tefal, V&D, Hema

	Klein marktaandeel (volume)	Hoog marktaandeel (volume)
Hoge prijs	Bijenkorf AH V&D	Zelfstandige speciaalzaken (total)
Lage prijs	Marskramer Wehkamp Hema	Blokker

Positionering voor Van Ellem

Van Ellem opereert op een markt waar een goede positionering van levensbelang is. De werkelijkheid van de markt is overigens nauwelijks te reduceren tot een beperkt aantal variabelen waarbinnen een positie gekozen moet worden. Voorbeelden van variabelen die voortkomen uit afnemersprofiel, afnemersgedrag en afnemersvoorkeur zijn:

- energiewaarde, sportiviteit
- leeftijdsgroep
- gezelligheidswaarde
- gebruiksmoment
- gezondheidsclaim.

Aanpassen marketingmix

In de marketingmix werkt de ondernemer de positionering nader uit. Hij zet zijn marketinginstrumenten geïntegreerd in om het 'product as marketed' een bepaalde positie te geven. Afhankelijk van de gekozen positionering zullen de verschillende marketinginstrumenten en propositie accenten krijgen. In de volgende twee hoofdstukken wordt de invulling van de marketingmix nader uitgewerkt.

Marketingmix van het scharrelei

De marketingmix van het scharrelei is gebaseerd op de positionering. Een mogelijke positionering is 'diervriendelijkheid en verantwoordelijkheid'. Deze positionering klinkt door in de verpakking, het keurmerk, de schappositie, de prijsstelling, de garantie, de promotie enzovoort.

De marketingmix (1)

13

Een organisatie beschikt over marketinginstrumenten die ze kan inzetten bij het bevorderen, vergemakkelijken en bespoedigen van ruiltransacties. De te onderscheiden categorieën van instrumenten worden doorgaans aangeduid met de vier of vijf P's, die staan voor de categorieën: product, prijs, plaats (distributie), promotie (communicatie) en/of personeel. Een organisatie kan binnen een categorie variaties aanbrengen in bijvoorbeeld de prijselementen, zoals de af-fabrieksprijs, contributiemarge, marge voor de tussenschakels en kortingen. Ook kunnen er binnen de organisatie verschillen ontstaan tussen de categorieën van instrumenten.
Een organisatie kan een mix van marketinginstrumenten, de marketingmix, kiezen om het ruilproces van een product optimaal af te stemmen op de wensen van een gekozen doelgroep. De instrumentdoelstellingen en -strategieën zijn afgeleid van hiërarchisch hogere doelstellingen en strategieën binnen een organisatie. In paragraaf 13.1 wordt de samenhang tussen de organisatie-, SBU-, marketing- en instrumentdoelstellingen en -strategieën verduidelijkt.
Kennis van en inzicht in deze doelstellingen en strategieën is gewenst om instrumentdoelstellingen en -strategieën te kunnen vaststellen c.q. te formuleren. In de paragrafen 13.2 en 13.3 wordt nader ingegaan op specifieke afzonderlijke categorieën van marketinginstrumenten: product en prijs. Daarbij wordt met name aandacht geschonken aan enkele strategische aspecten van deze marketinginstrumenten, ervan uitgaande dat kennis van de marketingmix op NIMA-A-niveau aanwezig is. In paragraaf 13.4 ten slotte, wordt aandacht geschonken aan product- en prijsaspecten in het internationaal zakendoen.

13.1 Inleiding in de marketingmix

Er zijn duizenden, veelal kleinere organisaties, die hun activiteiten richten op één doelgroep of markt. Andere ondernemingen daarentegen zijn actief op meer dan één markt (bijvoorbeeld verschillende particuliere afnemersdoelgroepen en/of zakelijke markten) met meer dan één productgroep, product, merk of variëteit. Binnen een organisatie zijn vier niveaus te onderscheiden, namelijk het:
1 ondernemingsniveau
2 SBU-niveau
3 marketingniveau
4 instrumentenniveau.

Ondernemingsniveau

Het *ondernemingsniveau* omvat de gehele organisatie: het geheel van productgroepen, producten, productvarianten en merken, met andere woorden: het assortiment dat door een onderneming op verschillende markten wordt aangeboden. Voor een chemisch bedrijf kunnen we bijvoorbeeld productgroepen onderscheiden als farmaceutische producten, gewasbeschermingsmiddelen, reinigingsmiddelen, bulkchemicaliën of specialiteiten.

SBU

In een organisatie is veelal rond een productgroep een *SBU* georganiseerd, die actief is op één markt of enkele sterk verwante markten.

Productgroep

Een *productgroep*, bijvoorbeeld frisdrank of auto's, is een verzameling producten, die tot een bepaalde productklasse behoren en in dezelfde c.q. een vergelijkbare behoefte voorzien. Een ander voorbeeld zijn de receptplichtige medicijnen en de 'over the counter' (OTC)-medicamenten. In het laatste geval is de generieke behoefte 'beter worden' of 'gezond blijven'. Met de verschillende medicijnen wordt dan in de productspecifieke behoeften of wensen voorzien.
We kunnen daarom ook stellen dat SBU's rond PMTc's zijn georganiseerd. Zo kunnen op het SBU-niveau verschillende problemen (P's) bij diverse marktdoelgroepen (M's) met verschillende medicijnen (T's) worden opgelost.
Bij een organisatie met één product en één doelgroep vallen het ondernemings- en het SBU-niveau samen.

Strategic Business Units (SBU's)

Een strategische business unit (SBU) is binnen een organisatie een min of meer zelfstandige organisatie-eenheid. Een SBU heeft doorgaans de volgende kenmerken:
- een eigen strategisch profiel (missie, doelstellingen en PMT);
- draagt winstverantwoordelijkheid;
- heeft eigen doelgroepen en concurrenten;
- heeft een zelfstandig management;
- is voldoende groot om aandacht van het concernmanagement te krijgen.

Bij grote ondernemingen onderscheidt men ook nog divisies, ofwel een verzameling van onderling 'verwante' SBU's. Het doel van deze bundeling is het verhogen van de slagvaardigheid van het concern, bijvoorbeeld door synergetische effecten, zoals:
- het gezamenlijk gebruikmaken van centrale stafdiensten;
- het gezamenlijk benutten van technologieën.

Marketingniveau

Het *marketingniveau* is het niveau van het concrete product of dienst dat op een bepaalde markt wordt aangeboden, nagenoeg altijd onder een merknaam, zoals het merkartikel Aspirine van Bayer. Op dit niveau spreken we over de PM-combinatie ofwel de prouct/marktcombinatie (PMC).
Zo wordt het merkartikel Magnum van Iglo/Ola aangeboden in diverse variëteiten, zoals Magnum Dark, Magnum White, Magnum Almond, Magnum Pecan.

Instrumentenniveau

Het *instrumentenniveau* is het laagste niveau. Het betreft het niveau van de marketinginstrumenten, de P's, voor de afzonderlijke producten.

Op de verschillende niveaus worden binnen de organisaties doelstellingen vastgesteld en de route (strategie) uitgestippeld om die doelstellingen te realiseren. De organisatiedoelstellingen dienen gerealiseerd te worden vanuit de SBU's. De organisatiestrategieën slaan dus ook op de SBU's.
Zoals uit de niveaus blijkt, is er sprake van een hiërarchie van organisatiedoelstellingen en -strategieën. Een en ander wordt in figuur 13.1 weergegeven.

Figuur 13.1 **Hiërarchie in organisatiedoelstellingen en -strategieën**

Niveau/plan	Doelstellingen	Strategieën
1 Organisatie-niveau/plan	Organisatie-doelstellingen	Organisatiestrategieën met betrekking tot SBU's (PMT)
2 SBU-niveau/-plan	SBU-doelstellingen	SBU-strategieën met betrekking tot PMC
3 Marketing-niveau/-plan	Marketing-doelstellingen	Marketingstrategieën met betrekking tot P's
4 Instrumenten-niveau/-plan	Instrumenten-doelstellingen	Instrumentenstrategieën/beslissingen

Een goed inzicht in de doelstellingen en strategieën op de te onderscheiden niveaus is voor alle managers, op welk niveau dan ook, gewenst. Zo moet een productmanager, vóór het schrijven van een marketingplan voor zijn product, kennis hebben van de ondernemings- en SBU-doelstellingen en de daarbijbehorende strategieën.
Bovendien moet de productmanager weten dat doelstellingen zorgvuldig dienen te worden vastgesteld en moeten voldoen aan bepaalde eisen, die samengevat kunnen worden met de term *spurt*:

Spurt

- *S*pecifiek, zeker waar het gaat om kwantitatieve doelstellingen als marktaandeel, omzet en winst, die achteraf meetbaar zijn.
- *P*retentieus, dus uitdagend.

- *U*itgekiend; er moet over nagedacht zijn.
- *R*ealistisch.
- *T*ijdsaanduiding, bijvoorbeeld voor een jaar.

Hierna laten we in het kort enerzijds de doelstellingen en anderzijds de strategieën op de verschillende niveaus de revue passeren.

Ondernemingsdoelstellingen

Continuïteit

De continuïteit van de organisatie is uiteraard de primaire doelstelling van elke organisatie. Om deze hoofddoelstelling te bereiken moeten andere kwantitatieve en kwalitatieve doelstellingen worden gerealiseerd. In figuur 13.2 wordt een overzicht van mogelijke doelstellingen gegeven.

Figuur 13.2 **Voorbeeld van ondernemingsdoelstellingen**

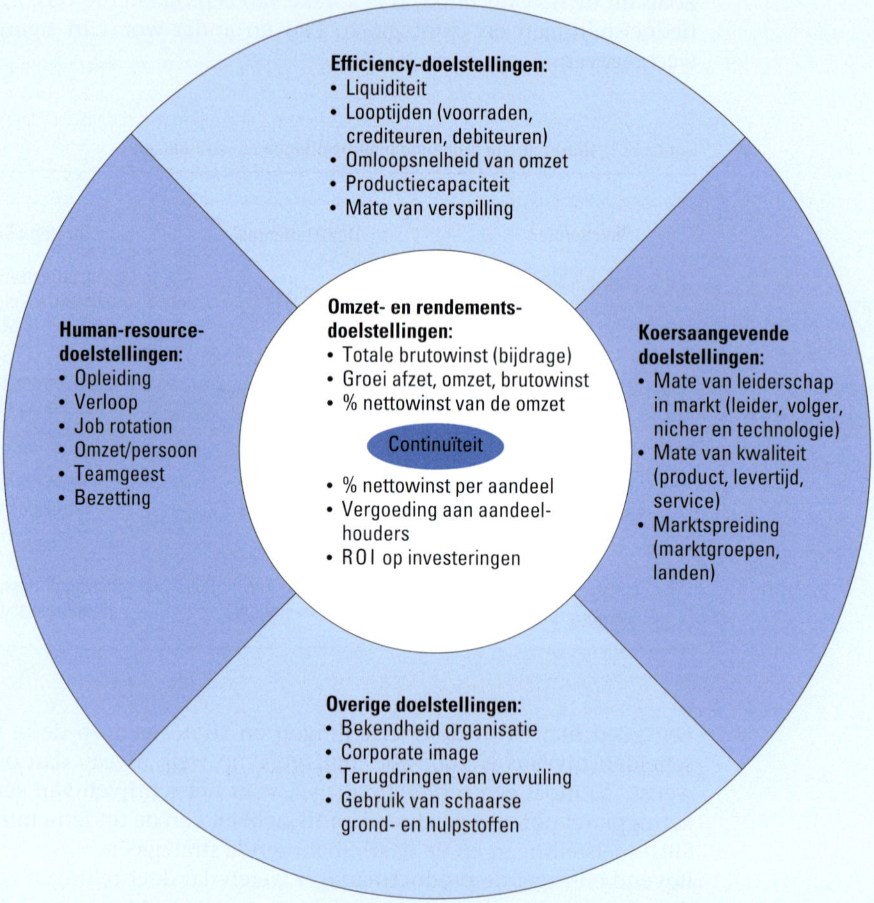

De ene doelstelling is belangrijker (binnenste cirkel) dan de andere. De volgorde in belangrijkheid moet vooraf worden aangegeven.

Ondernemingsstrategie

Met de ondernemingsstrategie geeft een onderneming aan op welke markten en met welke technologieën men actief is en wil zijn, dus de keuze van de PMT-combinaties. Hier worden de portfolio en de gewenste posities van de bestaande SBU's bepaald, in termen van:

- groeien
- handhaven
- oogsten
- afbouwen.

Aan de vaststelling van de positie is ook de allocatie van en de autorisatie over de financiële budgetten verbonden. Heeft een organisatie bepaald dat de doelstellingen behaald kunnen worden door de groei van één of meer SBU's, dan kunnen de groeirichtingen bepaald worden aan de hand van de expansiematrix van Ansoff. Groeidoelstellingen op korte en langere termijn kunnen worden gerealiseerd door toepassing van strategieën, zoals hierna vermeld is voor Merck & Co.

Organisatiestrategieën van Merck & Co. Inc.

Om de *organisatiedoelstellingen,* zoals:

- het behalen van een meer dan gemiddelde winst, en
- het behoren tot de top vier van de farmaceutische ondernemingen in de wereld te halen,

heeft Merck & Co. Inc. (in Nederland: Merck Sharp & Dome) onder meer de volgende *organisatiestrategieën* geformuleerd:

- een zeer actieve Research & Development; in de periode 1995-1997 werden negen belangrijke medicijnen geïntroduceerd;
- het vormen van joint ventures met andere farmaceutische ondernemingen, zoals met Astra in Zweden, Du Pont in de Verenigde Staten, Chugai Pharmaceutical in Japan en Rhône-Poulenc in Frankrijk;
- het verkrijgen en verstrekken van licenties;
- het vormen van partnerships met marktpartijen, zoals met distributieschakels en gezondheidszorginstellingen;
- het stroomlijnen van activiteiten in de value chain om de kosten te verlagen (productie) en de ontwikkelingstijd te verkorten en aan te sluiten op de value chains in de markt.

De hoogste baas van de onderneming schrijft in het jaarverslag niet zonder trots: 'Looking back on the past three years, it's fair to say that we have done exactly what we said we would do'.

Bron: Merck & Co. Inc., *Jaarverslag 1997*

Bij het opzetten van nieuwe activiteiten (diversificatie), dus ook bij de vorming van een nieuwe SBU, rijst de vraag of de activiteit door de onderneming zelf ontwikkeld moet worden, of door acquisitie (overname) en/of samenwerking, zoals licenties en joint ventures, moet worden bereikt.

Op basis van een zorgvuldige afweging, met betrekking tot de planningshorizon, risico's, benodigde investeringen en flexibiliteit, moet een keuze worden gemaakt.

SBU-doelstellingen

Het spreekt voor zich dat door de gekozen ondernemingsstrategieën de SBU-doelstellingen goeddeels vastliggen. De SBU-doelstellingen worden geformuleerd in termen van:

- omzet
- winst of rendement
- andere van de ondernemingsdoelstellingen afgeleide doelstellingen.

Philips zet traditie voort met sanering

Het afstoten van fabrieken is voor Philips zo langzamerhand een vaste routine geworden. Elke nieuwe topman die de afgelopen tien tot vijftien jaar aantrad, ontdekte weer nieuwe bedrijfsonderdelen die plotseling niet meer tot de kernactiviteiten, de *core business* of hoe het ook maar mocht heten, bleken te behoren:

- In de jaren tachtig gaan de fabrieken voor grote telefooncentrales naar AT & T.
- Al het witgoed, zoals ijskasten en wasmachines, waarmee Philips de grootste was in Europa, verdwijnt naar concurrent Whirlpool.
- Hollandse Signaal en andere Europese defensie-activiteiten worden verkocht aan het Franse Thomson. Een paar jaar later heft Philips ook zijn Amerikaanse militaire tak op.
- Onder de reddingsoperatie Centurion die topman J. Timmer begin jaren negentig op Philips loslaat, worden in België, Frankrijk en Italië onder meer televisiefabrieken gesloten. In Spanje gaat de fabriek voor kleine tv's in de verkoop.
- Tal van fabrieken die onderdelen voor Philips-producten maken, worden door Timmer in 1991 tot en met 1993 verzelfstandigd, gesloten of verkocht aan toeleveranciers.
- De divisie voor consumenten-elektronica heeft eigenlijk nooit een jaar zonder fabriekssluitingen gekend. In 1996 sluiten fabrieken voor videorecorders en cd-spelers hun poorten. Grundig werd wel tien keer gesaneerd alvorens twee jaar geleden het restantje maar wordt verkocht.

Hoeveel fabrieken Philips sinds pakweg 1985 al heeft afgestoten, kan het concern niet zeggen. Het moeten er vele, vele honderden zijn.

Ondertussen werden uiteraard af en toe ook weer fabrieken gekocht. Een maand geleden nog voegde Boonstra het Amerikaanse ATL toe aan zijn medische divisie, een bedrijf dat zeer specialistische diagnostische apparatuur maakt.

Ook bij Philips is het een komen en gaan van product(groep)en

Afhankelijk van de gekozen strategie (groeien, handhaven, oogsten of afbouwen per SBU) zal de winstdoelstelling per SBU ook van een andere orde zijn. Tezamen moeten de SBU-winstdoelstellingen echter overeenkomen met die van de onderneming.

Winstdoelstelling

Omdat SBU's zelfstandige planningsunits zijn, eigen winstverantwoordelijkheid hebben en over afzonderlijke strategische plannen beschikken, kunnen meerdere ondernemingsdoelstellingen ook als SBU-doelstellingen worden gezien. Neem bijvoorbeeld de efficiency- en human-resource-doelstellingen, beschreven in figuur 13.2.

SBU-strategie

Gewenste productposities

Met de SBU-strategieën worden aan de hand van de portfolioanalyses de gewenste posities van de verschillende producten of diensten van de desbetreffende SBU bepaald. De gewenste product- of dienstposities worden bereikt door middel van:

- groeien
- handhaven
- oogsten
- afbouwen
- starten (indien van toepassing).

Market Attractiveness

Business Assessment

Op basis van de gewenste positie vindt de afstemming en allocatie van budgetten plaats. De positiebepaling van de producten is gebaseerd op de SWOT-analyse, waarin de externe factoren de *Market Attractiveness* (MA) en de interne factoren de *Business Assessment* (BA) of concurrentiepositie bepalen. In figuur 13.3 wordt de relatie gelegd tussen de SWOT-analyse, de MABA-analyse en de positie van de producten. Het spreekt voor zich dat, als er goede mogelijkheden in de markt aanwezig zijn en de concurrentiepositie sterk is, er reden is tot expansie.

Figuur 13.3 **Relatie tussen SWOT- en MABA-analyse en de productpositie**

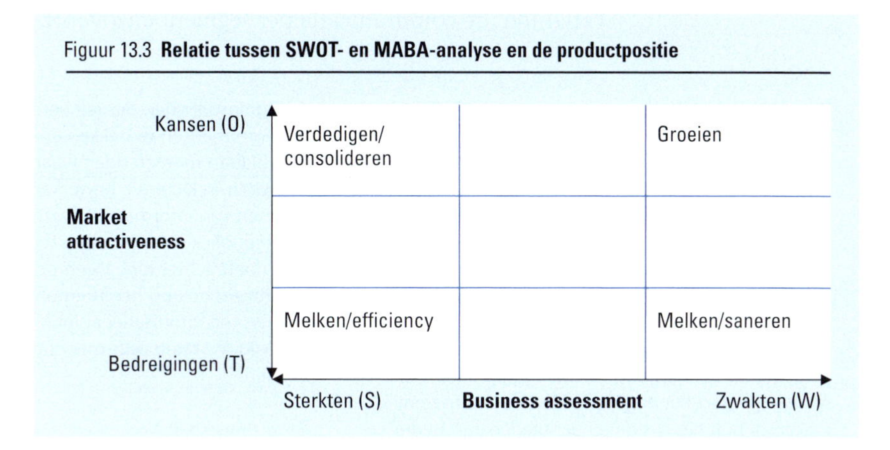

Met betrekking tot de groeistrategieën voor producten, bijvoorbeeld stars en wild cats, kan weer worden verwezen naar de expansiematrix van Ansoff.

De SBU-strategieën kunnen tevens de ontwikkeling van nieuwe producten in de gekozen marktsegmenten omvatten.

Opgemerkt wordt dat er een grote overeenkomst bestaat tussen de ondernemingsstrategie en de SBU-strategie. Het verschil is dat de eerste betrekking heeft op het niveau van de SBU (PMT-combinatie) en de SBU-strategie op de PMC. Figuur 13.3 kan dus ook als uitgangspunt dienen voor de ondernemingsstrategie.

Marketingdoelstellingen

De marketingdoelstellingen, ook wel productdoelstellingen genoemd, worden vastgesteld in termen van:

- marktaandeel
- omzet, afzet
- winst.

Als de SBU-doelstelling 5% winstgroei is, kan dit voor de producten A, B en C inhouden dat de marktaandelen met respectievelijk 2, 4 en 10% moeten toenemen.

Marketingstrategie

Om de marketingdoelstellingen te verwezenlijken moet in de marketingstrategie zorgvuldig de 'juiste' segmentatie van markten in afnemersdoelgroepen en positionering(en) van de product(en) worden gekozen. Men hanteert in dit verband ook de afkorting SDP (segmentering, doelgroepbepaling, positionering).

Zoals we in het vorige hoofdstuk zagen, worden bij segmentatie de (potentiële) afnemers in groepen verdeeld, om enerzijds beter te voorzien in hun behoeften of wensen en anderzijds om beter de marketingdoelstellingen te realiseren.

Segmentatie

Segmentatie houdt in dat de mix van marketinginstrumenten in één of meer P's zal verschillen. Zo kan de verpakkingsgrootte verschillen en daardoor de prijs per standaardhoeveelheid (PPS) het aantal productvarianten, de communicatie per segment enzovoort.

Het dagblad niet alleen op papier

Dagbladen verliezen hun marktpositie, niet alleen met betrekking tot hun totale oplage, maar vooral met betrekking tot hun dichtheid over de huishoudens. Jongeren, die nu meer geïnteresseerd zijn in nieuwe media, gaan later de krant niet meer lezen. Een groei in advertenties, ontdaan van prijsverhogingen en effecten van hoogconjunctuur, is er niet. Niet alleen adverteerders ontdekken internet, ook persbureaus kunnen hun nieuws hierop aanbieden. APN en Reuters kunnen hun eigen internetpagina's maken of hun nieuws direct aanbieden aan bedrijven of instellingen die zelf een internetpagina hebben om mensen te trekken en aan zich te binden. Dagbladen moeten doen waar ze goed in zijn: het vergaren, selecteren, bewerken, presenteren en beheersen van informatie. Daarmee binden zij een lezerspubliek dat voor adverteerders aantrekkelijk is. Dat hoeft echter niet alleen op papier, maar kan bijvoorbeeld ook op het internet. Het aanbieden van nieuws- en informatiepagina's op internet trekt in de Verenigde Staten zelfs meer lezers dan via de dagbladen.

Bron: Proefschrift *Newspapers: A lost cause?*

Met segmentatie kan men alle segmenten (ongedifferentieerd) bedienen, maar ook enkele (gedifferentieerd) of slechts één segment (geconcentreerd). Interessant is ook de vraag welke productpositie de organisatie in de segmenten wil bereiken, door middel van groeien, handhaven, oogsten of afbouwen.

Positioneren

Zoals bekend is, wordt met positioneren bedoeld het bewust verkrijgen van een positie van een product in de perceptie van de afnemers. De positie is relatief, omdat deze wordt vergeleken met de producten in de evoked set, dus met die van de directe concurrenten.

Slecht ijsjesweer en crisis; winst van Unilever stijgt toch

Van onze redactie economie

ROTTERDAM – Ondanks de financiële crisis in Zuidoost-Azië, zag was- en levensmiddelenconcern Unilever de winst in die regio stijgen in het derde kwartaal. De grote groei is er door alle perikelen echter wel uit.

Unilever komt, door ervaring wijs geworden, doorgaans sterker uit crises, meent bestuursvoorzitter M. Tabaksblat. Een van de manieren om zo min mogelijk marktaandeel te verliezen in regio's waar het financieel roerig is, is producten in alle prijsklassen aanbieden. Voor een lage prijs krijgt de klant een behoorlijk wasmiddel, voor een hoge prijs een heel goed wasmiddel. Slechts weinig concurrenten voeren dezelfde politiek, aldus Tabaksblat. Vooral lokale ondernemingen overleven dergelijke crises vaak niet.

In totaal zag Unilever de nettowinst in het derde kwartaal met 35 procent stijgen van 1,68 miljard tot 2,26 miljard gulden. In die stijging zit de 828 miljoen gulden verrekend die Unilever overhield aan de verkoop van dochterbedrijf PBIC. Zonder de winst op de PBIC-verkoop, steeg de bedrijfswinst met 3 procent tot 3,09 miljard gulden. De omzet groeide met 1 procent amper tot 23,6 miljard gulden.

In Europa daalde de omzet met 6 procent. Door het slechte weer werd veel minder ijs verkocht – Unilever is de maker van onder andere de Magnum. De tegenvaller werd enigszins goedgemaakt door de stijgende verkoop van wasmiddeltabletten, een redelijk nieuw product.

Door producten met een verschillende positionering aan te bieden, worden grote groepen afnemers aangesproken

Bovendien moet de positionering van de producten bij de gekozen doelgroep voldoende steekhoudend en duurzaam van aard zijn. Dit kan alleen bereikt worden als er voldoende onderscheid of voordeel is ten opzichte van de concurrenten. De drie generieke concurrentiestrategieën van Porter, overall costleadership, differentiation en focus, aangevuld met de twee strategieën van Aaker: synergie en pre-emptie, leggen de basis voor duurzame concurrentievoordelen.

Strategieën van Porter

Strategieën van Aaker

Instrumentdoelstellingen

Ook op het instrumentenniveau moeten doelstellingen worden vastgesteld, die na een bepaalde periode geëvalueerd moeten worden om na te gaan of zij gehaald zijn en of zij voldoende effectief zijn geweest. Als er geen goede doelstellingen worden vastgesteld, kunnen er ook geen strategieën worden ontwikkeld. In tabel 13.1 zijn per categorie van instrumenten enkele doelstellingen geformuleerd.

Tabel 13.1 **Overzicht van doelstellingen per categorie van instrumenten**

Categorie instrumenten	Doelstellingen met betrekking tot
Product	Kwaliteit Klachtenaantallen en -afhandelingstijd Assortimentinnovatie
Prijs	Prijsperceptie (-beleving) Prijsniveau Marge- en omzetgroei ROS
Plaats (distributie)	Verkrijgbaarheid Numerieke distributie Gewogen marktbereik Afzet-/omzetaandeel
Promotie (communicatie)	Attitude (component) Merkbekendheid Positionering
Personeel	Effectiviteit Bereikbaarheid (telefonisch) Bezoekfrequentie

Strategische en operationele instrumentbeslissingen

Strategische en operationele instrumentbeslissingen omvatten beslissingen over de marketingmix-elementen product, prijs, promotie, plaats en personeel, dus de vijf P's.

Op dit niveau is het niet altijd even gemakkelijk onderscheid te maken tussen enerzijds strategische beslissingen, die betrekking hebben op een periode van ten minste één jaar en anderzijds operationele beslissingen, die bij wijze van spreken van dag tot dag worden genomen tot maximaal voor een periode van één jaar.

De categorieën van instrumenten staan niet op zich. De ene categorie beïnvloedt de andere. Zo hangt de positionering van een product af van de productkwaliteit, de kwaliteit van de outlet, het prijsniveau, de communicatieboodschap en de dienstverlening van het personeel.

De vijfde P van 'personeel' is vooral in de dienstensector een belangrijk marketinginstrument

Wij brengen u op't juiste pad, met alle sleutels tot de stad.

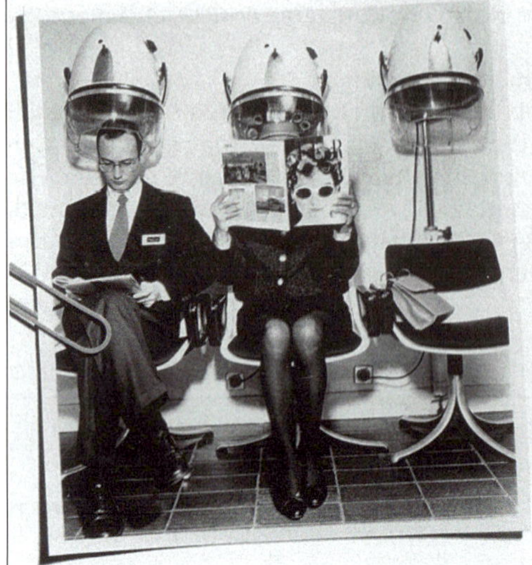

U bent gast in een hotel Mercure, de sfeer is prima, u heeft een rustige en mooi gelegen kamer, dus alles gaat goed. Stelt u zich nu eens voor dat een onverwachte stortbui uw kapsel ruïneert. Bovendien is het zaterdagavond en staat u op het punt om naar de receptie van de burgemeester te gaan. U bevindt zich dus in een zeer vervelende situatie, of niet soms? Nee hoor, want Paul, ober in hotel Mercure, kent de stad als zijn broekzak. Hij weet een kapper te vinden waar u zelfs op dit late tijdstip uw kapsel weer in orde kunt laten maken. Zo verschijnt u op tijd en zeer keurig verzorgd aan het diner.

Mercure Hotels. Alle sleutels tot de stad.

ACCOR

Mercure Reserveringen:
020 5 495 495

Van grote invloed is ook de intensiteit van de verschillende categorieën. Het maakt veel verschil uit of we te maken hebben met een kwalitatief superieur of een me-too-product, of met een intensieve, selectieve of exclusieve wijze van distributie.

Instrumentcategorie

We spreken over een categorie van instrumenten, bijvoorbeeld van 'product' of 'prijs', omdat elke categorie weer bestaat uit een mix van (sub)elementen.
De feitelijke inzet, combinatie en afstemming van product-, distributie-, communicatie- en prijsinstrumenten voor een specifiek segment (afnemersgroep) worden respectievelijk productmix, distributiemix, communicatie(promotie)mix en prijsmix genoemd.
Het totaal van die instrumentmixen, van de vier P's dus, is dan de marketingmix waarmee de aanbieder de markt betreedt. Let wel: bij diensten spreken we van vijf P's (inclusief personeel) en bij de retailmix van zeven P's (inclusief personeel, presentatie en (ph)fysieke distributie).

De gekozen generieke concurrentiestrategie heeft grote invloed op de keuze en inzet van de marketingmix. Bij het volgen van een differen-

tiatiestrategie, zal de marketingmix er als volgt uit kunnen zien: onderscheidend product, goede service, hoge(re) prijs, selectieve distributie, doelgroepreclame.
Hetzelfde geldt voor de fase van de levenscyclus, waarin het product zich bevindt. Is het product in de introductiefase nog uniek, in de verzadigingsfase kan het product reeds zijn geïmiteerd of er zijn inmiddels substituten op de markt gekomen.

Duidelijk is dat de concurrentie een duidelijke rol speelt op de uiteindelijke inzet van de marketingmix. Belangrijk is dat we een uitgekiende mix van marketinginstrumenten kiezen.
Aan de keuze van instrumentenstrategieën kan men het marketingbeleid van een organisatie herkennen. Uiteraard probeert een organisatie zich van haar concurrenten te onderscheiden. De mix van verschillende strategieën bepaalt of dit al dan niet duurzaam is.

Om een goed inzicht in de mogelijkheden van de verschillende marketingmixelementen te krijgen behandelen we vanaf paragraaf 13.2 de P-categorieën apart. Deze behandeling wordt vervolgd in hoofdstuk 15. Met name de strategische aspecten van de marketinginstrumenten worden daarbij beschreven.

13.2 Product

Kwaliteit is in tabel 13.1 als doelstelling van de instrumentencategorie 'product' genoemd. De kwaliteit is hoog als het product attributen bezit die de afnemer zeer waardeert, omdat het zijn problemen oplost en in zijn behoeften voorziet, dit ook onder gewijzigde omstandigheden. Een auto moet goed functioneren onder zeer verschillende klimatologische omstandigheden, zoals regen, hitte, strenge vorst. Het gaat hierbij niet om het aantal attributen. Een slager heeft veel meer aan een eenvoudig solide en scherp mes dan aan een sierlijk, moeilijk te reinigen mes.

Dimensies kwaliteitsconcept

Een aantal dimensies die het kwaliteitsconcept van (gebruiks)producten vormen, zijn:

- *prestaties*, zoals het vermogen, tijdbesparing en functionaliteit van een personal computer, boormachine, tractor;
- *features*, zoals de extra's die bij een auto gratis of voor een redelijke prijs worden bijgeleverd;
- *betrouwbaarheid*, die de continuïteit en kwaliteit van productiemachines en dus van het productieproces bepaalt. Veel 'stilstand' van de machine en een hoog afvalpercentage benvloeden de betrouwbaarheid negatief;
- *conformiteit*, de levering volgens de vooraf overeengekomen specificaties en condities;
- *duurzaamheid*, het product moet zo lang mogelijk economisch functioneren en moet overeenkomen met de garanties, die – impliciet of expliciet – zijn afgegeven; Japanse auto's hebben drie jaar algehele garantie, terwijl op de Europese auto's slechts één jaar garantie wordt verstrekt;
- *dienstverlening*, die wordt bepaald door bijvoorbeeld de vriendelijkheid, informatieverstrekking, snelheid, expertise van de dienstverleners. In hoofdstuk 8 is reeds beschreven dat met de SERVQUAL-methode de kwaliteit van diensten kan worden gemeten;

Beiersdorf is 'smooth operator' met NIVEA

De eerste pot crème is in 1911 op de markt gebracht. Intussen is het aantal merkextenties van NIVEA nauwelijks meer te tellen. Het merk NIVEA wordt gebruikt voor hand & body care, face care, baby care, sun care, deodorant, bath care, hair care en colour cosmetics. De afdelingen marketing consumer en sales consumer in Almere werken nauw samen met het op de markt zetten en houden van de A-merken op de markt. Aspecten als merkvoorkeur, merktrouw en kwaliteitsuitstraling zijn hierbij essentieel.
Met een jaarlijks communicatiebudget van rond de €20 mln voert Beiersdorf in Nederland reclamecampagnes en consumentenacties om de klant steeds weer in contact met zijn A-merken te brengen. Hiervan wordt circa 65% voor rtv en ruim 25% voor tijdschriften gebruikt en de rest voor internet en het NIVEA-magazine. Op de afdeling marketing consumer werkt het concern met merkgroepen die aansluiten op bewust gekozen product/marktcombinaties. Dit geldt zowel voor de cosmeticamerken NIVEA, 8×4, Labello, Atrix, Limara, als de 'medische' merken Hansaplast en Eucerin. Op de afdeling sales consumer bewerken klantengroepen handelspartners als DA-drogist, Etos, Kruidvat en AH. De doelstellingen van beide afdelingen zijn gericht op het realiseren van omzet en winst. Zie ook www.nivea.nl

- *design en kleur;*
- *kwaliteitservaring*, die de afnemer vóór, tijdens en na de aanschaf opdoet en uiteindelijk de attitude van afnemers beïnvloedt.

Integrale kwaliteitszorg

Een *integrale kwaliteitszorg* in de onderneming komt de productkwaliteit, zoals die door de afnemers wordt gezien, ten goede.

Primaire en ondersteunende activiteiten

De waardeketen (value chain) van Porter is ook hier van toepassing. De *primaire activiteiten*, dus de bezigheden die direct met het voortbrengingsproces (fysieke distributie, productie, marketing, verkoop, service) te maken hebben en de *ondersteunende activiteiten* (infrastructuur, human resources, inkoop, R&D), die het mogelijk maken het voortbrengingsproces uit te voeren, dragen bij tot de gepercipieerde kwaliteit en dus tot de (ondernemings)marge.

Een revolutionair product kan floppen

Het eerste 'instant toetje' was technisch gezien een revolutionair product. Het poeder uit een pakje van 100 gram mengde je al roerend enkele minuten met water en klaar was je. Bovendien kon je kiezen uit enkele varianten van instant poeder, zoals aardbeien-, bananen- en bessensmaak.
Het product paste in deze moderne tijd van een toenemend aantal werkende vrouwen, meer tijd voor ontspanning, dus minder tijd nodig in de keuken om eten te bereiden.
De multinationale producent, met de marketinggedachte hoog in het vaandel, communiceerde deze voordelen intensief naar de (vrouwelijke) doelgroep. Desalniettemin werd de introductie van dit revolutionaire product een grote flop in Lancashire, een streek in Noordwest-Engeland.
Het instant poeder bleef in het schap staan. De vrouwen, ook de werkende veelal jongere vrouwen, moesten er niets van hebben.
Veel gehoorde reacties waren: 'Van wat poeder en koud water kun je toch geen lekker toetje maken (...) En dat in een paar minuten (...) Alleen slagroom maken duurt al veel langer (...) Geef mij maar een lekkere pudding (...).'
Uit nader onderzoek bleek al spoedig, dat je een lieve vrouw of moeder was als je als vrouw vooral bezig was in het huis en veel tijd en moeite aan het eten besteedde. Dit laatste werd nog eens bevestigd door vriendinnen en met name door de schoonmoeder: 'Dat eten zet je toch niet je hardwerkende man voor?'
De productmanager had dus deze vitale 'human factor', de sterke beïnvloeding uit de directe omgeving, over het hoofd gezien en het platteland over één kam geschoren met Londen. De producent paste naar aanleiding van de teleurstellende resultaten het instant toetje aan. De instant poeder moet nu met melk worden aangelengd en in de keuken kunnen zelf meer varianten worden gemaakt, bijvoorbeeld met verse vruchten, slagroom en dergelijke. De vrouw was nu weer bezig in de keuken, korter dan wanneer ze een toetje geheel zelf moet maken en dat bevalt haar (...)!
Hieruit kunnen we leren dat intensief onderzoek naar sociale, culturele, familie- c.q. gezinsgewoonten geografisch (streek, stad, land) nodig is. Bovendien moeten revolutionaire ideeën en producten gefaseerd worden geïntroduceerd, om 'high involvement'-producten te creëren.

ISO-normen

Een hulpmiddel om de kwaliteitszorg te garanderen is het voldoen aan *ISO-normen*, dus één of meer van de normen ISO 9 000 tot en met 9 004. Ze betreffen aspecten als kwaliteitsgarantie bij ontwerpen, ontwikkelen en/of het vervaardigen, installeren en/of de eindkeuring, en/of het uittesten van producten. Deze ISO-normen zijn inmiddels als standaardnormen in vele landen geaccepteerd. Voor de selectie van leveranciers kan het wel of niet hebben van een ISO-certificaat als criterium dienen.

In tabel 13.2 zijn elementen van een productmix opgenomen. Deze kunnen, afhankelijk van de gekozen doelgroep en positionering, in een bepaalde combinatie worden ingezet. Zo kan men bijvoorbeeld in Indonesië sigaretten kopen in een slof, in een pakje van enkele tot 25 sigaretten, en per stuk.

Tabel 13.2 **Voorbeelden van strategische en operationele productbeslissingen**

Strategische beslissing	Operationele beslissing
• Assortimentsvarianten	• Verpakkingsgrootte
• Merk, keurmerk	• Etikettering
• Service en onderhoud	• Hanteerbaarheid
• Co-makership	• Oproep voor servicebeurten
• Garantieperiode	• Garantieverlengingsmogelijkheden
• Recycling	• Inleverdepots
• Registratie, certificatie	• Gebruiksaanwijzing
• Verpakkingsfuncties	• Sales promotions op etiketten
	• Product recall

De ontwikkeling van het homogene product ei tot het merkei

Begin jaren tachtig werd de consument geconfronteerd met de erbarmelijke leefomstandigheden van de 'batterijkip'. Naar de mening van 'Lekker dier' – en met haar vele verontwaardigde Nederlanders – moet een kip vrij kunnen rondlopen. Het batterij-ei heeft een homogeen, commodity-achtig karakter. Albert Heijn, die de thermometer van de samenleving altijd scherp in het oog houdt, zag de mogelijkheden en stimuleerde krachtig de ontwikkeling van de zogenaamde 'scharreleieren', een soortnaam voor eieren, afkomstig van 'vrij' rondlopende kippen. Het marktaandeel van het scharrelei in het levensmiddelenkanaal was in 1992 al 42%. In 1987 volgde een nieuwe vorm van marktsegmentatie: het merkei. Het eerste wettig gedeponeerde merkei was het zogenaamde 'viergranenei'. Het marktaandeel van merkscharreleieren bedroeg in 1992 15% van de scharreleierenmarkt (en is sindsdien drastisch gestegen). Sinds kort is er een nieuwe eivariant op de markt: het volière-ei. Dit is een tussenvorm van het batterij-ei en het scharrelei.

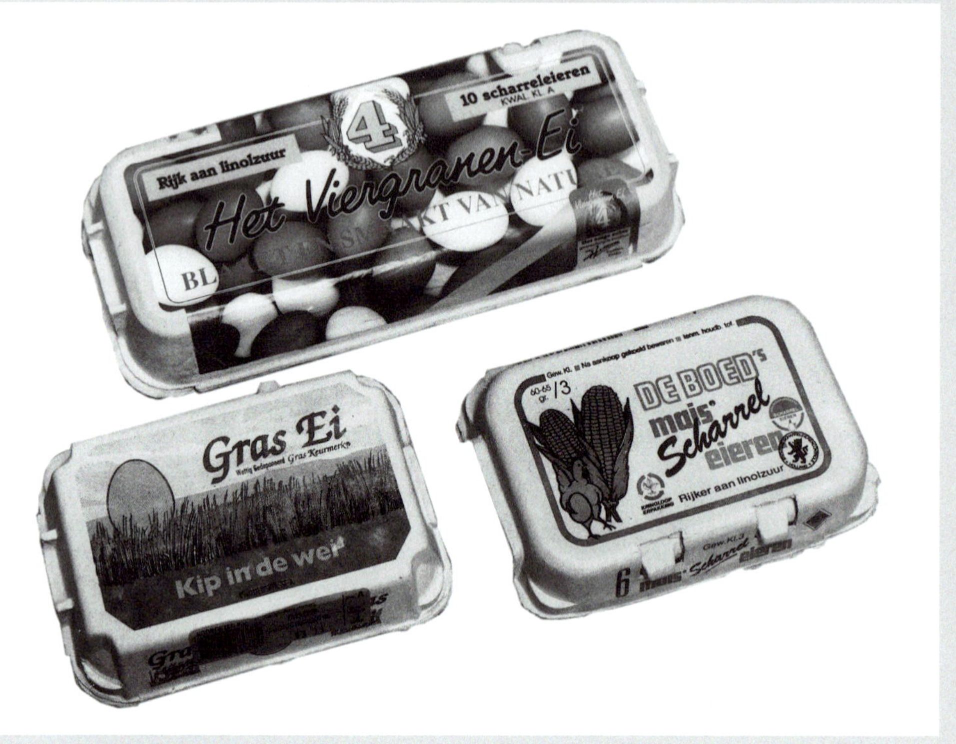

Ook commodity-producten worden tegenwoordig steeds vaker van een merk voorzien

De strategische beslissingen gelden voor een lange periode en kunnen zonder consequenties (financiële, afnemersreactie en dergelijke) niet zomaar ongedaan worden gemaakt. Deze beslissingen zijn tenslotte van de marketingstrategieën afgeleid.
De keuze van de productstrategie heeft gevolgen voor de budgettering en inzet van de andere marketingmixinstrumenten.

Merk

Een belangrijke strategie om de herkenbaarheid van het product te vergroten en de kwaliteit van het product te symboliseren, is het hanteren van een *merk*. Denk aan de succesvolle merken voor Hollandse kaas en eieren, eens commodity producten. Een ander voorbeeld is het actief positioneren van milieuvriendelijke en lekkere aardappelrassen, bijvoorbeeld Santé en de ambachtelijk geteelde Opperdoezer Ronde.

Het merk bestaat uit het merkbeeld en de merknaam. Zo is 'Camel' de merknaam en vormt de 'dromedaris' het merkbeeld.

De kwaliteit van het product en het merk zijn sterk aan elkaar verbonden en zijn na de gewenste positionering stabiel van karakter.

De Opperdoezer Ronde

De vroege aardappel Opperdoezer Ronde heeft begin 1996 van de Europese Commissie een 'appellation d'origine' gekregen, samen met 317 andere voedingsproducten uit alle windstreken van de Europese Unie. Deze ambachtelijk geteelde vroege aardappel mag uitsluitend worden geteeld op het grondgebied van het Westfriese terpdorp Opperdoes (door zo'n 70 telers op circa 150 hectare). De prijs en kwaliteit van deze ronde, diepogende aardappel is duidelijk onderscheidend van die van andere aardappelrassen, zoals het Bintje.

De groenteveiling The Greenery is een belangrijke intermediair tussen de aardappeltelers en grote klanten als Albert Heijn. Dergelijke afnemers kopen deze 'specialty'-aardappel het liefst in voor een langere periode tegen vooraf vastgestelde prijzen, al ware het fabrieksaardappelen of suikerbieten. De dagelijks wisselende veilingprijzen worden dan nagenoeg uitgeschakeld. Een actieve nichemarketing zou beter passen bij dit unieke product en het grote prijsverschil tussen de verkoopprijs van de tuinders en die van winkelketens verkleinen.

Aangezien het voeren van een merk een belangrijk marketingtool is, heeft Holzhauer *De 12 geboden van het merkartikel* opgesteld, die we hier laten volgen.

De 12 geboden van het merkartikel

1 *Merkbekendheid*
Gij zult merknaam en merkbeeld van uw merkartikel bij de bestaande en potentiële klantenkring doorlopend bekend blijven maken en levend houden, ook als de bekendheid al hoog is, met gebruikmaking van alle beschikbare middelen.

2 *Merkpositionering*
Gij zult uw merkartikel een duidelijke en goed definieerbare positie geven temidden van concurrerende merkartikelen, door uw merkartikel te voorzien van een unieke identiteit die het onderscheidt van ander aanbod.

3 *Merkvoorkeur*
Gij zult potentiële en bestaande klanten zeer gefundeerde redenen geven en blijven geven om uw merkartikel te verkiezen boven ander aanbod, ook als uw klanten daar niet om vragen en als ze uw merkartikel al lange tijd kennen en kopen.

4 *Geen veranderingen*
Gij zult niets aan uw merkartikel veranderen als dat niet absoluut nodig is. En als het wel nodig is, zult gij veranderingen langzaam en ongemerkt tot stand brengen of het doen na een duidelijke en verklarende uitleg.

5 *Klantentrouw verdienen*
Gij zult de trouw van uw klanten waarderen en blijven nastreven en alles doen om deze trouw te belonen met stoffelijke en onstoffelijke blijken van waardering, ook als dat niet direct of op de korte termijn noodzakelijk blijkt.

6 *Geen kortingen en geschenken*
Gij zult de trouw van de achterban van uw merkartikel verdienen door datgene te leveren wat uw klanten van u verlangen en gij zult hun trouw niet kopen door middel van kortingen of geschenken of op welke wijze dan ook.

7 *Concurrentiestrijd*
Gij zult uw klantenkring beschermen tegen verlokkingen van andere aanbieders en met al uw kracht,

op alle gebieden en met alle middelen strijd leveren tegen concurrenten en imitators, ook al lijken ze zwak en ongevaarlijk.

8 *Rekenen*
Gij zult doorlopend rekenen en bij elke verandering, stap of ingreep die gij doet, klein of groot, vaststellen in hoeverre die op de korte en lange termijn in het voordeel is van de overleving van uw merkartikel.

9 *Prijsafstand handhaven*
Gij zult een gepaste en verstandige prijsafstand handhaven tussen uw merkartikel en concurrerend aanbod, zodat geen van uw klanten het gevoel heeft dat hij te veel moet betalen voor uw merkartikel en de neiging krijgt om over te stappen.

10 *Informatie verstrekken*
Gij zult uw merkartikel levend houden in de geest van uw klanten, door hen doorlopend te informeren over alle aspecten van uw merkartikel die voor hen op de korte of langere termijn van belang kunnen zijn.

11 *Verkrijgbaarheid realiseren*
Gij zult ervoor zorgen dat er geen onnodige drempel of belemmering is voor wat de verkrijgbaarheid van uw merkartikel betreft en gij zult – waar nodig – met de handel samenwerken om die verkrijgbaarheid te verbeteren.

12 *Onderzoek doen*
Gij zult doorlopend onderzoek doen naar de meningen en oordelen van uw klanten over uw merkartikel en die van concurrerende aanbieders en gij zult al uw kennis gebruiken om alles te doen wat nodig is om de trouw van uw klanten te blijven verdienen.

Bron: F.F.O. Holzhauer in *Tijdschrift voor Marketing*, december 1993

Bescherming van het merk

Upscaling en downscaling

Bij veel concurrentie proberen managers merken verticaal uit te breiden en positioneren zij hun merken net boven (premiumsegment of *upscaling*) of onder (prijssegment of *downscaling*) van de markt. Bij upscaling verliest men klanten aan de onderkant en bij downscaling verliest men klanten aan de bovenkant. De uitdaging hierbij is: bescherm en exploiteer de waarde van het (originele) merk en benut tegelijk nieuwe kansen.

Het is uitermate gevaarlijk voor een bestaand merk ook toegang te krijgen tot betere of goedkopere markten. Immers: wat blijft er over van de bestaande gepercipieerde prijs-/kwaliteitsverhouding? Want als het premiummerk eenmaal geassocieerd wordt met een discountaanbieding, verliest het de status van een hoger geprijsd en kwalitatief hoogwaardiger product en dus haar bestaande klanten, die bereid waren een bonus voor het merk te betalen. Dit zou het geval kunnen zijn met de recent geïntroduceerde goedkopere schoenenlijn 'Jonge Van Bommel' van de bekende schoenenfabrikant Van Bommel, die tot voor kort uitsluitend exclusieve en dure herenschoenen onder dit merk op de markt bracht. Downscaling in de ogen van de consument (mogelijk downgrading) brengt grote risico's met zich mee voor het merk 'Van Bommel'. De gevolgen kunnen zijn: diffuse positionering, kannibaliserende effecten, verlies van bestaande klanten.

Het lanceren van een geheel nieuw (sub)merk is een betere manier om de onaangename gevolgen voor het bestaande merk van het betreden van *downscale-markten* te vermijden. Met dit prijsmerk worden dan de prijsbewuste klanten benaderd. Een strategie van kostenleiderschap ligt dan voor de hand, teneinde een kostennadeel per eenheid te voorkomen.

In een *upscale-markt* kan een nieuw (sub)merk het beste onderaan de markt van premiumprijzen gepositioneerd worden. Deze (sub)merken moeten zich wel onderscheiden. Het is nagenoeg onmogelijk een doorsneemerk te herpositioneren naar een upscale-markt; de merkequity is anders en lager. Het introduceren van een nieuw merk heeft ook nadelen, zoals:

- de opbouw van merkequity is niet gemakkelijk;
- het is tijdrovend en vergt hoge kosten;
- distributiebarrières.

Huidige merkbekendheid van Mega Sport Nutricion

Drogisterijkanaal
Elke drogisterijondernemer heeft informatie over Sport Nutricion ontvangen. 30% van alle 3 100 drogisterijen heeft de serie op het schap en heeft dus een 'top of mind awareness' (TOMA). Bij de overige 70% is geholpen merkbekendheid van toepassing. Het bedienend personeel kent Sport Nutricion uitsluitend als de producten in de winkel staan of als zij zelf tot de doelgroep behoort (ruim 30% TOMA). Wat de geholpen bekendheid betreft, is deze aanmerkelijk lager dan 70%. Dit correleert met het feit of de 'baas' de informatie doorspeelt.

Professionele sporter
Alle 1 500 professionele sporters kennen (ten minste geholpen bekendheid) Sport Nutricion. Hiervan is 10% gebruiker en heeft een TOMA.

Amateursporter
Cijfers over geholpen bekendheid en gebruik zijn onduidelijk. 80 000 van de ruim 250 000 actieve sporters lezen het blad van de KNAU. Uit deze groep komen bestellingen en de groep heeft een TOMA.

Sportschoolgangers
De 60 000 fanatieke fitnessers worden bereikt met het blad 'Men's Health'. Een gedeelte van deze groep kent Sport Nutricion. De 20 000 bodybuilders kennen Sport Nutricion door het blad 'Sport & Fitness'.

Sportieve vrouwen
De bekendheid van het merk is niet groot. Er zijn geen media om deze doelgroep zonder verspilling te bereiken.

Endorsement

Om deze nadelen te voorkomen wordt steeds meer het originele merk gebruikt als product-brand endorsement, bijvoorbeeld Brinta bij Bambix. We spreken van een *product-brand endorsement* als een nieuw merk wordt geïntroduceerd met de 'aanbevelingsgarantie' van een bestaand merkartikel. In termen van het proces van imagotransfer is de endorser de bron, en het nieuwe merkartikel dat met de endorser wordt ondersteund, het doel. We spreken van *corporate-endorsement* als een ondernemingsnaam gekoppeld wordt aan een merkproduct. Zo is Nestlé bijvoorbeeld gekoppeld aan de candybar Nuts. Bambix en Nuts kunnen dan wel een eigen identiteit opbouwen, maar de penetratie kan sneller verlopen bij eenzelfde reclamebudget, onder meer omdat de perceived risk voor het nieuwe product geringer is.

Een van de vragen die bij de endorsementstrategie van belang is, is de wijze waarop de endorsement op de verpakking wordt aangebracht. Dit heeft onder meer te maken met de functies die de endorser moet vervullen. Deze functies, zoals merkwaarde, merkontwikkeling en merkondersteuning, zijn weergegeven in figuur 13.4.

Figuur 13.4 **Verhoudingen in merkmeerwaarde tussen een merkartikel en zijn endorser**

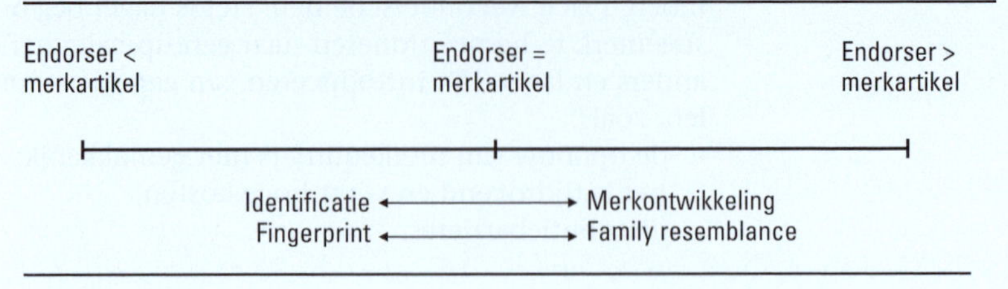

Bron: Riezebos, 1996

Family resemblance-verpakking

Links op het continuüm is de endorser ondergeschikt aan het merkartikel. In deze situatie moet het nieuwe merkartikel een eigen identiteit uitstralen, die volgens Riezebos niet overschaduwd wordt door de visuele stijl van de endorser. Bij een *family resemblance-verpakking* (de grafische stijl van de endorser heeft sterk de overhand) kan een afnemer in één oogopslag zien, dat het nieuwe merkartikel een telg is uit de familie van de endorser. Indien een endorser alleen ter identificatie wordt toegepast, is het beter de endorser slechts een bescheiden plaats op de verpakking te laten innemen. Dit kan bijvoorbeeld door alleen het logo van de endorser af te beelden; dus als een Fingerprint.

Fingerprint-verpakking

Op een *Fingerprint-verpakking* wordt de endorser slechts met vermelding van de merknaam en eventueel als logo op de voorzijde van de verpakking weergegeven.

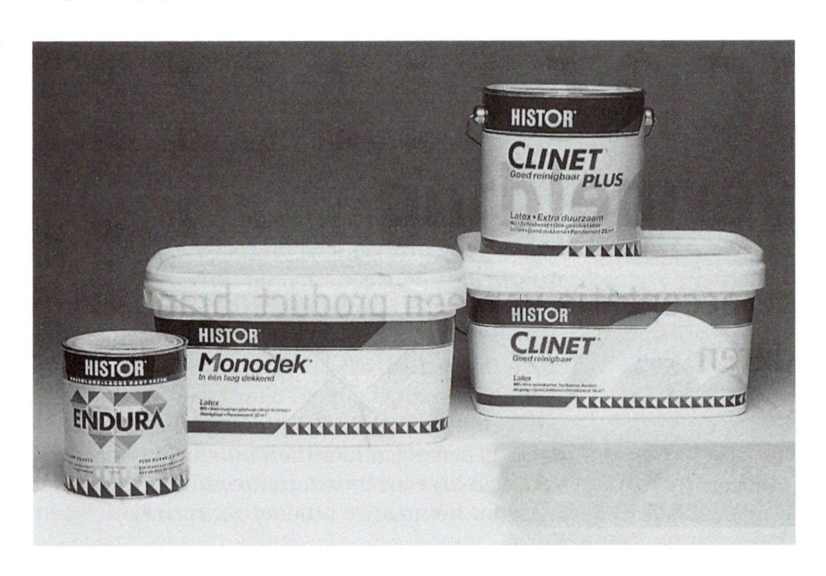

Voorbeeld van product brand-endorsement, waarbij de verpakkingen family resemblance vertonen

Winkelmerken versus A-merken

Wordt voor een merk gekozen, in plaats van voor het aanbieden van winkelmerken, dan is dat een keuze tussen consumenten- en businessmarketing. Bovendien zal het promotiebudget voldoende groot moeten zijn om het merk binnen een bepaalde periode bij consumenten bekend te maken en te laten associëren met een bepaalde prijs en kwaliteit.

Producenten van winkelmerken zullen primair aan de marge- en positioneringseisen van de winkelketens moeten voldoen.

Winkelmerken of D-merken

Het aandeel *winkelmerken (D-merken)* neemt nog steeds toe (weliswaar niet zo snel meer), met name ten koste van de B-merken. Hiervoor is een aantal redenen aan te wijzen:
- de verbeterde (perceived) kwaliteit, die nu nagenoeg gelijkwaardig is aan die van de A-merken;
- uit onderzoek blijkt dat, naarmate het D-merkaandeel groter is, de winst voor belasting van de keten toeneemt. Dit is te danken aan een betere eigen positionering van de keten, een hoge mate van loyalty van de vaste klanten en de machtspositie ten opzichte van de (A-merk)fabrikanten;
- de ontwikkeling van nieuwe D-merk productcategorieën, zoals bier, kleding en cosmetica;
- het rationelere gedrag van consumenten.

Favoriete D-merkproducten

De zogenaamde 'favoriete' D-merkproductcategorieën zijn te vinden bij:
- low risk-producten;
- grote en groeiende productcategorieën;
- markten waarin slechts enkele dominante A-merkfabrikanten opereren (zoeken naar marktevenwicht);
- gemakkelijk te produceren c.q. te imiteren transparante producten, zonder patenten.

Productie van private labels

In de praktijk blijkt dat vooral lokale A-merkartikelfabrikanten te gemakkelijk overstag gaan om *private labels* (dat wil zeggen: D-merken) te produceren. De verleiding hiertoe is groot, bijvoorbeeld om de volgende redenen:
- producten die voor afnemers goed vergelijkbaar zijn met A-merken;
- producten waarvan de kwaliteit constant gehouden kan worden;
- producten met een in het algemeen vrij lange levenscyclus;
- producten met een voldoende prijsafstand met A-merken;
- de fabrikant verdient er iets aan;
- het is 'goed' voor de relatie met de retailketen;
- doet de fabrikant het niet, dan doet de concurrent het wel;
- niet-gebruikte productiecapaciteit wordt benut, waardoor de vaste kosten per eenheid product, ook voor het A-merk, lager worden.

Het voeren van zowel A- als D-merken is niet altijd gemakkelijk. Er staan ook nadelen tegenover, zoals:
- een A-merk is consumermarketing en D-merkbusiness is business-to-business marketing, wat andere kennis behoeft;
- een grotere afhankelijkheid: de fabrikant van private labels wordt uitgespeeld, zelfs wanneer het om een commodity-product gaat;
- kannibalisatie van het A-merk (oppervlakte, plaats in het schap). Het kannibalisatiepercentage wordt vaak onderschat;
- hanteert de fabrikant van private labels wel de integrale kostprijs of iets in de zin van een differentiële kostprijs. Overschat hij de te behalen winst niet?

■ **Voorbeeld 13.1**

Een fabrikant heeft een 'normale' productiecapaciteit van 1,5 mln pakken. De totale constante kosten bedragen €255.000.

- Situatie I

Hij verkoopt een A-merk: 1 mln pakken met een contributiemarge van €0,40 per pak. De winst is dan: $(0{,}40 - \frac{€255.000}{1 \text{ mln}}) \times 1 \text{ mln} = €145.000$.

- Situatie IIa

Hij verkoopt een private label: 0,5 mln pakken met een contributiemarge van €0,23 per pak. Van het A-merk worden nu nog maar 850 000 pakken (kannibalisatie) verkocht. De winst op het A-merk bedraagt nu: $(0{,}40 - \frac{€255.000}{1{,}35 \text{ mln}}) \times 0{,}85 \text{ mln} = €179.445$. De winst op het private labelmerk bedraagt: $(0{,}23 - \frac{€255.000}{1{,}35 \text{ mln}}) \times 0{,}5 \text{ mln} = €20.550$. De totale winst wordt dus €199.995.

- Situatie IIb

Hij verkoopt een private label: 0,4 mln pakken met een contributiemarge van €0,23 per pak. Van het A-merk worden 750 000 pakken afgezet (kannibalisatie). De winst op het A-merk bedraagt nu: $(€0{,}40 - \frac{€255.000}{1{,}15 \text{ mln}}) \times 0{,}75 \text{ mln} = €133.696$. De winst op het private label-merk bedraagt: $(€0{,}23 - \frac{€255.000}{1{,}15 \text{ mln}}) \times 0{,}4 = €3.304$. De totale winst wordt dus €137.000.

Het is verstandig gehoor te geven aan het oude Hollandse gezegde: 'Bezint eer ge begint', wat kan betekenen:

- maak vooraf een private label-audit; maak onder meer analyses van de private label-concurrenten;
- maak vooraf kostencalculaties (op basis van full costing, differentiële kosten et cetera);
- onderzoek de impact van (nieuwe) private labels op A-merken. Is het echt aantrekkelijk? Kannibalisatie? Macht van de keten? Geeft men de keten niet te veel kennis in handen?

De winkelketen mag niet vergeten dat de A-merken het koopproces voor afnemers vereenvoudigen, doordat zij zorgen voor traffic in de winkels, wat de omloopsnelheid verhoogt. Bovendien wordt er veel meer reclame gemaakt per A-merk dan er voor een D-merk gemaakt kan worden. De Direct Product Profitability (DPP, zie hoofdstuk 14) van een A-merk blijkt vaak hoger te liggen dan die voor een private label.

A-merk strategieën

De A-merkartikelfabrikanten moeten er hard aan trekken om een win/win-situatie met de winkelketens te creëren. In het gezaghebbende *Harvard Business Review* van februari 1996 werd een aantal strategieën aanbevolen om A-merken een betere positie te geven, namelijk:

1. *Investeer in merkwaarden* of *brand equities*. Merkwaarden zijn gebaseerd op een hogere c.q. sterkere merktrouw, merkbekendheid,

merkimago (merkassociaties), perceived value en het hebben van meer en andere waarden, zoals patentbescherming, merkbeeld, merkkleur, merktune et cetera. Deze merkwaarden leiden tot een financiële waarde. Die waarde wordt voor Coca-Cola en Marlboro bijvoorbeeld vastgesteld op ruim €30 miljard. Dit is ook de reden waarom Philips de komende jaren veel wil investeren om Philips als een mondiaal merk te positioneren. Unilever wil het aantal merken drastisch terugbrengen van 1 600 naar 400 en toch de omzet fors laten toenemen.
2 *Innoveer met productbeleid.* Pas productline-extensions toe als de concurrentie groot is en de product category een premium (hoge omloopsnelheid en een hoge DPP) heeft.
3 *Introductie van vechtmerken.* De prijszetting moet dan tussen het premium A-merk en het D-merk liggen.
4 *Investeer in retail-relaties.* Zoek win/win-situaties, bijvoorbeeld in category management (integrale financiële schapanalyse, vergelijkingsonderzoek et cetera).
5 *Monitoring van de prijzen per distributieniveau.* Hoe is de prijselasticiteit van het A-merk en van het D-merk? Uit onderzoek blijkt dat een verlaging van de prijs voor het A-merk als tweemaal zoveel afzet genereert als bij een D-merk het geval is. Dus: verstandig prijsbeleid is raadzaam; het imago mag niet worden aangetast.
6 *Gebruik salespromotions als een tactisch wapen* (denk bijvoorbeeld aan een bonus). De salespromotion-activiteiten kunnen hierbij zowel gericht zijn op de handel, de verkoopstaf, als op de consument.
7 *Managen per productcategorie.* Koester de entry barriers, bijvoorbeeld van sterke merken, zoals in de markten voor candybars, babyvoeding en auto's (hier is nog geen sprake van D-merken).
8 *Kom met value added-veranderingen in verpakkingen of line extensions bij een mogelijke penetratie van D-merken.*
9 *In productcategorieën met veel D-merken moet de nadruk worden gelegd op een verlaging van de kosten in de logistiek voor de keten of op een verhoging van de DPP.* Hierbij kan gedacht worden aan eliminatie van slechtlopende producten, transportkortingen en kortingen bij grotere afnames.
10 *Neem D-merken serieus.* In de planning moeten D-merken als concurrenten worden beschouwd. Bij imitatie van merk, logo of verpakking kunnen mogelijk juridische stappen worden ondernomen.

Tabel 13.3 **Merken top 10 in supermarkten, 2002**

Merk	**Totaal omzet in mln Euro**
Friesche Vlag	258
Campina	257
Douwe Egberts	245
Marlboro	211
Smiths/Lay's	202
CocaCola	201
Unox	199
Heineken	173
Mona	170
Honig	132

Bron: *Foodmagazine*, januari 2003

Leren van afnemers

Differentiëren

In veel gevallen is er een aanzienlijk potentieel voor differentiatie voorhanden, ook voor producten met een vrij homogeen karakter. Organisaties werken hard aan tal van schijnbaar goede, dure ideeën/innovatieprogramma's et cetera, maar die leiden niet altijd tot een succesvol resultaat. Men is dan verbaasd dat de afnemers hun innovatie niet kopen. Vaak komt dit doordat de 'consumer chain' niet bekend is en ook niet optimaal gebruikgemaakt wordt van de creativiteit en verbeelding van de eigen medewerkers. Deze vaardigheid is kennelijk veelal onvoldoende ontwikkeld. De vraag is, hoe een dergelijk probleem kan worden aangepakt. We geven een voorbeeld.

1 *Breng de consumptieketen in kaart, beschrijf de totale ervaring van een klant met een product of dienst.*
Vorm interdisciplinaire groepen van personen die op de een of andere manier contact met klanten hebben. Bestudeer vervolgens zorgvuldig de fasen in de consumptieketen:
- het communicatiegedrag, inclusief de drie attitudecomponenten
- het koopgedrag
- het verbruiksgedrag
- het afdankgedrag.

Consumptieketen

Door bestudering van de *consumptieketen* kunnen we bijvoorbeeld het zoekgedrag en de wijze van kopen zo eenvoudig, goedkoop of vanzelfsprekend maken als mogelijk is. Bijvoorbeeld:
- telefonisch bestellen van vliegtickets, reizen;
- kleurzones die aangeven dat bijvoorbeeld merkbanden of merkmotorolie aan vervanging toe zijn;
- de deurmat die ook vocht opneemt;
- gebruiksvriendelijke instructies bij apparatuur;
- inschrijf- en bestelprocedures bij bankpassen voor studenten;
- weg- en file-informatie bij Shell tankstations;
- vierentwintiguursdiensten;
- onderhoud, reparatie en service: hoe en wat?

2 *Analyseer de klantenervaring met het doel, de differentiatiemogelijkheden van het product of de dienst te kennen in iedere stap van de consumptieketen.*
Dit kunnen we doen door onszelf een aantal eenvoudige vragen te stellen, zoals:
- Wat doen de klanten in elke fase van de consumptieketen?
- Waar zijn de klanten in elke fase van de consumptieketen?
- Wie zijn er nog meer betrokken tijdens elke fase van de consumptieketen?
- Welk tijdstip (dag, seizoen per fase van de consumptieketen)?
- Hoe worden de behoeften van de klanten vervuld?

Het vorenstaande leidt doorgaans tot een verandering van de marketingmix.

Productontwikkeling, een interdisciplinaire activiteit

Er is sprake van productontwikkeling (productaanpassingen en nieuwe producten) als een organisatie beter in de behoeften of in nieuwe behoeften van de door haar gekozen doelgroep wil voorzien. Bij het pro-

Productbeleid Mega Sport Nutricion

Verpakkingen kunnen meer uitbeelden dan ze nu doen. Door gebruik te maken van doosjes naast potten, kunnen anders gepositioneerde concepten worden verkocht. De doosjes kunnen geheel in stijl gedrukt worden, die het product moet uitbeelden. In plaats van een artikel uit de serie van Mega Sport Nutricion kan dit een concept met een bepaalde werking zijn met als afzender Mega Sport Nutricion. De marketingmanager denkt hierbij aan een verpakking met drie producten met één werkingsgebied, zoals:

- afslankpakket met enkele producten ter preventie of genezing van een verkoudheid;
- trainingspakket met enkele producten die voor, tijdens en na het trainen gebruikt worden.

Deze op maat samengestelde pakketten voldoen direct aan de behoefte van consumenten. Tevens kunnen we met de ruimte op de doos de consument in zijn eigen taal aanspreken.

ductontwikkelingsproces zijn alle disciplines van een organisatie betrokken.

Productontwikkeling vergt in het algemeen hoge investeringen, die door de steeds korter wordende levenscycli in kortere tijd, met een gewenst rendement, moeten worden terugverdiend.

Productontwikkeling is één van de strategieën, bijvoorbeeld naast marktontwikkeling, om de organisatiedoelstellingen, zoals winsten, concurrentiepositie, te realiseren. Het heeft een langetermijnkarakter. Het succes wordt bepaald door de inzet van middelen, capaciteiten, vaardigheden en organisatiehouding, dus de zogenoemde bronnen om duurzame concurrentievoordelen te behalen. Veelal is moed nodig om een product, waarin veel geïnvesteerd is, op grond van een markttest toch niet te introduceren.

Wat nieuwe (potentiële) klanten vinden van echt nieuwe producten

Echt nieuwe producten, ook wel discontinue producten genoemd, hebben geavanceerde eigenschappen en mogelijkheden die huidige of geëvolueerde nieuwe producten niet bezitten, en bieden klanten andere, maar ook voor hen onbekende voordelen. Hierbij kan men denken aan producten als vliegtuig, auto, walkman, personal computer, internet et cetera. Bij de ontwikkeling en introductie van dergelijke innovaties moet men terdege rekening houden met de opvattingen en ervaringen van de doelgroep. In het algemeen worden weerstanden opgeroepen indien gewoonten van mensen moeten worden gewijzigd. Afnemers kunnen bij de ontwikkeling van discontinue producten ook niet zomaar worden ingeschakeld in verband met de geheimhouding. Productvergelijking van deze nieuwe productgroepen is ook bijna niet mogelijk, omdat ze zo verschillen van wat klanten kennen. Bovendien: de producent is nu bezig met een ontwikkeling die pas over meerdere jaren op de markt komt.

De sleutelfactoren in de klantenbeoordeling en -acceptatie van dergelijke nieuwe producten zijn:

1 *Gebrek aan bekendheid.* De nieuwe producten passen niet in de bestaande kennisstructuur en het consumptiepatroon, wat leidt tot een hogere perceived risk: dus meer angst, groter risico en een langzame adoptie.
2 *Irrationaliteit.* Het beoordelen op kenmerken van producten die men al kent en op irrelevantie afwijst.
3 *Interactie tussen klant en gebruiker.* Als het product te veel discontinue aspecten bevat is de kans op onbegrip, afwijzing en verkeerd gebruik groter. De voordelen moeten heel duidelijk zijn en het product gebruikersvriendelijk.
4 *Onzekerheid en perceived risico.* De afnemers hebben meer begrip en waardering voor relatieve voordelen (in vergelijking met bestaande producten) dan voor differentiële voordelen. Het gaat om het mentale proces.
5 *Vormgeving en aantrekkelijkheid.* Hierbij spelen vooral esthetische en veiligheidsaspecten een rol van betekenis.
6 *Conformiteit.* Is het nieuwe product gemakkelijk in te passen in het leven van de afnemer? Immers: afnemers veranderen niet graag.

Bron: *Marketing Wise*, februari 1998

Wil een organisatie adequaat inspelen op het milieubeleid van de overheid, dan kan gekozen worden voor recycling van haar producten. Deze keuze heeft grote gevolgen voor met name de logistiek en het productieproces.
De volgende fasen zijn 'go/no go'-fasen. Alleen de producten die het beste rendement opleveren, dus ook optimaal in de wensen van de (potentiële) afnemers voorzien, worden verder ontwikkeld c.q. geïntroduceerd.

Fase 1 Ideeënexploratie
In deze fase worden zoveel mogelijk ideeën verzameld voor nieuwe producten, afkomstig van met name disciplines als R&D (kennis van technische mogelijkheden/beperkingen, ook van nationale overheden), Marketing (marktkennis; actuele en latente afnemerswensen, concurrenten, distribuanten en public groups) en Verkoop. Belangrijk is dat het genereren van ideeën een planmatig proces is en laagdrempelig moet zijn, dat wil zeggen elk idee van wie dan ook moet welkom zijn. De ideeën zijn waardevoller, naarmate de human resources zich het strategisch profiel van de organisatie eigen hebben gemaakt en zich daarmee identificeren.

Een trend in vitamines

We kunnen er bijna niet meer omheen: je moet ze slikken en smeren. Maar, hebben vitaminepillen of vitamines in crèmes ook effect tegen stress? In tijden van grote stress is het verstandig extra vitamines te slikken, althans volgens P. Dekker van vitamineproducent Solgar. Stress berooft je lichaam van vitamines en mineralen, die men elke dag nodig heeft. Daarom is het goed de symptomen ervan te bestrijden. De oorzaak daarentegen is veelal minder gemakkelijk te vinden.
Vitamines worden al jarenlang gebruikt in verzorgingsproducten. Enkele jaren geleden was vitamine E het middel voor een zachte, gladde huid. Nu is vitamine C het helemaal. De huid krijgt een snelle oppepper en meer weerstand, aldus een woordvoerder van cosmeticaproducent Helena Rubinstein. Het is nu technisch mogelijk vitamine C in crèmes te verwerken, waardoor men ook steeds meer producten met vitamine C ziet. De nieuwste trend wordt vitamine A, onder meer 'on the creme Power A', een nachtverzorgingscreme die pure vitamine A in de huid brengt. Dat heeft een sterke antirimpelwerking en kan huidbeschadigingen, zoals acne, verminderen. Voorts hebben we nog vitaminen B5, B6, H en PP voor onder meer de vochtbalans, celstofwisseling, chemisch evenwicht, keratineversterking voor de huid en het haar et cetera.
Met de 'nutraceuticals' lijkt een compleet nieuwe tak van industrie in opkomst. Met deze term omschrijft men een voedingsmiddel, ingrediënt of supplement dat een gezondheidsbevorderend effect biedt boven en naast de traditionele voeding. Nu zijn reeds bekend: frisdranken met calcium, melkdranken met lactobacillen, margarine met cholesterolverlagende eigenschappen et cetera.

Bron: *TNO-wegwijzer*, oktober 1998

Fase 2 Ideeënevaluatie
In deze fase worden alle ideeën die op papier staan gescreend op technische en commerciële haalbaarheid. Marketing, R&D en Productie zijn hierbij natuurlijk betrokken. De ideeën worden in deze fase tegen het licht gehouden van de doelstellingen, kannibalisatie, bestaand productassortiment, gewijzigde behoeften, additionele afnemersbenefits, duurzame concurrentievoordelen, R&D-knowhow en procestechniek.

Fase 3 Concepttesting van het product
Het nieuwe product bestaat alleen op papier: beschreven, geschetst of op foto en wordt aan een klein aantal afnemers, marktdeskundigen,bij-

voorbeeld in een groepsdiscussie, voorgelegd (kwalitatief marktonderzoek). Hun reacties en meningen moeten inzicht geven in bijvoorbeeld de potentiële markt, gewenste eigenschappen, gepercipieerde prijs/kwaliteitsverhouding en productsoort (convenience, shopping, specialty). Marketing en Marktonderzoek spelen een belangrijke rol. Uiteraard vindt een terugkoppeling met R&D plaats om zo nodig het conceptproduct aan te passen en eventueel opnieuw uit te testen.

Fase 4 Conceptontwikkeling van het (strategisch) marketingplan
Hieronder verstaan we het bij benadering vaststellen van de marketingdoelstellingen: marktaandeel en winst, bepaling van de marketingstrategieën, segmentering en positionering.
Tevens worden in deze fase de marketingmixdoelstellingen en marketingmixstrategieën vastgesteld. Dit is dus vooral een zaak van het Management en Marketing, die ook (bij benadering), de benodigde marketingbudgetten moeten vaststellen. Naarmate de organisatie meer marktkennis bezit, kunnen nauwkeuriger inschattingen worden verkregen, ook over de afzet.

Fase 5 Bedrijfseconomische analyse
Op grond van de informatie en kennis uit de voorgaande fasen kan een bedrijfseconomische calculatie van opbrengsten en kosten worden gemaakt, om onder meer het break-evenpoint, het rendement, de netto contante waarde en de leercurve te bepalen. Kennis van de kostprijs, de gewenste marges voor de tussenschakels en de benodigde marketingbudgetten is daarbij gewenst. Een vrij nauwkeurige inschatting is mogelijk indien veel marktkennis en marktervaring aanwezig is en als het gaat om de ontwikkeling van verwante producten. Gebruikelijk is ook om van twee scenario's uit te gaan: een voorzichtige en een positieve. Marketing, Inkoop, Logistiek en Financiën werken in deze fase nauw samen.

Fase 6 Ontwikkeling van het fysieke product
Deze fase kost veel mankracht en geld. Een goede afstemming tussen Marketing, R&D en Productie is onontbeerlijk om de juiste producten te maken. In deze fase worden niet alleen prototypen van het product gemaakt, ook dient het meest optimale productieproces te worden ontwikkeld.

Prototype

Fase 7 Testmarketing en markttesting
Onder testmarketing verstaan we het testen van de verschillende marketingmixelementen:
- Het *product*, bijvoorbeeld de geur, smaak, verpakking, het gebruik, de merknaam. Denk aan tests zoals de 'in-home-use'-, 'laboratorium'-, 'paired'-, 'monadische'-, 'blind'- en 'as marketed'- test.
- De *prijs*, bijvoorbeeld onderzoekingen om het prijsgedrag, de prijsvergelijking en de prijsperceptie te beoordelen, onder meer met de NSS-prijsgevoeligheidsmeter.
- De *communicatie*, bijvoorbeeld om met pretests tijdig een zo effectief mogelijke reclamestrategie te bepalen, afgestemd op de doelgroep.
- De *distributie*, bijvoorbeeld om de effectiviteit van het distributiekanaal te meten.

Verhogen introductiesucces nieuwe producten

Een nieuw product op de markt maakt consumenten enthousiast, versterkt het vertrouwen in de distribuanten en de hogere omzet, winst en werkgelegenheid motiveren werknemers, leveranciers en aandeelhouders. Het introductieproces van een nieuw product kunnen we verhogen door de volgende punten:

1 Schenk grote aandacht aan klachten en suggesties van afnemers. Denk bijvoorbeeld aan vlekvrije lippenstift.
2 Observeer consumenten, die bestaande producten gebruiken/verkeerd gebruiken. Denk bijvoorbeeld aan het feit dat zakelijk meer ruimte voor een personal computer aanwezig is dan in een thuissituatie.
3 Het napluizen van afnemersbehoeften. Denk aan tailor made-spijkerbroeken van Levi Strauss, caloriearme candybars of een deurmat die ook vocht opneemt.
4 Biedt innovaties aan in verwaarloosde segmenten (dus: upscaling).
5 Zoek naar gaten in het assortiment van concurrenten, bijvoorbeeld met betrekking tot een positioneringsmatrix.
6 Consulteer afnemers (lead users) of experts met een vooruitziende blik, als het gaat om toepassingsmogelijkheden van nieuwe producten. Vergeet het eigen personeel niet.
7 Combineer verschillende kennisgebieden: kunst, wetenschap, professionele marktkennis voor de consumentenmarkt et cetera.
8 Geef de pers vroegtijdig informatie over innovaties. Zo was de merkbekendheid van de potentiepil Viagra al zeer hoog, nog voordat het medicijn was geïntroduceerd.

Indien nodig wordt het prototype van het product aangepast, alvorens het op grote schaal, bijvoorbeeld regionaal of in een bepaald distributiekanaal, uit te testen. De gehele marketingmix wordt in een marktsituatie uitgetest. Door variatie aan te brengen in de prijs, de plaats in het schap en de salespromotion-activiteiten kan de invloed op de penetratie en de herhalingsaankopen worden gemeten.
Gegevens van consumenten- en distributiepanels bewijzen goede diensten bij niet-duurzame producten. Scanningtechnieken kunnen hierbij een steeds belangrijkere rol spelen.
Het spreekt voor zich dat Marketing, Marktonderzoek (al dan niet door een extern bureau uitgevoerd) en R&D in deze fase samenwerken, om een zo optimale productintroductie mogelijk te maken.

Door efficiency en effectiviteit moet de ontwikkelingstijd zoveel mogelijk worden teruggebracht, wat niet ten koste mag gaan van de kwaliteit. Het hiervoor beschreven productontwikkelingsproces is volgtijdelijk (sequentieel) en gaat van fase naar fase en impliceert een 'go en no go'-proces. De voordelen van dit proces zijn:

- een zorgvuldige besluitvorming;
- afstemming op de afnemers (er wordt op verschillende momenten marktonderzoek uitgevoerd);
- meerdere ideeën/concepten worden uitgewerkt, waaruit de beste wordt gekozen.

Er zijn ook belangrijke nadelen, zoals:

- neemt veel tijd in beslag (ook een groot aantal formele beslismomenten);
- niet of weinig flexibel;
- R&D-mensen zijn geen productiemensen (is de interne afstemming wel goed?);
- kostbaar proces.

LSC: Wisselwerking tussen productontwikkeling en consument

SINDS BEGIN AUGUSTUS ADVISEERT HET TNO LOOP- EN SCHOENENCENTRUM BV IN EINDHOVEN (LSC) CONSUMENTEN OVER DE AANSCHAF VAN DE JUISTE SPORTSCHOENEN.

De gegevens van deze consumenten stellen het centrum in staat het computermodel Objectief Schoen Advies Systeem (OSAS) steeds verder te perfectioneren. In de samenwerking tussen TNO (60 %) en Schrijver Sportorthopedie (40 %) binnen het LSC is een indrukwekkende hoeveelheid kennis over voeten en schoenen bijeengebracht. Naast de wetenschappelijke kennis van TNO en de praktijkkennis van Schrijver dragen ook een sport- en een revalidatie-arts bij aan de expertise. Daarvan kunnen bijvoorbeeld topsporters gebruik maken. Een tweede doelgroep vormen serieus sportende particulieren. De grootste groep klanten worden waarschijnlijk sporters met loopgebonden klachten. Na een deskundig schoenadvies zien zij hun klachten vaak verminderen. Meetgegevens van de voeten en kennis over houding en motoriek van de klant dienen als basis voor het schoenadvies. Deze gegevens worden ingevoerd in OSAS, dat ze vervolgens koppelt aan de kenmerken van geschikte schoenen die in een database zijn opgenomen. Schoentechnici/bewegingswetenschappers bekijken vervolgens met de geselecteerde schoenen hoe de klant loopt. Ze nemen dit op video op en onderwerpen de beelden aan een nauwkeurige analyse. Drie maanden na aanschaf van de schoenen volgt een evaluatie met de klant. Alle metingen worden opgeslagen in een persoonlijke file en leveren na evaluatie een terugkoppeling aan OSAS.

Bron: *TNO-wegwijzer*, oktober 1998

Bij productontwikkeling speelt de consument steeds vaker een vooraanstaande rol

Oplossingen voor deze nadelen kunnen zijn:

- Een parallelle of simultane ontwikkeling.
- Het vormen van projectgroepen. Door de aanzienlijke wederzijdse afhankelijkheid van de verschillende functies is integrale samenwerking gewenst, bijvoorbeeld in een matrixorganisatie.
- De randvoorwaarden voor productontwikkeling dienen vooraf goed te worden geformuleerd, zodat mogelijk hobbyisme voorkomen wordt. U wilt recyclen, dan moet u het ontwerp daarop aanpassen, zodat slopen gemakkelijker wordt.

Simultane productontwikkeling (SPO)

Bij simultane productontwikkeling is het nodig dat de verschillende fasen van het productontwikkelingsproces elkaar overlappen. Elke fase begint al voordat de vorige fase afgerond is, waardoor de gehele cyclustijd drastisch wordt gekort. Integrale teams – deskundigen op het gebied van marketing, inkoop, financiën, productontwerp, procesontwerp, productie, patenten en zo nodig ook essentiële leveranciers en belangrijkste klanten, spelen een belangrijke rol bij simultane productontwikkeling (SPO). Voor een goede samenwerking en afstemming is stimulering van informele contacten gewenst.

Is de richting van de productontwikkeling onduidelijk, dan zijn persoonlijke contacten en een directe feedback (bijvoorbeeld brainstorming, interpretatie van afnemersbehoeften, opstellen van opties en randvoorwaarden, vaststelling tijdpad) noodzakelijk. Is de richting echter duidelijk (ook al zijn de uit te voeren activiteiten niet helder), dan zijn ook minder persoonlijke contacten vereist. Gebleken is, dat wanneer de afstand tussen twee personen groter wordt dan tien meter, de kans op informele contacten tussen hen met 70% afneemt. Fysiek contact in de beginfasen is nodig. Het team moet worden gevormd, het onderlinge vertrouwen moet groeien.

Bron: *Marketing Wise*, februari 1998

13.3 Prijs

Determinanten prijszetting

De prijszetting van een product komt onder invloed van verscheidene determinanten tot stand, zoals de:

- *kostprijs*: deze geeft de ondergrens van de verkoopprijs aan;
- *afnemersgroepen*: hoe hoger de gepercipieerde kwaliteit en de 'toegevoegde waarde' voor de afnemer zijn, des hoger de prijs kan zijn; de prijs wordt ook bepaald door de macht van de afnemer;
- *concurrentie*: het prijspeil in de markt, van de marktleider, kan als uitgangspunt worden genomen.

Aziatische import Nederland loopt zeer snel op

Het CBS meldt dat de Nederlandse export naar Azië in juli met 12 procent is afgenomen.
P&O Nedlloyd, de Nederlands-Britse rederij bevestigt dit. De reder ziet de export alleen al uit China groeien met jaarlijks minstens 10 procent.
De forse goederenstroom uit Azië zorgt voor een algeheel capaciteitstekort bij de rederijen. Daarom verhogen zij de transportkosten van een container. Vorig jaar kostte het transport van een container vanuit China naar Europa nog 950 dollar, nu is dat 1450 dollar.
Omdat de import van Europese producten in Azië vrijwel is ingestort, is de prijs van het vervoer van een container naar Azie gedaald van 1000 dollar vorig jaar naar 350 dollar nu.
Met het oog op de florissante voorspellingen gaat P&O Nedlloyd binnenkort de service in China uitbreiden. Het bedrijf hoopt nog deze maand een vergunning te krijgen voor het uitvoeren van transport binnen China.

De prijzen in het containertransport zijn sterk afhankelijk van vraag en aanbod (en dus van de concurrentie)

Prijsstrategieën

Prijsstrategieën die hierop zijn afgestemd, worden kosten-, afnemer-respectievelijk concurrentiegeoriënteerde strategieën genoemd.
In tabel 13.3 worden enkele voorbeelden weergegeven.

Heeft een organisatie voor een differentiatie- of focusstrategie gekozen, dan zal de prijsstrategie veelal die van 'skimming' of 'premium' zijn. Bij een overall costleadership, waarbij het behalen van marktaandeel en de mate van capaciteitsbezetting belangrijk zijn, kiest men eerder voor een penetratieprijs en zo nodig voor stay-out-pricing en put-out-pricing.

Tabel 13.4 **Voorbeelden van strategische en operationele prijsbeslissingen**

Strategische beslissing	Operationele beslissing
• Penetratieprijs, skimming	• Lijstprijzen
• Premium-, discount-, put-out-, stay-out-pricing	• Prijsacties
• Perceived value, bait, psychologische pricing	• Handelskortingen, bonussen
• Kostprijsgeoriënteerd	• Provisie
• Leasing	• Marge, direct product profit
• Statiegeld	• Drie halen, twee betalen
• Factoring	• Cash refundacties
	• Korting in product

La Paz: een premium sigaar

De wereldmarkt voor sigaren is zo'n 15 miljard stuks groot, waarvan West-Europa nog steeds het grootste deel voor haar rekening neemt, op de voet gevolgd door de Verenigde Staten. Swedish Match, met merken als La Paz, Willem II, Wings, De Heeren van Ruysdael en Justus van Maurik, is goed voor bijna 1 miljard sigaren. Swedish Match heeft de sigarenmarkt vanuit een psychodynamische kijk op het roken in vijf segmenten gedefinieerd. Aan de hand hiervan wordt zodanig met verschillende merken gewerkt, dat de merkenportfolio wereldwijd het gehele veld aan rokers afdekt. Deze strategie is continu de leidraad die bij alle (dagelijkse) ontwikkelingen wordt gevolgd, getoetst en verder ontwikkeld. Ook al is de druk nog zo groot om ad hoc-maatregelen te treffen. La Paz is een uitgesproken merk, dat gericht is op personen die door middel van het roken hun mannelijkheid, innerlijke kracht, onconventionaliteit en vitaliteit bevestigen. La Paz is 100% tabak, premium geprijsd, met een uitgesproken (wilde) smaak en attractief verpakt.

De Franse sigarenmarkt is 1,5 miljard stuks groot en neemt sinds decennia weer licht toe. Het merendeel van de markt bestaat uit Cigarillos, die niet voor 100% uit tabak bestaan en goedkoop zijn. Het gat tussen het lage en het hoge prijssegment groeit nog steeds. Er is een sterke competitie tussen de A-merken. Er is een groot aantal marktintroducties, ondanks zeer beperkte mogelijkheden voor promotie en een volledig verbod op adverteren. Het succes van La Paz was de concurrenten niet ontgaan en in februari 1998 introduceerden enkele concurrenten, min of meer plotsklaps enkele nieuwe sigaren, allemaal 100% tabak, wild, mannelijk en natuurlijk 10 tot 20% goedkoper dan La Paz. De afzet daalde fors. De verleiding was groot om de prijs van La Paz flink te verlagen. De 'eigen' positionering zou hiermee geweld worden aangedaan en La Paz zou volger worden, een leider onwaardig. De aanval is de beste verdediging en bestond onder meer uit het volgende.

Beloon de huidige rokers voor hun trouw. Bij enkele La Paz 'wilde' verpakkingen werd een aansteker met 'Le Vrai' erop cadeau gedaan (het merk erop zou in strijd geweest zijn met de wetgeving). Voorts werd het image versterkt door aan het product thematische opleggers in de verpakking toe te voegen. Om de versheid te vergroten werd een grotere verpakking (een innovatief en expressief blik van 50 stuks) ontworpen. Een licht prijsvoordeel per stuk voor de roker en tevens wat extra marge voor de handel. Onder een andere naam werd tevens direct een 100% Cigarillos geïntroduceerd. Het vasthouden aan de eerder gekozen strategie is essentieel om ad hoc-wanhoopspogingen, die voor de lange termijn desastreuze gevolgen hebben, te voorkomen.

Bron: *MEC Marketeer*, oktober 1998

Methoden van prijszetting

Men onderscheidt drie basisstrategieën van prijszetting:
- *Concurrentiegeoriënteerde prijszetting*, zoals premium-, me-too-, put-out-, stay-out-, discount-, dumping- en going-rate-pricing.
- *Afnemersgeoriënteerde prijszetting*, bijvoorbeeld bait pricing, perceived value pricing, psychologische prijszetting, prijsdifferentiatie en prijsdiscriminatie.
- *Kostprijsgeoriënteerde methode van prijszetting*, gebaseerd op de totale kostprijs of alleen op de variabele kostprijs.

Bij de introductie van producten kan men nog twee tegengestelde prijsstrategieën onderscheiden, namelijk de afroomstrategie (skimming) en de penetratiestrategie. Deze keuze hangt af van de mate van concurrentie, de prijsgevoeligheid van afnemers en de hoogte van de variabele kosten.

Omtrent de prijsstrategieën komen hierna kort aan de orde:
a marketingstrategie;
b lengte, intensiteit en het aantal van de distributiekanalen;
c macro- en meso-omgeving;
d prijsgevoeligheid van de afnemer;
e prijselasticiteit.

Marketingstrategie

Bij *marketingstrategie* kan gedacht worden aan de doelgroepbepaling, de gewenste positionering en de concurrentiestrategie. Kiest een onderneming voor 'overall costleadership', dan zal de kostprijs de laagste moeten zijn, de afnemersprijs relatief laag, de afzetten groot, het standaardproduct zal moeten voldoen aan bepaalde kwaliteitseisen, en er zal een minimum aan 'features' en service moeten zijn.

Distributiekanalen

De lengte en intensiteit van en het aantal *distributiekanalen* wordt bepaald door de toegevoegde waarde die de distribuant wenselijk acht in verband met zijn te leveren marketingprestatie.

Prijsopbouw bij eieren

Uit de tabel blijkt duidelijk dat de consumenten voor het scharrelei en vooral voor het bijzondere (vers en laag cholesterolgehalte) merkei een veel hogere prijs willen betalen dan voor het gewone batterij-ei. Bovendien zijn de marges voor de tussenschakels aanzienlijk hoger.

Prijsopbouw per 2 × 10 stuks van verschillende eiertypen

	Batterij-ei		Scharrelei		Gouden Ei	
	Prijs/marge		Prijs/marge		Prijs/marge	
	€	%	€	%	€	%
Prijs af/leghennenbedrijf	1,28		1,40		1,50	
Marge eierpakbedrijf	0,46	26,4	0,60	30,0	1,30	46,4
Prijs af/eierpakbedrijf	1,74		2,00		2,80	
Marge detaillist	0,65	27,2	0,79	28,5	1,70	37,8
Consumentenprijs (exclusief 6% btw)	2,39		2,79		4,50	

Kan de producent zelf deze distributiefunctie goedkoper uitvoeren dan kan uitschakeling van de grossier het gevolg zijn.

Macro- en meso-omgeving

De *macro- en meso-omgeving* betreffen het overheidsbeleid aangaande omzetbelasting, invoerrechten, milieuheffingen, macht van de leveranciers, marktvorm en dergelijke.

Prijsgevoeligheid afnemer

De *prijsgevoeligheid* van de *afnemer* is natuurlijk het grootst indien weinig service nodig is, het product niet uniek is, de switching costs laag zijn, het product weinig toegevoegde waarde heeft en de grondstof een groot deel van de productiekosten uitmaakt.
De prijsgevoeligheid wordt onder meer in kaart gebracht door de prijsgevoeligheidsmeter van NSS Marktonderzoek (zie hoofdstuk 17). De NSS prijsgevoeligheidsmeter definieert een aantal prijsgebieden die in figuur 13.5 zijn aangegeven.

Figuur 13.5 **Prijsgevoeligheidsgebieden van de NSS-prijsmeter**

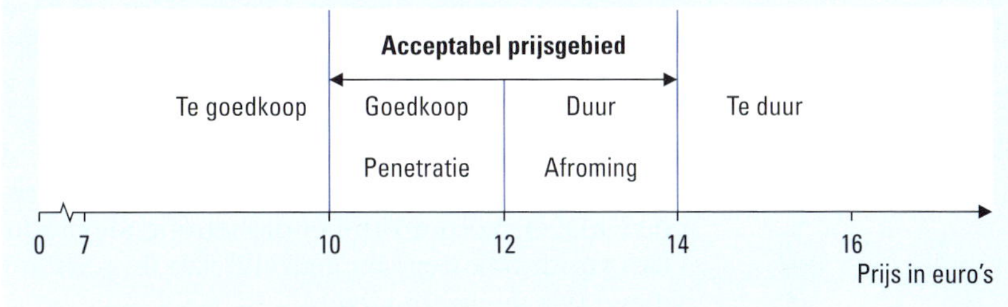

Indifferentiepunt

Het midden van het acceptabele prijsbeleid (€12) is voor de afnemers de meest acceptabele prijs. Dit punt wordt het *indifferentiepunt* genoemd. De aanbieder mag natuurlijk van deze prijs afwijken. Is zijn productiecapaciteit klein, dan kiest hij voor een hogere prijs. Dit doet hij ook als hij een premium-product heeft.

Ceteris paribus-clausule

Een prijsverhoging of -verlaging heeft een al dan niet grote invloed op de vraag. Bij luxere producten is de invloed van de prijs (ook van het inkomen) vrij groot; we spreken dan van een elastische vraag. Bij (primaire) levensbehoeften is deze in het algemeen inelastisch. De afzet kan ook door andere oorzaken dan de prijs wijzigen, bijvoorbeeld door meer reclamegelden of door een hogere distributiespreiding. Bij de berekening van de elasticiteit geldt uitsluitend de invloed van de prijs of het inkomen op de vraag. Met andere woorden: ceteris paribus.

Prijsbeleid van Mega Sport Nutricion

Een strategie van premium strategy wordt gehanteerd; circa 10% boven de gemiddelde marktprijs. Vanwege de gepercipieerde meerwaarde is de afnemer bereid meer te betalen. De consumentenadviesprijs wordt landelijk bepaald en de marge voor de handel bedraagt 45% van de consumentenverkoopprijs. Er wordt geen verschil gemaakt tussen grote en kleine klanten. Een enkele drogisterijketen ontvangt een prestatiebonus of eindejaarsbonussen. Bij ketens zijn DPP-calculaties een onderhandelingspunt.

Prijsdiscriminatie

Als een producent op gescheiden markten prijsverschillen hanteert, naar locatie (stalles versus loge), naar afnemers (OV-kaart/65+-kaart versus normaal tarief treinkaartje) en naar tijd (daluren versus piekuren) voor hetzelfde product – niet gebaseerd op werkelijke verschillen in kostprijs – spreken we van prijsdiscriminatie.

Redenen prijsdiscriminatie

Er kunnen goede redenen zijn om prijsdiscriminatie toe te passen, bijvoorbeeld om een optimale winst te behalen of om door middel van een betere productiebezetting schaalvoordelen te bereiken.
Prijsdiscriminatie kan in sommige gevallen zelfs leiden tot een verkoopprijs, die beneden de integrale kostprijs ligt.

Voorwaarden prijsdiscriminatie

Voorwaarden bij prijsdiscriminatie zijn:
- De markten, waarop de producten met duidelijk verschillende prijzen worden aangeboden, moeten voldoende ver uit elkaar liggen, zodat re-import of parallelimport door 'brokers' wordt voorkomen. In de EU is parallelimport, ook van registratieplichtige producten zoals medicijnen en gewasbeschermingsmiddelen, toegestaan.
- Nauwkeurig moet worden bijgehouden of de winstdoelstellingen worden gehaald. Op basis van planning, dus vooraf, moet duidelijk zijn waar en tegen welke prijzen de producten zullen worden verkocht.
- Verkoopt men beneden de integrale kostprijs, dan moet als regel worden aangehouden dat in ieder geval de verkoopprijs hoger is dan de variabele kosten van het desbetreffende product. Is dit het geval, dan wordt ook nog een gedeelte van de constante kosten terugverdiend (via de brutomarge).
- Er zullen daarnaast altijd markten nodig zijn, waarop een goede prijs (kostprijs+goede marge) kan worden gerealiseerd.

Financiering

Producten lijken steeds meer op elkaar en de afnemer is steeds beter in staat vergelijkingen te maken, bijvoorbeeld door internet, en de overeenkomsten vast te stellen. Zakelijke afnemers waren daartoe al sowieso in staat. Waar kan een organisatie zich vandaag de dag nog mee onderscheiden? Een van de mogelijkheden is een dienst in te pakken in een totaalaanbod van diensten: de verdienstelijking van het product. Behalve het verstrekken van diensten, zoals service bij installatie, het bezorgen aan huis, het onderhoud en de training, kan ook worden gedacht aan de financiering van het product, zoals:
- allerlei leasevormen (onder meer voor auto's);
- verhuur van (kopieer)apparatuur of van semi-permanente schoolgebouwen (in het geval koop budgettair niet mogelijk is);
- prijs van apparatuur, die wordt bepaald bijvoorbeeld per gemaakte kopie of per gereden kilometer (bij vrachtwagens), of per afgenomen hoeveelheid product bij een bepaalde minimumjaarafname (prijs+opslag investering);
- factoring;
- nu aanschaffen en over twaalf maanden betalen (bijvoorbeeld auto's van particulieren);
- nu aanschaffen en geld lenen voor de zeer lage rente van 2,3% per jaar (bijvoorbeeld auto's aan particulieren).

Parallelimporten

Het verschijnsel van parallelimporten is wijd verbreid in tal van internationale markten en binnen een groot aantal verkoopafdelingen van dochterondernemingen een grote zorg. Wat verstaan we eigenlijk onder parallelimport? Het is het (her)importeren van goederen door niet-officiële distribuanten. Zo wordt een groot deel van de anticon-

Oppepper voor grijze handel

Prijzen toplabels kunnen tientallen procenten lager

Door Ton Kruijt

ROTTERDAM - Schotse whisky, sportschoenen, maar ook parfums en breedbeeldtelevisies kunnen op termijn tientallen procenten in prijs dalen. Dit komt doordat de Europese Commissie maakt aanstalten om 'grijze import' voortaan geen strobreed meer in de weg te leggen. Nu is verboden merkgoederen zonder toestemming van fabrikant te importeren uit andere werelddelen waar ze goedkoper zijn.

In een studie in opdracht van de Europese Commissie, waarvan delen zijn uitgelekt, is vastgesteld dat hierdoor onnodig hoge prijzen in stand worden gehouden. Carlo Monti, Europees commissaris voor de vrijhandel, heeft al een voorschot genomen op de publicatie van het rapport door zijn afschuw kenbaar te maken over het gedrag van de multinationale merkfabrikanten. Die hebben volgens hem de bescherming die wordt geboden tegen piraterij handig gebruikt om greep te houden op de prijzen.

In het rapport van het onderzoekbureau Nera worden tien sectoren op de korrel genomen. Het gaat onder meer om sportschoenen, consumentenelektronica, huishoudelijke apparaten, auto's en merkkleding.

De Nederlandse Associatie van Vrijhandelsbedrijven juicht het standpunt van Monti toe. „De ervaring leert dat er tot 30 procent te veel wordt betaald voor merkgoederen", aldus Nico Schouten, secretaris van de Associatie. Eind vorig was hij betrokken bij de voorbereidingen voor een Europese krachtenbundeling van Europese vrijhandelsbedrijven.

Het zit deze ondernemingen al veel langer dwars dat het Europa-zonder-grenzen verboden gebied is voor veel goederen van topmerken die elders in de wereld voor lagere prijzen worden verkocht.

Het Europese merkenrecht, waarin staat dat merkartikelen niet zonder toestemming van de fabrikant in Europa mogen worden verkocht, heeft geleid tot uitwassen.

Zo kan een Frans parfumhuis bijvoorbeeld met succes verbieden dat een goedkope zending bestemd voor de Amerikaanse markt opduikt in Europa.

De internationale handel signaleert feilloos waar merkgoederen uit concurrentie-overwegingen voor lagere prijzen worden aangeboden. „We weten dat dankzij ons internationale netwerk van kantoren vrijwel meteen", zegt Kees Klerks, algemeen directeur van de internationale handelsonderneming Van Caem Klerks Group in Leiden. Zijn bedrijf zette vorig jaar wereldwijd *f* 270 miljoen om door goederen te kopen waar ze voordelig zijn, en te verkopen in landen waar de prijs veel hoger ligt.

Volgens hem zal het voor de internationale handel 'buitengewoon welkom zijn' als Brussel het mes zet in de bescherming van merkfabrikanten. „De internationale handel vaart daar wel bij. We hebben meegemaakt dat er in Australië een whisky-oorlog uitbrak. In vergelijking met Nederland lag de prijs van een fles Schotse whisky 40 procent lager. Ondanks de transportkosten was een fles in Nederland nog steeds stukken goedkoper."

In zijn visie heeft de internethandel de bescherming van merkartikelen het meest uitgehold. Wie bij een buitenlands postorderbedrijf merkgoederen bestelt, krijgt ongehinderd zijn spullen thuis afgeleverd. Alleen de douane kan heffingen opleggen, maar die kijkt in de praktijk niet naar het naleven van de Europese merkenwet. „Als het via internet wèl kan, moet de reguliere handel ook geen belemmeringen meer ondervinden", aldus Schouten.

Bron: *Rijn en Gouwe*, 25 februari 1999

Parallelimport wordt voor topmerken een steeds grotere bedreiging

ceptiepillen van de Nederlandse fabrikant Organon, die naar Engeland zijn uitgevoerd, door handelaren aldaar opgekocht en met een winstmarge weer op de Nederlandse markt gebracht. De Nederlandse verkoopleider van Organon komt zijn eigen merk dus weer als concurrent tegen.

Parallelimporten kunnen plaatsvinden omdat de prijs in Engeland behoorlijk veel lager is (meer dan 20%) dan in Nederland. Internationale ondernemingen lieten/laten dit probleem vaak voortsudderen, omdat de productiecapaciteit en de totale concernomzet en -winst daaronder niet direct lijden. Er is wel een tendens om voor nieuwe producten wat meer eenheid in prijsstelling te bewerkstelligen, bijvoorbeeld binnen de EU. Wil de fabrikant parallelimporten voor bestaande producten terugdringen, dan zal het ene land de prijs moeten verlagen en het andere land de prijs moeten verhogen. Wat de positieve of negatieve effecten zijn, hangt sterk af van de concurrentieverhoudingen en de prijselasticiteit van de vraag per land. De uitgangspunten van een fabrikant zijn hierbij doorgaans: maximale concernwinst en productiebezetting. Voor strategisch belangrijke producten dient uiteraard adequaat tegen parallelimporten te worden opgetreden. Het selectief introduceren van nieuwe producten, bijvoorbeeld in 'hoge prijslanden', kan een eerste stap zijn. Invoering van de euro zal mogelijk de parallelimporten op korte termijn doen toenemen, omdat de markt transparanter wordt. Op langere termijn zal de invoering van de euro ondernemingen stimuleren tot het voeren van een Europees prijsbeleid.

13.4 Product- en prijsbeslissingen bij internationaal zakendoen

In deze paragraaf bespreken we hoe product- en prijsbeslissingen, afhankelijk van de gekozen strategie, bij het betreden van buitenlandse markten door diverse factoren benvloed worden.

Productbeslissingen

De mate van standaardisatie van producten is sterk afhankelijk van de gekozen strategie ten aanzien van buitenlandse markten. Zij zal ontbreken of gering zijn bij een gedifferentieerde benadering en is in feite afhankelijk van de mate waarin relevante externe omgevingsfactoren van land tot land verschillen. *Standaardisatie* levert een groot aantal voordelen op aan de kostenkant, die bij differentiatie niet optreden. Daarom zal differentiatie ofwel hogere omzetten/resultaten moeten opleveren, dan wel een strategische rol moeten vervullen in het kader van de missie van de onderneming. Voordelen van standaardisatie zijn:

Standaardisatie

- lagere fabricagekostprijs;
- lagere verpakkingskosten;
- lagere productiekosten van reclamemateriaal;
- kunnen benutten van mogelijkheden van grensoverschrijdende media;
- verhogen internationale naam- en merkbekendheid en het imago;
- eenvoud en eenheid in de marketingorganisatie;
- betere planning en controle.

De mate van noodzakelijke productaanpassing is een gevolg van overheidsregelingen op het gebied van de Warenwet, maar wordt vooral ook ingegeven door verschillen in consumentenvoorkeuren. Als men als eerste met een bepaald nieuw product op de markt komt, wordt men door beide niet getroffen. Standaardisatie vindt men bij Coca-Cola, Giant Suzuki en het Windows-systeem. Ook treft men het aan bij tal van industriële producten, zoals bepaalde typen onderzeeërs en computerchips.

■ **Voorbeeld 13.2**

Een Nederlandse fietsenfabrikant besluit naar Frankrijk te gaan exporteren. Als deze fietsenfabrikant eenmaal op de Franse markt is aangekomen, blijkt men daar de voorkeur te geven aan lichtere fietsen dan de in Nederland gebruikelijke typen. De fietsfabrikant komt voor de keuze te staan op deze voorkeur in te spelen door zelf ook dit type fietsen te gaan maken, dan wel zich bewust te beperken tot die segmenten in de Franse markt, die wel een fiets willen kopen zoals die in Nederland wordt gebruikt. Hij zal de kosten van het opzetten van een nieuwe productielijn en de daarmee te behalen rendementen moeten afzetten tegen het in bepaalde segmenten promoten van zijn huidige producten en deze afzetten tegen de hieruit resulterende omzet.

Prijsbeslissingen

De mate waarin de ondernemer vrij is de eindprijs voor zijn product te bepalen, is sterk afhankelijk van de gekozen distributiewijze. Bij een indirecte distributie met inschakeling van zelfstandige derden is zijn grip beperkt, omdat deze voor eigen rekening en risico optreden.

Piggy back

Een speciale vorm van samenwerking is de zogenaamde *piggy back*, wat betekent dat de ene fabrikant de producten van een ander via zijn distributieorganisatie in het buitenland laat verkopen. Als dit tweezijdig gebeurt spreken we van *joint selling*.

Joint selling

Licentie-overeenkomst

Een andere speciale vorm van samenwerking is die op basis van een *licentieovereenkomst* op grond waarvan de licensor (in het thuisland) recht geeft aan de licensee (in het buitenland) om haar industrieel eigendom te gebruiken. Een specifieke vorm van een licentieovereenkomst is de internationale franchise. Volgens deze overeenkomst is een zelfstandig ondernemer gerechtigd zich naar buiten te presenteren volgens een formule, die aan de franchiser toebehoort. Denk daarbij aan Kentucky Fried Chicken en Intertoys.

■ **Voorbeeld 13.3**

Vredestein produceert fietsbanden voor de eerdergenoemde Nederlandse fietsfabrikant. Vredestein biedt aan als piggy back voor dit bedrijf op te treden in landen in Europa waar rechtstreeks aan gespecialiseerde rijwieldetaillisten wordt geleverd, die eigen merkfietsen op de markt brengen, onder andere in Frankrijk. Daarnaast heeft de Nederlandse fietsfabrikant een voorstel van een Franse rijwielfabrikant, die de verkoop van de Nederlandse dames- en herenfietsen in Frankrijk ter hand wil nemen op voorwaarde, dat de fietsenfabriek diens fietsen in Nederland afzet. Daarbij zou dan wel als nevenafspraak horen dat men geen producten op de markt brengt die de partner reeds produceert.
Hoe zou de fietsfabrikant op het voorstel van Vredestein moeten reageren?
De reactie van de fietsfabrikant op dit piggy back-voorstel moet vooral worden bepaald aan de hand van de door hem gevolgde strategie inzake het toeleveren aan derden-fabrikanten van fietsonderdelen. Als zijn beleid erop gericht is

dit alleen te doen voor de onderhoudsmarkt zal hij het voorstel moeten afwijzen, omdat daarmee in feite lokale productie en afzet van zijn fiets zou kunnen gaan plaatsvinden onder eigen naam van dit type detaillist.
Primair zal de fietsfabrikant uit defensieve overwegingen al dan niet moeten besluiten of hij lichte fietsen wil gaan leveren in Nederland. Zo ja, dan komt de vraag aan de orde of hij deze dan ook zou moeten produceren. Hij zal de verwachte opbrengst afwegen van een te starten lichte-fietsenproductielijn voor afzet in Nederland en Frankrijk en deze moeten stellen tegenover de te verwachten omzet in Frankrijk van de huidige fietstypen en de afzet in Nederland voor zijn Franse collega-fabrikant. Boven een te bepalen break-evenpoint zal hij de voorkeur geven aan eigen productie; daaronder zal hij ingaan op het voorstel van zijn Franse collega.

Als wezenlijk onderdeel van het prijsbeleid verdient de betaling speciale aandacht, zoals:

- de valuta waarin gefactureerd en betaald moet worden;
- de rente die wordt berekend aan de afnemer bij het overschrijden van de overeengekomen krediettermijn;
- de korting bij betaling binnen korte tijd (bijvoorbeeld veertien dagen) die men afnemers geeft.

Bij de prijsvaststelling in het buitenland moet men terdege rekening houden met de prijsstelling in het eigen land. Als de verschillen tussen bijvoorbeeld de hogere prijs in Duitsland en die in Nederland te groot is, zullen handelaren of afnemers hier creatief op inspelen door parallelimporten, waardoor de Duitse marketingorganisatie omzet derft.

De marketingmix (2)

14

In dit hoofdstuk wordt de behandeling voortgezet van de afzonderlijke categorieën van marketinginstrumenten, namelijk: distributie (paragraaf 14.1), communicatie (paragraaf 14.2) en personeel (paragraaf 14.3).
Gedurende de levenscyclus van een product zal de marketingmix aangepast moeten worden aan veranderende omstandigheden, zoals meer concurrentie, nieuwe producten en gewijzigde afnemerswensen. Op welke wijze de marketingmix tijdens de productlevenscyclus kan worden aangepast, wordt in paragraaf 14.4 beschreven.
In paragraaf 14.5 worden enkele aspecten van de marketingmix bij internationaal zakendoen besproken.
In paragraaf 14.6 ten slotte worden praktijkvoorbeelden van een marketingmix gepresenteerd in de vorm van twee cases.

14.1 Distributie

Het wel of niet inschakelen van tussenschakels, zoals agenten, grossiers en/of detaillisten is een belangrijk vraagstuk bij de distributie. Het wordt bepaald door de functies die de tussenschakels van de producent kunnen overnemen en goedkoper uitvoeren. Deze functies zijn uiteraard afhankelijk van door de onderneming gestelde doelstellingen.

Functies van tussenschakels

De tussenschakels kunnen de volgende functies vervullen:
- voorraad aanhouden;
- verkopen en orderafhandeling;
- logistiek;
- service verlenen;
- leverancierskrediet verstrekken;
- geven van markt- en accountinformatie;
- samenstellen van een 'totaal' assortiment voor afnemers.

Door het inschakelen van centrale distributiecentra, met een hoge mate van professionalisering en automatisering, kunnen kostenreducties voor de leveranciers en 'benefits' voor de afnemers (bijvoorbeeld in de vorm van service en 'just-in-time') worden bereikt.

Rol van de distributie

De distributie speelt een belangrijke rol in de marketing. Het gaat hierbij tenslotte om het overbruggen van verschillen in plaats, tijd, hoeveelheid en hoedanigheid voor een bepaald product tussen leverancier en afnemer. Deze overbrugging dient in de ogen van de afnemer goed te gebeuren, maar wel tegen zo laag mogelijke kosten.
Dit proces kent talloze aanknopingspunten om optimaal in de afnemersbehoeften te voorzien. De beperkende factor hierbij is dat het product betaalbaar moet blijven. De leverancier zal enerzijds keuzes moeten maken om efficiënt en effectief te kunnen werken en anderzijds de afnemers zo optimaal mogelijk te bedienen.

Uit marketingoverwegingen zou een leverancier elke klant, klein of groot, in elke plaats, dichtbij of veraf, op elk tijdstip, veel of weinig producten moeten kunnen leveren. Uit kostenoverwegingen kan hij dit door zijn relatief beperkte assortiment niet zelf doen. De leverancier zou binnen de kortste keren failliet gaan of in het gunstigste geval in liquiditeitsproblemen geraken.
Zowel uit marketing- als uit kostenoverwegingen zal een leverancier distribuanten geheel of gedeeltelijk inschakelen. Belangrijk hierbij is de vraag: Wie kan de distributiefuncties het beste vervullen en dat tegen de laagste kosten: de producent zelf of een distribuant?

Bij de keuze van het meest geschikte kanaal kunnen we ons afvragen:
- Wat is de kwaliteit, grootte, het omzetaandeel en de winstgevendheid van de verkooppunten?
- Hoe is de aansluiting met de doelgroepen?
- Wat is de machtssituatie van de intermediairs?
- Hoe groot is het aantal verkooppunten?
- Wat is de toegevoegde waarde voor de afnemers?
- Wat is de haalbaarheid van het gewenste resultaat?
- Kunnen er kanaalconflicten ontstaan?

In de praktijk komen vele variaties in de distributiestructuur voor, van doorzichtige (transparante) tot vrij complexe structuren, zoals in de eierbranche, gevisualiseerd in figuur 14.1.

Figuur 14.1 **Distributiestructuur in de eierbranche**

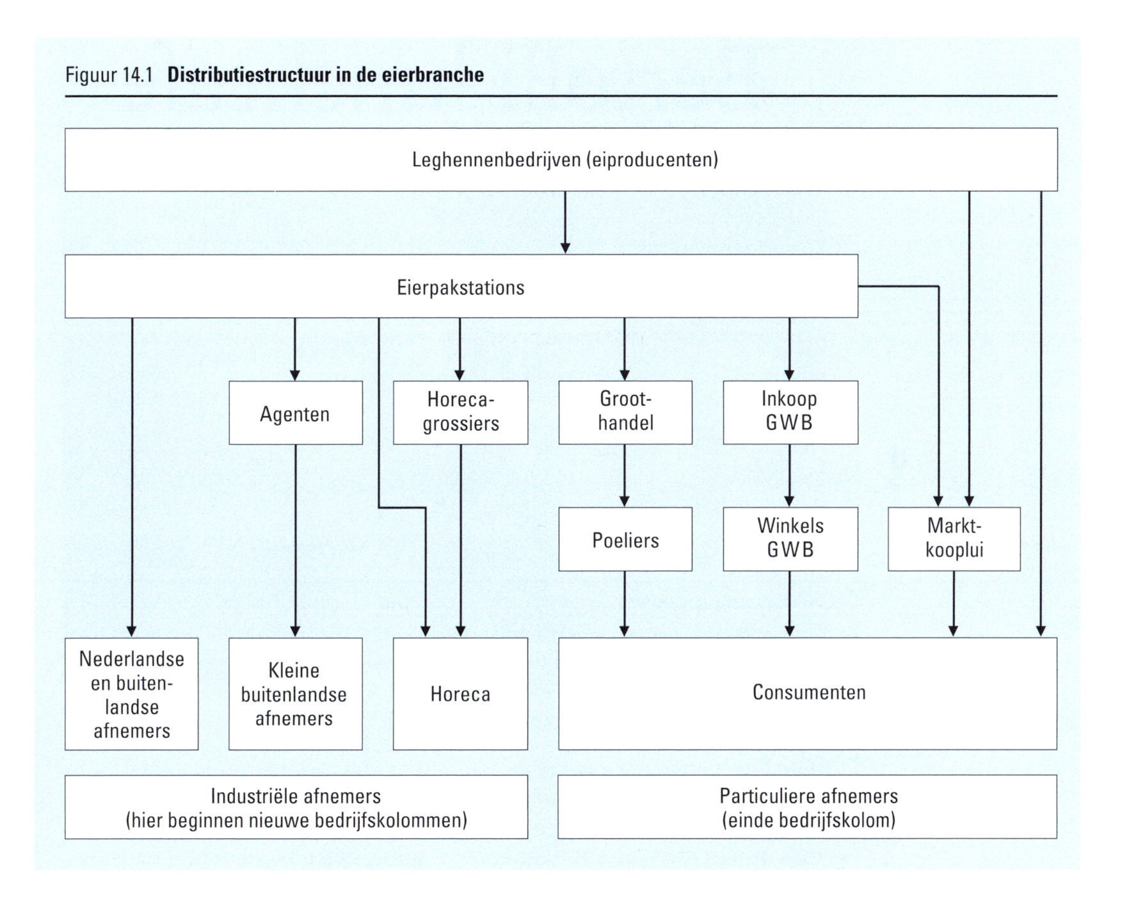

Distributiekosten

Als distributiekosten kunnen worden genoemd:
- voorraadkosten
- opslag- en beheerkosten
- kosten door waardeverlies
- transportkosten
- orderkosten
- kapitaalverlies door leverancierskrediet.

Het logistiek management heeft tot taak de voortstuwing van de goederenstroom tussen enerzijds de leverancier van grondstoffen en de producent van eindproducten en anderzijds tussen de producent en de afnemer van eindproducten te analyseren, te plannen, uit te voeren en te beheersen. Dit zodanig, dat de producten op de juiste tijd, op de juiste plaats, in de juiste kwaliteit en hoeveelheid, aanwezig zijn bij de afnemer.
Door verbetering van de logistiek kunnen vele kosten- en marketingvoordelen worden bereikt, zowel voor de afnemer als voor de producent zelf. Dat het logistiek management veelomvattend is, blijkt uit figuur 14.2, waarin het logistieke proces schematisch wordt weergegeven.

Olijfolie-lifestyle in Bertolli lunchcafé

Het Bertolli lunchcafé bezorgt ook. Foto: GPD

Een Toscaanse oase vol *dolce vita* en *dito far niente* op het Haagse Plein, dát moet het Bertolli lunchcafé worden. Het kantoorpersoneel uit de directe omgeving moet de eigen kantine links laten liggen en hier vóór werktijd een cappuccino komen halen, panini eten tussen de middag of aan het eind van een lange werkdag een afzakkertje komen halen. Brengen kan ook, dat gebeurt met Vespa-scooters of met een Fiat Cinquecento, oud model. Meer van dit soort gelegenheden zullen wellicht nog volgen.

Dit wordt allemaal opgehangen aan het olijfoliemerk Bertolli van Unilever. „Want dat staat voor het pure van de Italiaanse keuken."

Tot 1994 had Unilever geen eigen olijfoliemerk in Nederland; in dat jaar heeft het bedrijf het merk Bertolli gekocht. Dat is in 1998 in Nederland geïntroduceerd. Naast de diverse reclames, bijvoorbeeld op de televisie, moet het lunchcafé de bekendheid van het merk vergroten, want dit moet een leidend merk worden.

De geschiedenis van het merk wordt flink benadrukt. Peter Boone, ook projectleider bij Unilever: „Het is een mooi merk. In 1865 heeft Francesco Bertolli zijn eerste winkeltje in olijfolie geopend in het Toscaanse Lucca. Daar verkocht hij zijn zelfgemaakte olie aan zijn dorpsgenoten. Dat eenvoudige, pure en gezonde, dat willen wij overbrengen."

Bron: *Haarlems Dagblad*, november 2001

Figuur 14.2 **Het logistieke proces van (oer)producent tot afnemer**

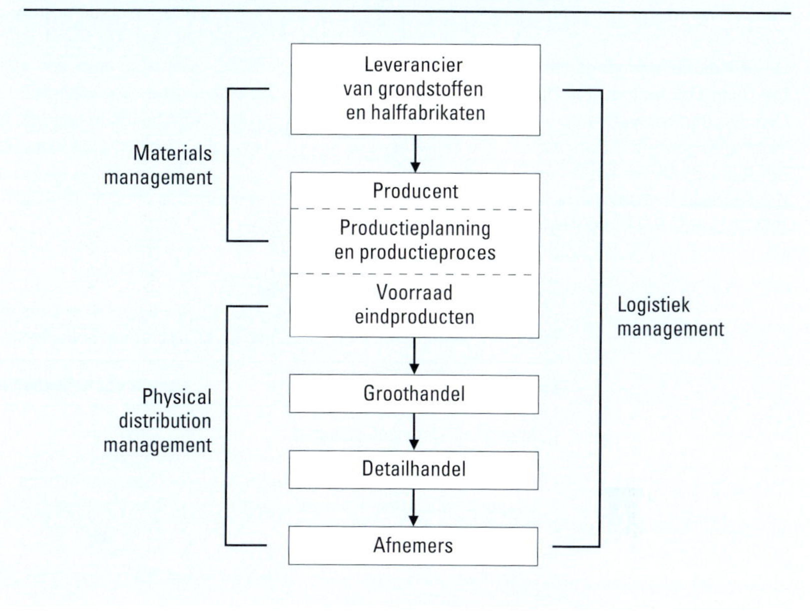

Een AH-file van Zaandam tot Amsterdam

Natuurlijk zien we de stad dichtslibben. Tien jaar geleden kwam het nog nauwelijks voor dat goederen niet op tijd bezorgd werden. Thans is het zo, dat ongeveer 10% van de producten 'onverkoopbaar' is voordat de winkel wordt bereikt. 'Niet alleen bij ons, maar overal', onderstreept Willemse, directeur logistiek bij Albert Heijn, zijn boute stelling. 'En dan hebben we de ochtend- en avondfiles al in onze ritplanning opgenomen'.
Door de congestie in de stad heeft het geen zin om na acht uur 's morgens in de stad aan te komen. Vanwege de bevoorradingstijden mag men pas vanaf zeven uur Amsterdam en vele andere steden in. Geen wonder dat er dan erg veel vrachtwagens in de stad rijden. Bij gemeentebesturen spelen de ergernissen en angsten die het verkeer 's avonds en 's nachts bij bewoners oproepen, een hoofdrol.
'60 tot 70% van het volume dat we naar de binnenstad brengen, halen we ook weer terug in de vorm van kratten, statiegeldflessen en afval.'
Elke dag gaan bijvoorbeeld zes volle vrachtwagens naar het AH-filiaal in de Vijzelstraat; drie met houdbare en drie met verse producten. In die wagens passen 24 pallets. De goederen die daarop staan worden allemaal nog dezelfde dag verkocht. 'Als we die winkel met bestelauto's zouden moeten bevoorraden, moeten er in plaats van zes grote vrachtwagens, 150 bestelauto's heen. De gemeente Amsterdam wil die grote vrachtwagens van ten minste 13 meter niet meer; 9 meter is het maximum. Nu kost het nog een uur om zo'n grote vrachtwagen te lossen, maar met de nieuwe 'roll-on-roll-off-oplegger' nog maar iets meer dan een kwartier. Dus veel minder en ongemak. Maar de gemeente geeft voor deze oplegger geen toestemming.

CRM

Door een goed ontwikkeld *CRM*, kunnen gemakkelijker goede afspraken met afnemers worden gemaakt en/of kan beter worden samengewerkt. Gedacht kan worden aan het minder frequent leveren, maar dan van grotere hoeveelheden, het ophalen van goederen door de afnemer zelf, het planmatig plaatsen van orders op voorgedrukte bestelformulieren van de leverancier per post of per fax enzovoort. Door op deze wijze samen te werken kunnen voor beide partijen kosten- en marketingvoordelen worden bereikt.

Concentratie in de drogisterijbranche heeft invloed op Mega Sport Nutricion

De distributiestrijd vindt niet alleen met supermarkten maar ook met andere drogisterijformules plaats. Om de strijd te overleven, worden winkels steeds vaker overgenomen door ketens. De Etos-keten, onderdeel van Ahold, heeft verregaande plannen om haar winkels in 2002 uit te breiden naar 500 (420 in 2001), onder meer door overname van de Boots-vestigingen. De Tuinen, ook onderdeel van Ahold, wil in 2002 zo'n 100 vestigingen in Nederland en België hebben. De trend zet zich op deze manier voort, waardoor over een aantal jaren gerekend kan worden op de aanwezigheid van zo'n vijf grote ketens (> 100 winkels) en tien kleinere (5-30 winkels) en zo'n 250 sterke zelfstandige drogisterijen. Kortom, schaalvergroting en ketenvorming zijn de sleutelwoorden voor de toekomst.

Tabel 14.1 **Voorbeelden van strategische en operationele beslissingen**

Strategische beslissing	Operationele beslissing
• Intensiteit (intensief, selectief, exclusief)	• Levertijd
• Aantal kanalen (mono, duaal, multi)	• Logistiek
• Lengte kanaal (aantal tussenschakels)	• Customer service
• Fysieke distributie	• Merchandising
• Just-in-time	• Push en/of pull
	• Internet
	• EDI

In geval van een 'specialty good' zal men veelal exclusieve distributie toepassen via een monokanaal, wellicht met inschakeling van grossiers. Door effectief met de distribuanten om te gaan, zullen de marketingdoelstellingen 'omzet' en 'winst' gemakkelijker gehaald kunnen worden. In dit verband wordt gesproken van customer marketing of klantenmanagement (zie paragraaf 9.4).

Retentiemarketing

Zijn de activiteiten alleen gericht op bestaande klanten om hun wensen optimaler in te vullen, dan spreken we van *retentiemarketing*.
Een voorbeeld hiervan is de verzekeringsmaatschappij Ohra, die door middel van direct writing bij haar afnemers steeds nieuwe producten onder de aandacht brengt op het gebied van verzekeringen, kredietverlening en kapitaalbelegging. De afnemer wordt progressief beloond, via prijsreducties, naarmate er meer transacties worden afgesloten.

Direct Product Profitability (DPP)

Het DPP-concept is een kostencalculatiemethode om de directe (distributie)kosten van de afzonderlijke producten in kaart te brengen en de dekkingsbijdrage per product per vierkante meter schapruimte of in andere eenheden te meten. Het DPP-concept steunt op een marge- en kostenanalyse. Op basis van de verkregen informatie kunnen beleidsondersteunende maatregelen worden genomen, dat wil zeggen het verbeteren van de opbrengsten.

DPP-model

De interesse voor het DPP-model is de laatste jaren sterk toegenomen, vanwege:
- de hevige concurrentie tussen de verschillende winkelformules, wat resulteert in lagere marges, zeker wanneer de marktgroei gering is;

- het toenemend aantal producten c.q. merken, wat leidt tot een 'schapoorlog';
- de technologische vooruitgang op automatiseringsgebied.

In figuur 14.3 worden de onderdelen van het DPP-model vermeld. De kortingen en bonussen verlagen de kostprijs en beïnvloeden de brutomarge positief.

Figuur 14.3 **DPP-model**

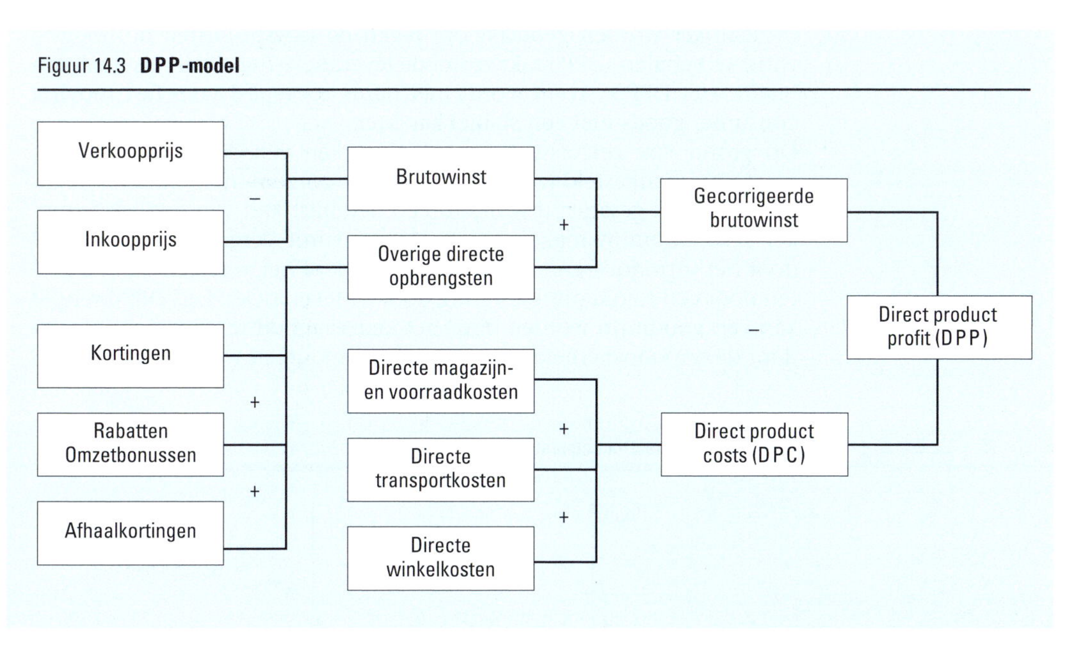

De strategische besluitvorming binnen vele functionele gebieden kan worden onderbouwd met behulp van DPP-informatie en wel op twee manieren:

Direct Product Costs

1 DPP geeft inzicht in de opbouw van de logistieke kosten (DPC = *Direct Product Costs*). Met deze informatie kan de distributiestructuur worden geoptimaliseerd, zowel de efficiency in het interne logistieke traject, als aan de zijde van de leverancier c.q. fabrikant, bijvoorbeeld de verpakkingseenheden, aanleverfrequentie, het transport en de opslag.
2 DPP vervangt de brutomarge als maatstaf. Als zodanig heeft DPP invloed op:
   - prijsbeslissingen;

Distributiemix bij Mega Sport Nutricion

Deze ziet er onder meer als volgt uit:
- intensieve distributie (90%) bij reformzaken/drogisterijen
- volledige opname door de drogisterijketens
- opname door postorderbedrijven
- service merchandising
- logistiek; binnen 24 uur aflevering.

- assortimentsamenstelling;
- presentatiewijze, reclame- en promotiebeleid;
- winkelindeling en schapoptimalisatie;
- onderhandelingspositie tussen leverancier en detaillist, bijvoorbeeld over de marges, het productvolume, het verpakkingsontwerp en de productinnovatie.

DPP maakt vele facetten van producten transparant, keuzes kunnen gemakkelijker worden gemaakt om tegen de laagste kosten de hoogste winst te behalen. DPP raakt zowel de leverancier/fabrikant als de distribuant. Het DPP-systeem wordt met name toegepast voor fast moving consumer goods met een stabiel karakter.
Op grond van een assortimentsanalyse kan een assortimentsmatrix worden samengesteld (zie figuur 14.4). De zorgenkinderen moeten zoveel mogelijk gesaneerd worden. Een detaillist kan van een omzetmaker een goudmijn maken als de marge wordt vergroot, bijvoorbeeld door het introduceren van een winkelmerk of het verlagen van de kosten door een frequentere levering door de leverancier. Een DPP-brenger kan een goudmijn worden door het keuzeaanbod te verkleinen, waardoor de omloopsnelheid van de overige producten wordt vergroot.

Figuur 14.4 **De assortimentsmatrix**

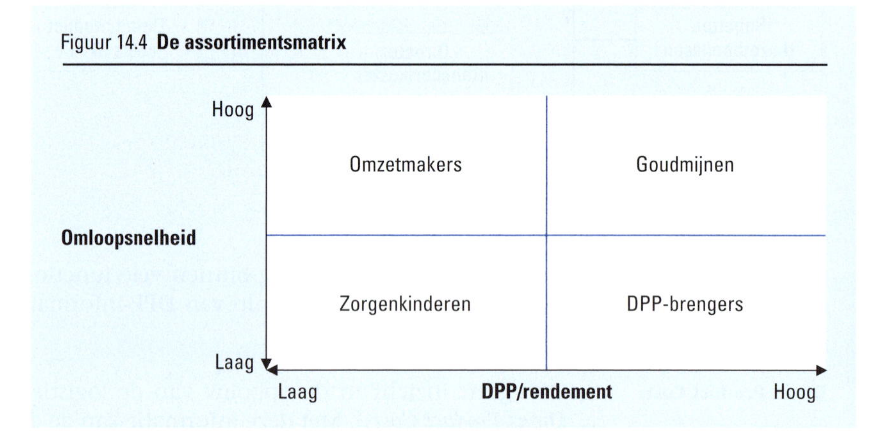

De juiste tijd, de juiste plaats, het juiste assortiment

Dat is wat de consument wil. Het traditionele retailkanaal is allang niet meer voldoende om de consument te bedienen. Het bedrag dat men aan de kruidenier uitgeeft wordt steeds kleiner. De consument koopt steeds vaker bij pompshops, spoorwegwinkels en alternatieve verkoopkanalen. Wat zijn de kansen in het grijze kanaal?

- De toegenomen macht van de winkelketens betekent veelal een lagere winstmarge voor de fabrikant. Door het gebruik van alternatieve kanalen kan de fabrikant de greep op de markt herstellen, bijvoorbeeld via pompstations, recreatieparken, onderwijsinstellingen, horecagelegenheden, sportcentra, kappers, internet of desnoods eigen winkels.
- Voor de alternatieve kanalen zijn interessante extra inkomsten te behalen.

Bron: *Euroforum-brochure*

Voor seizoens- en modegevoelige producten wordt het 'Direct Assortment Profitability System' (DAP-systeem) gebruikt. Het DAP-systeem heeft betrekking op een assortiment producten per eenheid winkel-

Ruimte-elasticiteit

ruimte. De DAP wordt vaak gekoppeld aan de factor *ruimte-elasticiteit* (E_r). Als $E_r > 1$, bijvoorbeeld bij kleding, dan betekent dit dat de procentuele omzettoename (%Δomzet) groter is dan de procentuele ruimtetoename (%Δruimte) van het desbetreffende assortiment kleding. Met het gevolg dat de DAP per eenheid winkelruimte stijgt. In formule:

$$\text{Ruimte-elasticiteit } (E_r) = \frac{\%\ \Delta\text{omzet}}{\%\ \Delta\text{ruimte}}$$

Retailmix of winkelmix

De marketingmix van de detaillist noemt men retail- of winkelmix. Het aantal P's is uitgebreider dan gebruikelijk en bestaat uit:

- Productassortiment
- Plaats van vestiging
- (Ph) Fysieke distributie of logistiek
- Promotie
- Presentatie
- Personeel en service
- Prijs.

De retailmix is een concrete invulling van de winkelformule.

Definitie winkelformule

Onder *winkelformule* wordt verstaan: de totaalpropositie waarmee een detaillist een bepaalde doelgroep probeert aan te trekken en aan zich te binden.

Basiselementen

De drie basiselementen van een winkelformule zijn:

1 het *productassortiment*, met andere woorden: wat zijn de dimensies (breedte, diepte, hoogte, lengte, consistentie)?
2 de *gekozen doelgroepen*: wie willen we met name bedienen?
3 de *positionering*: de gepercipieerde prijs-/kwaliteitsverhouding ten opzichte van de concurrentie.

Zijn winkelformules wel exporteerbaar?

Professor Rob van der Kind: 'In de retailsector geldt een ijzeren wet: "All business is local". Het succes van een winkelformule is altijd sterk cultureel bepaald. Soms kun je een formule overplanten naar een ander land, maar nooit klakkeloos. Nederlanders zijn op de penning, onze winkelformules zijn daardoor sterk op het prijsniveau georiënteerd.
In het buitenland kan dit ertoe leiden dat een winkelconcept, dat hier een middle class-publiek bedient, elders een lower class-klantenkring aantrekt. Dat vergt aanpassing.
De praktijk leert ook dat hoe breder het productpakket dat je aanbiedt, hoe moeilijker dit naar een ander land kan worden overgeplant. Substantiële groei over de grens is waarschijnlijk alleen voor enkele speciaalzaakconcepten.' Zo wil Vendex het aantal HEMA's in Duitsland en België flink uitbreiden. Ahold breidde zijn positie internationaal vooral uit door bestaande winkelformules op te kopen. Vooral in de Verenigde Staten is dat zeer goed gelukt.

Bron: *Intermediair*, 13 januari 1995

De drie R's van Storm

De winkelfunctie, -naam en -positionering, vertaald in concrete retailmixelementen, resulteren uiteindelijk in de drie R's van Storm, de zogenaamde output-elementen:

1 *Ruil* (verkoop) wordt bevorderd door differentiatie in de markt.
2 *Relatie* wordt bevorderd door een effectieve en duurzame klantenbinding.

3 *Reputatie* is verbonden aan een positief imago en merkbeleving van de winkelnaam.

In figuur 14.5 is het verband tussen winkelformule, retailmix en de drie R's visueel weergegeven.

Figuur 14.5 **Winkelformule**

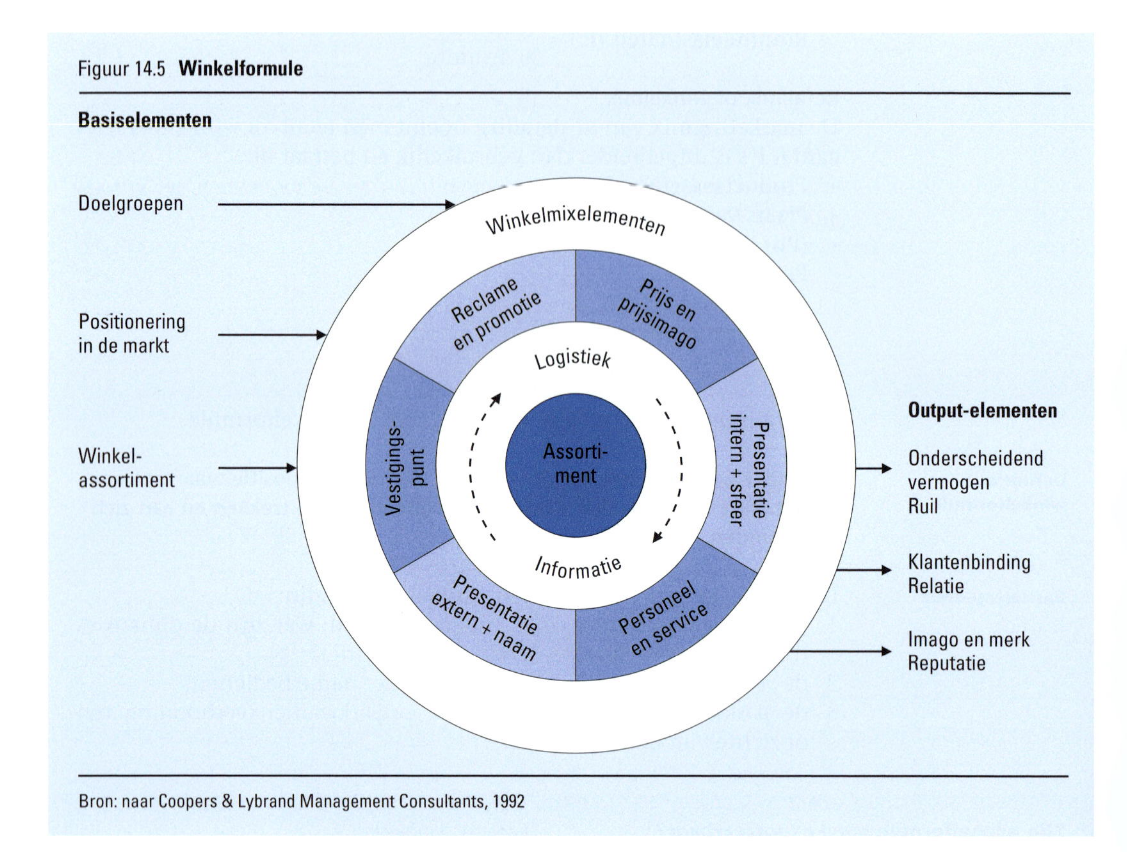

Bron: naar Coopers & Lybrand Management Consultants, 1992

Het gevaar van kanaalconflicten

Kanaalconflicten worden maar al te vaak geïnitieerd door slecht opererende detaillisten, met afnemende overlevingskansen. Deze 'drenkelingen' moeten de fabrikanten er niet van weerhouden andere succesvolle kanalen te betreden. Als een kanaal niet in verval is, moet de fabrikant dit kanaal ondersteunen, zeker als het afzet- of winstaandeel meer dan zo'n 10% is. Een gevaarlijk conflict ontstaat meestal wanneer een kanaal zich gaat richten op een consumentensegment, dat al door een ander bestaand kanaal bediend wordt. Dit leidt tot verstoorde verhoudingen tussen het kanaal en de aanbieder, waarbij de fabrikant schade ondervindt, bijvoorbeeld doordat de verkoop van zijn producten wordt gestaakt of doordat hij een minder goede plaats in het schap toebedeeld krijgt.

Identificeren van kanaalconflicten

Er kunnen vier stappen onderscheiden worden om een kanaalconflict te identificeren:

1 Bedienen de verschillende kanalen daadwerkelijk dezelfde afnemers? Denk aan sportdranken, die multikanaal gedistribueerd worden (supermarkten, sport- en recreatiecentra, pompstations et cetera).

2 Profiteren de kanalen al dan niet van elkaars acties? Wellicht wordt de totale groei bevorderd, wat vaak het geval is bij nieuwe producten zoals mobiele telefonie.
3 Is de afnemende winstgevendheid van het ene kanaal wel het gevolg van het oprukken van het andere kanaal? Vaak is slecht management de voornaamste reden voor een verslechtering van de winstgevendheid.
4 Is de achteruitgang van een kanaal schadelijk voor de fabrikant? Het antwoord hierop is ja, als de afnemers dit kanaal vaarwel gezegd hebben. De fabrikant moet dan tijdig de bakens verzet hebben.

Volgens Bucklin kan een fabrikant handelen zoals is weergegeven in figuur 14.6.

Figuur 14.6 **Mogelijke acties bij kanaalconflicten**

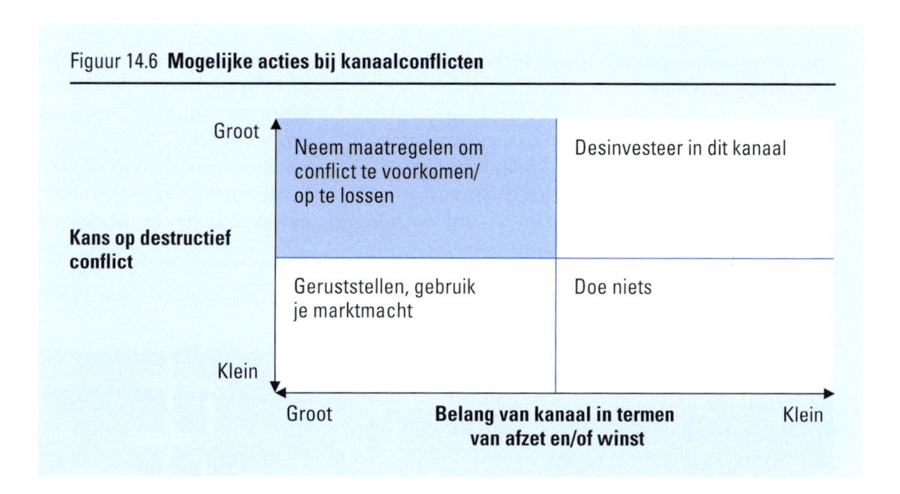

14.2 Communicatie

Bij de andere categorieën van instrumenten zijn reeds aspecten van communicatie ter sprake gekomen. Denk bijvoorbeeld aan verpakking, prijslijsten, direct mail, direct marketing, beurzen enzovoort. Zoals reeds eerder is opgemerkt, moeten de instrumentencategorieën in een uitgekiende mix worden gedoseerd. Ook de ter beschikking staande communicatiemiddelen moeten in een uitgebalanceerde mix worden toegediend. De communicatiemiddelen of -instrumenten zijn al dan niet persoonlijk van aard en communiceren direct of indirect met de afnemers. In tabel 14.2 wordt een aantal communicatiemiddelen genoemd.

Communicatie-functies

Afhankelijk van de communicatiedoelstellingen kan met een actief communicatiebeleid (reclame, PR, salespromotion) een aantal functies worden vervuld. We noemen de volgende communicatiefuncties:
- Informatieverstrekking aan afnemers, waaronder leden van een DMU.
- Identificeren van prospects.
- Verhogen van bekendheid, denk aan het adoptieproces.
- Ondersteunen van de persoonlijke verkoop; in industriële markten is deze ondersteuning de belangrijkste functie van reclame.
- Ondersteunen van de tussenhandel (pushstrategie).
- Bevorderen van de vraag (pullstrategie).

Tabel 14.2 **Communicatiemiddelen**

Persoonlijk	Semi-persoonlijk	Niet-persoonlijk
Buitendienst	Telemarketing	Folders
Klantenservice	Direct mail	Respons-boodschappen:
Technische dienst	Beurzen	• rtv
Klantendagen	Tel-sellprogramma	• krant/blad
	Productdemo	Telefoonboek, Gouden Gids
	Multimedia	Sponsoring
	E-mails	POS/POP
	Faxboodschap	Inserts

Communicatieaspecten bij de introductie van 'Het Viergranen Ei'

Free realiseert zich dat uiterste zorg besteed zal moeten worden aan voorlichting en verpakking bij de introductie van dit merkei. Hij wil zich daarom door deskundigen laten adviseren. Gezien de aard van het product, wordt een advertising campagne via de massamedia als onvermijdelijk beschouwd (naar de mening van onder andere de inkopers) en is een testmarkt niet zinvol. Free denkt aan een account- en promotiebudget van €1,5 mln per jaar.
Het Viergranen Ei moet na een jaar een marktaandeel hebben bereikt van minstens 10% van de scharreleierenmarkt en een geholpen merkbekendheid van 50%, anders is het volgens hem een mislukking.

Deze advertentie heeft niet alleen tot doel de cognitieve, maar vooral ook de affectieve component te versterken

In tabel 14.3 zijn voorbeelden van communicatiebeslissingen opgenomen.

Tabel 14.3 **Voorbeelden van strategische en operationele communicatiebeslissingen**

Strategische beslissing	Operationele beslissing
• Reclame	• Beurzen
• DM-activiteiten	• Salespromotions
• Public relations/affairs	• Direct mail
• Sponsoring	• Promotiebijdrage
• Afnemersclub	• Symposia, lezingen
• Internet	• Internet

De briefing en het communicatieplan voor 'Het 4-Granen Ei'

Briefing
Belangrijk is dat de marketingmanager de briefing voor het reclamebureau een bepaalde structuur geeft, zoals:

- *Informatie over de organisatie*, bijvoorbeeld over het strategisch profiel (doelstellingen, missie, business definition), de marktpositie in de industriële en de levensmiddelenmarkt.
- *Informatie over de markt*, bijvoorbeeld over het aanbod, de vraag (koop- en eetgewoonten, koopmotieven), distributie enzovoort.
- *Informatie over macrofactoren*, zoals regelgeving door de overheid, de Europese Unie het Productschap voor pluimvee.
- *Alle 'ins' en 'outs'* van Het 4-Granen Ei, de USP's (vers, laag cholesterol-ei).
- *Informatie over de marketingdoelstellingen*, zoals het gewenste marktaandeel, en over marketingstrategieën, zoals de keuze van doelgroep en positionering.
- *Informatie over het operationele marketingplan*, met name over de marketingmix.
- *Informatie over communicatiedoelstellingen*, communicatiestrategieën en het communicatiebudget.
- *Inhoudelijke aspecten van de communicatie* voor het betreffende product of dienst, de tijdsplanning en ondernemingsrichtlijnen voor teksten, vormgeving, logo, controle, meetpunten en dergelijke.

Communicatieplan
Het communicatieplan bevat de volgende structuur en summiere invulling:

- *Marketingdoelstelling.* 10% van de scharreleierenmarkt, wat neerkomt op 1 200 mln × 31% × 10% = 37,2 mln eieren, gedistribueerd via twee grootwinkelbedrijven, waaronder AH.
- *Marketingstrategie.* De doelgroep is de 'Becel-doelgroep', mannen en vrouwen van 40+ in de hogere welstandsklassen. De positionering is 'absoluut vers, hoge kwaliteit en gezond'.
- *Communicatieanalyse.* Dit is een situatieanalyse, waarin de vragen: 'Waar bevinden we ons en waarom bevinden we ons daar? worden beantwoord. Zie ook figuur 4.9 aan het einde van hoofdstuk 4. De marketingmix van Het 4-Granen Ei, de sterke en zwakke kanten ten opzichte van de concurrerende producten op de markt worden bestudeerd.
- *Vaststelling communicatiedoelstelling.* Deze luidt voor Het 4-Granen Ei: een geholpen bekendheid van 50% na één jaar.
  Andere doelstellingen kunnen betrekking hebben op de elementen van het AIDA-model of van andere hiërarchische modellen, koopintentie, merkattitude, herinnering USP's en dergelijke.
- *Bepaling van de communicatiestrategie.* Op welke wijze moet de reclameboodschap worden overgebracht om de doelstellingen te realiseren? Hiertoe moet de communicatiemix: de inzet, de combinatie en de afstemming van de communicatie-instrumenten worden bepaald. Deze instrumenten kunnen zijn: reclame (massamedia), salespromotions, trade promotions, consumer promotions, direct mail, sponsoring, persoonlijke verkoop, beurzen en tentoonstellingen.
  Wetters zal met name het instrument reclame gebruiken en wellicht ook instore-activiteiten. Bij de inzet van de verschillende vormen van massamedia dient dus de mediamix te worden vastgesteld, het communicatievermogen van de media, de dekking, de kosten per 1 000 contacten, de timing en de intensiteit.
  De mix van de gecombineerde communicatie/distributiestrategieën 'pull' en 'push' wordt hier eveneens bepaald:

- Vaststelling van het communicatiebudget; dit is voor Het 4-Granen Ei €1,5 mln.
- Controle en evaluatie door middel van meting van de resultaten: in hoeverre worden de communicatiedoelstellingen gehaald? Ook hier kunnen de hiërarchische modellen dienst doen.
- Bijsturing: als de doelstellingen niet zijn gehaald of andere (ongunstige) bijeffecten worden geconstateerd.

Bij reclame geldt, evenals bij het product, dat de reclameboodschap voldoende onderscheidend moet zijn. Door de toename van het aanbod aan reclameboodschappen via de massamedia ontstaat er bij het publiek, waaronder (potentiële) afnemers, een zekere 'moeheid c.q. irritatie'. Men noemt dit toenemende verschijnsel wel *media-inflatie*. Anderzijds ziet men het verschijnsel dat koopbeslissingen meer en meer in de winkel worden genomen, dat wil zeggen 'point of sale' (POS) of 'point of purchase' (POP).

Media-inflatie

Door de hier genoemde verschijnselen en door de toenemende macht van de detaillist zien we een verschuiving van reclamegelden naar instore-communicatie, zoals posters, displays enzovoort. Door de POP-beslissing wordt de communicatiefunctie van de verpakking steeds belangrijker, alhoewel de communicatieruimte, onder druk van het Convenant Verpakkingen, bijvoorbeeld bij navulverpakkingen onder druk komt te staan.

In het kader van de communicatie is het zinvol aan drie onderwerpen speciaal aandacht te schenken:

1 De decision making unit (DMU)
2 Salespromotion
3 Direct marketing (DM).

Communicatiebeleid voor Mega Sport Nutricion

De (merk)propositie voor Sport Nutricion is: *Run your life*. Met het woord 'run' wordt verwezen naar de sport. De propositie spreekt de consument op een individuele (your) wijze aan, gebiedend; wat haar een stoere uitstraling geeft. Door 'life' te gebruiken blijft de propositie dichtbij de nuchtere Nederlander en is deze geloofwaardiger en dus betrouwbaarder. De doelgroep is allesomvattend; met andere woorden: 'jij heb met onze kwaliteitsproducten de touwtjes in handen'. Onderzoek wijst uit dat de attitude van amateursporters jegens het gebruiksnut van sportvoedingssupplementen niet snel zal veranderen. Het effect is namelijk niet direct voelbaar. De communicatie zal vooral transinformationeel gericht zijn. Het communicatiebudget is €3 mln voor 2002. Activiteiten zijn onder meer: free publicity in bladen, mailings aan topsporters, winkeliers, sportscholen, meehechters en/of advertenties in Sport International, Runners World, Wieler Revue, Triathlon Sport, KNAU-bondsblad, Men's Health, Sport & Fitness, Culture & Camp, Leger Courier, Etos- & Tuinenblad, Drogisterij Weekblad (gericht op de drogisterij-ondernemers) en toonbankdisplays met folders.

Decision making unit (DMU)

Een DMU is een tijdelijke of permanente groep in een organisatie, die zich bezighoudt met de aanschaf van een bepaalde machine of de opname van een bepaald product in het assortiment. De DMU-leden zijn in het algemeen afkomstig uit verschillende onderdelen van een organisatie – soms ook experts van buiten de onderneming – en hebben in de DMU, op basis van ervaring, kennis of functie, een bepaalde rol, zoals die van:

- adviseur (bedrijfsjurist, consultant, R&D);
- inkoper;
- beïnvloeder (marketing, personeelszaken & organisatie, afdelingschef);
- gatekeeper (dit kan de inkoper of projectleider zijn die de informatiestroom naar, van en binnen de DMU stuurt);
- gebruikers;
- beslissersrol (directie, financier).

Het knappe van het merkartikel 'After Eight'

In Nederland heeft iedereen wel eens van After Eight gehoord en is het wellicht in de schappen van de supermarkt tegengekomen.
Laten we daarom eerst eens kijken wat er nu zo knap aan is met betrekking tot het marketen van After Eight in Nederland. We observeren als volgt:
Het product. Hier bedoelen we met name de verpakking die in feite afgestemd is op de markt van 'speciale gelegenheden', (cadeautje voor verjaardag, ontmoetingen, gezellige en droevige momenten) en veel belangrijker en emotioneler is dan wat er in het doosje zit. Als we echter het product eens nader bekijken, valt ons op dat alles zo goedkoop mogelijk is geproduceerd. Het karton is flinterdun, maar lijkt echter door de gouden opdruk indrukwekkend en duur. Op een zeer geraffineerde wijze wordt echter elk mintchocolaatje individueel in een papieren omhulsel verpakt, wat een speciaal imago schept. We zien hier een gedegen toepassing van value engineering.
De plaats. Er is gekozen voor een intensieve wijze van distributie. Het is verkrijgbaar in praktisch elke supermarktketen, want de fabrikant moet het wel hebben van de toevallige ontmoetingen tussen de klant en After Eight. Opvallend is echter dat After Eight ook verkrijgbaar is in de duurdere en luxere speciaalzaken.
De promotie. Gekozen is voor een keiharde pullpromotiecampagne en, zoals we allemaal wel gezien zullen hebben, is het subtiele emotionele gebeuren rond James de Butler de kern van de tv-commercial, geaccentueerd door het begrip 'Noblesse oblige (Adeldom verplicht)'. Vandaar de kreet: 'De laatste is voor James. Een adellijke maar gulzige hand strekt zich reeds uit naar deze verslavingverwekkende lekkernij. Een aanwezige freule kan deze wandaad nog maar net in de kiem smoren en neemt het woord: 'Wij zeiden toch Noblesse oblige en daarom is de laatste voor onze trouwe James.'
Met betrekking tot de tv-commercial in Nederland constateren we dus dat er een positieve emotionaliteit wordt opgewekt die in geen enkele verhouding staat tot de positieve haat-liefde emotionaliteit (Adel versus Jan met de Pet) die werd ontketend bij de lancering van After Eight in Groot-Brittannië.
De prijs. Deze is alleszins acceptabel voor de zuinige Hollander en zeker als ze in de supermarkt ook nog in de aanbieding zijn!

De DMU is de doelgroep voor een eventueel op te zetten promotieprogramma. Een effectieve promotiecampagne moet, gelet op de gevarieerdheid van een DMU, een genuanceerd patroon hebben.
De promotiemiddelen moeten op de te vervullen rol worden afgestemd. Zo is de directie meer geïnteresseerd in institutionele informatie (jaarverslag, milieubericht, advertenties), adviseurs, inkopers, gatekeepers en gebruikers in productinformatie (mailings, symposia, beurzen, advertenties, referentielijsten).

Een goede database, met het accent op het effectief 'managen van relaties', kan een sterk instrument zijn om de concurrentiepositie te versterken.

Tabel 14.4 **Communicatiebudget (in miljoenen euro) per belangrijkste media van mobiele telecomaanbieders, jaar 2002**

	Totaal	Rtv	Dagbladen	Tijdschriften	Buitenreclame	Ongeadresseerd brievenbus
Vodafone	29,6	19,9	6,1	0,0	1,5	0,0
T-mobile (Ben)	15,0	7,9	4,3	0,1	1,2	0,1
KPN Mobile	14,8	11,7	1,9	0,0	0,7	0,0
O2 (Telfort)	14,1	4,9	5,4	0,0	1,4	0,0
Dutchtone (Orange)	13,1	6,5	4,1	0,1	1,7	0,1
KPN Telekom*	38,6	24,4	10,3	1,8	0,7	1,7

* Generieke reclame, ook voor het vaste net.

Bron: *Nieuws Tribune*, 2003, nr.1

Salespromotion

Verkoopbevordering

Salespromotion (*verkoopbevordering*) is het bevorderen van de verkoop door een tijdelijke verandering in de prijs-kwaliteitverhouding. Het product wordt tijdelijk in prijs verlaagd of er wordt meer product geleverd voor dezelfde prijs en dergelijke. Salespromotions zijn vooral gericht op de beïnvloeding van het gedrag.

Voorwaarde daarbij is wel dat de potentiële afnemer het desbetreffende product wil hebben. Het product bevindt zich al in de evoked set. Met andere woorden de afnemer heeft al min of meer een vaste waardeperceptie van het product.

Salespromotions zijn het meest succesvol bij A-merken in verband met de grote numerieke distributie en de grotere emotionele productwaarde. Ontbreekt deze perceptie dan hebben salespromotionactiviteiten in het algemeen weinig effect.

Sales-promotion-activiteiten

Met salespromotion wil een organisatie het volgende bereiken:

- Afnemers ertoe aanzetten het product te proberen.
- De verbruiksintensiteit bij bestaande afnemers vergroten.
- Huidige klanten behouden.
- Nieuwe gebruiksmogelijkheden voor het product suggereren.
- Het image of de concurrentiepositie van het product verbeteren.

Salespromotion-technieken

Er kunnen verschillende salespromotiontechnieken worden onderscheiden met als doel tijdelijk de gepercipieerde prijs-kwaliteitverhouding te verhogen. Voorbeelden van op de consument gerichte promotietechnieken zijn:

Gericht op het stimuleren van trial-aankopen:

- sampling (monsterverspreiding)
- prijskortingen
- cashrefund-acties
- premiums en selfliquidating premiums
- wedstrijden, prijsvragen en sweepstakes.

Gericht op het stimuleren van herhalingsaankopen (loyalty):

- product plus-promoties
- prijskortingen

- cashrefund-acties
- waardecoupons
- spaarzegels
- spaar- en bonuskaarten
- premiums en selfliquidating premiums
- clubvoordelen.

Voorbeelden van salespromotionactiviteiten die gericht zijn op de salesforce of de handel zijn:
- displaymateriaal
- joint promotions (coöperatieve en combinatiereclame)
- prijskortingen
- premiums voor verkopers
- 'rumour around the outlet'.

Een voorbeeld van een product plus-promotie, gericht op finale consumenten

Men onderscheidt consumentenpromoties, verkoperspromoties of salesforce promotions, en handelspromoties of trade promotions.

Direct marketing (DM)

DM is een strategie, gericht op het verkrijgen en onderhouden van een duurzame, structurele relatie tussen aanbieder en afnemer.
Directe levering (geen tussenhandel) en directe communicatie zijn kenmerkend voor direct marketing.
Bij direct marketing zijn de verkoopstimulerende activiteiten (veelal op korte termijn) sterk op een structurele (dus lange termijn) klantenbinding gericht.
Direct marketing heeft zich sterk ontwikkeld met de opkomst van de postorderbedrijven (Wehkamp, Otto, Neckermann) en boeken- en platenclubs (ECI). Andere bedrijven die DM-technieken toepassen zijn Overtoom, Ohra, FBTO financieringsmaatschappijen en onderwijsinstellingen zoals LOI, PBNA, NHA en NTI.

Databases, het analyseren en bewerken van marktgegevens (klanten- en prospectbestanden) zijn essentieel voor het succesvol toepassen van direct marketing.

14.3 Personeel of dienstverlening

Als er in markten sprake is van een relatief invloedrijke en intensieve 'Buyer Seller Interaction' wordt de vijfde p van de marketingmix *personeel* als een aparte categorie van instrumenten beschouwd. Dit is niet alleen bij dienstenmarketing het geval, maar ook in andere toepassingsgebieden, zoals in industriële markten.
Bij het vergelijken van de leveranciers via vendor rating krijgen de serviceaspecten een steeds groter gewicht. Dienstverlening of service is ook een onderdeel van andere marketingmixinstrumenten.
In tabel 14.5 worden per categorie enkele voorbeelden van dienstverlening gegeven.

Tabel 14.5 **Dienstverlening in andere P's van de marketingmix**

Categorie	Dienstverleningsaspecten
Product	• Installatie, bediening, controle, onderhoud, reparatie • Co-makership
Prijs	• Gunstige betalingscondities • Leasingmogelijkheden voor duurzame gebruiksgoederen
Plaats	• Logistiek, 'just-in-time' • Distributiecentra
Promotie	• Opleiding, informatieverstrekking en training • Relatiemanagement

De kwaliteit van de dienstverlening kan de afnemer meten aan de hand van de dimensies, die in hoofdstuk 8 zijn vermeld.
De eindscore geeft aan of de organisatie een betere, even goede of mindere dienstverlening heeft dan de belangrijkste concurrenten.
In tabel 14.6 worden voorbeelden van personeelsinstrumenten gegeven.

Tabel 14.6 **Voorbeelden van strategische en operationele personeelsbeslissingen**

Strategische beslissing	Operationele beslissing
• Knowhow	• Persoonlijke contacten
• Expertise	• Telefonische contacten
• Dienstbetoon	• Verkoopbrief
• Opleiding	• Internet, intranet

Organisatie-vaardigheden

Organisatievaardigheden, één van de resources waarmee duurzame concurrentievoordelen kunnen worden opgebouwd, zijn gebaseerd op kennis en ervaring (zie ook hoofdstuk 8). De reputatie van een organisatie berust mede hierop.

Grondige wijziging van de marketingmix leidt tot commercieel succes

Een 'Gasthaus' aan een vrij drukke toeristische bergweg in Berchtesgaden, Zuid-Duitsland leed al jaren een sober bestaan, alhoewel er dagelijks wel een vijftigtal toeristen binnenkwam voor een kop koffie met koek of voor een kleine maaltijd. De prijzen waren alleszins redelijk en zijn de laatste jaren niet verhoogd. Het Gasthaus is in 2000 overgedaan aan de oudste zoon van de familie, die samen met zijn ouders en een parttime kracht het bedrijf draaiende houdt. De zoon, de nieuwe eigenaar, is niet tevreden met de resultaten van het bedrijf. Hij zou veel meer toeristen binnen moeten krijgen langs deze bergweg. De centrale VVV in Berchtesgaden bevestigt dit: zijn bezoekersaantal ligt ver beneden het gemiddelde.
Hij besluit een vijftal vergelijkbare Gasthäuser globaal te analyseren. Al deze Gasthäuser beschikken over een redelijk groot parkeerterrein, waarop veilig geparkeerd en gedraaid kan worden. Twee van de vijf hebben een beschut terras aan de zuidzijde. De menukaarten zijn vrijwel gelijk aan die van hem.
Na deze analyse gaat hij terug naar de consulent van het VVV-kantoor om zijn ideeën te bespreken. Eind 2000 gaat hij de volgende veranderingen doorvoeren:

- *Product*: De menukaart wordt uitgebreid met een zelfgemaakte specialiteit, met de naam 'Die riesen Windbeutel', een product met ijs, veel slagroom, kersen en chocolade. Deze specialiteit is in diverse varianten te koop.
- *Prijs*: De prijs voor de Windbeutel is ruim €5; niet goedkoop, maar men kan er lang van genieten, ook in de winter.
- *Plaats*: De parkeerplaats wordt aanzienlijk verbreed en van vijf naar twintig plaatsen uitgebreid. Een terras wordt aan de zuid- en westzijde aangelegd. Om het uitzicht op de bergen te verbeteren, worden enkele bomen gekapt.
- *Promotie*: In elke toeristengids van Berchtesgaden, die maandelijks verschijnt, wordt een wervende advertentie van eenachtste pagina opgenomen. Het Gasthaus krijgt de naam 'Windbeutelbaron'.
- *Personeel*: Het bedienend personeel moet identieke kleding dragen, vriendelijk en joviaal overkomen en snel bedienen.

Het resultaat van deze wijzigingen liet niet lang op zich wachten. Na twee maanden waren de bezoekersaantallen al verdubbeld. Gemiddeld nam het bezoekersaantal in 2001 met 275% toe en de omzet steeg met 350%.

Beoordeling van verkopers

Postma-model

Voor het evalueren van prestaties en het sturen van activiteiten van de binnen- en buitendienst kan gebruikgemaakt worden van het zogenaamde *Postma-model*. Het uitgangspunt hierbij is dat de verkopers niet alleen worden geëvalueerd op basis van de outputindicatoren, zoals de jaarlijkse omzet of brutowinst, maar ook op de manier waarop een bepaalde omzet, winst of prestatie tot stand is gekomen. Anders gezegd: langs welke weg of via welke deelactiviteiten haalt de verkoper zijn targets? Met behulp van vijf performance-indicatoren wordt de uiteindelijke prestatie van een verkoper gemeten, wat uitmondt in de begrote brutowinst per dag. In tabel 14.7 is een stappenplan weergegeven in de vorm van een chain ratio-model.

De prestatie van de verkopers zijn per ratio onderling te vergelijken of, indien beschikbaar, met branchegemiddelden. De Postma-methode kan ook het uitgangspunt zijn voor de vaststelling van doelstellingen per verkoper.

Verkoopinformatiesysteem (VIS)

Omdat de vermelde activiteiten van de verkopers geregistreerd zijn in het *Verkoopinformatiesysteem (VIS)*, is het gemakkelijk evaluaties op zowel de tussenprestaties als de eindprestaties uit te voeren. Een aspect dat achterblijft, kan door de salesmanager met de betrokken verkoper worden besproken. Bovendien kunnen acties tot bijsturing worden genomen. Als richtlijn of norm zou het gemiddelde van alle verkopers kunnen worden gebruikt, waarbij per verkoper de afwijkingen van het gemiddelde worden aangegeven (zie tabel 14.8).

Tabel 14.7 **Het chain ratio-model**

Stappen	Ratio's
1 Begroot aantal werkdagen: 200	
2 Feitelijk aantal werkdagen: 180	a Aanwezigheidsratio (stap 2 gedeeld door 1): 0,9
3 Aantal afgelegde bezoeken: 900	b Bezoekratio per dag (stap 3 gedeeld door 2): 5
4 Aantal geboekte orders: 90	c Succesratio per bezoek (stap 4 gedeeld door 3): 0,1
5 Totale omzet: €360.000	d Gemiddelde ordergrootte (stap 5 gedeeld door 4): €4.000
6 Totale brutowinst in guldens: €144.000	e Brutomarge in % (stap 6 gedeeld door 5): 40%

Brutowinst per begrote dag per verkoper is: a × b × c × d × e
Dus: 0,9 × 5 × 0,1 × €4.000 × 40% = €720 brutowinst per dag
of
€144.000 : 200 dagen = €720 brutowinst per dag.

Tabel 14.8 **Evaluatie van verkopers: prestaties, oorzaken en afwijkingen van het gemiddelde**

		Prestatie per begrote dag	Brutomarge (in %)	Gemiddelde ordergrootte	Succesratio	Bezoekratio	Aanwezigheidspercentage
Gemiddelden van alle verkopers		€903,75	29	€7.007	0,152	3,8	77
Verkopers							
Rangnummer	Naam						
10	K.	€859,65	26	€7.401	0,145	3,9	79
Procentuele afwijking		–4,9	–10,3	+5,6	–4,6	+2,6	+2,6
11	S.	€959,53	31	€7.210	0,159	3,6	75
Procentuele afwijking		+6,2	+6,9	+2,9	+4,6	–5,3	–2,6

De ratioafwijkingen van de verschillende verkopers kunnen eenvoudig in een overzicht worden opgenomen. Verkoper S scoort duidelijk veel beter dan zijn collega K. Zijn bezoekratio wijkt duidelijk af van het gemiddelde van het verkoopteam. Indien S in de volgende periode een bezoekratio van 3,8 kan realiseren, stijgt zijn begrote brutowinst per dag naar €1.012,83 (bij gelijkblijvende andere ratio's).

14.4 De marketingmix tijdens de productlevenscyclus

In de afzetontwikkeling van een nieuw of aangepast product kunnen we vier levensfasen onderscheiden, namelijk:
1 introductiefase
2 groeifase
3 verzadigingsfase
4 neergangsfase.

In figuur 14.7 is het afzet- of omzetverloop van de productlevenscyclus (PLC), alsmede de winstcurve tijdens de levensduur van het product weergegeven.

Figuur 14.7 **Productlevenscyclus en winstverloop**

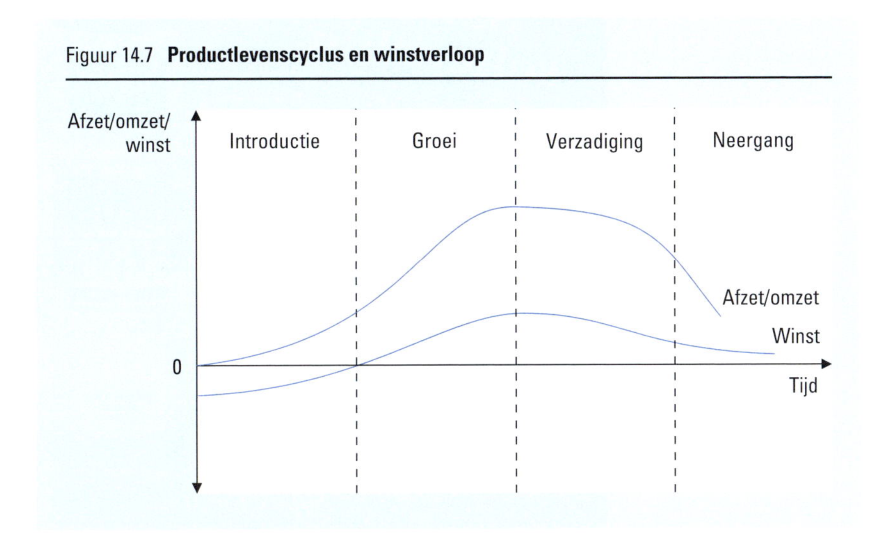

Het marketingbeleid of de marketingmix moet afgestemd zijn op de fase in de PLC, waarin een bepaald product zich bevindt. De levenscyclus van een product wordt dus bepaald door het succesvol implementeren van de optimale mix van marketinginstrumenten.
De PLC kan als een nuttig hulpmiddel bij de planning van de marketingmix gebruikt worden. We gaan per fase van de PLC na wat de implicaties voor het te voeren marketingbeleid kunnen zijn. Voordat het product wordt geïntroduceerd, zijn echter de marketingdoelstellingen, zoals marktaandeel, omzet, winst en de marketingstrategieën, zoals het marktsegment en de gewenste positionering, reeds vastgesteld.

Introductiefase
De afzet en de groei van de afzet in de introductiefase is laag; van een winstgevende situatie is nog geen sprake. In deze fase gaat het erom dat het product bekend wordt gemaakt en door de potentiële afnemers wordt geaccepteerd. Denk in dit verband aan de drie attitudecomponenten: cognitieve, affectieve en conatieve component.
De adoptie- en diffusieprocessen moeten nog op gang komen.
De instrumenten 'product' en 'communicatie' krijgen daarom in deze fase de meeste aandacht. 'Het product' is het meest centrale marketinginstrument. Schort het hieraan, ook al zijn de andere instrumenten nog zo goed, dan is de PLC slechts van korte duur.

Met name de early adopters moeten door middel van uitgebreide promotionele pull-activiteiten zo snel mogelijk tot 'trial'-aankopen worden aangezet. Communicatiedoelstellingen met betrekking tot een bepaald percentage bekendheid, acceptatie en trial, na twee, zes en/of twaalf maanden, moeten in deze fase bereikt worden.
Afhankelijk van het product kan voor twee prijsstrategieën worden gekozen: penetratie en skimming.

Bij het introduceren van nieuwe producten speelt reclame een voorname rol

Het product moet niet alleen door de doelmarkt geaccepteerd worden, maar ook door de distribuanten: inspelen op de winkelformule, belonen met een adequate marge voor de functie die zij vervullen. Met andere woorden: gebruikmaken van push-activiteiten om de gewenste numerieke distributie binnen een bepaalde planningsperiode te bereiken. Nagegaan dient te worden of de doelstellingen, ook de penetratie, inderdaad na de gewenste periode zijn gerealiseerd.

Groeifase

De afzet en omzet nemen in de groeifase sterk toe; het product wordt snel winstgevend, omdat de kosten per product afnemen.
De innovators en early adopters hebben het product geaccepteerd en met name de tweede groep beïnvloedt (two-step-flow of communication) andere groepen, zoals de grote groep early majority en vervolgens de groep late majority.
De numerieke distributie wordt in deze fase geoptimaliseerd. De tussenschakels zijn in deze fase welwillender, omdat ze nu kunnen beoordelen of het product wel of niet succesvol zal zijn. Dit ontgaat alerte concurrenten ook niet en deze passen hun marketingbeleid op de veranderende marktsituatie aan, teneinde hun marktpositie zolang moge-

lijk veilig te stellen. Het product komt nu in meer varianten, verpakkingen of modellen op de markt, om zo snel mogelijk te groeien.
In geval van skimming kan de prijs wat verlaagd worden om prijsgevoelige afnemers aan te trekken. Veelal zijn de prijs en de promotie-uitgaven vergelijkbaar met die in de introductiefase. De communicatie heeft nu mede tot doel herhalingsaankopen en merktrouw te bewerkstelligen, bijvoorbeeld door middel van salespromotions.
De marktpositie kan met (forse) investeringen verder worden versterkt door intensivering van de distributie en de communicatie, en de introductie van productinnovaties. Deze investeringen hebben een langetermijnkarakter en werpen hun vruchten ook op een langere termijn af.

Lifestyle drugs: de gelukspil in de groeifase

'Ons medicijn Seroxat', zo liet Smith Kline Beecham onlangs de verzamelde journalisten weten, 'mag dan volgens het nieuwste onderzoek werken tegen 'sociale angststoornissen', het is toch geen 'feel good-pil', en geen pil tegen verlegenheid of angst voor het spreken in het openbaar. En het is al helemaal geen 'lifestyle-drug', zoals de kranten hebben geschreven, van het type Viagra (de erectiepil) of Xenical (de nieuwe slankheidspil)'.
Seroxat is nu al wereldwijd toegelaten als geneesmiddel tegen depressies en paniekaanvallen, met of zonder pleinvrees. Onlangs werd het toelatingsgebied sterk uitgebreid, onder meer in Groot-Brittannië, Roemenië en Portugal, waarbij het ging om de behandeling van sociale angststoornissen en sociale fobieën. Prompt werden de berichten over Seroxat jubelend: het werd een anti-verlegenheidspil genoemd, een lifestyle-drug voor de geestelijke gezondheid van vrijwel iedereen. En niet eens zo duur: assertiviteit uit de pillendoos kost maar €35 per maand. De farmaceut kan die publiciteit niet gebruiken; deze aanvullende toepassingsgebieden moeten nog in vele landen een officiële toelating verwerven. Dat delicate proces moet niet verstoord worden door speculaties over de effectiviteit ervan, tegen de meer frivole alledaagse angstjes.
Er is 'haast' bij, ondanks dat Seroxat nu nog in de groeifase zit (thans is de omzet zo'n €1,5 miljard per jaar en in 2003 wordt deze geschat op zo'n €3 miljard). Het patent zal in 2006 verlopen. Daarna zullen vele kapers dit product als een 'generiek geneesmiddel' op de markt brengen en klapt de omzet van Seroxat in elkaar. De buit moet nu dan ook snel worden binnengehaald.

Bron: *Vrij Nederland*, oktober 1998

Verzadigingsfase
De afzet en winst stabiliseren zich in de verzadigingsfase, alhoewel er nog enige groei van de categorie laggards te verwachten is.
De cumulatieve penetratiegraad is hoog, zo niet maximaal, evenals de herhalingsaankopen. De verbruikersindex kan nog wel wat omhoog, zeker als er nieuwe toepassingen bij komen of additionele vraag aanwezig is.
Doordat de concurrentie zich nadrukkelijk manifesteert en de groei uit de markt is, wordt de concurrentie-intensiteit heviger, veelal uitmondend in een prijzenslag. Dit wordt veelal versterkt doordat de aangeboden producten zich onvoldoende van elkaar onderscheiden. Deze monocultuur leidt tot een sterkere positie van de tussenschakels en de afnemers. In deze fase lijkt de prijs het enige marketingwapen te zijn.
Organisaties gaan in deze fase actief zoeken naar nieuwe segmenten of toepassingen voor hun product. Ze komen met productaanpassingen, veranderen de mix van de marketinginstrumenten, om beter dan de concurrenten in de wensen van de afnemers te voorzien.
Het is belangrijk in deze fase de marktpositie te consolideren en optimaal te profiteren van schaalvoordelen.

Neergangsfase

In de neergangsfase nemen de omzet en winst door vermindering van het marktaandeel af. Nieuwe producten hebben de positie in de markt overgenomen.
Belangrijk is dat de onderneming in de verzadigingsfase met een nieuw product is gekomen, zodat de marktpositie van de onderneming ten minste gelijk blijft en de afwisseling van de wacht geleidelijk gaat. Een tijdige afwisseling van producten kenmerkt een marktgeoriënteerde or-

Relatie afnemersgedrag, positionering en communicatieboodschap voor de organisatie DEVO (afkorting van: *de*gelijke *vo*oruitstrevendheid); opleiding hogere bedrijfskunde

Profiel van de doelgroep:

1 mannen en vrouwen; 25-45 jaar
2 middle management en (potentiële) leidinggevenden
3 ondernemers van MKB; directeur/eigenaar
4 zekerheidzoekers, geen 'snelle' carrièrejagers
5 huidige functie: specialistisch, veelal 'technische' vooropleiding

De persoonlijk georiënteerde aspecten van de studenten zijn:

6 gewenste functie: een stapje hoger of beter presterend in huidige functie
7 persoonlijke doelen, onder meer: zelfontplooiing, zelfbeschikking (betalen cursus zo nodig zelf), ambitie, hogerop komen, open voor vernieuwing
8 met betrekking tot werk: zelfstandig, uitdagingzoekend, belangrijk (niet alleen financieel), gemotiveerd.

Met deze persoonlijke kenmerken kunnen de studenten met name in de volgende Motivaction-groepen worden ingedeeld: postmaterialisten, kosmopolieten, moderne burgerij, ontplooiers; ofwel bijna 50% van de Nederlandse bevolking boven de 18 jaar. Dus DEVO heeft niets te zoeken bij snelle carrière- en statuszoekers, gemaksgeoriënteerden en traditionele burgerij. Kortom: de doelgroep van DEVO bestaat uit vrij moderne burgers, die een rol in deze maatschappij willen spelen en de voorkeur geven aan ontplooiing in plaats van status.

Complex communicatie- en koopgedrag

Het communicatie- en koopgedrag van potentiële studenten is die van een 'complex communicatie- en aankoopgedrag', omdat de betrokkenheid van studenten hoog is en het merk(imago) een grote rol speelt. In de positionering moeten vooral 'hard sell'-argumenten, maar ook 'soft sell-'argumenten worden gebruikt. Naast overzichtelijke objectieve, rationele informatie (cognitief), moeten we dus ook affectieve (gevoelsmatige) informatie verstrekken.

Toelichting: De betrokkenheid van de deelnemers is hoog; men selecteert DEVO vanwege het goede merkimago. Daarbij komt dat er vooral sprake is een zogenaamde *informationele motivatie*; omdat men beperkte kennis en vaardigheden bezit gaat men een managementcursus volgen. De motivatie voor het aanschaffen van een dergelijk product is om problemen (in de toekomst) op te lossen c.q. te vermijden. Maar bij DEVO's doelgroep is er ook sprake van *transformationele motivatie.* Er zijn positieve beweegredenen om een product te kopen, omdat zij het (organisatie)leven wil veraangenamen, problemen begrijpen, kunnen meedenken, meetellen in de organisatie et cetera. Bovenstaande is gebaseerd op het Ruscon-model, genoemd in paragraaf 4.7.

Positionering van DEVO-Businesscursus

De Businesscursus is een hoogwaardige en praktische managementopleiding op HBO- niveau. Op tal van bedrijfskundige aspecten ontvangt men van professionals up-to-date theoretische kennis en noodzakelijke inzichten, om zich grondig in de vele facetten van de organisatie of andere organisaties te ontwikkelen. Men kan als manager de diverse specialisaties in een organisatie beoordelen en aansturen en een organisatiestrategie ontwikkelen. Men wordt een generalist en is breed inzetbaar. Men ontmoet collegae uit profit- en non-profitorganisaties. De structuur van de organisatie is zodanig gekozen dat de kosten redelijk zijn en de sfeer stimulerend en collegiaal.

Communicatieboodschap

Op basis van communicatie- en koopgedrag wordt met name de nadruk gelegd op concrete (product-) voordelen en probleemoplossingen (*hard sell*), maar ook op imago van de cursus, persoonlijkheid, generalist worden; je telt mee als je de cursus volgt *(soft sell*). Zoals elke communicatieboodschap, moet ook deze in de juiste context worden geplaatst, appellerend aan de belevingswereld, waarden en normen en (kennis)inhaligheid van de potentiële deelnemers (zie profiel), die voor de juiste boodschap openstaat of ervoor ontvankelijk is.

ganisatie en komt ten goede aan de reputatie en relatie met de afnemers. Het oude product kan worden geëlimineerd of nog zolang mogelijk worden uitgemolken.

14.5 Distributie- en communicatiebeslissingen bij internationaal zakendoen

In deze paragraaf bespreken we hoe distributie- en communicatiebeslissingen bij het betreden van buitenlandse markten door diverse factoren worden beïnvloed.

Distributiebeslissingen

Bij het inschakelen van een handelsagent heeft een onderneming meer grip, omdat facturering geschiedt door of namens hem en de agent meestal uitsluitend gehonoreerd wordt op basis van commissie over de door hem gerealiseerde verkopen. Volledig onder controle heeft men de prijs als men rechtstreeks aan de eindgebruiker levert. De prijsstelling kan worden afgestemd op de specifieke situatie in het betreffende land of segment. Dan zal men meestal streven naar het maximaal haalbare in een bepaalde markt om het voor die markt gestelde marktaandeel te realiseren, waarbij sterk gelet wordt op de op die markt bestaande concurrentie. Verticale prijsbinding is in de Europese Unie verboden en dit geldt eveneens voor prijsdiscriminatie. Dit laatste betekent dat hetzelfde product in de hele Europese Gemeenschap verkrijgbaar moet zijn voor dezelfde prijs als in de thuismarkt, verhoogd met opslagen voor transport, verzekering en de aldaar geldende detailhandelsmarges.

Als belangrijkste wijzen van prijsstelling op de internationale markt worden genoemd:

- de kostprijs-plusmethode;
- de lokale verkoopprijs minus de handelsmarge;
- het maximaal haalbare prijsniveau om het ten doel gestelde marktaandeel te kunnen realiseren;
- het minimale prijsniveau waartegen men kan leveren zonder verlies te lijden om het toetreden van buitenlandse concurrentie te voorkomen;
- het hanteren van *transfer-pricing*; dat is de prijs waartegen interne leveringen aan buitenlandse dochters plaatsvinden. De hoogte hiervan wordt medebepaald door fiscale overwegingen. Met andere woorden: waar men bij voorkeur belasting betaalt. Als dit geen argument is, zal de prijs meestal bestaan uit de kostprijs plus een beperkte winstopslag. In ieder geval moet worden voorkomen dat de buitenlandse vestiging het product niet verkoopt, omdat de prijs in diens markt te hoog ligt;
- het al dan niet aangaan van barter trade-transacties. In de meest elementaire vorm is dit ruilhandel. De reden om hiertoe over te gaan is het ontbreken van voldoende deviezen in het betreffende land. Niet elke organisatie beschikt zelf over de deskundigheid om de in ruil ontvangen goederen op de markt te brengen. Bovendien kunnen ze de goederen in de eigen organisatie vaak niet gebruiken. Daarom zijn er organisaties ontstaan die zich gespecialiseerd hebben in het zorgen voor afnemers van de ontvangen goederen, waardoor de

Transfer-pricing

Bartering

ruilgoederen ontvangende partij weer in geld betaald kan worden. Een voorbeeld hiervan is Mannesmann, die gasbuizen aan Rusland levert en daarvoor in ruil een bepaalde hoeveelheid aardgas ontvangt. Soortgelijke transacties hebben plaatsgevonden met Bulgarije en Roemenië, die Nederlandse tuinbouwkassen afnamen en betaalden met de daarin geteelde gewassen. Een onderneming in Nederland die goed is ingevoerd op het gebied van bartering, is Peja.

Entreestrategieën

De door een onderneming gevolgde strategie met betrekking tot het betreden van voor haar nieuwe markten, noemt men *entreestrategie*. Onderscheid wordt gemaakt naar directe en indirecte entreestrategieën. Tabel 14.9 geeft aan welke mogelijkheden zich daarbij voordoen.

Tabel 14.9 **De kanaalkeuze bij een entreestrategie**

Landen	Kanalen	
	Interne personen en organisaties	Externe personen en organisaties
Thuismarkt	• Eigen vertegenwoordigers-apparaat • Specialisten, zowel op technisch als marketinggebied	• Agent (eventueel makelaar) voor buitenlandse afnemers • Exporterende groothandel • Exporteur • Exportcombinaties
Buitenlandse markt	• Eigen verkooporganisatie • Eigen verkooporganisatie + inkoopbevoegdheid • Eigen verkooporganisatie + assemblage • Eigen verkooporganisatie + productie	• Agent (eventueel makelaar) van buitenlandse afnemers • Importerende groothandel • Importeur • Importcombinaties • Piggy back • Joint selling • Licentie/franchise

De keuze van de marktbewerkingsstrategie is, evenals dat in de thuismarkt het geval is, afhankelijk van een aantal factoren die specifiek gelden op de betreffende markt en voor de betreffende onderneming. De keuze op het gebied van de distributie zal gaan tussen intensief, selectief of exclusief. Ongeacht deze keuze kan men kiezen voor een directe of een indirecte entreestrategie.
Voor het opzetten van een eigen verkooporganisatie gelden dezelfde criteria als dat voor de thuismarkt het geval is. Zoveel mogelijk zal gewerkt moeten worden met verkopers en servicemensen uit de landen waar zij zelf opereren. Dit is niet alleen uit kostenoogpunt aantrekkelijk, maar het geeft de buitenlandse afnemer de verzekering dat hij ook na zijn aankoop niet door de verre buitenlandse leverancier in de steek gelaten wordt. Bovendien voorkomt het problemen die voortkomen uit het onvoldoende ingespeeld zijn op daar geldende gebruiken en handelsgewoonten. Ook uit een oogpunt van public relations is dit aan te bevelen. Figuur 14.8 geeft de diverse directe strategieën van marktbewerking aan, die door een onderneming gevolgd kunnen worden.

Bij elke marktbewerkingsstrategie moeten beslissingen genomen worden op het gebied van:

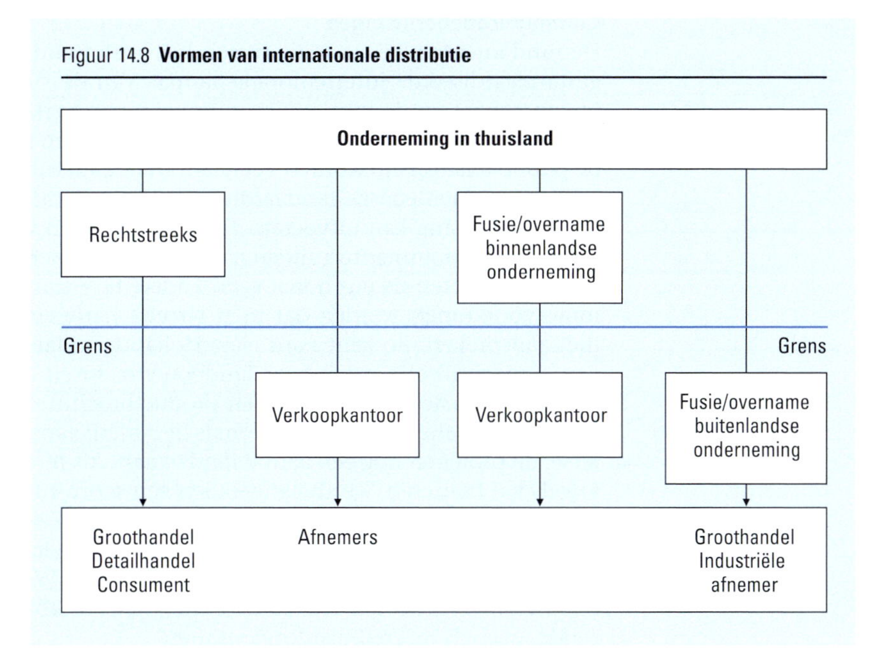

- het aanhouden van voorraden
- de opslag
- het transport
- de garantie en serviceverlening
- de verpakking
- de leveringscondities
- de te volgen promotiestrategie
- de margestructuur
- de bonussen
- de transportverzekering
- de productaansprakelijkheidsverzekering.

Met name in de Verenigde Staten is dat laatste een absolute noodzaak, omdat de claims uit dien hoofde fabelachtig hoog kunnen zijn.

Joint venture

Tussen ondernemingen die kiezen voor een indirecte entreestrategie zijn diverse vormen van samenwerking mogelijk. Een veelvoorkomende vorm van samenwerking is het opzetten van een nieuwe *joint venture*, die als zelfstandige eenheid voor de oprichters hun internationale activiteiten gaat organiseren. Het voordeel hiervan kan zijn het behalen van knowhow, synergie- en kostenvoordelen, die voor elk van de partijen individueel niet haalbaar zouden zijn. Bovendien kan een dergelijke eenheid zich in hoofdzaak op de buitenlandse afzet richten en wordt zij niet 'gehinderd' door de op de thuismarkt gerichte organisaties van de oprichters.
Een andere joint venture-vorm kan worden opgezet samen met een buitenlandse producent of distribuant. De inbreng van de buitenlandse partner zal dan met name bestaan uit inbreng van specifieke lokale marktkennis, knowhow en vooral contacten met distributiekanalen of rechtstreeks met afnemers.

Communicatiebeslissingen

De fundamentele keuze is die tussen het uitsluitend hanteren van een gestandaardiseerde internationale aanpak van de verkoopbevordering of een geheel op de lokale wijze uitvoeren van verkoopbevorderende-activiteiten. Onder 'verkoopbevordering' dient hier, naast reclame, ook de public relations te worden verstaan. In de praktijk zal het niet voorkomen dat men een gestandaardiseerde internationale aanpak zonder enige aanpassing kan uitvoeren. Ten minste zullen vertalingen van de gehanteerde argumenten moeten plaatsvinden, vooral in die landen waar men buiten de eigen taal geen andere taal machtig is. Bovendien moet voorkomen worden dat men termen hanteert die de doelgroep niet aanspreken. Zo kent Ford New Holland, ondanks een grote mate van standaardisatie, voor haar landbouwtractoren alleen al acht verschillende versies Engels voor haar productbrochures. Daarmee spreekt men de Australische afnemer, evenals de Amerikaanse, de Canadese, de Ierse, de Indiër en nog een aantal landen aan. Als men slechts één soort Engels wil hanteren, wordt aangeraden een soort internationaal Engels te gebruiken, geschoond van specifiek idioom. Zelfs Coca-Cola ontkomt er niet aan in de taal van het land waar zij haar producten distribueert, met haar doelgroepen te communiceren. Wel is haar reclameboodschap over de hele wereld dezelfde. De jeansfabrikanten doen hetzelfde, evenals de creditcardorganisaties.

Levensmiddelenfabrikanten hebben veelal een sterk op de diverse nationale markten afgestemd promotiebeleid. De voordelen van gestandaardiseerde internationale campagnes vallen weg als het eigen merk of een octrooi niet in alle landen beschermd is. Bovendien heeft men veelal te maken met sterke nationale merken waarin veel promotieguldens zijn geïnvesteerd om ze op te bouwen. Het is dan ook allerminst verwonderlijk dat bedrijven, die door derden van buiten de thuismarkt worden geacquireerd, ook daarna de eigen merknaam blijven voeren. Een voorbeeld hiervan is de koop van Verkade door United Biscuits, het handhaven van de naam van Van Berkel nadat dit bedrijf een meerderheidsdeelneming was geworden van General Electric Corporation en het blijven hanteren van Douwe Egberts in haar promotieactiviteiten door Sara Lee. Van Nelle zou nagenoeg onverkoopbaar zijn geworden voor haar toenmalige Britse eigenaar als men dit merk tijdens de eigendomsperiode niet had onderhouden.

14.6 Twee praktijkvoorbeelden van een marketingmix

In deze paragraaf zal de eerder beschreven theorie worden toegepast aan de hand van twee cases. Ze laten zien hoe marketingdoelstellingen en -strategieën in de praktijk worden toegepast.
De eerste case gaat over een nieuw verduurzamingsmiddel voor hout en de tweede case over voedingssupplementen.

Case 1 Introductie in 2003 van Woodprotector Plus

Woodprotector Plus is een product van Protekto BV dat bestemd is voor de bestrijding van houtaantastende insecten, zoals houtworm, huisboktor in woonhuizen, boerderijen en oude, vaak historische gebouwen.

Woodprotector Plus onderscheidt zich van bestaande producten, doordat het in concentraatvorm op de markt wordt gebracht en door verdunning nagenoeg vrij is van oplosmiddelen.
Toch bezit Woodprotector Plus de goede eigenschappen van de bestaande middelen, zoals een goede indringbaarheid in het hout. Protekto BV heeft meer producten voor de renovatiesector.

Marketingdoelstelling
Marktaandeel: eerste jaar 10%, tweede jaar 20%, derde jaar 25%.
Winst: eerste jaar €0, tweede jaar €100.000, derde jaar €175.000.

Marketingstrategie
Doelgroep: professionele bestrijders; aannemers, schilders en particulieren worden de eerste drie jaar niet beleverd.
Positionering: effectief product, milieuvriendelijk, verkrijgbaar in een hanteerbare verpakking, tegen een concurrerende prijs per m^3 hout.

Instrumentdoelstellingen en -strategieën

- Product:
  - *Productdoelstelling.* Een gunstig gepercipieerde kwaliteit; effectief, beter voor het milieu en voor de applicateur; door de concentraatvorm minder opslagruimte nodig.
  - *Productbeslissingen*:
    1. Merk: Woodprotector Plus.
    2. Verpakking: 1- en 5-liter PET-fles, met losse trechter om morsen tegen te gaan.
    3. Etiket: leesbare gebruiksaanwijzing met doseertips.
    4. Service: een servicemanager zal aanwezig zijn bij de eerste applicatie van Woodprotector Plus.
- Prijs:
  - *Prijsdoelstelling.* De prijsbeleving mag niet negatief zijn, ook al is het product gemiddeld 10% duurder per m^2.
  - *Prijsbeslissingen.* De prijs is €12,95 en €11,45 per liter, respectievelijk voor de 1- en de 5-literverpakking; de marge voor de distribuanten is 25-30% (de bijdrage voor Protekto BV is circa 100%); de prijzen worden eenmaal per jaar herzien, tenzij er op acties van de concurrentie moet worden gereageerd.
- Distributie:
  - *Distributiedoelstelling.* Een cumulatieve penetratiegraad van 50%, dit zijn 22 applicateurs, waaronder alle (zes) nationaal opererende applicateurs.
  - *Distributiebeslissingen.* Intensief, dus alle applicateurs; de zes nationaal opererende applicateurs worden direct beleverd door Protekto BV en de andere door twee distribuanten (zuid- en noordregio); een duidelijke pullstrategie naar de overheid (subsidieverlening), opinion leaders (architecten, Monumentenzorg) en eigenaren (musea, kerkbesturen); de distribuanten nemen voor één maand product in voorraad.
- Communicatie:
  - *Communicatiedoelstelling.* Trial (conatief) van 25% na drie maanden en 50% na één jaar.
  - *Communicatiebeslissingen.* Direct mail en uitgebreide folder naar applicateurs en stakeholders; in de vier regio's worden lezingen

voor applicateurs en stakeholders gehouden met onder andere een expert van tno; er komt een gemakkelijk leesbare folder voor de eigenaren, te verspreiden door de applicateurs; voor de applicateurs is een diaserie beschikbaar; alle applicateurs worden in de eerste twee maanden bezocht door een commercieel-technisch adviseur; in de tweede helft van 2003 wordt aan de Restauratiebeurs deelgenomen.
- Implementatie: Activiteiten per week, wie, wat, waar, wanneer, hoe e.d. en wie is verantwoordelijk.
- Evaluatie per maand, controle en feedback.

Voedingssupplementen van Mega Sport Nutricion in 2003

Sport Nutricion heeft in korte tijd bewezen dat zij goede voedingssupplementen kunnen leveren voor sporters, die meer uit hun lichaam willen halen. De leiding heeft geprognotiseerd dat de omzet in 2003 met 25% moet stijgen. Met heeft een weldoordachte lijn van sportproducten met een tot op heden ongeëvenaard kwaliteitsniveau. Belangrijke producten zijn: Power Creatine, Tribolus, Fat Attack IV, Fat Blocker en Multi Vitaplex, elk met meer dan 10% omzetaandeel. Verder zijn er nog diverse producten met meer dan 5% omzetaandeel.

Tabel 14.10 **Structuur en uitwerking van operationeel marketingplan**

Structuur	**Distributiekanalen**	**Afnemersdoelgroepen**
Doelgroep	Reformhuizen, adviserende (keten)drogisterijen, Neckermann	Amateursporters, sportschoolgangers, sportieve vrouwen
Doelstelling	• Verhoging van de omzet van €15 miljoen met 25% tot €19 miljoen in 2002 • MA van 6% in 2002 • Marktbereik 95% bij reformhuizen en adviserende drogisterijen. Verdubbeling van de distributie bij drogisterijketens; handhaving distributie bij Neckermann • Actieve ondersteuning van de productgroepen door de handel.	• Verhoging van de omzet van €15 miljoen met 25% tot €19 miljoen in 2002 • 6% MA in 2002 • TOMA bij 100% van de topsporters; geholpen en spontane bekendheid van resp. 90% en 70% bij amateursporters, sportschoolgangers en sportieve vrouwen
Positionering	Het A-merk sportproducten waar adviserende reformhuizen, drogisterijen en andere relevante distribuanten van gezondheidspreparaten niet omheen kunnen.	Het product dat gezondheidsbewuste, actieve sporters in staat stelt greep te krijgen en te houden op hun leven. Propositie: Run Your Live
Marketingmix		
productmix	Een assortiment goeddoordachte, kwalitatief superieure sportproducten. Mineralenpreparaten en (multi)vitaminen bestaande uit natuurlijke extracten en grondstoffen die een uitstekende basis vormen voor afslanken, uithoudingsvermogen, body-shapen en spieropbouw.	Een assortiment goeddoordachte, kwalitatief superieure sportproducten. Mineralenpreparaten en (multi)vitaminen bestaande uit natuurlijke extracten en grondstoffen die een uitstekende basis vormen voor afslanken, uithoudingsvermogen, body-shapen en spieropbouw.
prijsmix	Consumentenadviesprijzen circa 10% boven die van de markt. Adviesprijzen gelden voor alle kanalen. 45% detailhandelsmarges.	Consumentenadviesprijzen circa 10% boven die van de markt. Adviesprijzen gelden voor alle kanalen.
promotie- en presentatiemix	• persoonlijke verkoop: relatiemanagement door account manager, voorlichting aan winkelpersoneel • PR: redactionele artikelen in Drogisterij Weekblad • Combinatiereclame: folder meegehecht in Etosblad en De Tuinen-magazine • SP: toonbankdisplays met productfolders, eindejaarsbonussen • schapinrichting	• DM: mailingen aan topsporters • reclame: folder meegehecht in club-, sport- en special interestbladen (Sport International, Runners World, Wieler Revue, Triathlon Sport, KNAU-bondsblad, Men's Health, Sport & Fitness, Culture & Camp, Leger Koerier) • PR: free publicity in de genoemde bladen.
distributiemix	• intensieve distributie (95%) bij reformhuizen • selectieve distributie bij 820 van de in totaal 3 100 adviserende (keten)drogisterijen • distributie bij postorderbedrijf • service merchandising	• intensieve distributie (95%) bij reformhuizen • selectieve distributie bij 820 van de in totaal 3 100 adviserende (keten)drogisterijen • postorderbedrijf Neckermann
Financiële aspecten	• verwachte omzetresultaten per maand naar afzetkanaal en naar product • totaal marketingcommunicatie: €3 miljoen (waarvan €1,2 miljoen aan genoemde pushactiviteiten)	• verwachte omzetresultaten per maand naar afzetkanaal en naar product • totaal marketingcommunicatie: €3 miljoen (waarvan €1,8 miljoen aan genoemde pullactiviteiten)
Actieprogramma	wie, wat, wanneer, waar moet uitvoeren en wie verantwoordelijk voor de coördinatie	wie, wat, wanneer, waar moet uitvoeren en wie verantwoordelijk voor de coördinatie
Controle & bijsturing	meten, bijsturen, bijstellen en rapporteren van resultaten	meten, bijsturen, bijstellen en rapporteren van resultaten

Bron: *NIMA-B-examen*, 10 januari 2002

Methoden en technieken

3

Er zijn technieken of modellen die verschillende fasen van het marketingplanningsproces kunnen ondersteunen. Teneinde herhaling te voorkomen, worden deze technieken en modellen afzonderlijk in dit deel in de hoofdstukken 15 tot en met 17 behandeld.
In hoofdstuk 15 staan de kostprijs- en beslissingscalculaties centraal. Daarbij is het noodzakelijk inzicht te verkrijgen in het kostenbegrip en kennis te maken met de verschillende soorten kosten. Vervolgens wordt ingegaan op de verschillende manieren waarop kostprijzen berekend kunnen worden. Bovendien wordt aandacht besteed aan beslissingscalculaties, uitmondend in het nemen van investeringsbeslissingen.
Hoofdstuk 16 heeft betrekking op het marktonderzoek. Alhoewel op NIMA-A-niveau al verschillende elementen hiervan de revue passeerden, wordt in dit hoofdstuk met name aandacht geschonken aan de functie van het marktonderzoek, het onderscheid tussen markt- en marketingonderzoek, de organisatie

van het marktonderzoek in een onderneming en de stappen die in het marktonderzoekproces kunnen worden onderscheiden. Bovendien wordt ingegaan op de keuze tussen het zelf doen van marktonderzoek of het uitbesteden daarvan.
De belangrijkste statistische technieken komen in hoofdstuk 17 aan de orde. Daarbij staat het trekken van steekproeven en het beoordelen van steekproefresultaten centraal. Bovendien wordt aandacht geschonken aan de chi-kwadraatanalyse en de tijdreeksanalyse. In de laatste paragraaf van dit hoofdstuk komen wat meer geavanceerde technieken aan de orde, zoals multidimensional scaling (conjunct meten), de prijsgevoeligheidsmeter en het koopresponsonderzoek van Gabor en Granger.

Formeel behoort hoofdstuk 18 tot module 2. Echter, omdat eerst nu alle ingrediënten beschikbaar zijn, wordt in dit laatste hoofdstuk van het boek een integraal voorbeeld gegeven van een volledig uitgewerkt marketingplan, waarin alle elementen van de voorgaande hoofdstukken als het ware geïntegreerd worden.

Kostprijs- en beslissingscalculaties

15

Voor een solide planning is inzicht in de kosten en kostensoorten noodzakelijk (paragrafen 15.1 en 15.2). Bovendien moet men bekend zijn met de verschillende vormen van kostprijsberekening (paragraaf 15.3). Hierbij onderscheidt men:

- integrale kostprijsberekeningsmethoden, ook absorption costing (AC) genoemd;
- niet-integrale methoden, zoals direct costing (DC) en differentiële kostprijsberekening.

In paragraaf 15.4 behandelen we een drietal beslissingscalculaties. Aan knelpuntcalculatie (uitgevoerd met de techniek van lineaire programmering) wordt aandacht besteed in paragraaf 15.5.
Paragraaf 15.6 betreft de behandeling van een aantal methoden, waarmee antwoord gegeven kan worden op de vraag: ‘Al of niet investeren?’

15.1 Kosten

De term kosten kan worden omschreven als de waarde van de opgeofferde productiemiddelen, voorzover dit in economische zin doelmatig is.

Verspillingen

De productiemiddelen die gebruikt worden, zoals grond- en hulpstoffen en arbeid, maar niet strikt noodzakelijk zijn voor de voortbrenging van producten of diensten, zijn verspillingen; ze worden direct op de resultatenrekening als verlies geboekt. Verspillingen zijn namelijk geen bestanddeel van de kostprijs.

Kostenindelingen

Er zijn diverse kostenindelingen mogelijk:
- constante en variabele kosten;
- directe en indirecte kosten;
- algemene en bijzondere kosten.

Constante kosten

Vaste kosten

De constante kosten (CK), ook wel *vaste kosten* genoemd, houden verband met de productiecapaciteit. Constante kosten zijn niet afhankelijk van de productieomvang (de productiegrootte). De constante kosten blijven gedurende een bepaalde periode gelijk, omdat de productiecapaciteit op korte termijn niet kan veranderen.
Voorbeelden van constante kosten zijn afschrijvingskosten, huur van gebouwen, rentelasten enzovoort.
Het aandeel van de constante kosten per productie-eenheid daalt, naarmate het aantal geproduceerde eenheden toeneemt, bijvoorbeeld door continudienst of meerploegendienst.

Productiecapaciteit

Normale productie

Rationele overcapaciteit

Irrationele overcapaciteit

De productiecapaciteit van een organisatie is in het algemeen groter dan nodig is voor de 'normale productie'. De productiecapaciteit kan noodzakelijkerwijze groter zijn dan de normale productie, omdat bijvoorbeeld sprake is van een seizoenpatroon, door noodzakelijk technisch onderhoud of omdat men het duurzaam productiemiddel (dpm) slechts in een bepaalde technische capaciteit kan kopen. In dat geval spreken we van een *rationele overcapaciteit*. De dan nog resterende capaciteit is niet nodig en wordt de *irrationele overcapaciteit* genoemd.
Niet alle overblijvende overcapaciteit is irrationeel, want als men bij nieuwe investeringen op verantwoorde wijze al rekening houdt met de in de nabije toekomst benodigde capaciteit, is de overcapaciteit rationeel.

Slechts een onverantwoord te grote capaciteit betekent irrationele overcapaciteit (zie figuur 15.1).

Als de constante kosten €500.000 bedragen, dan zijn de constante kosten bij een productie van 100 000 stuks €5 per stuk en bij een productie van 125 000 stuks €4 per stuk. We gaan er dan wel van uit dat de productiecapaciteit niet hoeft te worden uitgebreid.
Stel dat bij uitbreiding van de productiecapaciteit tot 200 000 stuks de totale constante kosten €750.000 gaan bedragen, dan zijn de constante kosten €3,75 per eenheid product.

Figuur 15.1 **Productiecapaciteit**

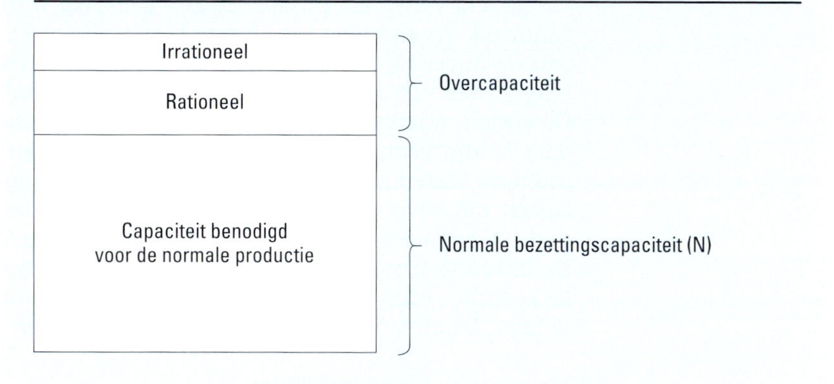

Leercurve-effect

Hierop is het principe van het *leercurve-effect* gebaseerd. Dat wil zeggen dat de kostprijs per eenheid product na verdubbeling van de productie aanzienlijk lager is dan de oorspronkelijke kostprijs.
Het leercurve-effect kan wel 20-30% bedragen, maar is per organisatie anders en kan op basis van eerder opgedane ervaringen (men spreekt daarom ook wel van de ervaringscurve) worden geschat.

TCK en GCK

De totale constante kosten in een periode duidt men wel aan met TCK. De constante kosten per eenheid product (p.e.p.) worden dan aangeduid met GCK (gemiddelde constante kosten).

Variabele kosten

De variabele kosten (VK) houden verband met de werkelijke productieomvang, dat wil zeggen: met het aantal te produceren (geproduceerde) producten of diensten. Vaak zijn de variabele kosten direct aan de afzonderlijke producten toe te rekenen en tenderen zij naar nul als de productie stilligt. Als variabele kosten kunnen worden beschouwd de kosten van grondstoffen, halffabrikaten, hulpstoffen, energie en arbeid. De totale variabele kosten nemen dus toe of af als de productie stijgt, respectievelijk daalt. De variabele kosten kunnen verschillend reageren op veranderingen in de productieomvang, namelijk proportioneel, progressief en degressief.

Proportionele VK

Met *proportioneel* wordt bedoeld dat de totale variabele kosten recht evenredig stijgen of dalen met de productieomvang.

Progressieve VK

Met *progressief* bedoelt men dat de totale variabele kosten meer dan evenredig stijgen met de productieomvang. Als de productieomvang toeneemt stijgen de progressieve variabele kosten per eenheid product. Een voorbeeld hiervan is de toeslag voor overwerk.

Degressieve VK

Bij *degressieve variabele kosten* nemen de variabele kosten per stuk af bij toename van de productie en nemen per stuk toe als de productie afneemt.

Toeslagen bij ongeregelde werktijden verhogen de variabele kosten progressief; gunstiger inkoopprijzen, kwantumkortingen van grondstoffen daarentegen degressief.

TVK en GVK

De totale variabele kosten in een periode duidt men aan met TVK; de variabele kosten per eenheid product worden aangeduid met GVK (gemiddelde variabele kosten).

Directe en indirecte kosten
De kosten (constante en variabele), waarvan rechtstreeks kan worden vastgesteld voor welk product ze zijn gemaakt, worden directe kosten genoemd. Voorbeelden van directe kosten zijn grondstoffen, de kosten van de direct bij de productie betrokken werknemers en de afschrijvingskosten van de machines die de producten produceren.
De kosten, waarvan niet direct kan worden vastgesteld voor welk product ze zijn gemaakt, noemt men indirecte kosten. Voorbeelden van indirecte kosten zijn rentekosten van vreemd vermogen, afschrijvingskosten van bijvoorbeeld het kantoorgebouw, salarissen van de directie, ondersteunende (staf)diensten en administratief personeel.
De indirecte kosten leveren een probleem op voor de berekening van de kostprijs, want ze moeten nog verbijzonderd worden naar product(groep). Daartoe past men verschillende technieken toe.

Algemene en bijzondere kosten
Als er niet onmiddellijk een oorzakelijk verband is tussen de kosten en de producten, is er sprake van algemene kosten. Deze algemene kosten moeten nog verbijzonderd worden naar de kostendragers: de producten. Pas na die verbijzondering is er sprake van bijzondere kosten. In eerste instantie zijn dus alle kosten algemene kosten.
Het verbijzonderen van de kosten vindt plaats via een methode van kostprijsberekening. Het is immers noodzakelijk de kostprijs per eenheid product te kennen.

15.2 Kostensoorten

Onder een kostensoort worden de kosten die verband houden met het gebruik van een bepaald productiemiddel verstaan. Er kunnen zeven kostensoorten worden onderscheiden:

Kosten van grond- en hulpstoffen

1 *Kosten van grond- en hulpstoffen.* Behalve de inkoopprijs van de grond- en hulpstoffen behoren hiertoe ook de magazijnkosten. Voor de berekening van de prijs van grond- en hulpstoffen wordt het gemiddelde van de verwachte inkoopprijzen in het komende jaar berekend. Dit noemt men de vaste verrekenprijs (VVP).

Kosten van arbeid

2 *Kosten van arbeid.* De kosten van arbeid bestaan niet alleen uit loonkosten, maar ook uit verplichte sociale lasten en andere personeelskosten, zoals werkkleding, kantinekosten, telefoonkostenvergoeding enzovoort.

Kosten van duurzame productiemiddelen

Afschrijvingen

3 *Kosten van duurzame productiemiddelen.* Duurzame productiemiddelen (dpm's) zoals machines slijten door gebruik en/of in de tijd en verliezen geleidelijk de oorspronkelijke waarde. Deze waardevermindering komt in de resultatenrekening onder de post 'afschrijvingen' tot uiting. Er kan worden afgeschreven van de oorspronkelijke aanschaffingswaarde, maar ook van de vervangingswaarde. Dit laatste is aan te bevelen als de aanschaffingsprijs van het dpm sterk aan schommelingen (voornamelijk stijgingen) onderhevig is. Voor de afschrijving is het van belang te weten hoe lang de levensduur zal zijn. We kunnen hier de technische en de economische levensduur onderscheiden.

Technische levensduur

De *technische levensduur* is de periode waarin de producten technisch nog kunnen worden geproduceerd, ongeacht tegen welke kosten en kwaliteit.

De door bedrijven betaalde pensioenpremies vormen een steeds belangrijker deel van de arbeidskosten

Economische levensduur

De *economische levensduur* is de periode waarin het duurzame productiemiddel de producten in de gewenste kwaliteit tegen de laagste kosten per eenheid product kan produceren, dit in vergelijking met alternatieve of nieuwe productiemiddelen. Voor een juiste bedrijfsvoering moet van de economische levensduur worden uitgegaan.

Kosten van de grond

4 *Kosten van de grond.* Grond is een duurzaam productiemiddel dat in het algemeen niet aan slijtage onderhevig is en waarop dus niet wordt afgeschreven. Pacht is een voorbeeld van grondkosten.

Kosten van derden

5 *Kosten van derden.* Onder deze kostensoort verstaan we kosten die door dienstverlenende bedrijven en instellingen in rekening worden gebracht zoals: transport, verzekering, marktonderzoek, reclameadvisering, accountancy, schoonmaakdiensten, elektriciteit enzovoort.

Kosten van belastingen

6 *Kosten van belastingen.* Een organisatie heeft doorgaans te maken met de volgende groepen belastingen:

- *Zakelijke belastingen* die verbonden zijn aan de bedrijvigheid van de organisatie, zoals onroerende-zaakbelasting, rioolbelasting, waterschapslasten, motorrijtuigenbelasting voor de bedrijfsauto's, invoerrechten enzovoort.
- *Winstbelastingen*, zoals inkomstenbelasting of vennootschapsbelasting.
- *Andere belastingen*, zoals loonbelasting, dividendbelasting en BTW (omzetbelasting), die de onderneming inhoudt en vervolgens aan de belastingdienst afdraagt.

Kostprijsverhogende belastingen

Alleen de zakelijke belastingen kunnen als kosten door de organisatie worden opgevoerd. Deze belastingen worden ook wel kostprijsverhogende belastingen genoemd. Door de overheid verstrekte subsidies werken daarentegen kostprijsverlagend.

Rentekosten

7 *Rentekosten*. De rente over het vermogen dat in de organisatie is geïnvesteerd, moet als kosten worden beschouwd. Het betreft niet alleen de rente op vreemd vermogen; ook over het eigen vermogen moet een rentevergoeding worden berekend.

Forse investeringen; de rentelasten van De Vleeshouwerij stijgen met 250%

In 1999 werd een grootscheeps investeringsplan opgezet, dat in 2002 geresulteerd heeft in een volledig nieuw vleeswarenbedrijf met een verdubbelde productiecapaciteit.
Dankzij een subsidie van €1,2 mln, die De Vleeshouwerij mocht ontvangen van het Europees Oriëntatie- en Garantiefonds voor de Landbouw, bleek de bouw van een volledig nieuw vleeswarenbedrijf met verdubbelde capaciteit per saldo zinvoller te zijn dan het aanpassen van de bestaande productiecapaciteiten.

15.3 Kostprijsberekeningen

Er zijn diverse manieren om de kostprijs van producten en diensten te berekenen. In deze paragraaf behandelen we:
1 de deelcalculatie
2 de enkelvoudige opslagmethode
3 de meervoudige opslagmethode
4 de productiecentramethode
5 de variabele kostencalculatie of direct costing (DC)
6 de differentiële kostencalculatie.

Verbijzondering van kosten

Methoden van kostprijsberekening zijn bedoeld om te komen tot verbijzondering van de kosten, en wel zodanig dat de kosten zo goed mogelijk ten laste komen van de kostendragers: de producten of de productgroepen.

Absorption costing (AC)

De bij 1 tot en met 4 genoemde methoden betreffen integrale kostprijsberekeningen of *absorption costing (AC)*, omdat daarin alle kosten op een of andere manier verbijzonderd worden.
Bij de onder 5 en 6 bedoelde methoden worden de constante kosten rechtstreeks ten laste van de resultatenrekening gebracht en betrekt men in de calculatie alleen de variabele kosten.

Opmerking De bij 4 genoemde productiecentramethode wordt slechts even aangeduid. Deze methode vereist namelijk een zeer uitvoerige behandeling, maar de complete berekeningsmethode is niet in de NIMA-exameneisen opgenomen.

Deelcalculatie

De deelcalculatie wordt hoofdzakelijk gebruikt bij homogene massaproductie (de productie van steeds hetzelfde product in grote aantallen tegelijk). Bij de *voorcalculatie* hanteert men de formule van de standaardkostprijs (S), namelijk:

Standaardkostprijs (S)

$$S \text{ p.e.p.} = \frac{TCK}{N} + \frac{TVK}{W} \qquad [15.1]$$

In deze formule stellen de symbolen het volgende voor:
TCK = totale constante kosten per periode
TVK = totale variabele kosten
N = normale bezetting (in eenheden product)
W = *verwachte* productiegrootte (in eenheden product)

$\frac{TCK}{N}$ stelt de constante kosten p.e.p. voor.

$\frac{TVK}{W}$ geeft de variabele kosten p.e.p. weer.

Bij de *nacalculatie* berekent men de kosten per eenheid product (p.e.p.) met de formule:

$$\text{Kostprijs p.e.p.} = \frac{TK}{Q} \qquad [15.2]$$

Daarin geldt:
TK = totale kosten per periode
Q = de *werkelijke* productiegrootte in die periode.

■ Voorbeeld 15.1

De totale constante kosten (TCK) zijn bij een bepaald bedrijf €800.000 per jaar bij een normale bezetting (N) van 200 000 eenheden product. De totale variabele kosten (TVK) zijn €3,6 mln bij een verwachte productiegrootte (W) van 180 000 eenheden product in dat jaar.
De standaardkostprijs per eenheid (S p.e.p.) is op basis van de voorcalculatie dan €24, namelijk:

$$S \text{ p.e.p.} = \frac{€800.000}{200\,000} + \frac{€3.600.000}{180\,000} = €4 + €20 = €24$$

Stel dat achteraf blijkt dat de totale kosten (TK) in dat jaar €4.539.000 bedroegen (in plaats van de begrote €4.400.000) bij een werkelijke productie van 178 800 eenheden product (Q). De nagecalculeerde kostprijs p.e.p. is dan:

$$\frac{€4.539.000}{178\,000} = €25,50$$

Enkelvoudige opslagmethode

Bij de enkelvoudige opslagmethode tracht men een verband op te sporen tussen de indirecte kosten en het totaal of gedeelte van de directe kosten. Die directe kosten (of een deel ervan) dienen dan als opslagbasis.

Eén opslagbasis

Men drukt de indirecte kosten uit in een vast percentage van de waarde van de basis of in een vast bedrag per eenheid van de basis.

■ Voorbeeld 15.2

Voor een bepaalde productieorder van 2 000 eenheden zijn de directe kosten €50.000. Hierin is een bedrag begrepen van €20.000 aan directe arbeidskosten, namelijk 400 uren à €50.
Het aantal directe arbeidsuren hanteert men als basis voor de opslag van de indirecte kosten en wel €20 per arbeidsuur.
De totale opslag is dan €8.000 en de kostprijs per eenheid product wordt dan:

$$\frac{€50.000 + €8.000}{2\,000} = €29$$

Meervoudige opslagmethode

De meervoudige opslagmethode is een verfijning van de enkelvoudige opslagmethode en wordt daarom ook wel de verfijnde opslagmethode genoemd.

Meer dan één opslagbasis

Men kiest namelijk niet één opslagbasis, zoals bij de enkelvoudige opslagmethode, maar meer bases. Vandaar de naam: meervoudige opslagmethode.
Deze bases kunnen zowel bestaan uit bedragen als uit hoeveelheden.

■ Voorbeeld 15.3

Stel dat men kiest voor twee verschillende bases voor de opslag van de indirecte kosten, namelijk:

- €25 per direct arbeidsuur;
- 40% van de waarde van het grondstofverbruik.

Aan de productie van 1 000 eenheden wordt aan directe kosten besteed:

600 uren directe arbeid à €50 per uur =		€ 30.000
4 000 kg grondstof à €5 per kg =		- 20.000
Totaal directe kosten		€ 50.000
De opslagen voor indirecte kosten zijn in dit geval:		
600 uren à €25 per uur =	€ 15.000	
40% van €20.000 =	- 8.000	
Totale opslag indirecte kosten		- 23.000
Totale kostprijs		€ 73.000

De kostprijs per eenheid product is $\frac{€73.000}{1\,000} = €73$.

Productiecentramethode

Bij de productiecentramethode worden de indirecte kosten van de hulpkostenplaatsen, zoals huisvesting, directie, administratie, transporten, magazijn met een verdeelsleutel doorbelast naar de hoofdkostenplaatsen, oftewel via de SBU's naar de functionele afdelingen, en daarna vanaf de hoofdkostenplaatsen doorbelast naar de producten als kostendragers.

Kostenplaatsen-methode

De productiecentramethode, ook wel genoemd de *kostenplaatsenmethode*, is de meest nauwkeurige methode van kostenverbijzondering. Er is daarbij sprake van een functionele kostenindeling. De kosten worden namelijk niet, zoals bij de opslagmethoden, gegroepeerd naar kostensoort, maar naar de functie van deze kosten in het productieproces. De functies die men onderscheidt, worden aangeduid als productiecentra of kostenplaatsen.

Kostenverdeelstaat

Bij deze methode gebruikt men een *kostenverdeelstaat* (die tevens een kostendekkingstaat is). Men kan een kostenverdeelstaat maken per voorcalculatie (als budget) en per nacalculatie (verslag).

Resultaat indirecte kosten

Er is een belangrijk verschil tussen beide staten. Bij een voorgecalculeerde kostenverdeelstaat is er geen 'resultaat indirecte kosten', omdat men de doorbelastingtarieven zodanig zal vaststellen, dat er geen verschil is tussen de begrote kosten van een kostenplaats en de dekking van die kostenplaats.

Bij een nagecalculeerde kostenverdeelstaat zal er in de praktijk wel een positief of negatief 'resultaat indirecte kosten' optreden.

Men onderscheidt de volgende kostprijsbegrippen:

- de fabricagekostprijs
- de commerciële kostprijs.

Fabricagekostprijs

De *fabricagekostprijs* bestaat uit de voorgecalculeerde prijs waartegen de gereedgekomen producten in de voorraad gereed product worden opgenomen. Ze is opgebouwd uit de per eenheid product berekende kosten van grondstofverbruik, directe arbeid en indirecte kosten (eerst verdeeld en doorbelast naar de hoofdkostenplaats Productie). Er kan dus achteraf een fabricageresultaat (ook genoemd: productieresultaat) ontstaan, als blijkt dat de werkelijke kosten per eenheid product afwijken van de toegestane (voorgecalculeerde) kosten p.e.p.

Kelderende kaasprijs

Naast de bekende clichés van molens, drugs en tulpen domineert in het buitenland vooral kaas het Nederlandse imago. Dit door frau Antje zo ijverig aangeprezen exportproduct staat momenteel echter zwaar onder druk. De kaasprijs is in een halfjaar met 20% gekelderd. Bracht een kilo Goudse kaas vorig jaar nog €3,64 op, inmiddels is de prijs naar €2,94 gedaald. De prijsdaling is een flinke strop voor de Nederlandse export. Van de 651 mln kilo kaas die hier wordt geproduceerd, gaat 488 mln kilo over de grens. Naast Duitsland en Frankrijk is Nederland een van de grote kaasexporteurs van Europa.

'De afgelopen jaren is de vraag naar kaas in Europa flink gestegen', vertelt een woordvoerster van Campina in Zaltbommel. 'De populariteit van kaas steeg doordat de consument na alle berichten over dierziektes als mkz en BSE het vertrouwen in vlees kwijt was geraakt. De afgelopen maanden is die angst weggeëbd en is kaas minder in trek. Het aanbod is wel hoog gebleven.'

Buiten Europa is de vraag naar kaas ook afgenomen door de hoge koers van de euro ten opzichte van de dollar. Minder kapitaalkrachtige kaasafnemers, zoals Rusland en Oost-Europa, worden hierdoor afgeschrikt. Een andere oorzaak voor de prijsdaling is de algehele misère in de zuivelindustrie. Met de productie van melkpoeder en boter gaat het nog slechter, waardoor meer melk naar de kaasbak wordt weggepompt. Nu de vraag naar kaas daalt, hopen de voorraden zich op.

Bron: *Trouw*, juni 2002

De voor de afzet uit de voorraad gereed product geputte producten worden uiteraard geprijsd tegen de voorgecalculeerde fabricagekostprijs. Daar bovenop komen de voorgecalculeerde directe verkoopkosten en de indirecte verkoopkosten (eerst verdeeld en doorbelast aan de hoofdkostenplaats Verkoop). Aldus ontstaat de voorgecalculeerde *commerciële kostprijs* per eenheid product.

Commerciële kostprijs

Verkoopresultaat

Het *verkoopresultaat* bestaat uit de netto-omzet min de commerciële kostprijs van de verkochte en afgeleverde producten.
De bruto-omzet (exclusief omzetbelasting) is het aantal verkochte en gefactureerde producten maal de verkoopprijs per eenheid product (exclusief omzetbelasting).
De netto-omzet is de bruto-opbrengst exclusief omzetbelasting min de rabatten en kortingen.

Een eventueel verschil in het voorgecalculeerde (begrote) en het nagecalculeerde verkoopresultaat kan als volgt ontstaan:

- De werkelijke directe en indirecte verkoopkosten wijken af van deze voorgecalculeerde kosten.
- De brutoverkoopprijzen kunnen afwijken van de voorgecalculeerde brutoverkoopprijzen.
- De rabatten en kortingen kunnen afwijken van de voorgecalculeerde tarieven.

Bedrijfsresultaat

De som van verkoopresultaat, fabricageresultaat en resultaat indirecte kosten vormt het *bedrijfsresultaat*.

Analyse van de verschillen

Als er een verschil optreedt tussen het voorgecalculeerde (begrote) en het nagecalculeerde bedrijfsresultaat, moet men een analyse van dit verschil maken. Bij deze analyse onderscheidt men bezettingsverschillen, efficiencyverschillen en prijsverschillen. Er zijn ook budgetverschillen; deze ontstaan door verschillen tussen de begrote en de werkelijke indirecte kosten.
Na analyse van de verschillen door controllers moet in overleg met de verantwoordelijke personen, zoals inkoop, productie en verkoop, worden nagegaan waarom er verschillen zijn opgetreden en op welke wijze negatieve verschillen in het vervolg voorkomen kunnen worden. De verschillen die in de nacalculatie naar voren komen, worden direct in de resultatenrekening verwerkt.

Bezettingsverschillen

Bezettingsverschillen ontstaan als er een verschil is tussen de werkelijke productie (W) en de bij de normale bezetting (N) geplande productie. Bezettingsverschillen worden berekend met de formule:

$$\text{Bezettingsverschil} = (W - N) \times \frac{TCK}{N} \qquad [15.3]$$

$\frac{TCK}{N}$ = gemiddelde constante kosten (bij normale bezetting) = GCK.

Als er meer producten zijn geproduceerd dan vooraf bij een normale bezetting gepland was, ontstaat er een overbezettingswinst die als volgt wordt berekend:

$$\text{Overbezettingswinst} = (W - N) \times GCK \qquad [15.4]$$

Worden daarentegen minder producten dan gepland geproduceerd, dan ontstaat er een onderbezettingsverlies, dat als volgt wordt berekend:

$$\text{Onderbezettingsverlies} = (N - W) \times GCK \quad [15.5]$$

Efficiencyverschillen

Als voor de fabricage van de producten de werkelijke hoeveelheden (Hw) arbeid, grondstoffen en/of hulpstoffen afwijken van de begrote hoeveelheden (Hb), spreken we van *efficiencyverschillen*. Als de begrote hoeveelheid (Hb) hoger is dan de werkelijk verbruikte hoeveelheid (Hw), is er een:

$$\text{Efficiencywinst} = (Hb - Hw) \times Pb \quad [15.6]$$

Is de werkelijk verbruikte hoeveelheid (Hw) groter dan de begrote hoeveelheid (Hb), dan constateert men een:

$$\text{Efficiencyverlies} = (Hw - Hb) \times Pb \quad [15.7]$$

Het in de formules gehanteerde symbool Pb stelt de begrote prijs per eenheid productiemiddel voor.

Prijsverschillen

Als de werkelijke prijzen (Pw) hoger of lager zijn dan de begrote prijzen (Pb), is er sprake van *prijsverschillen*, die met de volgende formules worden berekend:

$$\text{Voordelig prijsverschil} = (Pb - Pw) \times Hw \quad [15.8]$$

$$\text{Nadelig prijsverschil} = (Pw - Pb) \times Hw \quad [15.9]$$

■ **Voorbeeld 15.4**

Om een moderne lamp te maken mag 5 kg grondstof ad €16 per kg en 3 manuren ad €85 per uur worden toegerekend. De totale constante kosten bedragen €35.000 per maand. De geplande productie is 175 lampen per maand. In een bepaalde maand worden slechts 170 lampen geproduceerd, waarvoor 834 kg grondstof (kosten €14.178, ofwel €17 per kg) en 524 manuren (kosten €44.278, ofwel €84,50 per uur) werden gebruikt. De integrale kostprijs bedraagt dan: (€35.000 : 175) + (5 × €16) + (3 × €85) = €535 per lamp.

Bij voorcalculatie bedragen de kosten:

Constante kosten	€ 35.000
Grondstoffen: 175 stuks × 5 kg × €16	- 14.000
Manuren: 175 × 3 uur × €85	- 44.625
Totale kosten:	€ 93.625

Bij nacalculatie bedragen de kosten:

Constante kosten	€ 35.000
Grondstoffen: 834 kg × €17	- 14.178
Manuren: 524 uur × €84,50	- 44.278
Totale kosten:	€ 93.456

De werkelijke kosten per lamp bedragen dus €93.456:170 = €549,741. Het totale nadelige verschil tussen de voor- en de nacalculatie is dus 170 × (€535 – €549,741) = €2.506. Dit nadelige verschil kan als volgt worden gesplitst:

Capaciteitsverschil		
(170 – 175) × (€35.000 : 175) =	€ 1.000	(negatief)
Efficiencyverschil		
Grondstoffen: (850 kg – 834 kg) × €16	€ 256	(positief)
Manuren: (510 uur – 524 uur) × €85	- 1.190	(negatief)
Totaal:	€ 934	(negatief)
Prijsverschil		
Grondstoffen: 834 kg × (€16 – €17)	€ 834	(negatief)
Manuren: 524 uur × (€85 – €84,50)	- 262	(positief)
Totaal:	€ 572	(negatief)

Het totale nadelige verschil bedraagt derhalve €2.506.

Variabele kostencalculatie of direct costing (DC)

Bij direct costing (DC) worden uitsluitend de variabele kosten bij de werkelijke bezetting aan de producten toegerekend.

■ **Voorbeeld 15.5**

Een organisatie voert twee producten, namelijk A en B.
Voor product A zijn de variabele kosten (direct loon, grondstoffen enzovoort) €2,50 en voor product B €19 per stuk. De geplande afzet is 50 000 stuks A en 10 000 stuks B. De totale constante kosten voor de organisatie zijn €350.000 per periode.
De verwachte verkoopprijzen zijn voor A €7,50 en voor B €35 per stuk, exclusief 17,5% BTW.

De totale omzet van A en B: €375.000 + €350.000 =	€ 725.000
De TVK van A en B: €125.000 + €190.000 =	- 315.000
De totale contributiemarge:	€ 410.000
De TCK van A en B:	- 350.000
Nettoresultaat (winst):	€ 60.000

Contributiemarge

Het verschil tussen enerzijds de netto-omzet (productie/afzet × nettoverkoopprijs) en anderzijds de totale variabele kosten (TVK), vormt de totale *contributiemarge* (dekkingsbijdrage of contribution). De totale constante kosten (TCK) worden als één bedrag van de totale contributiemarge (dekkingsbijdrage) van alle producten afgetrokken. Het resterende bedrag is de nettowinst.

Differentiële kostencalculatie

De differentiële kostencalculatie wordt wel gebruikt bij onderbezetting en/of bij een eenmalige order voor een klant die buiten de doelgroep of het doelgroepgebied blijft, bijvoorbeeld een EU-tender voor een derdewereldland.

Voor de berekening van de differentiële kostprijs worden de constante kosten buiten beschouwing gelaten, voorzover deze door het eenmalig karakter van deze order niet veranderen. Mochten er toch extra constante kosten worden gemaakt dan moeten deze bij de totale variabele kosten worden opgeteld.
In formule:

$$\text{Differentiële kostprijs} = \frac{\Delta TVK}{\Delta W} \qquad [15.10]$$

In deze formule stellen de symbolen het volgende voor:
ΔTVK = de toename van de totale variabele kosten
ΔW = de toename van de productiegrootte
Δ = (delta = verandering in); in dit geval toename ten gevolge van de extra productie/afzet

Als de verkoopprijs hoger is dan de differentiële kostprijs, worden niet alleen de variabele kosten, maar wordt ook een deel van de TCK vergoed, namelijk het verschil tussen de verkoopprijs en de differentiële kostprijs, vermenigvuldigd met het aantal verkochte eenheden. Gebruikelijk is dat de TCK reeds door 'reguliere transacties' zijn gedekt. Het verschil tussen de omzet en de totale variabele kosten is dan de winstbijdrage.

Conclusie
Zowel direct costing (DC) als de differentiële kostencalculatie geeft de marketeer meer ruimte om voor individuele afnemers verschillende prijzen te berekenen, terwijl het eindresultaat gelijk kan zijn aan dat van de integrale kostprijsberekeningen. Een marketeer dient inzicht te hebben in de verschillende methoden om slagvaardig de winstdoelstelling te kunnen halen.

15.4 Enkele beslissingscalculaties

In deze paragraaf behandelen we enkele calculaties die kunnen dienen voor het nemen van bedrijfseconomisch verantwoorde beslissingen. Het zijn:
- break-even-analyse: bepalen van het BEP;
- kritische ordergrootte (KOG);
- zelf produceren of uitbesteden;
- economische ordergrootte.

Aan andere vormen van beslissingscalculaties besteden we afzonderlijke paragrafen, namelijk knelpuntcalculatie en de investeringsselectie.

Break-even-analyse
In de grafiek van figuur 15.2 hebben we voor het geval de verkoopprijs een vaste prijs is, de TO-curve (TO = totale opbrengst) getekend. Tevens is daarin de TVK-curve getekend, die uiteraard in de oorsprong begint, omdat als er niets geproduceerd wordt, er ook geen variabele kosten zijn. We gaan uit van proportioneel variabele kosten.
De TK-curve (de curve van de totale kosten) loopt evenwijdig met de TVK-curve; hun onderlinge (loodrecht gemeten) afstand die steeds dezelfde is, wordt gevormd door de TCK, de totale constante kosten.

BEP (break-evenpoint)

In het punt waar de TO-curve de TK-curve snijdt, is de totale opbrengst (TO) gelijk aan de totale kosten (TK). De totale winst is daar dus nul. Dit punt noemt men het break-evenpoint, aangeduid met BEP.
Een loodlijn vanuit het BEP neergelaten op de horizontale as, geeft de productiegrootte aan waarbij er noch winst noch verlies is. Bij een productiegrootte (Q) die kleiner is, is er sprake van verlies. Is de Q groter dan die van het BEP, dan wordt er winst behaald.

Figuur 15.2 **Grafische bepaling van het BEP**

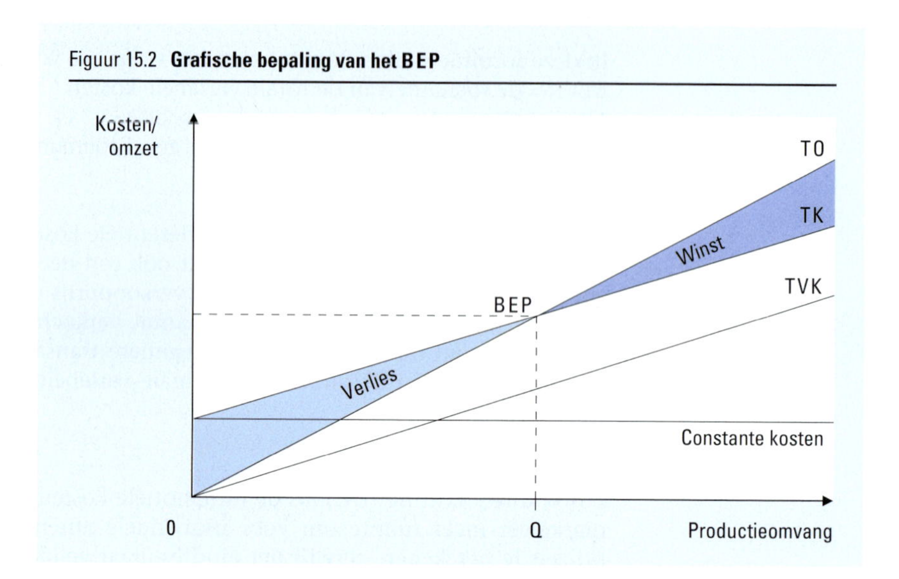

De formule voor de berekening van de productiegrootte (Q) in eenheden, waarbij er sprake is van het BEP, luidt:

$$\frac{TCK}{P - GVK} \times 1 \text{ eenheid} = Q \text{ eenheden bij het BEP} \qquad [15.11]$$

Hierin is TCK het bedrag van de totale constante kosten per periode, P de verkoopprijs per eenheid en GVK de gemiddelde variabele kosten per eenheid.

Uiteraard zal een ondernemer trachten een zo groot mogelijke afzet te behalen. De grens wordt echter, althans op de korte termijn, gevormd door de beschikbare productiecapaciteit.

Veiligheidsmarge
De relatie tussen de werkelijke of begrote productie/afzet, hierna aangeduid met A, en de break-even-afzet, hierna aangeduid met B, komt tot uiting in de zogenaamde veiligheidsmarge, die uitgedrukt wordt in een percentage van de werkelijke afzet.
De formule luidt:

$$\text{Veiligheidsmarge} = \frac{A - B}{A} \times 100\% \qquad [15.12]$$

Dit percentage geeft dus aan hoeveel de productie/afzet maximaal mag dalen vóór men beneden het BEP-niveau zakt.

De prijskorting gaat direct ten koste van de brutowinst

■ **Voorbeeld 15.6**

Wanneer de marketingmanager van de bekende Nederlandse schoenenfabrikant Greve Schoenen bv zijn marketingplan voor de Nederlandse markt voor de volgende periode heeft opgesteld, is het zinvol na te gaan waar het break-evenpoint ligt en hoe ver dit punt verwijderd is van de geplande omzet. Hierbij moet onderscheid gemaakt worden tussen de constante en de variabele kosten. Voor het jaar 2000 is bekend dat de totale netto-omzet €55 mln bedraagt. De totale constante en variabele kosten bedragen respectievelijk €10,2 mln en €43,5 mln, zodat aan winst voor belasting €1,3 mln resulteert.

De (proportioneel) variabele kosten bedragen derhalve 79,09% van de omzet. Stel omzet op y. Het break-evenpoint ligt bij y = €10,2 mln × 0,7909y. De BEP-omzet is dus €48.780.488, wat 11,3% lager is dan de werkelijke omzet. De veiligheidsmarge bedraagt dus 11,3%. De veiligheidsmarge kan ook op een andere manier worden berekend: 10,2/(55 – 43,5) × 100% = 88,7% – 100% = 11,3%. Boven het BEP is er van iedere gulden omzet ruim €0,79 beschikbaar voor variabele kosten en bijna €0,21 voor winst. De constante kosten zijn na het bereiken van het BEP niet interessant meer, omdat deze immers volledig gedekt worden bij het bereiken van het BEP. In figuur 15.3 is een en ander grafisch weergegeven.

Figuur 15.3 **Grafische bepaling BEP voor Greve Schoenen BV**

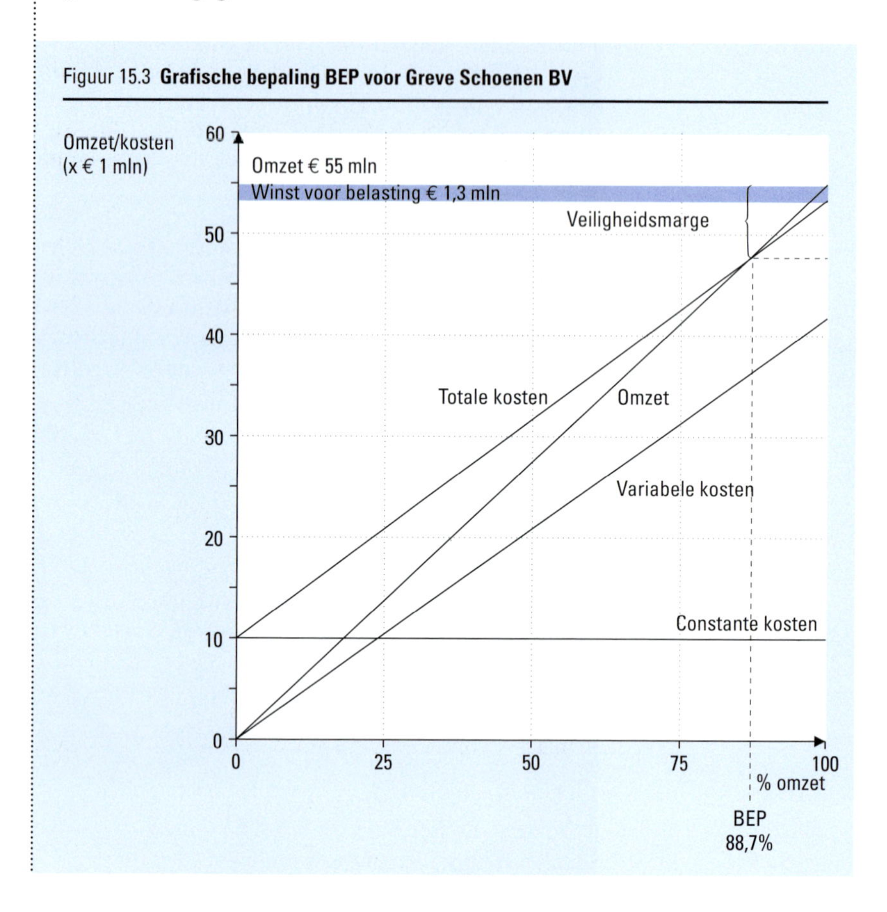

Shut-down-point

Het zal duidelijk zijn dat de ligging van de curven in figuur 15.3 verandert als de verkoopprijs wijzigt, als de proportionele variabele kosten veranderen en/of als de TCK wijzigen. Steeds ontstaat er dan een ander BEP.

Er zou een moment kunnen komen dat de verkoopprijs per eenheid product gelijk is aan de gemiddelde variabele kosten p.e.p., dus P = GVK. De curven van de TO en de TVK vallen dan samen. De TCK worden dan niet meer vergoed. Er is in dat geval sprake van het shut-down-point, waarbij men de activiteiten beter kan beëindigen.

Kritische ordergrootte (KOG)

Vooral voor handelsondernemingen, maar ook voor de afdeling Verkoop van industriële ondernemingen is het kennen van de kritische ordergrootte (KOG) van belang.

C_{po} (kosten per verkooporder)

Aan het opnemen, administreren en uitvoeren van een verkooporder (die van een cliënt ontvangen wordt) zijn min of meer vaste kosten verbonden, die (nagenoeg) onafhankelijk zijn van de omvang van de order. Die kosten duidt men aan met C_{po}.

Brutowinst

Het verschil tussen inkoopprijs en verkoopprijs noemt men bij handelsondernemingen de *brutowinst*. Bij de afdeling Verkoop van een industriële onderneming is de brutowinst te vergelijken met het verschil tussen de fabricagekostprijs en de verkoopprijs.

Nettowinst

De *nettowinst* is de brutowinst verminderd met alle (verkoop)kosten, waaronder bijvoorbeeld de provisie aan vertegenwoordigers en de aan afnemers verleende rabatten en kortingen. Provisies, kortingen en rabatten zijn meestal percentages van het omzetbedrag en dus variabele kosten.

De kritische ordergrootte (KOG) geeft aan bij welke hoeveelheid producten per verkooporder de nettowinst nul is, met andere woorden: waar de totale kosten (TK), bestaande uit de variabele kosten (VK) en de totale constante kosten per order (C_{po}) gelijk zijn aan de brutowinst (BW). In formulevorm: $BW = VK + C_{po}$.
De formule waarmee men de KOG berekent, luidt:

$$KOG = \frac{100\%}{BW\% - VK\%} \times \frac{C_{po}}{P} \times 1 \text{ eenheid} \qquad [15.13]$$

Hierin is P de verkoopprijs per eenheid.

■ Voorbeeld 15.7

De brutowinst (BW) is 30% van de omzetwaarde.
De variabele kosten (VK) zijn 20% van de omzetwaarde en bestaan voor 8% uit provisie en voor 12% uit rabat.
De totale constante kosten per order (C_{po}) zijn €180.
De verkoopprijs per eenheid (P) is €30.
De KOG ligt bij een verkoopordergrootte van 60 eenheden, berekend als volgt:

$$\frac{100\%}{30\% - 20\%} \times \frac{€180}{€30} \times 1 \text{ eenheid} = \frac{100\%}{10\%} \times 6 \times 1 \text{ eenheid} =$$

$10 \times 6 \times 1$ eenheid = 60 eenheden.
Op verkooporders kleiner dan 60 eenheden lijdt men verlies; op orders groter dan 60 eenheden maakt men winst.

De KOG vertoont enige gelijkenis met het break-evenpoint.
De KOG kan ook grafisch bepaald worden. Aan de hand van voorbeeld 15.7 is tabel 15.1 samengesteld, waarbij is uitgegaan van een reeks van verkoopordergrootten.
De TK-curve in de grafiek van figuur 15.4 is geconstrueerd aan de hand van de percentages in kolom (7) van tabel 15.1.

De groothandel wel of niet uitschakelen

Ondernemingen dienen zich van tijd tot tijd af te vragen of de groothandel of andere tussenschakels in de distributiekanalen hun functie nog naar behoren vervullen en/of de fabrikant beter en goedkoper deze functie zelf kan overnemen. Deze vraag wordt vooral actueel indien het marktaandeel sterk is gegroeid of de ordergrootte is toegenomen.

Tabel 15.1 **Nettowinst en totale verkoopkosten in % bij diverse ordergrootten**

Ordergrootte in aantal eenheden	Omzetbedrag in euro's	Vaste kosten in euro's	Provisie 8% in euro's	Rabat 12% in euro's	Totale verkoopkosten		Brutowinst 30% in euro's	Nettowinst in euro's
					in euro's	in % v.d. omzet		
(1)	(2)	(3)	(4)	(5)	(6)	(7)	(8)	(9)
20	600	180	48	72	300	50	180	–120
40	1.200	180	96	144	420	35	360	–60
60	1.800	180	144	216	540	30	540	0
80	2.400	180	192	288	660	27,5	720	60
100	3.000	180	240	360	780	26	900	120
120	3.600	180	288	432	900	25	1.080	180
140	4.200	180	336	504	1.020	24,3	1.260	240
160	4.800	180	384	576	1.140	23,8	1.440	300
180	5.400	180	432	648	1.260	23,3	1.620	360
200	6.000	180	480	720	1.380	23	1.800	420

Figuur 15.4 **Grafische bepaling van de KOG**

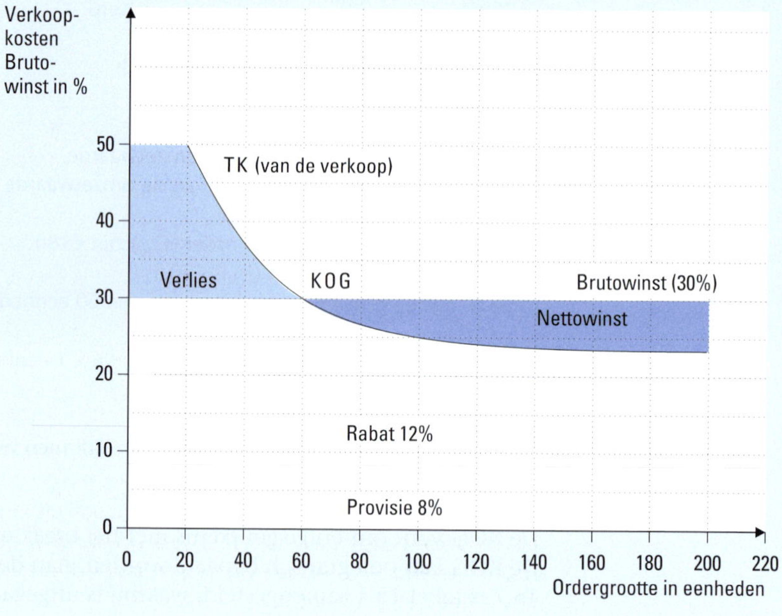

Als de groothandel geheel of ten dele wordt uitgeschakeld, dan wordt de af-fabrieksprijs verhoogd naar het niveau van de af-groothandelsprijs. Anderzijds nemen de kosten toe, bijvoorbeeld van een groter verkoopteam.

Zijn kosten en baten het uitgangspunt om een besluit te nemen tot uitschakeling van de tussenschakel, dan dient het BEP in stuks te worden berekend. Het BEP ligt dan bij een aantal stuks waar geldt:

Extra marge = extra constante en variabele kosten.

Schakelt De Vleeshouwerij de groothandel uit?

De af-fabrieksprijs van vleeswaren is gemiddeld €10 per kg. De marge van de groothandel is 20% over de inkoopprijs. De marge van de detaillist is 35% over de verkoopprijs. De BTW is 17,5%.
Men overweegt de groothandel uit te schakelen. De vaste kosten nemen dan met €300.000 toe en de variabele kosten (provisie verkopers) met 5% van de verkoopprijs.
Wat is het kritische punt voor De Vleeshouwerij om wel of niet de groothandel uit te schakelen?

De extra marge wordt 20% van €10 = €2 per stuk.
De extra variabele kosten zijn 5% van €12 = €0,60.
Kritische punt:

$$\frac{€300.000}{€2 - €0{,}60} = 214\,286 \text{ kg vleeswaren}$$

Bij een afzet groter dan 214 286 kg vleeswaren is het voor De Vleeshouwerij voordeliger de distributie zelf ter hand te nemen.

Zelf produceren of uitbesteden

To make or to buy-problem

Zelf produceren of uitbesteden noemt wel het *to make or to buy-problem*. De vragen die zich daarbij voordoen zijn:
- Maken we het product zelf of laten we een deel van het productieproces door loonbedrijven verrichten?
- Maken we alle onderdelen zelf of kopen we die geheel of gedeeltelijk bij toeleveringsbedrijven?

Als er gebruikgemaakt wordt van loonbedrijven en/of van toeleveringsbedrijven, is er sprake van uitbesteding.

Capaciteitsuitbesteding

Specialisatie-uitbesteding

Men gaat tot uitbesteding over, omdat de eigen capaciteit blijvend of tijdelijk tekortschiet; dit is *capaciteitsuitbesteding*.
Bij *specialisatie-uitbesteding* veronderstelt men dat een toeleveringsbedrijf, dat zich gespecialiseerd heeft in de productie van een bepaald onderdeel, dit onderdeel daardoor goedkoper (en kwalitatief beter) kan produceren dan het eigen bedrijf.

Om de keuze te maken, gezien vanuit het kostenaspect, moet het indifferentiepunt (I) bepaald worden. Bij de hoeveelheid die dit kritischepunt aangeeft, zijn de kosten van eigen fabricage gelijk aan de kosten van uitbesteding.

■ Voorbeeld 15.8

Onderdeel p van product A kost bij uitbesteding €40, franco huis geleverd. Bij fabricage van dit onderdeel in het eigen bedrijf zijn de variabele kosten per eenheid (GVK) €10, terwijl aan de productie van dit onderdeel per periode €60.000 aan constante kosten (TCK) toegerekend moeten worden.
Het indifferentiepunt leggen we bij een hoeveelheid die we stellen op X.
Bij die hoeveelheid geldt:
$X \times €40 = X \times €10 + €60.000$. Hieruit volgt:
$30 \times X = 60\,000$, dus $X = 2\,000$.
Het indifferentiepunt (I) ligt bij 2 000 eenheden onderdeel P. Bij deze hoeveelheid zijn de totale kosten zowel bij uitbesteding (U) als bij eigen fabricage (Z) €80.000, dit is €40 per eenheid onderdeel P.
Bij een hoeveelheid kleiner dan 2 000 is uitbesteden goedkoper. Bij een hoeveelheid groter dan 2 000 is eigen fabricage goedkoper.
Een en ander blijkt ook uit de grafiek van de volgende figuur.

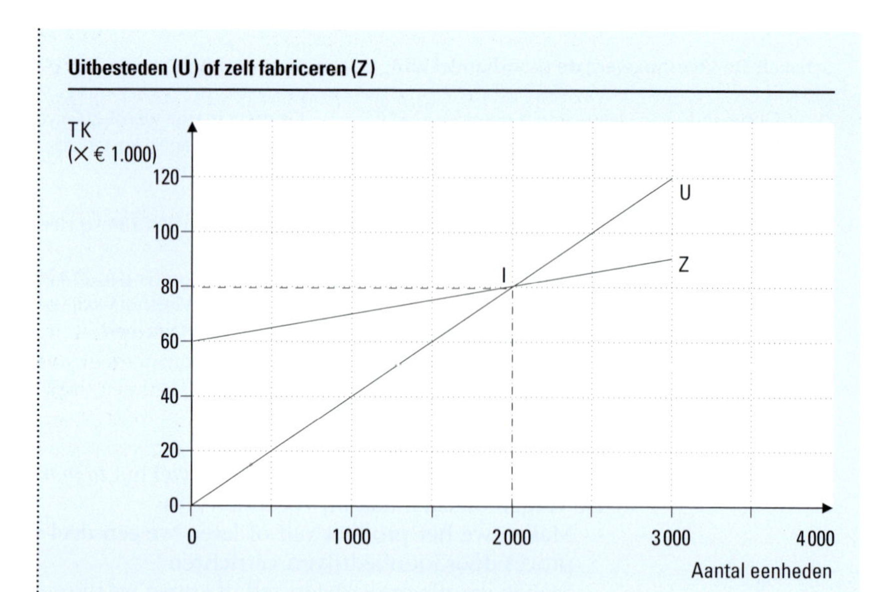

Formule van Camp

Economische ordergrootte

Met de zogenaamde *formule van Camp* kan de economische ordergrootte (ook wel de optimale bestelhoeveelheid genoemd) als volgt berekend worden:

$$\sqrt{\frac{2 \times \text{orderkosten} \times \text{benodigde hoeveelheid per periode}}{\text{voorraadkosten per eenheid per periode}}} \qquad [15.14]$$

Naarmate de kosten (van de inkoopafdeling) voor het plaatsen van een order hoger zijn, zullen er zo weinig mogelijk orders geplaatst worden. Het omgekeerde is van toepassing wanneer de kosten voor het in voorraad houden hoog zijn, bijvoorbeeld als gevolg van een hoge inkoopwaarde, verzekeringen, loonkosten en bijzondere condities zoals koelruimtes et cetera.

■ Voorbeeld 15.9

Sony introduceert een nieuwe serie cd-spelers. Het elektronische gedeelte hiervan wordt door Philips geproduceerd. De inkoopafdeling van Sony beschikt over de volgende informatie:

- men heeft 12 000 cd-spelers per maand nodig, die ook worden verkocht. Men houdt een ijzeren voorraad aan van 500 cd-spelers;
- de orderkosten zijn €280 per order;
- de voorraadkosten per stuk bedragen 2% van de inkoopprijs per maand;
- de inkoopprijs bedraagt €167,20 per cd-speler.

De economische ordergrootte wordt nu als volgt berekend:

$$\sqrt{\frac{2 \times €280 \times 12000 \text{ per maand}}{2\% \text{ van } €167{,}20 \text{ per maand}}} = 1\,418 \text{ cd-spelers}$$

Met andere woorden: er moet dus 12 000:1 418 = 8,46 keer per maand besteld worden. De bestelkosten bedragen dan per maand:
(12 000:1 418) × €280 = €2.369,53 en de totale voorraadkosten:
[(1 418 + 500)/2] × 2% van €167,20 = €3.206,90. De totale voorraad- en bestelkosten zijn dus €5.576,43 per maand.

Geconcludeerd kan worden dat de voorraadkosten bij frequent bestellen sterk gereduceerd kunnen worden. Door het berekenen van de economische ordergrootte wordt een evenwicht gevonden tussen de bestelkosten en de kosten van het houden van voorraad. We kunnen ook stellen dat voor bijvoorbeeld een winkelier het in voorraad houden geld kost, maar ook dat de voorraadruimte geen omzet en brutowinst oplevert. Het is dan ook niet onlogisch dat een supermarktketen denkt aan dagelijkse levering, reductie van de bestelkosten door electronic data interchange (EDI) en het laten betalen van de voorraadkosten door de leveranciers.

15.5 Knelpuntcalculatie

Proportionaliteit

Gegeven een beperkt aantal beschikbare productiefactoren gaat het bij de knelpuntcalculatie om het vinden van de juiste *proportionaliteit*: de verhouding tussen die productiefactoren. De juiste proportionaliteit is aanwezig bij die combinatie van productiefactoren, waarbij de winst maximaal is.

Lineaire programmering

Bij de knelpuntcalculatie past men *lineaire programmering* toe. Dit is een optimaliseringstechniek. Het beoogde doel wordt uitgedrukt in de doelstellingsfunctie.

Knelpunten

Bij het nastreven van dit doel kan men knelpunten tegenkomen, die afhangen van de eventueel aanwezige randvoorwaarden (restricties).
Randvoorwaarden kunnen bestaan uit de gelijktijdige beschikbaarheid van bepaalde hoeveelheden productiefactoren.

In het kader van dit boek beperken we ons tot een eenvoudig voorbeeld. Aan de hand van dit voorbeeld zal de knelpuntcalculatie duidelijk worden.

Een onderneming produceert de artikelen A en B. Het bedrijf beschikt over de machines 1 en 2. Beide machines hebben een capaciteit van 2 000 uur per jaar. Zowel product A als product B moet elk van de twee machines passeren voor een bewerking.
In tabel 15.2 is de nodige productietijd per machine en tevens de contributiemarge per product vermeld.

Tabel 15.2 **Productietijd en contributiemarge**

Product	Productietijd in uren		Contributie-marge
	Machine 1	Machine 2	
A	2	3	€60
B	4	2	€80

De vraag is nu: Bij welke productie wordt de optimale bezetting van beide machines verkregen en bij welke productie de maximale contributiemarge?

Berekening van de optimale bezetting

Stap 1 Een grafiek maken op basis van de volgende berekeningen.

Machine 1:

- Als men geen product B maakt, kan men $\frac{2\,000}{2} =$ = 1 000 stuks product A maken;
- Als men geen product A maakt, kan men $\frac{2\,000}{4} =$ = 500 stuks product B maken.

Machine 2:

- Als men geen product B maakt, kan men $\frac{2\,000}{3} =$ = 667 stuks product A maken;
- Als men geen product A maakt, kan men $\frac{2\,000}{2} =$ = 1 000 stuks product B maken.

Breng de lijnen in de grafiek van figuur 15.5. Het snijpunt K van de lijnen geeft de optimale bezetting van de machines aan.

Figuur 15.5 **Grafische bepaling van de optimale productie**

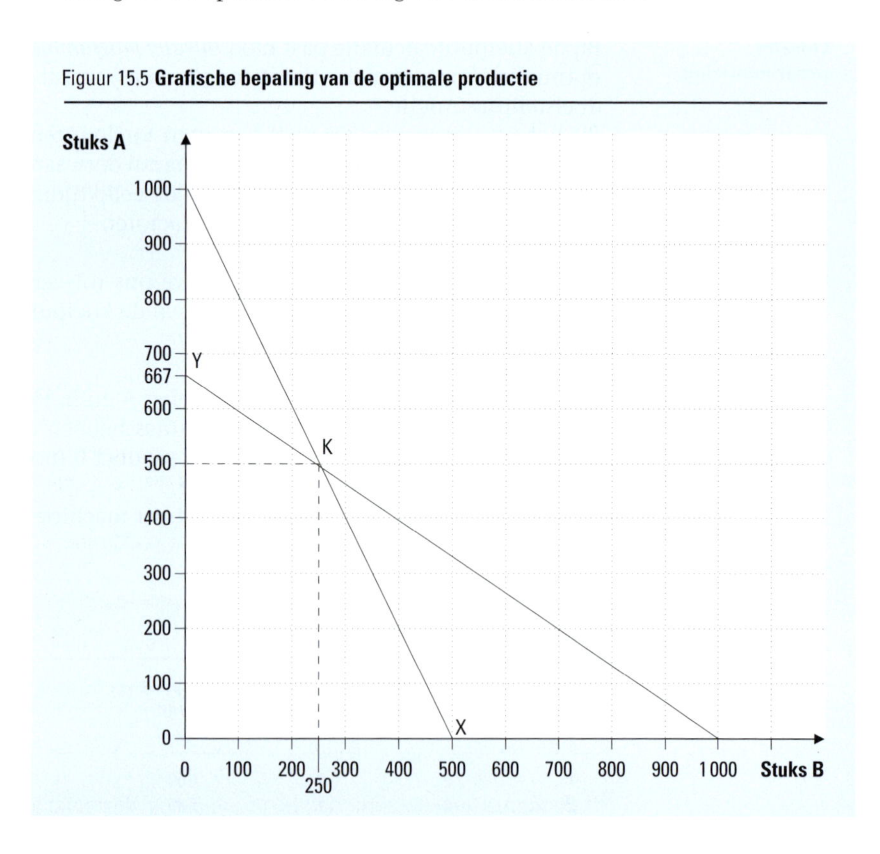

De optimale bezetting van de machines wordt in het snijpunt (K) bereikt, dus bij een productie van 500 A en 250 B. Op de lijnen X, K en Y zijn verder alle andere combinaties van de producten A en B te vinden, maar een volledige bezetting van de machines wordt dan niet bereikt.

Stap 2 Berekening van snijpunt K (optimale bezetting van beide machines):

$$
\begin{array}{l|c|l}
2 \times A + 4 \times B = 2\,000 & & 2 \times A + 4 \times B = 2\,000 \\
3 \times A + 2 \times B = 2\,000 & 2 \times & 6 \times A + 4 \times B = 4\,000 \\
\hline
 & & 4 \times A \quad = 2\,000, \text{ dus } A = 500 \text{ stuks}
\end{array}
$$

B vinden we door substitutie:

$2 \times A + 4 \times B = 2\,000$
$2 \times 500 + 4 \times B = 2\,000$
$4 \times B = 1\,000$, dus B = 250 stuks

Berekening van de maximale contributiemarge

De maximale contributiemarge ligt op de lijn X, K en Y en kan worden vastgesteld door de contributiemarge op de punten X, K en Y te berekenen. Dus:

punt X : 500 B × €80 = €40.000
punt K : 250 B × €80 + 500 A × €60 = €50.000
punt Y : 667 A × €60 = €40.000

Ook nu ligt bij de productcombinatie, behorend bij punt K, de maximale contributiemarge.
Dat hoeft niet altijd zo te zijn. Het hangt af van de contributiemarge per product. Als het product A een contributiemarge van €200 zou hebben, geeft de combinatie bij punt Y de maximale contributiemarge aan, namelijk €133.400 (667 × €200), want bij punt K is de totale contributiemarge (250 × €80 + 500 × €200 =) €120.000 en bij de combinatie bij punt X blijft de contributiemarge €40.000.

Ondernemen is een zaak van woekeren met beperkte middelen (kapitaal, materiaal, personeel, ruimte). In de knelpuntcalculatie kiezen we voor de optie met de hoogste winstbijdrage.

■ **Voorbeeld 15.10**

Stel een bedrijf kan een drietal producten (A, B en C) maken uit een grondstof. Er is €50.000 geïnvesteerd. In de tabel is een aantal gegevens opgenomen.

Het gaat erom te bepalen welke keuze er gemaakt moet worden, uitgaande van vier verschillende knelpunten.
Als het kapitaal het knelpunt is, hebben de producten A en B de voorkeur met elk een RTV van 20%, namelijk $\frac{€10.000}{€50.000} \times 100\%$.
Is materiaal het knelpunt, dan heeft product A de voorkeur (€0,50 bijdrage per kg materiaal).
Is arbeid het knelpunt, dan heeft product B de voorkeur (€8,33 bijdrage per uur arbeid).
Is de ruimte het knelpunt, dan heeft product C de voorkeur, omdat C de hoogste bijdrage geeft per oppervlakte-eenheid.

Gegevens inzake de producten A, B en C

	A	B	C
Afzet in stuks	10 000	10 000	10 000
Materiaal in kg	20 000	24 000	18 000
Arbeidsuren	2 000	1 200	3 200
Ruimte in m^2	300	200	100
Bedragen:			
Verkoopprijs €4 per product			
Materiaalprijs €1 per kg			
Arbeid €5 per uur			
Umzet	€ 40.000	€ 40.000	€ 40.000
Materiaalkosten	- 20.000	- 24.000	- 18.000
	€ 20.000	€ 16.000	€ 22.000
Arbeidskosten	- 10.000	- 6.000	- 16.000
Winstbijdrage	€ 10.000	€ 10.000	€ 6.000
Winstbijdrage:			
• RTV in %	20	20	12
• per kg	€ 0,50	€ 0,42	€ 0,33
• per uur arbeid	€ 5	€ 8,33	€ 1,88
• per 100 m^2	€ 33,33	€ 50	€ 60

15.6 Investeringsselectie

Zoals reeds eerder is opgemerkt, moeten investeringen termijneffecten, ofwel duurzame concurrentievoordelen creëren. Beslissingen over investeringen zijn dan ook van strategische aard.
Een investeringsplan is geen zelfstandig plan, maar een plan dat afgeleid is van het organisatie- of SBU-plan.
Investeringen zijn belangrijk en noodzakelijk om bijvoorbeeld een gewenste uitbreiding van het productassortiment, een geplande groei van het marktaandeel of een schaalvergroting van de productie mogelijk te maken.

Investeringen

Onder *investeringen* kan men verstaan het doen van uitgaven, om op termijn opbrengsten te genereren, zoals nieuwe producten, verhoging van de merknaamsbekendheid, meer marktaandeel en omzet, lagere kostprijzen, kortere levertijden enzovoort.
Samengevat kan gesteld worden dat we investeren in vaste activa, waaronder immateriële activa, alsmede in vlottende activa.
Bij investeringen moet men niet alleen denken aan uitbreidingsinvesteringen en vervangingsinvesteringen van duurzame productiemiddelen, maar ook aan investeringsprojecten, zoals een reclamecampagne, de ontwikkeling van nieuwe producten, een fusie.
Het gaat daarbij om twee kasstromen, namelijk de extra uitgaven die in het kader van de investering gedaan moeten worden en de (vermoedelijke) ontvangsten die uit de investering zullen voortvloeien.

Selectiecriteria

Men kent onder meer de volgende selectiecriteria:
- de terugverdienperiode of 'pay back-period';
- de gemiddelde boekhoudkundige rentabiliteit, ook genoemd de gemiddelde winstvoetmethode (GWV);
- de interne rentabiliteitmethode of interne rentevoetmethode (IRV);
- de netto-contante-waardemethode (NCW).

Bij een beslissingscalculatie omtrent bijvoorbeeld het al of niet aanschaffen van een duurzaam productiemiddel (dpm) is het belangrijk te weten, binnen welke tijd men het te investeren bedrag 'terugverdiend' heeft.

Bij investeringscalculaties zijn de volgende begrippen van belang:

a De *eigen kosten van het dpm*. Deze bestaan uit de afschrijvings- en interestkosten.

b De *complementaire kosten*. Alle kosten die aan de fabricage van de producten die met het desbetreffende dpm vervaardigd worden, verbonden zijn, met uitzondering van de onder *a* bedoelde eigen kosten van het dpm.

c De *positieve cashflow*. Het dpm levert per periode een aantal producten af, die men kan prijzen met de verkoopprijs per eenheid product, waardoor men de productiewaarde van het dpm per periode bepaalt. De positieve cashflow is deze productiewaarde min de complementaire kosten. De cashflow wordt ook op een andere manier gedefinieerd:
cashflow = winst ná belastingen + afschrijvingen.

De positieve cashflow wordt in de loop van de levensduur van het dpm lager, want:
- de productiehoeveelheid, dus de productiewaarde per periode neemt af;
- de complementaire kosten stijgen; hierbij valt te denken aan hogere onderhoudskosten, meer technische verspilling van grondstoffen en van menselijke arbeid, althans gemiddeld per eenheid product.

Al of niet investeren?

Bij het beantwoorden van de vraag of al dan niet geïnvesteerd moet worden gaan we – voor de verschillende methoden – uit van hetzelfde gegeven, vervat in een voorbeeld.

Het investeringsbedrag van een aan te schaffen machine (compleet geïnstalleerd) is €375.586. De economische levensduur van de machine wordt geschat op zeven jaar. Na die zeven jaar is er geen residuwaarde (= restwaarde).
Men kiest voor afschrijving met annuïteiten en een rekenrentevoet van 8% per jaar. De jaarlijkse annuïteit is volgens *Interesttafel V* €375.586 × 0,1920724 = €72.140,31.
In tabel 15.3 hebben we in kolom (2) de jaarlijks dalende productiewaarde van de machine vermeld en in kolom (3) de jaarlijks toenemende complementaire kosten. Daaruit volgen de bedragen van de positieve cashflow in kolom (4); bedragen die uiteraard een dalend verloop hebben. In kolom (5) zijn de bedragen van kolom (4) gecumuleerd.

Tabel 15.3 **Investeringsselectie (bedragen in euro's)**

Jaar (1)	Productiewaarde (2)	Complementaire kosten (3)	Cash-flow per jaar (4)	Cumulatieve cash-flow (5)	n bij p = 8 (6)	Factor interesttafel II (7)	NCW per jaar (8)	Cumulatieve NCW (9)
1	510	410	100	100	1	0,92592593[1]	92.592,59	92.592,59
2	506	411	95	195	2	0,85733882[2]	81.447,19	174.039,78
3	502	412	90	285	3	0,79383224	71.444,90	245.484,68
4	499	414	85	370	4	0,73502985	62.477,54	307.962,22
5	497	417	80	450	5	0,68058320	54.446,66	362.408,88
6	495	420	75	525	6	0,63016963	47.262,72	409.671,60
7	495	425	70	595	7	0,58349040°	40.844,33	450.515,93

1 $\frac{1}{1,08} = 0,92592593$

2 $\frac{1}{1,08^2} = 0,85733882$

Terugverdienperiode-methode

Bij de terugverdienperiode-methode of payback-period gaat men na in hoeveel tijd een investering is terugverdiend, door de te ontvangen cashflows. Dit is het tijdstip dat de cashflows gelijk zijn aan het investeringsbedrag. Bij riskante investeringen, zoals een investering in een politiek instabiel land, is het aanhouden van een korte terugverdientijd een voorwaarde. Voor investeringsprojecten met een lange looptijd zijn de andere methoden aan te bevelen.

Aan het einde van het vierde jaar is de positieve cashflow in totaal €370.000. Tot en met het vierde jaar is er dus met deze machine, die €375.586 gekost heeft, €370.000 terugverdiend.

In ongeveer vier jaar zou de investering terugverdiend zijn.

Exact berekend in dagen:

$$4 \text{ jaar} + \frac{€375.586 - 370\,000}{80\,000} \times 365 \text{ dagen} = 4 \text{ jaar} + 26 \text{ dagen}$$

Bij deze methode wordt geen rekening gehouden met de restwaarde en cashflows die na de terugverdienperiode worden ingeschat. Bovendien is er geen sprake van een rentabiliteitsberekening.

Gemiddelde boekhoudkundige rentabiliteit

De gemiddelde cashflow is $\frac{€595.000}{7} = €85.000$.

De gemiddelde afschrijvingen zijn $\frac{€375.586}{7} = €53.655,14$.

De gemiddelde winst is €85.000 – €53.655,14 = €31.344,86.

Het gemiddeld geïnvesteerde vermogen is gedurende de totale levensduur $\frac{€375.586}{2} = €187.793$.

Uitgedrukt in een percentage van het gemiddeld geïnvesteerd vermogen, is de gemiddelde winst $\frac{€31.344,86}{€187.793} \times 100\% = 16,69\%$.

Dit percentage is de gemiddelde boekhoudkundige rentabiliteit.
Bij vergelijking van dit percentage met het minimaal gewenste rendement over het in de investering te 'steken' vermogen, kan men tot een besluit komen omtrent het al of niet overgaan tot deze investering.
Enkele belangrijke bezwaren van de terugverdienmethode worden hiermee opgelost. Deze methode houdt echter geen rekening met waardeverliezen of de omstandigheid dat men geldmiddelen bijvoorbeeld op een spaarrekening kan zetten en daardoor rente op rente kan genereren.

Interne rentabiliteit of interne rentevoet

Bij de berekening van de interne rentabiliteit stelt men de som van de contante waarden van de positieve cashflowbedragen gelijk aan het te investeren bedrag.
Bij het berekenen van de contante waarden is het percentage interest onbekend. Het gaat er juist om dit percentage te vinden. Het gevonden percentage wordt vergeleken met dat van het gewenste rendementspercentage en als het gevonden percentage hoger is of ten minste daaraan gelijk, besluit men tot de desbetreffende investering over te gaan.

Als men het te vinden percentage interest op x stelt, de achtereenvolgende positieve cashflowbedragen aanduidt met respectievelijk CF1, CF2, CF3 enzovoort en het bedrag van de investering i noemt, krijgt men de volgende formule:

$$\frac{CF1}{(1+x)} + \frac{CF2}{(1+x)^2} + \frac{CF3}{(1+x)^3} + \ldots + \frac{CFn}{(1+x)^n} = I \qquad [15.15]$$

Trial and error

Bij wisselende waarden van de CF is het niet eenvoudig het percentage x op te sporen; men zal hierbij de methode van *trial and error* moeten toepassen.
Alleen als de CF-waarden constant (onderling gelijk) zijn, is de oplossing vrij simpel. Men deelt in dat geval het investeringsbedrag door het bedrag van de constante CF en vindt een bepaalde factor. Uitgaande van het aantal jaren van de levensduur (n) gaat men in *Interesttafel IV* na in welke kolom men deze factor terugvindt. De kop van de kolom geeft dan het interestpercentage (X) aan.
Stel dat in ons voorbeeld de CF in ieder jaar €81.000 was.

$\frac{€375.586}{€81.000} = 4{,}6368642$. In Interesttafel IV treft men bij n = 7 de dichtstbijzijnde factor 4,63703501 in de kolom van 11,5% aan.

Met dezelfde techniek kan men bij de methode van trial and error althans in de richting komen van waar men de rekenrentevoet (X) moet zoeken.
Het gemiddelde van de zeven CF's uit het voorbeeld is €85.000.

$\frac{€375.586}{€85.000} = 4{,}4186588$. In Interesttafel IV treffen we bij n = 7 in de kolom van 13% de factor 4,42261043 aan. Passen we 13% toe, dan is de totale contante waarde van de positieve cashflowbedragen, berekend met Interesttafel II, een bedrag van €386.600,04. Deze uitkomst is te hoog, want groter dan €375.586. We moeten dus met een *hoger* percentage dan 13% disconteren, om een *lagere* contante waarde te bereiken.
In het geval van ons voorbeeld blijkt X 14% te zijn.

Met Interesttafel II berekent men dan de totale contante waarde van de positieve cashflowbedragen als volgt:

€100.000 × 0,87719298 =	€ 87.719,30
€ 95.000 × 0,76946753 =	- 73.099,42
€ 90.000 × 0,67497152 =	- 60.747,44
€ 85.000 × 0,59208028 =	- 50.326,82
€ 80.000 × 0,51936866 =	- 41.549,49
€ 75.000 × 0,45558655 =	- 34.168,99
€ 70.000 × 0,39963732 =	- 27.974,61
Totale contante waarde	€ 375.586,07

Dit bedrag is nagenoeg gelijk aan het investeringsbedrag €375.586.

Wanneer we niet beschikken over rentetafels is een andere, vrij eenvoudige methode aan te bevelen, waarbij het percentage weliswaar niet exact, maar toch vrij goed benaderd wordt. Belangrijk is dat men allereerst de NCW-methode uitvoert. Uit de NCW-berekening blijkt dat het rendementspercentage boven de 8% ligt. Dus 8% is de ondergrens. De vraag is nu: wat zou de bovengrens, stel 20%, zijn? Kennen we deze, dan kunnen we middelen tussen de onder- en bovengrens.

De uitkomst van de interne rentevoetmethode (IRV) bij 20% is €319.200, dus minder dan de investering. Met andere woorden: het rendement is lager dan 20%.
De uitkomst van de interne rentevoetmethode bij 8% is €74.939,93 + de investering van €375.586 = €450.515,93. Het rendement is (bedragen × €1.000):

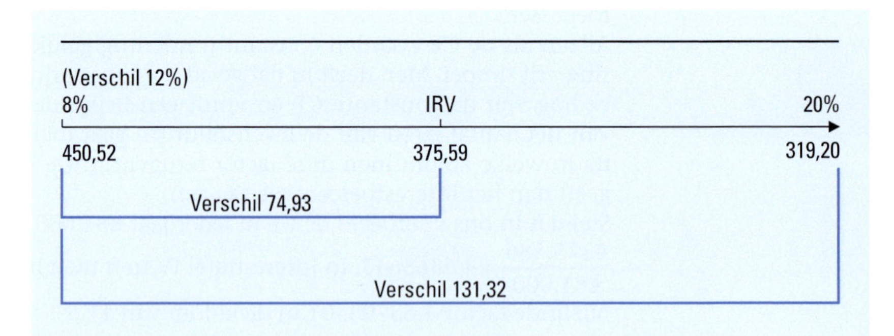

Het werkelijke rendement ligt dan rond de 8% + (74,93:131,32) × 12% = 14,8%.

Netto-contante-waardemethode (NCW)
De NCW lijkt veel op de methode van de interne rentabiliteit. Ook hier berekent men de totale contante waarde van de positieve cashflowbedragen. Het verschil is echter dat men bij deze methode zelf het percentage van de rekenrentevoet bepaalt, terwijl men dit percentage bij de vorige methode moest opsporen.

Uitgaande van een rekenrentevoet van 8% per jaar, hebben we in de kolommen (6), (7) en (8) van tabel 15.3 deze berekeningen uitgevoerd en de resultaten van kolom (8) in kolom (9) gecumuleerd.
Als we de bedragen in kolom (9) nagaan, vinden we dat in de loop van het zesde jaar de contante waarde van de positieve cashflow gelijk wordt aan het investeringsbedrag van €375.586. Vergelijk deze uitkomst met die van de methode van de 'terugverdienperiode', waar vrijwel direct na het einde van het vierde jaar dit resultaat reeds bereikt was. Aan het einde van zeven jaar hebben we een positieve contante waarde van €450.515,93 - €375.586 = €74.929,93 wat wil zeggen, dat het minimaal gewenste rendement van 8% per jaar wordt gehaald. Het werkelijke rendement is dus hoger en wordt bij de interne rentevoetmethode bepaald.
De NCW-methode blijkt de meest exacte methode te zijn.

Aandeelhouderswaarde-analyse
De aandeelhouderswaarde-analysemethode kan behalve voor de beoordeling van strategieën ook voor de beoordeling van de gehele organisatie worden gebruikt.
Het gaat bij strategieën om de waarde, de toekomstige cashflow, die deze schept voor de aandeelhouders op korte en langere termijn.
Door de verwachte cashflows door middel van discontering terug te rekenen naar de datum van de investering, kan de verwachte aandeelhouderswaarde worden berekend. Als disconteringsvoet wordt de gemiddelde vermogenskostenvoet van de organisatie aangehouden. Deze analyse bepaalt de aandeelhouderswaarde of de strategische waarde.

Marktonderzoek

16

Voor het verantwoord kunnen ontwikkelen van een marketingbeleid is er behoefte aan informatie over de markt en de wijze waarop de markt kan worden beïnvloed. Aan de hand van de verschillende fasen die bij het schrijven van een marketingplan worden doorlopen, zal duidelijk worden gemaakt dat de gewenste informatie per fase sterk kan verschillen (paragraaf 16.1).
Nadat het verschil tussen marketingonderzoek en marktonderzoek ter sprake is gekomen, worden in paragraaf 16.2 de instrumenten voor het marktonderzoek behandeld, waarbij de testmarkt extra aandacht krijgt.
Hierna komt de plaats die het marktonderzoek in een organisatie zou moeten innemen ter sprake en de manier waarop informatie in een ideale situatie ter beschikking zou moeten staan (paragraaf 16.3).
Vervolgens worden in paragraaf 16.4 de stappen aangegeven die in een marktonderzoeksproces worden doorlopen. Daarbij komen ook de verschillende methoden om marktonderzoek uit te voeren, waaronder field research, aan de orde.
In paragraaf 16.5 wordt het vraagstuk: 'zelf onderzoeken of uitbesteden' behandeld.
In toenemende mate wordt door grote ondernemingen in vele landen (vergelijkend) marktonderzoek uitgevoerd. Paragraaf 16.6 gaat hierop kort in.

16.1 Waarom marktonderzoek?

Marktinformatie

Als marketing oorlog is, vervult marktonderzoek daarin de functie van inlichtingendienst. Zonder goede informatie over de markt met de zich daarin bewegende doelgroepen met hun specifieke – voortdurend veranderende – eisen en wensen, en daarnaast nog de concurrenten, wordt iedere geplande actie (bijvoorbeeld de introductie van een nieuw product) een 'sprong in het duister' en dat is iets wat geen enkele strateeg wil. Hij wil juist met een zo groot mogelijke zekerheid vooraf weten wat het resultaat van een bepaalde activiteit zal zijn. De informatiebehoefte is in de marketing sterk afhankelijk van de (deel)activiteit waarmee men op een bepaald moment bezig is.

Fasen van marketingplan

Het beste kan dit worden gedemonstreerd aan de hand van de fasen die in een marketingplan worden doorlopen:
- analysefase
- strategische fase (het ontwikkelen van het marketingbeleid)
- implementatiefase
- evaluatiefase.

Deze fasen worden hierna besproken. Aan het slot van de paragraaf komen we terug op de informatiebehoefte.

Analysefase

Voorbeelden van vragen tijdens de analysefase (interne en externe analyse) zijn (ingedeeld naar aspect):

Markt
- *Markt*:
  - Welke trends zijn er te verwachten in de marktomvang, de winstgevendheid? Zijn er cycli enzovoort?
  - Waarom daalt het marktaandeel in de initiële markt en stijgt het in de vervangingsmarkt?

Concurrentie
- *Concurrentie*:
  - Welke activiteiten worden door de concurrenten ontwikkeld?
  - Zijn nieuwe toetredende ondernemingen of substituten van producten te verwachten?

Afnemers
- *Afnemers*:
  - Wie koopt of gebruikt eigenlijk onze producten, en waarom (kopers- of gebruikersprofiel)? Wat zijn de koopmotieven en het koop- en gebruiksgedrag?
  - Waarom kopen anderen onze producten juist niet?

Distributie
- *Distributie*:
  - Zitten we met het oog op toekomstige ontwikkelingen nog wel in het juiste distributiekanaal?
  - Wat zijn de functies van de tussenschakels? Is de groothandel nog wel nodig? Welke trends zijn daarbij aan te wijzen?

Conjunctuur
- *Conjunctuur*:
  - Welke economische, technische en culturele ontwikkelingen (trends) kunnen onze markt beïnvloeden?

Uit de analysefase volgt de SWOT-analyse en daaruit de definiëring van het centrale probleem. Het is praktisch uitgesloten dat op alle vragen in de analysefase een sluitend antwoord te geven is: dit is fysiek en kostentechnisch meestal onmogelijk en vaak niet essentieel.

Paralysis by analysis

De marketingmanager die toch op alle vragen antwoord wil hebben zal getroffen worden door *paralysis* (verlamming) *by analysis*: er worden geen beslissingen meer genomen en dat is in een dynamische markt vaak erger dan het nemen van beslissingen zonder dat alle gegevens bekend zijn (beslissingen onder risico).
Anderzijds mag het nooit zover komen dat men op basis van de SWOT-analyse foutieve beslissingen neemt, omdat men over onvoldoende of foutieve marktinformatie beschikt, of ervaring van de marketeer ontbreekt. Deze overweging is op zich een goede leidraad om na te gaan welke informatie wel relevant is en welke niet.

Hoofdperioden in het marktonderzoek

1945-1960: de pioniersfase
- het selecteren en opleiden van enquêteurs;
- uitleggen hoe de steekproeftheorie werkt;
- het nut van onderzoek verduidelijken;
- veel aandacht voor vraagstellingen;
- een groeiende behoefte aan continuïteit (panels);
- een sociaal-psychologische aanpak (van beschrijven naar verklaren).

1960-1970: de expansiefase
- meer aandacht voor het veldwerk;
- het besef van interviewer-bias;
- non-response, enquêtedruk, weigeringen;
- acceptabele gesprekslengte.

1970-1980: de multivariate fase
- multivariate analysetechnieken als USP;
- afbeeldbaarheid (MDS, AID).

1980-1990:de technologische fase
- gebruik van de pc bij analyses;
- gebruik van de pc bij dataverzameling (CATI, CAPI, CASI).

1990-nu:de strategisch gerichte informatiefase
- informeren, interpreteren, implementeren;
- strategisch marktonderzoek;
- online marktonderzoek.

Bron: *Tijdschrift voor Marketing*

Strategische fase

De tweede fase van het marketingplan betreft het ontwikkelen van het marketingbeleid. Dit beleid valt uiteen in een strategische en een operationele component.

Strategische component

In deze fase komt de vraag 'Wat willen we?' aan de orde en het definiëren van de doelstellingen. Voor doelstellingen voor de lange termijn komen vragen aan de orde als: 'Op welke markten/marktsegmenten moeten we ons in de toekomst gaan richten?' Hierbij gaat het dus om het bepalen van de *PMT-combinatie*.

PMT-combinatie

Hulpmiddelen om op dit soort vragen antwoord te geven zijn de portfolioanalysemodellen, zoals de BCG-matrix en de MABA-analyse.
Op zich krachtige denkmodellen, maar waardeloos als de hiervoor noodzakelijke input ontbreekt of onbetrouwbaar is.

Strategische vragen

De volgende strategische vragen kunnen worden gesteld:
- Hoe zullen markten zich in de toekomst ontwikkelen?
- Welke/hoeveel concurrenten zijn er te verwachten?
- Welke distributiekanalen zullen noodzakelijk zijn?

Operationele component

Vragen marketingbeleid

Bij het analyseren en op hun waarde beoordelen van mogelijke opties voor aangepast beleid is vaak aanvullende informatie noodzakelijk, om vragen inzake het marketingbeleid te kunnen beantwoorden zoals:

- Zit de afnemer echt te wachten op dit veelbelovende nieuwe product en hoe zullen distribuanten en concurrenten daarop reageren?
- Is push en/of pull mogelijk?

Om opties op haalbaarheid, uitvoerbaarheid en winstgevendheid te kunnen beoordelen, zijn indicaties over de te verwachten marktaandelen en marges een eerste vereiste. Hiervoor is meestal marktonderzoek (vaak in de vorm van een testmarkt) noodzakelijk.

Implementatiefase

Hiermee zijn we gekomen aan de implementatiefase van het marketingplan: het ten uitvoer brengen van het gekozen toekomstige beleid. Vragen bij de implementatie, waarbij het toekomstige beleid wordt vastgelegd in een zogenaamd operationeel plan, betreffen de elementen van de *marketingmix*, ofwel: Welke invloed heeft het toekomstige beleid op:

Marketingmix

- *Het product*: Welke verpakking, smaak?
- *De prijs*: Optimale prijs, prijselasticiteit, marges?
- *De distributie*: Directe of indirecte distributie, push-pull mix?
- *De promotie*: Communicatiemiddelen en -media?
- *Het personeel*: Klantvriendelijkheid?

Evaluatiefase

Na de implementatiefase is de marketingplanningscyclus nog niet ten einde. Ook nadat alle fasen zijn doorlopen en het operationele plan ten uitvoer wordt gebracht, is voortdurende controle en evaluatie noodzakelijk:

- Hebben de in het operationele plan beschreven activiteiten het gewenste resultaat?
- Wordt de gewenste merkbekendheid, trial-aankopen, distributiepenetratie en dergelijke gehaald?

Zo nodig, moet hierna worden bijgestuurd op grond van de verkregen informatie.

Informatiebehoefte

Het marketingmanagement heeft dus voortdurend verschillende soorten informatie nodig om verantwoorde beslissingen te kunnen nemen. Voor een belangrijk deel moet deze informatie snel uit eigen bronnen ter beschikking kunnen komen.

MIS

Hiervoor is een goed werkend Marketing Informatie Systeem (MIS) waarin zowel interne als externe gegevens worden verwerkt – in de een of andere vorm – een must.
Andere informatie kan soms via gespecialiseerde marktonderzoeksbureaus worden verkregen of moet door middel van marktonderzoek worden verzameld.

Toepassingsgebieden

Naar aanleiding van een onderzoek van de Industrial Marketing Research Association zijn de tien belangrijkste gebieden van onderzoek in tabel 16.1 gerangschikt.

Hieruit blijkt dat een groot deel van het marktonderzoek zich richt op de dynamiek van bestaande markten en in mindere mate op nieuwe producten.

Tabel 16.1 **Gebieden van onderzoek naar toepassing**

Toepassingsgebieden	Toepassing in %
Verkoopprognose	76
Marktomvang	70
Ontwikkeling van de marktomvang	61
Raming van de vraag naar nieuwe producten	51
Positie van concurrenten	48
Vaststellen van kenmerken van markten	43
Vaststellen van toepassingen van producten	41
Onderzoek naar factoren van invloed op de omzet	38
Prognose voor de ontwikkeling van een branche	30
Evaluatie van mogelijkheden van nieuwe producten	30

16.2 Markt- en marketingonderzoek

In de marketingliteratuur wordt vaak onderscheid gemaakt tussen marktonderzoek en marketingonderzoek.

Marktonderzoek

Met *marktonderzoek* wordt dan bedoeld het onderzoek naar de algemene ontwikkelingen die de omvang van een markt kunnen veranderen, zoals wijzigingen in het koopgedrag (bijvoorbeeld funshopping), cultuurtrends (bijvoorbeeld vrijetijdsbestedingen), technologische ontwikkelingen (bijvoorbeeld de vervanging op termijn van het filmrolletje door een diskette) en dergelijke.

Marketingonderzoek

Met *marketingonderzoek* bedoelt men dan onderzoek naar de werking van de marketingmixinstrumenten. Aan de hand van de case 'De Vleeshouwerij' kan dit worden toegelicht.

Stappenplan

Bij marketingonderzoek wordt bij vrijwel alle grote multinationals een *stappenplan*, zoals genoemd in de casus op blz. 596/597, gehanteerd om onrendabele ontwikkelingen vroegtijdig te kunnen staken. Immers, iedere verdere stap in de ontwikkeling is gemiddeld een factor tien duurder dan de vorige. Een onzorgvuldige procedure kan resulteren in de marktintroductie van een product waarop niemand zit te wachten. Dit kan leiden tot een verlies van tientallen miljoenen guldens.

Instrumenten voor het marktonderzoek

Voor vroegtijdige screening staat het management een aantal instrumenten uit het marketingonderzoek ter beschikking, zoals:
- product- en ideeënonderzoek
- productconceptonderzoek
- productuitzetting
- prijsonderzoek
- prijsacceptatieonderzoek
- merknaamonderzoek

De Vleeshouwerij: markt- en marketing-onderzoek

Marktonderzoek
Het blijkt dat de Belgische vleesmarkt volop in beweging is. Er is een verschuiving van slagers naar de supermarkt en daarbinnen naar vooral voorverpakt vlees. De Vleeshouwerij levert niet aan supermarkten en heeft ook geen voorverpakt vlees.
Men is buiten België actief in verschillende landen. Hoe zijn nu de ontwikkelingen in deze landen? 'Vooral de Belgische consument weet goed wat lekker is en zal zijn keuze meer door smaak dan door gezondheidszorgen laten bepalen.'
Geldt dit ook voor de Franse, Duitse, Engelse en Nederlandse consument? Het beantwoorden van dit soort vragen lijkt voor een onderneming als De Vleeshouwerij van groot belang. Deze vragen hebben immers direct te maken met de omvang van de markt.

Marketingonderzoek
Er wordt melding gemaakt van een actieve en succesvolle afdeling Productontwikkeling. Deze afdeling maakt bij de ontwikkeling van nieuwe producten hopelijk gebruik van de verschillende stappen die in de ontwikkeling van nieuwe producten zijn te onderscheiden, variërend van ideeënonderzoek en ideeënschifting via conceptonderzoek, strategieontwikkeling, bedrijfseconomische analyse, productuitzetting, merk-/verpakkings-/prijsonderzoek en eventueel een testmarkt tot marktintroductie.

- verpakkingsonderzoek
- communicatieonderzoek
- andere instrumenten (zoals: pantry check, dustbin check)
- de testmarkt.

Deze instrumenten zullen we achtereenvolgens toelichten, waarbij we aan de testmarkt een aparte subparagraaf wijden.

Product- en ideeënonderzoek
Product- en ideeënonderzoek omvat twee stappen:
1 Het vergaren van ideeën voor nieuwe producten via interviews met klanten, deskundigen en leveranciers.
2 Het schiften van deze ideeën door opnieuw (een beperkt aantal) interviews te houden, deze keer bij de doelgroep.

Sommige marktonderzoekbureaus zijn gespecialiseerd in producttesting

Productconceptonderzoek

Met een productconcept bedoelen we een productidee waarmee aan de koper kan worden uitgelegd hoe men het product straks het beste kan gebruiken en welke voordelen het zal opleveren (visualiseren met behulp van een dummy). Nadat dit is uitgelegd, registreert men tijdens groepsdiscussies en brainstormsessies de reacties daarop.

Productuitzetting

Voor productuitzetting bestaat een breed scala aan mogelijkheden, waarbij twee testsituaties te onderscheiden zijn:

Hall-test
In-home-use-test

1 De situatie waarbij een product door één groep respondenten op een locatie wordt getest (*hall-test*).
2 De test vindt plaats bij de respondenten thuis (*in-home-use-test*, ook wel *home placement* genoemd).

Vaak zijn de respondenten in eerste instantie (in verband met geheimhouding) de personeelsleden van het bedrijf. Bij productuitzetting kan worden gekozen tussen twee soorten tests.

Monadische test

De zogenaamde *monadische test* vraagt de consument *niet* een vergelijking te maken met andere producten.

Paired comparison

Bij de *paired comparison* worden producten paarsgewijs aan de respondenten aangeboden (het te onderzoeken product naast bijvoorbeeld het product van de huidige marktleider).

Marktonderzoek voor een nieuw product

1 Exploratief onderzoek; genereren van ideeën
Brainstorming, paneldiscussie, klanteninterviews et cetera.

2 Screening van ideeën
Zinnige en onzinnige gegevens scheiden door economische gegevens, knowhow et cetera.

3 Conceptonderzoek
Dummies, NSS Prijsgevoeligheidsmeter, kwalitatief onderzoek.

4 Strategieontwikkeling; bedrijfseconomische analyse
Concurrenten, marktomvang, winst, kwantitatief onderzoek.

5 Fysieke productontwikkeling
Inhouse testing.

6 Testfase
Micromarkt, testmarkt, panel et cetera; gebruikersgedrag.

7 Productintroductie
Doel van de verschillende fasen: vroegtijdig traceren/elimineren van potentiële mislukkingen.

Prijsonderzoek

Beslissingen over de juiste prijs van een nieuw artikel moeten vroegtijdig in het ontwikkelingsproces worden genomen. Immers, het productconcept kan alleen worden getest aan de hand van een prijsindicatie. Bovendien kan alleen op basis hiervan een aanwijzing worden verkregen over de rentabiliteit van het project.

Prijsacceptatieonderzoek

Er zijn verschillende methoden om de prijsstelling van een product te onderzoeken (zie hoofdstuk 17). We onderscheiden daarbij prijsacceptatieonderzoek en prijs/kwaliteitonderzoek. Na dit onderzoek bestaat er

Price/performance

voor de manager voldoende duidelijkheid over de price/performance van het product en de te behalen marge.

Merknaamonderzoek

Merknaamonderzoek wordt meestal uitgevoerd in de vorm van een associatietest bij een beperkt aantal respondenten uit de doelgroep. Doel is om zo tot een geschikte merknaam te komen. Is het product eenmaal op de markt, dan kan men een merkbekendheidsonderzoek houden.
Bij merknaamonderzoek spelen naast associatief onderzoek ook linguïstische criteria, merknaamconnotaties (bijbetekenissen), productassociaties en communicatiecriteria een rol.

Linguïstisch onderzoek

Bij *linguïstisch onderzoek* wordt bijvoorbeeld nagegaan of een voorgestelde merknaam in een ander taalgebied wellicht een minder gewenste betekenis heeft.
We onderscheiden *actieve (ongeholpen) merkbekendheid* ('Welke merken van dit type product schieten u te binnen?') en *passieve (geholpen) bekendheid* ('Welke van deze merken – bijvoorbeeld getoond op een kaart – kent u?').

Verpakkingsonderzoek

Een verpakkingsonderzoek kan zowel een onderzoek zijn naar de functionele aspecten (bescherming, handling, informatie) als naar de communicatieve functie.
Een voorbeeld van onderzoek naar laatstgenoemde functie is het meten van de attentiewaarde van de verpakking (en het merk) met een

Tachistoscoop

tachistoscoop. Hierbij krijgen proefpersonen eerst de verpakking van een artikel te zien en vervolgens een serie dia's waarop, temidden van vele andere producten, de testverpakking soms wel, soms niet te zien is. Tijdens de projectie meet men de tijd die de respondent nodig heeft om de verpakking te herkennen.

Communicatieonderzoek

Communicatieonderzoek spitst zich toe op kopijonderzoek, mediaonderzoek en effectiviteitsmetingen van reclame en andere promotie-instrumenten. Een aantal bekende methoden zijn het conceptonderzoek, de pretest en de posttest.

Conceptonderzoek

Bij *conceptonderzoek* worden diverse ruw uitgewerkte schetsen en advertenties (concepten) door een aantal respondenten uit de doelgroep beoordeeld. Hieruit bepaalt men welk alternatief het meest geschikt is.

Consument blij met brievenbusreclame

Uit een Interfoon/Adfodirect-peiling blijkt dat 95,7% van de consumenten reclame (zowel geadresseerd als ongeadresseerd) in hun brievenbus ontvangt. Het percentage niet-ontvangers (4,3%) strookt met het gemiddelde percentage van brievenbussen waarop een nee-sticker is geplakt. Het aantal consumenten dat reclame leest is hoog: 76,9% van de ontvangers leest de reclame (altijd, soms, wel eens). Een op de vijf ontvangers gooit het foldermateriaal direct weg. Op de vraag of reclame nodig is, bijvoorbeeld ter oriëntering op de aankoop van producten en diensten vindt 65,8% van de consumenten dat nodig c.q. gewenst.
Veel Nederlanders zijn ervan gecharmeerd door vreemden met reclameboodschappen gebeld te worden (de zogenaamde telefoonreclame). Van de ondervraagden bleek 35,0% wel eens gebeld te zijn en 64,1% nooit. Uit het onderzoek bleek ook dat televisiereclame nauwelijks een hoger bereik heeft dan brievenbusreclame (81,2% tegenover 76,9%). Reageren op in televisiecommercials getoonde telefoonnummers doet vrijwel geen enkele kijker: 96,6%. Bovendien is men in het algemeen tegen het commercieel gebruik van zijn NAW-gegevens (76,1%).

Bron: *Adfodirect magazine*

Pretest

Een *pretest* gaat vooraf aan de eerste plaatsing van een advertentie. Voor pretests hanteert men verschillende methoden, zoals de recall-methode en laboratoriumtests.

Recall-methode

Bij de *recall-methode* of de memory test wordt de advertentie geplaatst in een dummy-magazine. Na lezing wordt de respondenten gevraagd welke advertenties zij zich herinneren en wat de inhoud daarvan was.

Laboratoriumtest

In *laboratoriumtests* worden de meest uiteenlopende reacties van proefpersonen gemeten, zoals de *pupildilatatie* (hoe opvallender de advertentie hoe groter de pupil), oogbewegingen via de *oogcamera* (wat trekt het eerst de aandacht), en de huidweerstand met behulp van de *elektro-dermagrafie* (emotie).

Het nadeel van deze pretests is, dat ze plaatsvinden in een – voor de proefpersoon – onnatuurlijke situatie. Het voor een reclamecampagne belangrijke herhalingseffect ontbreekt.

Posttest

Posttests vinden plaats tijdens of na afloop van een reclamecampagne en dienen om het effect daarvan te meten. Men meet hierbij de attentiewaarde, de herinnering (recall) en de mate waarin de houding ten opzichte van het product is gewijzigd. Een dergelijke wijziging kan uiteraard alleen worden vastgesteld als die houding ook voorafgaand aan de campagne (pretest of nulmeting) wordt gemeten.

Nieuw systeem verbetert registratie van kijkcijfers

Van een onzer verslaggevers
AMSTERDAM, woensdag
Een revolutionaire techniek in het registreren van het kijk- en luistergedrag biedt programmamakers, adverteerders en exploitanten van radio- en tv-zenders een kijkje achter de gesloten gordijnen van het Nederlandse huisgezin.

„Rudelsheim Rating System (RRS) is een mogelijke doorbraak in het registreren van het kijk- en luistergedrag van individuele Nederlanders." Dat zegt Wilma de Haas, directeur Nederland van Media Audits, een onafhankelijk instituut dat voor grote internationale tv-adverteerders berekent of hun reclamebudgetten wel goed besteed zijn.

RRS is een nieuwe, in Nederland ontwikkelde, technologie die objectief en met een hoge nauwkeurigheidsgraad de momenten registreert waarop individuele gezinsleden naar radio- en tv-programma's luisteren en kijken.

Op basis van een wensenlijstje van Media Audits liet media-ontwikkelaar Martin Rudelsheim een uiterst gevoelig registratiesysteem ontwerpen dat binnen een ruime straal van de apparatuur vastlegt en online aan een database doorgeeft welke huisgenoten naar welke programma's kijken en luisteren.

„Zappen, plaspauzes, koffiezetten in de keuken; alle handelingen van gezinsleden worden feilloos geregistreerd" constateerde Wilma de Haas na een demonstratie.

Zelfs het beluisteren van de autoradio en het gebruik van een videorecorder worden vastgelegd.

Bron: *De Telegraaf*, 4 november 1998

Mediaonderzoek behoort ook tot het communicatieonderzoek. Onderdeel daarvan is het onderzoek naar het kijkgedrag

Andere instrumenten

Pantry check
Dustbin check

Andere instrumenten om de penetratie van een artikel, merk of verpakking te meten zijn de *pantry check*, waarbij een enquêteur bij de respondent thuis noteert welke producten in voorraad zijn, en de *dustbin check*, waarbij door onderzoek van huisvuil de weggegooide verpakkingen worden geregistreerd.

De testmarkt

Bij de in-home-usetest en de hall-test is ook een laboratoriumeffect aanwezig (men weet dat men deelneemt aan een experiment). Bij de testmarkt is dit effect al veel minder aanwezig. Hierbij wordt een product in een geografisch beperkt gebied – onder zo normaal mogelijke omstandigheden – op de markt gebracht, met onder meer als doel de mate waarin het product wordt opgenomen door de markt, beter te kunnen inschatten.

Testmarktgebied

De keuze van het *testmarktgebied* speelt hierbij een belangrijke rol. Het gebied zal wat betreft bevolkingsopbouw, beschikbaarheid van distributiekanalen en concurrentieverhoudingen met substituutproducten zoveel mogelijk representatief moeten zijn voor de gehele markt. Om op grond van de testmarktresultaten (bijvoorbeeld afzetcijfers) conclusies te kunnen trekken voor de gehele markt, dient de introductie op de testmarkt te geschieden op een wijze, zoals men die ook voor ogen heeft bij de introductie op grotere schaal. Vooral op het gebied van de reclame kan dit enige problemen geven, met name als het beschikbare mediapakket van het testmarktgebied niet overeenkomt met dat van de gehele markt. Vooral met betrekking tot de massamedia is dit een ernstige handicap: men kan gedwongen zijn in het testmarktgebied als 'surrogaat' voor televisiereclame gebruik te maken van regionale bladen.

Of men testmarketing inschakelt, is afhankelijk van hoe men de verschillende voor- en nadelen van testmarketing afweegt.

Voordelen testmarkt

Als voordelen van het houden van een testmarkt kunnen worden genoemd:

- Het verkrijgen van de meest betrouwbare informatie over afzetmogelijkheden per type outlet.
- Het verkrijgen van informatie over de kenmerken (het profiel) van de kopers via het GfK-panel.
- Het opdoen van ervaring bij de introductie van het product: problemen die zich op de testmarkt voordoen, kan men trachten te verminderen bij de introductie op grotere schaal.
- Men heeft de gelegenheid om op kleinere schaal te experimenteren met bepaalde marketinginstrumenten, zodat men het effect van de instrumenten beter kan inschatten.

Nadelen testmarkt

Nadelen van een testmarkt zijn:

- De kosten; hierbij moet onder meer gedacht worden aan de kosten van het marktonderzoek dat men in het testmarktgebied laat verrichten.
- Een eventuele voorsprong op de concurrentie gaat (gedeeltelijk) verloren.

Wanneer voor het houden van een testmarkt wordt gekozen, dient men te bedenken dat de verkopen in de eerste periode veelal niet maatgevend zijn voor de verkopen op langere termijn. De periode waarin de testmarkt wordt gehouden, moet dan ook – waar mogelijk – *zo* lang zijn dat een beeld wordt verkregen van de herhalingsaankopen.

Veel van de hier beschreven onderzoekmethoden voor de introductie van nieuwe producten worden natuurlijk ook gebruikt voor onderzoek naar bestaande producten in bestaande markten. Ze dienen dan onder meer voor terugkoppeling en – indien noodzakelijk – aanpassing van het bestaande marketingbeleid.

Marktonderzoek voor het in kaart brengen van een bestaande markt die nieuw is voor de opdrachtgever

Stap 1: Bepaal de marktomvang
Desk research, databases, Nielsen, publicaties, bewerken via chainratio et cetera.

Stap 2: Onderzoek segmenten
Idem als stap 1; kan het beste bij stap 4.

Stap 3: Onderzoek bedrijfseconomische aspecten
Prijzen/marges voor distribuanten et cetera. Via beperkt kwalitatief onderzoek.

Stap 4: Marktsamenstelling
Diepte-interviews in alle fasen van de bedrijfskolom: concurrenten, distribuanten, afnemers.

Stap 5: Is er een plaats voor mijn product?
Koopmotieven, klantentrouw, barriers of entry et cetera. Kwalitatief onderzoek noodzakelijk.

Stap 6: Starten van het project
Verwachte afzet, winst, investeringen et cetera. Kwantitatief onderzoek.

16.3 De organisatie van marktonderzoek in een bedrijf

Uit het voorgaande is duidelijk geworden dat er in een organisatie voortdurend behoefte bestaat aan informatie en dat die informatie varieert per managementsituatie. Dit is afhankelijk van:
- de fase in het managementproces: analyse, planning, uitvoering, controle;
- het niveau van de planning: beleid, beheer, uitvoering.

Informatiebehoefte
Bij managementplanning gaat het vooral om de vertaling van het langetermijnbeleid in deelplannen. Bij operationele planning gaat het om de uitvoering daarvan.

Langetermijnbeleid
Bij het langetermijnbeleid is er behoefte aan informatie over de richting die bestaande en nieuwe technologieën en ontwikkelingen zullen volgen en welke invloed die zullen hebben op de marktstrategische verhoudingen. Een manier om relevante informatie te verwerven over deze langetermijnontwikkelingen is onder meer de Delphi-methode (zie hoofdstuk 17).

Kortetermijnbeleid
Wat betreft het kortetermijnbeleid wordt binnen ieder bedrijf veel informatie verzameld over producten en technologieën. De uitdaging is om dit soort informatie geordend en toegankelijk op te slaan.

Dalende trends blikverpakkingen

Wat zijn de belangrijkste achterliggende redenen dat de hoeveelheid (stalen) blikverpakkingen in de Nederlandse consumentenmarkt terugloopt?

- De afnemers geven de voorkeur aan transparante verpakkingen; zien doet eten.
- Blik gemaakt van staalplaten is zwaarder dan blik van aluminium en kunststof; duurder in transport, dus substitutie door lichtere materialen.
- De verpakkingsconvenanten en de daaraan verbonden afspraken over de hoeveelheid verpakkingsafval stimuleert de industrie lichtere verpakkingen te kiezen.
- De groei van vers verpakte (gesneden) groenten en fruit gaat ten koste van blik- en glasverpakkingen.
- Jongeren hebben sterke voorkeur voor kleine, goed gestyleerde spuitbussen van aluminium.
- Air fresheners in spuitbussen neemt af ten gunste van slow-release air fresheners in kunststofmateriaal.
- Hair foam in kleinere goed gestyleerde spuitbussen van aluminium is een substituut voor haarlak in spuitbussen van blik.
- Frisdrankblikjes hebben veel concurrentie van kunststofflesjes en flexibele, afsluitbare kunststofverpakkingen. Denk aan het merk 'Breaker'.
- De blikindustrie is stoffig, maakt goedkope, grote series standaardverpakkingen en is niet zo innovatief als de kunststofindustrie.
- Door kleinere huishoudens wordt het aandeel kleine verpakkingen groter.

In een ideale situatie worden de informatiestromen die vanuit het bedrijf of van buitenaf ter beschikking staan, op de juiste manier geordend en geleid naar de managers die de marketingbeslissingen nemen. De computer kan hierbij een belangrijke rol spelen.

Informatiesystemen

Softwarepakketten

Softwarepakketten voor het opbouwen van een zogenaamd MIS of, als vervolg daarop, een MDSS (Marketing Decision Support System), waarbij 'What if'-vragen kunnen worden gesteld, bijvoorbeeld: 'Wat gebeurt er wanneer ik deze beslissing neem?', zijn inmiddels in ruime mate voorhanden. Deze systemen kunnen echter alleen functioneren als de beschikbare informatie ook daadwerkelijk wordt ingevoerd. Dit is overigens een tijdrovende en complexe aangelegenheid die niet moet worden onderschat. Ook zonder dat direct wordt overgegaan tot een degelijk systeem, kan een onderneming gebruikmaken van de ter beschikking staande informatiebronnen.

Informatiebronnen

Informatie kan op diverse manieren worden verkregen. De belangrijkste informatiebronnen zijn de interne en externe bedrijfsgegevens, algemeen toegankelijke bronnen en marktonderzoeksgegevens. Zie ook figuur 16.2.

Interne en externe bedrijfsgegevens

Interne bedrijfsgegevens zijn:

- afzet-, omzet-, margepatronen per klant, toepassingsgebied, regio enzovoort;
- productie-, voorraad- en marketingkosten per product/klant;
- uitgebrachte offertes;
- klachten.

Met externe gegevens worden onder meer bedoeld:

- klantenbezoekrapporten (via zorgvuldige instructie aan de salesforce);
- concurrentiegegevens (via 'gezamenlijke' klanten, beurzen, publicaties enzovoort).

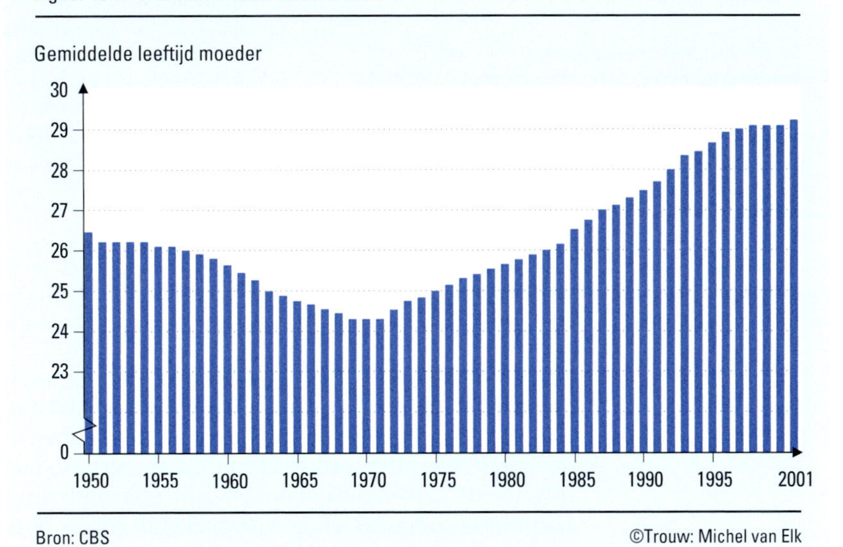

Figuur 16.1 **Vrouwen steeds later moeder**

Gemiddelde leeftijd moeder
30
29
28
27
26
25
24
23
0
1950
1955
1960
1965
1970
1975
1980
1985
1990
1995
2001

Bron: CBS ©Trouw: Michel van Elk

Het CBS (zie: www.cbs.nl) is een belangrijke bron van informatie

Figuur 16.2 **Wijze waarop ontwikkelingen op de afzetmarkt worden gevolgd (%)**

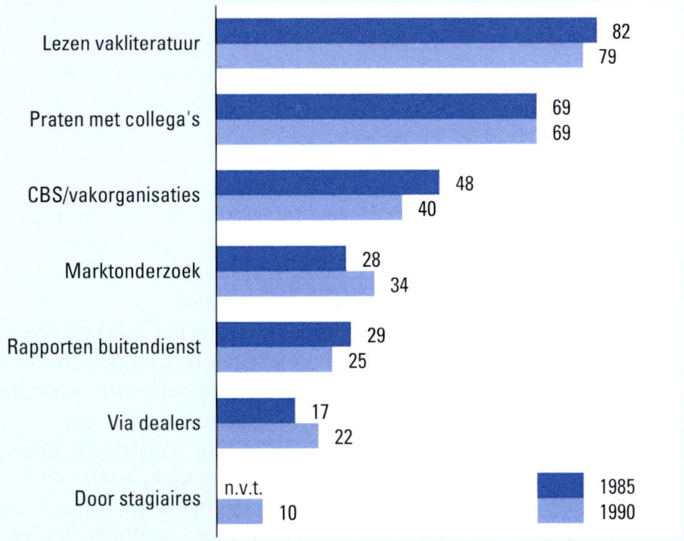

Lezen vakliteratuur
82
79
Praten met collega's
69
69
CBS/vakorganisaties
48
40
Marktonderzoek
28
34
Rapporten buitendienst
29
25
Via dealers
17
22
Door stagiaires
n.v.t.
10
1985
1990

Bron: *'Onderzoek'*

Algemeen toegankelijke informatiebronnen

We noemen als algemeen toegankelijke informatiebronnen: EVD (Economische Voorlichtings Dienst), Kompass (bedrijven en producten), MKB (Midden- en Kleinbedrijf), CBS, ABC-bedrijvengids en Fenedex (www.export.nl).

Brancheorganisatie in marktonderzoek

De MarktOnderzoekAssociatie (MOA) wil als vereniging een aanspreekpunt zijn voor alles en iedereen die met markt- en beleidsonderzoek te maken heeft. Daarom heeft de MOA als doel de kwaliteit van markt- en beleidsonderzoek, zowel nationaal als internationaal, in de breedste zin van het woord te bevorderen, ontwikkelen en stimuleren. Daarnaast behartigt de vereniging de belangen van respondenten, gebruikers en aanbieders van markt- en beleidsonderzoek. De MOA streeft naar een ledenbestand van gekwalificeerde onderzoekers die werkzaam zijn binnen bedrijfsleven, overheid en bureaus. En ze hopen op veel respons. Vakgenoten die meedenken, reageren op en signaleren wat er speelt en leeft in de markt. Momenteel telt de MarktOnderzoekAssociatie.nl zo'n 1 100 leden. Op de website vindt u ook informatie over marktonderzoek met betrekking tot bijvoorbeeld business-to-business en kwalitatief en kwantitatief onderzoek.

Bron: *www.marktonderzoekassociatie.nl*

Databanken (database)

Een groot aantal van deze gegevens is via zogenaamde elektronische databanken direct en relatief goedkoop beschikbaar voor marktonderzoekers. 'On-line' zijn nu minstens 1 500 databanken toegankelijk via de eigen computer, een telefoonlijn en een modem; dit aantal groeit nog steeds. Diverse databanken zijn ook onderling gekoppeld, zodat schijnbaar complexe vragen gemakkelijk zijn te beantwoorden.

De Vleeshouwerij en de informatievoorziening

Gegevens over de vleeswarenmarkten in de diverse Europese markten zijn vrijwel zeker in databanken opgeslagen. Door een aantal gerichte vragen te stellen kan de marketingmanager van De Vleeshouwerij binnen een uur op deze manier inzicht krijgen over trends met betrekking tot omvang slagerskanaal, verpakt/onverpakt en dergelijke.
Door het koppelen van de eigen gegevens aan een Belgische database kunnen gegevens over numerieke distributie en marktaandeel binnen vijf minuten worden uitgeprint.
Het marktaandeel is dan snel te berekenen, namelijk door vermenigvuldiging van de distributiekengetallen.

Op basis van bijvoorbeeld Nielsen-gegevens kunnen distributiekengetallen berekend worden (zie hoofdstuk 3).

Marktonderzoeksgegevens

Marktonderzoekbureaus beschikken over lijsten van reeds eerder uitgevoerd onderzoek. Vaak is dit te specifiek om antwoord te kunnen geven op het te onderzoeken probleem, maar het kan wel nuttige, vaak goedkope, achtergrondinformatie geven.
Een andere belangrijke informatiebron is bijvoorbeeld een abonnement op continu-onderzoek, zoals het Nielsen- en GfK-panel.
Daarnaast zal er altijd behoefte blijven aan ad hoc-onderzoek; voor het beantwoorden van een specifieke vraag zijn immers specifieke gegevens nodig.

Marktonderzoek heeft als doel het verkleinen van ondernemingsrisico's

16.4 Stappen in het marktonderzoek

Wanneer door marketing een probleem wordt gesignaleerd waarvoor een onderzoek moet worden uitgevoerd, kan dit onderzoek om een aantal redenen het beste in stappen, analoog aan het stappenplan bij de ontwikkeling van nieuwe producten, worden uitgevoerd. Deze stappen zijn:

- probleemdefiniëring
- ontwikkelen van hypothesen
- gegevensverzameling en analyse
- planning, interpretatie en verslaggeving.

In het volgende kader zijn de stappen van het marktonderzoekproces beschreven.

Marktonderzoekproces:

1 **(Marketing-)probleem**, bijv. merkbekendheid, -trouwheid
↓
2 **Formuleren van de marktonderzoekdoelstelling**,
om het marketingprobleem op te lossen
↓
3 **Formuleren van de marktonderzoekprobleemstelling**,
hypothesis noemen die betrekking hebben op het marketingprobleem
↓
4 **Formuleren van de informatiebehoefte en onderzoeksvragen**
↓
5 **Vaststellen van de informatiebronnen**
Werkwijze om een goede hypothese van het marketingprobleem te kunnen maken en om vervolgens een 'volledige' vragenlijst te kunnen opstellen, via de zogenoemde 'gouden regel' van marktonderzoek:
Desk research → field research kwalitatief → field research kwantitatief
↓
6 **Bepaling van de marktonderzoekopzet**
Marktonderzoekgroep → steekproefgrootte → methoden van marktonderzoek → analysemethoden en meetniveaus
↓
7 **Verzamelen van gegevens**
↓
8 **Gegevensverwerking**
↓
9 **Analyse van gegevens**
↓
10 **Interpretatie, conclusies en aanbevelingen**
↓
11 **Rapportage**
↓
12 **Presentatie en toelichting**

Probleemdefiniëring
Op een gegeven moment wordt een informatiebehoefte geconstateerd waarin niet kan worden voorzien via de hiervoor reeds beschreven wegen; de beschikbare informatie – via MIS – biedt dan geen afdoende antwoord.
De eerste stap is een nauwkeurige probleemdefiniëring. Dat is lang niet altijd eenvoudig, maar het is essentieel voor het slagen van het onderzoek. Daarom moet het doel van het onderzoek (gevraagde informatie, reden waarom enzovoort) altijd op papier worden gezet. Niet zelden is het probleem dan al half opgelost of wordt het probleem anders gedefinieerd.
Omdat een correcte probleemdefinitie ook essentieel is voor een goede briefing aan een extern onderzoeksbureau, kan het probleem het beste in de vorm van een briefing worden gedefinieerd.

Oorzaak dalend marktaandeel babyluiers

Het dalend marktaandeel van een merk babyluiers schreef de marketingmanager toe aan een niet voldoende en ook niet optimaal gebruik van het promotiebudget.
Het onderzoeksbureau kwam met een perfect advies hiervoor, maar later bleek dat de kopers overgingen op een ander merk omdat de pasvorm daarvan beter was en de luiers daardoor minder lekten. Het gevolg hiervan was een dalend marktaandeel, zoals was geconstateerd door de marketingmanager, maar de oorzaak was een geheel andere.

Ontwikkelen van hypothesen

Het is niet altijd mogelijk gevolg en oorzaak direct duidelijk vast te stellen. Een probleem kan verschillende oorzaken hebben en er kunnen dus uiteindelijk ook meerdere probleemoplossingen blijken te bestaan.

Werkhypothesen

Bij het ontwikkelen van hypothesen worden de verschillende mogelijke oorzaken van het probleem gedefinieerd; we noemen dit de *werkhypothesen*. De onderzoeker vertaalt deze werkhypothesen vervolgens naar een aantal specifieke onderzoeksvragen. Tijdens het onderzoek wordt daarna geleidelijk duidelijk wat het werkelijke probleem is. Het onderzoek verloopt dan ook in stappen.

Gegevensverzameling en analyse

In principe staan voor het verzamelen van de nodige gegevens vier informatiebronnen ter beschikking (zie tabel 16.2).

Tabel 16.2 **Beschikbare informatiebronnen**

Informatiebron	Intern	Extern
Secundaire gegevens	MDSS	CBS, EVD, databases
Primaire gegevens	Door eigen personeel te verzamelen	Field research

Secundair onderzoek

Secundair onderzoek is het raadplegen van bestaande gegevens, beschikbaar in de eigen organisatie of via externe bronnen. Hierbij is voorzichtigheid bij de interpretatie geboden door het vaak verschillen van onderzoeksmethoden, landen, bronnen en markten.

Primair onderzoek

Bij het zelf (laten) verzamelen van gegevens in de markt is er sprake van *primair onderzoek*.

Het organiseren van onderzoek in de markt wordt 'field research' (onderzoek in het veld) genoemd. De onderzoeksmethoden zijn observatie, experiment en enquête.

Door de massaliteit van de markten en de grote afstand tussen producent en consument neemt bij extern onderzoek de steekproef een belangrijke plaats in bij consumentenmarketing. De kortere lijnen en het kleinere aantal (bekende) afnemers maakt deskundigenonderzoek tot de meest voorkomende onderzoeksmethode in de industriële marketing. Dit blijkt ook uit tabel 16.3.

Tabel 16.3 **Gebruik van onderzoeksmethoden**

Onderzoeksmethode	**Mate waarin van de methode gebruik wordt gemaakt (in %)**	
	Industriële marketing	Consumenten-marketing
Desk research	88	80
Deskundigenonderzoek	77	23
Eigen medewerkers	79	25
Steekproefonderzoek	54	79
Andere methoden	25	50

Desk research
Zoals we in tabel 16.3 zien, verschillen de gebruikte onderzoeksmethoden nogal, afhankelijk van de markt waarin wordt geopereerd. Elk onderzoek zal echter beginnen met het verzamelen van secundaire gegevens via desk research; dit onderzoek kan van achter het bureau worden uitgevoerd.
Het voordeel van secundaire gegevens is in de eerste plaats dat ze snel verzameld kunnen worden. Vaak is een 'telefoontje' of internetverbinding naar het CBS en een aantal andere databanken voldoende om relevante informatie op tafel te krijgen. Deze methode is vrij goedkoop. Een nadeel is, dat de gegevens niet specifiek zijn, ze werden niet voor dit specifieke probleem verzameld. Soms zijn secundaire gegevens verouderd. Vooral bij consumentenmarketing is de waarde van secundaire gegevens daardoor beperkt.

In tabel 16.4 worden de voor- en nadelen van desk research en field research met elkaar vergeleken.

Tabel 16.4 **Desk research versus field research**

	Secundaire gegevens (desk research)	**Primaire gegevens (field research)**
Voordelen	• snel • goedkoop	• specifiek • kwaliteit in eigen hand
Nadelen	• vaak verouderd • kwaliteit niet altijd duidelijk	• duurt lang • veel organisatie • veel duurder

De eerdergenoemde interne en externe bronnen van secundaire gegevens verschaffen soms onvoldoende gegevens om hieruit direct conclusies te kunnen trekken. Ze betreffen bijvoorbeeld een andere markt en/of zijn onvoldoende uitgesplitst.

Methoden om gegevens te bewerken

Voor de marktonderzoeker staan in deze fase van secundaire-gegevensverzameling vier methoden ter beschikking om de beschikbare gegevens te bewerken of aan te vullen:

1 de tijdreeksanalyse
2 de market build-up
3 de indicatorenanalyse
4 de casestudy of analogie.

Tijdreeksanalyse

Wanneer voldoende maar verouderd cijfermateriaal beschikbaar is, kan vaak via een tijdreeksanalyse alsnog een redelijke schatting van de huidige situatie worden gemaakt. Via een statistisch computerprogramma is dit een kwestie van minuten.

Market build-up

Op basis van een aantal zogenaamde potentieelfactoren, zoals omvang van doelgroepen, energieverbruik, aantal werknemers, kan uit de gegevens van een specifieke situatie (bijvoorbeeld de gegevens van een bedrijf) een marktschatting worden gemaakt. Dat hieraan grote risico's kleven en er hierdoor gemakkelijk *fantoommarkten* kunnen ontstaan, zal duidelijk zijn.

Fantoommarkten

Te optimistische marktschatting

Een beginnend sales engineer van lijmen ontdekte dat een sigarettenproducent met een marktaandeel van circa 0,1% (wereldwijd) jaarlijks 100 ton lijm gebruikte bij een bepaalde productiefase. Hij meende een potentiële markt van 100 000 ton te hebben ontdekt. De betreffende producent bleek echter de enige te zijn die dit procédé toepaste.

Indicatorenanalyse

Wanneer het gezochte inzicht in bepaalde ontwikkelingen niet gemakkelijk is te verkrijgen, kan men zijn toevlucht nemen tot de indicatorenanalyse. Hierbij wordt gezocht naar producten, markten of marktontwikkelingen die een duidelijke relatie hebben met het onderzochte product, met de onderzochte markt of met de onderzochte ontwikkelingen, waardoor men over meer gegevens kan beschikken en dus een beter inzicht kan verkrijgen.
Een tweetal veel gebruikte methoden zijn de complementariteit en de chain-ratio.

Complementariteit

Bij *complementariteit* is het uitgangspunt dat er een relatie bestaat tussen de gezochte informatie en andere, wel beschikbare informatie. Uit het aantal verkochte auto's, het gemiddelde aantal gereden kilometers en de gemiddelde levensduur kan een producent van auto-onderdelen, zoals accu's en lampen, een afzetprognose destilleren.

Chain-ratio

De *chain-ratio* zet deze redenering voort, maar nu doorgetrokken naar de afzet van auto's, de producent van plaatstaal en de producent van de persen hiervoor. De fabrikant van een hydraulisch systeem voor deze persen kan een marktschatting maken van het aantal hydraulische units, als de verhoudingsgetallen bij dit keteneffect bekend zijn.

De casestudy of analogie

Bij de casestudy of analogie maakt de onderzoeker schattingen met betrekking tot verwachte ontwikkelingen op basis van een analyse van gelijksoortige ontwikkelingen in het verleden, op een andere plaats of in een andere markt.

Gekeken wordt hoe de uiteindelijke afloop in elk van de situaties geprojecteerd kan worden op het onderzoeksprobleem dat nu om een oplossing vraagt. Hierbij is omzichtigheid gewenst. Bijvoorbeeld: een bepaald soort bier bleek in Nederland, in tegenstelling tot in andere landen, helemaal niet aan te slaan.

Ander voorbeeld: de marktintroductie van de cd-speler verliep juist veel sneller dan naar analogie van de cassetterecorder was verwacht.

Exploratief of verkennend onderzoek

Met alle – eventueel bewerkte – secundaire gegevens op zijn bureau heeft de marktonderzoeker meestal nog niet voldoende inzicht in het probleem, om harde conclusies te kunnen trekken of om een grootschalig onderzoek te kunnen starten. Het is dan zinvol om – als tussenweg – een exploratief (verkennend) onderzoek uit te voeren, met als doel een voorlopige verklaring te vinden voor het probleem.

Dit is een vorm van kwalitatief marktonderzoek: een kleinschalig onderzoek om, uitgaande van een beperkt aantal gegevens, vast te stellen welke aspecten een rol spelen bij een bepaald probleem.

Verkennend onderzoek bij De Vleeshouwerij

Tijdens de productie van vleeswaren ontstaat bij De Vleeshouwerij een grote hoeveelheid afval van vleesresten die op zich een goede voedingswaarde hebben. Enkele jaren geleden ontstond bij de afdeling marketing het idee om hiervan hondenvoer te maken in de vorm van luxeworstjes.

Via desk research konden snel gegevens over marktomvang, distributiekanalen en marges worden verkregen en de 'proefworstjes' werden door de honden van een aantal medewerkers verslonden.

Marketing wilde hierna via een groots opgezette enquête de behoefte in de markt vaststellen (kosten €100.000), maar op verzoek van de directie werd eerst nog een aantal diepte-interviews uitgevoerd met dierenartsen en kennelhouders (kosten €2.500). Hieruit bleek, dat de worstjes niet goed zouden zijn voor de tanden van de honden en dat de worstjes niet goed zouden worden verteerd.

Het project werd hierna gestopt. Het is een voorbeeld van een (via verkennend onderzoek) nauwkeuriger definiëren van een marketingprobleem; in dit geval van marktwensen (een voorbeeld van een fantoommarkt), waaraan met het nieuwe product niet voldaan kon worden.

Bekende methoden zijn brainstorming, het expertinterview (ook wel autoriteitenonderzoek genoemd) en casestudies.

Brainstorming

Brainstorming vindt plaats in een vroege fase van het onderzoek. In een ongedwongen sfeer kan met het eigen personeel uit diverse disciplines over het probleem worden gediscussieerd, waardoor een beter inzicht in het probleem wordt verkregen.

Field research

Nadat via desk research en eventueel aanvullend verkennend onderzoek gegevens zijn verzameld, kan het zijn dat er een duidelijk beeld is ontstaan van het probleem, maar dat nog aanvullende primaire gegevens nodig zijn voor een kwantitatieve onderbouwing.

Typen marktonderzoek: kwalitatief en kwantitatief

Exploratief onderzoek (exploratory research):
- vaak bij breed of vaag probleem;
- bij incidentele (ad hoc-)problemen;
- doel: nader inzicht krijgen in het probleem;
- vooronderzoek ten behoeve van beschrijvend en toetsingsonderzoek;
- precieze probleemstelling, hypothesevormend.

Bijvoorbeeld: Waarom loopt de vraag naar hypotheken terug? (terwijl de rente laag en de economische groei hoog is). Methode: kwalitatief field research.

Beschrijvend onderzoek (descriptive research):
- relevante variabelen zijn bekend, hun onderlinge samenhang echter niet;
- hypotheses kunnen in algemene zin worden geformuleerd;
- kan vooronderzoek zijn voor het toetsingsonderzoek, om samenhang duidelijker te maken.

Bijvoorbeeld: Marktonderzoek naar de marktpositie van de aanbieder van hypotheken. Methode: kwantitatief field research.

Toetsend onderzoek (causal research):
- relevante variabelen en de veronderstelde samenhang zijn bekend;
- doel: veronderstelde samenhang toetsen op waar/niet waar; zo ja, hoe sterk is deze samenhang?

Bijvoorbeeld: Samenhang tussen rentestand en afsluiten hypotheken. Methode: kwantitatief field research.

Het is echter ook mogelijk dat de onderzoeker nog over onvoldoende materiaal beschikt, dus nog met te globale hypothesen moet werken. Ook dan zijn aanvullende primaire gegevens nodig.
In beide gevallen is het tijd om over te gaan tot specifiek daarop gericht onderzoek via field research.

We kunnen field research ruwweg opdelen in kwalitatief en kwantitatief onderzoek (zie tabel 16.5).

Tabel 16.5 **Vergelijking kwalitatief en kwantitatief onderzoek**

Kwalitatief	Kwantitatief
Kleine steekproef	Grote steekproef
Niet getalsmatig	Getalsmatige schatting
Diepgaand onderzoek	Oppervlakkig onderzoek
Geen steekproefprocedures	Ingewikkelde procedures

Kwalitatief onderzoek

Kwalitatief onderzoek bestudeert de *aard* van het probleem.
Het doel van kwalitatief onderzoek is de achterliggende motieven van het koop-, gebruiks- en communicatiegedrag bloot te leggen. Het gaat om het antwoord op de vraag: 'Wat is belangrijk?'
De conclusies van kwalitatief onderzoek worden uiteindelijk vervat in hypothesen en vaak in een vragenlijst die wordt gebruikt als input bij een groter, kwantitatief onderzoek.

Voor de opdrachtgever betekent het verrichten van kwalitatief onderzoek vaak een actieve rol tijdens het onderzoek, omdat de opdrachtgever deskundig is. Gesprekken kunnen live, via een one-way-mirror, via een televisiecircuit, of via een videoband gevolgd worden. Voorbeelden van kwalitatief onderzoek zijn de eerdergenoemde brainstormsessie, het expertinterview en het Delphi-onderzoek. Daarnaast kent men het diepte-interview, de minisessie en de groepsdiscussie.

Bij kwantitatief onderzoek gaat het om een getalsmatige schatting van de werkelijkheid. De daarbij gestelde vraag luidt: 'In welke mate is het belangrijk?'

Nutricia heeft zowel medici als oudere mannen boven de 50 jaar aan de tand gevoeld

Kwantitatief onderzoek

Kwantitatief onderzoek wordt uitgevoerd wanneer men niet alleen wil weten waarom een bepaald probleem zich voordoet, maar ook in welke mate het zich voordoet. Het gaat dan gewoonlijk om grootschalig onderzoek, omdat men eisen stelt aan de nauwkeurigheid en de betrouwbaarheid van het antwoord.
Bij kwantitatief onderzoek worden duidelijke eisen gesteld aan de gebruikte vragenlijsten, omdat anders grote problemen kunnen ontstaan bij de statistische verwerking van de gegevens.
We kunnen kwantitatief onderzoek onderscheiden naar:

- aantal malen dat een bepaald onderzoek wordt uitgevoerd:
  - ad hoc-onderzoek (eenmalig)
  - continu onderzoek (regelmatig terugkerend);
- gegevensbron:
  - nieuwe bron
  - wisselende bron (bij replicatieonderzoek)
  - vaste bron (panel);
- methode van gegevensverkrijging:
  - observatie
  - experiment
  - enquête.

Bij kwantitatief onderzoek staat het getal centraal

Grote Bickersstraat 74 | 1013 KS Amsterdam | *tel.* (020) 522 54 44 | *e-mail* info@nipo.nl | *internet* http://www.nipo.nl

Traditioneel onderzoek alléén is tegenwoordig niet meer toereikend. Het informatietijdperk waarin we leven zorgt voor een overdaad aan gegevens.
Maar wie zet die zaken op een rijtje? Wie haalt daar de informatie uit die je een blijvend voordeel op de concurrentie geeft? Wie zorgt voor de ontbrekende stukjes?

De onderzoekers van het NIPO.

Dat zijn onderzoekers die pragmatisch creatief zijn. Die scherpzinnig zijn en helder analytisch. Die thuis zijn in uw markt. Die gevoel hebben voor uw zaak.
Die kunnen beschikken over de meest moderne onderzoekinstrumenten. En die kunnen terugvallen op een organisatie met 50 jaar ervaring. Die conclusies durven te trekken en durven te zeggen waar het op staat.
Kortom, die u begeleiden bij uw besluitvorming.

NIPO | *beslist beter*

NIPO *het marktonderzoekinstituut*

Ad hoc-onderzoek

Bij het ad hoc-onderzoek wordt een onderwerp onderzocht voor een specifieke opdrachtgever of in een samenwerkingsvorm; dit is voormeer opdrachtgevers tegelijk. De manieren waarop het ad hoc-onderzoek kan worden uitgevoerd zijn legio. Veel onderzoek in consumentenmarketing is ad hoc-onderzoek.

Continu onderzoek

Voor de commerciële beleidsvorming moet feitelijk bepaalde informatie continu ter beschikking zijn om het resultaat van bepaalde acties in de tijd te kunnen meten. Ook voor tijdreeksanalyse is continu uitgevoerd onderzoek onontbeerlijk. In Nederland wordt ruim de helft van alle onderzoeksbestedingen uitgegeven aan continu onderzoek.

Met continu uitgevoerd marktonderzoek is veel geld gemoeid. Om de kosten te drukken worden de nodige gegevens soms in samenwerking met andere geïnteresseerde bedrijven verzameld. Diverse commerciële marktonderzoeksbureaus bemiddelen daarbij.
We onderscheiden twee mogelijke samenwerkingsvormen: omnibusonderzoek en multi-cliënt-onderzoek.

Omnibusonderzoek

Bij *omnibusonderzoek* zijn meerdere opdrachtgevers betrokken. De samenwerking is beperkt tot hetzelfde onderzoekinstrument, bijvoorbeeld een schriftelijke enquête. De respondent kan hierdoor met zeer verschillende vragen te maken krijgen. Van alle deelnemers worden de vragenlijsten als het ware 'achter elkaar geplakt'. De deelnemers beschikken daarna alleen over de resultaten van de eigen vragen.

Multi-cliënt-onderzoek

Bij *multi-cliënt-onderzoek* wordt een gezamenlijk onderzoek uitgevoerd op initiatief van een onderzoeksbureau of een groep opdrachtgevers; het kan bijvoorbeeld over een gemeenschappelijk probleem handelen. De opdrachtgevers krijgen het gehele rapport ter inzage. Uiteraard heeft zo'n onderzoek daardoor een minder exclusief en ook minder vertrouwelijk karakter.

Panelonderzoek

Een panel is een vast bestand van personen of bedrijven dat representatief is voor een bepaalde populatie, en dat regelmatig gegevens verstrekt. Alle panelleden werken voor langere tijd mee.
Een voordeel van het herhaald ondervragen van dezelfde groep is dat men de ontwikkeling van bepaalde verschijnselen in de tijd kan volgen. Bijvoorbeeld brand switching (verandering van merk).

Single source information

Een ander voordeel is de single source information: allerlei gegevens (kijk- en luistergedrag, aankopen enzovoort) over hetzelfde huishouden kunnen worden gecombineerd.
Naast de hoge kosten is een nadeel van panels dat de deelnemers geconditioneerd gedrag gaan vertonen; ze gaan er een andere mening op na houden dan wanneer ze geen panelleden zouden zijn.

Nederlandse panels

Tot de bekendste Nederlandse panels behoren:

- GfK-consumentenpanel (aankooppatroon via het huishoudboekje; tegenwoordig met een scanner).
- Nielsen-detaillistenpanels (store of retail audit) voor levensmiddelen, slijterijen, tabakszaken, drogisterijen en parfumerieën, waaruit numerieke distributie en marktaandeel kunnen worden berekend.
- Intomart Kijk- en Luisteronderzoek, waarbij met een in het tv-toestel ingebouwde audiometer wordt geregistreerd welk net aanstaat en met een persoonsknoppenmeter de waardering voor de programma's wordt ingebracht.

Daarnaast is er een aantal speciale panels voor bijvoorbeeld energiegebruik, vakantiebestedingen en vele andere zaken.

Methoden van gegevensverkrijging

Voor het verzamelen van kwantitatieve primaire gegevens ten behoeve van onderzoek wordt een drietal methoden gehanteerd:

1 observatie
2 experiment
3 enquête.

De vraag welke methode het meest geschikt is, hangt af van de probleemstelling, het onderzoeksbudget, de beschikbare tijd enzovoort. Een vraag die voor een concrete situatie alleen door deskundigen is te beantwoorden.

Observatie

Observatie wordt meestal gebruikt om gedrag te bestuderen. Dat kan uiteenlopen van winkelende consumenten in een supermarkt tot verkoopinspanningen van een vertegenwoordiger.
Observatie is de enige onderzoekmethode waarbij de respondent niet beïnvloed wordt door de onderzoeker. Observatie (bijvoorbeeld via een tv-camera) is daarom de meest objectieve manier om gegevens te verzamelen.
Een nadeel is dat de onderzoeker wel weet *wat* de mensen doen, maar niet *waarom* ze dat doen.

MSR

Bekende vormen van observatie zijn het Mystery Shoppers Research (MSR), de pantry check en de dustbin check. De pantry check en de dustbin check werden reeds eerder in dit hoofdstuk besproken.

MSR in de praktijk

Een product als eerste aanbevelen betekent dat de klant het product ziet als iets dat het best aan zijn wensen voldoet. Om erachter te komen in hoeverre daarvan sprake is, kan gebruikgemaakt worden van mystery shoppers, bij voorkeur van een onafhankelijk bureau. Zo'n bureau hield een onderzoek onder 136 reisbureaus in de Engelse regio Heathrow/Gatwick. Mystery shoppers vroegen naar 'een paar tarieven voor de route Londen-New York'. Air India kreeg van 7% van de respondenten een actieve, positieve en eerste aanbeveling. British Airways kwam op 8% en Virgin op 17%. In een kwart van de gevallen werd British Airways helemaal niet genoemd. Eén bureauketen beval zelfs vrijwel alleen Virgin aan. Virgin werd genoemd vanwege het vermaak, British Airways vanwege de reputatie en Air India vanwege de prijs.

Bron: *Admap*, april 1994/*Marketing Mix Digest*, mei 1994

Bij MSR registreert een zich als klant voordoende onderzoeker het gedrag van verkopers of bedienend personeel. Hierbij worden aan de onderzoeker natuurlijk strenge eisen gesteld.

Experiment

Er zijn twee vormen van experimenteren: het gecontroleerde experiment, ook wel de laboratoriumsituatie genoemd, en het ongecontroleerde experiment, ook wel veldexperiment genoemd.

Gecontroleerd experiment

Bij het *gecontroleerd experiment* worden de respondenten verzocht een bepaalde marketingactiviteit te verrichten; bijvoorbeeld voor een bepaald bedrag aankopen doen in een nagebouwde supermarktopstelling. Door de onderzoeker worden hierna relevante variabelen (kortingen, verpakkingen, advertenties) veranderd en vervolgens worden eventuele veranderingen in het koopgedrag gemeten.
Hierbij wordt bijvoorbeeld gebruikgemaakt van de galvanic skin response, de oogcamera (pupilmeter) en de tachistoscoop.

Ongecontroleerd experiment

Bekende *ongecontroleerde experimenten* zijn de testmarkt, de split-run en de pre- en posttest.

Split-run

Bij de *split-run* worden de ondervraagden in twee groepen verdeeld. De ene groep wordt bewerkt met een bepaalde reclamecampagne, een nieuwe verpakking of een prijsverlaging, terwijl de andere groep fungeert als controlegroep en dus onbewerkt blijft. Nagegaan wordt in hoeverre de groepen een afwijkend resultaat laten zien.

Enquête

De meest gangbare vorm van gegevensverzameling in marktonderzoek is de enquête. Enquêtes kunnen schriftelijk, telefonisch en door middel van persoonlijke interviews plaatsvinden.

Interview

Het interview, het ondervragen van mensen teneinde hun oordeel over, of hun gedrag ten aanzien van bepaalde aspecten van het eigen marketingbeleid te weten te komen, geeft in het algemeen de beste mogelijkheden in verband met eisen van representativiteit, controlemogelijkheden, moeilijkheidsgraad van de gestelde problemen en het aantal vragen. De kosten van een steekproefonderzoek gebaseerd op persoonlijke gesprekken zijn echter hoog. Dit probleem speelt des te meer in industriële markten, waar het algemene ontwikkelingsniveau van de interviewer hoog moet zijn om met deskundigen in contact te treden en zinvolle gesprekken te kunnen voeren.
Telefonisch onderzoek kan worden gebruikt voor het inwinnen van eenvoudige informatie. Deze wijze van onderzoek is relatief goedkoop en snel, maar is minder geschikt voor het stellen van meer dan enkele vragen (maximale duur tien minuten) of om dieper op bepaalde problemen in te gaan.

Een schets van recente ontwikkelingen in tijdsbesteding en tijdsordening; 1995 versus 2000

De toenemende arbeidsparticipatie heeft duidelijke sporen nagelaten in de tijdsbesteding. Per hoofd van de bevolking van 12 jaar en ouder nam de gemiddelde arbeidstijd met 2,1 uur toe tot 19,4 uur per week in 2000; relatief sterker gestegen voor vrouwen, jongeren en voor jonge ouderen (50-64 jaar). Het drukst waren de 20-49 jarigen, de werkenden c.q. de ouders met thuiswonende kinderen, met name de tweeverdieners met jonge kinderen. Alle geledingen gingen door de bank genomen wat meer slapen, vooral eerder naar bed.

Bovenstaande factoren leiden tot minder vrije tijd. In 1995 had men gemiddeld 2,5 uur meer vrije tijd dan in 2000. Sinds 1995 is vooral op vrijetijdsactiviteiten buiten het huis bezuinigd, variërend van op visite gaan en maatschappelijke participatie tot sportbeoefening en wandel- en fietstochtjes. De bezoeken aan de bar en het restaurant zijn echter licht toegenomen. Aan studie – buiten de werkuren – wordt ook minder tijd besteed. Ook binnen de ongeveer constante hoeveelheid vrije tijd die men thuis doorbracht deden zich enkele verschuivingen voor. Lezen van gedrukte media en huiselijke sociale contacten liepen terug; het gebruik van elektronische media zat in de lift.

Vrijetijdsbesteding, bevolking van 12 jaar en ouder, in uren per week, 1995-2000

	1995	2000	Index (1995 is basisjaar)
Vrije tijd totaal	47,3	44,8	95
Gedrukte media	4,6	3,9	86
Elektronische media	14,2	14,8	104
Sociale contacten	10,9	10,1	93
Sociale participatie	2,2	1,8	81
Uitgaan	2,6	2,5	97
Sport en bewegen	2,1	1,8	85
Overige liefhebberijen	7,5	6,8	91
Vrijetijdsmobiliteit	3,2	3,0	94

Het totale mediagebruik is door de jaren heen vrij stabiel; 18-19 uur per week. Binnen dat gebruik deden zich echter in de periode tussen 1995 en 2000 aanzienlijke verschuivingen voor in het type media dat werd gebruikt. Aan radio luisteren werd 21% en aan gedrukte media lezen werd 14% minder tijd besteed. Bij deze twee media nam zowel de intensiteit als het aantal abonnementen af. Opvallend is dat de tijdsbesteding aan huis-aan-huisbladen en reclamefolders gemiddeld genomen stabiel bleef, wat betekent dat het leesaandeel van dit medium procentueel hoger uitvalt. Het gebruik van computer en internet steeg met 86%; het aantal (van 23 naar 45%) gebruikers naam drastisch toe. Televisiekijken bleef gelijk.

Bron: Sociaal en Cultureel Planbureau (www.scp.nl), oktober 1995 en oktober 2000

Vragenlijst

Vragenlijsten voor schriftelijke enquêtes moeten zeer zorgvuldig worden vastgesteld en vooraf worden getest teneinde *bias* of verkeerde interpretatie door de vraagstelling te voorkomen.

Bias

Bias is de systematische (niet-toevallige) vertekening in de antwoorden van respondenten als gevolg van de invloed van de interviewer, de formulering van de vraag of de situatie waarin de persoon wordt ondervraagd.

Planning, interpretatie en verslaggeving

Na het verzamelen moeten de gegevens uit het marktonderzoek worden bewerkt en geanalyseerd. Dit is een vak op zich, niet alleen met betrekking tot de complexiteit van de (wiskundige) handelingen, maarvooral ook omdat het analyseresultaat in een zodanige vorm moet worden gepresenteerd, dat de marketingmanager er ook mee aan de slag kan. Te vaak staan marktonderzoeksrapporten vol met specialistische, onbegrijpelijke termen en belanden daardoor ongebruikt ergens in een la. Het onderzoek is dan weggegooid geld geweest.

Een bepaalde hoeveelheid kennis van statistische technieken blijft voor de marketeer echter onontbeerlijk om onderzoeksgegevens op waarde te kunnen schatten. Deze technieken worden behandeld in hoofdstuk 17.

Online marktonderzoek biedt nieuwe kansen

Ze zeggen het niet hardop, maar eigenlijk zien veel opdrachtgevers marktonderzoek als een noodzakelijk kwaad. Internet biedt de marktonderzoeker nieuwe mogelijkheden, met name door de integratie van data. Internet heeft zich in snel tempo een niet meer weg te denken plek verworven in het marktonderzoek. Toch hebben veel onderzoekers nog steeds hun reserves. De kwaliteit van de data die online worden gegenereerd, zou tekort schieten en ook de representativiteit zou te wensen overlaten. Die reserves mogen echter geen reden zijn om te blijven steken in het ouderwetse marktonderzoek. Want internet biedt mogelijkheden voor nieuwe toepassingen en kan ervoor zorgen dat de marktonderzoeker bijvoorbeeld bij product- en strategieontwikkeling meer op de voorgrond treedt. Die mogelijkheden voor vernieuwing zitten allereerst in de snelheid: onderzoeken kunnen veel eerder worden afgerond, en de verwerking van de data kan verregaand geautomatiseerd verlopen. Maar belangrijker is dat online marktonderzoek integratie van data mogelijk maakt, en dat leidt tot nieuwe vormen van onderzoek. Zo kunnen cijfers over het aantal hits van een bepaald merk of product bij zoekmachines gekoppeld worden aan de vragen bij een online enquête. Klachten over bepaalde producten in nieuwsgroepen kunnen worden gebruikt als uitgangspunt voor onderzoek en resulteren in 'brand warnings', waarop dan in de communicatie snel kan worden ingespeeld. Door zo data te koppelen, kunnen nieuwe inzichten ontstaan. Dat kunnen marktonderzoekers weer gebruiken om hun vak op een hoger niveau te tillen, en zo bij de opdrachtgever meer waardering te oogsten.

Bron: Planung & Analyse (www.marketingonline.nl)

16.5 Zelf onderzoeken of onderzoek uitbesteden?

Bij de keuze: marktonderzoek zelf doen of uitbesteden spelen deskundigheid, beschikbare mankracht, kosten en capaciteit (infrastructuur, telefoonlijnen enzovoort) een rol.

Deskundigheid

Deskundigheid op het gebied van marktonderzoek heeft vooral te maken met onderzoekmethoden voor de hiervoor genoemde massale, vaak psychologische verschijnselen.

In industriële markten speelt deze onderzoeksdeskundigheid meestal in mindere mate een rol. Daar zijn andere inzichten van belang, zoals het vereiste niveau van deskundigheid van de onderzoeker op het specifieke terrein. Daarbij kan bijvoorbeeld de wens tot anonimiteit (vaak een kleine wereld en de ondervraagden mogen meestal niet weten wie de opdrachtgevers zijn) een reden zijn om een onderzoek toch uit te besteden.

Kosten

Bij de vergelijking van de kosten van zelf doen of uitbesteden van marktonderzoek moet niet alleen op de 'out-of-pocket' uitgaven worden gelet. Bij de inzet van eigen personeel treedt kostenversluiering op; bovendien moet dezelfde functionaris zich in de ene periode als objectief interviewer opstellen en in een andere periode de order voor de eigen onderneming veiligstellen.

Samenwerking met marktonderzoekbureaus

De samenwerking tussen opdrachtgever en marktonderzoeker komt tot uiting bij de voorbereidende besprekingen, de definitieve vaststelling van het onderzoek en aan het eind van het onderzoek, bij de uitkomsten en de rapportage tijdens de eindbespreking.
De voorbereidende besprekingen moeten worden afgesloten met duidelijk geformuleerde doelstellingen voor het onderzoek: de briefing. De opdrachtgever loopt anders kans geen antwoord te krijgen op zijn vragen.
Alvorens met het onderzoek te beginnen zal de vraagstelling door de onderzoeker moeten worden geanalyseerd en met de opdrachtgever moeten worden doorgesproken: dit resulteert in het algemeen in het onderzoeksvoorstel.
Zonder deze goede afstemming wordt het onderzoek duur omdat dan in een latere fase aanvullend onderzoek nodig is.

Marktonderzoeksbriefing

De checklist voor een goede briefing moet bevatten:

- informatie over het eigen bedrijf en product;
- informatie over de markt (omvang, distributiestructuur, concurrentie, marktaandeel enzovoort als achtergrondinformatie bij de vragen waarop men antwoord zoekt);
- formulering van het doel van het onderzoek (Waar moet het onderzoek een antwoord op geven?) en de eisen die gesteld worden aan het onderzoek (representativiteit, nauwkeurigheid, betrouwbaarheid, zie ook het marktonderzoekproces);
- omschrijving van de doelgroep (Welke personen moeten voor het onderzoek worden uitgenodigd?);
- gewenste tijdsplanning;
- budget;
- rapportage (de vorm waarin moet worden gerapporteerd).

Trendbox wordt onderdeel Duitse Infratest Burke

Onderzoeksbureau Trendbox wordt onderdeel van de internationale groep Infratest Burke AG, waarvan het hoofdkantoor is gevestigd in München. De Duitsers verwerven een meerderheidsbelang in het Amsterdamse bureau.

Goos Eilander, oprichter en directeur van Trendbox, wil niet kwijt wat voor de aandelen wordt betaald. Maar bekend is dat de waarde van onderzoeksbureaus in doorsnee wordt gesteld op 12 keer de netto jaarwinst. Trendbox is sinds de oprichting in 1990 explosief gegroeid. Het telt nu meer dan 40 vaste medewerkers die dit jaar volgens Eilander goed voor een omzet in de buurt van de *f* 10 mln.

De omzet van Infratest Burke - een wereldomspannende organisatie - bedraagt in Europa ongeveer *f* 200 miljoen. „Als groep zijn we zo'n beetje nummer vijf in de wereld", zegt Eilander die eind vorig jaar door Infratest werd benaderd, en die benadrukt dat Trendbox een zelfstandig bedrijf blijft met een eigen identiteit op de Nederlandse markt. Op dit moment bestaat er nog een relatie tussen Infratest en Inter/View, het bureau waaraan Eilander was verbonden voor hij met Trendbox begon. Die relatie heeft betrekking op het gebruik in licentie door Inter/View van twee onderzoeksmodellen die eigendom zijn van de Duitsers.

Het gaat hier volgens Eilander om Advisor (een reclametestmodel) en Basis (een testmarkt simulatiemodel). Hij verwacht dat uiterlijk volgend jaar de rechten op het gebruik van beide modellen bij Trendbox zullen zijn ondergebracht.

Bron: *Adformatie*, 27 oktober 1994

Een groot aantal Nederlandse marktonderzoekbureaus maakt deel uit van een internationale onderzoekorganisatie

Marktonderzoeksvoorstel

De checklist voor een onderzoeksvoorstel moet de volgende punten bevatten:

- omschrijving van de probleemstelling;
- onderzoeksdoelstellingen (Wat wil men onderzoeken? Op welke vragen moet het onderzoek antwoord geven?);
- onderzoeksopzet: doelgroep, onderzoeksmethode, steekproefomvang, analysemethode enzovoort;
- planning en kostenoverzicht.

Het is gebruikelijk een shortlist te maken met enkele marktonderzoekbureaus waarmee de briefing wordt doorgesproken. Men is wel verplicht dit te melden aan de desbetreffende onderzoekbureaus.

16.6 Internationaal marktonderzoek

Aan internationaal marktonderzoek worden dezelfde eisen gesteld als aan nationaal marktonderzoek. De keuze zelf doen of uitbesteden is sterk afhankelijk van het soort onderzoek. Bij een kwalitatief en kwantitatief onderzoek zal gebruikgemaakt worden van een in het betreffende land gevestigd marktonderzoekbureau. Een goede briefing van dit bureau door de eigen marketingorganisatie is onontbeerlijk. Zelf doen zonder inschakeling van ten minste een lokale veldwerkorganisatie, gaat voorbij aan specifieke omstandigheden die in een bepaald land van toepassing zijn. Marktonderzoekbureaus hebben ofwel zelf een internationaal netwerk van eigen bureaus of werken in een samenwerkingsverband met buitenlandse marktonderzoekbureaus, waarbij de deelnemende bureaus zelfstandig blijven.

Single en multi country-marktonderzoek

Steeds zal de onderneming voor de keuze staan een aantal *single country-marktonderzoeken* te houden, die elk op zich qua aanpak vergelijkbaar zijn met een marktonderzoek in eigen land, of het houden van een *multi country-onderzoek* in alle landen die men als interessante markten beschouwt. Steeds moeten onderzoeken rekening houden met langetermijnontwikkelingen, zoals inflatie, valutakoersontwikkeling, politieke en maatschappelijke stabiliteit.

Alvorens een internationaal marktonderzoek op te starten, zal door de eigen organisatie antwoord moeten worden gegeven op de volgende vragen:

- Wat moet de staf van de onderneming in het eigen land en in het buitenland onderzoeken en met welke diepgang?
- Hoe moet het onderzoek worden beheerst en vastgelegd? Wanneer moet het gestart worden? Hoe moet het uitgevoerd en gerapporteerd worden?
- Welke informatie moet worden verzameld en welk budget is hiervoor beschikbaar?

Wat onderzocht moet worden hangt af van de te volgen strategie. Als deze zich uitsluitend richt op bepaalde geografische markten, dan kan het onderzoek tot die markten beperkt blijven, terwijl bij global marketing in feite de hele wereld onderzocht zou moeten worden. Om daarin prioriteiten te stellen, zal de ondernemingsstaf op basis van desk research een voorselectie maken van landen die aan bepaalde parameters voldoen of van marktsegmenten die wereldwijd kunnen worden onderscheiden. Strategisch marktonderzoek zal uiteraard anders worden opgezet en uitgevoerd dan marktonderzoek voor operationele doelen.

Algemeen kan gesteld worden dat internationaal marktonderzoek in vergelijking met nationaal marktonderzoek als extra kenmerken heeft:

- het is gecompliceerder;
- de mate van beschikbaarheid van secundaire gegevens loopt sterk uiteen;
- men heeft te maken met veel hogere kosten, zowel 'out of pocket' als intern;
- behoefte aan zeer goede cordinatie van het proces bij voorbereiding, planning, uitvoering, controle daarop en de rapportage;
- uitkomsten moeten in relatie met elkaar gebracht kunnen worden om keuzes te kunnen maken, maar de uitkomsten zijn door lokale verschillen vaak niet goed te vergelijken;
- het marktonderzoek mag niet uitsluitend gebaseerd zijn op verkoopgegevens;
- het marktonderzoek moet op de langere termijn gericht zijn.

NFO Trendbox, een voorbeeld van internationale concentratie

Misschien vraagt u zich af waar de toevoeging 'NFO' toch ineens vandaan is gekomen. Zoals dat gaat met families, is ook die van Trendbox de afgelopen jaren gestaag uitgebreid.
Bekend is waarschijnlijk de aansluiting bij Infratest Burke, al weer een tijd geleden (1995). Een dominante speler in Europa, maar daarbuiten was nog veel te halen. Dat vond *NFO Worldgroup* ook, en nam daarom in 1999 de gehele IB groep over. En om volledig te zijn, NFO werd in 2000 onderdeel van *Interpublic* – 1 van de grote 3 (Omnicom, Interpublic en WPP) – waarmee ons netwerk in één klap werd uitgebreid met illustere namen als McCann Erickson, Lowe Lintas en Initiative Media.
NFO telt momenteel zo'n 15 000 medewerkers in 40 landen, die ruim 4 000 opdrachtgevers uit verschillende disciplines als FMCG, B2B, IT/Telecom, Automotive en financiële dienstverlening van informatie en advies voorzien. Belangrijk voor NFO Trendbox is de toegang tot de enorme kennis, meer dan een halve eeuw gerijpt, van NFO op het gebied van panelonderzoek.
Daarnaast investeert ons bedrijf flink in het uitwisselen van kennis op internationaal niveau. Het centrale element hierin is het belang dat gehecht wordt aan toegevoegde waarde. Onderzoek met een 'plus': intelligente methoden en technieken, verder kijken dan alleen de cijfers, uitgebreide kennis van producten en markten. Marketing minds who specialize in research is daarmee de leidraad van alle NFO bedrijven, en derhalve ook van NFO Trendbox.

Bron: *www.trendbox.nl*

■ **Voorbeeld 16.1**

Een Nederlandse shagfabrikant zette in Australië circa 8% van zijn productie af, welke positie met name was gebaseerd op een relatief prijsvoordeel van shag op sigaretten door verschillen in accijns. 80% van de shagrokers rookte ook sigaretten. Het roken van shag was primair gebaseerd op een prijsvoordeel en had niet zoals in Nederland ook nog het aspect van stoerheid dat ook promotioneel sterk wordt ondersteund. Het harmoniseren van accijnsverschillen door de Australische regering leidde tot het wegvallen van het prijsvoordeel. Marktonderzoek dat met de mogelijkheid van dit soort maatregelen geen rekening houdt, is kortzichtig en kan leiden tot selectie van markten boven andere markten, die op lange termijn gezien interessanter zijn.

Ondernemingen die opereren op industriële markten werken veel met multi country-onderzoek. In toenemende mate zien we deze ontwikkeling ook bij multinationale organisaties voor wat fast moving consumer goods betreft.

Statistische technieken

17

Naast het verzamelen van gegevens speelt ook de verwerking en interpretatie van deze gegevens tot een voor de opdrachtgever hanteerbare vorm, een belangrijke rol bij marktonderzoek. Omdat de mogelijkheden van statistische bewerking van de verzamelde gegevens voor een belangrijk deel bepaald worden door de aard van de vraagstelling (bijvoorbeeld de gehanteerde schaaltypen: nominaal, ordinaal, interval of ratio) dient men zich dit vooraf goed te realiseren om onaangename verrassingen te voorkomen. Van een marketeer mag daarom worden verwacht dat hij enig begrip heeft van het uitvoeren van een steekproefonderzoek en het generaliseren (vertalen naar de populatie) van de steekproefresultaten.
De belangrijkste statistische technieken met betrekking tot steekproefonderzoek, zoals die onder meer met een zekere regelmaat in NIMA-examens voorkomen, worden in de paragrafen 17.1 tot en met 17.3 behandeld.
Om drie of meer uitkomsten op significantie te beoordelen wordt de χ^2-toets gebruikt, die aan de orde komt in paragraaf 17.4. In paragraaf 17.5 worden methoden besproken, die gebruikt kunnen worden wanneer er geen kwantitatieve informatie beschikbaar is.
Vervolgens wordt in paragraaf 17.6 aandacht besteed aan de tijdreeksanalyse. In paragraaf 17.7 wordt onder meer de multidimensionale schaalanalyse (multidimensional scaling, mds) behandeld. Ten slotte wordt in paragraaf 17.8 ingegaan op rationele besluitvorming.
We gaan er in dit hoofdstuk overigens van uit, dat u reeds over enige statistische kennis op NIMA-A-niveau beschikt, zoals over de modus, de mediaan, de verschillende schaaltechnieken en presentatievormen.

17.1 Steekproeven

In de meeste gevallen zullen marktonderzoeksresultaten gebaseerd zijn op steekproefuitkomsten. Immers, de populatie (de doelgroep waarvan men de onderzoeksgegevens wenst te kennen) is meestal veel te groot om volledig bij het onderzoek te worden betrokken.
Bij veel consumentenproducten bestaat de doelgroep uit vrijwel de gehele Nederlandse bevolking. Het ondervragen van de gehele doelgroep zou in zo'n geval buitengewoon kostbaar worden en zeer veel tijd in beslag nemen.

Censusonderzoek

Als voor een onderzoek de gehele populatie, de gehele doelgroep, wordt ondervraagd, spreekt men van een *censusonderzoek* (of van een integrale telling).
Censusonderzoek komt met een zekere regelmaat voor bij industrieel marktonderzoek. Immers, het totaal aantal afnemers is veelal beperkt van slechts enkele tot enkele honderden.

Censusonderzoek bij De Vleeshouwerij

Een censusonderzoek wordt beschreven in de case 'De Vleeshouwerij'. Hierbij is een telefonisch marktonderzoek verricht waarbij *alle* 1 700 slagers die 'De Vleeshouwerij'-producten distribueren, gevraagd is naar hun oordeel omtrent 'De Vleeshouwerij' en een aantal concurrenten.

De resultaten van een censusonderzoek hebben een absolute waarde, de standaardfout is nul, immers, iedereen is ondervraagd. De periodiek gehouden volkstellingen zijn daarvan een voorbeeld.

Partiële telling

Via een steekproef waarbij slechts een deel van de doelgroep wordt onderzocht (de zogenaamde *partiële telling*), kunnen echter ook goed bruikbare onderzoeksresultaten worden verkregen.

Steekproefcriteria

Een steekproef moet aan een aantal eisen voldoen: de steekproef en de steekproefresultaten moeten *representatief* en *betrouwbaar* zijn, en een bepaalde *nauwkeurigheid* hebben om tot een valide onderzoek te komen.

Met betrekking tot steekproeven kunnen twee methoden worden onderscheiden, namelijk de aselecte en de selecte steekproef.

Aselecte steekproef

Het kenmerk van een *aselecte steekproef* is dat ieder element uit de populatie een even grote kans heeft om in de steekproef terecht te komen.

Selecte steekproef

Bij een *selecte steekproef* wordt vooraf al uitgesloten dat bepaalde groepen in de steekproef betrokken worden. De quotasteekproef (veel toegepast voor instrumenteel onderzoek) is een voorbeeld van een selecte steekproeftrekking.

Typen aselecte steekproeven

In het marktonderzoek worden de volgende typen aselecte steekproeven onderscheiden:
- de volkomen aselecte steekproef
- de systematische of intervalsteekproef
- de proportioneel gestratificeerde steekproef

- de disproportioneel gestratificeerde steekproef
- de random-walkmethode
- de clustersteekproef.

Marktonderzoeksuitkomsten zijn veelal gebaseerd op een steekproef

Weinig kinderen kennen Wim Kok

ROTTERDAM - Van de kinderen tussen 5 en 11 in Nederland weet slecht 30 procent wie Wim Kok is. In Spanje noemt meer dan de helft (54 %) de naam van José Maria Aznar als minister-president. Meisjes in Engeland willen het liefst Baby Spice zijn, terwijl Celine Dion in Frankrijk de favoriet is.
Dit blijkt uit een recent onderzoek dat Cartoon Network heeft laten uitvoeren naar de levensstijl van jeugdige kijkers in Europa. Ruim 2000 kinderen zijn hiervoor ondervraagd.Tom en Jerry is nog steeds de nummer 1 onder de tekenfilms. Jongens willen het liefst voetballer worden. In Spanje en Zweden ligt dat anders; daar is politieman de favoriete keuze. Meisjes noemen kapster of onderwijzeres als hun droombaan. Popster of dierenarts is in respectievelijk Polen en Engeland de eerste keus.
Kinderen hebben uiteenlopende ideeën over 'slecht gedrag'.In Engeland wordt het verven van een huisdier als ultieme misdraging gezien. In Zweden gaat de strijd tussen steentjes in de benzinetank gooien en een muis in het ondergoed van moeder stoppen. Verliefd worden op de werkster is in Frankrijk de slechtse daad.
Zweedse kinderen gaan voorop op de electronische snelweg; 44 procent surft op internet (Nederland 8 %). Nederland en Engeland zijn weer het verst met het gebruik van computers op school (79 %). De Zweedse en Poolse jeugd zijn telefonisch het best bereikbaar. Van hen heeft respectievelijk 16 en 14 procent telefoon op de kamer. In Engeland is dat 1 procent. Deense kinderen hebben bijna allemaal televisie op hun kamer (82 %), een heel verschil met Nederland (23 %).

Bron: *Rijn en Gouwe*, 12 maart 1999

Representativiteit
Een steekproef is representatief voor een bepaalde populatie wanneer die op kleine schaal een getrouwe weergave van die populatie geeft.
Soms (bijvoorbeeld bij een quota- of proportioneel gestratificeerde steekproef) heeft men er op voorhand voor gezorgd dat dit op bepaalde punten het geval is. Soms ook heeft men er heel bewust naar toe gewerkt dat dit niet het geval is (bij de disproportioneel gestratificeerde steekproef). De mate van representativiteit is tevens afhankelijk van de mate van respons of beter: non-respons.

Non-respons

Non-respons treedt op als men weigert aan het onderzoek deel te nemen. In consumentenonderzoek zijn dit vaak eenpersoonshuishoudens en personen uit de hogere sociale klassen. Indien non-respons in sterke mate bij specifieke groepen binnen de steekproef voorkomt, heeft dit invloed op de representativiteit als hiervoor niet wordt gecorrigeerd. Dit corrigeren noemen we *herwegen*. Herwegen is mogelijk door bepaalde kenmerken uit de steekproef (bijvoorbeeld geslacht, leeftijd, bedrijfsomvang) te vergelijken met de populatie. Bij het opstellen van het onderzoek dienen deze controlevariabelen dus in de vragenlijst te worden opgenomen.

Herwegen

Validiteit

De validiteit heeft betrekking op de vraag of men inderdaad heeft gemeten wat men wilde meten.

Interne validiteit

Bij *interne validiteit* ligt de nadruk op de vraag of de onderzoeksmethode wel juist was. Als we een onderzoek doen om te achterhalen hoeveel mensen dagelijks hun tanden poetsen, weten we dat door middel van een mondeling vraaggesprek de poetsfrequentie veel hoger ligt dan in werkelijkheid. Immers, niemand wil als 'viezerik' bekend staan. De onderzoeksresultaten zijn dan niet valide (deugdelijk, geldig) voor de populatie.

Externe validiteit

Externe validiteit slaat op de *relevantie* van het steekproefonderzoek: 'kunnen we de conclusies van het onderzoek doortrekken in de praktijk?'

Bij het registreren van de aankopen van verschillende merken babyluiers bijvoorbeeld werd niet echt de merkvoorkeur gemeten, omdat tijdens het onderzoek voor diverse merken regelmatig out-of-stock situaties voorkwamen.

Betrouwbaarheid

Over het begrip 'betrouwbaarheid' bestaan de nodige misverstanden. We geven hierna twee definities uit het *NIMA Marketing Lexicon*:

Definitie 1 betrouwbaarheid

Betrouwbaarheid is de mate waarin bij herhaalde meting dezelfde resultaten verkregen worden. De herhaalde meting dient onder vergelijkbare omstandigheden uitgevoerd te worden.

In hoeverre verschilt bijvoorbeeld de attitudescore als dezelfde persoon twee weken na de eerste meting opnieuw wordt ondervraagd? Als u op een weegschaal gaat staan en vijf seconden later weer, geeft de weegschaal dan weer hetzelfde gewicht aan? In dit verband spreekt men ook wel van *test-hertest betrouwbaarheid*.

Test-hertest betrouwbaarheid

Definitie 2 betrouwbaarheid

Betrouwbaarheid is de kans dat een geschatte of voorspelde parameter inderdaad in het schattings- of voorspellingsinterval ligt.

Betrouwbaarheidsinterval

In een aselecte steekproef uit een bepaalde populatie huishoudens blijkt 30% over een computer te beschikken. Op grond hiervan wordt een *betrouwbaarheidsinterval* berekend van 25 tot 35% met een betrouwbaarheid van 95%. De kans dat in die populatie het percentage huishoudens met een computer inderdaad ligt tussen de 25 en 35% is dan 95%. In deze laatste betekenis zijn de termen betrouwbaarheid en nauwkeurigheid sterk aan elkaar gerelateerd.

De termen 'betrouwbaarheid' en ook 'nauwkeurigheid' slaan op de uitspraken die op grond van de steekproefuitkomst kunnen worden gedaan. Deze uitspraken hebben de vorm van: 'de werkelijke waarde van de onderzochte parameter ligt met een waarschijnlijkheid (= betrouwbaarheid) van ...% tussen die en die grenzen'.

Betrouwbaarheidspercentages

In het marktonderzoek wordt meestal gewerkt met de volgende drie *betrouwbaarheidspercentages*: 90%, 95% of 99%.

Er is een negatief verband tussen de gewenste betrouwbaarheid en de mate van nauwkeurigheid van een steekproef. Als een hoge mate van betrouwbaarheid van de uitspraken gewenst is, zal het betrouwbaarheidsinterval ruimer uitvallen en zijn de uitspraken dus minder nauwkeurig.

Nauwkeurigheid

Nauwkeurigheidsmarge

De *nauwkeurigheidsmarge* van een uitspraak op basis van steekproefonderzoek geeft de grenzen aan waarbinnen we mogen aannemen dat met een zekere waarschijnlijkheid (= betrouwbaarheid) de werkelijke waarde van een te schatten grootheid ligt. De nauwkeurigheidsmarge is een interval dat weergeeft welke afwijking uitspraken op basis van de onderzoeksuitkomsten kunnen vertonen ten opzichte van de kenmerken van de populatie: de werkelijke waarde (in feite is de nauwkeurigheidsmarge dus een onnauwkeurigheidsmarge).

Op basis van een steekproefuitkomst kan een aantal uitspraken – ieder met zijn eigen betrouwbaarheid en nauwkeurigheid – worden gedaan over de kans dat de werkelijke waarde binnen het interval ligt. De nauwkeurigheid van de uitspraak wordt aangegeven door het betrouwbaarheidsinterval.

Conclusie

Uit het voorgaande is duidelijk geworden dat men bij het doen van uitspraken over de gehele onderzoekspopulatie op grond van steekproefuitkomsten de nodige voorzichtigheid in acht dient te nemen. Niet alleen moet de steekproef representatief zijn, maar ook moet men rekening houden met een zekere mate van (on)betrouwbaarheid en met een nauwkeurigheidsmarge.

Steekproefonderzoek voor De Vleeshouwerij

Als 'De Vleeshouwerij' een steekproefonderzoek had uitgevoerd onder de slagers in plaats van een censusonderzoek, had het percentage van de geënquêteerde slagers dat tevreden was met 'De Vleeshouwerij' evenals in het censusonderzoek 73% kunnen zijn. Als uit de steekproefgrootte en de gewenste betrouwbaarheid (bijvoorbeeld 95%) een nauwkeurigheidsmarge van bijvoorbeeld 3% zou zijn gevolgd, betekent dit in feite dat op basis van het steekproefonderzoek kan worden gezegd, dat met een betrouwbaarheid van 95% tussen de 70% en 76% (73% +/– 3%) van de slagers tevreden is met 'De Vleeshouwerij'. Merk op dat de onnauwkeurigheidsmarge geldt voor beide zijden, plus en min, dus 73% +/– 3%.

Uit een populatie kan een zeer groot aantal aselecte steekproeven worden getrokken (afhankelijk van de trekkingsmethode). Deze steekproeven geven ieder hun 'gemiddelde' antwoord. Uiteraard liggen alle steekproefverdelingen binnen de populatie.
Dit wordt aanschouwelijk gemaakt in figuur 17.1, waarin drie steekproefverdelingen zijn getekend binnen de populatie.

Figuur 17.1 **Drie steekproefverdelingen binnen één populatie**

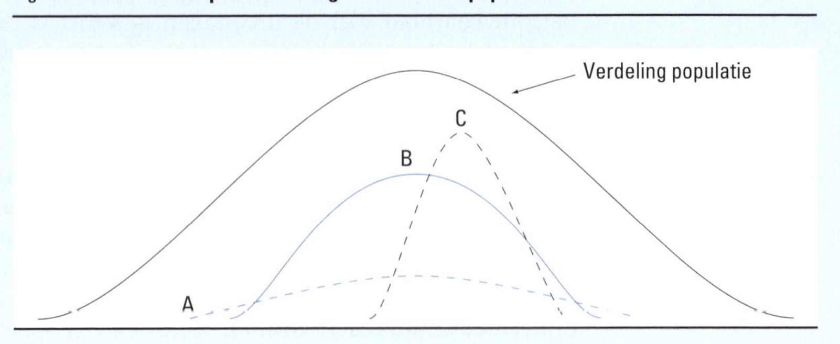

Tevredenheid over De Vleeshouwerij (I)

Als uit een steekproef bij 300 slagers in België zou blijken dat 73% tevreden is over De Vleeshouwerij (kortom, een enquête in overeenstemming met de realiteit), dan zou dit een toevalstreffer zijn. Er wordt immers gewerkt met een steekproef en met de daaraan verbonden onnauwkeurigheid. Een steekproefuitkomst is dan ook te beschouwen als een trekking uit een kansverdeling.

De gemiddelden van alle mogelijke steekproeven vormen opnieuw een (normale) verdeling waarvan het gemiddelde gelijk is aan het gemiddelde van de populatie.

17.2 Generaliseren van steekproefuitkomsten

Als we een uitspraak over een populatie willen doen in de vorm van een percentage (bijvoorbeeld: de merkbekendheid van product A is 25% of 73% van de slagers is tevreden met De Vleeshouwerij), kan de hierbij behorende nauwkeurigheidsmarge worden berekend met de formule:

Nauwkeurigheidsmarge

$$\text{Nauwkeurigheidsmarge} = Z \times S_p \qquad [17.1]$$

Standaardfout (S_p)

In deze formule is S_p de standaardfout van de steekproef, die berekend wordt met de formule:

$$S_p = \sqrt{\frac{p \times q}{n}} \qquad [17.2]$$

Hierin is:

p = de gevonden uitkomst (uitgedrukt in een percentage, niet in aantallen)

q = 100 – p

n = omvang (grootte) van de steekproef.

Binomiale verdeling

Formule 17.2 heeft betrekking op de zogenaamde *binomiale verdeling*. Een binomiale verdeling is een *tweedeling* (dichotomie). De meeste percentages kunnen gezien worden als een binomiale verdeling: men kent product A of men kent het niet; men is tevreden met De Vleeshouwerij of men is het niet, enzovoort. Altijd 'het een' of 'het ander'.

Z-waarde

Z is een waarde die samenhangt met de gewenste betrouwbaarheid van de uitspraken die we willen doen over de populatie. Tabel 17.1 geeft een overzicht van de meest gebruikte betrouwbaarheidspercentages en de bijbehorende Z-waarden.

Tabel 17.1 **Betrouwbaarheidspercentages en Z-waarden**

Betrouwbaarheid (%)	Z-waarde
99,7	3
95,4	2
95	1,96
90	1,65
68,3	1

Kromme van Gauss

Deze betrouwbaarheden vallen samen met bepaalde oppervlakken onder een zogenaamde normale verdeling, zoals die van figuur 17.2, de kromme van Gauss.

Figuur 17.2 **Kromme van Gauss**

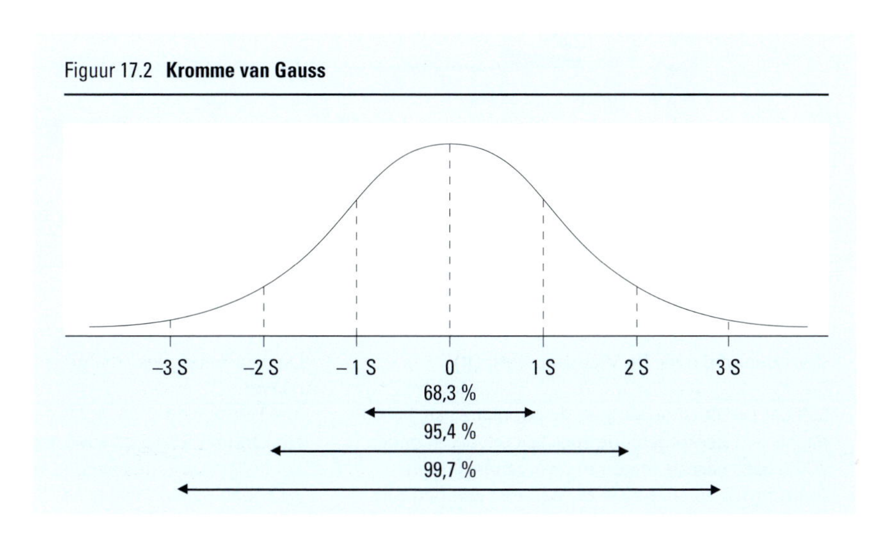

Vaak wordt aangenomen dat de kansverdeling rond de steekproefuitkomst een dergelijke *symmetrische vorm* aanneemt.
Deze aanname is doorgaans gerechtvaardigd als van de steekproef de omvang niet te klein is en de procentuele uitkomst niet te dicht bij de 0 of de 100% ligt.

Grote steekproef

Als een steekproef een aanzienlijk deel uitmaakt van de totale populatie (in het algemeen: als de steekproefomvang 10% of meer is), moet een correctie in de formule worden opgenomen. De formule wordt dan:

$$S_p = \sqrt{\frac{p \times q}{n}} \times \sqrt{\frac{N - n}{N - 1}} \qquad [17.3]$$

Waarbij N de populatieomvang en n de steekproefomvang is.

In figuur 17.3 zijn de nauwkeurigheidsmarges bij een betrouwbaarheid van 95% weergegeven.

Kleinere steekproef

Het overgrote deel van het marktonderzoek ten behoeve van de marketing betreft onderzoek met een binomiale verdeling. Bijvoorbeeld: men kent een product of men kent het niet; men is tevreden met De Vleeshouwerij of men is het niet. Met percentages geeft men de uitkomst aan, waarbij de steekproefomvang klein is ten opzichte van de populatie (in opgaven van NIMA-examens wordt de omvang van de populatie vaak niet genoemd).

Figuur 17.3 **Nauwkeurigheidsmarges bij een betrouwbaarheid van 95%**

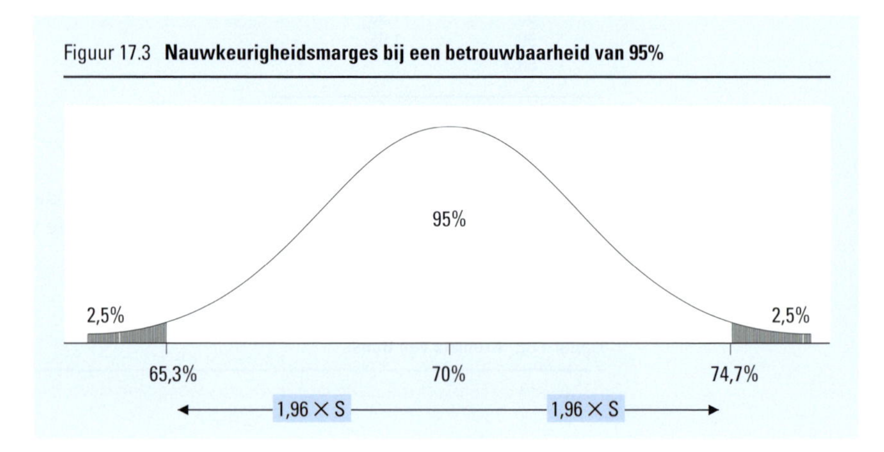

Hierbij kan de volgende relatief eenvoudige formule worden gehanteerd:

$$\text{Nauwkeurigheidsmarge} = Z \times \sqrt{\frac{p \times q}{n}} \qquad [17.4]$$

Tevredenheid over De Vleeshouwerij (II)

Stel dat De Vleeshouwerij uit de populatie van 1700 slagers een steekproefonderzoek laat uitvoeren onder 300 slagers naar de mate van tevredenheid. Men wenst hierbij een uitspraak te doen met een betrouwbaarheid van 95% (Z = 1,96). Uit de steekproef blijkt dat 70% tevreden is met De Vleeshouwerij.
De standaardfout is:

$$S_p = \sqrt{\frac{70 \times 30}{300}} \times \sqrt{\frac{1700 - 300}{1700 - 1}} = 7 \times 0{,}824 =$$

$2{,}646 \times 0{,}908 = 2{,}40$

De nauwkeurigheidsmarge wordt dan als volgt berekend:
$+/- 1{,}96 \times 2{,}40 = +/- 4{,}7$.
Nu kan met 95% betrouwbaarheid worden gesteld dat het percentage tevreden slagers in werkelijkheid zal liggen tussen 70% +/– 4,7%, ofwel tussen 65,3% en 74,7%. Let erop dat de nauwkeurigheidsmarge altijd wordt 'gelegd' rond de steekproefuitkomst.
Er is nu een kans van 5% dat het werkelijke percentage tevreden slagers buiten de genoemde grenzen ligt. Een kans van 2,5% dat de werkelijke waarde lager is dan 65,3% en een kans van 2,5% dat de werkelijke waarde hoger is dan 74,7%.

De nauwkeurigheidsmarge van een steekproefresultaat blijkt afhankelijk te zijn van drie factoren, namelijk:

1 de gewenste betrouwbaarheid
2 de steekproefuitkomst
3 de steekproefomvang (n).

Gewenste betrouwbaarheid

De *gewenste betrouwbaarheid* wordt uitgedrukt in de Z-waarde. Als een hoge betrouwbaarheid gewenst is, zal de waarde van Z ook hoog zijn, en dus de nauwkeurigheidsmarge groot. Bij grotere nauwkeurigheidsmarges (= ruimere nauwkeurigheidsgrenzen) worden de uitspraken over de steekproef dus minder nauwkeurig.

Tevredenheid over De Vleeshouwerij (III)

Als men in het voorbeeld van de steekproef van De Vleeshouwerij genoegen had genomen met een betrouwbaarheid van 90% (Z = 1,65), was de nauwkeurigheidsmarge geworden: +/− 1,65 × 2,40 = +/− 3,96.
Men had dan dus kunnen zeggen dat het percentage tevreden slagers ligt tussen 66,04% en 73,96%.

Steekproefuitkomst

Hoe dichter de *steekproefuitkomst* in de buurt ligt van de 50%, des te groter het product van (p × q) en dus des te groter de nauwkeurigheidsmarge is.

Steekproefomvang

Hoe groter de *steekproefomvang* (n) is, des te kleiner is de nauwkeurigheidsmarge. Als voor een steekproef wordt aangegeven wat het gewenste betrouwbaarheidsinterval moet zijn, bijvoorbeeld 8%, dan is de gewenste nauwkeurigheidsmarge maximaal 4%. Indien de gewenste betrouwbaarheid bekend is, bijvoorbeeld 95%, dan kan vooraf worden berekend wat de steekproefgrootte moet zijn, tenminste als er een redelijke schatting bestaat over de verwachte steekproefuitkomst (p).

Figuur 17.4 **Het verschil in bevolkingsgroei is significant per groep**

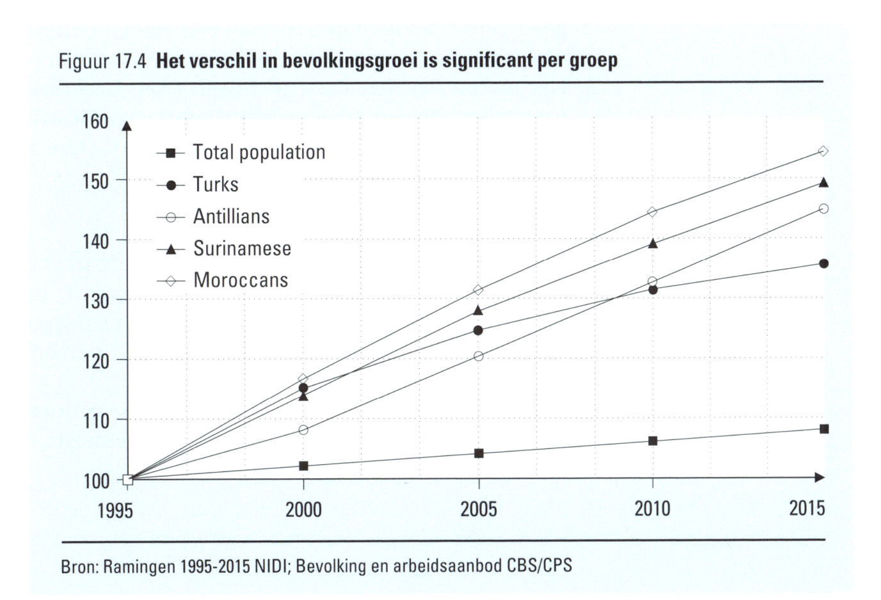

Bron: Ramingen 1995-2015 NIDI; Bevolking en arbeidsaanbod CBS/CPS

Steekproefomvang De Vleeshouwerij

Stel dat De Vleeshouwerij vooraf geen enkele indicatie zou hebben over de te verwachten steekproefuitkomst en men wil een maximale nauwkeurigheidsmarge van 4% bij 95% betrouwbaarheid, dan wordt de vereiste steekproefomvang:

$4 = 1{,}96 \times \sqrt{(50 \times 50 : n)}$

$42 = (1{,}96)2 \times (50 \times 50 : n)$

$16 = 3{,}84 \times 2500 : n$

$n = 3{,}84 \times 2500 : 16 = 9600 : 16 = 600$

Als hierover vooraf geen indicaties bestaan, is het gebruikelijk om hiervoor 50% in te vullen (de meest ongunstige uitkomst, want n moet dan het grootst zijn, omdat in dat geval (p × q) het maximum van 2 500 bereikt).

17.3 Beoordelen van steekproefresultaten

Bij marktonderzoek zijn we er doorgaans in geïnteresseerd om verschillen te meten (te weten). Bijvoorbeeld het verschil in merkbekendheid tussen ons product en dat van de concurrent. Daarbij willen we ook weten of dat verschil significant is.

Significant

Significant wil zeggen dat met een zekere betrouwbaarheid gezegd kan worden dat het gevonden verschil niet door een steekproefafwijking veroorzaakt kan zijn: het is dus een betekenisvol verschil.

Een tweetal situaties waarbij we in verschillen zijn geïnteresseerd, komt in het marktonderzoek – en in NIMA-B-examens – met een zekere regelmaat voor:

1 Het vaststellen of de steekproefuitkomst significant verschilt van een vooraf opgestelde hypothese. Deze methode staat bekend als de z-toets voor proporties (uit de steekproef komt een percentage en geen gemiddelde). Op basis van een steekproefresultaat wil men een uitspraak doen over een populatie.
2 Het meten van het verschil tussen twee steekproeven; bijvoorbeeld vaststellen of een steekproefuitkomst significant verschilt van een eerder uitgevoerde soortgelijke steekproef. Deze methode staat ook bekend als de t-toets of 'pooled variance'.

De z-toets bij één steekproef

In sommige gevallen kan voorafgaande aan de steekproef een uitspraak worden gedaan over de te verwachten uitkomst, bijvoorbeeld omdat men beschikt over zeer betrouwbare gegevens (bijvoorbeeld CBS-gegevens wanneer men in een steekproef het percentage mannen wil meten).

Hypothese

Zo'n verwachtingswaarde wordt de *hypothese* genoemd. De steekproefuitkomst kan aan deze hypothese worden getoetst.
De uitwerking verloopt als volgt:

Hypothesetoets De Vleeshouwerij

Stel dat het management van De Vleeshouwerij van mening is, dat de bekendheid van de onderneming bij alle vleesverkooppunten in België (7 000) minstens 50% is. Dit is dus een hypothese. Uit een steekproefonderzoek bij 300 verkooppunten blijkt nu dat de bekendheid slechts 40% is. Is dit nu een significante afwijking van de hypothese?

Het uitgangspunt is: de steekproefuitkomst moet de hypothese bevestigen. Op basis hiervan is de verwachte steekproefuitkomst 50%. De bijbehorende standaardfout (Sp) wordt als volgt berekend:

$$S_p = \sqrt{\frac{50 \times 50}{300}} = \sqrt{8{,}333} = 2{,}89$$

Dit betekent dat de steekproefuitkomst kan liggen met een kans van:
90% tussen 50% – 1,65 × 2,89% en 50% + 1,65 × 2,89%, is tussen 50% – 4,8% en 50% + 4,8%, ofwel tussen 45,2% en 54,8%.
Met een kans van 95% ligt de steekproefuitkomst tussen 44,3% en 55,7%; de marge is dan namelijk: +/– 1,96 × 2,89% = 5,7%.

De werkelijke steekproefuitkomst is 40%. Deze ligt hiermee niet binnen het 95%-betrouwbaarheidsinterval. Met een betrouwbaarheid van 95% kunnen we dus zeggen dat het steekproefresultaat significant afwijkt van de hypothese. De (nul-)hypothese wordt dan ook verworpen.

Nul-hypothese (toets)

De nauwkeurigheidsmarge (= betrouwbaarheidsinterval), wordt bepaald 'uitgaande van de hypothese'. Hierbij wordt ervan uitgegaan dat er geen verandering is opgetreden in de oorspronkelijke situatie. Men toetst dus de nul-hypothese. Hierna bepalen we of de steekproefuitkomst binnen deze marges valt (de steekproefuitkomst wijkt in dat geval niet significant af van de hypothese). Uitgangspunt bij deze methode is dus dat de hypothese juist is en dat de steekproefuitkomst dus hetzelfde zou moeten zijn; er is geen verandering.

De t-toets bij twee steekproeven (pooled variance)

Met de t-toets bij twee steekproeven kan men vaststellen of een steekproefuitkomst significant verschilt van een andere steekproefuitkomst. Bij de z-toets van één steekproef werd nagegaan of een steekproefuitkomst betekenisvol (significant) afweek van een bepaalde populatie. Een steekproefuitkomst kan echter ook worden vergeleken met een eerder uitgevoerde steekproef. Hiermee kan bijvoorbeeld de attitude tegenover een product worden gemeten, voor en na een reclamecampagne.

Bekendheidsmeting De Vleeshouwerij (pooled variance)

Stel dat de bekendheid van De Vleeshouwerij op twee tijdstippen is gemeten in twee steekproeven. Tussen deze twee tijdstippen is een reclamecampagne gevoerd. De vraag is nu of de bekendheid significant is toegenomen of afgenomen. De nodige gegevens zijn in de tabel weergegeven.

Grootte en uitslag van twee steekproeven

	Steekproef 1 (t_1)	Steekproef 2 (t_2)
Steekproefomvang	$n_1 = 400$	$n_2 = 300$
Bekendheid	$p_1 = 40\%$	$p_2 = 46\%$

Voor deze twee steekproefuitkomsten gelden weer twee kansverdelingen (a en b) die elkaar gedeeltelijk overlappen, zoals blijkt uit de volgende figuur.

Kansverdeling van twee steekproeven

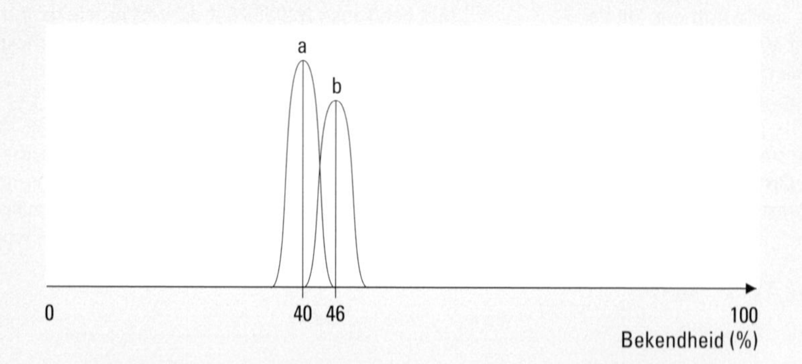

Omdat hier sprake is van twee kansverdelingen moet eerst de zogenaamde 'pooled variance' worden bepaald uit de twee steekproeven volgens de formule:

$$S_p = \sqrt{\frac{p_1 \times q_1}{n_1} + \frac{p_2 \times q_2}{n_2}} \qquad [17.5]$$

In dit geval is de pooled variance:

$$\sqrt{\frac{40 \times 60}{400} + \frac{46 \times 54}{300}} = \sqrt{(6 + 8,28)} = \sqrt{14,28} = 3,78$$

Om te toetsen of de merkbekendheid nu significant is toegenomen moet de zogenaamde kritische t-waarde van het absolute verschil tussen de steekproefuitkomsten worden bepaald:

$$\text{Kritische t-waarde} = \frac{(p_1 - p_2)}{S_p} \qquad [17.6]$$

De kritische t-waarde moet vergeleken worden met de z van de veronderstelde (gewenste) betrouwbaarheid (in het voorbeeld 95% met z = 1,96). In dit voorbeeld is de kritische t-waarde:

$$\frac{46 - 40}{3,78} = 1,59.$$

Het gaat bij $p_1 - p_2$ om het absolute verschil; dat wil zeggen de uitkomst kan nooit negatief zijn.
Deze kritische t-waarde is kleiner dan de tabelwaarde 1,96, zodat we kunnen concluderen dat de merkbekendheid niet significant is toegenomen.

17.4 De chi-kwadraatanalyse (χ^2-analyse)

Samenhang tussen variabelen

De chi-kwadraattoets wordt toegepast als drie of meer uitkomsten op significantie worden getoetst. De chi-kwadraattoets is een veel gebruikt hulpmiddel om na te gaan of de samenhang tussen variabelen die men in een gepresenteerde kruistabel meent te zien, ook significant aanwezig is. De uitkomsten moeten als absolute getallen in een kruistabel worden gepresenteerd, dus niet in percentages.

Evenals bij de t-toets wordt bij de chi-kwadraattoets uitgegaan van de nul-hypothese, dat wil zeggen: we toetsen de relatie op basis van de stelling: 'er bestaat geen verband tussen de variabelen'.

De Vleeshouwerij: onderzoek naar merkvlees

De Vleeshouwerij wil onderzoeken of er bij de consument belangstelling bestaat voor een 'merk' bij vleesproducten en laat met dit doel een steekproefonderzoek uitvoeren bij bezoekers (mannen en vrouwen) van slagerijen. Het resultaat van dit onderzoek is in de tabel verwerkt.

Kruistabel merkvleesonderzoek

Mening	**Aantal ondervraagden**		
	Mannen	Vrouwen	Totaal
Vindt merk een goed idee	19	12	31
Geen mening over merken voor vlees	27	18	45
Vindt een merk voor vlees onbelangrijk	14	23	37
Totaal	60	53	113

Nominale variabelen

De op grond van deze nul-hypothese te berekenen theoretische waarden worden vergeleken met de werkelijk gevonden waarden uit een steekproef. Het bijzondere van deze toets is, dat de variabelen nominale variabelen mogen zijn (man/vrouw en dergelijke). Om deze reden wordt deze methode zeer veel toegepast.

Bij de chi-kwadraattoets worden kolommen, rijen en cellen onderscheiden. In het voorbeeld van De Vleeshouwerij zijn de kolommen respectievelijk 'mannen', 'vrouwen' en 'totaal'. De rijen zijn in dit geval respectievelijk: 'goed idee', 'geen mening', 'onbelangrijk'. De 'cellen' zijn de hokjes waarin de getallen staan.

Vuistregel

Om de chi-kwadraattoets te kunnen uitvoeren hanteert men de *vuistregel*, dat de waarde (getal) in een cel minimaal één is en dat maximaal 10% van de cellen een getal bevat kleiner dan vijf.
Om dit te bereiken kunnen eventueel categorieën (rijen en kolommen) worden samengevoegd.
Een vraag naar aanleiding van het uitgevoerde onderzoek zou kunnen zijn: 'Is er een relatie (samenhang) tussen geslacht (mannen of vrouwen) en merkvoorkeur?' Als dit het geval is, moeten de gevonden waarden tussen die van mannen enerzijds en van vrouwen anderzijds, significant afwijken van de theoretisch te verwachten waarden. Om deze vraag te kunnen beantwoorden moeten we eerst berekenen welke uitkomsten we hadden kunnen verwachten als er geen sprake zou zijn van enige samenhang, kortom wanneer de mening van de ondervraagden precies overeen zou stemmen met de nul-hypothese, die in dit geval luidt: Er is geen samenhang (verband) tussen geslacht en voorkeur voor een merk.
De chi-kwadraattoets verloopt in stappen.

Stap 1

Theoretische waarde per cel

Vanuit de totaalscores van de rijen en kolommen kan gemakkelijk de theoretische waarde per cel worden berekend. Zie de cellen in tabel 17.2 (getallen zijn afkomstig van het voorbeeld over De Vleeshouwerij).

Tabel 17.2 **Theoretische of verwachte waarden**

Mening	**Aantal ondervraagden**				
	Mannen		Vrouwen		Totaal
Goed idee	cel 1	16	cel 2	15	31
Geen mening	cel 3	24	cel 4	21	45
Onbelangrijk	cel 5	20	cel 6	17	37
Totaal		60		53	113

Opmerking Indien in een tabel geen totaalscores zijn gegeven, moeten deze worden berekend.

De theoretische waarden van de cellen berekenen we als volgt:

cel 1: $\frac{31}{113} \times 60 = 16$

Immers, 31 van de 113 ondervraagden gaven de voorkeur aan het statement in rij 1. Zestig van de ondervraagden waren mannen.

cel 2: $\frac{31}{113} \times 53 = 15$

cel 3: $\frac{45}{113} \times 60 = 24$

cel 4: $\frac{45}{113} \times 53 = 21$

cel 5: $\frac{37}{113} \times 60 = 20$

cel 6: $\frac{37}{113} \times 53 = 17$

Stap 2

De volgende stap in de chi-kwadraatanalyse is te onderzoeken of de gevonden waarden significant afwijken van de theoretische waarden (= verwachtings- of nul-hypothesewaarden). Deze verschillen worden hierna verwerkt met de formule voor de chi-kwadraat:

$$\chi^2 = \Sigma \frac{V^2}{T} \qquad [17.7]$$

Hierin geldt:
V = verschil (W – T) of (T – W)
T = theoretische waarde per cel
W = werkelijk gevonden waarde per cel.

Voor iedere cel wordt $\frac{V^2}{T}$ bepaald, en deze waarde wordt voor alle cellen gesommeerd. In tabel 17.3 zijn deze berekeningen, eveneens aan de hand van het voorbeeld van De Vleeshouwerij, overzichtelijk uitgevoerd.

Dus: $\chi^2 = \frac{(W_1 - T_1)^2}{T_1} + \frac{(W_2 - T_2)^2}{T_2} + \frac{(W_3 - T_3)^2}{T_3}$ enzovoort.

Tabel 17.3 **Berekening χ^2 (chi-kwadraat)**

	W	T	V	V^2	$\frac{V^2}{T}$
Cel 1	19	16	3	9	0,56
Cel 2	12	15	3	9	0,60
Cel 3	27	24	3	9	0,37
Cel 4	18	21	3	9	0,43
Cel 5	14	20	6	36	1,80
Cel 6	23	17	6	36	2,12
χ^2					5,88

Opmerking Als er geen samenhang (= relatie) bestaat tussen de variabelen in de kruistabel, zullen de theoretische waarden en de gevonden waarden dicht bij elkaar liggen (mannen en vrouwen hebben dan dezelfde mening over vleesproducten met een merk); als men precies dezelfde mening heeft, is het verschil nul.

Stap 3
De volgende stap is te bepalen in hoeverre de gevonden χ^2-waarde (chikwadraatwaarde) significant verschilt van nul. Hoe hoger de gevonden waarde, hoe sterker de aanduiding van het bestaan van een relatie/samenhang tussen de variabelen. Enig verschil kan ook door toeval bepaald worden. Daarom wordt ook bij de chi-kwadraattoets gewerkt met betrouwbaarheden.
Om te kunnen bepalen of de gevonden χ^2-waarde significant afwijkt van de verwachtingswaarde wordt deze vergeleken met de zogenaamde kritische χ^2-waarde.
Deze waarden zijn terug te vinden in een algemene tabel (zie tabel 17.4).

Kritische χ2-waarde

De *kritische χ^2-waarde* is afhankelijk van:
- de gewenste betrouwbaarheid van de uitspraak (analoog aan de Z-toets);
- het aantal vrijheidsgraden.

Vrijheidsgraden

Het aantal *vrijheidsgraden* vindt men door het aantal kolommen in de kruistabel (zonder de kolom totaal) verminderd met één te vermenigvuldigen met het aantal rijen (wederom zonder de totalen) min één.

Tabel 17.4 **Kritische χ^2-waarden**

Graden van vrijheid	Betrouwbaarheidsniveau				
	90%	95%	97,5%	99%	99,5%
1	2,71	3,84	5,02	6,63	7,88
2	4,61	5,99	7,38	9,21	10,60
3	6,25	7,81	9,35	11,34	12,84
4	7,78	9,49	11,14	13,28	14,86
5	9,24	11,07	12,83	15,09	16,75
6	10,64	12,59	14,45	16,81	18,55
7	12,02	14,07	16,01	18,48	20,28
8	13,36	15,51	17,53	20,09	21,96
9	14,68	16,92	19,02	21,67	25,19
10	15,99	18,31	20,48	23,21	25,19
11	17,28	19,68	21,92	24,73	26,76
12	18,55	21,03	23,34	26,22	28,30
13	19,81	22,36	24,74	27,69	29,72
14	21,06	23,68	26,12	29,14	31,32
15	22,31	25,00	27,49	30,58	32,80
16	23,54	26,30	28,85	32,00	34,27
18	25,99	28,87	31,53	34,81	37,16
20	27,41	31,41	34,17	37,57	40,00
24	33,20	36,42	39,36	42,98	45,56
30	40,26	43,77	46,98	50,89	53,67
40	51,81	55,76	59,34	63,69	66,77
60	74,40	79,08	83,30	88,38	91,95
120	140,23	146,57	152,21	158,95	163,64

$$(\text{Aantal kolommen} - 1) \times (\text{Aantal rijen} - 1) \quad [17.8]$$

In de tabel waarin de onderzoeksgegevens naar de belangstelling voor merkvlees van De Vleeshouwerij zijn weergegeven, zijn er twee kolommen en drie rijen. De totalen tellen niet mee. Het aantal vrijheidsgraden is dus: (2 – 1) × (3 – 1) = 1 × 2 = 2 vrijheidsgraden.

Stap 4
Stap 4 is het vaststellen van een eventuele significante samenhang tussen de variabelen; in dit geval geslacht en voorkeur.

De kritische χ^2-waarde bij 95% betrouwbaarheid en twee vrijheidsgraden is 5,99 (zie tabel 17.4). Dat wil zeggen: de berekende χ^2-waarde van 5,88 is kleiner dan 5,99 en ligt dus binnen de kritische waarde, wat de conclusie rechtvaardigt dat er geen significant verband bestaat tussen het geslacht en de voorkeur voor merkvlees. Anders gezegd, de nulhypothese ('er is geen verschil') kan niet worden verworpen.

Als er 3 rijen en 3 kolommen zijn, zijn er (3 – 1) × (3 – 1) = 4 vrijheidsgraden. Bij een betrouwbaarheid van 95% is de kritische waarde/significantiegrens dan 9,49.

■ **Voorbeeld 17.1**

Voor de introductie van een nieuwe sigaar van Agio is een gebruikersonderzoek opgezet. 135 rokers van sigaren werden na het roken van de nieuwe sigaar ondervraagd over:

- hun frequentie waarmee ze sigaren roken;
- hun mening over de kwaliteit van de nieuwe sigaar;
- hun koopintentie met betrekking tot de verpakking (single-pack en multi-pack) van de sigaar.

In onderstaande tabel worden de resultaten van dit onderzoek over de nieuwe sigaar gegeven.

	Niet-frequente roker, single-pack	Frequente roker, multi-pack
Kwaliteit hoog, koopintentie hoog	20	15
Kwaliteit laag, koopintentie hoog	6	5
Kwaliteit laag, koopintentie laag	8	8
Kwaliteit hoog, koopintentie laag	51	22

Vraag: Is er met de chi-kwadraattoets een significant verschil tussen kwaliteit en gebruiksfrequentie bij een betrouwbaarheid van 95%?

Antwoord: In de vraag wordt niets gezegd over de koopintentie, maar wel over de kwaliteit (hoog of laag) en de frequentie van gebruik. Derhalve kunnen we het aantal rijen reduceren. In onderstaande tabel staan de theoretische waarden tussen haakjes.

	Niet-frequente roker, single-pack	Frequente roker, multi-pack
Hoge kwaliteit	71 (68)	37 (40)
Lage kwaliteit	14 (17)	13 (10)

De chi-waarde is: 1,786765 en het aantal vrijheidsgraden is 1. De tabelwaarde bij 1 vrijheidsgraad en 95% betrouwbaarheid is 3,84.

Conclusie: Geen significant verschil. Dat wil zeggen: de nulhypothese wordt niet verworpen. Frequente rokers merken geen kwaliteitsverschil.

17.5 Prognosemethoden zonder direct beschikbare kwantitatieve gegevens

Het kan voorkomen dat er geen objectieve, cijfermatige gegevens over een markt of aanbieders beschikbaar zijn. Dat kan bijvoorbeeld het geval zijn als het om een nieuw product of een nieuwe markt gaat, zoals markten in Oost-Europa en in het Verre Oosten. Ook in West-Europa kunnen er nog vraagtekens zijn, zeker als het gaat om markten voor diensten, business-to-business markten en toekomstige ontwikkelingen. Goed voorstelbaar is dat bijvoorbeeld Friesland-Coberco zich heeft afgevraagd wat de mogelijkheden zijn voor de kant-en-klare chocolademelk Chocomel in Oost-Europa, bijvoorbeeld in Polen. In Polen wordt veel chocolademelk gedronken, maar dan gemaakt van cacaopoeder opgelost in gewone melk. Wat is nu de omvang van de markt voor opgeloste cacaopoeder? Is er een markt voor een product als Chocomel? Wat is dan de marktomvang, de marktgroei, de prijsstelling et cetera? Friesland-Coberco kan hierbij gebruikmaken van een van de volgende methoden.

Expertonderzoek

Bij expertonderzoek wordt gebruikgemaakt van de kennis, meningen en verwachtingen van personen die een bepaalde expertise hebben van de te onderzoeken markt. Een eenvoudige methode is de eigen buitendienst te raadplegen en elke verkoper te vragen naar de te verwachten verkoop per product, dienst of klant in de komende periode. De som van deze afzetverwachtingen geeft de prognose per product/marktcombinatie aan. Deze procedure hoeft niet eenmaal per jaar plaats te vinden, maar kan bijvoorbeeld ook maandelijks worden uitgevoerd. De wijze van rapporteren kan hierop worden afgestemd. Deze methode kan ook gebruikt worden op een hoger niveau, bijvoorbeeld op mondiaal niveau. Salesmanagers of salesdirecteuren geven dan hun voorspellingen af over het gebied en de producten waarvoor zij verantwoordelijk zijn.

Eigen buitendienst

Een directe confrontatie van de desbetreffende 'voorspellers' onderling kan de voorspelling uiteindelijk ten goede komen. In de praktijk worden om redenen van tijd en geld ook veel voorspellingen gedaan door de verantwoordelijke managers op basis van ervaring, intuïtie of 'Fingerspitzengefühl', wat vaak ook tot goede resultaten kan leiden. Een belangrijk nadeel is dat niet expliciet met anderen gediscussieerd kan worden over de onderbouwing van deze voorspelling, die dan ook eigenlijk voornamelijk geschikt is voor markten die reeds bekend zijn.

Panel van trouwe klanten

Diverse organisaties praten van tijd tot tijd ook de marktontwikkelingen door met een panel van trouwe klanten. In industriële markten, waarover doorgaans weinig gegevens beschikbaar zijn, kan deze vorm goede indicaties voor een voorspelling opleveren.

Pooling

Ook *pooling* is een veel gehanteerde methode. Hierbij leveren bedrijven uit een bepaalde branche hun afzetcijfers aan een neutraal secretariaat, die de cijfers getotaliseerd weer rapporteert aan de individuele deelnemers. Men spreekt in dit verband ook wel van de notarisstatistiek.

Delphi-methode

Een speciale vorm van expertonderzoek is de *Delphi-methode*. Bij deze methode worden schriftelijk meningen verzameld van deskundigen over het te onderzoeken onderwerp. De procedure omvat een aantal ronden. De deskundigen geven onafhankelijk van elkaar hun mening over bijvoorbeeld de marktomvang, de marktpositie van concurrerende aanbieders, toekomstige (onzekere) marktontwikkelingen, het overheidsbeleid dat van invloed kan zijn op de markt et cetera. Na afloop van elke ronde worden de experts geconfronteerd met de meningen van de anderen om ten slotte tot een zo veel mogelijke eensluidende voorspelling te komen (zie figuur 17.5).

Figuur 17.5 **De procedure bij de Delphi-methode**

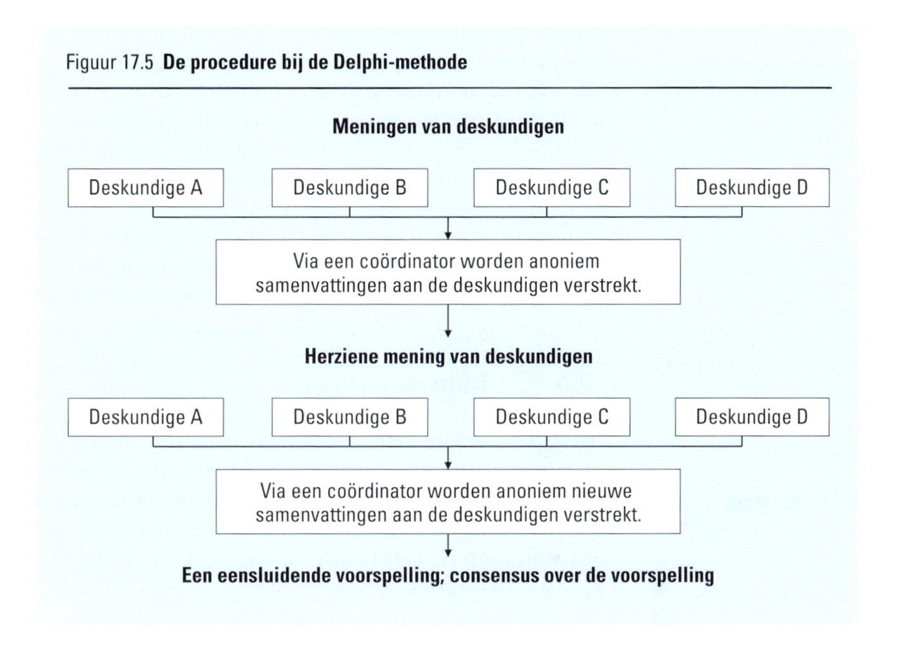

Ondernemingen die een nieuwe markt willen betreden doen er verstandig aan, vooraf expertonderzoek uit te voeren. Multinationale ondernemingen zoals het genoemde Friesland-Coberco, zijn steeds op zoek naar nieuwe markten vanwege de verzadiging op de bestaande markten.

Analogie

Als er geen marktgegevens over een bepaald product bekend zijn, zijn er misschien wel producten die (sterk) daarop lijken. Men kan dan, naar analogie van het al bekende product, een schatting maken van de toekomstige verkopen. Het voordeel van deze methode is dat er gegevens beschikbaar komen die er anders niet zouden zijn. Wanneer Friesland-Coberco het merk Chocomel al met succes in Tsjechië heeft geïntroduceerd, dan zou de 'voorspeller' op basis van de populatie, het koopgedrag, het cacaoverbruik, het gemiddeld inkomen et cetera een verkoopprognose voor een 'vergelijkbaar' land, zoals Polen, kunnen opstellen. Het is ook mogelijk cacaopoeder als referentieproduct te nemen en op grond daarvan de vraag naar chocolademelk te voorspellen.

Experiment

Causaal onderzoek

Een experiment is een vorm van *causaal onderzoek*, waarbij door steeds een relevante variabele (oorzaak) te wijzigen, het effect op andere variabelen (gevolg) wordt gemeten. Een voorbeeld hiervan is het wijzigen van de marketingmix voor Chocomel (bijvoorbeeld de prijs, de kwantumkorting, de inhoud, de lay-out van de verpakking) om de invloed op de verkopen te bepalen. Bij de zogenaamd gecontroleerde experimenten is er naast een experimentele groep ook een representatieve controlegroep aanwezig teneinde een nauwkeurig inzicht te verkrijgen in de gevolgen van bijvoorbeeld een prijsverhoging of -verlaging.

Andere prognosemethoden

Onderzoeken naar productacceptatie, koopintentie, (cumulatieve) penetratiegraad, aankoopgedrag, koopfrequentie et cetera geven een goede indicatie hoeveel er van een bepaald product verkocht kan worden. Technieken waarbij met name gebruikgemaakt wordt van schattingen over toekomstige ontwikkelingen (zoals de Markov-analyse en de Parfitt & Collins-analyse) zijn reeds in hoofdstuk 3 aan de orde gekomen. Andere methoden om de marktaandelen van verbruiksgoederen (de zogenaamde fast moving consumer goods) of van gebruiksgoederen te berekenen, werden eveneens in dat hoofdstuk behandeld.

17.6 Tijdreeksanalyse

In vrijwel iedere onderneming wordt regelmatig gebruikgemaakt van de tijdreeksanalyse, meestal voor het voorspellen van de afzet van bepaalde producten, het bekende *forecasting*. Uitgangspunt bij forecasting op basis van tijdreeksen is dat in de uit het verleden bekende afzetgegevens een bepaald patroon aanwezig is en dat dit patroon in de toekomst kan worden doorgetrokken.

Forecasting

Trend

Een algemene beweging in het cijfermateriaal, een zogenaamde *trend*, wordt vaak al zichtbaar uit het grafisch beeld van een reeks afzetcijfers over een bepaalde periode (week-, maand- of kwartaalcijfers) en ook kan men daar soms al een seizoensinvloed uit aflezen.

De moderne marketingmanager beschikt naast een database met de afzetgegevens ook over statistische computerprogramma's, waarmee de forecasts op basis van een tijdreeksanalyse in enkele minuten kunnen worden uitgevoerd.

Additieve methode

Het analyseren van tijdreeksen waarbij de seizoensafwijking in absolute zin ieder jaar per seizoen ongeveer gelijk is, kan met behulp van de zogenaamde *additieve analysemethode* vrij gemakkelijk ook 'met de hand' worden uitgevoerd. De analyse berust dan op de formule:

$$W = \text{Trend} +/- S +/- A \qquad [17.9]$$

Hierin is
W = waarneming
S = seizoensafwijking
A = toevallige afwijking.

De vraag naar consumptie-ijs zal (vooral in warme tot zeer warme zomermaanden) aanmerkelijk groter zijn dan in de rest van het jaar

In tabel 17.5 vindt u de kwartaalomzetten van een onderneming in de jaren 1999 tot en met 2002. Zie de kolommen (1), (2) en (3).

Uit de kwartaalcijfers (kolom 3) blijkt dat steeds het eerste kwartaal laag begint, het tweede en vooral het derde kwartaal zijn belangrijk hoger en het vierde kwartaal betekent steeds het dieptepunt. Er is dus een duidelijk seizoenspatroon. Door hier steeds het eerste kwartaal af te trekken en het volgende kwartaal erbij te tellen, ontstaat een voortschrijdend vierkwartalentotaal (159 – 30 + 34 = 163).

Moving average total (MAT)

Een veelgebruikte term hiervoor is *moving average total* (MAT).
Door steeds de jaartotalen te nemen, wordt de seizoensinvloed nu uitgeschakeld.

Tabel 17.5 **Omzet per kwartaal in de jaren 1999 tot en met 2002** (bedragen × €1.000)

Jaar	Kwartaal	Afzet	MAT I[1]	MAT II[2]	Trend[3]	Seizoensafwijking/kwartaal[4]			
						I	II	III	IV
(1)	(2)	(3)	(4)	(5)	(6)	(7)	(8)	(9)	(10)
1999	I	30							
	II	48							
			159						
	III	61		161	40,3			+20,7	
			163						
	IV	20		164,5	41,1				−21,1
			166						
2000	I	34		167	41,8	−7,8			
			168						
	II	51		171,5	42,9		+8,1		
			175						
	III	63		178	44,5			+18,5	
			181						
	IV	27		183,5	45,9				−18,9
			186						
2001	I	40		188,5	47,1	−7,1			
			191						
	II	56		191,5	47,9		+8,1		
			192						
	III	68		193	48,3			+19,7	
			194						
	IV	28		195	48,8				−20,8
			196						
2002	I	42		198	49,5	−7,5			
			200						
	II	58		202	50,5		+7,5		
			204						
	III	72							
	IV	32							
						−22,4:3 = −7,5	+23,7:3 = +7,9	+58,9:3 = +19,6	−60,8:3 = −20,3

1 Voortschrijdende vierkwartalentotaal I
2 Voortschrijdende vierkwartalentotaal II
3 Gemiddelde kwartaalafzet
4 Seizoensafwijking: afzet-trend

Seizoensafwijking

De cijfers van kolom (4) liggen tussen twee kwartalen in; door de stap in kolom (5) wordt dit gecorrigeerd. Door het jaartotaal te delen door het aantal kwartalen ontstaat de gemiddelde kwartaalafzet (kolom 6): de trend. Er blijkt een trendmatige stijging van de afzet uit. Door nu de berekende kwartaalafzet (kolom 6) af te trekken van de werkelijk gevonden kwartaalafzet (kolom 3) wordt de *seizoensafwijking* gevonden. Voor het derde kwartaal van 1999 is dit bijvoorbeeld 61 – 40,7 = +20,7.

De seizoensafwijkingen blijken niet steeds hetzelfde te zijn, al zijn de verschillen klein en lijkt er enige systematiek aanwezig.
Dit kan eventueel verder worden geanalyseerd door eerst de gemiddelde kwartaalafwijking te berekenen (voor het eerste kwartaal is dit –7,5) en die vervolgens af te trekken van de gevonden kwartaalafwijkingen. Voor het eerste kwartaal van 2000 betekent dit een niet door het seizoen verklaarbare afwijking van 7,8 – 7,5 = 0,3.

Eventueel kan door het bepalen van de standaarddeviatie van deze verschillen nog worden onderzocht of deze verschillen significant zijn.

Beperkingen van de tijdreeksanalyse
Een tijdreeksanalyse kent een aantal beperkingen, namelijk:

- Uit de berekening blijkt al dat er door de gevolgde methodiek geen uitspraak kan worden gedaan over de laatste twee kwartalen, laat staan over de toekomst; de meest recente berekeningen betreffen dus een situatie die al een half jaar oud is.
- De analyse geeft geen enkele verklaring voor de gevonden verschillen. Hierdoor zijn mogelijke trendbreuken (dit zijn plotselinge veranderingen in het afzetpatroon) niet te voorspellen. De systematiek doet denken aan een wandelaar die achteruit door een golvend landschap loopt en plotseling in een spleet valt (trendbreuk).
- Een ander nadeel van deze methode is, dat mogelijk recente verschillen in de afzet sterk gedempt in het afzetpatroon zichtbaar worden, immers, ook de afzet van drie kwartalen eerder wordt nog meegewogen (naijleffect).

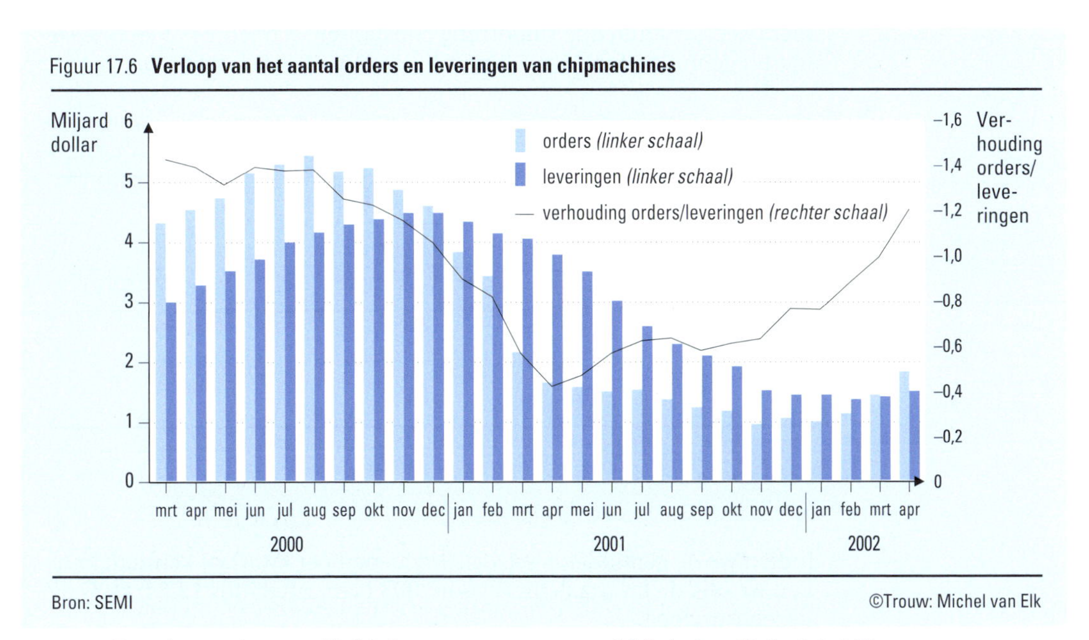

De toeleveranciers van chipfabrikanten mogen weer voorzichtig lachen. De book-to-bill (b2b) staat voor het Nederlandse ASML en de zijnen voor het eerst sinds tijden weer boven de 1. De b2b, de verhouding tussen ontvangen orders en betaalde afleveringen, is een favoriete graadmeter voor de gezondheid van de sector. (Bron: *Trouw,* 18 juli 2002)

Exponential smoothing

Met aangepaste modellen proberen we de ontwikkeling van de trend aan te geven door gewichten aan cijferreeksen te koppelen. Recente kwartalen of maanden krijgen een hogere weging: bijvoorbeeld 0,4 aan het vierde, 0,3 aan het derde, 0,2 aan het tweede en 0,1 aan het eerste kwartaal van 2001. Exponential smoothing is een voorbeeld van een dergelijke gemodificeerde methode. Met deze methode wordt een groter gewicht aan recente waarnemingen gegeven of aan een periode waaraan men om welke reden ook, een grotere waarde hecht.

Smoothing constante

Met de zogenaamde *smoothing constante*, weergegeven met 'a', wordt de weging aangegeven. Met de keuze van de smoothing constante staat of valt de waarde van deze methode. De 'juiste' waarde kan door 'trial and error' gevonden worden of met behulp van computerprogramma's. In formule:

$$Pt + 1 = aWt + 0 + (1 - a)Wt - 1 \qquad [17.10]$$

Waarin:
Pt + 1 = prognose komende periode
Wt + 0 = werkelijke afzet recentste periode
Wt – 1 = werkelijke afzet voorlaatste periode
a = (smoothing) constante factor.

Opmerking Wt – 1 kan ook vervangen worden door het gemiddelde te nemen van alle afzetten over de afgelopen jaren of door weer een andere factor, bijvoorbeeld Pt + 0: de prognose van de afgelopen periode. In tabel 17.6 is een voorbeeld van exponential smoothing uitgewerkt, met twee verschillende smoothing constanten, namelijk 0,2 en 0,8. De hierbij gebruikte formule luidt: Pt + 1 = aWt + 0 + (1 – a)Pt + 0.

Tabel 17.6 **Exponential smoothing**

Jaar	**Werkelijke jaarafzet** (mln liters)	**Voorspelling in miljoenen liters bij:** a = 0,2	a = 0,8
1999	9,35		
2000	11,55	9,35	9,35
2001	12,40	9,79[1]	11,11
2002	13,45	11,72	12,23
2003	prognose	12,61	13,24[2]

1 0,2 × 11,55 + 0,8 × 9,35 = 9,79
2 0,2 × 12,40 + 0,8 × 13,45 = 13,24

Indien we de gemiddelde seizoensinvloeden per kwartaal kennen, kunnen we ook de kwartaalcijfers voor 2003 berekenen: dus 13,24/4 +/– de seizoensinvloed.

Causale modellen

De causale modellen leggen een verband tussen onafhankelijke variabelen (de 'veroorzakers', zoals acties van concurrenten, een prijsverlaging) en de afhankelijke variabelen (de gevolgen, zoals de afzet, omzet, het aantal klanten). Een bekend verband is die tussen de prijs en de afzet, weergegeven door de zogenaamde vraagcurve. In tabel 17.7 is als voorbeeld met behulp van de *regressieanalyse* (ook wel de methode van de kleinste kwadraten genoemd) het verband berekend tussen de marktomvang en de prijs van chocolademelk.

Regressieanalyse

Tabel 17.7 **Correlatie tussen marktomvang chocolademelk en gemiddelde marktprijs, waarbij X_1 en Y_1 gemiddelden zijn**

NL-vraag in Miljoenen liters X	Gemiddelde prijs Y in euro's	$X - X_1 = X$	$Y - Y_1 = Y$	X^2	Y^2	XY
140	1,70	20	– 0,30	400	0,0900	– 6,00
137	1,75	17	– 0,25	289	0,0625	– 4,25
133	1,80	13	– 0,20	169	0,0400	– 2,60
128	1,90	8	– 0,10	64	0,0100	– 0,80
125	1,95	5	– 0,05	25	0,0025	– 0,25
120	2,00	0	0,00	0	0,0000	– 0,00
114	2,10	– 6	0,10	36	0,0100	– 0,60
109	2,15	– 11	0,15	121	0,0225	– 1,65
103	2,25	– 17	0,25	289	0,0625	– 4,25
91	2,40	– 29	0,40	841	0,1600	– 11,60
$X_1 = 120$	$Y_1 = 2,00$			Σ 2234	Σ 0,4600	Σ –32,00

De correlatiecoëficiënt (r) =

$$\frac{\Sigma xy}{\sqrt{\Sigma x^2} \times \sqrt{\Sigma y^2}} = \frac{-32}{\sqrt{2\,234} \times \sqrt{0,46}} = -\,0,998$$

(bijna volledige negatieve correlatie tussen vraag en prijs)

$$\text{De regressiefactor (a)} = \frac{\Sigma xy}{\Sigma x^2} = \frac{-32}{2234} = -\,0,01432$$

De regressieconstante (b) in de formule voor een lineair verband is: $Y = aX + b$

Bij een prijs van €2 en de daarbijbehorende marktomvang van 120 miljoen liter is de regressieconstante: $2 = -0,01432 \times 120 + b$ $b = 3,7184$

Hieruit kunnen we afleiden: bij een marktgrootte van 140 miljoen is de marktprijs €1,713 en bij 91 miljoen is de prijs €2,415 per liter.

Een en ander is in figuur 17.7 grafisch weergegeven. Zoals uit de richting van de curve blijkt (in dit geval een lineaire regressie), is de correlatiecoëfficiënt (– 0,998) negatief, wat wil zeggen dat er sprake is van een negatief verband. Door verhoging van de gemiddelde marktprijs zal de marktomvang van chocolademelk dalen.

Multiple regressieanalyse

Naast de enkelvoudige regressieanalyse, waarvan tabel 17.6 een voorbeeld is, kennen we ook de *meervoudige (multiple) regressieanalyse*. In dat geval zijn er meer veroorzakers, die echter van product tot product verschillen. Men moet dan een model opstellen, waarbij de formule een lineair verband laat zien. Voor Chocomel zou die er als volgt uit kunnen zien:

$Y = 0{,}55 - 0{,}5P + 0{,}2V + 0{,}15R - 0{,}15\ C$

waarbij voor het komende jaar:
Y = het te verwachten marktaandeel van Chocomel
P = het prijsniveau (stel dat dit verhoogd wordt met 2%; dus 1,02)
V = het verkoopteam (stel dat de uitbreiding 10% bedraagt; dus 1,10)
R = het reclamebudget (stel dat dit verhoogd wordt met 10%; dus 1,10)
C = de concurrentie (stel een prijsverlaging van 5%; dus 1,05).

Figuur 17.7 **Grafische weergave van de correlatie tussen de marktomvang voor chocolademelk en de gemiddelde marktprijs**

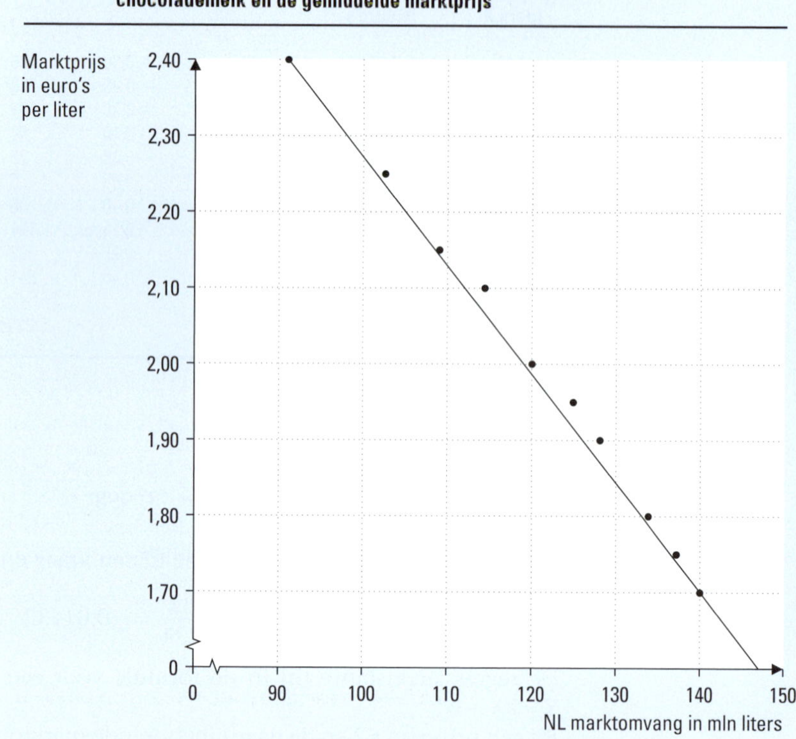

Het te verwachten marktaandeel van Chocomel wordt dus:

$Y = 0{,}55 - 0{,}5 \times 1{,}02 + 0{,}2 \times 1{,}10 + 0{,}15 \times 1{,}10 - 0{,}15 \times 1{,}05$
$Y = 0{,}2675 \times 100\% = 26{,}75\%$.

Hierbij veronderstellen we dat de andere factoren gelijk blijven (ceteris paribus-clausule).

Trend-impactanalyse
In een organisatie worden doorgaans combinaties van methoden gebruikt, zoals de trend-impactanalyse. Op basis van een trendberekening of met behulp van een causaal model voorspellen we bijvoorbeeld het aantal af te sluiten hypotheken op 500 000, wat gelijk is aan het afgelopen jaar, dat een topjaar was. De economische groei laat volgens

schattingen van het Centraal Planbureau een afvlakking zien en komt volgend jaar 0,75% lager uit. Op basis van vergelijkbare situaties (analogie) in de afgelopen twee decennia, leidt een dergelijke groeivermindering tot ongeveer 2,5% minder hypotheekafsluitingen.

De rentestand (stel nu 7,0%) zal wellicht met 1% stijgen, mogelijk zelfs met 2%. In de bankwereld gaat men ervan uit dat elke procent renteverhoging leidt tot een daling in het aantal hypotheekafsluitingen van ongeveer 5%. Op basis van ervaring en intuïtie weet het 'hoofd hypotheken' dat de daling bij een hypotheekrente van 8% rond de 7,5% zal liggen. Op basis van voorgaande informatie voorspelt hij voor het komende jaar zo'n 425 000 tot 462 500 (daling van 7,5 tot 15%) hypotheekafsluitingen. Voor bijvoorbeeld een vestiging van de Rabobank in een groeikern waar nog veel gebouwd wordt, kan deze daling meevallen of kan er (in uitzonderingsgevallen) zelfs sprake zijn van een toename.

Verdere professionalisering noodzakelijk

Nieuwe afdeling Marketing en Fondsenwerving

Het Nationaal Bureau van de Zonnebloem in Breda is onlangs versterkt met een afdeling Marketing en Fondsenwerving. Verdere professionalisering van marketing en fondsenwerving is volgens de Zonnebloem noodzakelijk, omdat de effectiviteit van de leden- en vrijwilligerswerving terugloopt. Bovendien dekken de structurele inkomsten de structurele kosten al een tijdje niet meer. Met de komst van een interim-manager Marketing en Fondsenwerving werd op 1 april van dit jaar de eerste stap voor de nieuwe afdeling gezet. De ledenadministratie en alle telemarketingactiviteiten zijn er inmiddels al ondergebracht en binnenkort gaat dat ook met alle andere marketing- en fondsenwervende activiteiten gebeuren. In oktober moet deze operatie zijn afgerond. Ook wordt op dit moment hard gewerkt aan een strategische toekomstvisie, met als belangrijkste pijlers het bevorderen van de bekendheid van de Zonnebloem, het ontwikkelen van een positief imago en het werven van financiële middelen en vrijwilligers.

Professionalisering vraagt ook om verdieping van de oorzaken

17.7 Enkele meer geavanceerde technieken

We bespreken enkele meer geavanceerde technieken om inzicht te verkrijgen in de positionering van producten in combinatie met de voorkeuren van consumenten.

Multidimensional scaling

Met multidimensionale schaalanalyse (mds: *multidimensional scaling*) wordt een verzameling technieken bedoeld die tot doel hebben objecten (producten, merken) en/of subjecten (consumenten) in een meerdimensionale ruimte te plaatsen (te positioneren).

Positioneringsgrafiek

MDS is met name in het kader van de positionering van een product of merk een bruikbaar hulpmiddel. Een zogenaamde *positioneringsgrafiek* (zie figuur 17.8) is in het algemeen het resultaat van MDS. De gegevens van de multidimensionale schaalanalyse worden doorgaans verzameld door de respondenten diverse combinaties van de betreffende merken, winkels of producten voor te leggen. Vaak wordt dit gedaan door de respondent steeds drie plaatjes of beschrijvingen te tonen en hem vervolgens te laten aangeven welke van die drie onderling het meest c.q. het minst 'op elkaar lijken'.

Figuur 17.8 **Merken en eigenschappen van reinigingsmiddelen in een mapping verenigd**

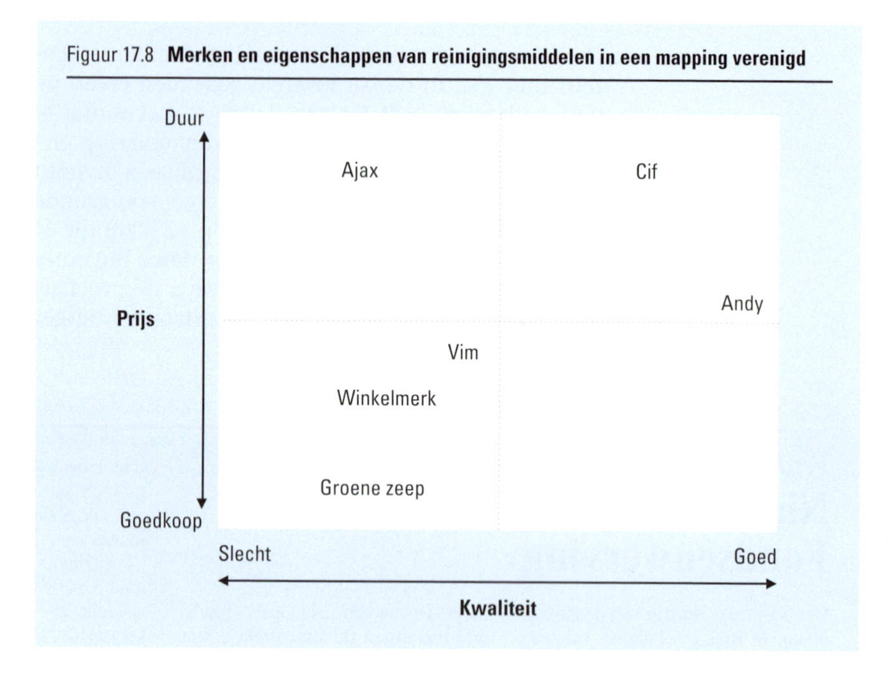

Het interessante van MDS is dat respondenten de objecten met elkaar vergelijken zonder dat is aangegeven aan de hand van welke kenmerken die objecten vergeleken moeten worden. Op die manier komt de onderzoeker er indirect achter, welke kenmerken of criteria voor de respondenten bij de vergelijking kennelijk het belangrijkste waren. Dat gebeurt door de resultaten van de analyse op verschillende manieren in een tweedimensionaal assenstelsel weer te geven. De onderzoeker moet dan zelf, eventueel mede aan de hand van opmerkingen die respondenten bij hun keuze gemaakt hebben, aan de hand van het 'plaatje' en de ligging van de diverse objecten ten opzichte van elkaar, de assen benoemen. Bij auto's bijvoorbeeld: 'snel/langzaam' en/of 'hoge status/lage status'. De onderzoek- en analysetechniek MDS is een typisch voorbeeld van een techniek, die door een professioneel onderzoeker moet worden uitgevoerd.

Multivariate technieken

Bij multivariate technieken zijn meerdere variabelen tegelijkertijd betrokken. Twee typen multivariate analyses worden regelmatig in het marktonderzoek toegepast:

- groeperen van variabelen
- groeperen van respondenten.

Groeperen van variabelen

Factoranalyse wordt vooral toegepast bij attitude- en imageonderzoek. Bij deze analyse worden de resultaten van een relatief groot aantal vragen (bijvoorbeeld Likert-statements) op basis van de onderlinge correlaties 'samengevat' in een kleiner aantal nieuwe variabelen, de zogenaamde *factoren*, die de oorspronkelijke gegevens zo goed mogelijk weergeven. De gedachte hierbij is, dat de antwoorden op een aantal verschillende vragen vaak alle hun oorsprong vinden in eenzelfde 'achterliggende' houding of opinie. Juist door een aantal min of meer gelijksoortige vragen te stellen en deze met behulp van factoranalyse te verwerken, probeert de onderzoeker die achterliggende houding te traceren. Daarnaast kan factoranalyse echter ook exploratief gebruikt worden: zijn de antwoorden op bepaalde in een onderzoek gebruikte variabelen wellicht terug te voeren op een of meer achterliggende factoren?

Factoren

Stel dat een onderzoeker wil weten of iemand een 'natuurmens' of een 'stadsmens' is. Hij wil dat gegeven dan later correleren met een bepaald productgebruik (brandnetelsoep). In een vragenlijst neemt hij nu (na een testronde) een aantal verschillende statements rond dit onderwerp op. Bijvoorbeeld: 'Ik kan niet goed tegen stilte om mij heen', 'Ik ben gek op de dynamiek van de stad', 'Het liefst trek ik in mijn vakantie de natuur in'. Via factoranalyse worden deze variabelen nu gereduceerd tot de factor 'stad-natuur'.

De factoren zijn lineair gewogen combinaties van de oorspronkelijke variabelen. Bij het bepalen van de factoren wordt gebruikgemaakt van de correlaties tussen deze variabelen. Hierbij kunnen verschillende technieken worden gebruikt. Uiteindelijk resulteert er in het algemeen een zogenaamde *factormatrix*, waarin de gevonden factoren worden vermeld, tezamen met hun correlatie met de oorspronkelijke variabelen (factorlading). Bovendien wordt per factor aangegeven wat de hoeveelheid 'verklaarde variantie' is.

Factormatrix

De gebruikte computerprogramma's bepalen de factoren in volgorde van correlatie met de oorspronkelijke variabelen (verklaarde variantie). De onderzoeker bepaalt vervolgens zelf hoeveel factoren hij relevant acht. Evenals bij MDS, moet de onderzoeker de resultaten ook zelf interpreteren: elke factor krijgt een naam, afhankelijk van de oorspronkelijke variabelen waarmee die factor hoog correleert.
Factoranalyse dient overigens bij voorkeur door professionals te worden uitgevoerd.

Groeperen van respondenten

Met name voor het op de juiste wijze onderscheiden van marktsegmenten en doelgroepen heeft de marketeer vaak behoefte aan technieken, die hem in staat stellen een bepaalde totaalpopulatie (zeg: alle Nederlanders) te kunnen onderscheiden in zinvolle (homogene) subgroepen. Hiervoor zijn verschillende technieken beschikbaar. We behandelen er hier twee:

1 Automatic Interaction Detection (AID: ook wel contrastgroepenanalyse genoemd) en
2 clusteranalyse.

Criteriumvariabele

Er is een wezenlijk verschil. Bij AID is sprake van een *criteriumvariabele*: de groepen worden steeds zodanig in tweeën gesplitst, dat die twee nieuwe groepen voor wat betreft de criteriumvariabele zoveel mogelijk van elkaar verschillen. Bij clusteranalyse is er van een dergelijke variabele geen sprake.

Clusteranalyse
De clusteranalyse is een techniek waarmee we een populatie consumenten, producten, bedrijven of andere objecten zodanig in groepen (clusters) indelen, dat de objecten (voor wat een aantal kenmerken betreft) binnen een bepaalde cluster meer op elkaar lijken dan op die in andere clusters. Er wordt dus naar 'homogene' clusters gestreefd. In tegenstelling tot AID is hier *geen* sprake van een *afhankelijke* variabele. Wel wordt bij deze analyse van tevoren aangegeven welke variabelen bij de clustering gehanteerd moeten worden. Dit zijn de zogenaamde *actieve variabelen*.

Actieve en passieve variabelen

Nadat de clusters op basis van deze actieve variabelen gevormd zijn, wordt meestal nagegaan in hoeverre de aldus gevormde groepen ook van achterliggende variabelen verschillen. Stel bijvoorbeeld, dat op grond van een onderzoek naar voorkeuren voor soorten vakanties een viertal clusters kon worden gevormd: sportievelingen, cultuurzoekers, natuur- en rustgenieters en gezelschapsmensen. Vervolgens zal dan worden nagegaan in hoeverre de tot deze clusters behorende individuen verschillen qua leeftijd, gezinsfase, opleiding, inkomen, woonsituatie et cetera. Hiertoe kan bijvoorbeeld de chi-kwadraattoets worden gebruikt. Laatstgenoemde variabelen worden in dit verband *passieve variabelen* genoemd.

Contrastgroepenanalyse

Automatic Interaction Detection (AID)

Een in marktsegmentatie en productontwikkeling toegepaste techniek is de al genoemde Automatic Interaction Detection (AID) of de contrastgroepenanalyse. Hiermee wordt het verband onderzocht tussen een (intervalgeschaalde) afhankelijke variabele (zoals iemands bierverbruik) en diverse onafhankelijke variabelen. De afhankelijke variabele wordt in dit verband wel de criteriumvariabele genoemd. De onafhankelijke variabelen mogen eventueel nominaal zijn (bijvoorbeeld regio, woningtype en religie).
Eerst wordt de totale populatie (door een computerprogramma) zodanig in twee (niet per se even grote) groepen gesplitst, dat die groepen op de criteriumvariabele zoveel mogelijk van elkaar verschillen. De computer loopt hiervoor alle mogelijke variabelen na en splitst elk van die variabelen op alle mogelijke manieren. Vervolgens wordt elke groep weer op dezelfde manier in tweeën gesplitst et cetera. Als de groepen te klein worden of het verschil te klein wordt, stopt het programma.

Interactie tussen variabelen

AID houdt rekening met *interacties tussen variabelen*. Met interactie wordt bedoeld: de invloed die een onafhankelijke variabele heeft op de afhankelijke variabele hangt mede af van de waarde van andere variabelen. Het statistisch pakket SPSS beschikt over een aparte module SPSS Chaid, waarmee de hier beschreven techniek kan worden uitgevoerd.

Als voorbeeld (zie figuur 17.9) geven we gefingeerde cijfers over de 'verhuisgeneigdheid' van Nederlandse huishoudens (van plan binnen drie jaar te verhuizen). Van de totale populatie blijkt 15% verhuisgeneigd te zijn, maar uitgesplitst naar subgroepen zien we een range van 3 tot 25%. Het meest verhuisgeneigd blijken jonge huurders te zijn. De interactie komt bijvoorbeeld tot uiting in het effect van de variabele leeftijd (door de computer ergens gesplitst in 'jong' en 'oud'): de invloed van de leeftijd op de verhuisgeneigdheid is bij huurders kennelijk groter dan bij eigenaren.

Figuur 17.9 **De verhuisgeneigdheid van Nederlandse huishoudens**

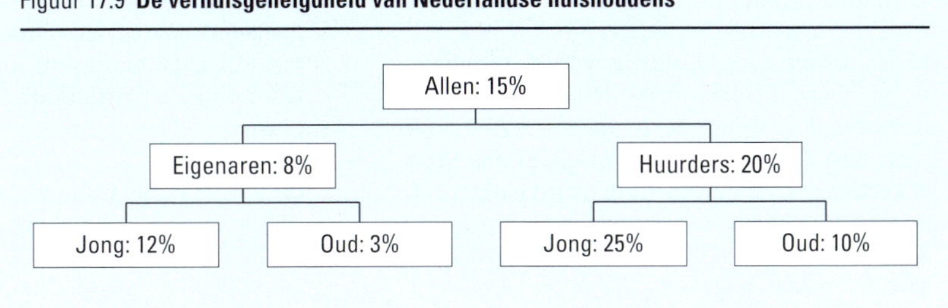

Discriminantanalyse
Een veelvuldig toegepaste techniek in het marktonderzoek is de *discriminantanalyse*. De analyse is gericht op het verband tussen een afhankelijke (te verklaren) en een of meer onafhankelijke (verklarende) variabelen. Bij discriminantanalyse is de te verklaren variabele *dichotoom* of *nominaal* geschaald (bijvoorbeeld kopers versus niet-kopers).
Met behulp van de discriminantanalyse kan een marketeer bijvoorbeeld nagaan welke eigenschappen het meest bepalend zijn voor de vraag of iemand wel of niet gebruiker van zijn merk is. In feite zoekt hij uit welke variabelen het meest *discriminerend* zijn bij het indelen van consumenten in verschillende categorieën. Is deze samenhang eenmaal vastgesteld, dan kan de marketeer op grond van de bekende onafhankelijke variabelen het gedrag van individuele consumenten (wel of geen gebruik) voorspellen. Met behulp van de discriminantanalyse kan bijvoorbeeld zijn vastgesteld dat het onderscheid wel/geen gebruiker van een bepaald sigarettenmerk vooral samenhangt met het geslacht en het beroep (wel/geen cowboy). Weet men nu van iemand dat hij een cowboy is, dan is het (zeer) waarschijnlijk dat hij dat bepaalde merk rookt.

Conjuncte analyse
Tot de familie van de MDS-technieken behoort ook de zogenaamde conjuncte analyse. De conjuncte analyse, ook wel aangeduid met de term *trade off*, is een techniek die vooral in de conceptontwikkelingsfase van het productontwikkelingsproces wordt toegepast. In essentie is de techniek bedoeld om relaties te ontdekken tussen bepaalde productkenmerken en de voorkeur van de consumenten. Voor tuinmeubelen kunnen dit bijvoorbeeld kleur, levertijd, houdbaarheid en prijs zijn.

Trade off

Doordat keuzes gemaakt moeten worden op basis van rangordecijfers, kan een simulatie van het beslissingsproces laten zien welke combinaties van kenmerken uiteindelijk de voorkeur zullen hebben. Bijvoorbeeld: de consument wil wél meer betalen voor kwaliteit, maar niet voor een bepaalde kleur.

Prijs-trade-off-onderzoek

Een voorbeeld van een conjuncte analyse is het *prijs-trade-off-onderzoek*, waarbij het belang van verschillende afzonderlijke producteigenschappen wordt getoetst in relatie tot verschillende prijzen.

Prijsonderzoek
Een bekende methode van prijsonderzoek waarbij voor een product de acceptabele prijsrange wordt gemeten, is de prijsgevoeligheidsmeter

De behoefte aan prijsonderzoek

In een perfecte wereld, althans volgens de micro-economische theorie, worden prijzen bepaald door de markt, door de interactie tussen enerzijds ondernemingen die trachten hun variabele kosten terug te verdienen en hun winsten te maximaliseren, en anderzijds consumenten die streven naar maximalisatie van het nut van hun beslissingen. Maar de praktijk verschilt nogal van de theorie. Gewoonlijk bepalen fabrikanten of marketeers van producten en diensten inderdaad het prijsniveau, maar daarbij hebben zij te maken met allerlei beperkingen. Oppervlakkig gezien passen deze beperkingen in de theorie. Ten eerste moeten de feitelijke kosten van het produceren van één producteenheid (de 'variabele' kosten) worden terugverdiend, hoewel dit niet altijd direct verwezenlijkt wordt door middel van de uiteindelijke verkoopprijs. Ten tweede is gewoonlijk de een of andere positieve bijdrage (winst) vereist, nadat rekening is gehouden met dekking van vaste kosten, dus is het essentieel dat de prijsstelling 'juist' is. De derde beperking waar de marketeer mee te maken heeft, is hoeveel de consument bereid is te betalen, wat mede wordt beïnvloed door de prijsstelling van concurrerende producten.

Dit is eigenlijk de enige overeenkomst die in werkelijkheid bestaat tussen theorie en praktijk waar het de consument betreft. In werkelijkheid verschillen consumenten sterk van hun theoretische, economische tegenhangers. Zij zijn niet allemaal hetzelfde, niet rationeel en niet van alles op de hoogte, althans niet op een voorspelbare manier. Om dus goed te kunnen begrijpen hoe consumenten beperkingen opleggen aan het vaststellen van prijzen en het doorvoeren van prijsveranderingen, moet men als marketeer weten hoe een gegeven prijs het consumentengedrag zal beïnvloeden. Die kennis is te verkrijgen door onderzoek te doen onder consumenten: prijsonderzoek.

Bron: *IPM-brochure*, 'Een IPM-visie op prijsonderzoek'

die is ontwikkeld door NSS-Marktonderzoek. Bij dit onderzoek wordt aan een aantal consumenten gevraagd een uitspraak te doen over een bepaald product met een daarbijbehorende prijsrange, bijvoorbeeld een fles wijn in de prijsrange van €3 tot €30, waarbij de prijs steeds met €1 verandert.
Hierbij moeten de respondenten vier vragen beantwoorden:

1 Bij welke prijs begint u het product *goedkoop* te vinden? (Deze vraag wordt gesteld als er sprake is van een dalende prijs.)
2 Bij welke prijs begint u het product *duur* te vinden? (Bij een oplopende prijs.)
3 Bij welke prijs begint u het product *te goedkoop* te vinden? (Zou kunnen duiden op twijfel aan de kwaliteit.)
4 Bij welke prijs begint u het product *te duur* te vinden?

De resultaten van het onderzoek worden verwerkt in vier cumulatieve frequentieverdelingen:
A = Te duur
B = Te goedkoop
C = Goedkoop
D = Duur.

De frequentieverdelingen worden vervolgens grafisch weergegeven (zie figuur 17.10). In de figuur zien we bij een prijs van €12 het volgende:

- Lijn A: circa 8% van de ondervraagden vindt de fles wijn dan te duur.
- Lijn B: circa 10% van de ondervraagden vindt de fles wijn dan te goedkoop
- Lijn C: circa 83% van de ondervraagden vindt de fles wijn dan niet duur
- Lijn D: circa 58% van de ondervraagden vindt de fles wijn dan niet goedkoop

Figuur 17.10 **Frequentieverdelingen van NSS-prijsonderzoek**

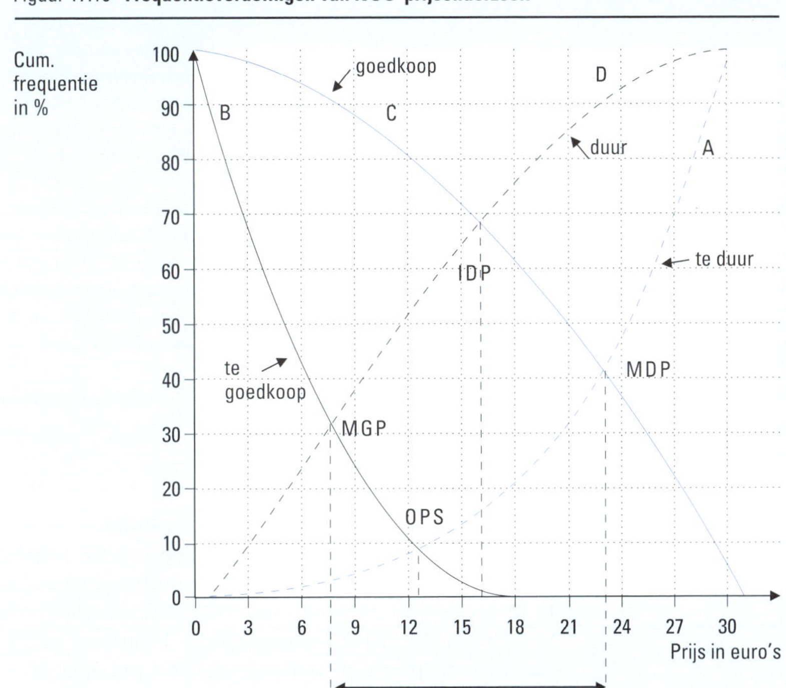

Namen van de snijpunten

Aan de snijpunten van de vier cumulatieve verdelingen worden de volgende namen en betekenissen toegekend:

- OPS *Optimale prijsstelling*: het snijpunt van 'te goedkoop' en 'te duur'. Tegen deze prijs bestaat gemiddeld het minste bezwaar in de markt.
- IDP *Indifferentiepunt*: het snijpunt van 'niet duur' en 'niet goedkoop'. Dit is de als normaal beschouwde prijs, de meest gangbare prijs voor de afnemers binnen de acceptabele prijsrange.
- MGP *Marginaal goedkooptepunt*: het snijpunt van 'te goedkoop' en 'duur'. Links van dit punt ligt de prijs waarbij de respondenten twijfelen aan de kwaliteit.
- MDP *Marginaal duurtepunt*: het snijpunt van 'goedkoop' en 'te duur'. Rechts van dit punt ligt een prijs die de meeste respondenten als te duur zullen ervaren.

Alhoewel de gegeven antwoorden van de respondenten in meer of mindere mate uiteen zullen lopen, is uit dergelijk onderzoek toch gebleken dat de schatting van de waarde van een nieuw product door (potentiële) afnemers vaak opvallende overeenkomsten vertoont.

Prijsperceptie/ prijsrange

Uit dit onderzoek wordt vooral inzicht verkregen in de prijsbeleving of *prijsperceptie* en de aanvaardbare *prijsrange*. Wat een optimale prijs is, is natuurlijk mede afhankelijk van de doelstellingen van de producent.

De aanvaardbare prijsrange

Een product tegen een bepaalde prijs kan al dan niet aanvaardbaar zijn voor een consument. Als de prijs te laag is, kan een consument dat opvatten als een teken dat er iets aan de hand is met de productkwaliteit. Daarentegen, als de prijs te hoog is, kan deze onaanvaardbaar zijn, simpelweg omdat deze het budget van de consument ver overschrijdt of omdat de meerwaarde niet duidelijk is – men vindt het product gewoon de prijs niet waard of er zijn substituutproducten die meer waar voor hun geld bieden. Als het product buiten de aanvaardbare prijsrange valt, wordt de koop niet gedaan.

Deze prijspercepties worden bepaald door waarden en attituden die gebaseerd zijn op de gepercipieerde behoeften van de consument: de omgeving, ervaringen, het beschikbare inkomen enzovoort. De prijspercepties van een individuele consument zijn niet noodzakelijkerwijze stabiel gefixeerd, maar zullen variëren al naar gelang de omstandigheden. Zo kan een bepaalde prijs niet aanvaardbaar zijn als men gewoon boodschappen aan het doen is, maar wél als men plotseling tot de ontdekking komt dat men het product niet meer in huis heeft en het op dat moment nodig heeft. Zo kunnen ook prijzen die aanvaardbaar zijn voor voedingsmiddelen die gekocht worden bijvoorbeeld met het oog op een feestje, niet aanvaardbaar zijn voor dagelijks gebruik van dezelfde producten.

Bron: *IPM-brochure*, 'Een IPM-visie op prijsonderzoek'

Koopresponsonderzoek van Gabor-Granger

Gaat het bij de NSS-methode vooral om de prijsbeleving voor nieuwe producten, bij de Gabor-Granger-methode wordt in een testwinkel het te testen product tussen andere, gelijksoortige producten, tegen steeds verschillende prijzen aangeboden. Daarmee krijgt men inzicht in het aantal consumenten dat een bepaald product bij verschillende prijzen waarschijnlijk zal kopen. De testresultaten hebben hiermee een meer concrete waarde voor de producent.

17.8 Rationele besluitvorming

Een manager kan gevoelsmatig (intuïtief) beslissingen nemen of rationeel. Bij rationele besluitvorming wordt een keuze gemaakt uit twee of meer alternatieven om een probleem op te lossen, waarbij gebruikgemaakt wordt van een efficiënt en effectief, formeel beslissingsproces. Kwantitatieve methoden zijn daarbij een hulpmiddel. Wanneer een commercieel directeur zijn commerciële beleid gaat wijzigen, is de kans niet gering dat er marktreacties komen, bijvoorbeeld van de concurrentie of van de intermediairs. Deze kunnen voor de onderneming gunstig, ongunstig of ergens daartussenin uitpakken. Soms kunnen we de kans op een reactie inschatten en soms ook niet. Hierna worden enkele kwantitatieve besluitvormingsmethoden kort behandeld.

Beslissen waarbij kans op marktreactie onbekend is

Hierbij kunnen we het volgende onderscheid maken:

Maximax-criterium

- *Het maximax-criterium*
  Dit criterium wordt gekozen door een optimist, een risicozoekende manager. Hij gaat ervan uit dat de marktreactie voor zijn onderneming gunstig zal uitvallen en dat de hoogst mogelijke winst wordt behaald.

Maximin-criterium

- *Het maximin-criterium*
  Dit criterium wordt gekozen door een pessimist. Hij gaat ervan uit dat de marktreactie voor zijn onderneming ongunstig zal uitvallen

en dat de laagst mogelijke winst of het grootst mogelijke verlies wordt behaald. De risicomijdende manager kiest dan voor de beste of minst slechte optie.

Spijtcriterium

- *Het spijtcriterium*
  Bij dit criterium gaat men ervan uit dat de manager spijt van zijn besluit krijgt als de marktreactie anders uitvalt dan men verwachtte. Bij elke beslissing wordt eerst het maximale 'spijtbedrag' bepaald en de optie met het laagste maximale spijtbedrag wordt gekozen. Het spijtbedrag is nihil, wanneer de markt gunstig reageert en de hoogste winst wordt behaald.

■ Voorbeeld 17.2

Momenteel wordt zo'n driekwart van alle KLM-tickets door reisbureaus verkocht. De gemiddelde marge bedraagt thans zo'n 10%. De commercieel directeur van de KLM heeft naast de nuloptie, twee andere opties uitgewerkt om de winstgevendheid te vergroten:
B1: de marge van de reisbureaus verlagen tot 5%;
B2: de marge van de reisbureaus verlagen tot 7,5%.

De winst is afhankelijk van de gekozen optie en van de marktreactie. Deze zijn in onderstaande tabel weergegeven.

Beslissing	**Marktreactie**		
	Gunstig (S1)	Minder gunstig (S2)	Ongunstig (S3)
Optie B1	100	25	–25
Optie B2	60	30	5
Nuloptie	0	0	0

De volgende opties worden gekozen bij:
- het maximax-criterium: bij een gunstige marktreactie (S1) is de winst bij optie B1 het hoogst, namelijk €100 mln;
- het maximin-criterium: bij een ongunstige marktreactie (S2) is de winst bij optie B2 nog het hoogst, namelijk €5 mln;
- het spijtcriterium: zoals uit tabel B blijkt, wordt hierbij gekozen voor optie B1, omdat daarbij het spijtbedrag het kleinst is.

Beslissing	**Marktreactie**			
	Gunstig (S1)	Minder gunstig (S2)	Ongunstig (S3)	Maximaal spijtbedrag
Optie B1	0	30 – 25 = 5	5 – (–25) = 30	35
Optie B2	100 – 60 = 40	0	0	40
Nuloptie	100 – 0 = 100	30 – 0 = 30	5 – 0 = 5	135

Beslissen waarbij de kans op marktreactie bekend is

Een manager kan op basis van ervaring (bijvoorbeeld historisch cijfermateriaal) de kans op een marktreactie inschatten. Deze kanspercentages zijn in de volgende tabel opgenomen (zie tabel 17.8):

Tabel 17.8 **Kans op marktreactie** (in %)

Beslissing	Gunstig (S1) −20%	Minder gunstig (S2) −30%	Ongunstig (S3) −50%
Optie B1	100	25	−25
Optie B2	60	30	5
Nuloptie	0	0	0

De totale verwachte winst van de opties is:

Optie B1: $(100 \times 20 + 25 \times 30 + -25 \times 50)/100 =$ € 15,0 mln

Optie B2: $(60 \times 20 + 30 \times 30 + 5 \times 50)/100 =$ € 23,5 mln

Nuloptie: $(0 \times 20 + 0 \times 30 + 0 \times 50)/100 =$ € 0,0 mln.

De optie met de hoogste verwachte winst is in dit geval B2. Wanneer vooraf bekend is (bijvoorbeeld door marktonderzoek) welke marktreactie zal optreden, weten we welke optie de beste is. Optie B1 kiezen we bij een gunstige marktreactie en optie B2 bij een minder gunstige en een ongunstige marktreactie. De verwachte winst onder deze omstandigheden is dan: $(100 \times 20 + 30 \times 30 + 5 \times 50)/100 =$ €31,5 mln. Concluderend kunnen we stellen dat marktonderzoek ter verkrijging van zekerheid niet meer dan €31,5 mln – €23,5 mln = €8 mln mag kosten.

Laplace-criterium

Bij het Laplace-criterium wordt ervan uitgegaan dat de kans op een verschillende marktreactie gelijk is. Hier dus 100% : 3 = 33,3%. De totale verwachte winst van de verschillende opties is dan:

Optie B1: $(100 \times 33{,}3 + 25 \times 33{,}3 + -25 \times 33{,}3)/100 =$ € 33,3 mln

Optie B2: $(60 \times 33{,}3 + 30 \times 33{,}3 + 5 \times 33{,}3)/100 =$ € 28,3 mln

Nuloptie: $(0 \times 33{,}3 + 0 \times 33{,}3 + 0 \times 33{,}3)/100 =$ € 0,0 mln.

De optie met de hoogste verwachte winst is in dit geval optie B1.

Een uitgewerkt marketingplan

18

In dit hoofdstuk wordt geen nieuwe theorie behandeld: Het bevat een uitgewerkt voorbeeld van de wijze waarop een marketingplan voor een onderneming kan worden geschreven.
Als leidraad is een NIMA-B-examenopgave genomen. Het gaat om de touroperator Mountain Travel, die in ernstige problemen is gekomen door plotselinge veranderingen in de externe omgeving.
Mountain Travel BV is een kleine onderneming. In zo'n geval is de planningscyclus waarbij zowel op concernniveau en SBU-niveau als op PMT-niveau een marketingplan wordt ontwikkeld, uiteraard niet van toepassing.
Zoals bij veel kleine ondernemingen gebruikelijk is, wordt dan één businessmarketingplan gemaakt. De in dit boek behandelde planning-analysemodellen kunnen echter onverminderd, indien van toepassing, worden gehanteerd.

De paragrafen 18.1 tot en met 18.4 beschrijven en analyseren de huidige situatie. In de paragrafen 18.5 tot en met 18.7 worden de oplossingen aangedragen om in de nabije en verdere toekomst de problemen op te lossen.

In een appendix is een profielschets van een (marketing)manager opgenomen.

18.1 Samenvatting gegevens

Ook vóór de Golfoorlog behaalde Mountain Travel zeer povere resultaten; de onderneming zou bij ongewijzigd beleid in 1991 al gemakkelijk in de rode cijfers terecht kunnen komen. Dit terwijl er sprake is van een groeimarkt. Deze wankele financiële situatie maakt Mountain Travel zeer kwetsbaar. In 1990 werd slechts een RTV van 9,57% bereikt.
De Golfoorlog maakt onmiddellijk een dreigend faillissement zichtbaar. Het geprognosticeerde verlies bedraagt voor 1991 €142.000. Het bedrijf beschikt niet over reserves om dit verlies op te vangen.
Tabel 18.1 illustreert de zwakke financiële situatie.

Tabel 18.1 **Financiële situatie 1987-1991** (bedragen × €1.000)

Jaar	Omzet	Dekkingsbijdrage	Vaste kosten	Totaal resultaat	Brutomarge in %
1987	1.630	262	244	18	1,1
1988	1.435	231	249	–18	negatief
1989	2.260	364	300	64	2,8
1990	2.070	334	305	29	1,4
1991	1.220	178	320	–142	negatief

Om het acute continuïteitsprobleem op te lossen moeten de kosten worden gereduceerd en moet men nieuwe marketingmogelijkheden creëren. Een ander groot probleem is het politieke risico dat aan het Himalayagebied kleeft.
Voor 1991 ziet het operationele (reddings)plan er als volgt uit:

Marketingdoelstelling 1991:

Geprognosticeerde omzet	€ 1.200.000
Additionele omzet door direct-mailactie	- 400.000
Totale omzet	€ 1.600.000

Totale bijdrage	€ 240.000
Totale kosten	- 240.000
Winst	€ 0

Het operationele plan is erop gericht ten minste het BEP te behalen, door middel van kostenreductie en aanvullende DM-acties, ter verkrijging van een additionele omzet in 1991. Bovendien moeten activiteiten opgestart worden om het grote risico van politieke instabiliteit te spreiden.
Nieuwe reisgebieden worden geëxploiteerd, namelijk in de Verenigde Staten, Kenya en Chili. Bovendien wordt de markt actief bewerkt met aangepaste producten en via meer distributiekanalen, met name via reisbureaus. Een overzicht van de doelstellingen is in tabel 18.2 opgenomen.

Tabel 18.2 **Doelstellingen opbrengsten en winst voor 1992 en 1993** (bedragen × €1.000)

Jaar	Omzet	Bijdrage	Vaste kosten	Totaal resultaat	Brutomarge in %
1992	2.820	436	326	110	3,9
1993	4.300	625	415	210	4,0

In dit hoofdstuk wordt een marketingplan uitgewerkt. In feite is het primair een kortetermijn operationeel marketingplan, ofwel een 'noodplan', dat in het leven geroepen is om een dreigend faillissement af te wenden. Dit is dan ook beslist niet het moment om klanten te gaan financieren of marketingformules aan te passen en vervolgens op de markt te brengen. Dit soort zaken en bijvoorbeeld promoties kosten veel geld!

18.2 Business definition en ondernemingsmissie

Business definition

Aan de hand van de drie dimensies van Abell, wordt de business definition (PMT) voor Mountain Travel geformuleerd (zie tabel 18.3).

Tabel 18.3 **Huidige PMT Mountain Travel**

Dimensie 1 Probleem/behoefte	Dimensie 2 Marktpartijen	Dimensie 3 Technologieën
P1 Avontuur	M1 Jongeren/studenten	T1 Low budget
P2 Ontspanning	M2 Tweeverdieners	T2 Medium budget
P3 Natuur	M3 Welgestelden	T3 High budget
P4 Cultuur	M4 Vutters en gepensioneerden	T4 Verzekeringen
P5 Conditie		
P6 Veiligheid		
P7 Begeleiding		

In de technologieën komen de verschillen in knowhow en/of processen naar voren, uitmondend in verschillende producten.
De business definition heeft uitsluitend betrekking op (berg)wandelen in het Himalayagebied. Binnen de bestaande PMT-combinatie kan gemakkelijk uitbreiding plaatsvinden naar andere (berg)gebieden en/of naar andere vormen om de marketingmixinstrumenten in te vullen, bijvoorbeeld paardrijden, varen, safari, klimmen, survival en rafting.

Ondernemingsmissie

Als ondernemingsmissie voor Mountain Travel kan worden geformuleerd: 'Wij leveren actieve op-maat-vakanties tegen een gunstige prijs/kwaliteitsverhouding.'

18.3 Analyses

In deze paragraaf behandelen we achtereenvolgens:

- de situatieanalyse, verdeeld in:
  - externe analyse
  - interne analyse
- de SWOT-analyse
- de strategische-kloofanalyse.

Externe analyse

De externe analyse beschouwt:

- de meso-omgeving
- de macro-omgeving.

Meso-omgeving

De meso-omgeving omvat:

- Marktomvang 1989: 30.000 personen.
- Omzet: €120 mln.
- Gegevens van de totale Nederlandse markt: groeiende markt voor verre hoogwaardige actieve vakanties.
- Marktgroei: voor hoogwaardige actieve vakanties is een duidelijke groei aanwezig, het groeipercentage is niet bekend.
- Marktontwikkeling (aannamen) voor de komende jaren:
  - totale markt 1991: €75 mln (drastische daling door de Golfoorlog);
  - totale markt 1992: €100 mln (herstel);
  - totale markt 1993: €120 mln.
- Huidige concurrenten:
  Himalayavakanties: vijf touroperators, deze zijn echter niet gespecialiseerd. De operators hebben tezamen meer dan 98% marktaandeel, dat wil zeggen zij profiteren van schaalvoordelen.
- Potentiële concurrenten: grote touroperators, zoals Arke, Holland International, Hotelplan.
- Substituutproducten: excursiereizen door bergsportverenigingen, expedities, paardrijden, safari, varen en dergelijke.
- Macht van afnemers: prijsvergelijking na informatie-inwinning bij gespecialiseerde bureaus.
- Macht van leveranciers: grote macht van de luchtvaartmaatschappijen, lage marges, boetebeding trekkingbureau in Nepal.

Voor Mountain Travel oogt de markt niet aantrekkelijk. Als kleine onderneming zijn ze een speelbal van grote negatieve krachten. De entreedrempel is ook vrij laag en het nemen van de uittredingsdrempel betekent het einde van het bedrijf.

Macro-omgeving

De macro-omgeving kan als volgt worden ingedeeld:

- *Economisch*:
  - Aantal vermogenden neemt in Nederland sterk/steeds toe.
  - De segmenten worden in meer (jongeren) of mindere (tweeverdieners, welgestelden, ouderen) mate beïnvloed door de economische conjunctuur.
- *Geografisch*:
  - Alleen reizen in herfst en voorjaar door klimatologische omstandigheden, dus een sterk seizoenskarakter.

- *Demografisch*:
  - Toenemende vergrijzing, verhoging gemiddelde leeftijd, betere vitaliteit.
- *Politiek-juridisch*:
  - Verblijfsvergunningen, visa, verblijfsduur, politieke instabiliteit.
- *Technologische vernieuwingen*:
  - Automatisering in boekingen en efficiency door DM-activiteiten (telemarketing, telebanking, databases).
  - Informatie, globalisering.
  - Betaalbaarder.
- *Sociaal-cultureel*:
  - Consumentisme, mondigheid.
  - Meer vrije tijd beschikbaar.
  - Andere tijdsbesteding.
  - Individualisme.
  - Hoger opleidingsniveau.
- *Ecologisch*:
  - Klimatologische omstandigheden.
  - Invloed op het milieu.

Mountain Travel: bottlenecks in de adoptie

Veel potentiële afnemers van Mountain Travel zijn blijven steken tussen de fasen 'evaluation' en 'trial'. Veel mensen zijn al jarenlang van plan een tocht te gaan maken. Ze hebben weloverwogen voor een bepaald gebied in de brochure gekozen en ook voor Mountain Travel als de enige echte specialist. Maar 'trial' komt er helaas vaak niet van, omdat het moeilijk is een maand van huis of werk weg te blijven, terwijl de reissom geen beletsel vormt. Vergeet ook niet de constante onrust in het Midden-Oosten. Een oplossing voor de (te) lange reisduur en het in één keer vooraf betalen van de hoge reissom is wellicht het aanbieden van kortere reizen (2 tot 3 weken) en gespreide betalingen via bijvoorbeeld de American Express creditcard. Door goede communicatie en verzekeringen kunnen onrustgevoelens deels worden weggenomen.

Interne analyse

De interne analyse betreft:
- het productassortiment
- de marktpositie
- de communicatie
- de financiële positie.

Productassortiment

Mountain Travel heeft drie basisproducten:
1. Low budget: alleen vliegreis (maakt 20% van de omzet uit): prijs €2.000 per reis; marge €200 (10%); segment: lagere welstandsklassen; leeftijd: (voornamelijk) jongeren.
2. Medium budget: verzorgd van vliegveld tot vliegveld (40% van de omzet): prijs €4.000 per reis; marge €600 (15%); segment: welstandsklassen A en B1; tweeverdieners; leeftijd: > 25 en < 45 jaar.
3. High budget: geheel verzorgd op luxebasis (40% van de omzet): prijs tussen €6.000 en €12.000; marge tussen €1.200 en €2.400 (20%); segment: welstandsklasse A en B1; leeftijd: > 35 en < 70 jaar; beroep: meer dan 60% academici, zoals artsen en advocaten; hobby: bergbeklimmen (lid KNAV).

Daarnaast verkoopt Mountain Travel aanverwante producten, zoals reis- en annuleringsverzekeringen.
Specialisme: wandelvakanties in Nepal, Tibet, Pakistan, Sikkim en Bhutan.

Marktpositie
Marktaandeel 1989: 1,8% (€2,2 mln van €120 mln).
Ook op basis van personen is het marktaandeel 1,8%, te weten circa 540 afnemers, die verdeeld kunnen worden in 220, 220 en 100 personen in respectievelijk low, medium en high budget-reizen.

Communicatie
Communicatiebudget €120.000 in 1989 en 1990.
- Direct mail van uiterst informatieve brochure aan 7 000 adressen uit klantenbestand (kosten €50.000).
- Wekelijkse advertenties in dagbladen en ook in specials.
- Beurzen en dia-avonden.

Financiële positie
Tot en met het jaar 1989 steeg de omzet van reizen en verzekeringen, terwijl de kosten zich redelijk op niveau handhaafden.
In 1990 (dus nog vóór de Golfoorlog) daalde de reisomzet met 10% en stegen de kosten met enkele procenten. Het reeds uiterst lage totaalresultaat (brutomarge = opbrengst – kosten) daalde nog verder, wat in 1990 resulteerde in een RTV van slechts 9,57%.
Geanalyseerd moet worden wat de redenen zijn geweest van de spectaculaire groei in 1989.
We verwijzen naar tabel 18.1 voor een overzicht van de zwakke financiële situatie. In deze tabel is aangenomen dat de omzet voor 1991 in de laatste zes maanden gelijk is aan die van de eerste zes maanden.

De Golfoorlog maakt onmiddellijk een dreigend faillissement zichtbaar. Door de Golfoorlog annuleerden met name de afnemers uit de medium en high budget-reizen, de segmenten met een relatief hoge opbrengst. De verschuiving van de omzetaandelen van de basisproducten is als volgt:
- aandeel low budget: van 20% naar 40%
- aandeel medium budget: van 40% naar 30%
- aandeel high budget: van 40% naar 30%.

Er dreigt faillissement op korte termijn. Het geprognosticeerde verlies bedraagt voor 1991 €142.000, exclusief de boete aan het trekkingbureau in Nepal. Het bedrijf beschikt niet over reserves om dit verlies op te vangen.
Omdat Mountain Travel jarenlang voldaan heeft aan de afnameverplichting van het trekkingbureau in Nepal, zal Mountain Travel wellicht door middel van onderhandelingen op begrip kunnen rekenen – het zijn ook uitzonderlijke omstandigheden – om onder het boetebeding uit te komen.

Core competence

Mountain Travel beschikt niet over core competences (specifieke kennis of een hoge gepercipieerde toegevoegde waarde) die leiden tot duurzame concurrentievoordelen. Integendeel. Aan de kritische succesfactor: 'het aanbieden van veilige vakantiereizen', kan men niet eens voldoen.

SWOT-analyse

De SWOT-analyse, bestaande uit een interne en een externe analyse, is geformuleerd in de tabellen 18.4 en 18.5.

Tabel 18.4 **Interne analyse**

Sterke punten (strengths)	Zwakke punten (weaknesses)
• Vrij uniek product	• Geen strategisch management
• Gunstige prijs/kwaliteit	• Geen marketingkennis en -plan
• Goede brochure	• Geen marktpositie (1,8% MA)
• Goed adressenbestand (database)	• Lage opbrengst, relatief hoge kosten
• Goede reputatie/trouw	• Geen schaalvoordelen
	• Geen financiële reserves
	• Geen lid van SGR en ANVR
	• Seizoensactiviteiten
	• Beperkt assortiment
	• Geen core competence
	• Niet voldaan aan kritische succesfactoren

Tabel 18.5 **Externe analyse**

Kansen (opportunities)	Bedreigingen (threats)
• Groeimarkt	• Politieke instabiliteit
• Variatie aan natuurgebieden	• Klimatologische omstandigheden
• Verschuiving van light users naar heavy users	• Natuurrampen
	• Beperkte kredietverstrekking door banken
	• Seizoenkarakter
	• Nieuwe toetreders
	• Macht leveranciers

De confrontatiematrix die aan de hand hiervan opgesteld kan worden, is weergegeven in tabel 18.6.

Centraal probleem

Oorzaken:

- geen beleid/visie
- geen marktpositie
- grote afhankelijkheid
- toenemende concurrentie
- niet voldaan aan kritische succesfactor.

Tabel 18.6 **Confrontatiematrix**

	Opportunities	Threats
Strengths	Reputatie versus groeimarkt	Database versus concurrentie
	Gunstige prijs/kwaliteitsverhouding versus meer heavy users	Uniek product versus bedreigend politiek klimaat
Weaknesses	Laag rendement versus groeimarkt	Financiële situatie versus concurrentie
	Geen beleid/visie versus concurrentie	Geen beleid en marktpositie versus onveilige landen

Gevolgen:

- afnemende winstgevendheid
- door het niet voldoen aan de kritische succesfactor, ligt de onderneming stil, terwijl de kosten/uitgaven gewoon doorgaan. De continuïteit is in gevaar.

Strategische-kloofanalyse

Door de Golfoorlog is er een kloof ontstaan in de omzetdoelstellingen (zie tabel 18.7).

Bij ongewijzigd beleid, zonder onvoorziene (oorlogs)omstandigheden ziet de strategische kloof er uit als in tabel 18.8.

Tabel 18.7 **Doelstellingen van omzet en winst 1991-1993** (bedragen × €1.000)

Jaar	Doelstellingen omzet		Doelstellingen winst/verlies	
	Oorspronkelijk	Huidig	Oorspronkelijk	Huidig
1991	2.100	1.200	26	–142
1992	2.200	1.700	57	–23
1993	2.300	2.000	73	25

Tabel 18.8 **Strategische kloof** (bedragen × €1.000)

Jaar	Omzetverlies	Winstderving
1991	900	168
1992	500	80
1993	300	48

Bij de berekening van de kloof is ervan uitgegaan dat bij de vaststelling van de huidige doelstellingen na 1991 dezelfde omzetaandelen van de producten als vóór 1991 van toepassing zijn.

Voor de jaren 1992 en 1993 is er gemakshalve van uitgegaan dat de kosten €305.000 per jaar bedragen (in 1990: €320.000) en de omzet aan verzekeringen €50.000 bedraagt, zoals in 1991.

18.4 Centraal probleem en doelstellingen

Het centrale ondernemingsprobleem is de benarde financiële situatie van Mountain Travel, die acuut is geworden door de Golfoorlog, terwijl in de voorgaande jaren door de 'marginale business', geen reserve is opgebouwd. De nettowinst vóór belastingen is te laag, omdat de kosten relatief te hoog zijn ten opzichte van de opbrengsten (lage marge, laag afnemersaantal). De slechte financiële situatie komt omdat Mountain Travel te klein (weinig klanten) is om te profiteren van schaalvoordelen en slechts georiënteerd is op één gebied, wat ook nog een risicogebied is.

De huidige doelstellingen zijn niet concreet geformuleerd. Men gaat ervan uit dat de omzet in reizen en verzekeringen zich op ongeveer gelijk niveau zal handhaven of licht zal groeien, alsmede het omzetaandeel en de opbrengsten van de drie basisproducten. De omzet zou in 1991 €2,1 mln moeten bedragen en in 1993 groeien naar €2,3 mln. De kosten blijven staan op €305.000.
De Golfoorlog heeft dit toekomstbeeld grondig verstoord. De aangepaste doelstellingen zijn reeds aangegeven in tabel 18.7 en lijken nu heel wat realistischer.

18.5 Strategische planning

Op welke wijze kan Mountain Travel de ontstane kloof (bedoeld bij de strategische-kloofanalyse) weer dichten? Welke strategieën kunnen daarvoor worden ontwikkeld? Welke optie gaat men daadwerkelijk kiezen om de oorspronkelijke doelstellingen te halen?

Divergentieanalyse

Het beantwoorden van deze vragen noemt men wel de *divergentieanalyse*. Aangezien het voortbestaan van Mountain Travel aan een zijden draad hangt, dienen niet alleen langetermijnstrategieën te worden ontwikkeld, maar ook strategieën die een verbetering in de situatie geven op korte termijn.

Mountain Travel en contingency planning

Twee zaken die Mountain Travel in de loop der jaren in de contingency planning had kunnen bedenken:

1. Indien door een terreuraanslag in de Verenigde Staten of elders een deel of praktisch het gehele luchtvaartverkeer in de wereld uitvalt, hebben wij dan een noodplan dat op succesvolle wijze deze noodsituatie kan oplossen?
2. Wanneer het om een noodsituatie gaat, zoals de totale ineenstorting van de aandeelkoersen op de beurzen, hebben belangrijke doelgroepen, zoals managers van veelal multinationale organisaties, door de sluipende krach en het wegvallen van vette bonussen en nog vettere opties, wel iets anders aan het hoofd dan statusverhogende en dure safarireizen naar het Himalaya-gebergte!

Dergelijke situaties zijn door een voortijdige, gedegen contingency planning voor een deel wel degelijk te beheersen. Mountain Travel zal bovendien moeten werken aan haar visie. Weten zij hoe de toekomst van 'reizen' eruit zal zien en welke rol zij in die toekomst spelen?

Langetermijnstrategieën

Een portfolioanalyse is in deze situatie niet goed uitvoerbaar, omdat hiervoor relevante gegevens ontbreken. Wel is het mogelijk strategieën te ontwikkelen met de strategische expansiematrix van Ansoff. De mogelijke opties tot aangepast beleid zijn:

1 *Marktpenetratie*:
  - meer reizigers opsporen (marktverbreding) in de markt voor actieve Himalaya-vakanties, bijvoorbeeld 'zelfstandige' hbo+'ers, andere groepen dan artsen en advocaten;
  - bestaande cliënten of hun verwanten vaker laten gaan (marktverdieping).

2 *Marktontwikkeling*. Nieuwe segmenten zoeken:
  - andere budgetklassen, bijvoorbeeld tussen €4.000 en €8.000;
  - buitenlandse markten, bijvoorbeeld Nederlandstalig deel van België (dezelfde brochure gebruiken).

3 *Productontwikkeling*:
  - Mountain Travel zoekt nieuwe bestemmingen voor haar specialiteit bergwandelen in:
    - Noord-Amerika (Rocky Mountains);
    - Livingstonegebergte in Tanzania (Afrika), voldoende politiek stabiel;
    - Andesgebergte in Chili;
    - Scandinavië, bijvoorbeeld Noorwegen.
  - Andere combinaties zoeken:
    - bergwandelen + golf-/tennisarrangement;
    - bergwandelen + riviervaren;
    - bergwandelen + safari;
    - bergwandelen + bergbeklimmen.

Diversificatie is niet aantrekkelijk; hoge kosten, nieuwe kennis die verzameld moet worden et cetera. Kortom: te veel risico's.

Kortetermijnstrategieën

De korte termijn betekent hier: nog voor het jaar 1991 (om ernstige liquiditeitsproblemen te boven te komen). De kortetermijnactiviteiten moeten in lijn liggen met die van de lange termijn. We kunnen bij deze activiteiten onder meer denken aan lagere kosten, hogere omzet en productontwikkeling:

- Kosten in overeenstemming brengen met de lagere omzet, om als organisatie te kunnen overleven.
- Verhoging van omzet door goedkope, maar effectievere direct-mailacties; contact met de afnemers houden.
- Onderhandelen met het trekkingbureau in Nepal (dit is nog niet zo urgent, omdat pas aan het einde van 1991 duidelijk is of de minimumafname wel of niet gehaald is).

Aanpassing van het strategisch beleid

De optie die wordt gekozen uit de opties voor aangepast beleid, moet het centrale probleem oplossen, waarbij gebruik wordt gemaakt van de sterke kanten van Mountain Travel en de mogelijkheden die de macro- en meso-omgeving bieden, terwijl tevens rekening wordt gehouden met de zwakke kanten van Mountain Travel en de bedreigingen vanuit de externe omgeving. De gekozen optie moet tevens voldoen aan FOETSIE.

Mountain Travel verkeert in dusdanige acute financiële problemen, dat iedere kortetermijnstrategie gericht dient te zijn op overleving, ongeacht welke beleidsaanpassing voor de langere termijn wordt doorgevoerd. De situatie is vergelijkbaar met een brandend huis: eerst blussen, daarna pas brandpreventiemaatregelen nemen.
Het operationele plan voor 1991 is hier dan ook op gericht.
Pas hierna kan de blik worden gericht op de toekomst: het ontwikkelen van een langetermijnbeleid.
Voor het langetermijnbeleid valt de keuze in eerste instantie op optie nummer 3 (zie langetermijnstrategie), namelijk productontwikkeling, omdat deze het beste voldoet aan de genoemde criteria, te weten:

- Aanbieden van vakantiereizen gedurende het hele jaar (meer effectiviteit en efficiency intern). Uit marktonderzoek (desk research, enkele brainstormsessies, een telefonisch veldwerkonderzoek onder 250 personen) blijkt grote belangstelling voor de volgende bestemmingen:
  - Himalaya: voorjaar en herfst;
  - Rocky Mountains: voorjaar en herfst;
  - Livingstonegebergte: gehele jaar;
  - Andesgebergte: gehele jaar.
- Mountain Travel maakt optimaal gebruik van haar specialisme en onderscheidend vermogen.
- Spreiding van risico's.
- Gebieden met verschillende culturele achtergronden.
- Uit onderzoek blijkt de behoefte van de bestaande clinten aan meer gebieden dan het Himalayagebergte en aan meer activiteiten.

Waarom niet de andere opties?
Optie nummer 1 (marktpenetratie): voorzichtige strategie geënt op relatieverdieping en relatieverbreding. Wordt deels ook met optie 3 bereikt. Het grote politieke risico blijft echter bestaan.
Optie nummer 2 (marktontwikkeling): de Himalayareizen blijken te duur te zijn voor het 'goedkopere' segment. Mountain Travel kan zich mogelijk in de toekomst richten op buitenlandse markten. De eerste drie jaren kunnen echter beter worden besteed aan de kansen die de groeimarkt in Nederland en Vlaanderen (België) het bedrijf biedt.

18.6 Operationeel marketingplan

Hier volgt een voorbeeld van hoe een operationeel marketingplan voor Mountain Travel uitgewerkt zou kunnen worden. Een operationeel plan, dat in deze en de volgende paragraaf behandeld wordt, kent de volgende kenmerkende stappen:

- Planningshorizon van één jaar (hier 1991).
- Concrete doelstellingen.
- Invulling hiervan per marketingmixelement aan de hand van de vragen: Waarom, Wijze waarop, Wie, Wanneer, Wat, Waar, What if?
- Tijdsplanning.
- Budgettering.
- Controlepunten (checks) en evaluatie.

De marketingdoelstelling voor het jaar 1991 is gericht op het bereiken van het BEP, dus winst noch verlies. Zie ook het operationele (reddings)plan in paragraaf 18.1.

Opmerking In de uitwerking van dit operationeel marketingplan voor Mountain Travel wordt uitgegaan van een groot aantal veronderstellingen, omdat deze gegevens ontbreken in de examenopgave. In een concrete situatie zijn dit soort gegevens echter voorhanden. Een probleem is dan echter dat er te veel gegevens kunnen zijn, waardoor de marketeer dreigt door de bomen het bos niet meer te zien.

Algemene marketingstrategieën en doelstellingen
Waarom?
- Dreigend faillissement op korte termijn voorkomen.
- Verwezenlijking strategisch plan.

Wijze waarop?
- Kostenverlaging.
- Extra impuls omzet door inzetten sterk direct-mailwapen.
- Bespreking trekkingbureau over boetebeding.

Wie?
- Een nieuw aan te trekken marketing-georiënteerde bureaumanager die verantwoordelijk is voor de uitvoering van het marketingplan en van het strategisch plan.
- Ontslag personeel.
- Inhuren van één oproepkracht voor de piekperiode.

Wanneer?
- Januari tot en met december 1991.

Wat?
- Vermindering personeelskosten leidt tot kostenvermindering.
- Vermindering promotiekosten leidt tot kostenvermindering.
- Ander pand leidt tot verlaging huur.
- Direct-mailactie beoogt een extra omzet van €400.000 boven de totaal geprognosticeerde omzet voor 1991.
- Activiteiten ontwikkelen/voorbereiden voor 1992:
  - aansluiten bij de ANVR;
  - aansluiten bij de SGR;
  - contacten leggen met Amerikaanse en Afrikaanse trekkingbureaus;
  - bezoek Verenigde Staten en Afrika.

Waar?
- Vanuit nieuwe goedkopere locatie, ervan uitgaande dat de huur van het pand direct opgezegd kan worden.

What if?
- Als de Golfoorlog totaal escaleert en de doelstelling daardoor niet haalbaar is, zullen de kosten nog verder naar beneden moeten. Het zoeken naar nieuwe bestemmingen geniet absolute prioriteit.

Uitwerking marketingmixinstrumenten
Achtereenvolgens behandelen we de maatregelen die per P van de marketingmix genomen moeten worden.

Productmix
Mountain Travel verkoopt een hoogwaardig product.
Zoals eerder beschreven is, wil Mountain Travel volgend jaar de reisbestemmingen uitbreiden. Daartoe moeten dit jaar de nodige stappen worden gezet, namelijk:

- Lid worden van de ANVR: kosten €3.600 per jaar (post 1, tabel 18.9, zie het einde van deze paragraaf); schept inzage in onderzoeksresultaten betreffende de reiswereld.
- Neem contact op met het trekkingbureau in de Himalaya. Onderhandel over het boetebeding: dit moet uit de overeenkomst gehaald worden. Stel het trekkingbureau op de hoogte van het nieuwe ondernemingsbeleid. Dit geeft voor het trekkingbureau ook voor de toekomst het perspectief van een hogere reizenafzet, wat ook voor het trekkingbureau een beter alternatief is dan het risico van failliet gaan en dus helemaal geen afzet meer te hebben (plus het feit dat bij faillissement het boetebeding toch niet betaald zal worden).
- Zoek een aantal trekkingbureaus of dergelijke kantoren met goede, hoogwaardige kwaliteitsbestemmingen in de Verenigde Staten/Rocky Mountains; leg de eerste contacten.
- Bezoek de in aanmerking komende gebieden en trekkingbureaus; kosten €15.000 (post 2, tabel 18.9).
- Sluit aan de hand van het onderzoek in 1991 een overeenkomst af inzake arrangementen voor de zomer van 1992 en de winter van 1992/1993.
- Doe hetzelfde met de gekozen Afrikaanse bestemming (Livingstone-gebergte); kosten €15.000 (post 3, tabel 18.9).
- Zekerheid voor de cliënten: zorg voor nog betere kwaliteit door aansluiting bij de SGR (Stichting Garantiefonds Reisgelden); entreekosten €1.000 (post 4, tabel 18.9).
- Wijzig de naam in ‘Club Mountain Travel’: klantenbinding.
- Organiseer enkele reünies voor ex-reizigers van Mountain Travel: de cliënten zijn graag bereid daarvoor een bedrag te betalen; kosten: geen (kostendekkend).

Prijsmix
De reissom speelt bij dit kwaliteitsproduct geen rol, maar in de gegeven omstandigheden van de Golfoorlog leent de situatie zich niet voor prijsverhogingen.
In dit jaar (1991) worden afspraken gemaakt omtrent de inkoop van vliegtuigstoelen voor low budget-reizen. De Nederlandse luchtvaartmaatschappijen zijn te duur. Buitenlandse luchtvaartmaatschappijen zijn goedkoper. Mountain Travel zal onderhandelingen hierover voeren. Voor de low budget-reizen zal Mountain Travel daardoor naar verwachting voor 4% per stoel lager kunnen inkopen. Medium en high budget-reizen blijven om kwaliteitsredenen bij de Nederlandse luchtvaartmaatschappijen.
De prognose van de omzet is voor het eerste halfjaar 1991: €600.000. Dit kan in het tweede halfjaar nooit meer helemaal worden goedgemaakt.

Verondersteld wordt dat bij 'nietsdoen' de jaaromzet blijft steken op €1,2 mln (uitgaande van het slechtste scenario). Mountain Travel heeft echter in het verleden bewezen over een sterk wapen te bezitten, namelijk: direct mail.
Aanschrijven van het hele klantenbestand van 7 000 personen is gewenst om de verkoop van het product medium en high budget-reizen een extra impuls te geven. De strekking van het verhaal: Mountain Travel maakt duidelijk dat er geen reden is te annuleren of boekingen uit te stellen. Aandacht wordt besteed aan de reizen uit het programma en aan de service die wordt verleend.
Verwachte boekingen uit de respons: 1,14% van 7 000 is 80 afnemers, die gemiddeld met 1,25 personen inschrijven. Stel het gemiddeld boekingsbedrag op €4.000 (medium budget):
80 × 1,25 × €4.000 is een verwachte extra omzet van €400.000.
De omzetprognose voor geheel 1991 wordt dan: €1,6 mln.

Opbrengst reizen:		
10% × 40% × €1,2 mln =	€	48.000
15% × 30% × €1,2 mln =	-	54.000
20% × 30% × €1,2 mln =	-	72.000
15% extra omzet €400.000 =	-	60.000
Opbrengst verzekeringen:		
20% × €30.000 =	-	6.000
Totale opbrengst	€	240.000

Personeelmix
Uit ANVR-cijfers blijkt dat één persoon gemakkelijk boekingen kan verrichten met een omzet van €1,2 mln.
Ontslagaanvragen worden ingediend en door het Arbeidsbureau verleend. Gedeeltelijk neemt bureaumanager Rinus van Zaal de boekingen voor zijn rekening. Tijdens zijn afwezigheid en in piekperioden wordt een bekende oproepkracht ingeschakeld, zoals Blonk, Jacobs, Segers, Dijkman, Sie, Rasiawan.

Personeelskosten:
- Reisbureaumanager (marketinggericht): €65.000.
- Oproepkracht €25 bruto per uur gemiddeld 15 uur per week × 52 weken = €19.500. Totaal op jaarbasis €84.500 (post 5, tabel 18.9).

In de appendix is – ter illustratie – een profielschets van een marketingmanager opgenomen. Gewerkt moet worden aan een dienstenevaluatie, gebaseerd op de factoren: tastbare elementen, zorgzaamheid, empathie, responsiviteit, betrouwbaarheid.

Distributiemix
Tot op heden vond distributie uitsluitend plaats via het eigen kanaal.
Hierbij werd het reeds bestaande cliëntenbestand in zijn geheel benaderd met een relatief dure brochure. Dit lijkt niet nodig. Het klantenbestand gaat immers niet elk jaar in zijn geheel zo'n dure reis maken.
Intern onderzoek: kijken en signaleren om de hoeveel jaar een cliënt boekt. Daar zit een patroon in (bijvoorbeeld eenmaal in de vijf jaar). Alleen cliënten een brochure toesturen die mogelijk overwegen om te

gaan. Dat betekent bij de veronderstelling dat een cliënt eenmaal pervijf jaar gaat, het versturen van $\frac{7\,000}{5} = 1\,400$ brochures. De rest van het cliëntenbestand wordt aangeschreven via de beschreven direct-mailactie. Daarbij kunnen cliënten via een antwoordkaart plus envelop eventueel een brochure gratis aanvragen. Stel dat voor andere activiteiten 1 100 extra reisgidsen nodig zijn, dan is het totaal aantal brochures 2 500. Dit betekent een oplagebesparing van 4 500 brochures.
De 7 000 brochures kosten €50.000, waarvan €20.000 constante kosten, dus €30.000 variabele kosten, dit is €4.285,71 per 1 000 brochures.
Door verkleining van de oplage zijn de kosten:
2,5 × €4.285,71 + €20.000 = €30.715 (afgerond).
De kosten per brochure zijn zeer hoog, namelijk €12,30. Offertes dienen te worden opgevraagd bij drie drukkerijen. Een concurrerendedrukker kan dezelfde brochure in dezelfde kwaliteit leveren tegen een aanzienlijk lagere prijs, namelijk €25.000 (post 6, tabel 18.9) bij een oplage van 2 500 stuks. Mountain Travel besluit om van drukkerij te veranderen.

Vanaf volgend jaar zal er duale distributie plaatsvinden. Daartoe worden in 1991 al voorbereidingen getroffen. In 1991 zullen uit 50 gegadigden, 25 grote reisbureaus worden benaderd en geselecteerd om in 1992 naast het eigen directe kanaal, het nieuwe uitgebreidere programma van 'Club Mountain Travel' in hun reisaanbod op te nemen. Met de potentiële reisbureaus zal de volgende deal worden afgesloten:
Provisie over de omzet:
- losse tickets = 2%
- medium/high budget < €45.000 = 5%
- medium/high budget > €45.000 en < €99.000 = 6%
- medium/high budget > €99.000 = 7%.

Opstartkosten: €5.850 (post 7, tabel 18.9).

Promotiemix
Nieuwe opzet voor 1991:
- Alle oude activiteiten stopzetten.
- In 1991 kijken naar de bladen die door de doelgroepen gelezen worden en dus daarop aansluiten.
- Adverteren in:
  - blad KNAV € 15.000
  - geselecteerde tijdschriften - 15.000
  - wandelsportbond - 10.000

  Totaal € 40.000 (post 8, tabel 18.9)

- De aangekondigde heldere en treffende direct-mailactie aan alle cliënten; twee soorten brieven:
  1 cliënten die geen gids hebben ontvangen;
  2 cliënten die een gids hebben ontvangen;
  kosten €10.000 (post 9, tabel 18.9).
- In de advertentiebladen en in andere, in aanmerking komende media, plaatsen van redactionele artikelen (free publicity).

Algemeen
Uitgangspunten:
- Goed marketinggericht management.
- Rekening houden met de meest beperkende factor financiering.
- Op korte termijn betekent dit kostenverlaging om te overleven.

Gezien het ontbreken van goed management in het verleden en de kostenontwikkelingen versus winst, is het niet mogelijk op korte termijn vreemd vermogen (VV) aan te trekken. Dit vertraagt de groei van Mountain Travel. Positieve resultaten in de toekomst, gekoppeld aan goede ondernemingsplannen en kundig management, moeten op termijn toegang geven tot financiële instellingen, zoals banken.

Pand: het pand van waaruit Mountain Travel opereert is te duur.
Mountain Travel kan een ouder, maar zeer goedkoop klein pand betrekken in de buurt van luchthaven Schiphol (flatje):

Huur: 12 × €800 =	€ 9.600	
Telefoon en dergelijke	- 15.000	
Inrichting: spullen oude kantoor.		
Aanschaf fax en computer	- 5.400	
Totaal kosten pand		
	€ 30.000	(post 10, tabel 18.9)

De totale kosten voor het jaar 1991 worden dan €240.000, inclusief een post 'onvoorzien' (post 11, zie tabel 18.9).

Tabel 18.9 **Overzicht totale kosten 1991** (bedragen in euro's)

Postnr.	Omschrijving	Bedrag
1	Lidmaatschap ANVR	3.600
2	Uitbreiding trekkingbureaus vs	15.000
3	Uitbreiding trekkingbureaus Afrika	15.000
4	Aansluiting bij SGR	1.000
5	Personeelskosten	84.500
6	Brochures (2 500 stuks)	25.000
7	Opstartkosten reisbureaus	5.850
8	Advertentiekosten	40.000
9	Direct-mailactie	10.000
10	Kantoorkosten	30.000
11	Onvoorzien (zoals marktonderzoek)	10.050
	Totale kosten	240.000

18.7 Aangepast strategisch beleid

Planningshorizon van twee jaar: 1992 en 1993.
Voor een samenvatting van de financiële doelstellingen (omzet en winst) zie de tabellen 18.10 en 18.11.

Hierbij moet u bedenken dat het aantal af te sluiten verzekeringsposten minimaal evenredig groeit met het aantal reizen dat bij Club Mountain Travel zelf wordt geboekt.

Tabel 18.10 **Doelstellingen omzet** (bedragen × €1.000)

Jaar	Reizenomzet Mountain Travel zelf	Verzekeringen via reisbureaus	Totaal	Omzet
1992	2.200	550	70	2.820
1993	2.700	1.500	100	4.300

Tabel 18.11 **Doelstellingen winst** (bedragen × €1.000)

Jaar	Omzet	Dekkingsbijdrage	Vaste kosten	Totaalresultaat	Brutomarge in %
1992	2.820	436	326	110	3,9
1993	4.300	625	415	210	4,9

Het BEP is in 1992: $\frac{326}{436} \times 100\% = 74{,}8\%$

en in 1993: $\frac{415}{625} \times 100\% = 66{,}4\%$ van de omzet.

De veiligheidsmarge is dus toegenomen en wel van 25,2 tot 33,6%.

Algemeen

Als Club Mountain Travel erin slaagt het operationele plan uit te voeren, heeft men, ondanks sterke kostenbesparingen, kwaliteit en klanten kunnen behouden.
Zonder deze twee elementen zou men immers failliet zijn gegaan.
Men kan zich nu gaan richten op een aanpassing van het strategisch beleid, met als doel: verbetering van het ondernemingsresultaat en vermindering van de kwetsbaarheid.
Uitgaande van de business definition en de ondernemingsmissie kan Club Mountain Travel zich het beste richten op nieuwe bestemmingen voor haar specialiteit 'bergwandelen'.

Beleid inzake het product

Uit marktonderzoek (dit moet al in 1991 gestart worden) is gebleken, dat zich in de zuidelijke Rocky Mountains drie uitmuntende bestemmingen bevinden. Een Amerikaans trekkingbureau verzorgt uitstekende begeleiding van de reizigers/expeditiegangers. Er is geen boetebeding. Er kan alleen in het voor- en najaar gewandeld worden.
In het Livingstonegebergte (Afrika) zijn ook drie prachtige bestemmingen gevonden. Ook hier zullen de reizigers door plaatselijke gidsen optimaal worden begeleid. Een internationaal erkende organisatie fungeert als tussenpersoon. Er kan het hele jaar door worden gewandeld en geklommen.

De nieuwe bestemmingen in de Verenigde Staten en Afrika kunnen in januari 1992 reeds in de nieuwe gidsen worden opgenomen; de reizen naar deze bestemmingen kunnen onmiddellijk worden geboekt. Er zijn geen boeteregelingen van kracht.
Het boetebeding met het trekkingbureau in de Himalaya is ook van de baan. Het aantal bestemmingen aldaar zal worden gehandhaafd. Ingaande 1992 is Club Mountain Travel lid van de ANVR en aangesloten bij de SGR.
De volgende activiteiten kunnen in 1992 worden opgestart en zullen in 1993 operationeel zijn:

- Zoek een aantal trekkingbureaus of dergelijke kantoren met bestemmingen in Zuid-Amerika van goede kwaliteit, bijvoorbeeld in het Andesgebergte.
- Sluit aan de hand van het onderzoek in 1992 een arrangement af voor alle jaargetijden.
- Marktonderzoek naar verborgen wensen van de cliënten start in het derde kwartaal 1992; de resultaten daarvan zijn bekend in het eerste kwartaal 1993.
- De resultaten zijn van invloed op de te voeren strategie in de planningsperiode na 1993.
- Opstellen in 1993 van het strategisch plan voor de jaren 1994 tot en met 1996.

Prijsbeleid
Club Mountain Travel verkoopt kwaliteit. De Amerikaanse en Afrikaanse bestemmingen kunnen worden ingedeeld in dezelfde categorieën en bijbehorende prijsklassen als de bestemmingen in het Himalayagebergte. Ook de brutowinstmarges zijn dezelfde. Door het gewijzigd beleid (de reisbureaus verkopen bijna geen low budget-reizen) zal er een andere verdeling optreden (zie tabel 18.12).

Tabel 18.12 **Verdeling afzet** (in %)

Soort reis	**Mountain Travel**		**Reisbureaus**		
	Aandeel	Marge	Aandeel	Provisie	Marge (MT)
Low	35	14	10	2	12
Medium	35	15	50	5	10
High	30	20	40	5	15

De marge van low budget-reizen is verhoogd van 10% naar 14% door de inkoop van goedkopere vliegtuigstoelen.

Bijdrage (brutowinst) 1992
Op grond van de in tabel 18.12 vermelde afzetschatting en de daarbijbehorende provisiepercentages en brutowinstmarges kan de winst voor de jaren 1992 en 1993 begroot worden.
Voor 1992 is de verwachting dat geen van de 25 reisbureaus het eerste jaar een omzet van €45.000 zal halen, dus wat de provisie betreft in de in tabel 18.12 vermelde provisiepercentages zal vallen.

Verder gaat men uit van een gemiddelde omzet van €22.000 per reisbureau. De totale omzet via de reisbureaus zal dus in 1992 bedragen: 25 × €22.000 = €550.000.
Voor de omzet via Mountain Travel zelf neemt men voor 1992 een omzet aan van €2,2 mln.
Dit leidt tot de volgende berekening:

Reizen:	
Mountain Travel zelf:	
14% × 35% × €2,2 mln =	€ 107.800
15% × 35% × €2,2 mln =	- 115.500
20% × 30% × €2,2 mln =	- 132.000
Via reisbureaus:	
12% × 10% × €550.000 =	- 6.600
10% × 50% × €550.000 =	- 27.500
15% × 40% × €550.000 =	- 33.000
Verzekeringen:	
20% × €70.000 =	- 14.000
Totaal	€ 436.400

Bijdrage (brutowinst) 1993
De verwachting is dat de 25 reisbureaus allemaal meer dan €45.000 zullen omzetten. Club Mountain Travel rekent op een gemiddelde omzet van €60.000 per reisbureau. De totale omzet via reisbureaus wordt voor 1993 dus geschat op 25 × €60.000 = €1,5 mln.
De omzet via Club Mountain Travel zelf wordt voor 1993 begroot op een bedrag van €2,7 mln.
Hoewel een verdere verschuiving van low budget naar high budget plaatsvindt, gaat Mountain Travel toch uit van de in 1992 gehanteerde verdeling.
Omdat de reisbureaus nu in een hoger provisiepercentage vallen, worden de marges voor Mountain Travel op de via reisbureaus verkochte reizen nu anders, namelijk:

- low budget blijft 12%
- medium budge (15% – 6% =) 9%
- high budget (20% – 6% =) 14%.

Reizen:	
Mountain Travel zelf:	
14% × 35% × €2,7 mln =	€ 132.300
15% × 35% × €2,7 mln =	- 141.750
20% × 30% × €2,7 mln =	- 162.000
Via reisbureaus:	
12% × 10% × €1,5 mln =	- 18.000
9% × 50% × €1,5 mln =	- 67.500
14% × 40% × €1,5 mln =	- 84.000
Verzekeringen:	
20% × €100.000 =	- 20.000
Totaal:	€ 625.550

Distributiebeleid
In 1992 zal voor het eerst in de geschiedenis van Club Mountain Travel via 25 zorgvuldig geselecteerde reisbureaus geboekt gaan worden. Alle reisbureaus zijn geselecteerd op:
- inzage jaarcijfers laatste drie jaar;
- inzage omzetcijfers laatste drie jaar;
- specialisme in verre reizen;
- kwalitatief hoog aangeschreven reisbureaus.

Er is dus sprake van selectieve distributie. Club Mountain Travel zal in 1992 het aantal bureaus niet uitbreiden.
Des te meer zal aandacht worden besteed aan opleidingen:
- uitgebreide documentatie voor de verkopers;
- instructiebijeenkomsten.

Promotiebeleid
De reclame zal gericht worden op specifieke doelgroepen. Dat betekent een juiste mediakeus.
Daarnaast wordt promotiemateriaal ter beschikking gesteld aan de reisbureaus. In 1992 zal dat nog beperkt blijven tot affiches. In 1992 zal een speciale display voor de brochures worden ontworpen.
In 1993 zullen de displays met brochures in de reisbureaus pronken.
Vanaf 1992 zal Club Mountain Travel zich ook weer presenteren op de vakantiebeurs in Utrecht.
In 1993 wil Club Mountain Travel een viertal voorlichtingsavonden in het land organiseren voor een zeer geselecteerd gezelschap.
Uiteraard worden er ook weer reünies georganiseerd. Club Mountain Travel gaat ervan uit dat deze reünies kostendekkend per deelnemer worden omgeslagen.

Overig beleid
Club Mountain Travel zal voor marktonderzoek extra middelen vrijmaken. Voor 1992 (onderzoek wensen cliënt) €10.000. Hierbij inbegrepen is de ontwikkeling van een eigen MIS.
Vanaf 1992 zal Club Mountain Travel een deel van de boekhouding uitbesteden aan een accountantsbureau. Club Mountain Travel zal daarbij (en ook bij andere zaken) gebruikmaken van de kennis van de ANVR. Kosten €5.000 per jaar.
In tabel 18.13 vindt u een overzicht van de gebudgetteerde kosten voor de jaren 1992 en 1993.

Controle en bijsturing
Ter controle en eventuele bijsturing:
- moet per direct de productie dagelijks worden vastgelegd;
- dienen de kosten scherp in de gaten te worden gehouden.

Hiervan worden weekrapporten gemaakt. Aan de hand van de cijfers zullen de ontwikkelingen intern nauwlettend in de gaten worden gehouden.
Ook extern zullen de bewegingen van de concurrenten scherp in het oog worden gehouden. Belangrijk is de trendontwikkeling. Blijven de cliënten ons product interessant vinden, heeft het toekomst? Reizen inkopen is een jaar vooruitkijken.

Tabel 18.13 **Gebudgetteerde kosten 1992 en 1993** (bedragen in euro's)

Omschrijving	1992	1993
Lidmaatschappen	5.000	5.000
Uitbreiding bestemmingen	17.500	
Inspectie bestemmingen		15.000
Marktonderzoek	10.000	5.000
Personeelskosten	99.000	123.000
Documentatie reisbureaus	15.000	15.000
Uitbreiding distributienet	2.000	5.000
Brochures	21.200	28.500
Prijsvraag en bonus		10.000
Nieuwsbrief	7.000	9.000
Promotionele activiteiten	92.000	107.000
Voorlichtingsavonden		20.000
Administratie	5.000	5.000
Kantoorkosten	46.900	60.200
Onvoorzien	5.400	7.300
Totaal	326.000	415.000

Maandelijks zal Club Mountain Travel door middel van de weekrapporten met betrekking tot de interne en externe ontwikkelingen van dit plan een voortgangsrapportage maken. Bij afwijkingen dient onmiddellijk te worden bijgestuurd.

Appendix

Profiel van een (marketing)manager

Een algemeen beeld van een (marketing)manager bevat de volgende essentiële uitgangspunten:

- Vertrouwenwekkende coach, mentor en diplomaat voor allen die zijn betrokken bij het marketinghandelen van de organisatie.
- Iemand die voortdurend de onderneming creatief afstemt op de externe omgeving. Dit op basis van analytisch denken, onderzoek, ervaring, communicatie en reële doelstellingen en strategieën, alles met de afnemers en hun wensen als uitgangspunt.

We werken dit uit in een meer specifiek beeld, geënt op de trefwoorden:

- denken/mentaliteit
- handelen/kennis
- reageren.

Denken/mentaliteit

Wat betreft denken/mentaliteit dient de (marketing)manager aan de volgende eisen te voldoen:

- Op academisch/hbo-niveau of door ervaring geschoold.
- Een scherp oog voor kwaliteit en service.
- Flexibele instelling.
- Ondernemersmentaliteit.
- Creatief ingesteld persoon.
- Stimulerend manager die in staat is een hecht team op te bouwen.
- Communicatief sterk in woord en geschrift.
- Klantgericht.
- Voortdurend gericht op de afstemming van producten, diensten en ideeën op de wensen en behoeften van de doelgroepen.

Handelen/kennis

Als het gaat om handelen/kennis moet de (marketing)manager de volgende kwaliteiten bezitten:

- Klantgericht en werkend binnen de grenzen van de ondernemingsmissie.
- Innoverend.
- Begrijpt de klant en diens verborgen wensen, en handelt ernaar.
- Kent zijn grote klanten persoonlijk.
- Is in samenspraak met de directie verantwoordelijk voor de ontwikkeling van het strategisch plan en de marketingplanning.
- Stemt de marketingactiviteiten binnen de diverse afdelingen van een organisatie op elkaar af.
- Voert ter ontwikkeling van visie en beleid, marktverkenningen uit via marktonderzoek en via contacten met verkopers/klanten/leveranciers.
- Resultaatgericht.
- Durft beslissingen te nemen.
- Pleegt investeringen, waar nodig.
- Planner.

- Creëert uit geconstateerde bedreigingen kansen.
- Benut kansen waarbij centraal staat het inspelen op de behoeften van de klant.

Reageren

Om adequaat te kunnen reageren op ontwikkelingen is de (marketing) manager tot het volgende in staat:

- Speelt alert in als er een strategische kloof dreigt.
- Reageert alert, anticipeert op wijzigingen en ontwikkelingen in marktsituaties.
- Volgt trends nauwlettend.
- Past indien noodzakelijk, tijdig product, prijs, promotie en distributie aan.
- Zit in de huid van de concurrentie.
- Speelt in op macro-omgevingsfactoren.
- Durft doelstellingen, business definition en/of ondernemingsmissie aan te passen.
- Controleert, evalueert en stuurt bij.

Register

Het marketingplanningsproces; een tienstappenplan
© van Rustenburg Consultancy (info@ruscon.nl)

Stap 1: Wat is het planningsniveau?

- Onderneming
- SBU
- PMTC
- PMC
- Marketingmix

Van helikopterview
tot concrete operationele activiteit

STRATEGISCH PROFIEL (stap 2 t/m 4):

Stap 2: Business Definitie/Scope
(What business are we in?)

- **Wat** willen de afnemers; behoeften/probleemoplossingen? **(P)**
- **Wie** zijn de afnemers(groepen)? **(M)**
- **Hoe** kunnen de behoeften worden vervuld; technologieën? **(T)**

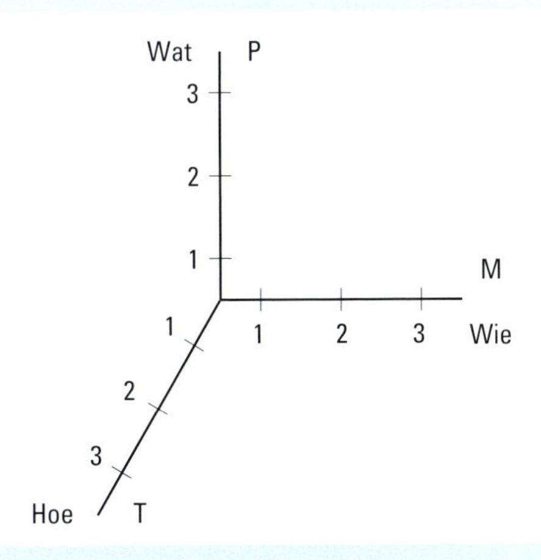

Stap 3: Vision & Mission Definitie
(Waar wil de organisatie uiteindelijk naar toe?)

- Bestaansrecht in toekomst, ambitie en normen en waarden van de onderneming → PMTC → PMC

Stap 4: Definiëren van Doelstellingen en Strategieën
(Wat willen de organisaties concreet en hoe willen ze dat bereiken?)
Afhankelijk van:

- periode: – korte en lange(re) termijn

vervolg... Het marketingplanningsproces; een stappenplan

- niveau:
  - onderneming of organisatie
  - SBU
  - PMTC
  - PMC
  - marketingmix
- generieke concurrentie (Porter) of marktleidersschapstrategie (Treacy & Wiersema)

NB: hierbij hoort ook het continu werken aan de core competence, de daaraan verbonden duurzame concurrentiële voordelen en rekening houden met de hygiënische en visionaire KSF's.

Stap 5: Analyseren van de huidige positie
(Wat is ons grootste probleem?)
Situatieschets, statusrapport, vergelijking, cijfers, bedrijfstak

Externe analyse

Meso-omgeving (trends):

- marktomvang (segmenten)
- marktgroei
- winstgevendheid
- huidige concurrentie
- nieuwe toetreders
- afnemersmacht
- distributie
- leveranciersmacht
- gevaar van substituten
- convenanten

Macro-omgeving (trends):

- demografische ontwikkelingen
- economische ontwikkelingen
- politieke ontwikkelingen
- ecologische/ethische ontw.
- sociaal-culturele ontw.
- technologische ontw.

Interne analyse

(trends/gaps):

- relatief marktaandeel
- marktaandeel
- merkpositie, -equity
- gepercipieerde prijs/kwaliteit
- distributiepositie
- successcore productintroducties
- financiële positie
- reputatie
- brutomarge
- innovatiekracht / R&D
- successcore offertes
- synergieën
- flexibele organisatie
- core competence
- kritische succesfactoren
- schaalvoordelen
- verloop personeel
- ziekteverzuim

Positiebepaling in de portfolio; BCG, MABA

↓

Opsomming van de meest relevante S.W.O.T's, bijvoorbeeld door middel van de cross-impact analyse.

	Strenghts	Weaknesses	Opportunities	Threats
1.	....	....	....	....
2.	....	....	....	....
3.	....	....	....	....
4.	....	....	....	....

↓

vervolg... Het marketingplanningsproces; een stappenplan

Confrontatiematrix; van opbouwende en afbrekende confrontaties

Strengths versus Opportunities (2×) +/+	Strengths versus Threats (2×) +/–
Weaknesses versus Opportunities (2×) –/+	Weaknesses versus Threats (2-3×) –/–

Bepalen van een aantal strategische aandachtsvelden (issues)

en

Bepalen van het Centrale Probleem, d.m.v.:

Oorzaken:

↓

Gevolgen:

+ Afsluitende volzin

↓

Stap 6: Divergentieanalyse
(Wat is de beste optie om ons probleem op te lossen; op korte en langere termijn?)
Het formuleren van relevante opties, naast de nul-optie.
Rekening houden met:

- confrontatiematrix
- PIMS, bedrijfstakstudies, benchmarking
- Abell (PMT), Ansoff
- Porter (generieke strategieën),
- portfolio; BCG, MABA
- Treacy & Wiersema

Evalueren en kiezen van de meest optimale optie(s);
moet voldoen aan minimale bedrijfsdoelstellingen, onder andere ROI en passen bij het ondernemingsbeleid.

Zonodig aanvullend marktonderzoek is nodig, om het effect van invoering van de optie te kunnen inschatten; onder andere winstgevendheid, reactie concurrentie, kannibalisatie

vervolg... Het marketingplanningsproces; een stappenplan

Toetsingscriteria	**Opties**			
	nuloptie	I	II	III
· Suitability:				
– wordt centraal probleem opgelost?				
– maken we optimaal gebruik van de sterkten en kansen?				
– worden zwakten en bedreigingen ten minste geminimaliseerd?				
· Feasibility: (haalbaar/uitvoerbaar)				
– middels FOETSIE				
· Acceptability				
– voor allerlei relevante stakeholders				

↓

Stap 7: Aanpassen van het strategisch profiel
(Wat wil de organisatie?)

- Wordt de business Definitie (PMT) aangepast?
- Moet de visie/missie eventueel worden aangescherpt?
- Vaststellen van ondernemings- c.q. SBU-doelstellingen (voor meerdere jaren) en ondernemings- c.q. SBU-strategieën.

↓

MARKETINGPLAN
(Wat willen we per PMC?)

Stap 8:

a Vaststellen van marketingdoelstellingen voor de PMC's, o.a.:
- marktaandeel
- afzet, omzet
- brutowinst
- break-even-point
- marketing balanced score card.

b Vaststellen van marketingstrategie:
- doelgroep(en)
- positionering per doelgroep en invloed op de communicatie-inhoud (zie ook het Ruscon-model).

↓

Stap 9: Marketingmixelementen

Product/dienst

- *Product/dienstdoelstellingen:*
  In termen van kwaliteit (zoals: betrouwbaarheid, responsiviteit e.d.), aantal klachten en -afhandeling, assortimentsdimensies, doorloop-proces et cetera.
- *Product/dienststrategieën en -instrumenten, o.a.:*
  productontwikkeling, merk, keurmerk, certificering, endorsement, co-makership, outsourcing, garantie, instrumentele en expressieve functies, service, licensie, verbetering logistiekproces et cetera.

vervolg... Het marketingplanningsproces; een stappenplan

Prijs

- *Prijsdoelstellingen:*
  In termen van prijsbeleving (perceptie), prijsniveau, marge- en omzetgroei, return on sales (ROS), veiligheidsmarge, BEP, et cetera.
- *Prijsstrategieën en -instrumenten, o.a.:*
  penetratieprijs, skimming, afnemersgeoriënteerd, concurrentiegeoriënteerd, kostengeoriënteerd, leasing, provisie, assortimentshoogte, prijsacties, pakketkortingen, bonussen, inschrijvingsprijs, incentive, betalingsvoorwaarden et cetera.

Distributie

- *Distributiedoelstellingen:*
  In termen van distributiespreiding (gewogen/ongewogen), selectieindicator, omzet- en afzetaandeel, channel captain, vestigingsplaats(en) et cetera.
- *Distributiestrategieën en -instrumenten, o.a.:*
  intensiviteit (intensief – exclusief), kanaalkeuze (mono, duaal of multi), direct of indirect (kort of lang), direct writing, internet/e-commerce, klantenmanagement, franchising, pull- en pushstrategieën, (frequentie en tijd), customerservice, EDI et cetera.

Communicatie

- *Communicatiedoelstellingen:*
  In termen van bekendheid, koopintentie, attitude,informatie, aanvragen, imago (DAGMAR of AIDA) et cetera.
- *Communicatiestrategieën en -instrumenten, o.a.:*
  reclame, public relation, buiten- en binnenreclame (abri's, billboards, ballboard, schoolboards, panelen in disco's, grandcafe's), POS-activiteiten, direct marketing, personele verkoop, sales promotions, sponsoring, beurs, internet, pull- en pushstrategieën, klantendag. Voor de communicatieboodschap zie ook het Ruscon-model.

Personeel

- *Personeeldoelstellingen:*
  In termen van omzet, afzet, gemiddelde ordergrootte en brutowinst per klant, product of regio, successcore offertes, aanwezigheidspercentage (zie evaluatiemodel van Postma) et cetera.
- *Personeelstrategieën en -instrumenten, o.a.:*
  Selectie/werving, rayonnering, routing, honorering, training, motivering, VIS, bezoekfrequentie, cross-selling, binnen- en buitendienst.

Stap 10: Implementatie;
wie, wat, wanneer, waar, hoelang et cetera. Wie is verantwoordelijk?

↓

Controle, evaluatie en feedback (terug naar stap 1)

Bronvermelding foto's

Fotostock BV, Amsterdam: p. 292
J. Hirsch / ABC Press, Amsterdam: p. 450
Rob Huibers / Hollandse Hoogte, Amsterdam: p. 313
Paul Schuurmans, Winsum: p. 285